中国殡葬简史

李伯森 ／主 编

闵祥鹏 ／副主编

社会科学文献出版社
SOCIAL SCIENCES ACADEMIC PRESS (CHINA)

《中国殡葬简史》 编撰委员会

《中国殡葬简史》 编审办公室

主　　任　王永阔

副 主 任　王颖超

成　　员　张　赫　胡道庆　刘　洋

代　序

刘庆柱

一　为什么编写殡葬史

1. 中国殡葬史是中国历史的重要组成部分

人类的历史至今有 200 多万年，而有文字记载的历史不过几千年。以中国为例，长期以来，人们认为中国有着"五千年"的悠久历史，近代考古学传入中国以后，经过中国考古学家一个多世纪的努力，可以肯定地说，中华民族的先民历史绝不只是"五千年"，中国大地之上的人类历史已经有 200 多万年。[①] 以往所说的"中国五千年文明史"是指有文字记载的历史，"五千年文明史"中还有 1000 多年的"传说时代"历史。就是按照"五千年文明史"而言，充其量也不过是人类全部历史（包括中国历史）的 0.25%，而没有文字记载的史前史却占据了人类历史（包括中国历史）的 99.75%，[②] 对于后者而言，其探索只能通过考古学完成。考古学对 200 多万年前的中华民

---

① 刘庆柱主编《中国考古发现与研究（1949~2009）》，人民出版社，2010，第 8 页。
② 刘庆柱：《考古学视阈下的马克思主义唯物史观》，《中国史研究》2016 年第 2 期。

族先民遗存所做的田野考古调查、勘探、发掘，正在一步一步地发现、获取"复原"人类历史的物质文化资料，在这些考古资料中，绝大多数是先民墓葬资料。进入新石器时代以后，先民的"遗址"资料数量与内容均有所增加，但是墓葬资料仍然占较大比重。由此可以看出，史前时代的历史在很大程度上是通过对先民的各种各样墓葬资料的考古发现与研究完成的。而这些史前时代的墓葬作为殡葬史的组成部分，大大丰富、扩充了我们的历史时空，使中华民族的历史更为完整。科学家正是通过史前时代的墓葬资料，使我们知道了人类如何从群婚到对偶婚，又如何发展到氏族、家庭、家族，人类如何从"蒙昧"走向"野蛮"，再走向"文明"。这种墓葬变化，成为阶级社会出现、形成的科学物证，奠定了人类社会从原始社会到阶级社会的马克思主义唯物史观的科学基石，而这正是殡葬史研究的科学意义之所在。

中华民族及其先民把"生老病死"视为人生历史的"全过程"，"生死"又被视为其中最为重要的历史"节点"，而"死"比"生"更为人们及社会所重视，因为"死"是人生的"终结"，"生"则仅仅是人生的起点。"生"与"死"是两个完全不同的人生时空，在中华民族历史文化中却被视为"意义"相近而"形式"相反的两个"世界"，即"阳间"与"阴间"的"二元世界"。所谓"阳间世界"就是人们现实生活着的世界，"阴间世界"则是人去世后的虚拟"世界"，"阴间世界"是人类在"阳间世界"去世之后的"灵魂"之"生存"空间。人们生前在"阳间世界"的一切，死后延续到了"阴间世界"，因此"事死如事生"成为中国古代殡葬文化中一个极为突出的特点。国王、皇帝生前在都城、宫城、大朝正殿统治着国家，死后其陵墓也要仿照其生前的宫室等进行建设与开展祭祀活动，这也就是古代文献《吕氏春秋》中所说的"陵墓若都邑"。从安阳殷墟西北岗的商代王陵"亚"字形墓，到秦始皇陵墓室之中"以水银为百川江河大海，机相灌输，上具天文，下具地理”的天象与地域国家象征，① 以及反映秦始皇生前政治、文化、军事等诸多方面的秦始皇陵园与陵园之中“兵马俑坑”等 180 多座陪葬坑，② 再到著名的汉武帝茂陵、唐太宗昭陵与唐高宗乾陵等，无不是那个时代历史的缩影。汉武帝茂陵的平面方形陵园、覆斗形陵墓封土的“方上”与“方中”的墓室，体现了“崇方”“尊中”理念；霍去病、卫青、金日磾等茂陵陪葬墓反映了汉武帝及其周围政治家、军事家等丝绸之路开拓者的丰功伟绩；唐太宗昭陵 100 多座陪葬墓折射出唐代初年贞观之治的盛世气象；唐高宗乾陵三重阙象征着大唐都城的宫城、皇城、外郭城的三重正门，乾陵石像生中的 64 尊“蕃酋像”反映了中外友好的丝绸之路盛况；等等。基于上述古代墓葬所凝聚的历史文化内涵，可以说“阴间世界”是“阳间世界”的一面镜子，殡葬史在某种程度上可视为社会历史的缩影，它浓缩着中华民族的重要历史文化，成为“礼仪之邦”的“礼制”物化载体，构成中华民族 5000 年生生不息的礼制文明史，蕴含着中华民族历史文化的核心基因。

从夏商周至明清时代的历史尽管已经有丰富的文献记载，但是传统历史文献（尤其是“正史”）基本为“官方”的社会政治活动内容，缺乏鲜活、生动、真切的历史细节。而中国古代殡葬“事死如事生”理念所体现的“阴间世界”，则实际上是“阳间世界”更具“生气”的“活灵活现”“有血有肉”的历史缩影。而殡葬活动又是人类历史上与任何人都密切相关的，因此殡葬所遗留历史信息的“全面

---

① 《史记》卷 5《秦始皇本纪》，中华书局，1959，第 265 页。
② 陕西省考古研究所、始皇陵秦俑坑考古发掘队编著《秦始皇陵兵马俑坑一号坑发掘报告（1974~1984）》，文物出版社，1988；陕西省考古研究所、秦始皇兵马俑博物馆编著《秦始皇帝陵园考古报告（1999）》，科学出版社，2000；陕西省考古研究所、秦始皇兵马俑博物馆编著《秦始皇帝陵园考古报告（2000）》，文物出版社，2006；陕西省考古研究院、秦始皇兵马俑博物馆编著《秦始皇帝陵园考古报告（2001~2003）》，文物出版社，2007。

性""生动性""真实性"等，对于我们全面、深入、科学解读、认知中华民族历史有着重要的意义。

中华民族及其先民的墓葬资料已经成为中华民族历史文化遗产的重要组成部分。中国是世界文化遗产大国，其文化遗产名录中的古墓葬有安阳殷墟王陵、秦始皇陵、高句丽王陵与贵族墓葬、湖南永顺老司城墓葬与贵州海龙屯老司城墓葬、明清皇家陵寝（明十三陵、明孝陵、明显陵、清东陵、清西陵）、关东三陵（沈阳北陵、东陵与新宾永陵）等墓葬群；被中华人民共和国国务院公布为全国重点文物保护单位的古墓葬多达392处，全国各省级文物保护单位中的古代墓葬更是数以万计。其中的"黄帝陵"、"炎帝陵"、"禹陵"、秦王陵、齐王陵、赵王陵、西汉帝陵、东汉帝陵、洛阳北邙古代帝王陵墓群、唐十八陵、藏王陵、巩义宋陵、西夏王陵、辽陵、金陵及许多古墓群均作为全国重点文物保护单位，成为中华民族的重要文化遗产。这些墓葬资料是中国殡葬史研究的科学资料，同时也是全面了解、研究、传承中华民族历史文化极为重要与珍贵的物化载体。而在当代革命文物中，与民族英雄、革命烈士等相关的文物占有相当大的比重，这些与殡葬相关的遗存，通过殡葬史研究，无疑有着更为重要的现实意义。

可以说，中国殡葬史是中国历史不可或缺的组成部分，而且越是历史久远，殡葬史之于中国历史的重要性就越突出，所占"历史权重"越大；殡葬史越是接近当代，与现实社会的政治、文化、经济等诸多方面的关系就越密切，涉及的社会层面越广泛，它已经成为中国近现代史的重要组成部分。

2. 中国殡葬事业发展需要一部具有时代科学水平的"中国殡葬史"，从而达到以史为鉴。在中国殡葬史的基础之上，建立"殡葬学"学科，进而为新时期的殡葬事业提供坚实的科学支撑

中国有着久远的殡葬历史文化传统，对于殡葬事业的重视是中华

民族历史文化的重要特点之一。在中华民族悠久的历史长河中，殡葬被视为国家大事。先秦时代的《左传·成公十三年》记载："国之大事，在祀与戎。"《左传·文公二年》又载："祀，国之大事也。"所谓"戎"即国家"军事"，"祀"为"祭祀"礼仪，包括吉、凶、宾、军、嘉五礼，对此，《礼记·祭统》认为："礼有五经，莫重于祭。"《礼记·昏义》云："夫礼始于冠，本于昏，重于丧祭，尊于朝聘，和于射乡。"如何在继承优秀传统文化的同时，使殡葬事业科学地发展，仍然是我们当前或今后相当长时间的重要任务。殡葬事业与其他社会事业一样，有其自身的发展规律，研究历史，探索历史规律，服务于社会发展是历史科学的基本任务。

从中国古代历史可以知道，殡葬事业历来被视为国民的"大事"，它关系到社会秩序的稳定、道德情操的培养、家国情怀的凝聚、"友好型"生态社会环境的形成。因此对于殡葬事业，我们必须给予充分重视。基于殡葬事业在社会生活中的重要性、广泛性，以及殡葬事业所涉及的哲学社会科学、自然科学等诸多领域，我们必须以正确的理念、科学的方法建立"科学学科"之一的"殡葬学"。以科学态度、科学方法、科学理论构建当代"殡葬学"，这是使殡葬事业能够健康有序发展的科学支撑与保障。

"殡葬学"作为"学科"，"学科"的学术发展史——"殡葬史"是"殡葬学"的学科发展基础。

3. 考古学、历史学所涉及殡葬学的发展与积累，以及殡葬学自身的学术研究深化，均为编撰中国殡葬史提供了科学条件

重视殡葬活动是中华民族的历史文化传统，上至王室、皇室与达官显贵，下到庶民百姓，概莫如此。从国家层面来看，西周时代已经设置了管理殡葬的官吏，如"墓大夫""冢大夫"等。对于国王、皇帝的陵墓，中央政府有专门的机构负责修建。秦始皇陵的修建就是由丞相李斯总理。汉代皇室少府设有"东园"，专门负责制

造帝王陵墓之中的明器，汉文帝霸陵陪葬坑出土的明器有"东园"陶文戳印。汉文帝去世之后的埋葬，由国家设置的"覆土将军"张武负责。不但陵墓修建有专职官员负责，陵寝祭祀与陵园、陵邑的管理也有相应机构专司其职。达官显贵有墓园，开展祭祀活动。关于秦汉时期的国家殡葬管理制度，《史记》《汉书》《后汉书》中多有记载，尤其是《后汉书·礼仪志》记载更为详尽。秦汉时期，殡葬问题已经被国家最高统治集团置于重要位置，两汉时的汉宣帝、汉章帝亲临"石渠阁"与"白虎观"讨论与殡葬相关的礼制、理论工作。一些在历史上有影响与作为的帝王，如"文景之治"的奠基者汉文帝、大唐王朝开创者唐太宗李世民等，还为殡葬专门颁布诏书。有宋一代编制了《开宝通礼》《礼阁新编》等多部有关丧葬礼仪的典章，使国家的殡葬制度规范化、法制化。正因为殡葬为历代王朝所重视，中国的殡葬文化具有源远流长的历史特点，中国历史上殡葬文化的研究也多为社会所关注。我们研究殡葬史是为了"以史为鉴"，做好现在涉及千家万户的殡葬事业，使殡葬事业与时俱进、科学有序地发展。

中国历史文献中涉及殡葬的内容有很多，如《仪礼》《礼记》《周礼》《左传》等先秦文献，"正史"之中的《礼仪》《祭祀》等相关部分及《通典》《通志》《文献通考》等典籍中的殡葬内容。

近代有不少学者做了一些中国殡葬史的研究工作，形成不少学术成果，如文藻《中国丧礼沿革》[①]、祝止岐《中国丧葬制度考略》[②]等。但是中国殡葬史研究的大发展，应该始于20世纪70年代末80年代初，这一学术发展至今方兴未艾。

20世纪70年代后期以来，关于古代墓葬的历史学、考古学、民

---

① 《新东方》（上海）第 2 卷第 4 期，1941 年 6 月。
② 《国民杂志》第 1 卷第 8 期，1941 年 8 月。

俗学等领域的著作大量出现。① 殡葬史著作的大量出版，无疑推动了
殡葬史研究。

　　近年来，在殡葬史相关著作出版的同时，作为中国古代殡葬文化
研究的基础性科学研究工作，即古代殡葬资料的发现与整理，取得了
丰富成果，它们集中反映在中国境内从史前时期到历史时期（即先秦
至明清时期）的田野考古发现的各类古代墓葬资料上。这些浩如烟海
的考古资料，许多已经经过整理、综合研究，编写出考古发掘报告，
现在已经出版了几百部。这些殡葬学的资料涉及的时代从史前至明
清，涵盖的空间从内地到周边，包括的内容从帝王陵墓到达官显贵墓
葬与一般庶民墓葬及墓地，甚至还有一些社会特殊阶层的"刑徒墓"
"太监墓"等。以此为基础出版的科学著作，如史前时期重要墓葬的
田野考古发掘报告《西安半坡：原始氏族公社聚落遗址》《姜寨——

---

① 如谢敏聪《中国历代帝王陵寝考略》，台北：正中书局，1976；罗哲文、罗扬
《中国历代帝王陵寝》，上海文化出版社，1984；杨宽《中国古代陵寝制度史研究》，上海
古籍出版社，1985；刘庆柱、李毓芳《西汉十一陵》，陕西人民出版社，1987；孙中家、
林黎明《中国帝王陵寝》，黑龙江人民出版社，1987；罗开玉《中国丧葬与文化》，海南
人民出版社，1988；邓子琴《中国风俗史》，巴蜀书社，1988；黄展岳《中国古代的人牲
人殉》，文物出版社，1990；徐吉军、贺云翱《中国丧葬礼俗》，浙江人民出版社，1991；
霍巍、黄伟《四川丧葬文化》，四川人民出版社，1992；邓卓明、邓力《中国葬俗》，重
庆出版社，1992；严昌洪《中国近代社会风俗史》，浙江人民出版社，1992；张捷夫《中
国丧葬史》，台北：文津出版社，1995；李如森《汉代丧葬制度》，吉林大学出版社，
1995；何彬《江浙汉族丧葬文化》，中央民族大学出版社，1995；陈明芳《中国悬棺葬》，
重庆出版社，1996；黄景略等《丧葬陵墓志》，上海人民出版社，1998；万建中编著《中
国历代葬礼》，北京图书馆出版社，1998；徐吉军《中国丧葬史》，江西高校出版社，
1998；王夫子《殡葬文化学——死亡文化的全方位解读》，中国社会出版社，1998；韩国
河《秦汉魏晋丧葬制度研究》，陕西人民出版社，1999；陈华文《丧葬史》，上海文艺出
版社，1999；丁凌华《中国丧服制度史》，上海人民出版社，2000；印群《黄河中下游地
区的东周墓葬制度》，社会科学文献出版社，2001；贺西林《古墓丹青——汉代墓室壁画
的发现与研究》，陕西人民美术出版社，2001；王计生主编《事死如生——殡葬伦理与中
国文化》，百家出版社，2002；周吉平《北京殡葬史话》，北京燕山出版社，2002；徐吉
军《长江流域的丧葬》，湖北教育出版社，2004；石奕龙《中国民俗通志·丧葬志》，山
东教育出版社，2005；贺云翱、郭怡《古代陵寝》，文物出版社，2008；陈华文、陈淑君
《吴越丧葬文化》，华文出版社，2008；刘毅《中国古代陵墓》，南开大学出版社，2010；
陈华文《浙江民间丧俗研究》，上海文艺出版社，2011；李玉洁《先秦丧葬与祭祖研究》，
科学出版社，2015。

新石器时代遗址发掘报告》《舞阳贾湖》《秦安大地湾——新石器时代遗址发掘报告》等；① 夏商周时期的重要墓葬考古发掘报告《辉县发掘报告》《殷墟妇好墓》《张家坡西周墓地》《天马-曲村：1980~1989》《曾侯乙墓》等；② 秦汉时期的重要墓葬考古发掘报告《秦始皇陵兵马俑坑一号坑发掘报告（1974~1984）》《汉杜陵陵园遗址》《西安龙首原汉墓》《长安汉墓》《西安东汉墓》《满城汉墓发掘报告》《长沙马王堆二、三号汉墓（第一卷）：田野考古发掘报告》《西汉南越王墓》《广州汉墓》《汉魏洛阳故城南郊东汉刑徒墓地》等；③

① 河南省文物考古研究所编著《舞阳贾湖》，科学出版社，1999；甘肃省文物考古研究所：《秦安大地湾——新石器时代遗址发掘报告》，文物出版社，2006；中国科学院考古研究所、陕西省西安半坡博物馆编《西安半坡：原始氏族公社聚落遗址》，文物出版社，1963；西安半坡博物馆、陕西省考古研究所、临潼县博物馆：《姜寨——新石器时代遗址发掘报告》，文物出版社，1988；青海省文物管理处考古队、中国社会科学院考古研究所：《青海柳湾——乐都柳湾原始社会墓地》，文物出版社，1984；宁夏文物考古研究所、中国历史博物馆考古部编著《宁夏菜园：新石器时代遗址、墓葬发掘报告》，科学出版社，2003；中国社会科学院考古研究所编著《大甸子——夏家店下层文化遗址与墓地发掘报告》，科学出版社，1996；新疆文物考古研究所编著《新疆察吾呼——大型氏族墓地发掘报告》，东方出版社，1999。

② 中国社会科学院考古研究所编著《殷墟妇好墓》，文物出版社，1980；江西省博物馆、江西省文物考古研究所、新干县博物馆：《新干商代大墓》，文物出版社，1997；中国社会科学院考古研究所编著《滕州前掌大墓地》，文物出版社，2005；中国社会科学院考古研究所编著《张家坡西周墓地》，中国大百科全书出版社，1999；北京市文物研究所编《琉璃河西周燕国墓地：1973~1977》，文物出版社，1995；北京大学考古学系商周组、山西省考古研究所编著《天马-曲村：1980~1989》，科学出版社，2000；广西文物考古研究所、南宁市博物馆编著《广西先秦岩洞葬》，文物出版社，2007；河南省文物考古研究所、三门峡市文物工作队编著《三门峡虢国墓》，文物出版社，1999；河南省文物考古研究所编著《新郑郑国祭祀遗址》，大象出版社，2006；山西省考古研究所、太原市文物管理委员会：《太原晋国赵卿墓》，文物出版社，1996；湖北省博物馆编《曾侯乙墓》，文物出版社，1989；云梦睡虎地秦墓编写组编《云梦睡虎地秦墓》，文物出版社，1981；湖北省荆州地区博物馆：《江陵雨台山楚墓》，文物出版社，1984；湖北省荆沙铁路考古队编《包山楚墓》，文物出版社，1991；河北省文物研究所编著《厝墓：战国中山国国王之墓》，文物出版社，1996；浙江省文物考古研究所、绍兴县文物保护管理所编著《印山越王陵》，文物出版社，2002；山东省文物考古研究所编著《临淄齐墓》第1集，文物出版社，2007；中国科学院考古研究所编著《辉县发掘报告》，科学出版社，1956。

③ 咸阳市文物考古研究所编著《任家咀秦墓》，科学出版社，2005；咸阳市文物考古研究所编著《塔儿坡秦墓》，三秦出版社，1998；陕西省考古研究所、始皇陵秦俑坑考古发掘队编著《秦始皇陵兵马俑坑一号坑发掘报告（1974~1984）》；陕西省考古研究所（院）、秦始皇兵马俑博物馆编著《秦始皇帝陵园考古报告》（1999、2000、2001~2003），科学出版社、

魏晋南北朝时期的重要墓葬考古发掘报告《大同南郊北魏墓群》《磁县湾漳北朝壁画墓》《西安北周安伽墓》等；[①] 中古时代及其以后的墓葬考古报告《唐睿宗桥陵》《唐长安城郊隋唐墓》《南唐二陵发掘报告》《北宋皇陵》《白沙宋墓》《西夏陵》《辽陈国公主墓》《北京金代皇陵》《定陵》等。[②] 此外还有周边地区及其族群的古代墓葬考

文物出版社，2000~2007；中国社会科学院考古研究所编著《汉杜陵陵园遗址》，科学出版社，1993；西安市文物保护考古所编著《西安龙首原汉墓》，西北大学出版社，1999；西安市文物保护考古所、郑州大学考古专业编著《长安汉墓》，陕西人民出版社，2004；西安市文物保护考古所编著《西安东汉墓》，文物出版社，2009；中国社会科学院考古研究所、河北省文物管理处编《满城汉墓发掘报告》，文物出版社，1980；大葆台汉墓发掘组、中国社会科学院考古研究所编著《北京大葆台汉墓》，文物出版社，1989；徐州博物馆、南京大学历史学系考古专业编著《徐州北洞山西汉楚王墓》，文物出版社，2003；河南省商丘市文物管理委员会、河南省文物考古研究所、河南省永城市文物管理委员会编著《芒砀山西汉梁王墓地》，文物出版社，2001；湖南省博物馆、湖南省文物考古研究所编著《长沙马王堆二、三号汉墓（第一卷）：田野考古发掘报告》，文物出版社，2004；湖南省博物馆、湖南省文物考古研究所、长沙市博物馆、长沙市文物考古研究所编著《长沙楚墓》，文物出版社，2000；广州市文物管理委员会、中国社会科学院考古研究所、广东省博物馆编《西汉南越王墓》，文物出版社，1991；中国社会科学院考古研究所、广州市文物管理委员会、广州市博物馆编《广州汉墓》，文物出版社，1981；广西壮族自治区博物馆：《广西贵县罗泊湾汉墓》，文物出版社，1988；广西壮族自治区文物工作队、合浦县博物馆编著《合浦风门岭汉墓——2003~2005年发掘报告》，科学出版社，2006；中国社会科学院考古研究所编《汉魏洛阳故城南郊东汉刑徒墓地》，文物出版社，2007。

① 朱希祖等：《六朝陵墓调查报告》，线装书局，2006年影印本；山西大学历史文化学院、山西省考古研究所、大同市博物馆编著《大同南郊北魏墓群》，科学出版社，2006；中国社会科学院考古研究所、河北省文物研究所编著《磁县湾漳北朝壁画墓》，科学出版社，2003；山西省考古研究所、太原市文物考古研究所：《北齐东安王娄睿墓》，文物出版社，2006；咸阳市文物考古研究所编著《咸阳十六国墓》，文物出版社，2006；员安志编著《中国北周珍贵文物——北周墓葬发掘报告》，陕西人民美术出版社，1993；陕西省考古研究所编著《西安北周安伽墓》，文物出版社，2003。

② 美茵兹罗马-日耳曼中央博物馆、陕西省考古研究所编《唐睿宗桥陵》，德国 Dam Stadt 出版，2002；陕西省考古研究所、陕西历史博物馆、礼泉县昭陵博物馆编著《唐新城长公主墓发掘报告》，科学出版社，2004；中国社会科学院考古研究所编著《唐长安城郊隋唐墓》，文物出版社，1980；中国科学院考古研究所编著《西安郊区隋唐墓》，科学出版社，1966；陕西省考古研究院、西北大学文博学院编著《陕西凤翔隋唐墓——1983~1990年田野考古发掘报告》，文物出版社，2008；陕西省考古研究所、临潼县文物园林局《唐惠昭太子陵发掘报告》，三秦出版社，1992；山西省考古研究所、太原市文物考古研究所、太原市晋源区文物旅游局编著《太原隋虞弘墓》，文物出版社，2005；中国社会科学院考古研究所编著《六顶山与渤海镇：唐代渤海国的贵族墓地与都城遗址》，中国大百科全书出版社，1997；

古报告。①

至于相关考古新发现的发掘简报、中篇报告更是数以万计，它们绝大多数发表在《考古学报》《考古》《文物》《考古与文物》《华夏考古》《中原文物》《南方文物》《四川文物》《江汉考古》《东南文化》《文博》《文物春秋》等考古、文博类专业期刊上。

近百年来积累的考古发现资料与考古学研究成果，基本涵盖了中国古代各个地区、各个时代、各个民族的墓葬概况。相比传统历史文献记载而言，这些墓葬考古资料更为细化、更为深化、更为科学化，最大限度地减少了"人为"之"干扰"。我们还应该注意到，上述考古资料主要与"葬"相关，涉及"殡"与"祭"的内容极少。考古报告更多关注资料的描述与类比，这在学科建立初期是必然的，但是资料积累到一定程度，应该更要重视墓葬考古资料所揭示的墓葬修建

中国社会科学院考古研究所、呼伦贝尔民族博物馆、海拉尔区文物管理所编著《海拉尔谢尔塔拉墓地》，科学出版社，2006；南京博物院编著《南唐二陵发掘报告》，文物出版社，1957；冯汉骥：《前蜀王建墓发掘报告》，文物出版社，1964；四川省文物考古研究所、成都市文物考古研究所、泸州市博物馆、泸县文物管理所编著《泸县宋墓》，文物出版社，2004；四川省文物考古研究院、广安市文物管理所、华蓥市文物管理所编著《华蓥安丙墓》，文物出版社，2008；河南省文物考古研究所编著《北宋皇陵》，中州古籍出版社，1997；宿白：《白沙宋墓》，文物出版社，1957；宁夏文物考古研究所编著《西夏陵》，东方出版社，1995；宁夏文物考古研究所编著《闽宁村西夏墓地》，科学出版社，2004；内蒙古自治区文物考古研究所、哲里木盟博物馆编《辽陈国公主墓》，文物出版社，1993；河北省文物研究所编著《宣化辽墓——1974~1993 年考古发掘报告》，文物出版社，2001；北京市文物研究所编《北京金代皇陵》，文物出版社，2006；中国社会科学院考古研究所、定陵博物馆、北京市文物工作队编《定陵》，文物出版社，1990；北京市文物研究所：《北京工商大学明代太监墓》，知识产权出版社，2005。

① 成都文物考古研究所编著《成都商业街船棺葬》，文物出版社，2009；四川省博物馆编《四川船棺葬发掘报告》，文物出版社，1960；云南省博物馆《云南晋宁石寨山古墓群发掘报告》，文物出版社，1959；云南省文物考古研究所、昆明市博物馆、官渡区博物馆编著《昆明羊甫头墓地》，科学出版社，2005；云南省文物考古研究所、玉溪市文物管理所、江川县文化局编《江川李家山——第二次发掘报告》，文物出版社，2007；贵州省文物考古研究所编《赫章可乐：2000 年发掘报告》，文物出版社，2008；魏坚主编《内蒙古地区鲜卑墓葬的发现与研究》，科学出版社，2004；吉林省文物考古研究所、集安市博物馆编《集安高句丽王陵——1990~2003 年集安高句丽王陵调查报告》，文物出版社，2004。

者的意图及其产生的社会作用。再者，有些考古资料本来可以对"殡""葬""祭"三方面进行综合研究，而多年来有些考古学家只是局限于对墓葬本体的遗迹与遗物进行研究，而涉及实施墓葬活动主体的"人"与"葬"的前后之"殡"与"祭"相关的活动研究似有不足，然而这些活动恰恰蕴含着更为深刻的思想、更为丰富的历史内涵。近百年来中国考古学在墓葬考古方面所取得的丰富古代墓葬资料与研究成果，无疑对新时期撰写中国殡葬史提出了更高的要求。

二 殡葬史写什么

殡葬史是人类殡葬活动的历史，殡葬史兼具精神与物质两方面内容。其精神方面包括探索人类殡葬意识、思维、观念、思想的产生和发展，以及殡葬制度、礼仪与礼俗等；物质方面涵盖了与殡葬活动相关的殡、葬、祭活动中的物化载体，如墓地、坟丘、墓室、葬具、陪葬品等，还有殡与祭的场所及其过程。通过中国古代殡葬史研究，揭示其历史发展规律，从而"以史为鉴"，在新时代更为科学地发展殡葬事业。

1. 殡葬意识、思维、观念、思想的产生和发展及其所反映的社会历史发展变化

从人类历史发展来看，墓葬不是与人类同时"诞生"的，人类在自己的"幼年""童年"时代，一直没有墓葬的意识、观念、思想。随着历史的发展，人类群体、个体的"亲情""感情"意识的产生并逐渐得以确认，以及其中逝者在生者的梦境中的多次"再现"，使生者认为人是"二元"的人，即"肉体"的人与"灵魂"的人。在我们的先民看来，"肉体"的人有生与死两种状态，"灵魂"的人则是永生的。对人之"灵魂"永恒存在的推测，在出现基本定居的生存状态下，产生了对故去成员遗体的埋葬活动。所以说殡葬是人类发展到一定阶段的产物，殡葬是人类与动物的重要区别之一，是作为生物的

人所特有的意识、思维、思想、经济发展的结果，是人类从"蒙昧"向"野蛮"时代发展的标志。

墓葬的出现是人类发展与进步的体现，人类虽然有着 200 多万年的历史，但就世界历史而言，目前所知最早的墓葬发现于欧洲尼安德特人的文化遗址中，距今约 7.5 万年至 3.5 万年的旧石器时代中晚期。属于这一时期的墓葬考古发现多在欧洲，如法国中部多尔多涅地区费拉西（Ferrassie）洞穴、谢卓尔奥珊洞穴（Chapelle-aux saints）、科雷兹的拉沙伯尔村洞穴，以及乌兹别克斯坦的捷希克-塔什（Teshik-Tash）洞穴等。旧石器时代中晚期人类居住在洞穴中，死后就埋葬在其居住的洞穴之下。

中国目前发现的最早的墓葬是距今约 1.8 万年的北京山顶洞人遗址，是旧石器时代晚期山顶洞人的居址与墓地，遗址上部（即"上室"）为山顶洞人的房屋，下部（即"下室"）是山顶洞人的墓葬。墓葬中的 3 个成年人为一男两女，他们周围的随葬品有其生产活动的工具（石器），也有骨坠、河蚌、穿孔介壳、钻孔兽齿、石珠等装饰品，这些应该是当时人们生产生活的重要构成物。[①] 山顶洞人的上室与下室是当时人们"二元世界"——"阳间世界"与"阴间世界"的空间载体。考古学家把山顶洞人遗址的下室墓葬称为"居室葬"是有道理的。这种居室葬是旧石器时代晚期与新石器时代早期流行的墓葬形式，如新石器时代早期的黑龙江省依兰县倭肯哈达洞穴[②]、江西万年仙人洞遗址[③]、广西桂林甑皮岩洞穴遗址中发现的墓葬[④]，均属于居室葬。居室葬是中国乃至

---

① 贾兰坡、甄朔南：《原始墓葬》，《史学月刊》1985 年第 1 期。

② 李文信：《依兰倭肯哈达的洞穴》，《考古学报》第 7 册，中国科学院，1954。

③ 江西省文物管理委员会：《江西万年大源仙人洞洞穴遗址试掘》，《考古学报》1963 年第 1 期；江西省博物馆：《江西万年大源仙人洞洞穴遗址第二次发掘》，《文物》1976 年第 12 期；彭适凡：《万年仙人洞新石器早期文化的几个问题》，《江西历史文物》1981 年第 2 期；严文明、彭适凡：《仙人洞与吊桶环——华南史前考古的重大突破》，《中国文物报》2000 年 7 月 5 日。

④ 广西壮族自治区文物工作队、桂林市革命委员会文物管理委员会：《广西桂林甑皮岩洞穴遗址的试掘》，《考古》1976 年第 3 期；中国社会科学院考古研究所、广西壮族自治区文物工作队、桂林甑皮岩遗址博物馆、桂林市文物工作队编《桂林甑皮岩》，文物出版社，2003。

世界古代墓葬的最早形式。房屋之中为人们的居室，居室之下就是其死后的墓室，形成人的生死两界空间。这种埋葬方式一直延续到新石器时代中期个别地区，如内蒙古赤峰市敖汉旗兴隆洼遗址，在180余座房屋遗址中，有居室葬墓葬30余座，[①] 但是这些居室葬被发掘者认为是墓葬制度中的一种特殊形式，是生者对死者祭祀崇拜的反映。[②]

从新石器时代中期开始，随着社会经济的发展、社会组织的变化、贫富差距的出现，家庭与家族、氏族、部落相继出现，墓葬的内容与形式也发生了相应改变。从田野考古资料来看，自新石器时代中期开始，墓葬与居址已经分开，"阳间世界"与"阴间世界"不再是"上下重叠"，而是各有其地，如湖南澧县八十垱聚落遗址发现的百余座墓葬均分散在居址周围，但没有形成聚落墓地。[③] 而在黄河中下游地区考古发现的新石器时代中期的遗存中，墓地已经广泛出现，其中以裴李岗文化墓地最具特色，体现在河南新郑裴李岗遗址[④]、郏县水泉遗址[⑤]、舞阳贾湖遗址的几处墓地。[⑥]

从墓葬发展历史可以看出，墓葬出现之后，随着人类历史发展而

---

① 中国社会科学院考古研究所内蒙古工作队：《内蒙古敖汉旗兴隆洼遗址发掘简报》，《考古》1985 年第 10 期；中国社会科学院考古研究所内蒙古工作队：《内蒙古敖汉旗兴隆洼聚落遗址 1992 年发掘简报》，《考古》1997 年第 1 期。

② 杨虎、刘国祥：《兴隆洼文化居室葬俗及相关问题探讨》，《考古》1997 年第 1 期。

③ 湖南省文物考古研究所：《湖南澧县梦溪八十垱新石器时代早期遗址发掘简报》，《文物》1996 年第 12 期；中国社会科学院考古研究所编著《中国考古学·新石器时代卷》，中国社会科学出版社，2010，第 168、172 页。

④ 开封地区文管会、新郑县文管会：《河南新郑裴李岗新石器时代遗址》，《考古》1978 年第 2 期；中国社会科学院考古研究所河南一队：《1979 年裴李岗遗址发掘简报》，《考古》1982 年第 4 期；中国社会科学院考古研究所河南一队：《1979 年裴李岗遗址发掘报告》，《考古学报》1984 年第 1 期。

⑤ 中国社会科学院考古研究所河南一队：《河南郏县水泉新石器时代遗址发掘简报》，《考古》1992 年第 10 期；中国社会科学院考古研究所河南一队：《河南郏县水泉裴李岗文化遗址》，《考古学报》1995 年第 1 期。

⑥ 中国社会科学院考古研究所编著《中国考古学·新石器时代卷》，第 139 页；李友谋：《裴李岗文化墓葬初步考察》，《中原文物》1987 年第 2 期。

不断变化，墓葬从房屋之内（居室葬）发展到房屋之外，又从房屋附近发展到聚落之旁。墓葬的组成由旧石器时代中晚期至新石器时代早期的"单体型"，变成新石器时代中晚期的"聚合型"，由个人墓葬发展为家族、氏族墓地。随着社会生产力的发展、财富的进一步增加、穷人与富人的分化、人群的分层，新石器时代末期墓葬规格、随葬品及墓地规模也出现了巨大变化。

当我们祖先告别了原始社会，他们的另一个世界——"阴间世界"也就从墓葬发展为"三位一体"的"殡"、"葬"与"祭"。

人去世之后，置于葬具（如棺椁）之中，在棺柩下葬之前，需要将柩放在某一地方停留一段时间，这称为"殡"。殡是社会发展到一定阶段的产物，新石器时代晚期或末期，殡伴随着社会分层而出现。[①]社会发展、贫富分化，"事死如事生"的墓葬自然也就出现了"分层""分级"。层级越高的墓葬，修建的工程越大、随葬品越多、葬具越复杂，与之相应的是祭祀礼仪安排得越多、越复杂，于是等待埋葬的时间越长。

死者因其身份、地位之不同，殡的时间长短、形式与礼仪等也不一样，对此历史文献有明确记载。《礼记·王制》记载："天子七日而殡，七月而葬；诸侯五日而殡，五月而葬；大夫、士、庶人三日而殡，三月而葬。"《礼记·丧大记》载："君殡用辁，攒至于上，毕涂屋；大夫殡以帱，攒置于西序，涂不暨于棺；士殡见衽，涂上，帷之。"殡的礼仪活动中使用的粮食种类、数量也因死者"级别"不同

---

① 关于殡产生的原因，学术界有不同说法，如李玉洁《先秦丧葬与祭祖研究》（科学出版社，2015，第 242 页）认为："我国古代丧葬之礼中这种先殡后葬形式可能与原始社会的'二次葬'有一定的渊源关系。远古时期的人们认为，如果人死了，那么死者的肉体留在人世，灵魂可以到另一个世界上去。春秋战国时期，在人死后，停留一定的殡期再行埋葬，可能是人们不愿意亲人死后，马上就到那个幽深的世界，希望死者继续在亲人身边一段时间，再去阴间生活。实行二次葬葬俗的原因主要是受原始的灵魂不死观念的支配。周人的这种先殡一定时期，再行埋葬的风俗可能是原始部落先民的二次葬俗演化而来的。殡，也可能是表示对死者的留恋。"

而不一。《礼记·丧大记》云："熬，君四种八筐，大夫三种六筐，士二种四筐，加鱼腊焉。"国君用黍、稷、稻、粱，大夫用黍、稷、粱，士用黍、稷。

在殡的活动期间，举行各种各样的祭祀，其中主要的就是朝夕奠、朔月奠、荐新奠等，还有卜筮葬地、葬日，以及安排随葬物品。

所谓"葬"就是"藏"，即埋葬死者，而埋葬死者的"空间"为墓。对此，《中国大百科全书·考古学》认为："人类将死者的尸体或尸体的残余按一定的方式放置在特定的场所，称为'葬'。用以放置尸体或其残余的固定设施，称为'墓'。在中国考古学上，两者常合称为'墓葬'。"① 考古学上所说的"墓葬"也就是殡葬文化中的"葬"。所谓"墓葬"，与"坟墓"不是一个概念，我们现在通常所说的"坟墓"有"墓"与"坟"两方面内容。"墓"是地面之下安葬死者的设施；"坟"是墓之上"墓葬"的标志性设施。如果说"葬"（即"墓葬"）早在旧石器时代中期已经出现的话，那么"坟"的出现应该是很晚的事情了，上古时代墓上没有封土，所谓"古之葬者，厚衣之以薪，藏之中野，不封不树"。② 由于没有丘垄，西汉时期的人们也不知道殷汤葬在什么地方。对于周、秦时期的一些著名历史人物，像周文王、周武王和周公，以及秦穆公、樗里子等，西汉大学者刘向也是只知葬地，找不到墓冢。③《礼记·檀弓》记载："国子高曰：'葬也者，藏也。藏也者，欲人之弗得见也。'"大概这是不起坟的原因之一。孔子曾经对当时社会上修建坟的现象不满，发出了古代"墓而不坟"的感慨，责难古风不存。

关于墓葬封土的出现时代，考古资料揭示应该比上述文献记载要早一些，有封土的墓葬早在商代已经出现。在河南罗山县蟒张乡天湖

---

① 《中国大百科全书·考古学》，中国大百科全书出版社，1986，第665页。
② 《周易》卷8，《十三经注疏》，中华书局，1980，第87页。
③ 《汉书》卷36《楚元王传》，中华书局，1962，第1952页。

村考古发现的商代晚期墓葬（M41），为长方形竖穴土坑木椁墓，残留封土，高约 30 厘米，推测原封土高约 1.5 米。[①] 在殷墟发现的妇好墓以及大司空村商代墓葬，均在墓圹的上部发现有和填土相连的夯土台基以及柱洞、砾石柱础等遗迹。[②] 东周时期发现的最早的封土墓是春秋早期河南光山县宝相寺的黄君孟暨夫人合葬墓，封土高 7～8米；[③] 河南省固始县侯古堆春秋晚期墓葬的坟丘高 7 米、直径 55 米。[④] 出现如此高大的坟丘，可能是受东南吴越地区大土墩墓的影响。春秋战国之际，高大墓冢发现较多，如安徽淮南蔡家岗的蔡国大墓以及湖北、湖南和河南等地的楚墓等，这与文献记载是一致的，《墨子·节葬》曰："王公大人有丧者，曰棺椁必重，葬埋必厚，衣衾必多，文绣必繁，丘陇必巨。"

至于现存的国君陵墓封土，最早的是战国时期的，如咸阳的秦惠文王公陵、安徽寿县的楚幽王墓、湖北随县的曾侯墓、河北邯郸的赵王陵、河北易县燕下都的燕王陵和山东临淄的齐王陵等。秦始皇陵墓的封土极其高大，在中国古代帝陵封土中登峰造极。

考古资料已经证实，墓上筑造高大坟丘之前，在一些大型墓葬上往往有"享堂"一类建筑。享堂基址一般坐落在墓上，前者面积大于后者，如安阳大司空村墓地的 311 号墓和 312 号墓，[⑤] 近年发现的妇好墓，[⑥] 其上均有享堂的遗迹。至于商代王陵，从 1001 号大墓发掘情

① 河南省信阳地区文管会、河南省罗山县文化馆：《罗山天湖商周墓地》，《考古学报》1986 年第 2 期。

② 中国社会科学院考古研究所编著《殷墟的发现与研究》，科学出版社，1994，第71 页。

③ 河南信阳地区文管会、光山县文管会：《春秋早期黄君孟夫妇墓发掘报告》，《考古》1984 年第 4 期。

④ 固始侯古堆一号墓发掘组：《河南固始侯古堆一号墓发掘简报》，《文物》1981 年第1 期。

⑤ 马得志、周永珍、张云鹏：《一九五三年安阳大司空村发掘报告》，《考古学报》1955 年第 1 期。

⑥ 中国社会科学院考古研究所编著《殷墟的发现与研究》，第 71 页；杨鸿勋：《战国中山王陵及兆域图研究》，《考古学报》1980 年第 1 期。

况来看，墓上亦建有享堂。① 就目前所知，墓上建享堂，最迟在商代就已经出现了，一直延续到战国时期。如在邯郸的赵王陵中，陵墓封土上有许多瓦片等建筑材料，推测这是当时封土之上享堂之类的建筑遗物。② 考古发掘探明，河北平山的中山国王陵的享堂规模已相当大。③ 享堂的地基处理，由简单、低矮到逐渐复杂、高大。到了后来，随着高台建筑的流行，享堂也采用了这种建筑形式。春秋战国时期流行的高大墓冢，实际上是从高台建筑的享堂发展而来的。随着墓上高大土冢的兴修，在墓上就不太常建享堂了。此后具有享堂性质的建筑不在墓上，而是移至坟墓之旁。

从战国时期开始出现并逐渐流行的帝王陵墓的大型封土建筑，显然是受到当时盛行的高台宫殿建筑风格的影响。如考古发现的秦咸阳宫第一号宫殿建筑遗址④、燕下都南北排列在一条主轴线上的 1~4 号高台建筑基址（1 号"武阳台"、2 号"望景台"、3 号"张公台"、4 号"老姆台"）⑤、邯郸赵王城西城的"龙台"（现存东西宽 264 米、南北长 296 米、高 15.6 米）⑥、齐临淄城宫城的"桓公台"（现存东西宽 96 米、南北长 108 米、高 14 米）⑦、号称"天下第一台"的楚灵王章华台等。由于陵墓是宫殿的缩影，封建王朝最高统治者营建高台宫殿建筑与构筑高大陵墓，显然都是为了显示自己拥有至高无上的权力，因此《礼记·礼器》认为上述社会现象说明"有以大为贵者：

①　梁思永、高去寻：《侯家庄·第二本·1001 号大墓》，台北：中研院历史语言研究所，1962。

②　河北省文物管理处、邯郸市文物保管所：《赵都邯郸故城调查报告》，《考古学集刊》第 4 集，中国社会科学出版社，1984。

③　河北省文物研究所编著《厝墓：战国中山国国王之墓》，第 13~22 页。

④　陕西省考古研究所编著《秦都咸阳考古报告》，科学出版社，2004，第 283~356 页。

⑤　河北省文物研究所：《燕下都》，文物出版社，1996，第 22~28 页。

⑥　河北省文物管理处、邯郸市文物保管所：《赵都邯郸故城调查报告》，《考古学集刊》第 4 集。

⑦　山东省文物考古研究所编著《临淄齐故城》，文物出版社，2013，第 30~33 页。

宫室之量，器皿之度，棺椁之厚，丘封之大。此以大为贵也"。

国君、帝王陵墓不但封土高大，而且这成为一种特权，由此发展为墓葬封土的高低成为社会地位高低的标志。[①] 历史文献记载："天子即位，明年将作大匠营陵地，用地七顷，方中用地一顷，深十三丈，堂坛高三丈，坟高十二丈。"[②] 西汉帝陵的考古发现也证实了上述历史文献记载，西汉帝陵封土高为 30~32 米（除汉武帝茂陵封土高 48 米之外）。西汉时期的帝陵附近陪葬墓很多，但是至今没有发现一座官员的墓葬封土高度与帝陵封土相同者，它们均低于帝陵陵墓。[③] 不但墓葬封土高低根据死者生前地位有着明显等级区别，就是坟墓之上种植的树木也不相同，有着严格的规定。[④] 在唐代帝陵的陪葬墓中，不同级别的官员与贵族封土的高低也有明文规定。唐代规定一品官陪葬帝陵时，其坟墓高一丈八尺；二品官以下，每低一品，其坟高减低二尺。显然，封土高低成为当时墓主人地位高低的标志。就此而言，封土要比墓主人在墓室中的随葬品更为引人关注。

国君把葬身的陵墓视作生前宫殿，而且从建筑规模上来说，帝王陵墓的封土远远超过其高台宫殿建筑，这更可以看出他们多么重视自己的葬仪。

"坟"的出现是殡葬发展史上的一个重要节点，它标志着殡葬文化的政治性、标识性功能的凸显与强化。殡葬已经从过去生者对逝者的怀念发展到对逝者生前的社会资源、政治资源的进一步开发、利用。坟是阶级社会的殡葬文化从地下的感情寄托、哀思表达，发展到地上的服务于生者社会、政治需要的载体，古代社会的坟越来越变成

---

① 《礼记·月令》记载："饬丧纪，辨衣裳，审棺椁之厚薄，茔丘垄之大小、高卑、厚薄之度，贵贱之等级。"

② 孙星衍等辑《汉官六种》之《汉旧仪》，中华书局，1990，第 106 页。

③ 刘庆柱、李毓芳：《西汉十一陵》，第 216 页。

④ 《白虎通·崩薨篇》引《礼纬·含文嘉》载："天子坟高三仞，树以松；诸侯半之，树以柏；大夫八尺，树以栾；士四尺，树以槐；庶人无坟，树以杨柳。"

社会等级的政治符号与标志。

人类从开始对逝者埋葬，到形成殡葬经过了漫长历史。真正的殡葬活动，从考古发现来看，可能在人类社会"文明形成"之后，也就是上古的夏商时期。而殡葬作为一种成熟礼仪，大约出现在西周时期，那时丧礼、丧服制度已见端倪，春秋战国时期中国古代殡葬礼仪全面形成，此后对两千多年的中国古代社会产生了巨大而深远的影响。

"殡""葬"之后的"祭"，是殡葬文化的重要组成部分。一般来说，祭是从墓祭发展为庙祭，后来又专门设置祭奠故人的日期。所谓"墓祭"就是在坟墓附近的祭祀，这种祭祀活动应该是在从帝王、达官显贵到平民百姓的殡葬文化之中普遍存在，并且延续的时代很长，有些至今依然以各种各样的形式表现出来。《后汉书》记载"古不墓祭"是不准确的，① 其实历史文献中对于墓祭活动就有记载，如《史记·周本纪》："武王上祭于毕。"《集解》引马融曰："毕，文王墓地名也。"考古发现的墓祭活动时代更早，如考古工作者在安阳殷墟王陵区的东区勘探和发掘了 191 座祭祀坑。这些祭祀坑，根据其排列的疏密、深浅和大小，可分为 22 组，每组多者 47 坑，少者仅 1 坑。这些坑分布在王陵东区的几座大陵墓之间，应是若干次祭祀陵墓后的遗迹。② 这里属于商王室在王陵区祭祀先祖的公共祭祀场所。不管这些是用以祭祀整个王陵区，或祭祀其中某个王陵，性质都一样，即属于墓祭活动遗存。这表明商代已出现了对陵墓的祭祀。再如，安阳殷墟商王武丁后妃的妇好墓之上有房屋类建筑遗存，③ 在 20 世纪 50 年代初安阳大司空村商代墓葬之上也发现了用于祭祀活动的建筑遗迹。东周时期的秦公陵园之中，考古发现多座君王或其后妃的墓上有房屋一

---

① 《后汉书·祭祀志下》，中华书局，1965，第 3199 页。
② 中国社会科学院考古研究所编著《殷墟的发现与研究》，第 115~117 页。
③ 中国社会科学院考古研究所编著《殷墟的发现与研究》，第 71 页。

类的建筑遗存。战国时期的河南辉县固围村魏国大墓之上也发现了建筑遗存。特别是河北平山县战国时期中山王厝墓出土的一件错金银铜版"兆域图"，它实际上就是中山国王陵陵园"规划图"，其上标示出"王堂""哀后堂""王后堂"，它们分别是中山国王与哀后、王后的"堂"。根据《礼记·礼器》"设祭于堂"，中山国王陵出土"兆域图"上的刻铭"堂"应该是用于祭祀的。这也就是历史文献记载中的"享堂"。王陵之上考古发掘的"堂"的遗址也佐证了"兆域图"关于"享堂"的刻文。

进入秦汉时期，陵墓的祭祀活动则由墓葬之上的享堂移至陵墓之旁的寝园或陵庙之中。汉代部分墓葬的附近设置了祠堂之类的墓祭建筑。

中国古代殡葬制度的起源可以追溯到先秦时期，然而作为国家统一规制的系统殡葬祭祀礼仪，应该形成于秦汉时期，此后一直为历代王朝所沿用，只是随着时代发展，更加强化以社会等级、地位为核心的殡葬祭祀的重要社会功能。祭祀礼仪是维护封建社会统治与宗法社会体系的根本需要。当然古代殡葬礼仪中也有一些中华民族优秀传统文化值得重视，如"孝""节葬"思想等，它们或是增加了社会、家庭与家族、国家的凝聚力，或是反映了朴素的唯物史观与进步的政治理念。

2. 殡葬礼制与殡葬民俗

关于殡葬活动，古人制定了很多的礼，它们贯穿于"殡""葬""祭"活动的全过程。《周礼》、《礼记》和《仪礼》（合称"三礼"）是研究殡葬礼仪最为重要的历史文献，而三代以后的殡葬礼仪，基本上是承袭"三礼"中《礼记》所记载的礼制。上述有关殡葬礼仪的历史文献，是中国古代社会殡葬礼制文献的基础，它们支撑了长期以来中国的殡葬礼仪活动，也成为中国殡葬史研究的基础性文献。但是需要指出的是，包括"三礼"在内的先秦、秦汉及其以后历代关于殡葬礼仪的文献，与近年来的相关考古发现和研究所取得的认识，存在一定差距，这是以往殡葬史研究很少关注的。随着时代的发展、科学的进步，不同学科的互补使历史学学科的局限性在缩小，科学性在增强。因此殡葬礼仪研究中的多学科结合是我们当代撰写殡葬史过程中所必须予以充分重视的。

殡礼的内容比较多，如丧者亲属服丧期间之衣食住行等方方面面。

从国家层面而言，中国古代殡葬礼制是早熟的，其功能是维护国家秩序的法制延续。但是涉及广大民众的殡葬活动，基本上是以不同时期社会主导文化为基础的殡葬礼制与地方民间葬俗相结合的形式进行。民间葬俗是由于各个地区社会发展进程不同、自然地理环境不同、生活内容不同、文化背景不同、宗教信仰不同而各自形成的。但是各地不同的殡葬民俗，只是中华民族殡葬历史文化"大同"之中的"小不同"，或谓"大同"之中的"小异"。所谓中华民族殡葬文化"大同"之实质，就是殡葬中的"阴阳"二元世界的哲学理念、宗法社会的等级观念、父系社会的家族信念等。

3. 墓地与坟墓

墓地是墓葬的空间载体，墓地的选择是墓葬的前提。从长时段来看，墓地与居址的选址原则基本相同，即居高临下、背山面水。古人这样选择，不是什么风水问题，主要是对于居址的实际需要而在墓地选择上的表现。在远古时代，人类改造周围环境的能力十分有限，充分利用地利是其必然选择。居高临下、背山面水是为了居址与居住者的生活安全、方便、舒适。而墓地作为人们的"阴宅"，其仿照"阳宅"进行规划、营造是中国古代殡葬文化的重要特点。时代越早，墓地与居址的相对位置距离越近，最早的墓葬就埋葬在居室之下，称为"居室葬"。随着时代发展，从居室葬发展为家族、氏族墓地，居址规模越来越大，墓葬被安排得与居址越来越远，但是所谓"越远"也不过是在族群聚落空间范围之内，而不会置于其外。从新石器时代中期开始，墓葬已经置于房屋之外的居址与聚落附近。新石器时代晚期，在聚落之旁已经形成专用的家族或氏族墓地（墓区），这种传统一直延续到近代，近代大多数农村村民的墓地，就安排在其村庄附近。这与中国古代的宗法制社会是相适应的，或者说宗法制社会影响着墓地与居址的空间布局。

帝王陵墓的墓地选择也是遵循上述原则。百姓"叶落归根"，葬于其故地。帝王以国为家，都城是国家的缩影与代表，自然帝王去世后要葬于都城附近，陵墓成为其都城的组成部分。

从古代帝王陵墓的考古发现来看，时代越早的帝王陵墓离都城越近，时代越晚距离越远。考古发现的殷墟商王陵在都城宫殿区西北部2.5公里的西北岗，其地势高于殷墟宫殿区的小屯一带。洛阳东周王陵分为周山、王城和金村3个陵区。周山位于东周王城西南约5公里处，因东周王陵位于此山而得名。相传这里有周敬王、悼王、定王和灵王的陵墓。王城陵区位于东周王城东北约10公里，汉魏洛阳城北部偏西的金村一带。秦陵包括春秋战国时期秦都雍城和咸阳附近的秦国君陵墓。秦国国君均葬于今凤翔县尹家务至宝鸡市阳平的三畤原上。根据陵园内的兆沟设置，可分为14座分园，每座分陵园由数量不等和类型不同的大墓组成。国君陵区与都城雍城隔雍水南北相望。①战国时代中期，秦孝公迁都咸阳，秦王室分别在咸阳城西北与东南的芷阳城东建造了王室陵区。咸阳陵区在秦咸阳城西北部，以前古人多认为这里的大墓为"周陵"，20世纪70年代以后考古工作者通过田野考古工作，已经确认这些大墓为战国时期的秦王陵。② 芷阳陵区位

---

① 韩伟、焦南峰：《秦都雍城考古发掘研究综述》，《考古与文物》1988 年第 5、6 期合刊。

② 刘庆柱：《咸阳地区历史文物概况》，陕西人民出版社，1973；刘庆柱、李毓芳：《西汉十一陵》；刘卫鹏、岳起：《咸阳塬上"秦陵"的发现和确认》，《文物》2008 年第 4 期。

于咸阳以东（或相对雍城先秦秦陵区往东），故名"东陵"。东陵区位于今陕西省西安市临潼区斜口乡东南，灞水从其左流过。陵区背山面水，西邻芷阳城，与都城咸阳隔渭水相望。目前共发现4座陵园。[①]战国时期的田齐王陵位于临淄齐故城东南11.5公里处的临淄齐陵镇和青州东高镇、普通镇一带，地处泰沂山脉东北麓。陵区之内的齐王陵中以"四王冢"和"二王冢"最为著名，此外还有"田和冢""点将台"与南辛庄古冢。上述5处古陵墓可能分别属于战国时期的5位齐国国君。[②]赵王陵主要分布在赵国都城邯郸城西北部约15公里处，即今邯郸市西北的丘陵地带，现在分别隶属邯山区三陵乡、工程乡和永年区两岗乡。秦始皇的陵墓位于陕西省西安市临潼区晏寨乡。西汉11座帝陵，9座分布在汉长安城北部的咸阳原上，汉文帝霸陵与汉宣帝杜陵分别位于汉长安城东南部的白鹿原与杜东原之上，咸阳原、白鹿原、杜东原地势均高于汉长安城。[③]汉魏洛阳城在洛阳北邙山之南，而东汉、曹魏、西晋与北朝帝陵均在洛阳北邙原上，如孝文帝太和十八年（494）迁都洛阳，在北邙山上筑长陵。宣武帝景陵、孝明帝定陵、孝庄帝静陵，亦位于此，这些陵墓左右毗连，形成北魏皇室陵墓区。[④]东晋定都建康城，即今南京市。东晋11位皇帝的陵寝均在南京附近钟山余脉富贵山南麓与鼓楼岗南麓之九华山，这些帝陵依山而建。南朝（420~589）包括宋、齐、梁、陈4代，先后建都于建康。有遗迹可循的南朝帝陵有15处，大多在都城建康城附近，选择于土

① 张海云：《芷阳遗址调查简报》，《文博》1985年第3期；陕西省考古研究所、临潼县文管会：《秦东陵第一号陵园勘查记》，《考古与文物》1987年第4期；陕西省考古研究所、临潼县文物管理委员会：《秦东陵第二号陵园调查钻探简报》，《考古与文物》1990年第4期；陕西省考古研究所秦陵工作站：《秦东陵第四号陵园调查钻探简报》，《考古与文物》1993年第3期。
② 张学海：《田齐六陵考》，《文物》1984年第9期。
③ 刘庆柱、李毓芳：《西汉十一陵》，第144页。
④ 刘庆柱、李毓芳：《陵寝史话》，社会科学文献出版社，2011，第101页。

山丘陵的半麓。① 隋代帝陵在隋朝都城大兴城（今西安市）以西的陕西省武功县。唐长安城北部的关中北山山脉及其南麓，分布着唐十八陵，它们距唐长安城 77～108 公里。② 北宋帝陵位于都城西部的嵩山之北、洛河以南之地，以今巩义市芝田镇为中心。③ 西夏，建都兴庆府，即今宁夏银川，西夏王陵位于宁夏银川市西约 25 公里处贺兰山东麓的洪积扇上。④ 朱元璋定都南京，他的陵墓明孝陵修建于南京紫金山南麓独龙阜玩珠峰下。明成祖定都北京之后，明代有 13 位皇帝的陵墓建在北京昌平区以北约 10 公里的天寿山南麓，南距都城约 50 公里。⑤ 清东陵位于河北省遵化市马兰峪西的昌瑞山下，陵区北靠雾灵山，南邻天台山和烟墩山，东起马兰峪，西至黄花山。清西陵位于河北省易县城西永宁山下。⑥ 都城与帝王陵墓之间距离越来越远，是因为帝陵及其陵园的规模越来越大，原因有二。一是都城附近没有足够空间容纳，必须向更为广阔的地带发展；二是后代帝王追求比前朝帝王的墓地地势（高程）要更高。如西安地区是周、秦、汉、唐四大王朝所在地，根据历史文献记载，西周王陵在都城丰镐遗址附近的"毕"，战国时期秦国王陵先在都城咸阳城之西北部，而后置于都城东南的芷阳附近高地，秦始皇陵则筑于骊山山麓，西汉帝陵陵区主要在汉长安城北部的咸阳原之上，而唐代十八陵东西排列修筑于北山之南麓，其高程超过西汉帝陵一倍之多。

4. 墓室及葬具与随葬品

如果说墓地象征着死者的"宅基地"，那么墓室则类似死者的房

---

① 罗宗真：《魏晋南北朝考古》，文物出版社，2001，第 93～103 页。

② 刘庆柱、李毓芳：《陕西唐陵调查报告》，《考古学集刊》第 5 集，中国社会科学出版社，1987。

③ 河南省文物考古研究所编《北宋皇陵》，第 6 页。

④ 宁夏文物考古研究所编著《西夏陵》，第 6～12 页。

⑤ 刘毅：《明代帝王陵墓制度研究》，人民出版社，2006，第 80～99 页。

⑥ 刘庆柱、李毓芳：《陵寝史话》，第 179～185 页。

屋居室。就一般墓葬而言，各地因自然环境不同，墓室的做法、形制与建筑材料也有所不同。中国古代大部分地区流行的是竖穴土坑墓，有的地方土洞墓较为流行。还有一些地区以不同石材构筑墓室。新石器时代中期墓室多为墓坑，墓坑体积小，仅容死者尸体，埋葬浅。这种墓室反映了当时社会生产力的低下，联系到当时不少居室为半地穴式建筑，显然那时埋葬浅、体积小的墓坑与半地穴居室密切相关。新石器时代晚期社会发展，财富积累增加，贫富差距进一步加大，有的居室已经是大房子或"里外屋"的形式。与此同时，考古发现了这些遗址附近出现了一些规模较大、规格较高的墓葬，其墓室中有木棺、木椁，有的棺椁之上还有涂漆痕迹。① 新石器时代末期龙山文化考古发现的一些大型墓葬中，有的还不只是一棺一椁，已经出现一棺两椁（或称"重椁"），② 甚或在棺椁之间还安置有木制边厢，其中有大量陪葬品，③ 这些大型墓葬的墓主人生前应该是社会地位特殊的人。学者根据古代墓葬资料研究认为，大型墓葬多重棺椁制度的滥觞在西周至春秋时代早期，而《礼记》等历史文献记载的多重棺椁制度应该形成于春秋时代中期至战国时代早期。④ 战国时代晚期出现"挟天子以令诸侯"的社会政治变化，作为标示死者政治地位的多重棺椁制度也面临挑战，僭越现象普遍出现。秦汉时期，在高等级墓葬中，多重棺椁变为代之而起的"黄肠题凑""多室墓"。秦汉以后，墓葬的重点逐渐从地下转移至地上，墓室中棺椁葬具的权重越来越小。墓室相对

---

① 洛阳市第二文物工作队：《河南伊川县伊阙城遗址仰韶文化遗存发掘简报》，《考古》1997年第12期。

② 山东省文物考古研究所编著《山东20世纪的考古发现和研究》，科学出版社，2005，第239~241页。

③ 山东省文物考古研究所、临朐县文物保管所：《临朐县西朱封龙山文化重椁墓的清理》，《海岱考古》第1辑，山东大学出版社，1989，第219~224页；中国社会科学院考古研究所山东工作队：《山东临朐朱封龙山文化墓葬》，《考古》1990年第7期。

④ 赵化成：《周代棺椁多重制度的研究》，《国学研究》第5卷，北京大学出版社，1997。

陵墓封土及陵园、陵寝建筑的重要性已经大大降低。

作为一般墓葬的墓室形制，除了以上所述的居室葬、土坑墓之外，在不同时期、不同地区还出现了多种多样的形式，如土洞墓、石棚（亦称"支石墓""石桌坟"）、石棺墓、石板墓、瓮棺葬、悬棺葬、土墩墓、船棺葬、砖室墓、崖墓、画像石墓、画像砖墓、壁画墓等。

在我国古代西北地区黄土高原流行的土洞墓，是一种很有地方特色的墓室形式，它应该是根据当地先民窑洞居址仿造而来的。土洞墓的做法是先由地面向下挖一圆形或方形竖坑，再在一侧挖成侧室安置死者。长期以来这种墓葬形式被认为是战国时期的，甘肃兰州土谷台考古发现的史前时期马家窑文化半山至马厂类型墓葬中的土洞墓改变了这种传统看法，使土洞墓时代可以上溯到新石器时代晚期。[①]

以石板为材料构建的墓室种类比较多，有石棚、石棺墓、石板墓等，这与那些地区的先民以石板构筑房屋有关。石棚与石棺墓均流行于新石器时代晚期至铁器时代早期，前者在中国主要分布在辽东半岛一带，后者多出现在游牧民族地区。石板墓始于新石器时代晚期，盛行于春秋战国时期，下限到中古时期。

瓮棺葬，以陶瓮、陶罐等陶容器为葬具，其中尤以陶瓮使用较多，因此使用这类葬具的墓葬一般被称为"瓮棺葬"。瓮棺葬在史前时期已经出现，一直延续到秦汉，个别瓮棺葬的时代延续得更晚。瓮棺主要是作为儿童和二次葬者的葬具。

悬棺葬，主要出现在长江流域以南的福建、江西、浙江、台湾、湖北、湖南、四川、云南、贵州、广西等地，公元前2000年出现，流行于青铜时代与早期铁器时代。悬棺葬在有些地区延续至明清。

土墩墓是在平地之上修建土墩，然后在其上造墓。土墩墓主要流行于长江中下游地区和福建北部，在北方的山东东南部也发现有这类

---

① 甘肃省博物馆、兰州市文化馆：《兰州土谷台半山—马厂文化墓地》，《考古学报》1983年第2期。

墓葬。前者时代偏早，早至新石器时代晚期的良渚文化，晚到汉代，主要流行于西周至春秋时期。传统埋葬应该在地高土厚之处，但是由于当地地势低，地下水位又很高，因此人们修建土墩安置墓葬。

船棺葬因其棺如船形而得名，是战国秦汉时期在四川地区流行的葬式。

砖室墓是以小型长方形砖砌筑的墓室，一般认为始于西汉中晚期，东汉以后普及流行。砖室墓分为单室墓和多室墓，砖室墓规模越大，墓室越多，结构越复杂。砖室墓应该是死者生前居室、府第的缩影。中古时期以后，出现仿木建筑结构的砖室墓。砖室墓是从土坑墓、木椁墓发展而来，是墓葬进一步生活化、世俗化的结果。

崖墓出现于西汉，盛行于东汉至南北朝时期，影响至以后的一些高等级墓葬形制。崖墓的出现有可能受到悬棺葬的影响。崖墓于山崖中开凿出墓室。崖墓在四川巴蜀地区比较流行，而且多为家族合葬墓地。近年来考古发现的"因山为陵"（或"依山为陵"）的徐州西汉楚王陵、河北满城汉墓（中山王陵）、山东曲阜鲁王陵、河南永城梁王陵等，有学者认为可能是受到崖墓的一定影响。

画像石墓、画像砖墓、壁画墓以画像装饰墓室的墓壁，一方面是以画代物，另一方面是把物所不能表达的历史、神话故事、祥瑞、天象等形而上的内容置于墓室之中。画像石墓出现于西汉中晚期，东汉时期流行，汉代以后销声匿迹。画像石墓分布范围很广，其中以徐州、南阳、陕北和四川四个地区数量最多，并形成四个各具特色的画像石墓分布区。画像砖墓是画像石墓的简化形式，盛行于东汉，魏晋南北朝以降逐渐衰落。画像砖墓在甘肃、四川、河南、江苏等地区均有发现。目前见到的时代最早的墓室绘制壁画的墓葬是梁恭王刘买（公元前144~前136年在位）墓。[①] 在西安、洛阳一带发现了一些西

---

① 河南省商丘市文物管理委员会、河南省文物考古研究所、河南省永城市文物管理委员会编著《芒砀山西汉梁王墓地》，第181~247页。

汉晚期壁画墓，东汉时壁画墓已经广为流行，中国古代壁画墓发展到唐代达到顶峰。中古以后，壁画墓越来越少。

在墓室建筑与棺椁葬具之外，还有随葬品。古代墓葬中的随葬品有着从少到多、从真到假、从实到虚、从物质到精神的历史发展变化过程，这些充分反映了中华民族进步的殡葬理念。史前社会由于社会生产力低下，人类的生产活动只能满足最低的生存需求，尽管那时已经出现了墓葬，但墓葬中的随葬品基本上是逝者生前使用的物品。随着生产力发展，社会财富积累增加，社会上出现了贫富不均，墓葬的随葬品也发生了重大变化，有的墓葬不但有逝者生前用品，还有"奢侈品"、象征权力与社会地位的"礼器"等。与此形成鲜明对比的是，一些人去世之后，只是挖坑而埋，连墓室都没有，更谈不上棺椁葬具和随葬品。安阳殷墟的西北岗王陵与其附近的平民墓葬就是鲜明对比，至于贵族与奴隶的墓葬，二者更是有着天壤之别。

人类的殡葬历史发展不是朝着一个方向一直不断向前，往往出现反复，但是这种反复不是简单的重复，而是发展中否定之否定的螺旋式上升。墓葬中的随葬品变化就说明了这点。上文所述人类墓葬之中的随葬品经历了从无到有、从少到多，然后再从多到少的过程。虽然墓室之中的随葬品少了，但是墓室之外却增加了大量陪葬坑，陪葬坑中有着各种各样的陪葬品。秦始皇陵的墓室之外已经勘探发现有180多座陪葬坑，有的陪葬坑的面积之大甚至超过墓室，如秦始皇陵第一号兵马俑坑的面积约13000平方米，其中陪葬的兵马俑多达数千件，陶俑身高1.8米。汉景帝阳陵、汉武帝茂陵的陪葬坑更是多达数百座。陪葬坑中的陪葬品多了，但是陪葬品的明器化越来越突出。从殷墟的人殉到东周的陶俑，从秦始皇陵中比真人高大的兵马俑到西汉帝陵仅有真人三分之一高度的陶俑，再到三国时曹操墓中7厘米高的陶俑，中古以后陶俑又被纸人所代替，从西汉时期的真金白银，到以后的冥币（涂金泥饼等）、纸币等。

汉代以后帝王陵墓不再设置陪葬坑，墓室及其附近地下随葬品大大减少。代之而起的是陵园地面之上构建了规模庞大的陵寝建筑群，以及神道石像生。石像生由开始的少数几件发展到以后的几十件、上百件，种类由两三种发展为几十种。一般墓葬的地面之上也设置了祠堂等祭祀性建筑。如南朝宋、齐、梁、陈的帝陵石像生只有石柱、翼兽各一对；唐代初年的唐高祖献陵陵园四门各置石虎一对，神道有华表、犀牛各一对；唐太宗昭陵北司马门主要有"昭陵六骏""十四蕃酋像"等；唐高宗与武则天的乾陵陵园四门各置石狮一对，陵园南门之外的神道东西分列"王宾像"共六十一尊、石碑一对、石人十对、仗马与控马者各五对、鸵鸟及翼马各一对、石柱各一对，北司马门之外的神道两侧现存仗马等石刻。

5. 祭祀

"祭"作为"殡""葬"之后的礼仪、礼俗活动，随着历史发展，其活动内容与平台越来越多，社会影响也越来越大。殡葬的活动重点由对逝者的后事安排，越来越改变为对逝者的纪念。纪念逝者通过祭祀活动。为了祭祀活动的开展，人们设置了各种各样的祭祀平台，如墓祭（今扫墓）、堂（享堂）、寝园、寝殿、便殿、祠、石殿、陵庙、庙、献殿、上宫、下宫等。社会形成特定祭祀节日，如清明节，清明节又从社会节日发展为国家节日。

死者埋葬之后的祭祀活动首先从墓祭开始，所谓"墓祭"就是在墓葬所在地进行的祭祀活动。关于史前时期墓祭的线索，考古学者一直在追寻。良渚文化中大型贵族墓地附近考古发现的各种各样的祭祀坑，如果可以认定其时代有的晚于其附近墓地墓葬时代的话，那么就可以说，这些祭祀坑就是祭祀逝者的祭祀遗存。先秦时期墓祭的物化载体，以殷墟西北岗商王陵区的大量祭祀坑最为突出。它们可能不是某个王陵的祭祀坑，似乎是对王陵墓地的整体祭祀。这种祭祀活动应该延续了相当长的时间。墓祭不但在殷墟王陵区有发现，在殷墟的其他高等级墓、贵族墓之上也发现了与祭祀相关的遗迹，如妇好墓、大司空村商墓之上的祭祀建筑遗迹。降及两周时期，墓祭遗存更是多有发现，如春秋时期陕西凤翔雍城秦公陵墓上的建筑遗迹、战国时期河北平山中山王陵墓祭建筑遗迹与墓中出土的"兆域图"、河南辉县魏国高等级墓葬、新郑郑韩故城附近的王陵、河北邯郸赵国都城附近王陵之上的建筑遗存等。秦汉时期的墓祭活动遗存已经极为普遍，从帝王陵墓到一般墓地，祭祀建筑平台从墓上改变为在墓旁。秦始皇陵园之内西北部考古发现的陵寝礼制建筑遗址，一改以前的墓上祭祀传统做法。"汉承秦制"，已经考古勘探、发掘的西汉杜陵陵园遗址，其皇帝陵园与皇后陵园附近各有寝园，寝园之中有寝殿与便殿，帝陵陵园与皇后陵园东西之间的北部有陵庙。高等级墓葬与其他一些墓葬之旁则设置有祠、石殿等祭祀性建筑。平民百姓的墓葬附近是否有祭祀性建筑，目前还不清楚，但是定期或在社会、国家法定日期进行墓祭一直延续到近代。

6. 中国古代殡葬史的发展规律

通过对中国古代不同时期、不同地区的殡葬活动分门别类进行研究，可以探索中国古代殡葬史的发展规律，进而对当前及今后殡葬工作的开展有所启发。

（1）殡葬与社会发展同步

人类墓葬出现于旧石器时代中晚期，当时对应的墓葬形制为居室葬，那里只有逝者的遗体与其生前极为简单的生活、生产用品等。这些居室葬反映了逝者与居室生者的亲情关系。人类社会进入新石器时代中期以后，大多数墓葬已经从居室之内移至居室之外的附近地方，显然这时的墓葬仍然与附近居室主人（或称死者与生者的家庭）有着密切关系。新石器时代中晚期，墓葬从居室附近移至聚落（"村庄"）之旁的墓地，这些墓地是"阴间"的"聚落"，聚落墓地中的墓葬又成组分布，这是"阴间"的"家庭""家族""氏族"等社会。

　　新石器时代晚期社会生产力发展、财富增加、贫富分化，通过当时的墓葬可以清楚地看到原始社会末期，社会不同阶层与阶级的出现，反映在墓葬上则是其规模、随葬品数量与质地有着巨大差异。这些墓葬现象，证明了马克思主义关于阶级与国家起源学说的科学性。

　　夏商周王国时代与秦汉至明清的帝国时代，近 4000 年的殡葬文化更为复杂。殷墟西北岗王陵区附近大量被杀的奴隶或战俘"随葬坑"，数十人被葬于一坑之中，或身首异处，或活埋、腰斩，它们再现了那时社会的残酷。与此同时，国王与贵族墓葬之中放置了大量玉器、青铜器等随葬品，不少随葬品成为死者身份与地位的象征与标志，其中以各种青铜礼器与玉礼器最为突出，这是社会等级制度在墓葬中的反映。与上述墓葬形成鲜明对比的是平民百姓墓葬，它们与达官显贵墓葬的形制大小、随葬品多少有着天壤之别。尤其是从考古发现的那些奴隶尸骨可以看出，这些人谈不上"墓葬"，他们与随葬在贵族墓葬中的牛羊猪狗不无两样，甚至还不如那些牲畜能够有个完整的尸体。

　　从先秦时期至明清王朝，殡葬历史发生了巨大变化，这主要是从王国时代到帝国时代，社会生产力发展、人们之间社会关系变化与社会制度变化导致的。秦汉至明清王朝的帝国时代以地缘政治为主、血缘政治为辅，政治层面突出国家至上，作为国家最高统治者的皇帝至上。反映在殡葬制度方面主要就是墓葬的重点由地下转至地上，由墓室转至封土，由地下随葬坑转至地上寝园、寝殿、便殿、陵庙、献殿、上宫与下宫等礼制建筑，陪葬墓的安排成为统治者的政治工具。在这样的殡葬制度变化中，随葬品从王国时代的真金白银、各种贵重玉器、青铜器（尤其是各种礼器）及殉葬人等，逐渐变为随葬品的明器化及明器微型化，各种各样的青铜礼器、玉礼器、陪葬坑等的"退化""淡化"，直至"退出"殡葬活动。

　　19 世纪中叶至 20 世纪前半叶，中国历史进入半殖民地半封建社会，相应的殡葬制度也发生了重大变化，留下了这个时代最具特色的殡葬文化。国家最高统治者的殡葬礼仪与殡葬活动，深刻反映了殡葬活动和殡葬制度与社会发展的一致性。民国时期的袁世凯墓（今称"袁林"），从墓葬封土、陵园到神道及其石像生制度，延续了帝国时代帝陵形制，但是又进行了极大的"精简"，而陵墓、陵园等相关建筑则采用了西方的建材与工艺。可以说袁世凯墓就是中西（中国与欧洲）、古今（封建主义与资本主义）殡葬文化的结合，它清楚地折射出当时中国半殖民地半封建社会的性质。

至于民国时期的一般民众或城市殡葬，既有传统的明清以来的殡葬文化特色，又有西方舶来殡葬文化的特点。城市中有杠房，也有万国公墓。在广大农村的殡葬则依然保存着千百年来宗法制社会的殡葬制度与习俗。

新中国成立之后，社会主义的本质决定中国殡葬制度发生了根本性转变。奴隶社会、封建社会与半殖民地半封建社会的殡葬文化被送进了"历史博物馆"。殡葬不再被社会作为区分贫富、贵贱、官民身份高低的指示物，国家倡导在殡葬面前人人平等，提倡全社会所有成员以火葬、海葬代替土葬，倡导文明、环保祭祀与网上祭祀，取代造成环境污染的香火祭祀，全新的殡葬文化在国家层面与社会层面得到推广，一种社会主义殡葬制度越来越为广大群众所认同、接受并实施。这突出反映了社会主义殡葬制度的特色。

（2）殡葬的变化是绝对的，不变是相对的

在人类文化中，殡葬文化属于最为保守的文化之列，但是殡葬文化绝不是一成不变的。殡葬历史的发展说明，人类的殡葬活动是从无到有，从简单到复杂，然后又从复杂到简约。可以说，殡葬文化的变化是绝对的，不变才是相对的。殡葬文化作为人类文化的一部分，它必将随着人类社会的变化而变化，不可能孤立于社会发展变化之外。中国殡葬发展史揭示出，墓葬从先秦时期的"墓而不坟"到战国以后社会上层流行的"大作丘垄"，再到汉文帝、光武帝、曹操及其后的唐太宗李世民等著名政治家提倡的"不封不树"，不容置疑的是社会主流文化并不支持"大作坟丘"。至于殡葬发展史上的墓葬形制也不是一成不变的，而是在不断发生着变化。当传统的土葬占据着墓葬的主要地位之时，不同地区也流行着火葬等葬法，就是在同一地区土葬与火葬并行的现象也不鲜见。人类的殡葬活动一直在发生着变化，而总的变化趋势是越来越简化，越来越从物质追求转向精神诉求。上述殡葬史所揭示的殡葬历史发展规律，无疑是我们当今进行殡葬事业改革的科学依据与支撑。

三　殡葬史怎么写

1. 以马克思主义唯物史观为指导

殡葬史属于历史，历史研究必须以马克思主义唯物史观为指导。长期以来殡葬史研究中，对于历史上的殡葬现象的发展与变化原因关注不够，很少注意殡葬与其相同时空的客体世界的环境与物质变化的关系，更多关注精神层面的研究。这里的物质包括人们的生产方式、生产关系、科技发展水平，以及由物质生活决定的哲学社会科学认知能力。从人类墓葬的起源来说，它不是迷信的产物，而是人类社会发展到一定阶段的历史必然。表面来看，墓葬源于人类的情感，但其实是人类生存组织形式的变化导致人类情感的出现，产生人类的"单体"墓葬。随着社会发展，人群社会组织发生相应的变化，家庭、家族、氏族的社会组织相继出现，而墓葬又从单体墓葬发展到原始墓地。

墓葬伴随着人类从"蒙昧"走向"野蛮"而来到人间，当人类告别"野蛮"迈向"文明"时代，随着社会生产力的发展，贫富分化、社会分层的出现，"阴间"的墓葬也同样出现了大小不同、规模不一，这是客体世界决定先民墓葬变化的根本原因。

从文明的起源到国家的出现，随着技术与社会组织形式进步、社会生产力发展,人类社会发生根本性变化,社会阶层进一步分化,贫富差距进一步拉大,阶级分野进一步扩大,导致不同阶层、阶级的人之墓葬从棺椁、墓室、随葬品到祭祀活动的差距进一步加大,并被赋予社会规制而推行实施,导致先民的"后事"状况截然不同。安阳殷墟西北岗王陵区的国王墓葬与其殉葬坑的死者,有着天壤之别的埋葬"待遇",这是由二者的经济状况所决定的各自政治权力与阶级地位不同而决定的,不应被视为人们迷信程度的加深。

至于一般大众的墓葬,环境的不同决定了先民墓葬文化的多样性,正如马克思在谈到因自然环境的不同而导致的人类文化差异时指出的:"不同的共同体在各自的自然环境中,找到不同的生产资料和不同的生活资料。因此,它们的生产方式、生活方式和产品,也就各不相同。"① 如古代洞室墓以西北地区较为发展,这与那里先民的窑洞居室传统有关;汉代砖室墓则是当时民居的缩影;东南地区流行土墩墓则是由于当地地势低平而潮湿的自然地理环境。

至于墓葬中的随葬品,上至帝王将相,下至普通百姓,完全是各自现实生活的浓缩版。帝王陵墓中出土的各种玺印,是其身份标志。如吕后陵附近发现的"皇后之玺";广州南越王墓出土19枚印章,有金印、包金铜印、玉印和玛瑙印等多种,其中在墓主身上就发现了8枚印章,最大的一枚是龙钮金印。皇帝和皇后陵墓中的随葬品,几乎包括了衣食住行各个方面,如陶俑、食物、器皿、动物、竹简等。大量陶俑,象征皇帝、皇后生前的卫士、仆从、宫女和仪仗队等。甲胄、刀剑、干戈、箭镞等兵器,则守卫着帝后的安全。帝王为了"多藏食物,以歆精魂",② 于是随葬了数量众多、品种齐全的食物。王莽毁坏孝元傅昭仪陵时,由于陵中"多藏食物,腐朽猥发","臭憧于

---

① 马克思:《资本论》第1卷,人民出版社,2004,第407页。
② 王充:《论衡》卷23《薄葬篇》,上海人民出版社,1974,第352页。

天，洛阳丞临棺，闻臭而死"，① 可见随葬食物之多。随葬食物，包括粮食、酒、糖等。粮食有黍、稷、麦、粱、稻、麻、菽和小豆，此外还有醯（醋酸）、醢（肉酱）等。食物放在瓮、罐里，置于陵墓中。唐代帝王陵墓则以"画"代物与人等，如懿德太子墓壁画中的"阙楼图""仪仗图"，章怀太子墓壁画中的"马球图""客使图""宫女扑蝉图""狩猎图"，永泰公主墓壁画中的"天象图""仕女图"，等等，可谓社会百态应有尽有。中国殡葬史中的随葬品，从史前时期与夏商周时期墓葬中的"实物""活人""真金白银"，发展到春秋战国及其以后的明器、俑、冥币，中古时代以后又进一步发展为纸质明器、纸人、纸动物俑及纸质冥币等。至于随葬品，则从真到假，从实物到明器，再至明器微型化，先民从埋葬"真金白银"到"烧纸钱"。从唯物史观考察，这些应视为人类丧葬观进步的表现。当然，现在殡葬活动中的网上祭祀、环保祭祀、绿色祭祀，相对于古代的"烧纸钱"，又是一种进步。

2. 以社会发展史为基础

殡葬史不只是文化史、风俗史的一部分，也是社会发展史的重要组成部分。

史前时代的墓葬是社会生产发展的结果，也是相对较为固定群居的出现及人的意识、思维、观念、思想的形成与发展的派生物。社会发展进入邦国时代，生产力进一步发展，出现了人与人之间的贫富不均，人们的经济地位不同导致了墓葬的大小不一、规制各异。王国时代的殡葬打上了鲜明的社会历史发展烙印，统治阶级对财富的贪婪从其墓葬之中大量随葬品与奴隶的殉葬可以清晰反映出来。当以地缘政治为主、血缘政治为辅，地缘政治与血缘政治相结合的帝国时代到来，以皇帝为代表的统治阶级的墓葬，从单一的财富（随葬品与人殉

---

① 王充：《论衡》卷 21《死伪篇》，第 331 页。

多少）追求与地位标志发展为权力的象征，殡葬重点从地下转移至地上，从主要寄托哀思的墓葬变为政治后继者的权力合法性的历史见证。此时殡葬的规模越来越大、墓葬之内随葬品的明器越来越多、明器的微型化越来越发展，以"画"代物、以"字"代物的现象越来越突出，殡葬越来越成为统治阶级的政治工具。从王国时代的"墓而不坟"到帝国时代秦汉帝王坟墓的"积土为冢"，再到唐代及其以后的"依山为陵"；从早期墓葬地下随葬品的大量放置，到秦汉以降历代帝王陵墓构建的庞大陵寝建筑，再到唐宋至明清帝陵神道众多石像生的配置，凸显出帝国时代中央集权理念的强化，墓葬成为帝国时代物化政治的缩影。广大贫苦大众的墓葬与统治者的陵墓则形成极为鲜明的对比，这恰恰是统治阶级与被统治阶级社会地位巨大反差的反映。

当清王朝被西方殖民主义侵略而使中国沦为半殖民地半封建社会之后，统治者的墓葬也打上了时代的历史烙印，袁世凯的陵墓——"袁林"就是最好的例证。至于 20 世纪上半叶社会上层的殡葬，则反映了半殖民地半封建社会殡葬文化的两重性色彩。

20 世纪 50 年代以后，社会主义新中国的殡葬文化，一步一步地回归殡葬文化的本体，即人们通过殡葬活动表达对故去亲人与为人民、为国家做出贡献的逝者的哀思、悼念。数千年来以死者的身份、地位决定殡葬活动的形式，被新中国的殡葬平等理念所取代。利用殡葬凸显死者及其亲属的身份、地位为大众所不齿。这也是新中国殡葬事业与社会主义社会历史发展一致性的充分体现。新中国的殡葬变化，开启了中国历史上前所未有的殡葬事业发展的新时代，殡葬文化的改革，使殡葬真正回归到其历史的原点。随着人类对环境文化的认识深化、环保意识的加强，出现了诸如火葬、海葬、树葬等一系列新的殡葬形式，其文化内涵、科学理念与方法，为人民所认同，为社会所提倡。这些是社会历史发展的必然。

3. 多学科结合

21世纪编著的中国殡葬史应该以多学科结合方式进行，最大限度地吸收考古学、历史学、环境学、人类学、民族学、民俗学、社会学、法学、哲学等有关古代殡葬文化研究方面的新资料、新成果、新理论、新方法，这是由现代科学研究从分学科走向多学科、跨学科结合的发展趋势所决定的。只有这样才能保证当代编撰的中国殡葬史占据学术前沿，也只有一部以与时代同步的科学方法、理论体系为学术研究基础编撰的中国殡葬史，才能为我们当代的殡葬事业提供强有力的科学创新支撑。

总之，中国殡葬史应该是一部殡葬文化的发展史。发展就是否定之否定，发展需要在继承与扬弃中进行，殡葬发展史是中华民族及其先民的殡葬活动从无到有、从低级向高级发展的历史，是殡葬事业不断改革的历史。

殡葬历史表明，随着社会历史发展，作为社会发展史重要组成部分的殡葬史也在发展。从殡葬在历史上出现至今，可以说殡葬是在不断随着时代发展而变化，也就是殡葬在适应社会历史发展中的改革。殡葬改革是由殡葬作为社会的一部分所决定的，社会发展变化是历史之必然，作为社会的一部分的殡葬理所当然也要变化，殡葬发展与变化是其永续存在的必然。

中国殡葬史不是"迷信史""落后史"，殡葬史是人类文明史的重要组成部分，中国殡葬史是中华民族文化史的有机组成部分。一部以马克思主义唯物史观为指导编著的中国殡葬史，是中国殡葬学与国家殡葬事业发展的科学基石之一。

目　录

第一章

殡葬观念

第一节 殡葬观的源流

人的一生之中，生与死是生命中最重要的节点，应对死亡也是延续人类文明所面临的迫切问题。人类在不同历史时期对生命归宿的认知有差异，形成了不同历史发展阶段的殡葬观，包括生死观、丧葬道德和行为规范等。殡葬观是从人们漫长的社会实践活动中来，又融入当代的殡葬活动中，并与之息息相关、相辅相成。考古资料显示，早期先民并不会有意识地埋葬逝者，直到旧石器时代中晚期，石器制作技术的进步使得生产力水平逐渐提高，人类智力的提升与寿命的延长，促进了先民间情感的交流。部落群居与氏族社会的出现，使人们对生命的认知有了更多思考。尤其是与肉体相对的灵魂观念产生后，先民更希望逝者能在亡灵的世界生活更好，能够庇护子孙，有意识埋葬死者的殡葬观念便开始出现，以此敬畏生命，慎终追远。对待逝者逐渐由感性情感表达转向理性认知思考，不同的葬式、葬法、葬俗也因此产生。

一 灵魂不灭观念

人类进化发展史，是逐渐从"蒙昧"走向"野蛮"，再走向"文明"。人类殡葬观念的产生，也是经历了一个从无意识到意识觉醒、意识逐渐形成和发展变化的漫长过程。在人类诞生之初，只有动物的本能而没有思维意识。中国先哲称为"天降生民，倥侗颛蒙"。经过同大自然的斗争，古人不断丰富着对自然界与自身的认识，智力和思维能力逐渐提升。大约在旧石器时代中晚期，古代先民的灵魂观念开始萌芽并发展起来。

"灵魂"，是从西方引进的词语，在中国古代典籍文献中记载的是"魂魄"。在古人的眼中，魂魄与人的肉体相伴随，魂能离开躯体单独存在，魄不能离开躯体。人死后，虽然承载魂魄的肉体已经不存在，但魂在人死后却能够离开肉体无时不在并影响后人，这就是灵魂不灭观念。

在人类文明萌芽阶段，社会生产力水平极端低下，古人蒙昧无知，对于人的生老病死处于无意识状态，一般弃尸于野。灵魂不灭观念产生后，出于对灵魂的敬仰与畏惧，对死者的尸体不再是随意遗弃而是简单掩埋，殡葬活动便产生了。就出土的考古资料看，从旧石器时代晚期至整个新石器时代（即氏族社会），诸如尸体埋葬地方的选择、周围铺垫红色粉末、瓮棺留有小孔、建立公共墓地、简单的生活随葬品、不同的葬式乃至杀殉等，皆表明当时人们浓郁的灵魂信仰及对死者灵魂的妥善安置。① 类似情形在世界其他各地亦有。

梦对古人灵魂思想的产生有着重要诱发作用，是灵魂思想萌芽的载体。古人在梦中常常看到自己和别人，包括已经离世的族人。由于

① 陈华文：《丧葬史》，上海文艺出版社，2007，第6~7页。

当时古人不清楚自己的身体构造以及在此基础上的生理与心理活动，进而对梦产生了一种充满崇敬甚至恐惧的心理，好像除了自己的身体之外，还有一个看不见、摸不着的自己，具有超越于现世和肉体本身的力量。因此，古人认为人是"二元"的人，即"肉体"的人与"灵魂"的人。虽然对于梦与灵魂的关系当时并没有文献记载，但从后世典籍中不难做出推测。南朝曹思文《难神灭论》中分析庄子梦蝶的现象时说："其寐也魂交，故神游于蝴蝶，即形与神分也；其觉也形开，蘧蘧然周也，即形与神合也。"即认为人有灵魂，做梦时灵魂与形体分离，独立活动，梦醒则灵魂与肉体合一。

面对死亡，古人更是困惑，不能理解朝夕相处的亲人为何呼之不应，这也促使灵魂观念逐渐形成。"起初死亡被认作是不醒的睡眠，生者要对于自己'入睡的亲人'加以照顾，但尸体的腐烂是摆在原始人面前一个不能解决的问题，面对'睡眠的人'逐渐消灭的事实，他最初有着茫然失措的感觉。"① 英国文化人类学家泰勒指出，当原始人还处于低级文化阶段时，"他们力求了解，第一，是什么构成生和死的肉体之间的差别，是什么引起清醒、梦、失神、疾病和死亡？第二，出现在梦幻中的人的形象究竟是怎么回事？看到这两类现象，古代的蒙昧人——哲学家们大概首先就自己做出了显而易见的推论，每个人都有生命，也有幽灵"。② 这种幽灵可以独立于身体而存在，即使死后也永存不灭。古人关于灵魂的观念，由此而生。泰勒把灵魂定义为："一种稀薄的没有实体的人形，本质上是一种气息、薄膜或影子。"对此，恩格斯在《路德维希·费尔巴哈和德国古典哲学的终结》一文中有过精辟的论述："在远古时代，人们还完全不知道自己身体的构造，并且受梦中景象的影响，于是就产生一种观念：他们的思维和感觉不是他们身体的活动，而是一种独特的、寓于这个身体之

---

① 柯斯文：《原始文化史纲》，张锡彤译，人民出版社，1955，第179页。
② 爱德华·泰勒：《原始文化》，连树声译，上海文艺出版社，1992，第416页。

中而在人死亡时就离开身体的灵魂的活动。从这个时候起，人们不得不思考这种灵魂对外部世界的关系。如果灵魂在人死时离开肉体而继续活着，那就没有理由去设想它本身还会死亡；这样就产生了灵魂不死的观念。"[1]

灵魂观念产生后，在古人那里并不是一个具体的对事物本质属性的概括，而且由于世界各地古人所处的环境和境遇不同，他们对灵魂的看法也各不相同。有的古人把躯体的影子当成它的灵魂。如赤道上的人因在中午投不下影子，因此他们不敢在中午走出自己的矮屋，害怕失去灵魂而死去。有的古人认为人死后灵魂是不死的，死后灵魂必须附在某物上面，可以附在骨骼上面，也可以附在动物或植物上面。[2]正如恩格斯指出的那样，灵魂不死的观念"在那个发展阶段出现决不是一种安慰，而是一种不可抗拒的命运，并且往往是一种真正的不幸，例如在希腊人那里就是这样。关于个人不死的无聊臆想之所以普遍产生，不是因为宗教上的安慰的需要，而是因为人们在普遍愚昧的情况下不知道对已经被认为存在的灵魂在肉体死后该怎么办。由于十分相似的原因，通过自然力的人格化，产生了最初的神。随着各种宗教的进一步发展，这些神越来越具有了超世界的形象"。[3]

古人由于对自身以及自然认识的不足，对灵魂产生了既崇拜又畏惧的心理，但这是人类在死亡文化的探索历程中迈出的里程碑式的一步。从这个方面来说，古人的灵魂观对今人了解古人的世界观、生死观具有重要意义，影响深远。诚如有学者所言："灵魂观念乃是人类第一个系统的世界观，第一个哲学形态，也正是灵魂观念给人类提供了每一条通往超越死亡之路，并为后世一切死亡哲学准备了一个基本

---

① 《马克思恩格斯选集》第 4 卷，人民出版社，2012，第 229~230 页。
② 许锡芳：《灵魂观的演变》，《学海》1996 年第 1 期。
③ 《马克思恩格斯选集》第 4 卷，第 230 页。

命题：'生命永恒。'"① 人们根据主观上对灵魂与尸体关系的种种想象及灵魂在另一世界生活的幻想，安置死者尸体，祭奠死者，进而产生了各种葬法、葬式以及丧葬习俗仪规。《礼记·檀弓下》载："葬于北方北首，三代之达礼也，之幽之故也。"在史前和先秦时期，埋葬死者的姿势、头的朝向均有特殊含义，可能反映了"之幽之故"的灵魂不灭观念。从现在的出土资料来看，不同地区的公共墓地中，尽管墓坑中死者的头向不尽相同，但整体上单个墓葬区则保持大体一致，反映了时人的灵魂信仰。

在古代典籍所述的殡葬礼仪流程中，从始卒后的复魂、招魂，至最终迎魂入祖庙，都与灵魂不灭观密切相关。如复魂、招魂，史书有载："及其死也，升屋而号，告曰：'皋，某复。'然后饭腥而苴孰。故天望而地藏也。体魄则降，知气在上。故死者北首，生者南乡，皆从其初。"人去世后，其亲人就升到屋顶上，拉长了声音对天呼告："某，回来吧。"然后用生米为死者行饭含礼，用蒲包包裹熟肉为死者送葬。因此望天招魂，葬地藏尸，身体虽降入地下，精气却升到天上。因此，现代流行的死者头朝北而葬，生者屋朝南而居，都是沿袭自先民的习俗。② 被学者视为"宝贵的关于先秦时期葬俗的诗歌"③的《楚辞·招魂》，详细描述了春秋战国时巫觋招魂的情形。这篇招魂辞既可见时人对神鬼的恐惧，亦见其种种舒缓惊惧之情的娱神方式，从根本上反映了万物有灵、灵魂不灭的观念。有学者认为："歌曲中反映了当时人们心目中四方荒远之地是如何的危殆，以及天上、地下境界的可怖。古人认为'复，尽爱之道也，有祷祠之心焉；望反诸幽，求诸鬼神之道也；北面，求诸幽之义也'。招魂之

---

① 王夫子：《殡葬文化学——死亡文化的全方位解读》，中国社会出版社，1998，第87页。

② 杨天宇：《礼记译注》，上海古籍出版社，2004，第269~270页。

③ 晁福林等：《中国民俗史·先秦卷》，人民出版社，2008，第295页。

俗与人们的这种观念直接相关，它是人们为挽救死者以免除其极大苦难的最后一次努力。"①"复"即面向北方为逝者招魂，祈求亲人灵魂安顿。

从根本上来看，人们事死如事生的态度和所采取的各种殡葬形式，很大程度上受时人灵魂观念的影响。在儒家看来，殡葬丧礼就是事死如事生、以生者饰死者，极其哀敬。这一点，荀子有过清晰表述："丧礼者，以生者饰死者也，大象其生以送其死也。故事死如生，事亡如存，终始一也。始卒，沐浴、鬠体、饭唅，象生执也。不沐则濡栉三律而止，不浴则濡巾三式而止。充耳而设瑱，饭以生稻，唅以槁骨，反生术矣。……故圹垄，其貌象室屋也；棺椁，其貌象版盖斯象拂也；无帾丝歶缕翣，其貌以象菲帷帱尉也。抗折，其貌以象槾茨番阏也。"所谓殡葬丧礼，是生者为死者送终修饰之事，最大程度上模拟生者的样子来安葬故人。所以，对待死者如其仍然活着一样，始终如一。这种观念体现在殡葬的各方面，如刚刚去世时为其沐浴、整洁身体、嘴里含饭，如同其生前一样。如果没办法沐浴，则通过其他方式象征性地示以已沐。耳朵放置玉器、嘴里含饭，都是希望死者能复生。之后下葬的坟地墓穴，也是模仿生前所居；棺椁及内外装饰，同样是出于这样的考虑。

由古至今，人有灵魂，多为世人所笃信。灵魂观念一直伴随着人类社会的发展，直至今天仍有遗存。魂不附体、失魂落魄、魂飞魄散、万物有灵等词，都是古代神灵观的延续和演变。不过时至今日，在辩证唯物主义下，灵魂观念的影响逐步消退，以灵魂不灭为基础的传统殡葬活动虽然存在，但人们已经更科学地正视死亡，理性地处理死者后事了。

---

① 晁福林等：《中国民俗史·先秦卷》，第295页。

二　鬼神崇拜观念

古人有灵魂观念后，慢慢将这种认识复杂化：人不仅有魂，且魂不随肉体消逝。人活着时，魂附着于肉体；死后，魂飘浮于空中，升天为神；人的肉体失去魂后所剩的魄为阴气，尸体腐烂，魄归土称鬼。《大戴礼记》卢辩注："神为魂，灵为魄，魂魄者，阴阳之精，有生之本也。及其死，魂气上升于天为神，体魄下降于地为鬼，各反其所出也。"其他文献亦有类似记载，如《礼记·祭义》云："众生必死，死必归土，此之谓鬼。骨肉毙于下，阴为野土。"《楚辞·国殇》载："身既死兮神以灵，子魂魄兮为鬼雄。"古人对于灵魂或者鬼魂的作用产生了臆想。

随着思维的发展与认知的提高，人类逐渐赋予鬼神更多人格化的倾向。鬼神与人类一样有情绪、欲望、意志等，迷信鬼神会依其愿望行事，如满足鬼神的愿望，鬼神会庇佑赐福，倘若不能满足，鬼神便会作祟于人间。"古人迷信鬼魂的超能力在于他能变化形态，在暗中起作用，而活人无法觉察，于是人们把一些好事当成鬼魂的庇佑，把坏事和怪事当成鬼魂在作祟。"[1] 这一思想于后世文献的记载中可以得到印证。《春秋左传·昭公七年》载："及子产适晋，赵景子问焉，曰：'伯有犹能为鬼乎？'子产曰：'能。人生始化曰魄，既生魄，阳曰魂。用物精多，则魂魄强。是以有精爽，至于神明。匹夫匹妇强死，其魂魄犹能冯依于人，以为淫厉。'"子产认为人的生命由两部分组成，一部分称为魄，构成人身体的生命力；另一部分是魂，主管人的意志、情绪和智力。一个人在生活中保养好魄和魂，身体和智力都会强壮。当人死去，魄与魂便会分散。但是如果一个人壮年时突然死去，他的魂魄还可能聚而未散，并有能力做坏事。

---

[1]　朱天顺：《中国古代宗教初探》，上海人民出版社，1982，第184页。

人死亡后灵魂不灭，自然界的诸神也威力无穷，所以人们对它们必须虔诚，以期盼得到这些神灵的庇护。这种观念集中表现在安置死者以及对祖先、诸神的祭祀活动中。殡葬是人们根据社会现实生活而对鬼魂幽冥间生活做出的安排，其起源与发展同古人灵魂不灭的观念密切相关，如学者所言："丧葬是灵魂观念的产物。中国灵魂观念的主体趋势，是灵魂永存。"① 基于灵魂不灭观，在夏商周时期，多数人相信在人类和自然之外，尚存一鬼神世界，继而形成一种崇敬鬼神的信仰。从文化人类学的角度来说，亦可称之为朴素的原始宗教。这种信仰对当时的殡葬有着直接的影响。

鬼神信仰的主要内容有三：一是相信人死后灵魂不灭；二是认为灵魂有超人的能力，生者畏惧它，但也能依赖它；三是按照人的生活和社会关系现实，也想象有一个类似的鬼神世界。由此产生各种葬俗葬制、祭祀仪式等。② 鬼神信仰在传世的史籍中多有体现，如《礼记》记载，早在夏代就有"事鬼敬神"的文化特征，商人"尚鬼""尊神，率民以事神，先鬼而后礼""敬鬼神畏法令"，③ 周人则"事鬼敬神而远之"，尤其敬事祖先神灵。可见鬼神的观念盛行于上古三代。

《周礼》记载，古代祭祀对象分天神、地祇和人鬼三类，其中人鬼指先王。三代之时，人们笃信鬼神，凡事多向鬼神、先祖询问。原始崇拜，占卜之术为始。在殷墟发现的大量甲骨卜辞多为商人卜问祸福吉凶的记载，向后人展示了一个信奉鬼神相当浓烈的生活世界。在商人看来，鬼魂有善、恶之分，甲骨文载："今夕鬼宁"；"多鬼梦不至祸"；"兹鬼坠在庭"；"贞□亡疾，王占曰：兹鬼魅"（皆见《甲骨

---

① 罗开玉：《丧葬与中国文化》，三环出版社，1990，前言。
② 朱天顺：《中国古代宗教初探》，第 181 页。
③ 殷墟甲骨卜辞中出现的"鬼"字和向祖先占卜的次数非常频繁，同样体现了商人的鬼神信仰。参见徐吉军《中国丧葬史》，武汉大学出版社，2012，第 59~61 页。

文合集》24987、17451、7153、13751）。若从卜辞和其他古籍（如《礼记》）记载来看，在商周时代，人鬼除了先王，还包括先公、先妣、诸子、诸母和旧臣及厉（即无后乏祀或横死冤死之鬼）。① 如果说一种历史现象的存在要远远早于其形诸文字的时代，那么崇敬鬼神的信仰和原始宗教观出现的时代应该早于夏商。按《国语·楚语下》所载，据说上古三代之前，曾经历"民神不杂"至"民神杂糅"的变化，出现"夫人作享，家为巫史"的情形。复经重、黎各属神民，绝地天通，民间对神灵的祭祀归专人管理。虽然对此记载不可全然当真，但在巫史文化兴盛的上古时代，鬼神崇拜的兴盛亦可想而知。

确切来说，至晚不过姬周，鬼神思想就已经是一种相当流行的观念。如《易经·睽》载："见豕负涂，载鬼一车。"而到了春秋战国时期，关于鬼的故事、观念更胜于以前。从内容和形式两方面看，鬼神信仰广泛存在于当时的社会中，如出现了彭生死后为鬼报冤、魏武子妾亡父化魂报恩、黎丘奇鬼等故事。以上三个传说故事见载于先秦时期的典籍中，说明当时人们相信世上有鬼。即使当时一些具有朴素的唯物主义、重视人道的思想家，也对鬼神有肯定的论述。如主张"天道远，人道迩"的思想家子产，在回答来使赵景子的问题"伯有犹能为鬼乎"时，也不讳言人能为鬼。

受当时鬼神论盛行的影响，在春秋至战国时期，主张不语怪力乱神、"未能事人，焉能事鬼"的儒家也开始探究鬼神之道，曰"精气为物，游魂为变，是故知鬼神之情状"，"鬼神害盈而福谦"，曾讨论鬼神是何物。而且他们从祭祀之诚敬与专一上，主张"祭如在，祭神如神在"，"非其鬼而祭之，谄也"，特别是在政治意义上主张"神道设教"，"敬鬼神而远之"，"慎终追远，民德归厚矣"，"人谋鬼谋，百姓与能"，等等。至于墨子及其后学更是坦认灵魂不灭，并专门在

---

① 详见陈梦家《殷墟卜辞综述》，科学出版社，1956，第562页；林富士《汉代的巫者》，台北：稻乡出版社，1999，引言，第1~2页。

《明鬼》中论证鬼神有天、地（即山水）、人三类，且"鬼神之能赏贤而罚暴"，力图勾勒一个有人格意志的鬼神世界，对当时及以后的鬼神思想发展产生了深远影响。

另外，鬼神信仰在古代个别地区相当盛行，表现出浓郁的地域文化特色，如战国时期的楚地。《列子·说符》云："楚人鬼。"《汉书·地理志下》说楚地之人"信巫鬼，重淫祀"。据学者研究，楚人狂热的巫鬼崇拜有四个突出的表现：遍设鬼祠，尊崇厉神，隆祀国殇，祷求先祖。①楚人丧葬中的招魂、引魂习俗，洋溢着浓烈的灵魂不灭观念。从现在出土的楚墓帛画中可见，画面表现的母题多为龙、凤、龙舟、四象、北斗和天、地、幽都三界。学者认为：四象、北斗图像的功用是指引灵魂升天的方向及路径，龙、凤、龙舟是引导灵魂升天的工具，而天、地、幽都三界表现了升天的全过程，都与灵魂信仰密切相关。从现在的两幅楚帛画来看，一为湖南长沙陈山楚墓出土的人物龙凤图，表现的是女墓主"希望飞腾的神龙、神凤引导或驾驭的幽灵早日登天升仙"；②另一为长沙子弹库一号楚墓出土的人物御龙图，表现的是男墓主乘驾御龙灵魂登天成仙的情景。③

从多有记载丧制祭礼的《礼记》和大力提倡明鬼祀神的《墨子》中，可了解人们敬鬼神的源流及其对殡葬观念的潜在影响。

其一，《礼记》中所述的鬼神观。礼是养生送死、事鬼神之最基本的指导原则和依据，是中国独特的生死哲学的核心，而鬼神则是死亡文化中首先关切的对象，目的在于孝敬亡故的先祖亲人。

《礼记》多谈丧礼祭祀，与敬鬼神的原始宗教观密切相关。所谓"祷祠祭祀，供给鬼神，非礼不诚不庄"，临时的祭祀和定期的祭祀，供奉鬼神，没有礼则不虔诚不庄重。"夫祭有十伦焉：见事鬼神之道

---

① 参见宋公文、张君《楚国风俗志》，湖北教育出版社，1995，第397~403页。
② 熊传新：《对照新旧墓本谈楚国人物龙凤帛画》，《江汉论坛》1981年第1期。
③ 陈绍棣：《中国通史图说·春秋战国》，九洲图书出版社，1994，第363页。

焉，见君臣之义焉，见父子之伦焉，见贵贱之等焉，见亲疏之杀焉，见爵赏之施焉，见夫妇之别焉，见政事之均焉，见长幼之序焉，见上下之际焉。此之谓十伦。"古人认为祭祀的大致意义有十：体现与鬼神交流的方法，体现君臣关系的大义，体现父子关系的道理，体现贵贱关系的等级，体现亲疏的关系，体现赏罚的实施，体现夫妇之别，体现政事的公平，体现长幼的次序，体现上下之间的关系。

其实，"礼"字的原义是盛玉器以礼神灵，含有人文理性的礼乐文明即是从巫史文化、鬼神崇拜中演变而来，所谓"明则有礼乐，幽则有鬼神"；"天下之礼，致反始也，致鬼神也，致和用也，致义也，致让也。致反始，以厚其本也。致鬼神，以尊上也"。礼的诸多作用中，致鬼神亦在其列，礼使人报答鬼神，以尊敬长上。《礼记》多处阐述礼之本义，将礼与鬼神信仰的密切关系揭示得相当充分，[1] 如《礼运》篇载："是故夫礼，必本于大一，分而为天地，转而为阴阳，变而为四时，列而为鬼神，其降曰命，其官于天也。""故礼义也者，人之大端也，所以讲信修睦而固人之肌肤之会、筋骸之束也，所以养生、送死、事鬼神之大端也。""是故夫礼，必本于天，殽于地，列于鬼神。""礼者，君之大柄也，所以别嫌明微，傧鬼神，考制度，别仁义，所以治政安君也。"《礼器》篇亦言："社稷山川之事，鬼神之祭，体也。丧祭之用，宾客之交，义也。"皆阐述了这个道理。

由《礼记》所载可见，古人祭祀的对象较广，包括天地四时、日月星辰、山川丘陵等，祭祀的物品多所不同，并从中诞生了早期的鬼神观念。如"山林、川谷、丘陵能出云，为风雨，见怪物，皆曰神。有天下者祭百神。诸侯在其地则祭之，亡其地则不祭。大凡生于天地之间者皆曰命。其万物死皆曰折，人死曰鬼，此五代之所不变也"。在古人的眼里，山林、川谷、丘陵能出云气、兴风雨、现怪物，这些

---

① 《礼记》中关于鬼神信仰的叙述远远多于我们见到的提及"鬼神"或"鬼"、"神"字眼的语段。限于篇幅，本书只谈确切提到鬼神的段落，余不赘述。

都叫作神。统治天下者，要祭天下诸神。做诸侯者，在其封地就要祭诸神，失去封地后可不祭。大凡生存于天地之间的都叫作命。其中万物死去都叫作折，人死了称为鬼，这些名称是三皇五帝以来都不曾改变的。

儒家认为鬼神亦有德，是为政需要关注之事。如《礼记·中庸》载："鬼神之为德，其盛矣乎！视之而弗见，听之而弗闻，体物而不可遗。使天下之人齐明盛服，以承祭祀，洋洋乎！如在其上，如在其左右。""故君子之道，本诸身，征诸庶民，考诸三王而不缪，建诸天地而不悖，质诸鬼神而无疑，百世以俟圣人而不惑。质诸鬼神而无疑，知天也；百世以俟圣人而不惑，知人也。"在鬼神面前验证无可怀疑，是了解天意；百世之后待圣人出来检验也无疑惑，是了解人意。儒家将鬼神与政治联系起来。

其二，墨子学派所述鬼神观。墨子学派在《墨子》一书的《天志》《明鬼》等篇中提出明天鬼、敬事鬼神的观点，阐述了自己的神鬼观，是先秦诸子中对鬼神崇敬表述得最为明显和充分的学派，加之有相对严格的组织和对外活动，故其宗教团体的色彩也比较突出。进而言之，墨家是先秦时期具有最丰富的鬼神思想内容的宗教性流派。

墨子认为世界上存在鬼神，他列举了诸如周宣王时杜伯死后为鬼等很多古代的鬼故事，以证明"鬼神之有"。对于无鬼神论者所言"鬼神者，固无有"，墨子辩驳道："今天下之王公大人士君子，实将欲求兴天下之利，除天下之害，故当鬼神之有与无之别，以为将不可以不明察此者也。"并建议不信鬼神论者"何不尝入一乡一里而问之，自古以及今，生民以来者，亦有尝见鬼神之物，闻鬼神之声，则鬼神何谓无乎？若莫闻莫见，则鬼神可谓有乎？"墨家从政治治理的角度指出鬼神存在的意义：当今天下的王公大人、士君子，如果真想要为天下人谋福利、除祸害，那么对于鬼神的有无，是不可不考察清楚的。同时，他也从民间信仰的角度谈鬼神存在的现实性，认为如果人们不相信鬼神，可以问问当地的人们，若他们回答鬼神是存在的，那为何没人见过鬼神的形状、听过鬼神的声音？相反，如果鬼神是不存在的，为何民间又有关于鬼神的传说？

墨子将鬼分为天鬼、山水鬼神、人死而为鬼者，认为鬼神是有意志的，能惩恶扬善，治国利民。"鬼神之明，不可为幽间广泽山林深谷，鬼神之明必知之。鬼神之罚，不可为富贵众强、勇力强武、坚甲利兵，鬼神之罚必胜之。""尝若鬼神之能赏贤如罚暴也，盖本施之国家，施之万民，实所以治国家、利万民之道也。"在墨子看来，鬼神无处不在，神明无比，秋毫可察，能除暴安良，替天行道。无论是幽深隐微、浩渺广阔之处，还是山林深谷掩蔽之地，鬼神都能体察知道。无论是富贵势众、勇武强悍者，抑或拥有坚铠利刃之武器者，鬼神都能战胜、惩罚他们。鬼神如此赏贤能、惩暴恶，普施于国家治理民众之中，则是利国利民之根本。

墨子视尊明鬼神为"圣王之道"，赞成三代圣王禹、汤、文、武"欲以天之为政于天子，明说天下之百姓，故莫不犓牛羊，豢犬彘，洁为粢盛酒醴，以祭祀上帝鬼神而求祈福于天"之举，要"上尊天，中事鬼神，下爱人"，"明天鬼之所欲，不避天鬼之所憎，以求兴天下之利，除天下之害。是以率天下之万民，齐戒沐浴，洁为酒醴粢盛，以祭祀天鬼"。懂得鬼神之所需，不回避鬼神之所恶，事鬼神而后兴利除害。对于墨学一派，学界通常认为它集中反映了当时下层劳动人民的诉求。诚如此，则这种鬼神思想在春秋战国时期的民间有很大的影响，代表着一种价值观、一种信仰，影响着当时的殡葬观念。但与儒家敬鬼神且主张礼葬不同的是，墨家主张薄葬，开启了此后薄葬论思想的先河。

纵观诸子百家的教义，只有法家的思想中蕴藏着反对传统宗教的观念，主要表现有三：其一为反对宗教信仰与宗教活动，其二为反对鬼神信仰，其三为反对方士的巫术活动。这可从该时期的著作《管子》《韩非子》中窥探一二。

第一，与儒家相比，法家坚决主张打破宗法血缘制度。由于法家的思想不以血缘关系为连接，不以巩固和延续宗法血缘制度为目的，自管仲、商鞅、慎到、申不害，至韩非集其大成，法家主张以法治国，"以吏为师，以法为教"，"法后王"，法、术、势结合，建立中央集权的国家，并加强君权。

第二，否定鬼神信仰。《管子》曰："有地不务本事，君国不能一民，而求宗庙社稷之无危，不可得也。上恃龟筮，好用巫医，则鬼神骤祟。"倘若君主不勤政，热衷于占卜巫术，国势必然不定。管子口中的鬼神，不过是国内各种邪恶势力的化身。韩非是个彻底的无神论者，《韩非子》中提到了一个关于画鬼的故事，认为画鬼容易画马难，这是由于鬼神根本就是不存在的，画鬼无可对证。且韩非还根据鬼神信仰产生的思想根源和社会原因，批驳墨子所说的世界上有鬼的言论。韩非指出："人处疾则贵医，有祸则畏鬼。"认为鬼神观念是人对疾病的不理解而产生的一种幻想。韩非又说："圣人在上则民少欲，民少欲则血气治而举动理，举动理则少祸害。夫内无痤疽瘅痔之害，而外无刑罚法诛之祸者，其轻恬鬼也甚。"另外，社会因素也是鬼神信仰产生的重要根源之一。"上不与民相害，而人不与鬼相伤"，一定程度上可以说，只有政治上减少统治腐败，才会减轻人们对鬼神的迷信。相反，正如上文所提到的，如果统治者不能遵循自然法则，政治上骄奢淫逸，思想上还装神弄鬼，那么国家时日无多也。

第三，反对方士的巫术活动。战国末年，方术之学盛行。为了逢迎当时统治者想长生不老的心理，大批方士献长生仙方、仙丹或教授术法。《韩非子》中就谈到关于方士教不死之术的故事："客有教燕王为不死之道者，王使人学之，所使学者未及学而客死。王大怒，诛之。王不知客之欺己，而诛学者之晚也。夫信不然之物而诛无罪之臣，不察之患也。且人所急无如其身，不能自使其无死，安能使王长生哉！"韩非在另外一则故事《有献不死之药于荆王者》中也表达了对方术的反对，认为不死药是不存在的，从根本上反对"长生不老"，具有现实教育意义。

此外，作为法家思想的集大成者，韩非还反对占卜龟筮之术。占卜之术自商以来，一直是人们坚信可以通上天、了解神意的好方法，但结合历史文献记载，韩非认为占卜之术极其荒谬。以赵、燕两国的一次战争为例，战前两国的巫师都算出大吉，结果却是赵胜燕败。以占卜之术在历代的重要地位来说，占卜龟筮之术应存在极大的正确性，但战争结果证明，占卜存在偶然性。所以韩非总结道："故曰：龟策鬼神，不足取胜。"

总之，殡葬活动是人类历史发展到一定阶段的产物，是人类与动物的重要区别之一，是作为生物界的人所特有的意识、思维、思想、经济发展的结果，是人类从"蒙昧"向"野蛮"时代发展中的标志。具体而言，原始社会时期的亲情思想与灵魂观念催生殡葬活动，同时殡葬活动又受社会思想观念的影响，不断变化逐渐形成特定的礼制习俗。基于灵魂不灭思想，原始先民对鬼魂有着崇拜和敬畏之心，由此形成了敬鬼神的原始宗教思想。鬼神观念广泛流行于夏商周三代，《墨子》《礼记》等典籍文献的传播更使其延续，这些都成为传统殡葬理念的源流。

三　祖先崇拜观念

距今约 1 万年，人类社会陆续进入新石器时代。人类走出自然洞穴，逐渐在地面上建造房舍，形成原始村落。种植作物、喂养牲畜、打制石器、制作陶器，以及加工骨、角、蚌器等，这些技术改变了人们的生活，使人们的思维更为活跃，为古代殡葬观念的产生奠定了基础。随着人类开始具有自我意识和情感，殡葬观念也得以萌芽。尤其是氏族社会，血缘之间的亲情成为社会组织形成的重要纽带。尸体被抛弃在野外，往往被野兽啃食，所以为了避免尸骨散落荒野，他们的亲人开始有意识地埋葬死者，安葬成为表达亲情的重要方式。先秦时期，"国之大事，在祀与戎"，祭祀仪式的强化、祖先崇拜与亲情孝道的倡行，催生了中华民族"慎终追远，民德归厚"的殡葬观念。

殡葬意识并不是自人类诞生就随之出现，早期原始人类并没有安葬死者的习俗，而是随意弃尸于野外。这种习俗从文字上也可略见一二，如《说文解字》中所录"殪"字，"弃也"。从歺，奇声。俗语谓死曰大"殪"。含有人死后弃尸于野的意思。《周易·离卦》中九四爻辞曰："突如其来如，焚如，死如，弃如。"按郭沫若先生的解释，这是早期先民弃尸的习俗。《战国策·赵策》载"愿及未填沟壑而托之"，这就是以"填沟壑"婉转地表示死亡，侧面表明先民往往会将逝者的尸体弃置于沟壑中。

墓葬的出现是人类文明进步的体现。旧石器时代中晚期人类居住在洞穴中，死后就埋葬在居住的洞穴下。在欧洲旧石器时代中晚期的尼安德特人遗址中（距今约7.5万至3.5万年），发现了目前世界范围内已知最早的，并且有意识的殡葬活动。尼安德特人不仅产生了埋葬死者的意识，并存在一定的殡葬习俗，如规定安放死者的方向为头东脚西，将燧石、石英以及野牛、驯鹿与之共葬在一起，故而最晚在旧石器时代中晚期已经出现了墓葬的萌芽。这类墓葬考古发现多在欧洲，如法国中部多尔多涅地区费拉西洞穴、谢卑尔奥珊洞穴和科雷兹的拉沙伯尔村洞穴，以及乌兹别克斯坦的捷希克-塔什洞穴等处的旧石器时代中晚期墓葬。

在中国境内，目前发现最早的墓葬是旧石器时代晚期的北京山顶洞人墓葬，距今约1.8万年。遗址下部（即"下室"）是山顶洞人的墓葬。这种居室葬是旧石器时代晚期与新石器时代早期流行的墓葬形式。这个时期，人们把死者安放在洞穴的下室，不同年龄的男女葬在一起，这是原始先民的血缘亲情在处理死者遗体时的最初表达与流露，说明殡葬的产生与人们的亲情观念密切相关。

从无意识、下意识地处理、埋葬尸体，到有意识地安葬死者，其间大约经历了 190 万年，"按照'五千年文明史'而言，充其量也不过是人类全部历史（包括中国历史）的 0.25%，而没有文字记载的史前史却占据了人类历史（包括中国历史）的 99.75%"。[①]　这是人类从野蛮向文明迈进的重要一步，更是人类情感意识觉醒的重要表现。《易经》上说："古之葬者，厚衣之以薪。"也就是，人死后盖上柴草埋藏在丛草中。《荀子·礼论》也说："故葬埋，敬藏其形也。"在《孟子·滕文公上》里，孟子曾举例说，上古时期，曾经有人不愿安葬自己的亲人，而是在亲人死后将尸体丢弃到沟里，孟子认为这样是不对的。孟子在这里强调了古人的孝道与亲情对于殡葬观念的重要影响，认为古人埋葬尸体是为了免于兽食虫叮，发乎于不忍之心。《吕氏春秋·孟冬纪》中说："孝子之重其亲也，慈亲之爱其子也，痛于肌骨，性也。所重所爱，死而弃之沟壑，人之情不忍为也，故有葬死之义。葬也者，藏也。"同样认为重视亲情是人的本性，生者不忍心丢弃亲人尸骨是尊重与爱护死者的表现。生者出于对死者的"所重所爱"，以及不忍"弃之沟壑"，故而掩埋尸体。

现代人类学家认为，"人类开始其生存时，既无经验，又无武器，而被凶猛的野兽所包围"。[②]　但个人力量往往是有限的，"爪牙不足以自守卫，肌肤不足以捍寒暑，筋骨不足以从利辟害，勇敢不足以却猛禁悍"，因此人类多数情况下处于群居状态。《吕氏春秋》中说："昔太古尝无君矣，其民聚生群处。"早期人类依赖于集体力量，"裁万物，制禽兽，服狡虫，寒暑燥湿弗能害"。群居生活中的原始人共同劳动，朝夕相处，是情感萌生的重要基础。随着社会的发展，群居生

---

① 李伯森主编《中国殡葬史》，社会科学文献出版社，2017，总导论，第 1 页。
② 摩尔根：《古代社会》，杨东莼、张栗原、冯汉骥译，三联书店，1957，第 20 页。

活中逐渐产生了血缘家族。

马克思指出："直系和旁系的兄弟和姐妹之间的群婚；由此产生：血缘家族（家族的第一个阶段），它产生：马来式亲属制和姻亲制。"[①] 血缘家族是一个共同劳动、共同生活的群体，是人类社会的第一个社会组织，从婚姻家庭发展史上看，也是第一种家庭形态，其内部只有同辈男女之间才能允许发生婚姻关系。[②] 从旧石器时代中晚期开始，由于生产力的发展和族外婚的实行，原始人类的社会结构再次发生变化，逐渐走向氏族社会阶段。正如恩格斯所言："一切兄弟和姊妹间，甚至母方最远的旁系亲属间的性关系的禁规一经确立，上述的集团便转化为氏族了。"[③] 氏族组织一经出现，便成为社会的基本单位，它既是以共同血缘关系结合而成的团体，又是生产劳动的单位。开始时，其规模很小，一般只有几十人或百余人，这种状况至少持续了数万年之久。在氏族社会生产资料公有制的情况下，氏族部落里的劳动成果平均分配，分配过后所剩无几，一切资料和生产成果都为全体氏族成员所共有，自然也没有阶级和剥削的观念。在当时社会生产力低下的现实状况下，氏族公社的人们生活在一起，无君无臣，人人"耕而食，织而衣，无有相害之心"，共同劳动，共同抗拒各种灾难，相互依靠，精神生活中萌生了感情。氏族成员之间又通过血缘纽带紧密地联系在一起，血缘亲情成为维持氏族内部关系及此群体所赖以存在的基础。

基于对血缘亲情的认同，同一氏族成员在共同生活中有着朴素的平等博爱思想，"人不独亲其亲"，彼此关怀，凝聚着深厚的亲情。而当朝夕相处、食寝与共的同氏族的人死去时，悲痛哀悼之情油然而

---

① 马克思：《摩尔根〈古代社会〉一书摘要》，中国科学院历史研究所翻译组译，人民出版社，1965，第46页。

② 林耀华主编《原始社会史》，中华书局，1984，第73页。

③ 《马克思恩格斯选集》第4卷，第50页。

生，由此出现对死者的尸体进行有意识地掩埋处理。这种处理死者尸体活动的常态化、普遍化，是殡葬活动产生的原因之一。在氏族内部亲情的感召下，同一氏族的人不仅生时是同一个族群，生活在一起，死去之后，灵魂也需要像生前那样聚于一处，以便像活着时一样互相关照。基于这一思想，氏族成员把死者埋葬在一起，就像居住的村落一样，氏族墓地也由此产生，"氏族有公共墓地这个事实，反映出人们是按世间的社会结构来臆想灵魂世界的社会结构，他们相信生前属于同一氏族的人，死后在灵魂世界仍是同一氏族，氏族公共墓地就是死者灵魂共同生活的聚落"。①

其中，氏族中的领导者或对氏族有功绩的人，常常获得氏族成员的崇拜。自有虞氏以下的夏后氏、商人、周人所禘、所祖、所郊、所宗的都是那些有大功于部落或氏族之人。祖先崇拜的形成，是由自然物类的图腾崇拜变革而来的，依靠这种信仰崇拜，能够保种延嗣和掠夺俘虏。以现有的考古资料来看，古人对祖先的崇拜，一般体现在丧葬、祭祀等方面。祖先崇拜的观念源于母系氏族公社时期，形成于父系氏族公社时期，并拥有相应的仪式。衍化至阶级社会，祖先崇拜成为封建宗法制度下维护家族、巩固权力的支撑力，并且成为伦理纲常的思想支柱。

总之，无论是母系氏族社会，还是父系氏族社会，大都按照血缘关系组成。他们聚族而居，形成一个个大小不一的村落。氏族成员之间有着难以割舍的亲情，本族成员死后，往往在聚落附近选择一处空地埋葬死者，这就形成了生时同居、死后聚葬的氏族公共墓地。考古发现，在原始村落附近多有同时代的公共墓地，同一墓地或同一墓地的各墓区内，墓葬排列、埋葬方向、死者葬式、葬具以及随葬品的数

---

① 雷中庆：《史前葬俗的特征与灵魂信仰的演变》，《世界宗教研究》1982 年第 3 期。

量等方面的埋葬习俗相同或基本一致。① 这种氏族公共墓地，或者是一个氏族单独拥有，或者是居住同一村落的几个氏族共同拥有，这在新石器时代的早中期表现得非常明显。

四　亲情观念

孝道就是善事父母，是中国传统文化中的一种崇高美德，也是教化民众的重要方式。《孝经》中指出"孝，德之本也，教之所由生也"。孝包括敬养父母、繁衍后代、缅怀先祖等，是个体生存以及家族传承的重要思想纽带。古人认为按照礼仪安葬父母，是尽孝的表现。处理夭折子女的后事，是孝礼观念的延伸，体现了爱幼、护幼、思幼之情。

（一）敬老与丧葬

敬老思想，是生产力发展到一定程度而逐渐强化的社会观念。远古时期自然条件恶劣，艰苦环境下进行生产、生活需要借助老者的智慧指导。人们对经验丰富的长者怀有敬重爱戴之情，也形成了尊老敬老的传统。据文献记载，虞、夏、商、周时期已经传承着尊老敬老的习俗。《礼记·祭义》载："昔者有虞氏贵德而尚齿，夏后氏贵爵而尚齿，殷人贵富而尚齿，周人贵亲而尚齿。"其中的"尚齿"，《辞源》释为"尊崇老年人"。按照《礼记》的记载，虞、夏、商、周四代的价值标准，经过了德行、爵位、财富、亲情的不同转变，但唯一不变的是"尚齿"，即敬老风俗一直在延续。

敬老又和孝道密切相关。敬老最基本的表现即是尊敬孝顺父母，三年之丧亦可以看作敬老的重要表现，个别情况体现在尊师上。考诸史料，以三年之丧来表达敬老尊师之意的事例在先秦时期亦有发生。

---

① 中国社会科学院考古研究所编著《中国考古学·新石器时代卷》，中国社会科学出版社，2010。

如《孟子·滕文公上》云："昔者孔子没，三年之外，门人治任将归，入揖于子贡，相向而哭，皆失声，然后归。子贡反，筑室于场，独居三年，然后归。"孔子弟子为表达对恩师的崇敬哀悼之情，皆服丧三年，三年之丧完毕才诀别痛哭而去。独子贡于孔子墓旁结庐而住，又守丧三年，以报厚重师恩。《史记·赵世家》载，晋国赵武在老仆程婴自杀后，"服齐衰三年，为之祭邑，春秋祠之，世世勿绝"。为表达对其尊敬之意，亦服三年之丧。

三年守丧期间，还有相应的行为要求。《礼记》中说"斩衰，苴杖，居倚庐，食粥，寝苫，枕块"，即丧期穿不缝齐毛边的丧服，拄黎黑色的杖，住在倚墙搭建的草庐里，喝稀饭，睡草苫，枕土块，以这些行为表达孝子的哀悼、伤痛、尊敬之情。《礼记·三年问》云："故三年之丧，人道之至文者也，夫是之谓至隆。"三年之丧，是人情在丧礼上的表现，最为隆重。故而从一定意义上来说，三年之丧亦可作为殡葬习俗中亲情观的最高表现形式。

儒家重葬思想导致的厚葬之风引起了一系列社会问题，受到薄葬倡导者的针砭和诟病。晏子对儒家礼孝殡葬的繁文缛节就持有异议，指出："儒者华于言而寡于实，繁于乐而舒于民，久丧以害生，厚葬以伤业，礼烦而难行，道迂而难遵，称往古而毁当世，贱所见而贵所闻。"韩非子亦对其颇有微词："儒者破家而葬，服丧三年，大毁扶杖，世主以为孝而礼之。"墨子也进行了深刻的针砭，他认为"愈侈其葬，则心非为乎死者虑也，生者以相矜尚也。侈靡者以为荣，俭节者以为陋，不以便死为故，而徒以生者之诽誉为务"，尖锐地批评重殓厚葬的人，认为他们不是为死者考虑，是活着的人互相崇尚奢华和攀比；是以侈靡为荣、以节俭为耻，不是慎终追远，而是沽名钓誉。《盐铁论·散不足》载，世人"死以奢侈相高；虽无哀戚之心，而厚葬重币者则称以为孝，显名立于世，光荣著于俗，故黎民相慕效，以致发屋卖业"。崔寔《政论》认为："念亲将终无以奉遣，乃约其供养，豫修亡殁之备，老亲之饥寒，以事淫法之华称，竭家尽业，甘心而不恨。"《潜夫论·浮侈》指出，"今京师贵戚、郡县豪家，生不极养，死乃崇丧"。《潜夫论·务本》也指出，这种"约生以待终"的风气，实为"乱孝悌之真行，而误后生之痛者也"。但是，厚葬之风仍成为社会丧葬习俗的主流，提倡厚养薄葬者还是极少数，如《汉书》记载杨王孙"学黄老之术，家业千金，厚自奉养生，亡所不致。及病且终，先令其子曰：吾欲裸葬，以反吾真，必亡易吾意！死则为布囊盛尸，入地七尺，既下，从足引脱其囊，以身亲土"，遗言薄葬。东汉王充认为"死人无知，厚葬无益"，"圣贤之业，皆以薄葬省用为务"，力主"薄葬省财之教可立也"。他们的言论和行为，对于当时社会来说，起了一定的示范作用。尽管如此，由于当时人们普遍认为厚葬是儒家孝道观念的体现，即便是倾家荡产，也心甘情愿。当然，厚葬之风主要还是流行于王室贵族及官宦阶层，普通劳动者即使想要厚葬行孝，也因财力所限只能草草埋葬。《汉书·贡禹传》记载："今民大饥而死，死又不葬，为犬猪所食。"《后汉书·独行传》也记载，周嘉从弟畅为河南尹时，曾收葬洛城旁客尸骸骨凡万余人，连薄葬都不可能。

而厚葬主要体现在墓室的形制与结构上，表现为模仿现世的房屋，且拥有多种随葬品，逝者生前使用的器具、物品均可放置墓中。《盐铁论·散不足》所谓"厚资多藏，器用如生人"，也说明了这一事实。

（二）殇与丧葬

幼儿如同老人一样是社会的弱势群体。爱幼、护幼是人类思想情感的天性表达，是孝礼观的延伸延续。殡葬活动作为一种社会伦理道德和习俗行为，深受这一社会思想观念的影响。史前和先秦时期出现的瓮棺葬、为未成年人办理丧事等殡葬习俗，清晰地表达了人们爱护幼儿的思想。

瓮棺葬，是古代的一种墓葬形式。瓮棺，即以瓮或罐等陶器作为葬具来安置死者，绝大多数用来埋葬婴儿和儿童，表达了古人的爱幼情感。这一葬法于文献中亦有记载，《礼记·檀弓上》云："周人以殷人之棺椁葬长殇，以夏后氏之堲周葬中殇、下殇，以有虞氏之瓦棺葬无服之殇。"其中"瓦棺"，即是瓮棺在我国古代的名称。所葬对象为无服之殇者，即三个月至八岁的幼儿。

用瓮棺埋葬夭折的幼儿由来已久。考古发现，"在新石器时代的早期偏晚，黄河、长江流域的主要文化类型中就几乎是同时的最早出现了瓮棺葬这种习俗"，[①] 在李家村文化遗址、仰韶文化遗址、龙山文化遗址、大溪文化遗址、屈家岭文化遗址、石家河文化遗址、河姆渡文化遗址、马家浜文化遗址的发掘中都有瓮棺葬。不难看出，瓮棺葬作为对夭折儿童的一种葬俗普遍流行。

瓮棺葬作为古代众多葬俗之一种，反映了人们的思维意识、伦理观念。它是新石器时代先民在艰苦的生存条件和环境中的一种文化行为。在同时期的殡葬中，成人尚且有无棺者，幼儿却有瓮棺，充分展现了先民对幼子的珍爱。

考古发现，瓮棺葬绝大多数埋在居住房屋内或近旁，或者有专门的儿童墓地，极少数与成人葬在一起。人们将早逝的幼儿埋在自己住屋的周围，大概是由于亲子之情。其亲不忍远离，怀着对死去孩子的眷恋与不舍把幼儿葬在附近，以便于时刻照拂，对幼儿的体贴和呵护之情展露无遗。值得注意的是，绝大多数作为瓮棺盖子的陶盆或陶钵底部中间，有一个直径0.8~2厘米的小孔。这一小孔的目的和用意，目前学界一般认为，是基于原始的宗教信仰而给死者的灵魂留的出入口，是灵魂观念在殡葬习俗上的具体体现。瓮棺上的小孔有的呈规则圆形，有的则呈不规则状，从其形态上看显然是

---

① 许宏：《略论我国史前时期的瓮棺葬》，《考古》1989年第4期。

当时人刻意凿制或敲击而成，这也充分显示出先民对幼儿灵魂的特殊关照。

古人对死亡的未成年人的关爱，在服丧制度中亦有体现。在古代，将男女未成年而去世称为"殇"，汉郑玄云："殇者，男女未冠笄而死，可哀伤者。"古代男二十而冠，女十五而笄，作为成年的象征，所谓未冠笄，则是指未成年。未成年而亡，对于父母及整个家族而言是件极其哀伤的事情。为表达对死去幼者的哀思，在先秦时期另有一套特殊的服丧制度。《仪礼·丧服》载："盖未成人也，年十九至十六，为长殇；十五至十二，为中殇；十一至八岁，为下殇。不满八岁以下，皆为无服之殇。……故子生三月，则父名之，死则哭之。未名则不哭也。"可知，在先秦时期按照未成年人去世的年龄，分为长殇（16~19岁）、中殇（12~15岁）、下殇（8~11岁）、无服之殇（3个月至8岁）四个不同等级。长殇、中殇、下殇三者，相应的服丧制度为大功殇九月、大功殇七月、小功殇五月三种。

具体来说，"大功殇九月"与"大功殇七月"，所着丧服皆为大功服。《仪礼·丧服》："大功布衰裳，牡麻绖，无受者。"用大功布做衰裳，用牡麻做首绖和腰绖，"无受者"，即终丧一服，葬后不再更换轻服。由于丧未成人者，礼文比较简单，所以不变服，这是与已成人者，在服制上的一项重要区别。① "大功殇九月"为长殇者所服，《仪礼·丧服》云："其长殇皆九月，缨绖。"即为长殇者服大功九个月，首绖上缀有绳缨。"大功殇七月"为中殇者所服，"中殇七月，不缨绖"，即为中殇者服大功七个月，首绖上不缀绳缨。父亲为夭亡（11岁以上）的子女服此大功丧服，即《仪礼·丧服》所言："为子、女子子之长殇、中殇。""小功殇五月"，所着丧服为小功服。"小功布衰裳，澡麻带绖，五月者。"用小功布做衰裳，用经过

---

① 章景明：《先秦丧服制度考》，台北：中华书局，1971，第168页。

濯洗的麻做带和首绖、腰绖，丧期五个月。其与成人的小功服时间一样同为五个月，但服制有区别，成人小功服用牡麻绖，有变服，三个月变麻为葛。祖父为下殇的嫡孙即服此小功丧，即《仪礼》载"嫡孙之下殇"。

对于年龄更小者（3个月至8岁），实行的是无服之殇。《仪礼·丧服》云："无服之殇，以日易月。以日易月之殇，殇而无服。故子生三月，则父名之，死则哭之。未名则不哭也。"郑玄云："以日易月，谓生一月者，哭之一日也。"可知对于八岁以下夭亡的幼儿，不必服丧，但视其所生月数而哭，生一个月则为之哭一天。如果生下来三个月，父亲已为他取名，仅哭而已；未起名，则不哭。

总体而言，在先秦时期，未成年人死亡，同成年人一样有着严格的服丧制度，依其血缘关系的亲疏、地位的高低等情况，遵循不同等级的服丧制度。虽然未成年人服制与成人相比较轻，如即使弟妹、叔父等亲属，其长殇也只服大功九月，但这种特殊的服丧制度的存在彰显出对未成年人的爱护与重视，进而言之则是人们血缘亲情的表达。

第二节　儒家的孝礼观

我国传统的丧葬文化基本成熟期是在春秋战国时代，其中儒家思想文化在殡葬活动中始终占据着主导地位，其他观念也深刻影响着当代。儒家的孝礼观，倡导"丧则哀，葬则敬，礼为用"，对待逝者要"葬之以礼，祭之以礼"；倡导在丧葬活动中要遵守礼制、流露哀伤、以情为重、情礼交融。荀子进一步发展了儒家思想，在《荀子·礼论》中提出"礼者，谨于治生死者也。生，人之始也；死，人之终也；终始俱善，人道毕矣。故君子敬始而慎终，终始如一，是君子之道，礼义之文也"。提倡终始俱善、敬始而慎终，主张"哀夫敬夫，事死如事生，事亡如事存"的观念。孝礼观是中国传统社会的主流，"未知生，焉知死""杀身成仁""舍生取义""死生有命"等深刻影响着中国人数千年的生死认知。这些观念成为中国历代统治者所竭力提倡的主流文化思想。儒家追求的仁、义、礼、智、信，其道德内核与终结目标远高于生命的价值。因此儒家的生死观念，不畏生死，不求来世，倡导今生的精神不朽与道德永恒。

一 儒家生死观与孝礼思想的源流

孔孟之道是中国儒学的核心内容与理论来源，儒家学派在其出现之初，即对生死问题展开了讨论。《论语·卫灵公》有言："志士仁人，无求生以害仁，有杀身以成仁。"《孟子·告子上》则言："生亦我所欲也，义亦我所欲也，二者不可得兼，舍生而取义者也。""孔曰成仁，孟曰取义"亦是儒家生死思想的精髓，影响深远。南宋文天祥的"人生自古谁无死，留取丹心照汗青"，清末林则徐的"苟利国家生死以，岂因祸福避趋之"，多少志士仁人以"成仁"和"取义"为人生目标，而将生死置之度外，为国家与民族大义慨然赴死。所以忠、孝、节、义的儒家殡葬孝礼理念，是先秦宗法伦理的升华。

我国传统意义上的"忠"，是指个人对天地、真理、信仰、职守、国家及他人等的至公无私和始终如一，是对一个人美德的至高评价。"天下至德，莫大乎忠"，因忠而死，虽死犹荣。古人有云，"百善孝为先"，《孝经》中说"夫孝，天之经也，地之义也，人之行也"。孔子提倡的"君君，臣臣，父父，子子"，① 也是以忠孝观念为基础。君臣之义是忠，父子之义是孝，孝的表现便是"生，事之以礼；死，葬之以礼，祭之以礼"。② 荀子在继承孔子思想的基础上，进一步阐

---

① 刘宝楠：《论语正义》，中华书局，1990，第499页。
② 刘宝楠：《论语正义》，第46页。

释："礼者，谨于治生死者也。生，人之始也；死，人之终也；终始俱善，人道毕矣。故君子敬始而慎终，终始如一，是君子之道，礼义之文也……使生死终始若一，一足以为人愿，是先王之道，忠臣孝子之极也。"[①] 荀子提倡在丧葬活动中要遵守礼制、流露哀伤、以情为重、情礼交融，这才是古时忠臣孝子等所应达到的社会伦理的最高境界，此乃礼的意义所在。因此，从个人层面出发，礼孝并重可以满足人们得以善终、死后升天等愿望。从社会层面来说，通过厚葬礼葬，可以宣扬孝道，维护社会伦理。

孔子作为儒家学派的创始人，其思想的核心是"仁"和"礼"。从这两个方面出发，孔子将生死问题置于人生终极和道德伦理的高度进行阐释，开创性地提出了许多思想，深刻地影响了后世对于生死的认知。

"仁"与"礼"贯穿了孔子思想的全部。孔子的"生，事之以礼；死，葬之以礼，祭之以礼"的孝礼理念，言外之意是应先做好本分，如果仍有余力，再关心死后之事。在孔子看来，"物有本末，事有先后"，如果对生的问题都处理不好，如何考虑死后世界？因此，"未知生，焉知死"。这并不能推出死后世界重要与否，只是说在优先顺序上，应当以生前现世为先，才符合"仁"的精神。孔子对祭祀礼仪十分重视，因此他说"祭神如神在"。"祭神如神在"的关注点就是通过礼仪的庄重来追求精神的至诚，以此来提升灵性、净化人性。《中庸》发展了孔子思想，强调"至诚若神"，也就是"唯天下至诚，为能尽其性。能尽其性，则能尽人之性，能尽人之性，则能尽物之性，能尽物之性，则可以赞天地之化育。可以赞天地之化育，则可以与天地参矣"[②]。天、地、人在此是合一的。当然，这里不是对一般鬼

---

① 王先谦：《荀子集解》卷13《礼论》，中华书局，1988，第358~360页。
② 真德秀：《四书集编·中庸集编》卷26，清康熙十九年通志堂刻通志堂经解本，第412页。

神的膜拜，这与孔子所讲的"敬鬼神而远之"一致。孔子提倡理性主义，所以认为阴阳两隔、各有分际。虽然崇拜鬼神，但不应越过界线，应"远之"。这与"未知生，焉知死"的理念完全一致。孟子对生与死的终极关怀有着自觉的体验，他说："生亦我所欲，所欲有甚于生者，故不为苟得也；死亦我所恶，所恶有甚于死者，故患有所不辟也。"① 表达了对生存的渴望和对死亡的厌恶。孟子传承了孔子所说的"死生有命"，明言寿限均有定数。因此，无论寿终正寝还是意外横死，都是命定天数的。但孟子认为，人们既然无法变更、无法逃避天命，就应直面天命。如何面对这不可知的定数？孟子强调只有日日修身、时时修身、处处行善；若有不及，那即使突然面临厄运，也可从容无憾。既然无法改变天命，就要心怀警惕，更应珍惜现在的光阴。

荀子的生死观充满了理性主义，他认为人们关于死后为鬼的看法主要是一种心理在起作用。荀子说："凡观物有疑，中心不定，则外物不清。吾虑不清，则未可定然否也。"他强调说："凡人之有鬼也，必以其感忽之间、疑玄之时正之，此人之所以无有而有无之时也。"荀子在《大略篇》中假托孔子与子贡的对话，通过子贡之口表达了自己对死亡的看法："大哉，死乎！君子息焉，小人休焉。"君子认为死亡是安息，小人却以此为休止，虽同是"死亡"，但君子行仁，小人放纵情欲、钻营私利，二者导致的结果截然相反。君子与小人的对照，就在"安息"与"休止"之间，此中区别，就是死亡的性质。荀子此说，赋予死亡更新的人文标准，所以称"大哉，死乎"。荀子以举例的方式说明，很多怕鬼的人其实都是自己吓自己。他说："夏首之南有人焉，曰涓蜀梁。其为人也，愚而善畏。明月而宵行，俯见其影，以为伏鬼也；仰视其发，以为立魅也。背而走，比至其家，失

---

① 杨伯峻译注《孟子译注》，中华书局，1960，第 265 页。

气而死，岂不哀哉！"

　　在荀子看来，祭祀礼仪的目的主要在于表达思慕的心意，重在教化功能，并非真正要去事奉鬼神。因此荀子强调："祭者，志意思慕之情也，忠信爱敬之至矣，礼节文貌之盛矣。苟非圣人，莫之能知也……其在君子，以为人道也；其在百姓，以为鬼事也。"荀子举"三年之丧"为例，说明祭祀的意义在于"称情而立文"，起到人文教化的作用。他说："三年之丧，何也？曰称情而立文，因以饰群，别亲疏、贵贱之节，而不可益损也。故曰，无适不易之术也。"在他看来，守丧的根本精神在于通过外化为人文礼节的丧礼来表达心中的感情。所以，荀子认为面对亲人去世，即使悲伤也不应过度，而应有所节制。这也就是他说的"礼者，节之准也"。所以"礼"应恰如其分，有所节制，不可怠忽轻慢，也不可奢华浪费，以适中守分为宜。

　　儒家与《易经》关系十分密切。孔子说："加我数年，五十以学《易》，可以无大过矣。"《史记·孔子世家》中记载："孔子晚而喜《易》……读《易》，韦编三绝。"因此，《易经》中对生死的看法，对儒家生死观有着极为深刻的影响。《易经》认为，人在平日应多养生保健，在健康时能常思病中之痛，在平安时能常思灾难之危，从而警醒自己，多加珍重，爱惜生命，并且善用时间。所以，《易经》以"乾"元为首，代表首重上天大生之德，到第六十四卦，并殿以"未济"，代表着"生生不息，绵绵未济"。也就是，儒家看重的是生生世世的绵延传承，即所谓"生生之谓易"。

　　《易经·系辞》中强调："夫大人者，与天地合其德，与日月合其明，与四时合其序，与鬼神合其吉凶。先天而天弗违，后天而奉天时。天且弗违，而况于人乎？况于鬼神乎？"因此，《易经》认为，只要合乎生生之德，效法天地大德，便能可大可久，此时早已超越个人生死观念。儒家正是通过积极入世，实现建功立业或思想塑造，即所谓的"立功""立言"，最终实现"立德"，由此才能超越死亡，实现生命的永恒。这种不朽的生死观，使得儒家的人生观是蓬勃向上的，是一种积极进取的观念。

二 儒家孝礼观的理论基础

死亡令人悲哀，也是一个对人影响深远的事实。要解释死亡，就必须先明白何为人的本质。《礼记》将人置于大宇宙之中，根据人在宇宙中的地位而界定人的特性。"人者，其天地之德，阴阳之交，鬼神之会，五行之秀气也。""人者，天地之心也，五行之端也。食味、别声、被色而生者也。"就是说，人是兼涵物质和精神两个大不相同世界的复杂统一体。"五行之秀气""五行之端"代表了人物质性的一面。"阴阳之交""鬼神之会"代表了宇宙间有阴阳、鬼神等成对出现的异质存在。"食味""别声""被色"则为人表现于外的行为。这些组合成为一个统一的有机体。人不仅是生物的自然存在，也是精神意识的存在。在儒家看来，人的价值也由此凸显。人为"天地之心"，代表人是宇宙中能思考的力量，居于主宰地位。而人也是"天地之德"，能协助天地参赞万物之化育，为宇宙稳定秩序，这即是"天地生君子，君子理天地"的观念。

人是兼有物质与精神的存在，二者产生微妙的统合作用。其中有赖以维系的媒介物，即《白虎通义疏证四·五行》"谓金、木、水、火、土也。言行者，欲言为天行气之义也"。就是说，各种物质均源于天地而具有气的存在。由于气无所不在，因而可以来往于物质与精神之间，使二者产生互动，即"其气发扬于上，为昭明、焄蒿、凄怆，此百物之精也，神之著也"。由于气的运行，通过感官的知觉作用形成意识，并与精神相互沟通，人成为物质和精神相互统合的复杂机体。

《礼记》在界定人的概念后，开始探究生、死的定义。《大戴礼记·本命》曰："分于道，谓之命；形于一，谓之性；化于阴阳，象形而发，谓之生；化穷数尽，谓之死。故命者，性之始也；死者，生之终也。有始，则必有终矣。"道"为冥化自然之道，为天地万物之本体。"命"即是宇宙的最高原理。"分"有不足，有所限制。因此，"命"呈现出有限性与超越性。"命"源于"道"，因此有偏全、厚薄、清浊、混明之分，又因所得的部分不同，于是"性"也有分别。当"道"的混沌本体运动发生变化时，也就是阴阳对立转化，相反相生的作用产生。当其阳性显现而形象可见时，则为"生"；当其阳消阴长，则为"死"。所以"生"与"死"是显与隐对立的概念。因此，生与死是必然的现象。生，不必喜；死，也不必悲。生死之变化对于个体生命而言，关系到有形躯体的显隐。但若融入群体之中，就成为不可或缺的一环，每个生命都扮演着接续传承的中介角色，因此"道"长存不衰，由此衍生出"死而不绝"的生命观。因此，人们要正视生命周期的终结，能在濒临死亡时保持往日的尊严，然后，把自己的生命放置在历史发展之中，安放在人类文化传统的延续之中。这样，即使走到生命回归，也不会感到害怕恐惧。

既然儒家认为生命是"死而不绝"的，因此，在冠、婚、丧、祭的礼仪中需要人们体验生命延续性的存在。生与死是生命的两个临界点，在诞生之前，为生命的酝酿期，死亡后为生命的延续期。在这两个临界点之间，为显性的生命。在这之外，为隐性的生命。"身也者，亲之枝也……不能敬其身，是伤其亲。伤其亲，是伤其本。伤其本，枝从而亡。"亲子之间，无论是外在的容貌，还是内在的精神气质，必有其相似之处，这是基于基因的遗传。一代代的人形成一条不间断的链条，上一阶段的生命，通过遗传被新的生命所保存。各代人在血脉的连锁相关下，延续不绝。因此，个体虽然有死亡，但家族的命脉不会断绝。《礼记》载："身也者，父母之遗体也，行父母之遗体，敢不敬乎？""天之所生，地之所养，无人为大。父母全而生之，子全而归之，可谓孝矣。不亏其体，不辱其身，可谓全矣。"儒家将人从死亡的深渊跃升到生存的绵延，从死的阴霾转化为生的意义。父母的形体虽然不存，但由于子女不亏其体，全而归之，犹如父母的形体长存不朽。更由于不辱其身、不羞其亲的孝道成全，父母的精神得以发扬，生命向更高层级迈进。

儒家的各种礼仪也体现着"死而不绝"的观念。冠礼在宗庙中举行，意即上告祖灵，家族的后代已茁壮成长，"适子冠于阼，以著代也"。意思是父子的传承，为人子者已有义务和资格承继上一代的责任和地位。因此，儒家对生命的新陈代谢早有很深的体悟。

举行婚礼，男方须到女方的祖庙中迎亲，原因是两姓之好，需要上告祖庙以表敬慎。婚礼不贺，不用乐，是因为子辈长成时，父辈不可避免地会衰老。婚礼成为长辈和晚辈生命延续的一个环节。冠礼、婚礼都是显性生命的礼仪活动。死亡是生命最大的临界点。死亡发生，生命由显性转为隐性。这是一个由有形进入无形的环节，所以需要有一系列细致复杂的丧葬礼仪，帮助生者稳定情绪，重整人生的旅程。因此，礼仪的设计，是以招魂的复礼联系显性生命与隐性存在的连续性。

丧葬仪式以"生者饰死者"的方式举行，一连串的仪式将死者的客体存在成功地转化为超越的精神意识，进入子孙的内心，成为永恒的印象，形成死而不绝的生命观念。《礼记·祭统》云："凡治人之道，莫急于礼。礼有五经，莫重于祭。"在吉（祭）、凶、宾、军、嘉五礼之中，祭礼为重。因为祭礼的对象为天神、人鬼等超越存在，代表人内心的最高原则，把握祭祀的精神，就能形成敬慎的德行。

祭礼中对祖先的祭祀，更将死而不绝的生命观推到了最高层次。丧礼的进行，将情感转化为意识的存在。然而，这种意识存在仍需要定期地加以重温，才能历久弥笃。因此，祭祖礼的进行，就是定期将这种意识存有再重新以人世间的存在方式给予展现。一方面表达了生者对死者的思慕之情，另一方面也以香火不断的祭祀传达死而不绝的观念。

一切生命都是十分珍贵的，包括逝去的生命。逝去的之所以值得珍重，是因为人能凭借对过去事实的回忆，发现过去生命的意义。因此，对逝去生命的反思可以为自己创造生命价值做参考。在此，死者也获得了永生。

永生与不朽，是人的普遍追求。人由于后代子孙的延续，生命自然具有不朽的意义。至于精神生命的不朽，更直接、积极的方式就是在生前能达到《左传·襄公二十四年》"太上有立德，其次有立功，其次有立言"的层次。所谓立德、立功、立言，是指人在死后，其道德、事功、言论仍在世上流传，对后人造成影响，获得不朽。孔子正是继承了"三不朽"的思想，认定社会群体的价值是崇高的，于是提出"承礼启仁"的主张来维护社会的和谐。孟子在继承孔子思想的同时继续向前发展，希望通过行仁义而使得人群和谐，获得生命的不朽。

在汉初政治统一的情形下，亲亲、尊尊、长长、男女有别是儒家共同的诉求。因此，《礼记》中讲："立权度量，考文章，改正朔，易服色，殊徽号，异器械，别衣服，此其所得与民变革者也。其不可得变革者则有矣，亲亲也，尊尊也，长长也，男女有别，此其不可得与民变革者也。"人非仅为个体，更隶属于群体。

生命的意义在于"死可教生"。冠礼之中，能体现以死教生价值意义的，当数冠礼之后执见于乡大夫、乡先生，听取长辈们的训示，获得历史教育。通过以死教生的方式，前人的功过得失、荣辱毁誉都成为历史教材。

最能凸显以死教生价值的是丧、祭之礼。在祭祀的背后，有其信仰系统，其所使用的象征物品与符号也有具体的历史文化背景，带着一定时代的特征。因此，礼制的设计，从招魂开始就与死者生前所属的社会阶级相匹配，生者为死者做的各种安排即为情感的投射，认为人的肉体归于尘土之后仍能保有原来的地位、权势。于是，从贴身的衣物、陪葬的配备、棺椁的重数到墓穴兆域的设置等，凡是死者生前所拥有的，都有相应的表现。

《礼记》中强调"凡死于兵者，不入兆域"，郑玄认为"战败无勇，投诸茔外以罚之"，是对以死教生的贴切解答。这代表着社会意识对"不义之罪"的永远排斥，以防陷先人于耻辱，令后人羞愧。所以，对死后的人加谥的礼法，目的也是维护宗族的尊严。"幼名，冠字，五十以伯仲，死谥，周道也。"无论是族长还是王侯，如危害整体，死后仍须加以批判，以诫后世。谥号的美恶，即是永久的褒贬，具有以死教生的永恒价值。

三 儒家孝礼观的表现

孝观念的本义是追思祖先、祭祀祖先，后被引申为子女善待父母、孝敬老人。《说文解字》释"孝"为"善事父母者，从老省，从子，子承老也"。有学者从孝字本身出发，亦指出这一层含义。"从孝为会意字看，它由'老'字的上半部分和'子'字构成，意为子在下面搀扶上面的老人，引申为子女对于长辈的敬事。"[1] 实际上，人们对老年人的尊敬，大多笼罩在孝的光环下。对逝者的敬与孝，从本质意义上来说，就是重视殡葬的礼仪与规制。先秦时期的厚葬风气、"事死如事生"理念，在某种程度上都受到敬老观念的影响，并形成了一套烦琐的殡葬礼仪，这实际上是"阳间世界"对逝者行孝的延续。由此，出现三年之丧等表达敬老之意的殡葬习俗也就不难理解了。

这种风气与对亲情的重视，尤其是对孝道的提倡密不可分。春秋末年，以孔子为代表的儒家对孝道思想积极阐发。他们所提倡的孝

---

① 李聪：《"孝"观念在中国古代丧葬文化中的演进》，《社会科学战线》2011 年第 6 期。

道，并不只限于父子之间，还扩大到贵老、尊长、睦族等。"所谓贵老，为其近于亲也。所谓敬长，为其近于兄也"，"事兄悌，故顺可移于长"，"睦于父母之党，可谓孝矣"，继而扩大为"老吾老以及人之老"。不仅孝敬血缘关系上的长辈，还扩大到尊养社会上的所有长者和老人。故而，从一定意义上说，敬老尊老思想包含于孝道之中。"在中国社会文化里，长老享有特殊的地位、权利和尊敬。老人是父亲意象之活生生的发祥地，而父亲意象又回过头来营养、加强、扩大和巩固老人的地位和权利。"① 也就是说，尊老的原则是直接从孝亲推衍而来。

传统孝道观念，贯穿于父母以及至亲的生死全过程。《论语·为政》中，孟懿子向孔子请教何为孝，孔子认为孝就是不要违背礼。怎么才能不违背礼呢？孔子说："生，事之以礼；死，葬之以礼，祭之以礼。"孝不仅是对父母现世的赡养，也包括父母去世后按照礼仪进行殡葬和祭祀。在《礼记·祭统》中，也有类似的说法："孝子之事亲也，有三道焉；生则养，没则丧，丧毕则祭。"《中庸》强调："事死如事生，事亡如事存，孝之至也。"强调人们对待死者应同侍奉生者一样，才是孝顺。殡葬观念的内涵里，寄托着对至亲的"孝"和对远祖的"敬"。传统社会，往往通过殡、葬、祭等殡葬仪式展示个人对至亲和先祖的孝道情感，进而强化整个社会的忠孝伦理道德观念。《论语·学而》说："慎终追远，民德归厚矣。"这就是要求民众通过慎重地对待父母的丧事，追念久远的祖先，树立淳朴敦厚的道德风尚。所以说，殡葬中体现的孝道是传统社会道德体系构建的重要基础，"慎终追远"也一直是中华民族继承和发扬的优良传统。

正是在孝道伦理这一文化因素的影响下，子女后辈对父母、长辈的丧事十分重视。为表达对逝去亲人的孝敬，重视丧葬便成为行孝的

---

① 殷海光：《中国文化的展望》，中国和平出版社，1988，第140页。

方式之一。《孟子·离娄下》云："养生者不足以当大事，惟送死可以当大事。"把对至亲的送终看作比养生更为重要的大事。孟子本人就是厚葬的积极践行者，《孟子·公孙丑下》记载，孟母去世后，孟子为尽孝敬之心进行厚葬，认为厚葬"非以为观美也"，而是只有厚葬父母，子孙才算尽了礼，否则就是不孝，不齿于人，不容于天地。可见，当时的厚葬冠有"礼"与"孝"的美名，可谓敬老的重要表现。包含敬老在内的孝观念是厚葬的思想根源之一。

孝还表现在祭祀上。在中华民族悠久的历史长河中，祭祀被视为国家大事。先秦时代的《左传·文公二年》载："祀，国之大事也。"所谓"祀"为祭祀礼仪，包括吉、凶、宾、军、嘉五礼，对此《礼记·祭统》认为："礼有五经，莫重于祭。"《礼记·昏义》云："夫礼始于冠，本于昏，重于丧祭，尊于朝聘，和于射乡。"时至今日发展为，以对先人特别是父母殡葬过程的隆重程度来判断子女是否孝敬，这也导致厚葬之风普遍存在并愈演愈烈。到春秋战国时期，厚葬成为一种社会风尚。上自王公贵族，下至匹夫庶人，对于殡葬皆"侈靡者以为荣，节俭者以为陋"。《吕氏春秋·节丧》中说："国弥大、家弥富，葬弥厚。""事死如事生"的厚葬观成为这一时期丧葬习俗中最显著的特色。

在国家层面，西周时代官方就已设置了管理殡葬的专职官吏，如"墓大夫""冢大夫"等。国家政府还设立专门的机构负责修建帝王的陵墓，如秦始皇陵的修建就是丞相李斯总理。对殡葬的重视，引发了上至朝廷、下至百姓的繁缛复杂的各类殡葬礼仪。考诸文献可知，古代的殡葬礼仪在周朝已经非常完善，形成了一整套规范的仪式。据《仪礼·士丧礼》，具体说来，一般要经过以下程序：属纩、复、楔齿、缀足、设奠、易服、帷堂、讣告、吊唁、沐浴、饭含、袭尸、设铭旌、设重、设燎、小殓、大殓、大殓奠、成服、朝夕哭奠、卜宅兆葬日、穿圹、陈器、祖奠、反哭、虞祭、卒哭、祔庙、小祥、大祥、禫祭等。这一套殡葬礼仪隆重而繁缛，事无巨细，面面俱到，充分反映了生者对逝者殡葬的重视。在举办殡葬的过程中，还要举行各种各样的祭祀活动，主要包括朝夕奠、朔望奠、荐新奠等，还有卜筮葬地、葬日，以及安排随葬物品。

除了厚葬，殡葬中还有许多礼仪细节展现人们的孝道与亲情。《荀子·礼论》："事生，饰始也；送死，饰终也。终始具，而孝子之事毕，圣人之道备矣。"荀子认为殡葬礼仪是后代子孙对长辈最后尽孝的一种形式，事生送死都做得完满才算完成了孝子该做的事宜。因此，殡葬虽是"身后事"，但展现了活人尊亲敬亲的意识。烦琐的殡葬程序，增加了礼仪感，寄托了生者对死者的深情。生者为死者细致地沐浴修整，一方面让死者干干净净地到达阴间，同时这也是生者最后一次侍奉死者。如饭含仪式，指在死者口中放入米贝、玉贝及饭食之物，"饭所以实口，不忍虚也"，"孝子所以实口也，缘生以事死，不忍露其口"。可见举行饭含仪式，是为了表达孝子敬亲爱亲的心情，不忍长辈空口而去。再如朝夕奠、朔望奠。按古礼，自成服之后，死者亲属每天要在日出及日落时各举行一次祭奠，"如平日朝哺之食，加酒果"。如遇月朔，也要设馔祭奠。祭奠时，成服的孝子们还要哭踊、跪拜，如此直到下葬时止。这一礼仪也展现了生者对死者的敬重，秉承了"事死如事生"的精神。简言之，繁缛而细琐的殡葬仪式仪规是后辈对先人"事生"的延伸，每一处细节都体现了孝子贤孙对逝者的孝敬之情与哀戚之心。

居丧又称守丧、值丧或丁忧，以此表达人们对死者的哀悼之情。在守丧期间，死者的亲属或其他守丧人员要遵守一定的规范，在饮食、服饰等方面都有所限制。关于守丧，据历史文献，因死者身份、地位不同，在殡的过程中时间长短、形式与礼仪等也不一样。当然，守丧时间的长短，也体现了生者与死者之间的亲情关系。一般而言，守丧时间越长，证明守丧的人对至亲亡故的悲痛越大。守丧是人们为表达对死者的哀悼之情而产生的，根据与死者关系的亲疏远近，守丧的行为也表现出相应的差别，关系越近，守丧时间越长，节制就越多。"三年之丧"是守丧制度中最为隆重的一种，是子女后辈为至亲者所守的丧期。关于三年之丧，《论语·阳货》中，宰我认为三年之丧时间太久，根据自然规律，一年即可。孔子解释了行三年之丧的原因："子生三年，然后免于父母之怀。"子女从出生到三岁时，才可以离开父母的怀抱。服丧三年，是为了报答父母这三年的恩情。故为人子者，要为双亲服三年之丧，回报至亲，否则于心不安。从亲情角度而言，三年之丧所传达的是人的自然情感。先秦儒家认为，三年之丧是孝道的重要实践形式，因而备受推崇。

孔子曰："夫三年之丧，天下之通丧也。"孟子云："三年之丧，齐疏之服，饘粥之食，自天子达于庶人，三代共之。"荀子亦以为："（三年之丧）是百王之所同，古今之所一也。"历代以来，上至天子，下至普通百姓，都要遵循三年之丧。三年守孝，不仅是历代礼制中的规定，也是古人尊重孝道、传承文化的体现。通过三年守孝服丧，提醒自己亲人虽已亡故，但需牢记养育之恩。《礼记·三年问》中有："三年者，称情而立文，所以为至痛极也。"服丧三年，是适应人情而制定的礼，用来表达人的极度哀痛之情。

四　儒家孝礼观的演变

"罢黜百家，独尊儒术。"作为国家统治的指导思想，儒家思想在汉武帝时便确立起主导地位。秦汉以后，儒家生死观也一直占据着殡葬观念的主流。但是魏晋南北朝时期，道、佛两教在民间得到了更为广泛的传播。隋唐王朝的统一，使儒学又受到统治者重视。[①] 在历经魏晋南北朝300多年的动荡后，隋唐两代的开国统治者都强调儒学思

---

① 许凌云：《中国儒学史·隋唐卷》，广东教育出版社，1998，第3页。

想在国家政治生活中的正统地位，如隋文帝即位后便下诏："儒学之道，训教生人，识父子君臣之义，知尊卑长幼之序，升之于朝，任之以职，故能赞理时务，弘益风范。"① 特别是科举制度的创立和完善，为儒学发展提供了强大助力，儒学在隋朝时重新兴盛。隋亡唐兴，唐朝统治者虽然重视和扶植道教，但是并不抑制儒学发展，如唐太宗对他的大臣说："朕今所好者，惟在尧、舜之道，周、孔之教，以为如鸟有翼，如鱼依水，失之必死，不可暂无耳。"② 表明儒学在唐初受到重视。由于统治者的提倡和儒学自身的发展，儒家思想成为国家主流思想，特别是中唐以后的儒学家多继承儒家"未能事人，焉能事鬼""未知生，焉知死"的观点，注重现世，同时对宋明儒学也产生了影响。

其一，在继承秦汉魏晋以来重生观念的基础上，从理性主义出发，注重现世，追求生命有限，但生命不朽。儒家重视用著书立说、教人化民、治国安邦、修身齐家等形式来影响后世子孙的生活，把有限的生命投入修德传道中，以期走出生命自然规律的拘囿，最终达到生命不朽的目的，即所谓"虽死之日，犹生之年"。这一点以儒学大师，也是中唐以后新儒学的倡导者韩愈为代表，他基于朝廷尊佛的现实，在主张重建儒家道统、重振儒学精神的同时，对佛、道教进行了严厉的批判。佛、道大都持"出世""涅槃寂静"等避世修行的主张，而韩愈则大力提倡入世与稳定纲常。他认为一个人抛弃君王、离开父母而去投身空门，向往虚无缥缈的彼岸世界，是不忠不孝和荒诞的。他说："曲生何乐？直死何悲？"③ 苟且地活着有什么欢乐可言，为大义而死又有什么可悲伤的呢？足见其维护儒家礼教的决心与态

---

① 《隋书》卷2《帝纪第二·高祖下》，中华书局，1973，第46~47页。
② 吴兢：《贞观政要》卷6，上海古籍出版社，1978，第195页。
③ 韩愈撰，马其昶校注《韩昌黎文集校注》卷5《祭穆员外文》，上海古籍出版社，1986，第307页。

度。在自身修养方面，韩愈更是继承发扬了儒家心怀天下的传统，认为修身对齐家、治国、平天下有重要作用，他道："古之欲明明德于天下者，先治其国；欲治其国者，先齐其家；欲齐其家者，先修其身；欲修其身者，先正其心；欲正其心者，先诚其意。"① 批判佛、道的养生只是出于个人私利，没有胸怀天下的大义，是不可取的。

其二，坚持承认生死的理性思维，为宋明理学死亡观的出现奠定了基础。隋唐五代时期，儒家在承继传统的死亡观的基础上，认为人之生死犹如物有始终、时有昼夜的自然规律，人固有一死，体现了注重实际的唯物与理性精神。柳宗元在《掩役夫张进骸》中就表达了他对生死的看法："生死悠悠尔，一气聚散之。偶来纷喜怒，奄忽已复辞。为役孰贱辱？为贵非神奇。一朝矿息定，枯朽无妍媸。生平勤皂枥，铧秣不告疲。既死给槥椟，葬之东山基。奈何值崩湍，荡析临路垂。髐然暴百骸，散乱不复支。从者幸告余，眷之涓然悲。猫虎获迎祭，犬马有盖帷。伫立唁尔魂，岂复识此为？畚锸载埋瘗，沟渎护其危。我心得所安，不谓尔有知。掩骼著春令，兹焉适其时。及物非吾辈，聊且顾尔私。"② 柳宗元承认生死是自然现象，人死形朽，掩埋骸骨的行为是儒者尊重死者的表现。但是，柳宗元并没有消极对待生死，而是积极乐观地面对，关于这一点，刘禹锡曾记载道："（柳宗元）病且革，留书抵其友中山刘某曰：我不幸卒以谪死，以遗草累故人。某执书以泣，遂编次为三十通，行于世。"③ 即使在病重期间，柳宗元仍然不忘嘱托友人刘禹锡帮他整理遗稿，以便为晚生后学留下一笔财富。这便是儒家承认生死，并积极乐观地看待死亡的态度，它对宋明理学对死亡认识的深入有里程碑式的意义。

---

① 韩愈撰，马其昶校注《韩昌黎文集校注》卷 1《原道》，第 17 页。
② 《柳河东集》卷 43，中华书局，1960，第 744 页。
③ 刘禹锡：《唐故尚书礼部员外郎柳君集纪》，《刘禹锡集笺证》卷 19，上海古籍出版社，1989，第 514 页。

儒学在宋代有着辉煌的成就，陆九渊自豪地说："儒学之盛，自三代以来，未有如我本朝者也。"① 然而与同时代的佛学相比，则呈现出佛教炽盛和儒风衰弱的局面，这一点在宋代儒家士大夫的无奈感叹中可以清楚地看到。北宋理学家、教育家孙复在《儒辱》一文中无奈地说："佛老之徒，横乎中国。彼以死生祸福、虚无报应为事，千万其端，绐我生民。绝灭仁义，以塞天下之耳；屏弃礼乐，以涂天下之目。天下之人，愚众贤寡，惧其死生祸福报应人之若彼也，莫不争举而竞趋之。"② 在当时人看来，佛教的生死报应观念对儒学产生了重大冲击。

然而"赫赫炎宋，专以孝治"，③ 宋代统治者和儒家士大夫继承了孔孟之道，极力提倡孝道，认为"人生天地之间，所以异于禽兽者，谓其知有礼义也。所谓礼义者，无他，只是孝于父母、友于兄弟而已"。④ 真德秀在潭州《谕俗榜文》中就说："古者教民必以孝弟为本，其制刑亦以不孝不弟为先。盖人之为人，异乎禽兽者，以其有父子之恩、长幼之义也。"而重视送死，则是孝道的重要表现。宋光宗曰："礼莫大于事宗庙……孝莫重于执丧。"⑤ 而宋代的儒家士大夫大多遵循"事亡如事存"的丧葬观念，认为人生中至关重要的一件大事就是殡葬，认为"孝莫重乎丧"，⑥ "养生不足以当大事，惟送死足以当大事"。⑦ 如宋仁宗时蔡襄在《福州五戒文》中说："人之子孝，本

① 陆九渊：《陆象山全集》卷33《复谥（朝请大夫行尚书考功员外郎丁端祖撰）》，中国书店，1992，第246页。

② 孙复：《儒辱》，吕祖谦编《宋文鉴》卷125，中华书局，1992，下册，第1756页。

③ 宋庠：《元宪集》卷16《孝治颂》，《丛书集成初编》本，中华书局，1985，第2册，第170页。

④ 胡颖（石壁）：《因争财而悖其母与兄姑从恕如不悛即追断》，《名公书判清明集》卷10《人伦门》，中华书局，1987，下册，第362页。

⑤ 《宋史》卷391《周必大传》，中华书局，1977，第11970页。

⑥ 宋祁：《孙仆射行状》，《全宋文》卷524，上海辞书出版社、安徽教育出版社，2006，第25册，第64页。

⑦ 陈柏泉编著《江西出土墓志选编》57《衡阳守张敦颐埋文》，江西教育出版社，1991，第166页。

于养亲，以顺其志，死生不违于礼，是孝诚之至也。"① 要求子女对父母生死尽礼。范质《原孝》曰："立身之谓道，本道之谓孝。上至天子，下至于庶人，未有不由而立也。呜呼！为孝之道是因乎心者焉！孝有小大，性有能否，君子小人，亦各存其分也。圣人之教，布在方策。不敢毁伤，存其始也；立身行道，要其终也。"② 程颐虽然从"以俭安神"的角度反对皇帝厚葬，但他极力赞成民间的厚葬。他认为"孝莫大于安亲，忠莫先于爱主，人伦之本，无越于斯"；③ "冠昏丧祭，礼之大者……凡事死之礼，当厚于奉先者"；④ "送死，天下之至重。人心苟能竭力尽此一事，则可以当天下之大事"。⑤ 黄仪曰："夫孝联于诚，诚著而本立；立誉资于懿，懿至而名昭。故孝莫大于爱亲，誉无先于敦行。其生事死葬，岁祀时思，克馨厥心者。"⑥ 王随曰："伏以致孝之本，莫大于显亲；敦化之方，莫先于追远。"⑦ 张忠恕言："人道莫先乎孝，送死尤为大事。"⑧ 朱熹也承认死去的祖先与后人是能够相通相感的，说："人死虽终归于散，然亦未便散尽，故祭祀有感格之理。先祖世次远者，气之有无不可知。然奉祭祀者既是他子孙，必竟只是一气，所以有感通之理。"⑨ 有鉴于此，宋代士大夫明确提出："郡邑之布宣孝治，尤今日之先务也。"⑩

厚葬和居丧、祭祀等，均是人们表达孝心的形式。李觏说："死

---

① 《蔡襄集》卷34《福州五戒文》，上海古籍出版社，1996，第618页。
② 《全宋文》卷11，第2册，第269页。
③ 程颢、程颐：《二程集·河南程氏文集》卷5《伊川先生文一·为家君上神宗皇帝论薄葬书》，中华书局，1981，第2册，第527页。
④ 程颢、程颐：《二程集·河南程氏遗书》卷18《伊川先生语四》，第1册，第240~241页。
⑤ 程颢、程颐：《二程集·河南程氏遗书》卷6《二先生语六》，第1册，第93页。
⑥ 黄仪：《黄氏观象孝廉记》，《全宋文》卷360，第17册，第305页。
⑦ 王随：《庄献明肃皇太后谥册文》，《全宋文》卷281，第14册，第126页。
⑧ 《宋史》卷409《张忠恕传》，第12329页。
⑨ 黎靖德编《朱子语类》卷3《鬼神》，中华书局，1986，第1册，第37页。
⑩ 真德秀（西山）：《取肝救父》，《名公书判清明集》卷10《人伦门》，下册，第384页。

者人之终也，不可以不厚也，于是为之衣衾棺椁，衰麻哭踊，以奉死丧。"并且他还把"丧死之礼"视为"礼之大本"。① 张载说："凡礼皆所以致（制）奢，独丧则情异。"② 胡寅说："仁人君子之治葬也，竭诚于死者，必深长思，衣衾周，棺椁备，土厚而水深，藏之固则已矣。非礼不为也，是之谓慎终；自尽其心，致思而不忘，犹终身之丧焉，是之谓追远。此孔子之教也。"③ 把丧葬厚薄视为衡量孝与不孝的重要标准。所以，王安石以"先臣未葬，二妹当嫁，家贫口众，难住京师，乞且终满外任，比蒙矜允，获毕所图。而门衰祚薄，祖母、二兄、一嫂相继丧亡，奉养昏嫁葬送之窘，比于向时为甚。所以今兹才至阙下，即乞除一在外差遣，不愿就试"。④ 出身于官宦之家的姜处恭，"大母、父母皆散死他州不能葬"，祖父也旅殡于都昌佛寺40余年。为此，姜处恭"营衣食，治坟墓，收拾诸槥，见星出入"，经数年努力，"然后得聚葬"，从而博得了"孝"的美名。⑤ 江西进贤人吴愿，"母丧，哀毁过情，葬祭能竭其力，乡间共称其孝"。⑥ 因此，在孝道观念的影响下，这一时期极为重视殡葬。

儒家奉行"入土为安"的丧葬传统，重视对死者尸体的保护，"慎护"先人发肤，以此作为后人"扬名后世"的行孝方式。后世士大夫也普遍持这一观点。刘熻在《闽县谕俗文》中曰："身体发肤受之父母，不敢毁伤。"并注曰："一毫发一皮肤，皆是父母遗体，不敢毁伤，何况轻犯刑宪，自害身命。"⑦ 因此，儒家的生死观念往往基于孝、义等伦理道德规范，如提倡亲亲、尊尊、长长、男女有别等，生死观成为其建立道德社会的思想基础。

---

① 《李觏集》卷2《礼论第一》，中华书局，1981，第6~7页。
② 张载：《张子语录》中，《张载集》，中华书局，1978，第319页。
③ 胡寅：《斐然集》卷20《陈氏永慕亭记》，中华书局，1993，第426页。
④ 王安石：《王文公文集》卷17《辞集贤校理状》，上海人民出版社，1974，第198页。
⑤ 《叶适集·水心文集》卷14《姜安礼墓志铭》，中华书局，1961，第1册，第259页。
⑥ 陈柏泉编著《江西出土墓志选编》32《助教吴愿墓志铭》，第94页。
⑦ 刘熻：《云庄集》卷7，文渊阁《四库全书》本，第1157册，第1751页。

总之，儒家生死观强调灵魂不灭，在此基础上推衍出"死而不绝"的生命观，其目的是实现"以死教生"的价值观念。在儒家看来，有形可见的形体虽然会腐朽，但个体创造意义的精神却不会消亡。这些理念，深刻反映并影响了中国古代社会的殡葬观念。

第三节　道家的乐死观

道家的乐死观深受《易经》的影响，从整体的角度去认识世界，并认为人与自然是一个联系的整体，主张"天人合一"。东汉末年，道教汲取中国古代鬼神崇拜观念，以黄老之学为基础，继承原始宗教中的巫术、先秦神仙方术以及诸子阴阳术等思想后，逐渐将玄奥的人生哲理与神仙信仰结合，阐释生死命题，形成了"我命在我不在天"等乐生轻死的独特认识。

一　道家乐死观的源流

以老庄为代表的道家乐死观，起源于它的人生观和哲学观两方面。《道德经》和《庄子》等道家经典提供了宇宙论、人生哲学和修行方法。老子的"道"，是万事万物的本原，是老子及其著作的核心思想。老子认为人只有依据道顺从自然，方能维持恒久生命。庄子对现实人生的认识是暗淡的，精神是颓废的，更加关注个体生命的体验，走向了生命哲学。死亡，于庄子而言，不过是生存环境的更换，是生命现象的流逝，生即是死，死即是生，两者之间没有明显的界限，在另一种层面上又可以相互转化，这种视生死一致的哲学观，使道家对死亡的认识变得更有深度。《庄子·至乐》："始死也，我独何能无概然！察其始而本无生，非徒无生也，而本无形，非徒无形也，而本无气。杂乎芒芴之间，变而有气，气变而有形，形变而有生。今又变而之死，是相与为春秋冬夏四时行也。人且偃然寝于巨室，而我嗷嗷然随而哭之，自以为不通乎命，故止也。"庄子认为，人生于自然又归于自然，悄然无声，无法察觉踪迹，顺其自然前往一个安静的世界，于是死亡便变得没有那么恐怖。死亡在诗意的描述下仿佛是一种人生乐事，因此出现"庄子妻死，惠子吊之。庄子则方箕踞鼓盆而歌"① 的情形，就不奇怪了。《庄子》认为："适去，夫子顺也，安时而处顺，哀乐不能入也。"对死后处置持无所谓的态度。除此以外，《庄子》亦有对死后快乐场景的描写："死无君于上，无臣于下，亦无四时之事，然以天地为春秋，虽南面王，乐不能过也。"表达了将死视为乐事的观念。《列子》中有一段对道家乐死观的典型论证："子贡曰，寿者人之情，死者人之恶，子以死为乐，何也？林类曰：死之与生，一往一反。故死于是者，安知不生于彼？故吾知其不相若矣。吾又安知营营而求生非惑乎？亦又安知吾今之死不愈昔之生乎？"稷下学宫的黄老学者发掘老子"君人南面之术"，把早期黄老中的圣人政治学进一步发扬。战国秦汉时期，老庄学派和稷下黄老学派相互靠拢。其中，《黄帝书》起到了很大作用，将"道"看作"法"的本原，强调"时"的作用，将人的活动与天地四时关联起来，贯彻了"自然"精神。在道家学派建构生命哲学的同时，神仙家则把人类生命理想注入传统的祖先崇拜、天帝与鬼神信仰之中。神仙思想来源已久，至少有五个源头：山海幻景；火葬风俗；飞行动物；内炼修养；药物作用。这些在后来的道教文化中经常出现。

　　道教信奉多神，春秋战国时期尤甚。燕国和齐国等地各种神仙学说流行。从《史记·封禅书》中记载的齐威王、燕昭王等派人入海求仙人、仙药的故事就能看到当时的盛况。秦始皇统一全国后，方士们为了讨好这位天下之主，争先恐后前来，"方士言之，不可胜数"。由于最高统治者对方士的日益青睐，神仙学说传播广泛，并开始了它与

---

① 　郭庆藩：《庄子集释》，中华书局，1981，第 614 页。

道家文化的融合之路。《吕氏春秋》《淮南子》《老子河上公章句》等中亦有阐释。西汉前期的《淮南子》，以先秦道家思想为基础，结合墨、法、阴阳和部分儒家思想，从自然主义的角度阐述了生死哲学。《淮南子》继承了老子"贵柔尚弱"观念，"故柔弱者，生之干也，而坚强者，死之徒也"。① 同时，《淮南子》也受到老庄思想影响，"以利害为尘垢，以死生为昼夜"，② 这里将生死看作一个循环的自然更替过程。《淮南子》讨论的是宇宙生命大化流行的存在状态，而不是个体生命的存在样态。个体生命只有一次，而于人类整体而言，生死如同更替的四季或昼夜，循环不息，循环不止。

《淮南子》的传播，夯实了道家乐死观的理论基础。"夫死生同域，不可胁陵，勇武一人，为三军雄。"③ 生死无界。"故知宇宙之大，则不可劫以死生"，④ 生死对无限的宇宙来说，并没有过多的差别，只是一种相对存在。在庄子"生死存亡一体"的基础上，《淮南子》直接明确提出"死生一体"，从根本上解决了生死关系的对立统一问题。《淮南子》主张"生死一化"，认为人的寿命只是一个自然历程，时间长短与生命自身关系不大。所以说"明死生之分则寿矣"，⑤ 生死之间的关系一旦明晰，就不会被困惑其中，就能心平气和地面对生死，也就能完成自然的生命。《淮南子》反对"生生之厚"的厚生观念。"夫人之所以不能终其寿命而中道夭于刑戮者，何也？以其生生之厚也，夫惟能无以生为者，则所以修得生也。"⑥ 并进一步举例说，那种刺灸求生者未必不是祸，那些求死者也未必不是福，所以不要强求生死。有形为生，无形为死，生未必可怕，死也未必解

① 何宁：《淮南子集释》卷1《原道训》，中华书局，1998，第50页。
② 何宁：《淮南子集释》卷2《俶真训》，第109页。
③ 何宁：《淮南子集释》卷6《览冥训》，第447页。
④ 何宁：《淮南子集释》卷7《精神训》，第547页。
⑤ 何宁：《淮南子集释》卷11《齐俗训》，第757页。
⑥ 何宁：《淮南子集释》卷7《精神训》，第514~515页。

脱。人的生命源于天地，归于天地，走完生命的过程是一个天地共存的自然过程。这样，《淮南子》发展了庄子"生为徭役，死为休息"的看法，这种对生死超脱淡然的态度超越了庄子的憎生乐死观点。

儒墨思想与谶纬神学对道家生死观也产生了一定的影响。早期道教经典《太平经》《抱朴子》等有着很强的儒家思想的痕迹。儒家的核心思想"仁"和自我修养为道教道德养生提供了精神支持和方法借鉴。以"礼"为基本框架调整人际关系的规范，对道家伦理也有启迪。儒家"忠孝仁义"等伦理成为道教神仙修行中的一个环节。因此，道教强调"欲修仙道，先修人道"。儒家的"神道设教"传统为道教神学伦理的建立奠定了基础。"神道设教"是沟通天道与人道的中介，以天道为法则引申出人道教化。早期儒家仪式伦理在民间有着非常大的影响力。西汉武帝时期，董仲舒将儒学向"天人感应"的神学方向发展，使得儒学走向宗教化之路，后来加上谶纬神学的推波助澜，这种趋向更加明显，这也对道教的形成有影响。

医药养生理论对道家文化的影响也很大。药物、针灸治疗为先民所使用，导引行气行为起源颇早。《黄帝内经》中的生命养护思想对道家的影响也不容忽视。后来兵家与医家出现了融通，提出"身国共治""养治顺时"等观念，也丰富发展了道家思想。

二　道家乐死观的演变

老子曰："人法地，地法天，天法道，道法自然。"又曰："出生入死，生之徒，十有三；死之徒，十有三；人之生，动之于死地，亦十有三。"阐述了道、天、地、人之间的关系，以及生死相袭、生死自然的无上大道。道家思想的传播，在东汉末年催生了道教，道教在魏晋南北朝得到进一步发展，繁荣兴盛于隋唐。道教作为中国本土宗教，其形成经历了一个漫长的过程。其教义源于黄老之学，道教为拥有多神崇拜的教派，并且道家的道德哲学也具有一定的神化色彩，追求长生不死。道教吸收了部分儒家思想，也兼容了墨家尊天明鬼、兼爱互助和方术等部分思想与内容，先秦道士邹衍的阴阳五行学说，也成为道教理论的重要组成部分。

在政权更替频繁、社会动荡的魏晋南北朝，可以让人长生不死的美好愿景，让时人追求和向往。郑土有说："汉代盛极一时的神仙信仰和东汉末年形成的道教，以其'长生不死，消灾灭祸'的特殊诱惑力，既迎合醉生梦死的统治者的心理，又符合那些陷入人生苦闷而希冀得到解脱的士大夫的需求，也给了艰难挣扎的贫苦百姓一些希望的曙光，所以信仰者颇多。"[①] 道教对于魏晋以后殡葬的影响，表现在多个方面。

首先，是殡葬中的风水观念。《葬书》，学术界公认的是晋代郭璞所著，[②] 而《葬书》不仅是从河东郭公《青囊书》中所得而来，同时，《葬书》中以气为核心的理论也秉承自道家思想，而冲和、阴阳等观念也同样是道教重要的观念。《太平经·葬宅诀第七十六》载："葬者，本先人之丘陵居处也，名为初置根种。宅，地也，魂神复当得还，养其子孙，善地则魂神还养也，恶地则魂神还为害也。五祖气终，复反为人。天道法气，周复反其始也。欲知地效，投小微贱种于地，而后生日兴大善者，大生地也；置大善种于地，而后生日恶者，是逆地也；日衰少者，是消地也。以五五二十五家冢丘陵效之，十十百百相应者，地阴宝书文也；十九相应者，地阴宝记也；十八相应者，地乱书也，不可常用也；过此而下者，邪文也，百姓害书也。"[③]葬地是死者的安葬之处，善地则先人魂神可养而福佑子孙，恶地则先人魂神会为害于人，书中还告诉人们如何去试善地和恶地等。盛行并

① 郑土有：《晓望洞天福地——中国的神仙与神仙信仰》，陕西人民教育出版社，1991，第 133 页。
② 卿希泰、詹石窗主编《道教文化新典》，上海文艺出版社，1999，第 811 页。
③ 王明编《太平经合校》，中华书局，1960，第 182 页。

成熟于魏晋南北朝的选择阴宅的风水观念，对后世的影响一直绵延不绝。

其次，是殡葬做七的习俗。除来源于佛教之外，更重要的是也与道教和中国传统文化相一致。清代赵翼的《陔余丛考》载："俗以人死，每第七日为忌，至七七四十九日则卒哭，此不得其说。田艺衡《春雨逸响》云：人之初生，以七日为腊，死以七日为忌，一腊而一魄成，一忌而一魄散。杨用修亦云：人生四十九日而七魄全，死四十九日而七魄散。郎仁宝云：天以二气五行生物而有七政，人得阴阳五常而有七情。天之道惟七，而气至六日有余为一候；人之气亦惟七，凡六日有余而行十二经。又引《论衡·订鬼篇》曰：鬼者，甲乙之神。甲乙者，天之别气。人病且死，甲乙之神至矣。假令甲乙之日病，则死见庚辛之神。盖甲乙鬼，庚辛报，故甲乙日病者，死期尝（常）在庚辛也。而因以推五行相克之理，如木日鬼，则金为之杀；金日鬼，则火为之杀；皆隔七日也。是数说者皆有理。大抵阴阳往来，多以七日为候。如世人病伤寒者，其轻重每七日则一候，或一候、二候、三候，有按节不爽者。《易》曰七日来复。此固天之道也。《礼》记水浆不入口者七日，其后世做七之始欤？然以七七为限，经传并无明文。王棠谓：古礼诸侯七虞，以七日为节，春秋末，大夫皆僭用七虞。今逢七日必祭，凡七祭，盖因虞礼而误用之也。又引皇甫湜所撰《昌黎神道碑》云：遗命丧葬，无不如礼。凡俗习画写浮屠，日以七数之，及阴阳家所谓吉凶，一无污我云云。……按元魏时，道士寇谦之教盛行，而道家炼丹拜斗，率以七七四十九日为断，遂推其法于送终，而有此七七之制耳。"[1] 通篇强调的是道教中"七"的特殊意义和价值，而有关阴阳相生相克的思想，更是道教的核心观念。由此可以肯定和明确，盛行于魏晋南北朝的做七祭祀超度习俗，其实

[1]　赵翼：《陔余丛考》卷32"七七"条，中华书局，1963，第688~689页。

也是受道教文化的影响，当然也包括民间传统文化的影响。

最后，神鬼论。道教宣扬人死之后会变为鬼或神，灵魂不灭。东晋道教的代表人物葛洪认为有鬼的世界存在，当然，他所证鬼之世界存在，主要是为了证明仙的世界存在和人能通过修炼而得长生不死。他说："神仙集中有召神劾鬼之法，又有使人见鬼之术。俗人闻之，皆谓虚文。或云天下无鬼神，或云有之，亦不可劾召。或云见鬼者，在男为觋，在女为巫，当须自然，非可学而得。按《汉书》及《太史公记》皆云齐人少翁，武帝以为文成将军。武帝所幸李夫人死，少翁能令武帝见之如生人状。又令武帝见灶神，此史籍之明文也。夫方术既令鬼见其形，又令本不见鬼者见鬼，推此而言，其余亦何所不有也……人无贤愚，皆知己身之有魂魄，魂魄分去则人病，尽去则人死。故分去则术家有拘录之法，尽去则礼典有招呼之义，此之为物至近者也。"[1] 葛洪相信道教有招鬼之术，并举了汉武帝的几则故事。还强调，魂魄如果部分地离开人体，人则生病，如果全部离开，则人死亡。所以，魂魄是存在的。不管怎么说，鬼魂的存在与人通过修炼可以长生，对于民间殡葬观念的影响是直接的。与此同时，对另一个世界的想象，虽然没有佛教那样明晰，但也是非常富有中国特色。据葛洪《枕中书》[2]描述，"鲍靓为地下主者，带潜山真人。蔡郁垒为东方鬼帝，治桃止山。张衡、杨云为北方鬼帝，治罗酆山。杜子仁为南方鬼帝，治罗浮山。周乞、嵇康为中央鬼帝，治抱犊山。赵文和、赵真人为西方鬼帝，治潘冢山"。[3] 与黄帝居中央并同时治理东西南北四方在理念上是一致的。虽然五鬼帝的建构没有在后

---

① 葛洪：《抱朴子内篇》卷2《论仙》，参见王明《抱朴子内篇校释（增订本）》，中华书局，1985，第20~21页。

② 关于该书的真伪请参考石衍丰《〈枕中书〉及其作者》，《宗教学研究》1986年第2期。

③ 葛洪：《枕中书》，转引自郑土有《晓望洞天福地——中国的神仙与神仙信仰》，第278页。

来的历史中独立地传承，并与佛教的相关地狱观念合而为一，但十八层地狱的存在与"十殿阎王"的另一个世界，还是有着异曲同工之妙。

三 道家乐死观的承继

道家乐死观演变为道教鬼神理论后，隋唐五代时期发展到顶峰。由于政治统治的需要，唐朝多数皇帝宣扬自己是道教始祖李耳的后代，从而使道教传播更为广泛，理论体系也更为成熟。李渊在武德八年（625）颁布了《先老后释诏》："老教、孔教，此土先宗，释教后兴，宜崇客礼，令老先、孔次、末后释。"[①] 这样，道教作为唐代国教的地位也因此确立，上至君主、下至平民的崇信使道教得到了长足发展。徐庭云先生在评论当时道教兴盛的情况时论述道："在那个时代，道教充斥大都小邑，名山幽谷之中道观几乎无处不在。东都洛阳的玄元皇帝庙，一派'山河扶绣户，日月近雕梁'的宏大气势。长安的太清宫设置了两丈多高的白玉老君像，旁边又以白玉雕了玄宗侍卫这一老祖宗，更显出雍容肃穆。著名的天台山桐柏观，则是'连山峨峨，四野皆碧，茂树郁郁，四时并清……双峰如阙，中天豁开，长涧南泻，诸泉合漱，一道瀑布，百丈悬流'，其他如华山、王屋山、青城山、仙都山、泰山各处也都遍布着道教的宫观，就连僻远的深山野谷，也有着道教的踪迹。"[②] 道教的盛行，对当时人们的生活习俗和殡葬观念都有重要影响。

道教虽然承认人之生死、物之兴衰是自然不能抗拒的规律，但它更重生轻死、贵生乐生。道教重视生命的延续，希求长生不老。道教最早的经典著作《太平经》就有关于"生"与"死"的探讨。[③] 如

---

① 李渊：《先老后释诏》，《全唐文》附《唐文拾遗》卷1，中华书局，1983，第10373页。
② 徐庭云主编《中国社会通史·隋唐五代卷》，山西教育出版社，1996，第481页。
③ 王明编《太平经合校》，第78、340、49页。

《太平经》论死，"夫人死者乃尽灭，尽成灰土，将不复见。今人居天地之间，从天地开辟以来，人人各一生，不得再生也。自有名字为人。人者，乃中和凡物之长也，而尊且贵，与天地相似。今一死，乃终古穷天毕地，不得复见，自名为人也，不复起也"。至于人死后之事，《太平经》认为："人由亲而生，得长巨焉。见亲死去，乃无复还期，其心不能须臾忘。生时日相见，受教敕，出入有可反报；到死不复得相睹，訾念其悒悒，故事之当过其生时也。"这种思想明显是一种贵生轻死的乐死观，其主张的"事之当过其生时也"，只不过是对亲人亡故遗憾的一种补偿措施罢了。该书也认为人的生死是自然规律，但是它进一步提出通过"法道"来达到长生的目的。继《太平经》之后的道教经典《老子想尔注》对生死的认识为"天长地久。天地所以能长久者，以其不自生，故能长久。能法道，故能自生而长久也"。不过，其在论述"生"时借助了道家思想的"元气"论点，认为人和天地万物一样都是从元气所化生而来的，"天比不止，乃得与元气比其德。元气乃包裹天地八方，莫不受其气而生"。作为东晋时期融儒道于一身的道教代表人物，葛洪对于生死主张"我命在我不在天，还丹成金亿万年"，[1] 这明显是一种积极的死亡观，主张通过人的自我修养，提升生命存在的质量和延长长度。魏晋南北朝时期道教有了很大发展，加之隋唐五代道教政治地位的提升，道教思想进入一个新阶段，出现了孙思邈、成玄英、司马承祯、吴筠、张万福、杜光庭等著名的道士，他们对道教理论的发展都做出了各自的贡献，也对道教的死亡观念进行了阐释。

首先，理性发展魏晋时期道教的"贵生轻死"思想，深刻地讨论了道德修养与人的生死之间的关系，体现出朴素的宗教人文情怀。唐代著名医药学家孙思邈在其著作《福寿论》中关于生和死的讨论从

---

[1] 王明：《抱朴子内篇校释（增订本）》，第287页。

"贫者多寿，富者多促"这一奇怪现象入手，认为之所以产生这一现象是因为上天是公平的，贫穷会以长寿来弥补，富裕则以减少寿命为代价，并为"富者多促"指出了解决办法。"夫人之死，非因依也，非疴瘵也，盖以积不仁之多，造不善之广，神而追之则矣。人若能补其过，悔其咎，布仁惠之恩，垂悯恤之念，德达幽冥，可以存矣。"① 这明显是劝诫人们，特别是富人应该多积善行德，多行仁义，提高道德修养以达到长寿的目的，这种思想其实是具有浓厚的劝善色彩和宗教人文情怀。

其次，继承发展魏晋南北朝时期长生不死的观念，尤其是道教的生死观与内外丹修炼结合，对后世产生了深远影响。作为传统道教生命观的代表人物，司马承祯一生著作颇多，而有关生死观及养生思想的论述主要记录在《坐忘论》与《天隐子养生书》中。对于生死，他在《坐忘论·得道》中说："山有玉，草木因之不凋；人怀道，形骸以永固。"② 这便是对陶弘景的某些传统观点的发挥，认为人通过发挥能动性，辅以恰当的养生方法，即可脱离生死。关于养生，司马承祯在《天隐子养生书》的序中开头论道：神仙之道，"以长生为本；长生之要，以养气为根"。从中看出，他所信仰的养生目的是得道成仙。他还认为"得道"是实现人长生不死的重要途径，在《坐忘论·得道》中说："道有至力，染易形神，形随道通，与神为一，形神合一，谓之神人。神性虚融，体无变灭，形与之同，故无生死。"③ 其实，司马承祯所谓的"道"过于虚无缥缈，他甚至认为："况久久习之，积累冥契，则神仙之道不难至矣。"这种思想是唯心的表现。司马承祯主张通过"得道"来达到"永固""无生死"的目的难以实现，但他的这一思想为唐末五代的内丹道提供了理论指导。

---

① 李长福、李慧雁编著《孙思邈养生全书》，社会科学文献出版社，2003，第398页。
② 司马承祯：《坐忘论》，《道藏》第22册，天津古籍出版社，1988，第897页。
③ 司马承祯：《坐忘论》，《道藏》第22册，第896页。

继司马承祯后对道教传统的神仙不死说做了重要发展的是吴筠，他积极维护道教传统的长生成仙信仰，并留下《玄纲论》、《神仙可学论》和《形神可固论》等著作。对于生与死，吴筠继承和发展了道家传统的生命观，认为人们只要遵循正确的修炼法就能实现"与天地齐年，与日月同寿"的愿望，他曾说："伊周功格于皇天，孔墨道济于生灵。始崇崇于可久，终寂寂而何成。唯闻松乔之高流，超乎世表以永贞。意禀受之使然，固修炼之所得……"① 吴筠不但肯定神仙存在还强调仙道可学，并且提出七近道与七远道。其中，七远道明确指出了人不能修道成仙的七个根本原因，分别是"遗形取性"、"仙必有根"、"存亡一体"、"取悦声色"、"晚修无补"、"金丹延龄"和"身心不一"；七近道则是指修道成仙的方法，分别是"清静无为"、"不慕荣华"、"精心修道"、"安贫乐道"、"静以安身"、"改过自新"和"忠孝真廉"。吴筠认为"放彼七远，取此七近，谓之拔陷区，出溺堡，碎祸车，登福舆"。② 虽然吴筠的这种神仙可学的结论有荒谬之处，但是其提出的关于修道成仙的"七近道"理论却是对唐代盛行的通过炼制丹药、服食外丹以追求长生不老的舍本逐末的方法的批判，提倡重视精气神的内丹修炼。唯有修炼自身的精气神才有实现长生成仙的可能，这对后世道教内丹理论的发展有一定的影响。

此外，吴筠提出的"守静去欲"等内丹修炼主张，对宋代程朱理学的产生也有一定的影响。唐代著名道士张万福同样追求长生久视、羽化登仙的终极目标，③ 但是他主张在修道之前应该遵循戒律。

最后，认可死亡是自然规律。这一观念的提出，对后世儒学特别是宋明心性理学的产生起到了促进作用。隋唐五代时期，以成玄英为代表的道教分支学派认为有生必有死，生死不过是物理变化，没有必

---

① 吴筠：《宗玄先生文集》卷中《洗心赋》，《道藏》第23册，第657页。
② 吴筠：《宗玄先生文集》卷中《神仙可学论》，《道藏》第23册，第661页。
③ 参见张万福《三洞众戒文》，《道藏》第3册，第396、397页。

要妄起忧悲，乐生恶死。他在为庄子注疏时说："夫新新变化，物物迁流，譬彼穷指，方兹交臂。是以周蝶觉梦，俄顷之间，后不知前，此不知彼。而何为当生虑死，妄起忧悲！故知生死往来，物理之变化也。"① 这一认识，从生命哲学的角度彻底否定了传统道教的肉体成仙说。这是对先秦道家死亡智慧的自觉回归，"指出人类自我死亡具有必然性和本然性，并在生存是牢狱、死亡是解脱思想的指引下，要求人们安生顺死以尽天命"。② 对生命的安生顺死，也体现出成玄英的豁达乐观态度，"安于生时，则不厌于生；处于死顺，则不恶于死。千变万化，未始非吾，所适斯适，故忧乐无错其怀矣"，以此劝诫人们应该随着环境和事物变化改变自己的心态，顺应生命、调节心绪，实现延年益寿。

唐末道士杜光庭是道教学术的集大成者，他亦承认生死是自然规律。他说："人之生也，天与之算，四万三千二百算主日也，与之纪，一百二十纪主年也。此为生人一期之数矣。"③ 他劝人们以一种积极的态度对待死亡，并把生和死看成是一个物体的两个方面，他言道："《阴符》所谓生者死之根，死者生之根，是阴阳相胜之义，终始之机也。"④ 同时他还提倡通过修道养生以求延年益寿，但是他所谓的修道养生是一种"无为"的方法，他说道："天地所以长存者，无为也，人所以生化者，有为也。情以动之，智以役之，是非以感之，喜怒以战之，取舍以弊之，驭努以劳之。气耗于内，神疲于外，气竭而形衰，形凋而神逝，以至于死矣。故曰委和而生，乘顺而死，率以为常也。"⑤ 他认为世人没有修道成仙，是过于"有为"，导致精气耗尽而亡，他主张人应像天地万物一样，顺势而为，回归自然，达到"乘

① 郭象注《庄子注疏》，中华书局，2010，第 62 页。
② 张志建：《成玄英的死亡思想初探》，《宗教学研究》2006 年第 1 期，第 13 页。
③ 杜光庭：《道德真经广圣义》卷 27，《道藏》第 14 册，第 446 页。
④ 杜光庭：《道德真经广圣义》卷 34，《道藏》第 14 册，第 488 页。
⑤ 杜光庭：《道德真经广圣义》卷 36，《道藏》第 14 册，第 497 页。

物以游心"的境界。显然,杜光庭这种主张"无为"而求延年益寿的方式,与主张积极修道以求长生的传统观点不同,它引导人们返归"清静无为"的道性,而这种主张能使人们注重自身心性修养,这在某种程度上是对吴筠"守静去欲"主张的发展,从而为宋代程朱理学的产生提供了理论基础。

隋唐五代时期是道家的乐死观的一个重要转型期,从以前只"贵生贱死"到承认生死是自然现象,由单独通过服食外丹来求长生不死向通过修身养性的内丹方法转变。道家的乐死观在隋唐五代时期伴随着道教的发展而改变,其所主张的内丹修炼方法也对后世儒学特别是宋明时期的心性理学的产生和发展产生了重要影响。

四 道佛生死观的融合

道教本来只讲清静自然,以斋醮、符箓、祝咒等为主要手段来驱鬼降妖、祈福禳灾,借神灵之力来达到宣扬得道成仙、羽化升天的目的。但在宋代之后,道教迅速融合了佛教和世俗迷信,使其活动更加世俗化。在佛道结合的背景下,内丹修养成为道教的主流。"斥服食胎息为小道,金石符咒为旁门,黄白烧炼为邪术。惟以性命双修,为谷神不死、羽化登真之至诀。"[1]

道教的这种思想与方法,因宋代民族问题的不断激化而受到朝廷的高度重视。自宋太宗开始,统治者非常尊崇道教。宋太宗创上清宫以尊道教,"殿塔排空,金碧照耀"。[2]为强化皇权,宋真宗封玉皇大帝为道教尊神昊天上帝,又仿效唐朝李氏皇室利用道教祖师老子姓李的巧合,尊李耳为唐王室祖先的先例,下诏定赵氏始祖名讳为"赵玄

---

① 李养正:《道教概说》,中华书局,1989,第136页。
② 田况:《儒林公议》卷上,《丛书集成初编》本,第2793册,第7页。

朗"，诡称赵玄朗为九位人皇之一，"冠服如元始天尊"，①并先后为赵玄朗加封"九天司命上卿保生天尊""东岳司命上卿佑圣真君""圣祖上灵高道九天司命保生天尊大帝"的尊号，从而进一步突出了玉皇大帝的地位。大中祥符二年（1009），宋真宗还诏令"诸路州、府、军、监、关、县择官地建道观，并以'天庆'为额"，从此，"天下始遍有道像矣"。②宋徽宗出于抑制佛教的目的，自号"教主道君皇帝"，继真宗以后又掀起了一次尊崇道教的浪潮。大观元年（1107）二月，宋徽宗下令："道士序位，令在僧上，女冠在尼上。"③政和四年（1114），他又下令比照北宋职官体系，设置道阶二十六等。自此，"黄冠浸盛，眷待隆渥，出入禁掖，无敢谁何，号'金门羽客'，恩数视两府者凡数人"。④于是，一个与地上的封建政权相呼应的以玉皇大帝为至尊，太上老君、托塔天王等文武大臣为辅佐，机构齐全、等级分明的道教群仙图被完整地描绘出来了。⑤

受佛教的影响，道教也声称人死以后，灵魂将滞于九幽地狱，如不拯济，则永无脱离的希望。因此，必须设斋醮超度。《鬼董》说："荐亡一门，不在洞元、洞神、洞真之科，最为后出。模写释氏而不克肖，以佛本不言荐亡，后人设为之，已自背本教，道士见其利入之厚，因而效焉。"⑥陆游也指出："升济神明之说，惟出佛经；黄、老之学，本于清净自然，地狱、天宫，何尝言及？黄冠辈见僧获利，从而效之。送魂登天，代天肆赦。鼎釜油煎，谓之炼度；交梨火枣，用

---

① 李焘：《续资治通鉴长编》卷79，大中祥符五年十月戊午条，中华书局，1980，第6册，第1798页。

② 李焘：《续资治通鉴长编》卷72，大中祥符二年十月甲午条，第6册，第1637页。

③ 杨仲良：《皇宋通鉴长编纪事本末》卷127《徽宗皇帝·道学》，江苏古籍出版社，1998，第120册，第3935页。

④ 朱弁：《曲洧旧闻》卷6《张待晨虚白不沾恩数》，中华书局，2002，第169页。

⑤ 杨倩描：《南宋宗教史》，人民出版社，2008，第31~32页。

⑥ 平步青：《霞外捃屑》卷6《玉树庐芮录·鬼董》，上海古籍出版社，1982，第355页。

以为修。可笑者甚多，尤无足议。"① 陈淳曰："佛老之学，后世为盛，在今世为尤盛。二氏之说大略相似，佛氏说得又较玄妙。老氏以无为主，佛氏以空为主。无与空亦一般。老氏说无，要从无而生有，他只是要清净为方外之物，以独善其身，厌世俗胶胶扰扰等事，欲在山林间炼形养气，将真气养成一个婴儿，脱出肉身去，如蛇蜕之法。又欲乘云驾鹤，飞腾乎九天之上，然亦只是炼个气轻，故能乘云耳。老氏之说犹未甚惑人。佛氏之说，虽深山穷谷之中，妇人女子皆为之惑，有沦肌浃髓牢不可解者。原其为害有两般：一般是说死生罪福，以欺罔愚民；一般是高谈性命道德，以眩惑士类。死生罪福之说，只是化得世上一种不读书、不明理、无见识等人。性命道德之说，又较玄妙，虽高明之士皆为所误。须是自家理明义精，胸中十分有定见，方不为之动。"② 南宋末年，欧阳守道记述吉州（今江西吉安）道观的情况时说："予行四方之迹少，未尝见大宫观。第以吾乡之观，虽有田业之处，一道士所得食，或不过五六斛，而衣服百须皆无所出，或观而无田者，生计尤难，故往往为丹药、符箓、禳禬之术，以投合夫见信者，以糊其口。"③ 于是，民间遇到丧事，除请僧侣外，也习惯请道士一起念经、设斋、打醮等。④ 甚者还有实行缸葬的，张知甫《可书》就载："黄裳酷嗜烧炼，晚年疾笃，喻诸子曰：'我死，以大缸一枚坐之，复以大缸覆之，用铁线上下管定，赤石脂固缝，置之穴中，足矣。'"⑤

宋代以后直至明清，道教在民间的影响始终不如佛教。"道教之

① 陆游：《放翁家训》，《全宋笔记》第5编（8），大象出版社，2012，第149页。
② 陈淳：《北溪字义》卷下《佛老》，熊国祯、高流水点校，中华书局，1983，第67~68页。
③ 欧阳守道：《赠刘道士序》，《全宋文》卷8007，第346册，第414页。
④ 王栐：《燕翼诒谋录》卷3《丧葬不得用僧道》，诚刚点校，中华书局，1981，第24页。
⑤ 张知甫：《可书》，中华书局，2002，第425页。

行，时罕尚习，惟江西、剑南人素崇重"，在其他地区并不盛行。宋人杜寅生曾对比佛、道两教的情况，分析了当时道教衰微的原因："惟佛能钳人情而示以祸福、天堂、地狱，使人畏慕，而趣之者众；老氏独好言清净、虚无、神仙之术，其事冥深，不可质究，而从之者鲜。故欧阳子谓佛氏之动摇兴作，为力甚易，而道家非遭人主好尚，不能独兴。"① 即便如此，道教仍然有着广泛的信众。

总之，道家对待死亡是一种乐死的态度，反对事死如事生的厚葬观念，主张趋俭和薄葬，其表现有反对以珠玉、财物、车马之类的物品陪葬，反对哀哭，等等。道家的乐死观，对后世丧葬风俗和观念影响深远。道教兴起后，道教信徒多通过养生、修道、炼丹等提高生命质量，希求长生不老、延年益寿，达到长生久视、羽化登仙的最终目的。道教生死观里有服食丹药、尸解仙去等愚昧思想，也有依靠身心养性、强健体魄超越生命的乐观意识。

第四节　佛教的轮回观

佛教大约在汉明帝时期传入中国，初期被称为"浮屠教"。经长期传播与发展，并且结合中国当时的社会情形，佛教形成了独具中国特色的宗教。佛教的轮回观、来世观、地狱观等，逐渐对中国人的殡葬产生了重要影响。

一　佛教思想的传入

灵魂不灭观念是宗教信仰的基石。秦汉鬼神信仰与灵魂不灭观念、冥界观、神仙观等为本土道教的形成、外来佛教的传入提供了土壤。中华民族文化具有包容性，对佛教文化等同于老庄学说。如《后

---

① 乾隆《盐亭县志》卷3《东关县天禄观记》，乾隆二十八年刻本。

汉书·西域传》："详其清心释累之训，空有兼遣之宗，道书之流也。"从民间信仰看，佛教传入之前，中国没有定型的宗教，尤其到了西汉末年和东汉末年，战争频繁，动乱不断，人们朝不保夕、食不果腹，只能在精神世界中寻求慰藉。佛教传入后，宣扬的六道轮回、因果报应、天堂地狱等观念先在统治者上层中逐渐传播开来。

佛教传入中国的时间一般认为是西汉哀帝时期。《魏书·释老志》记载："及汉武帝开西域，遣张骞使大夏还，传其旁有身毒国，一名天竺，始闻有浮屠之教。"《三国志·魏书·东夷传》注所引三国魏鱼豢《魏略·西域传》记载："昔汉哀帝元寿元年，博士弟子景卢受大月氏王使伊存口授《浮屠经》。"公元前1世纪，汉武帝派张骞"凿空"，甘英出使，开通丝绸之路，促进了东西方经济、文化的发展。当时，南亚、中亚佛教兴盛，有一些佛教僧侣和信众也加入来往的商团，将佛教带入中国，为秦汉文化注入新鲜血液。

到了东汉，佛教在统治者上层传播。楚王刘英奉佛教，"（楚王刘）英少时好游侠，交通宾客，晚节更喜黄老学，喜为浮屠，斋戒祭祀"。《后汉书·桓帝纪》记载："前史称桓帝，好音乐，善琴笙。饰芳林而考濯龙之宫，设华盖以祠浮图、老子。"建安年间，康孟祥、竺大力与外国沙门昙果合作译成《修行本起经》二卷和《中本起经》二卷。传记中有关佛陀的故事不断被增饰。如汉孝明帝梦见金人，诏遣使者张骞、羽林中郎将秦景到西域，在月支国遇到沙门竺摩腾等人，翻译了《四十二章经》，他们返回洛阳，将其藏在兰台石室第十四间等。东汉末，各地佛教迅速发展。如长江中下游的扬州、徐州一带，佛教兴盛。《三国志·吴书·刘繇传》记载，笮融曾大兴佛教。这一时期，佛教刚刚传入，其生死观念对社会的影响并不明显。

魏晋南北朝时期佛教在中国的发展处于特殊阶段。按黄忏华的分类，三国西晋时期属于佛教在中国的肇始时代，因此流布并不普遍，如"三国时代，佛教流布于北地之魏与南地之吴"。① 到了西晋虽然有所改变，但还是限于在一定范围和以特殊的方式进行佛教经义的传播。方立天认为，"这个阶段，佛教的主要活动是译经。译经基本上是外国僧人，如三国时最著名的译经家支谦和康僧会就是来华的外国僧人，他们都是个人译经。西晋时译经的也仅十多人，其中最主要的是竺法护，也是外国僧人"。② 东晋南北朝则进入了佛教的大发展阶段。按方立天的说法，此期主要包括东晋十六国和南北朝两个阶段。东晋十六国是开始盛行期，南北朝则是趋于隆盛阶段。

东晋十六国佛教开始盛行的标志是，"南北两地的统治者都自觉地重视和利用佛教，尤其是北方十六国中的后赵、前秦、后秦、北凉的统治者，他们都注重从政治上利用佛教，高度重视名僧，吸收他们参加军政决策。这些少数民族的统治者本人也虔诚奉佛，执迷地追求来世的幸福。这样就大大地推动了佛教的发展"。③ 这一点从寺庙的发展也可以得到印证。西晋时寺庙只有 180 所，僧尼 3700 人，到东晋南北朝时，发展非常迅速。"都下（建康，即今天的南京）佛寺五百余所，穷极宏丽。僧尼十余万，资产丰沃。所在郡县，不可胜言。道人又有白徒，尼则皆畜养女，皆不贯人籍，天下户口几亡其半。"④ 按其所言，都城有 500 余所佛寺，且有僧尼 10 多万。所谓"南朝四百八十寺，多少楼台烟雨中"便是其写照。当然，国家或都城的一半人口出家可能是夸张。

到南北朝时，佛教更趋于隆盛。当时"绝大多数帝王都重视和提倡佛教，其中有的十分佞佛，如梁武帝萧衍，几乎把佛教抬高到国教

① 黄忏华：《中国佛教史》，东方出版社，2008，第 14 页。
② 方立天：《魏晋南北朝佛教的演变》，氏著《魏晋南北朝佛教》（《方立天文集》第 1 卷），中国人民大学出版社，2006，第 346 页。
③ 方立天：《魏晋南北朝佛教的演变》，氏著《魏晋南北朝佛教》（《方立天文集》第 1 卷），第 346 页。
④ 《南史》卷 70《郭祖深传》，中华书局，1975，第 1721~1722 页。

的地位。……孝文帝也佞佛，他即位后广作佛事，还规定僧祇户要奉献谷物给僧曹，供作佛寺之用"。① 到太和元年（477），北魏"京城内寺新旧且百所，僧尼二千余人，四方诸寺六千四百七十八，僧尼七万七千二百五十八人"。② "至延昌中，天下州郡僧尼寺，积有一万三千七百二十七所，徒侣逾众。"③ 有人感叹："魏有天下，至于禅让，佛经流通，大集中国，凡有四百一十五部，合一千九百一十九卷。正光已后，天下多虞，工役尤甚，于是所在编民，相与入道，假慕沙门，实避调役，猥滥之极，自中国之有佛法，未之有也。略而计之，僧尼大众二百万矣，其寺三万有余。流弊不归，一至于此，识者所以叹息也。"④

佛教于北魏盛行，尤其是上层统治者推崇佛教并身体力行，推动了佛教的进一步发展。《魏书·释老志》记载："承明元年（476）八月，高祖于永宁寺，设太法供，度良家男女为僧尼者百有余人，帝为剃发，施以僧服，令修道戒，资福于显祖。是月，又诏起建明寺。太和元年二月，幸永宁寺设斋，赦死罪囚。"⑤ 为死去的祖先祈福，也为死囚赦罪。同书还记载，孝文帝亲口所述，高祖曾为一死去的鬼做超度的法事。⑥ 梁武帝也曾数度舍身出家同泰寺为寺奴，让群臣花巨资奉赎回宫，"他还严格戒律，亲自讲经说法，撰写佛教著作，宣扬佛教教义。陈代诸帝也效法梁武帝，如陈武帝、文帝也都舍身，带头信奉佛教。南方佛教依恃封建皇权的倡导，使人们纷纷竭财以趋僧，破

---

① 方立天：《魏晋南北朝佛教的演变》，氏著《魏晋南北朝佛教》（《方立天文集》第1卷），第348~349页。
② 《魏书》卷114《释老志》，中华书局，1974，第3039页。
③ 《魏书》卷114《释老志》，第3042页。
④ 《魏书》卷114《释老志》，第3048页。
⑤ 《魏书》卷114《释老志》，第3039页。
⑥ 《魏书》卷114《释老志》，第3040页。

产以趋佛，佛教的声势达到前所未有的煊赫程度"。① 由此说明，佛教当时在上层官员和下层平民百姓中传播之广，虽不是绝后，也一定是空前的。

佛教传入中国后，特别是统治者的高位推动，上有所好下必甚焉，使佛教宣扬的轮回思想逐渐为民间所接受。佛教的轮回思想，通过人生业报等理念，在六道轮回的设计中，让俗人明白，人生有三苦或八苦。三苦更多的是佛教徒专业的认知，八苦是指生苦、老苦、病苦、死苦、爱别离苦、怨憎会苦、求不得苦、五阴炽盛苦，而根源则在五阴炽盛苦，即"色""受""想""行""识"，通俗地讲就是"痛苦""悲伤""焦虑""不满""沮丧"等感情，但皈依佛教，通过修行，可以脱离六道轮回。因此，佛教的基本教义是通过宗教修持，获得对人生存在真相的了解（悟）。佛陀的教法是在教人如何"离苦得乐"。佛教在魏晋南北朝的盛行，改变了中国人的阴阳世界格局，也极大影响了人们对生老病死的社会生态的认识。

对于佛教的业义，《魏书·释老志》记载："浮屠正号曰佛陀，佛陀与浮图声相近，皆西方言，其来转为二音。华言译之则谓净觉，言灭秽成明，道为圣悟。凡其经旨，大抵言生生之类，皆因行业而起。有过去、当今、未来，历三世，识神常不灭。凡为善恶，必有报应。渐积胜业，陶冶粗鄙，经无数形，澡练神明，乃致无生而得佛道。其间阶次心行，等级非一，皆缘浅以至深，借微而为著。率在于积仁顺，蠲嗜欲，习虚静而成通照也。故其始修心则依佛、法、僧，谓之三归，若君子之三畏也。又有五戒，去杀、盗、淫、妄言、饮酒，大意与仁、义、礼、智、信同，名为异耳。云奉持之，则生天人胜处，亏犯则坠鬼畜诸苦。又善恶生处，凡有六道焉。"② 因此，突出

---

① 方立天：《魏晋南北朝佛教的演变》，氏著《魏晋南北朝佛教》（《方立天文集》第1卷），第348页。

② 《魏书》卷114《释老志》，第3026页。

三世轮回，目的在于强调修行，通过"渐积胜业，陶冶粗鄙，经无数形，澡练神明，乃致无生而得佛道"。在五戒等规范中，佛教与儒家提倡的仁、义、礼、智、信的理念越来越相近相似。

二 佛教的轮回观

佛教的生死观念与其轮回思想紧密相关。人在死后，灵魂会到达另一个世界继续生活，这个世界被称为地狱。人在生死轮回中，循环不已。由于佛教的盛行，轮回观对人们的影响颇大，魏晋以后大量流传着死而复生讲述轮回的故事，便是明证。《幽明录》记载赵泰于"死"后在地狱游历了一周，所见死后父母的各种不同待遇，皆与生前的种种行为和是否奉佛有着直接的关系。由于赵泰是被错抓进地狱的，因此最后被放还阳间。故事是借赵泰之口，宣扬地狱存在和奉事佛教的重要性。故事非常生动形象，让人不得不信其有，否则死后将入各种可怕的地狱，甚至不得超生。康阿得的死而复生，也有着同样的故事结构，只不过具体内容的叙述方面有所差异。这类故事有不少，一方面是人们对于死而复生的期待，另一方面是人们对于另一个世界的期待，还有一方面是人们对于佛教具有特殊意义和价值功用的期待，宁信其有不信其无。地狱的存在通过佛教徒的宣扬，让民间建立起了来世的观念，吸引人们纷纷信仰佛教，加入佛教徒的行列。人们相信，信仰佛教后，积善行德可以在死后得到比今世更好的福报业报。

死而复生的故事和信仰，以及地狱恐怖现象的叙述，极大地推动了佛教在现世的传播。在一个战争不断、动乱不断、朝代更替频繁、民不聊生的社会，人们求不得今世的安稳或安乐，只能寄希望于来生，这也是佛教等宗教在魏晋南北朝迅速发展并流行的原因。上层统治者，冀佛教以稳定社会、凝聚人心，下层社会则冀佛教以求来生的安宁或幸福，两者的结合，就使佛教以及相关的神秘故事得到了广泛的传播，甚至有一些显得特别的神秘和不可思议。石长和的死后见闻和复生，就是这样。《幽明录》载："石长和死，四日苏。说：初死时，东南行，见二人治道，恒去和五十步，长和疾行，亦尔。道两边棘刺皆如鹰爪。见人大小群走棘中，如被驱逐，身体破坏，地有凝血。棘中人见长和独行平道，叹息曰：'佛弟子独乐，得行大道中。'前行，见七八十梁瓦屋，中有阁十余，梁上有窗向。有人面辟方三尺，着皂袍，四纵披，凭向坐，唯衣襟以上见。长和即向拜。人曰：'石贤者来也，一别二十余年。'和曰：'尔。'意中便若忆此时也。有冯翊牧孟承夫妻先死，阁上人曰：'贤者识承不？'长和曰：'识。'阁上人曰：'孟承生时不精进，今恒为我扫地。承妻精进，晏然与官家事。'举手指西南一房，曰：'孟承妻今在中。'妻即开窗向，见长和，问：'石贤者何时来？'遍问其家中儿女大小名字平安不，'还时过此，当因一封书'。斯须，见承阁西头来，一手提扫帚粪箕，一手提把篍，亦问家消息。阁上人曰：'闻鱼龙超修精进，为信尔不？何所修行？'长和曰：'不食鱼肉，酒不经口，恒转尊经，救诸疾痛。'阁上人曰：'所传莫妄！'阁上问都录主者：'石贤者命尽耶？枉夺其命耶？'主者报：'按录余四十年。'阁上人敕主者：'辇车一乘，两辟车骑，两吏送石贤者。'须臾，东向便有车骑人从如所差之数。长和拜辞，上车而归。前所行道边，所在有亭，传吏民床坐饮食之具。倏然归家，前见父母坐其尸边。见尸大如牛，闻尸臭不欲入其中，绕尸三匝，长和叹息，当尸头前。见其亡姊于后推之，便蹈尸面上，因即苏。"[1]　石长和的所见所闻，完全是现实社会不同区域或文化体由于长期隔绝，音信不通，见到一个熟人便拉着打听的一种写照。但故事特别突出信佛者的特殊待遇，由于石长和是一个虔诚的佛教徒，因此得到了那些非佛教徒没有的待遇。当然，最后的结局还是他本人的阳

---

①　鲁迅：《古小说钩沉》，人民文学出版社，1954，第279页。

寿未尽，得到阁上的帮助而回到了人间。

大量佛教徒的身体力行，尤其是为了扩大佛教的影响而形成的大量传说故事，不仅建构了生死轮回中的地狱等另一个世界，也使它与殡葬文化的结合在一种潜移默化中逐渐完成。这些通过故事表达佛教信仰的现象，说明当时佛教对于另一个世界，也包括殡葬文化影响的直接和巨大。

三　佛教生死观的发展

隋唐时期是中国社会走向鼎盛的时期，佛教也在这个大背景下步入了一个全新的时代。虽然李渊在立国之初便颁布了《先老后释诏》，把佛教置于三教之末，但是纵观隋唐五代，由于南北朝时期佛教盛行，佛教在唐朝仍然占据重要地位。隋唐五代时期，道、佛二教互相排挤，皆欲一教独尊，但两斗俱伤，致使道、佛并行。而在武则天在位期间，佛教更是得到迅速发展，她提高佛教及僧侣的地位，派人翻译佛经，广建庙宇，开凿石窟佛像。对于武则天大肆兴佛，梁思成先生曾说道："武则天'于佛像雕刻，尤极热心，出内帑以建寺塔，且造像供养焉。就唐初遗物观之，唐代造像多在武周，其中精品甚多'。长安城中，'武后时期造像尤多'。"① 佛经的大量翻译，也是佛教在这一时期得以迅速发展的重要原因。正因如此，唐代的佛教才形成了净土宗、天台宗、华严宗、三论宗等众多宗派。佛教在这一时期的繁荣发展，促使佛教对生与死这一哲学界最基本的论题进行了更深入的思考与辨析，使之得到了升华，净土信仰的发展就是这一成果的体现。

与儒、道两家不同的是，佛教并不贵生恶死，相反，佛教认为"一切众生皆归于死"是事物发展的必然规律，如《增壹阿含经》中

---

① 《梁思成文集》（三），中国建筑工业出版社，1985，第354页。

关于死亡的论述："初时甚悦意，今为死使逼，虽当寿百岁，皆当归于死。无免此患苦，尽当归此道。如内身所有，为死之所驱，外诸四大者，悉趣于本无。"① 因此，佛教经典运用大量语言来描绘人的死亡，甚至是人死亡前的痛苦。在隋唐时期的佛教经文翻译中，这一点自然不能被忽视，唐代高僧玄奘翻译的《瑜伽师地论》中有对人死亡时的描写："五能令命根速离坏故，云何死苦。当知此苦亦由五相。一离别所爱盛财宝故，二离别所爱盛朋友故，三离别所爱盛眷属故，四离别所爱盛自身故，五于命终时备受种种极重忧苦故，云何怨憎会苦。"② 这种对死亡之苦的描述，实际上是对古代中国追求长生不老传统的冲击。

与此同时，佛教认为"生"也是一种苦，"是以不随所欲离别法故，说生为苦。云何老苦。当知亦由五相。谓于五处衰退故苦。一盛色衰退故，二气力衰退故，三诸根衰退故，四受用境界衰退故，五寿量衰退故。云何病苦。当知病苦亦由五相。一身性变坏故，二忧苦增长多住故，三于可意境不喜受用故，四于不可意境非其所欲强受用故，五能令命根速离坏故"。③ 这里说的"生"苦，其实就是人生在世的种种苦难，它们与死亡时的痛苦一起组成了佛教的八苦，即生苦、老苦、病苦、死苦、爱别离苦、怨憎会苦、求不得苦、五阴炽盛苦。佛教认为生与死都是痛苦的，生与死又是轮流交替循环的。所以，人们永远无法摆脱痛苦，因为死后还有生，生便归于死，即"苦海无边"。正是佛教宣扬的这种生死皆苦，为其"业报轮回""极乐净土"思想在贫苦大众中的传播奠定了基础。

佛教从一开始便主张人们要通过积善修行以摆脱"业报轮回"带

---

① 中国佛教文化研究所点校《增壹阿含经》，宗教文化出版社，1999，第 276 页。

② 玄奘：《瑜伽师地论》，《大正新修大藏经》卷 61，第 30 册，台北：新文丰出版公司，1983，第 642 页。

③ 玄奘：《瑜伽师地论》，《大正新修大藏经》卷 61，第 30 册，第 642 页。

来的无休止痛苦，以期达到超越生死轮回的"涅槃"，这是佛教修行的最高境界。但是，涅槃不仅没有具体的形态，还需要艰苦的修行，令一般的信徒认为"佛道玄远，闻者生畏"，于是，佛教便在"轮回"和"涅槃"之间设立了"净土"，作为一般信徒能够摆脱生死轮回的短期修行目标。"净土"一词频繁地出现在汉译的佛经中，然而梵文中却没有相对应的词，是传译者根据文中内容的含义而造的词。佛教的"净土"有两义：在大乘佛教的教义中指的是无数佛陀的居所或活动的世界（亦称佛国土），尤其是指经佛陀教化、净化的世界，即众生依止的庄严净妙的世界，与人们所居住的"秽土"相对而言，因此有时"净土"代指梵文中的"佛土"或"土"，又称清净土、清净国土等；在声闻乘中指众生清净的身心。"净土思想起源于印度，汉末随着佛经的翻译而传入中国。汉末和三国时期，《般舟三昧经》《无量寿经》等弥陀净土经典已传译入中土。中国汉传佛教主要信仰阿弥陀佛的西方极乐净土、阿閦佛的东方妙喜净土和弥勒菩萨的兜率内院净土，尤以弥勒净土与弥陀净土最盛。"①

　　净土思想传入中国后，在魏晋隋唐之际得到迅速传播，净土宗成为这一时期的一个重要宗派，道绰则是净土宗的重要人物。在其著作《安乐集》中，道绰详述了净土思想，为大众进入净土境界提供指引，他说："今此无量寿国是其报净土，由佛愿故，乃该通上下，致令凡夫之善并得往生。"② 这降低了一般信徒进入净土的条件，也扩大了净土宗在社会下层中的影响力。对此，业露华先生评价道绰的这个观点道："他主张极乐净土位该上下，凡圣同住，使社会上一般民众都有往生净土的希望，大大扩展了净土信仰的群众基础。后来其弟子善导进一步发挥这种思想，提出凡入报土说，认为因阿弥陀佛愿力强大，

---

① 觉醒：《隋唐净土思想的流布》，觉醒主编《觉群佛学（2010）》，宗教文化出版社，2011，第 2 页。

② 道绰：《安乐集（上）》，《大正新修大藏经》第 47 册，第 6 页。

使五乘齐入，即使罪恶凡夫也能生彼报土，从而加快了净土宗在下层民众中传播，最后成为中国佛教一大宗派。"[1] 与此同时，道绰还指出了广大信徒到达净土的方法，即发菩提心和念佛三昧。他在《安乐集》中说道："凡欲往生净土，要须发菩提心为源。"这也就是说，要想往生净土，既要一般修行，还要发菩提心、念佛三昧。所谓念佛三昧，就是弃心中杂念，这样才能看到佛现眼前，死后实现到达极乐净土的目的。道绰提出的一系列净土信仰和往生方法的理论，不断扫清净土宗发展道路上的各种思想障碍，使净土宗成为当时唯一一个被社会各阶层均能接受的佛教宗派，为净土宗的发展奠定了基础。

综上所述，隋唐五代时期的佛教，由于其不同于儒、道的传播方式，影响远远大于儒、道两家，佛教的死亡观不仅仅局限于对生死的探讨，还有"净土"的提出。"从根本上说，佛教体系的建立和对信徒的吸引，超越死亡是其顽强动因和内在驱动力，正因为如此，佛教得以彻底超越狭隘的自我和现实的局限，而有菩萨道普渡众生之愿和行，表现出对人类命运的共同关注和共同感受，具有强烈的终极关怀效应。"[2] 隋唐五代时期佛教，特别是净土宗的死亡观，也是对民众生命观认识的某种升华。

四 佛教轮回观与传统文化的融合

中国佛教经历了唐代鼎盛时期，走向"内而诸宗融合，外而三教合一"的道路。因此，禅宗与净土宗成为佛教各宗的主流，业报轮回、诵经念佛、超度亡魂等神学思想的传入，使得佛教逐渐世俗化、本土化，佛教在各地广泛传播。

---

① 业露华：《道绰净土思想研究》，《隋唐佛教研究论文集》，三秦出版社，1990，第64页。

② 海波：《佛说死亡——死亡学视野中的中国佛教死亡观研究》，陕西人民出版社，2007，第161页。

于是，"自佛法入中国，至宋兴，逾千年，衡岳、庐阜、钱塘、天台，佛僧之盛甲天下"，① "浮屠之寺庙被四海"，② "上自王公、下自民庶，莫不崇信其法"。欧阳修说："佛法为中国患千余岁，世之卓然不惑而有力者，莫不欲去之。已尝去矣，而复大集，攻之暂破而愈坚，扑之未灭而愈炽，遂至于无可奈何。"③ 朱熹说："今老佛之宫遍满天下，大郡至逾千计，小邑亦或不下数十，而公私增益，其势未已。"④ 又曰："老氏煞清高，佛氏乃为逋逃渊薮。今看何等人，不问大人、小儿，官员、村人，商贾，男子、妇人，皆得入其门。最无状，是见妇人便与之对谈。"⑤

佛教盛行，对当时的社会产生了全面而深刻的影响，宋代郑獬《礼法》一文便对此做了极其详尽的说明："孔子作《春秋》，常事不书，变礼则书。明圣人之典礼，中国世守之，不可以有变也。甚矣，浮屠氏之变中国也。浮屠，夷礼也。"佛教认为人之一生是伴随着痛苦而过的，如佛教《大般涅槃经》卷下记述如来偈语说："诸行无常，是生灭法；生灭灭已，寂灭为乐。"意思是说远离生灭之无常世界，而至无生亦无灭之涅槃寂静世界。这种生死轮回观对社会产生了巨大而深远的影响。胡寅说："自佛法入中国，以死生转化恐动世俗。千余年间，特立不惑者，不过数人而已。虽才智高明，鲜能自拔。"⑥ 吕午说："自天竺法入中国，其徒备着天堂地狱鬼神，为张因果罪福之说，以为人死为鬼，鬼复为人，随善恶报，还复无穷。若善男子善女人，悉当如是观。故其诱人甚速，入人甚深。无智愚皆知之，妇人

---

① 孙觌：《抚州曹山宝积院僧堂记》，《全宋文》卷3479，第160册，第355页。

② 王安石：《王文公文集》卷35《扬州龙兴寺十方讲院记》，上海人民出版社，1974，第421页。

③ 欧阳修：《居士集》卷17《本论上》，李之亮笺注《欧阳修集编年笺注》，巴蜀书社，2007，第2册，第56页。

④ 《朱熹集》卷13《延和奏札七》，四川教育出版社，1996，第2册，第531页。

⑤ 黎靖德编《朱子语类》卷126《释氏》，第8册，第3037页。

⑥ 胡寅：《斐然集》卷20《悼亡别记》，第412页。

女子亦信向焉。"① 程颐说："佛学只是以生死恐动人。可怪二千年来，无一人觉此，是被他恐动也。圣贤以生死为本分事，无可惧，故不论死生。佛之学为怕死生，故只管说不休，下俗之人固多惧，易以利动。至如禅学者，虽自曰异此，然要之只是此个意见，皆利心也。"② 下面两则故事就生动地说明了这一观念已经深入宋代人的心中。

宋理宗淳祐四年（1244），邛州依政县（今四川蒲江东北）有一行脚僧人死亡，于是当地的僧人"以竹椅扛赴柴楼火化"。点火后，正当"数十僧皆诵经观看"时，突然有一姓李的铁匠在人群中高喊："一日过一日，一日无所益。早往西方去，般若波罗蜜！"跳入火中自焚而死。③

另外《佛祖统纪》记载了一个官员睡在棺材里的故事："吴秉信，四明人。筑庵城南坐禅，制一棺夜卧其中。至五更令童子击棺而歌曰：吴信叟归去来，三界无家不可住。西方净土有莲胎，归去来。闻唱即起禅诵。桧相亡，召为礼部侍郎，后被召至萧山驿令。家人静听空中闻天乐之声，即曰：清净界中失念来此，金台既至吾当有行。言讫而逝。"吴信叟为南宋时的官员，因与秦桧意见不合被贬，后信奉佛教，每天都要求童子敲击其入睡的棺材，希望远离尘世间的娑婆，展现出其祈求极乐世界的愿望，这与当时佛教宣传的来世观等观念有关。

与前代一样，宋代的佛教也极力宣扬人间阴间、因果报应、天堂地狱、生死轮回，倘若平日作恶多端，死后将会被投入地狱，只有平日积德行善，死后才可进入天堂。在此思想影响下，人死后亲属要延

---

① 吕午：《慈竺院记》，《全宋文》卷 7217，第 315 册，第 136 页。

② 程颢、程颐：《二程集·河南程氏遗书》卷 1《二先生语一·端伯传师说》，第 1 册，第 3 页。

③ 《湖海新闻夷坚续志·后集》卷 2《观音现身》，中华书局，1986，第 180~181 页。

请僧道为亡者诵经设斋、礼佛拜忏，超度亡灵，为其"资冥福""积功德"。以为只有这样，才能除去亡人身上的罪孽，使其免于下地狱的悲惨命运，升入天堂，得到幸福的新生，来生投入富贵之家。这正是宋代所说的："常人所惑死生罪福之说，一则是恐死去阴司受诸苦楚，一则是祈求为来生之地。故便能舍割，做功德，做因果，或庶几其阴府得力，免被许多刑宪，或觊望其来生作个好人出世，子子孙孙长享富贵，免为贫贱禽兽之徒。佛家唱此说以罔人，故愚夫、愚妇皆为之惑。"[1]

佛教在丧礼方面有所谓"七七"之说。讲人死后，每隔七天，其魄必定经过一个阴司，受许多苦。这样，由头七、二七，一直到七七即第七个七日，过完最后一个阴司，称为"断七"。可是，为什么要以七日为限呢？《瑜伽师地论》卷 1 解释说："又此中有，若未得生缘，极七日住。有得生缘，即不决定。若极七日，未得生缘，死而复生，极七日住。如是展转，未得生缘，乃至七七日住。自此已后，决得生缘。"其意义即《十王经》所说："七七修斋造像，以报父母恩，令得生天。"如果在"百日、期年、再期、除丧"之时，死者在世的亲人不断地为其做荐亡法事，向和尚布施斋饭、设道场设斋供奉以超度鬼魂，另外还为死者诵经、写经造像、修建塔宇寺庙，则可使亡灵早日脱难超升，"灭弥天罪恶，必生天堂，受种种快乐"，"使死者免为馁鬼于地下"，"往好处托生"，[2] 是孝仁之举。如其不然，那就"必入地狱，锉烧舂磨，受无边波咤之苦"，[3] 不得超生。人们轻信此说，加上出于孝心，便在父母亡故后，纷纷请僧道诵经设斋做醮、做佛事，写经造像，修建塔庙，时称为"做功德"，或曰"资冥福"。

---

① 陈淳：《北溪字义》卷下《佛老》，第 68 页。
② 翁甫（浩堂）：《叔诬告侄女身死不明》，《名公书判清明集》卷 13，下册，第 501~503 页。
③ 司马光：《司马氏书仪》卷 5《丧仪二·魂帛》，《丛书集成初编》本，第 54 页。

参加法事的僧道，少则数人，多者成千上万，号"千人斋""万人斋"，其内容多为诵经设斋、礼佛拜忏、追荐亡灵。做功德完毕，又做羹饭，称为"七次羹饭"。

佛教盛行火葬，即把尸体烧成骨灰，佛祖释迦牟尼圆寂后也采用火葬。佛教认为火葬能烧去皮囊，灵魂才得以解放，升入西方极乐世界。随着佛教在中国的影响力逐渐扩大，这种"荼毗火葬法"的佛家葬俗也极大地影响了中国民间的丧葬习俗，人们不再强烈抵触佛家葬俗，不再认为火葬伤害身体发肤，而且有越来越多的人愿意采用火葬。洪迈感慨地说："自释氏火化之说起，于是死而焚尸者，所在皆然。"①

在佛教的生死观影响下，宋代"佛法滋炽，日沾月染，民胥从之……凡有死者，听命缁徒广为斋设，虽重费而弗靳。至于谋葬，则百端算较，众口沮难，甚至惑于阴阳之说，又以因葬致祸为忧。大抵只欲一举遗骸，径投烈焰，以为省便之计。不惟闾阎贫细为此，虽润屋儒冠亦鲜有坟墓之可守者，岂不痛哉！"②"举天下凡为丧葬，一归之浮屠氏，不饭其徒，不诵其书，举天下诟笑之，以为不孝。"③宋英宗时，"丧礼尽用释氏"，④仅丧期为三年还像一点古代的制度。

丧葬做佛事并非从明清才开始。刘驷读《朱子家礼》一书，读到司马公驳斥丧礼做佛事之非一节，有感而作。书中司马公提到世俗丧礼中融入的佛教因素有"始死及七七日、百日、期年、再期、除丧饭僧，设道场，或作水陆大会，写经造像，修建塔庙"，这一现象在明清时期依然广泛流行。佛教在明清时期开始出现世俗化的倾向，佛教

---

① 洪迈：《容斋随笔·续笔》卷13《民俗火葬》，上海古籍出版社，1978，第374~375页。

② 孙应时纂修《琴川志》卷1《叙县·义阡·劝谕文》，《宋元方志丛刊》第2册，中华书局，1990，第1164~1165页。

③ 郑獬：《礼法》，吕祖谦编《宋文鉴》卷103，下册，第1424页。

④ 《蔡襄集》卷22《国论要目·明礼》，下册，第376页。

的理论亦明显影响了明代心学的建构，晚明士大夫多有好佛的倾向，如顾炎武注意到"南方士大夫晚年多好学佛，北方士大夫晚年多好学仙"。① 明清时期亦出现了儒、释、道三教合一的趋势，佛教也在很大程度上中国化了。虽然这时还有许多秉承儒家正统的士人视佛教为异端，坚持辟佛，甚至乾嘉考据学的目的之一便是清除宋明理学中的佛教因素，恢复正统纯正的儒学，但是，佛教确实已经逐渐深入社会生活的方方面面，佛教对中国殡葬的影响便是其一。相较于道教这一中国本土化宗教，以及中国的各种民间信仰，明清时期的士人更加关注佛教对殡葬观念与习俗的影响。虽然在叙述殡葬问题的时候，时人经常将佛道并提，但在具体观念的讨论中却完全集中在了佛教因素之上。

佛教对死后世界的构想深刻影响了中国人的观念。佛教将世界分为六道，所谓六道轮回：天、阿修罗、人、畜生、恶鬼、地狱。众生在六道中轮回，并经历种种苦难，包括生、老、病、死、怨憎会、爱别离、求不得、五阴炽盛等诸苦。而以善业、恶业为因，会得到不同的果报，其中前三道是善道，积善业者可入此三道；后三道为恶道，积恶业者方入此三道。

古代并非人人都精通佛理，也并非人人都对佛教的转世轮回观有着深刻而全面的理解。世俗对于佛教六道轮回观念的理解，最重要的便是地狱、轮回与果报三者。不同的人对于佛教观念有不同的理解，儒家士人也往往套用儒家的观念来解释佛教的地狱与轮回之说。明清时期，士人就多以儒学思想阐释佛教观念，这在某种程度上进一步推动了佛教的中国化。顾炎武（1613～1682）曾经考证地狱之说的由来，但他未将此说尽归于佛教，而是将地狱之说的来源归于战国时期的宋玉，而汉魏以下的士人方将之附会于佛教之上。顾炎武对于地狱

---

① 顾炎武著，黄汝成集释《日知录集释》卷13《士大夫晚年之学》，花山文艺出版社，1990，第2册，第805～806页。

观念是持否定态度的，因为它反而加剧了人间的酷刑。顾炎武的理解独树一帜。在明清时期，大部分士人认为地狱是佛教的观念，虽然很多人驳斥地狱观念之非，但也有人认为地狱有其存在的合理性。

明末清初士人魏禧（字冰叔，1624~1680）曾作《地狱论》三篇及补遗一篇，是以儒者观点阐释佛教地狱观的代表。魏禧开篇便表明自己并非佛教的信奉者，但佛教的地狱之说"不悖于圣人"。孔子作《春秋》"使非圣人为之，则众人惧矣"，因而圣人未说地狱，众人亦不敢言。不过，圣人曾经说过"上帝、后土、鬼神、善恶、祸福、感应之事"，佛教只是加以推衍并使之形象化。他继续以地狱的社会功用来说明地狱存在的必要性。国家对于恶人的惩罚，到凌迟为止了。再严厉一些的就是诛杀全家，甚至诛灭九族。但有一些人并不怕死，也不在乎父母族人之死，那该如何惩罚他们呢？魏禧指出，在地狱中受无穷之苦便是惩罚极恶之人最好的方式了。而且这种恶报全部加于恶人自己身上，也避免了灭门、灭族等残忍又伤及无辜的做法。因而他对地狱之说大加赞赏。

管志道的立场与魏禧类似，他将佛教的果报之说与风水之术并列，将善业恶业之说与积阴功暗合，认为这实可起到移风易俗的作用，并可补儒学之不足。他对佛教果报之说解说得较为详细，这在一般士人中是比较少见的。

这些佛教与儒学相通互补的看法，在一定程度上反映了明清时期三教合一的潮流。但他们的论述皆停留在思想层面，当佛教真正影响到中国的丧礼实践的时候，绝大部分士人对它却是大加挞伐，认为佛教造成了丧礼之中的浮费以及种种违礼的现象。罗汝怀（1804~1880）曾总结佛道杂糅之丧俗云："乡俗积习，每遇丧事必延僧道开路，棺下然灯，昼夜不息，或盛作佛事，谓之超度……延召僧道之超度，僧曰佛事，道曰道场，多则三七、七七，简则三日，至简则一日一夕，谓之开路，盖彼法有破地狱、召亡、放焰、拯孤种种繁文，力不及行，则但为之开通路径，以达阴司而已。"①

明人周召对这种殡葬习俗十分不齿，他对佛教的地狱说进行了驳斥。周召的驳论基本上可以代表明清士人对于丧礼做佛事的态度，一者否认人死入地狱受折磨的真实性，一者否认丧礼做佛事超度亡灵的正当性，一者否认轮回天堂地狱的存在。其中，第二点是被明清士人强调最多的，因为不论承认地狱存在与否，绝大多数士人认为丧礼做佛事超度亡灵是"非礼"之事，也是"无理"之为。即使魏禧那样认为地狱说可补儒学之不足的人，也在《地狱论》的下篇斥责"崇佛灭罪"的世俗行为。

明清士人除了关注佛教的天堂地狱、轮回果报之说，还关注佛教丧仪中的"七七追荐"。明人方凤曾批评做七超度为无谓之举。所谓"七七追荐"，即从死者始死之日开始计算，每七日请僧道诵经超度亡魂一次，直至七七四十九日为止，此后才可下葬。七七追荐已经内化到了明清的民间丧俗中，即使不做佛事，也要待七七四十九日后方可下葬，甚至礼制书籍中也有"七七""百日""期年"之说。受到考据学风的影响，清代的一些学者很关心"七七追荐"的由来，有人从其内在逻辑来解释，有人从史籍中考证其由来。

在清代学者中，万斯同（1638~1702）的关注点稍有不同，他没有重点讨论"七七"的由来，反而关注"百日"之说。他认为"百日"之说最早的记载出自汉明帝营寿陵之诏，其中有"过百日惟四时设奠"之语。万斯同认同"百日"来源于佛教的说法，认为大概是"佛法初入，明帝即用其教"。有人说"古礼三月而葬，三月而卒哭，百日正合三月之期"，万斯同驳斥道：三月是士大夫之礼，天子怎么能用士大夫的礼仪呢？如果汉明帝时已经开始用佛教丧仪，那么北魏、北齐佛教盛行的时候，有七七、百日之奠也就不足为怪了。不

---

① 罗汝怀：《绿漪草堂文集》，赵振兴校点，岳麓书社，2013，第 145~146 页。

过，万斯同很谨慎地说，在那时，甚至到了唐代中期，世人也没有"尽用其说以为治丧之节"，七七、百日之说流行天下，尚不知何时。他最后感叹道："正礼不行，而群然以邪说为正礼，庸非司世教者之责哉！"

不过，佛教对于中国丧礼的另一影响才是绝大多数士人难以容忍的，那便是火葬。火葬的流行，多因贫困而无力营葬。但在明清最为富庶的江南地区，火葬习俗反而最盛。大概是因为江南地区地狭人稠，葬地昂贵，贫困者无力求得葬地，因而火葬。① 关于火葬的起源，有多种说法，有说是元朝遗俗，有说是满洲葬俗，甚至还有人追溯到秦朝对于死罪之人的刑罚。顾炎武很反对火葬，认为"人之焚其亲，不孝之大者也"。他在《日知录》中考证火葬的源流，其中有提到："而或者乃以焚人为佛家之法，然闻佛之说，戒火自焚也。今之焚者，戒火邪？人火邪？自焚邪？其子孙邪？佛者，外国之法，今吾所处中国邪？外国邪？有识者为之痛惋久矣。今通济寺僧焚人之亲以罔利，伤风败俗，莫此为甚！"②

顾炎武还是倾向于"地窄人多"的解释，对于火葬为佛教之法，顾炎武并不十分认同。不过这也从侧面证明火葬源于佛教的说法确实流传于民间。僧人去世皆会火化，大概有人以此认为火葬的流行在于佛教之传播。康熙《寿宁县志》也有记载当地的风俗："信西方异教而火化亲尸。"③ 这个"西方异教"明显是指佛教。

火葬在明清时期受到了广泛的批评，不过也有不一样的声音。袁枚（1716~1797）认为佛教是"九流之一家"，而九流是"君子之所不得已而存焉者也"。在他看来，佛教的本意是好的，对于殡葬而言，

---

① 冯贤亮：《土火之争：清代江南乡村的葬俗整顿与社会变革》，《传统中国研究集刊》第 2 辑，上海人民出版社，2006，第 155~172 页。

② 顾炎武著，黄汝成集释《日知录集释》卷 15《火葬》，第 2 册，第 898~901 页。

③ 康熙《寿宁县志》卷 1《风俗》，《中国方志丛书·华南地方》第 218 号，台北：成文出版社，1974，第 49 页。

"有非其财而可以厚葬者乎？佛知之，故火化"。[①]

火葬之俗在明清时期的流行，引起了很多官员与士人的重视，在他们移风易俗的尝试中，禁火葬也是重要的一个环节。不过，再多的批判也掩盖不住佛教影响中国殡葬习俗的事实，很多源自佛教的丧礼习俗已经内化到了中国的殡葬习俗之中，成为民间丧礼不可或缺的一部分。虽然明清主流的儒家观念对佛教丧仪持批评态度，但是也有一些士人开始主动探讨这些习俗的由来，并试图寻找其本土起源，以摆脱佛教影响之束缚，使民间丧俗得到古代文献与中国本土观念的支持。一些较为宽容的学者甚至认为佛教的轮回观念、地狱之说对实现儒家的社会理想有所助益，并可加以利用。明清三教合流的趋势，在殡葬领域体现得较为充分。

---

① 袁枚：《小仓山房文集》卷 20《佛者九流之一家论》，《续修四库全书》第 1432 册，第 218~219 页。

第二章

古代殡葬文化与技术

第一节　巫祝、术数及堪舆

一　巫祝

自先秦开始，丧葬事宜均有专人负责，巫祝就属于其中的一种。在祭祀以及丧葬礼仪的过程之中，他们各司其职。《周礼》中的大祝官职，是六典天官（大宰、大宗、大史、大祝、大士、大卜）之一，主管"大丧，始崩，以肆鬯涊尸，相饭，赞敛，彻奠，言甸人读祷"。大祝是祝官之长，亦称泰祝。小祝是大祝的重要助手，掌小祭祀祝事，《周礼·春官宗伯》记载，其主管"大丧，赞涊，设熬，置铭。及葬，设道赍之奠，分祷五祀"。丧祝专门负责丧葬活动，"掌大丧劝防之事。及辟，令启。及朝，御柩，乃奠。及祖，饰棺，乃载，遂御。及葬，御柩，出宫，乃代。及圹，说载，除饰。小丧亦如之，掌丧祭祝号，王吊，则与巫前，掌胜国邑之社稷之祝号，以祭祀祷祠焉。凡卿大夫之丧，掌事而敛，饰棺焉"。由上述材料可知，周王室举办大型丧葬活动时，丧祝需逐步引导礼仪的进行，统筹丧礼安排。诸侯国及袭爵的卿大夫之中，掌管丧礼的官员被称为职丧。"职丧掌诸侯之丧，及卿、大夫、士凡有爵者之丧，以国之丧礼，莅其禁令，序其事。凡国有司，以王命有事焉，则诏赞主人。凡其丧祭，诏其号，治其礼。凡公有司之所共，职丧令之趣其事。"除了上述提到的丧祝、职丧外，《仪礼·士丧礼》还记载了夏祝、商祝以及周祝这三种祝的名称，《仪礼释官》云："夏祝、商祝、周祝皆祝也，以习夏礼谓之夏祝，习商礼谓之商祝，三祝皆公臣。"

巫也是先秦时期参加丧葬活动的重要人群，《周礼·春官宗伯》记载："司巫掌群巫之政令。若国大旱，则帅巫而舞雩。国有大灾，则帅巫而造巫恒。祭祀，则共匰主，及道布，及蒩馆。凡祭事，守瘗。凡丧事，掌巫降之礼。"司巫统领群巫，东汉史学大家郑玄言"巫降之礼"为"巫下神之礼"。依照郑玄的注解，巫降应为下神之意，这在古老的丧礼之中是必需的。司巫统领其他巫师，按性别分女巫、男巫，"男巫掌望祀望衍，授号，旁招以茅。冬堂赠，无方无算。春招弭，以除疾病。王吊，则与祝前"。"女巫掌岁时祓除、衅浴，旱暵则舞雩。若王后吊，则与祝前。"郑玄注："衅浴，谓以香薰草药沐浴。"虽然男女巫师能治疗疾病等，但也有丧葬的职能。如男巫在王前来吊唁时，将其引导至祝前，女巫则负责引导王后到祝前。在《礼记》记载之中，巫的等级、地位比祝低，例如在士丧礼之中，当君主前来吊唁之时，举办丧礼的主人需要出门，迎接君主，《礼记》记载："俟于门外，见马首，先入门右。巫止于门外，祝代之先。"《周礼·春官宗伯》曰："大祝掌六祝之辞，以事鬼神示，祈福祥，求永贞。"巫、祝经常连用，表明其职责上有相同之处。

二　数术

数术是古代丧葬文化的重要组成部分，起自先秦时期，与中国传统巫术、阴阳五行等相联系，具体包括卜葬兆、卜宅、卜日等方面，对中国的丧葬文化有深远影响。

第一，卜葬兆。《周礼·地官》："卜葬兆，甫竁，亦如之。"卜葬兆指对墓葬所在地进行吉凶占卜，在我国的丧葬礼仪中这是一项至关重要的活动。《孔子家语·曲礼·子贡问》云："既死而议谥，谥定而卜葬，既葬而立庙。"死后的丧葬程序分别是议谥、卜葬、葬、立庙，这一习俗在历史演变中逐渐被固定下来。《周礼·春官宗伯》有言："小宗伯之职……卜葬兆，甫竁，亦如之；既葬，诏相丧祭之礼；成葬而祭墓，为位。"在周代，据史籍记载，卜葬兆由小宗伯掌管，但是事实上，掌管这一职能的却是大卜，"大卜掌三兆之法，一曰玉兆，二曰瓦兆，三曰原兆……凡丧事，命龟"。大卜掌"三兆"，在其之下又有卜师掌管"四兆"，"卜师掌开龟之四兆：一曰方兆，二曰功兆，三曰义兆，四曰弓兆。凡卜事，视高，扬火以作龟，致其墨。凡卜，辨龟之上下、左右、阴阳，以授命龟者而诏相之"。在卜师之外，还有龟人、菙氏不等，"龟人掌六龟之属。各有名物。天龟曰灵属，地龟曰绎属，东龟曰果属，西龟曰雷属，南龟曰猎属，北龟曰若属，各以其方之色与其体辨之。凡取龟用，秋时；攻龟用，春时。各以其物，入于龟室。上春衅龟，祭祀先卜。若有祭事，则奉龟以往。旅，亦如之。丧，亦如之"。"菙氏掌共燋契，以待卜事。凡卜，以明火爇燋，遂吹其焌契，以授卜师，遂役之。"从上文可知，负责卜葬兆的官员已经形成了一个自上而下的系统，也体现出周代对于卜葬兆的高度重视。在需要具体的操作之时，首先是由龟人以及菙氏来烧制龟甲；烧制完成之后，他们将龟甲上交给卜师，再由卜师进一步分辨龟甲关于上下、左右及阴阳等预兆；卜师占卜完成后，将其上呈至大卜，大卜再次确认，并且宣布结果。除上述官员，占人以及筮人在占卜过程中也发挥着重要的作用。

先秦时期，卜葬活动盛行。《庄子·杂篇·则阳》中云："夫灵公也死，卜葬于故墓不吉，卜葬于沙丘而吉。掘之数刃，得石椁焉，洗而视之，有铭焉，曰：'不冯其子，灵公夺而里之。'夫灵公之为灵也久矣，之二人何足以识之！"卫灵公是一个昏庸的国君，这个故事暗含讽刺时政的意味。但从侧面来看，它充分反映了卜葬礼仪在当时的重要性，体现了卜葬与先秦时期的天人思想相互融合、互为补充。

第二，卜宅。卜宅中的"宅"，在这里指阴宅，即墓地。早期卜葬兆和卜宅需要分开进行。周时的墓地，以身份和等级为区分，可以分为公墓和邦墓。公墓是周天子和大贵族的墓地，由宗族世代管理。公墓需要提前规划，把墓地的范围确定下来，并且将其画成图样，这体现了贵族阶级对于墓地的重视。在公墓中，墓碑位置的摆放通常依宗法或者等级关系确定。邦墓埋葬自由民，由墓大夫管理，与公墓的相同之处在于，邦墓同样依据宗法制度来实行族葬制。不论公墓还是邦墓都是属集体所有。卜葬兆与卜宅的区别就在于卜葬兆所占卜的是集体墓地，卜宅占卜的是在集体墓地之中属于私人所有的坟地。"敬始慎终"这个观念根植于人们心中，因此阴宅的选择显得尤为重要。在周代，掌管卜宅的官员被称为视祲，《周礼·春官宗伯》中记载："视祲，掌十辉之法，以观妖祥，辨吉凶。一曰祲，二曰象，三曰镌，四曰监，五曰暗，六曰瞢，七曰弥，八曰叙，九曰隮，十曰想，掌安宅叙降。正岁，则行事。岁终，则弊其事。"在视祲之下，还设置有冢人，"冢人掌公墓之地，辨其兆域而为之图。先王之葬居中，以昭穆为左右。凡诸侯居左右以前，卿大夫士居后，各以其族。凡死于兵者，不入兆域。凡有功者居前，以爵等为丘封之度，与其树数。大丧，既有日，请度甫竁，遂为之尸。及竁，以度为丘隧，共丧之窆器。及葬，言鸾车、象人。及窆，执斧以莅。遂入藏凶器，正墓位，跸墓域，守墓禁。凡祭墓、为尸，凡诸侯及诸臣葬于墓者，授之兆，为之跸，均其禁"。由上述材料可知，冢人在卜宅这一习俗中起着关键的作用，例如卜宅、安宅及修墓等具体事宜都由冢人来操作。除了冢人之外，在卜宅的过程中，墓大夫也承担了一定的工作。卜宅可进一步划分成卜、筮两种形式。据记载，负责卜宅之人有专门的装扮和服饰，如《礼记·杂记上》记载："大夫卜宅与葬日，有司麻衣、布衰、布带，因丧屦，缁布冠不蕤。占者皮弁。如筮，则史练冠、长衣以筮。占者朝服。"在卜和筮时，所穿服饰有差异，也进一步体现了周时的丧葬活动具有制度化、体系化的特点。

卜宅的程序具有固定性，《仪礼·士丧礼》有云："筮宅，冢人营之。掘四隅，外其壤。掘中，南其壤。既朝哭，主人皆往，兆南北面，免绖。命筮者在主人之右。筮者东面，抽上韇，兼执之，南面受命。命曰：'哀子某，为其父某甫筮宅。度兹幽宅，兆基无有后艰？'筮人许诺，不述命，右还，北面，指中封而筮。卦者在左。卒筮，执卦以示命筮者。命筮者受视，反之，东面。旅占，卒，进告于命筮者与主人：'占之曰从。'主人绖，哭，不踊。若不从，筮择如初仪。归，殡前北面，哭，不踊。"筮宅一事，由冢人负责。其后，筮者需按照既定的程序对该墓地进行吉凶占卜。若占卜结果是吉，即从，该仪式就宣告结束，继续进行接下来的丧葬仪式。如果占卜结果是凶，即不从，那么就要对墓地进行重新选择，依据筮宅的程序重新占卜，直至结果为吉。筮宅完成后，就可以开始营建墓地。

古代"礼，不豫凶事"，故卜宅活动不可以在死者生前就开始，《说苑·修文》记载："死而后治凶服，衣衰饰，修棺椁，作穿窆宅兆，然后丧文成。"待人死去之后，陆续进行治凶服、衣衰饰等丧葬活动。

第三，卜日。《礼记·王制》有云："天子七日而殡，七月而葬。诸侯五日而殡，五月而葬。大夫、士、庶人，三日而殡，三月而葬。"

停灵时间长是为了体现周代对礼制和孝道的重视。《春秋》中就有许多关于诸侯王葬期的记载，关于鲁国十二公，除隐公、阂公以及哀公无葬期记录外，鲁昭公停灵七个月，桓公在死后八个月终得以下葬，庄公更是停灵十个月后才得以下葬。这几位国君葬期如此之长，也有其特殊原因，例如鲁桓公死在齐国，鲁昭公逝世于晋国，要将尸体从异国运回鲁国，需更长时间。鲁庄公停灵十个月之久，也是因其死后鲁国出现了大臣刺杀继任新君的政治变局，致使当时朝政动荡，葬期就难免被耽误。除了以上三位诸侯的特殊情形，其余六个鲁国国君都是在死后的四个月得以安葬，加上逝世当月，总计五个月，也恰好对应了诸侯"五月而葬"的礼仪制度。其他诸侯国中，晋文侯也是"五月而葬"。齐桓公逝世后，齐国内乱，故齐桓公是在死后十个月才得以"入土为安"，长期不得安葬的不能被视为正常的葬期。由以上情况可以看出，在西周以及春秋时期，除一些特殊情形，大多还是按照礼制所规定的葬期对死者进行安葬。

在葬礼活动中，确定了葬月以后，关于在该月的哪一天下葬需要求助占卜，这项习俗被称为卜日。卜日在葬礼中是很重要的一项，即通过占卜算出下葬的吉日，《仪礼·士丧礼》对这一特定程序进行了详细的记载："卜日，既朝哭，皆复外位。卜人先奠龟于西塾上，南首，有席。楚焞置于燋，在龟东。族长莅卜，及宗人吉服立于门西，东面南上。占者三人在其南，北上。卜人及执燋、席者在塾西。阖东扉，主妇立于其内。席于阖西阈外。宗人告事具。主人北面，免绖，左拥之。莅卜即位于门东，西面。卜人抱龟燋，先奠龟，西首，燋在北。宗人受卜人龟，示高。莅卜受视，反之。宗人还，少退，受命。命曰：'哀子某，来日某，卜葬其父某甫。考降，无有近悔？'许诺，不述命；还即席，西面坐；命龟，兴；授卜人龟，负东扉。卜人坐，作龟，兴。宗人受龟，示莅卜。莅卜受视，反之。宗人退，东面。乃旅占，卒，不释龟，告于莅卜与主人：'占曰某日从。'授卜人龟。告于主妇，主妇哭。告于异爵者。使人告于众宾。卜人彻龟。宗人告事毕。主人绖，入，哭，如筮宅。宾出，拜送。若不从，卜宅如初仪。"参与卜日的有卜人、占者等。负责卜日的人员需要按照规定的程序占卜。若占卜结果是吉，即从，就继续进行葬礼。如占卜为凶，即不从，就需要重新选择葬日。

先秦时期的卜日术，与秦汉流传的《日书》中所记载的卜葬日术在形式上有所区分。卜日术采取的是卜筮的形式，利用龟甲及蓍草等工具，多由国家官吏依据既定的程序进行。而卜葬日术，类似汉代的《葬历》，还有后世的皇历，通常使用天干地支作为符号，再将这些符号按照一定的原理排列出来。操纵卜葬日术的人员，不是朝廷的官员，而是一些民间的巫师、术士，他们也有特定的卜算方法、工具及程序。两者之间尽管形式有所不同，但是占卜的目的是一致的，都是丧葬礼俗中的数术形式，皆为给逝者选择吉日进行安葬，达到趋吉避凶的目的。

继承周代的礼仪、思想，秦汉时期的人们也十分重视丧葬。与先秦时期相比较，秦汉时期人们对丧葬一事有着更为深刻的认知，进一步将其上升到理论高度。"葬之为言下藏之也。所以入地何？人生于阴，含阳光，死始入地，归所与也。天子七月而葬，诸侯五月而葬何？尊卑有差也。天子七月而葬，同轨必至。诸侯五月而葬，同会必至。所以慎终重丧也。"秦汉之时，丧葬文化的特点是"慎终重丧"，人们将葬看作"归所与也"，因此选择葬地关键在于使逝者"死而得其所"。云梦睡虎地出土的《日书》中有条简文提到："鬼恒赢（裸）入人宫，是幼殇死不葬，以灰渍之，则不来矣。"[1] 认为幼殇在死后没有下葬，就会化作厉鬼为祸人间。在这种观念的影响下，秦汉形成了以厚、繁为特点的丧葬习俗。

---

① 陈伟主编，彭浩、刘乐贤等撰著《秦简牍合集·释文注释修订本》第 2 辑，武汉大学出版社，2016，第 416 页。

三 堪舆

《淮南子·天文》有云："堪舆徐行，雄以音知雌。"许慎注云："堪，天道；舆，地道。盖堪为高处，舆为低处。天高地下之义也。"堪舆学即研究天地之道的学问，着重于对地貌的描述，兼顾研究地形、地物。堪舆的基础是河图、洛书，联系八卦、九星以及阴阳五行学说中的生克制化，将天道运行、人在其中、地气流转三者结合起来，从而形成一套特定的理论体系。这套理论体系被古人认为可以推断甚至更改人的寿夭穷通、吉凶祸福。

有关堪舆家最早的专著可见于《汉书》，东汉班固《汉书·艺文志》记载有《堪舆至匮》，将其与研究阴阳五行、日月星辰、时令节气还有灾应诸书者共同列入"五行家"一类，属于"数术"六种其中之一。班固有云："数术者，皆明堂羲和史卜之职也"，"其法亦起五德终始，推其极则无不至。而小数家因此以为吉凶，而行于世，浸以相乱"。根据《后汉书·王景传》，约与班固同时期的王景，曾"以为《六经》所载，皆有卜筮，作事举止，质于蓍龟，而众书错糅，吉凶相反，乃参纪众家数术文书、冢宅禁忌、堪舆日相之属，适于事用者，集为《大衍玄基》云"。《史记》中，司马迁将堪舆家和五行家并列，"堪舆"二字包含仰观天气、星象，俯察山川、地貌之意，故而后世用"堪舆家"专指考察风水之人，"堪舆"也被民间称为"风水"，因此风水与天文、历法、地理都密切相关，上观天文，下察地理，也是风水术的两个重要特征。"堪"指天道，在高处，"舆"指地道，在下处，自然也包括住宅地以及墓地的形势，可称之为相宅、相墓之术。故"堪舆"不仅包括看风水，可以将其分为五部分，包括：罗罗、日课、玄空学、葬法以及形家。晋人郭璞在其所著的《葬书》中提到："葬者，乘生气也。气，乘风则散，界水则止。古人聚之使不散，行之使有止，故谓之风水。"这是"风水"一词首次出现在我国古代文献之中。而探索风水的根本，在于研究"气"。《黄帝内经》曰："气者，人之根本；宅者，阴阳之枢纽，人伦之轨模，顺之则亨，逆之则否。"气对人有着十分重要的意义。《地理心学统宗》也谈及"水飞走即生气散，水融注则内气聚"，"未看山先看水，有山无水休寻地"等，都是为了阐述风水的重要意义。后世的风水师寻求可以藏风、得水以及有生气的吉地，都是为了建造住宅以及墓地，便利人类的生存、繁衍。

魏晋南北朝时期，风水术盛行一时。两晋之际的郭璞代表著作是《葬经》，也可以称之为《葬书》。郭璞的贡献在于，他将前人的风水理论和思想进一步总结和完善，并使之理论化。郭璞《葬经》中提出："木华于春，栗芽于室……古人聚之使不散，行之使有止，故谓之风水。"郭璞对"风水"下了明确的定义，他指出风水是形、法、理三者的有机结合，故风水不能脱离理、法的范围，"聚之使不散，行之使有止"，说的就是以风水理气，使得生气聚止可以为人所利用。

唐代以后，风水学在发展中逐渐演变为两大宗派，分别是形势派、理气派。唐代末年，形势派逐渐形成。形势派重视组合峦头方位的信息，峦头，又称形峦，即以自然环境而构成的风水的先天条件，它的核心思想是"龙、砂、水、向、穴"，进一步阐释为觅龙、察砂、观水、立向和点穴五个要点，它们构成了风水的基础。据说形势派的代表人物杨筠松的做法是，首先，在峦头进行寻龙点穴，在寻龙的过程中，还需要进行以下环节：一是认金龙；二是察血脉；三是起天心；四是配雌雄；五是定山向。最后才是紫白挨星取运，以起到明时机的作用。

理气派最初在福建流行。到了宋时，得益于风水师推行其说，成为两大风水派别之一。与形势派有别的是，理气派重视时运生克的理念，即选定好优质的外部环境后，在此基础上合理构造风水。形势派、理气派的共同点在于，他们都将峦头形势看作风水之体，将理气视为风水之用。风水师认为若是参透天机妙诀，将其整合起来为自身所用，必然就拥有了造化天地万物之力，当然这是由于当时认知水平的局限得出的结论。

第二节　巫舞丧舞与丧歌挽歌

原始丧舞出现的年代，不会晚于旧石器晚期。从原始时期的图腾崇拜到人们逐渐形成的万物有灵论，进一步至氏族制后期出现的祖先崇拜，采取的形式都是祭祀神灵、祖先时的"巫舞"。到周代，原始的丧舞逐渐发展为等级森严的丧葬礼乐制度。有学者依据考古发掘的成果，认为礼乐制度形成的年代大致在大汶口文化的晚期，为公元前 2800~公元前 2400 年。例如在山西陶寺龙山文化遗址中，就发现过用鳄鱼皮来做鼓面的鼍鼓，可以看到腐烂的鳄鱼皮鳞板散落于木质鼓腔中。鼍鼓不是寻常的乐器，它代表的是权力与地位，因此它还有礼器的意义。根据鼍鼓，可以认为大汶口文化晚期前就有丧葬舞曲。

在先秦时期，祭祀礼仪是礼乐制度的一个重要组成部分。根据考证，在商周时期，礼乐制度就十分盛行，它是维护等级观念的规则，同时也是统治阶层巩固自身地位的重要工具。《礼记·曲礼》记载："夫礼者，所以定亲疏，决嫌疑，别同异，明是非也。"又言："君臣、上下、父子、兄弟，非礼不定。"商周时期，举行朝聘、宴享、婚冠、祭祀、丧葬等重要活动时，都需要用礼乐器。正如《左传》所记载"器以藏礼，礼以行义"以及"唯器与名，不可以假人"。在祭祀礼仪中，巫祝负责仪式的主持，通常配以"巫乐""巫舞"，因此也可以将中国古代的丧葬音乐看作我国仪式音乐的由来。中国最初的仪式音乐正是由先秦时期丧葬音乐演变而来，也为后世汉魏时期的丧乐礼制奠定了传承的根据。

一 巫舞和丧舞

巫，源于远古时期人们对于自然界发生的现象还有人体自身现象的原始认知，它是人类创造出来的一种媒介，以证明人类自身与其他人或者与外部世界存在对应关系。在商代，巫教的核心人物掌握了国家的实际权力。巫教的教主被称作"阿衡"。成汤至太甲时期的伊尹，太戊至河亶甲时期的伊陟和巫咸，祖乙时期的巫贤，以及武丁时代的甘盘，皆是巫教的"阿衡"。巫在殷商时期的势力极大，主要职责是侍奉天帝鬼神，以及主持婚丧嫁娶和祈福禳灾等重大事宜，还包括占卜星象、历法。但是随着历史的演进与发展，巫的职能不断缩小，逐渐演化为靠装神扮鬼来替人祈福的巫师。

例如在商代的丧事之中，巫的活动就十分盛大。人们相信当人逝世以后，鬼魂会离开人间前往阴间生活，因此在丧礼中，最先的环节就是要进行内容为告别的仪礼，负责这项事宜的多是巫觋。在告别以前，先要确定人是否真正去世，魂魄是否确实要离开人间，这就需要举行招魂仪式。《礼记》注解描述了这种仪式："复，招魂复魄也……使人升屋北面，招呼死者之魂，令还复身中，故曰复也……男子呼名，妇人呼字，令魂知其名字而还。"招魂的人会拿着死者的衣物爬到屋顶上，大声呼喊死者的姓名，以祈求其复生。招魂仪式体现了古人希望死而复生，希望招魂归来，与此同时，呼唤死者的名字也体现了亲友挽留之情、惜别之情。故《礼记》有云："复，尽爱之道也。有祷祠之心焉。望反诸幽，求诸鬼神之道也。"

（一）巫舞

"巫"是象形字。在甲骨文中，"巫"字如同远古女巫使用的道具。小篆中的"巫"类似女巫的两袖舞形。郭沫若先生通过甲骨文考证，认为"巫"与"舞"属于同音同源字，"巫"和"舞"是一致的。有学者认为，商代甲骨文中的"巫"字就是由"舞"字演变来的，巫人就是中国最早的舞蹈家。还有学者提出，古老的"巫"字正是两个人在相对起舞的形象。从字形来看，"巫"的上下两横指代天地，意为可以沟通天地的人，本义是指古时候可以用舞降神之人。《说文解字》有云："巫，祝也。女能事无形，以舞降神者也。"巫舞就是对巫觋祭祀仪式中舞蹈的总称。

"巫舞"是巫术仪式中很重要的一个部分。巫在祭祀活动中，一般使用舞蹈这一重要手段，以舞蹈通神、娱神、装神。这是由于舞蹈具有形象鲜明、直观的震撼力等特点，舞蹈起来赏心悦目，跳巫舞的巫师善舞且貌美，也能吸引目光、迷惑他人。巫，"以舞降神者也"，巫舞有其特殊的存在价值。

巫舞跳起来的难度很大，要求技艺高超，一般人不能为之。巫舞中的动作，再加上一些装神弄鬼的花招，增强了巫舞的神秘感。远古时代的巫往往是氏族的首领兼任。例如传说时代的大禹，就不只是擅长治水的英雄，同时也是一位大巫。大禹长年辛劳治水，行走在湿滑的路上，走路时因为无法迈开步伐只能以小碎步一点点向前移动。久而久之，这种步伐被称为"禹步"，成为巫舞之中特有的一种舞步。这种舞步的运用范围很广，它既可以是道士在布法时使用的步伐，也可以是巫觋在求神时使用的舞步。巫师多用这类高难度的动作来增强舞蹈的神秘色彩，也使得巫自身更具特色。

先秦时期在祭祀的典礼中通常都有巫舞。例如楚国祭神所用的大型歌舞——《九歌》之中，巫觋身着彩衣，佩有美玉，手握长剑，翩翩起舞，就是巫觋在饰演神的形象。

在商代，用巫舞来祭祀上天以及祖先为祭祀舞乐增添了一抹神秘的色彩，但是，祭祀舞乐不单是辉煌的、盛大的、庄严肃穆的，有些时候，祭祀方式也是残忍的。例如在求雨或求免灾无效时，那些地位低下的巫就会被放到烈日之下曝晒，称为"曝巫"，甚至用火将之活活烧死，称为"焚巫"，以达到消灾的目的。如此看来，这种乐舞也有阴森、恐怖、野蛮的一面。

（二）丧舞

在主持丧葬仪式时，巫需要"哭踊"，也就是哭着舞蹈，这被称为"丧舞"。丧仪的内容中包含哭踊，可能源于两种情形。一是美化悲伤动作，这些动作是由巫在哭泣时捶胸顿足等动作演变而来的。《礼记》中说："辟踊，哀之至也。"二是为了慰藉、取悦鬼魂，所以表演日常生活中大家喜欢的歌舞，以表达亲友惋惜、牵挂之情。在南洋诸岛古老民族的丧葬仪式中，就有出于这种目的而在丧葬仪式中起舞的。在我国福建、台湾一带，现在依旧残留类似的习俗，道士在给死者的灵魂超度仪式中，就需要演"目莲救母"等故事或者其他插科打诨的节目。《礼记》虽是后代所出，但文中所记述的内容有着漫长的历史渊源。例如子游和有子之间的一段对话："有子谓子游曰：'予壹不知夫丧之踊也，予欲去之久矣。情在于斯，其是也夫。'子游曰：'礼有微情者，有以故兴物者，有直情而径行者，戎狄之道也。礼道则不然，人喜则斯陶，陶斯咏，咏斯犹，犹斯舞，舞斯愠，愠斯戚，戚斯叹，叹斯辟，辟斯踊矣。'"子游只讲述了生者的悲痛之情引起"辟踊"的出现，但是，以故兴物的"戎狄之道"可能更为原始，它是更早时期丧葬仪式中为了送别死者而演出的歌舞。后来的国君、士也参加过这类丧舞，《礼记·檀弓上》记载，"士备入而后朝夕踊"。

二　丧歌和挽歌

丧葬歌曲是指在丧葬活动中哀悼死者所唱的歌曲，主要包括"丧歌"和"挽歌"。丧歌最早是因"哭礼"中的悲痛以及哭诉之音而产生的。逝者的子孙，既要恪守孝道，又需要表示对死者的怀念以及强烈的哀悼之情，这使得在《周礼》所记载的丧葬制度里有"哭礼"这一规定。在"哭礼"中，哭者会随着心情起伏，致使音节有高下以及长短之分。哭声高上低回、感人肺腑，如同"悲歌"。"悲歌"逐渐演变成"丧歌"和"挽歌"，它的作用在于，不仅可以烘托丧葬礼仪悲伤的气氛，还能解决丧礼上无乐相配的问题，这样丧歌的雏形就形成了。《说苑·辨物》记载："孔子晨立堂上，闻哭声甚悲。孔子援琴而鼓之，其音同也。"悲痛时哭诉之音和音乐有相通之处，痛哭之声可以通于音乐，哭诉的内容也可以演变为丧歌之词，这也是丧歌起源的另一个缘由。这种因为"哭礼"而产生的丧歌，不仅满足了周代丧礼中严格规定的哭泣之法，还解决了有礼无乐的问题。丧歌的出现既是对儒家理想的礼乐制度的讽刺，也可以看作儒家对既强调礼乐相辅相成，又禁止丧礼用乐矛盾之处的解答。

（一）丧歌

丧歌指服丧期演唱的歌曲，丧歌不是在送葬时间演唱，而是在服丧期间为死者哀悼所演唱之歌。它的出现，可追溯至上古时。《弹歌》中记载："断竹，续竹，飞土，逐宍。""续竹"指将竹子制作为弓，人手持弓则有"弔"（同吊）之意。"弔"是一个会意字，许慎《说文解字》中记载："弔从人弓之意。"《隋书·地理志下》也有："始死，置尸馆舍，邻里少年，各持弓箭，绕尸而歌，以箭扣弓为节。"《弹歌》是远古时期的人在死后还未葬之时，孝子手持弹弓保护死者的尸体并且表达哀悼、祭奠亲人之曲，其也许是目前关于丧歌最早的记载。

（二）挽歌

挽歌是指送葬以及安葬时所唱之曲。根据《辞源》的解释："古人送葬执绋挽丧车前行的人，所唱哀悼死者的歌。"汉代许慎《说文解字》中记载："绋，乱枲也。"清代段玉裁注曰："枲，各本作系，不可通。今正。乱枲者，乱麻也。可以装衣，可以然火，可以缉之为索……绋，枲也。言用绋为索也。"可知"绋"的本义不是牵引灵柩入穴的绳索，是麻类的植物，可以缉为在日常生活中用来搬物和拉车的绳索，也可当作下葬之时牵引灵枢入穴之索。《礼记·曲礼上》中也记载："助葬必执绋。"由此可以推断，挽歌是死者葬礼执绋之人所唱之歌。《酉阳杂俎》《事物纪原》中引《庄子》逸文："绋讴所生，必于斥苦。"司马彪注曰："绋，引枢索也，斥疏缓也，苦用力也。引绋，所以有讴歌者，为人有用力不齐，故促急之也。"还有学者引《庄子》上文所言为挽歌的来源。《庄子》中说的"绋讴"，是挽讴者为了调节执绋之时的力度，消除疲惫而演唱之歌。例如《搜神记》有云："挽歌者，丧家之乐；执绋者，相和之声也。"可知，尽管挽歌诞生之时不尽然是为了哀悼逝者，但是因为"必于斥苦"，曲调悲凉，适合在丧礼中增加悲伤的气氛，自然就被引入葬礼中。由此可知，挽歌是给死者送葬时演唱的，是在悲哀的送葬场面中，家人、子孙为表达对逝者的哀悼之情所唱的歌曲。

先秦时期，许多文学作品中就有丧歌，其中的优秀之作，甚至成为千古绝唱。《诗经·秦风·黄鸟》中有："临其穴，惴惴其栗。彼苍者天，歼我良人！"诗人用朴素的语言生动描绘了悲惨的殉葬场景，阐发了其对野蛮的殉人制度的极度愤慨和不满之情。《诗经·王风·大车》记载："谷则异室，死则同穴。谓予不信，有如皦日。"可知，在周时就已经有合葬的习俗。汉乐府诗歌中的《薤露》《蒿里》都是著名的挽歌，是挽郎在送葬时所唱之歌，表达了对死者深切的哀悼之情。战国时期，《薤露》《蒿里》就已经出现，而不是田横门人所作。宋玉在《对楚王问》一文中曰："客有歌于郢中者，其始曰《下里》《巴人》，国中属而和者数千人；其为《阳阿》《薤露》，国中属而和者数百人……"汤漳平注《薤露》是歌曲之名，根据丘述尧的考证，可知《下里》就是《蒿里》。宋玉大致出生在楚怀王十年，即公元前319年前后，为楚国鄢都人。故《薤露》《蒿里》产生之时，不会晚于战国。

不论是挽歌还是丧歌，都和丧葬事宜休戚相关，都是丧葬歌曲。

在周代的礼乐制度中，丧与歌乃相互冲突，例如，《论语·述而第七》有云："子于是日哭，则不歌。"抑或是说，在儒家推崇的丧礼规范中，"哭"与"歌"不可同时使用，并且明确指出"居丧不举乐"。秦汉以后，也还有丧礼"不举乐"的观念。甚至到清代，还有地区有丧礼禁乐的风俗。例如黄佐《乡礼》中规定："凡丧事不得用乐，及送殡用鼓吹、杂剧、纸幡、纸鬼等物，违者罪之。"如此看来"居丧不举乐"确有其事，且在历史中流传下来。因此，严格按照《周礼》或者儒家的丧葬礼仪，先秦时期不应该有丧歌、挽歌。但是，从上文所述可以得知，丧葬歌曲在民间以及士大夫间都有流传。"居丧不举乐"只是《周礼》还有儒家理想的制度。礼乐制度不一定和民间风俗、习惯一致，而且各地之间的民间习俗也有差异。故而类似"始死，置尸馆舍，邻里少年，各持弓箭，绕尸而歌"的现象时常发生。"放浪于形骸之外"的庄子就曾为逝者而歌。《庄子·至乐》记载："庄子妻死，惠子吊之。庄子则方箕踞鼓盆而歌。"《庄子·大宗师》也有："莫然有间，而子桑户死，未葬。孔子闻之，使子贡往侍事焉。或编曲，或鼓琴，相和而歌曰：'嗟来桑户乎！嗟来桑户乎！'"这一举措，在儒家遵守的丧礼中是"非礼"的，故而子贡提出质疑："敢问临尸而歌，礼乎？"《礼记·檀弓下》也记载有"及其丧也，曾点倚其门而歌"。这说明，在先秦时期"居丧不举乐"的规范在当时并不具有普遍性。"子于是日哭，则不歌"的记载，也是从侧面证实了在孔子的时代，也有"居丧而歌"的现象，不然孔子也不会为了捍卫古礼而与世俗做斗争。因此，在"礼崩乐坏"的春秋战国时代，出现了"八佾舞于庭"与"以《雍》彻"等僭越行为，说明丧葬歌曲的出现是有着民间基础以及社会背景的。

古代礼乐制度规定居丧不可以用乐，但"乐者，乐也"，所以禁乐与礼乐之间存在一定的矛盾，为了体现儒家的孝道观，"以哭代歌"成为一种变通的方式。"长歌当哭"也更能展现人们失去亲人的悲伤、痛苦以及对逝者的哀悼之情。周代丧礼制度中的"居丧不举乐"，在经历了先秦时期丧葬歌曲的影响，终为汉魏时以鼓吹乐为特点的丧乐礼制所替代。

第三节　古代墓室内建筑和遗体保存术

一　墓室内建筑的保护措施

在夏商周时代，为保护骨体及防盗，除加深墓室、使用多层葬具、夯筑外，还有填充沙石、木炭、膏泥等措施，这在两周时期的贵族墓中已非常明显并对后世有直接影响。如山西曲沃晋侯墓地，属西周中期的 M7 椁室下面（墓底）有一层木炭，属西周晚期的 M2 椁室周围填充的木炭达 25 立方米；山东海阳春秋中期墓中填入白膏泥（又称瓷泥或陶土），淄博南韩村战国墓（M8）中也填入膏泥，诸城臧家庄战国墓中填入的膏泥有黑、白两层，椁室下铺有 20 厘米厚的木炭；河南辉县固围村战国大墓中也多有积石、积沙；浙江印山大墓，不仅用 140 层树皮包裹葬具，而且还填入木炭和膏泥，青膏泥厚达 6.6 米。这种现象对研究殡葬发展及时代特征，有重要的意义和价值。

二　墓室内遗体保存术

根据先秦时期丧葬制度的记述和考古发掘的实物推测，早在商周时代，保存死者尸体不腐的观念便已萌芽。这种观念来自对灵魂不灭的信仰，在一些原始社会的墓葬中发现死者四周散布着富含氧化铁的红色土壤，象征鲜血和生命，应是这种信仰的反映。《礼记·郊特牲》曰："魂气归于天，形魄归于地。"认为死亡只是生命的轮回。先秦时期的人们，一方面认为坟墓是人死后在阴间生活的一个场所，保存尸体，则是保护形魄的重要措施；另一方面要帮助魂气顺利升入天庭。因此，遗体防腐成为人们有意识的行为，各种遗体防腐处理技术也应运而生。先秦时期的贵族不仅对棺椁的制造十分讲究，要求使用有芳香并且具有防虫功效的樟、桐、松、柏等材料，而且对于墓穴也有更高的要求，这样做的目的是延缓或避免尸体的腐败。

1972 年，长沙马王堆出土了西汉长沙国丞相、轪侯利苍的家族之墓。除了素纱禅衣、T 形帛画等的问世，最为称奇的还数轪侯夫人辛追的尸体。当辛追夫人经过两千多个地下春秋重新展现在世人面前时，全世界都对我国西汉时期的尸体防腐技术感到敬佩。出土时，轪侯夫人有着鲜活的面容以及富于弹性的肌肤，身上的毛发也俱在，指、趾的纹路依旧清晰，这向世界展现了中国古代湿尸防腐的精妙之处。中国是世界上唯一出土过保存完好的干尸和湿尸的国家。

墓葬内的尸体防腐处理主要包含两个方面：对尸体进行防腐处理，以及对棺椁进行防腐处理。棺椁的作用在于保存尸体。遗体防腐主要采取如下九种技术，且各种遗体保存技术可同时使用。

（一）沐浴消毒

《周礼·春官宗伯》有云："王崩，大肆以鬯涊柜。"即周代王侯逝世后都需要沐浴，沐浴所用的是黍酒。这样，沐浴之后的尸体可以保持芳香没有腐臭味。对于此，唐代贾公彦在《周礼》中作疏："大丧筑鬻，则此酒中兼有郁金香草，故得香美也。"当时，周王室设有郁人以及大丧两种职位，置于主管祭祀的小宗伯之下。《周礼·春官宗伯》记载："郁人掌裸器。凡祭祀、宾客之裸事，和郁鬯以实彝而陈之。"故而郁人掌管行裸礼所需要的器具，同时调和郁鬯放入彝中以用于沐浴。"大丧之大涊"，大丧则负责沐浴尸体。浴尸仪式通常选择在招魂礼完毕后进行。

根据考证，用添加郁金汁液的酒对尸体进行沐浴，可以起到清香和消毒作用，这也是古今尸体沐浴习俗流行的渊源。在人逝世之后，需要进行沐浴，这一习俗是由于：一方面，古时候的人们认为，人在逝世后，灵魂会到祖先那儿去，如果人是不干净的，祖先就会拒绝接纳逝者；另一个方面起到消毒、杀菌的作用。而且喷洒酒更有利于在封棺之后更快地耗尽棺内氧气，形成缺氧的环境，在一定时间之内，也有利于减缓细菌生长、繁殖，从而使得尸体的腐败过程减慢速度甚至是停止，这一举措有利于尸体的防腐和保存。除此之外，古代还使用汞、砷对遗体进行防腐处理。考古人员在分析中国古代棺液中的沉淀物时，就发现了里面具有大量的硫化汞、乙酸以及乙醇等成分，这成为古尸不腐的一个关键因素。[①]

（二）多层纺品缠裹

秦汉以前，对人逝世后所穿戴的服饰有着严格的规定。古代称尸体服衣为小殓，称放尸入棺的仪式为大殓。关于小殓之时所用的袭服，《仪礼·士丧礼》记载："乃袭，三称。明衣不在算。"这里的"三称"，指的是爵弁服、皮弁服以及褖衣三套衣物，这还不包含"裸礼"后要穿的明衣，因此逝者下葬，至少要穿四套衣服。除层层包裹衣物之外，还需要给逝者塞耳、覆面、裹首、缚手、结趾以及套尸，完成这些步骤之后，外面再用衾来包裹；用绞结扎。如此层层包裹尸体，可以最大限度地避免遗体暴露在满是细菌的空气中。如长沙马王堆一号汉墓出土的辛追尸体，全身包裹各式各样的衣物约有二十层之多，从头到脚横系着九条丝带，脸上还覆着面罩。

为什么选择纺织品而非其他物品裹尸呢？这是因为细菌有需氧菌以及厌氧菌两种。为了抑制需氧菌，除了需要杀菌消毒，还必须将尸体严密地封存起来，防止接触空气。初入葬时，墓室内部环境无法防止腐败菌的生长和繁殖，但是因为随葬品中有大量的蛋、肉等，随着有机物逐渐氧化分解，墓室中的氧气很快就被消尽。而且由于内棺以

---

① 悦读坊主编《璀璨的古代科技》，湖北科学技术出版社，2015，第112~113页。

及墓室都是密封的，这样椁室中就形成了一种缺氧环境，使得需氧菌的生长和繁殖被抑制。但是除了需氧菌外，厌氧菌同样能够使尸体腐败。而选择以纺织品裹尸，是由于尸体中的蛋白质、脂肪和随葬的丝织品会分解产生有机酸，使得棺内的环境向酸性环境转变，最后使得厌氧菌失去活性。随着厌氧菌的消灭，尸体的腐败最终停止。[①]

（三）寒尸

古代还会采用"寒尸"的方法防腐。帝王死后用大盘盛冰处理尸体，周代规定用冰时间在仲春之后，秋凉而止。《礼记·王制》中规定："天子七日而殡，七月而葬；诸侯五日而殡，五月而葬；大夫、士、庶人三日而殡，三月而葬。"采用寒尸方法，应当是死后不会停尸很久，入殓当在五日以内。在春秋时期，国君、贵族逝世，招魂仪式举行完毕后，在摆放遗体供人瞻仰时，若恰逢夏季，则需要在尸体四周放置冰块，使温度降低，以防尸体迅速腐烂。《礼记·丧大记》载："君设大盘造冰焉，大夫设夷盘造冰焉，士并瓦盘，无冰。"《仪礼·士丧礼》载："士有冰，用夷盘可也。"冰有降温作用，有利于降低腐败菌的活性，延缓尸体的腐烂。[②]

对于在冬天逝世的人，人们将河湖里的冰凿成块状，再放在用稻草、泥封好的尸体下面以延缓尸体的腐烂；对于逝世于夏天的人，把冰放在一个大盆里，再把盆置于尸体下面，从而起到防腐的作用。

（四）以玉保存

在新石器时代，玉石就已经被人们认识以及利用；在商周时期，玉石器在实用、礼仪以及装饰等多方面都起着重要作用。在丧葬仪式中，玉也发挥着重要作用，例如放入逝者口中的玉琀、握在逝者手里的玉片以及盖在逝者脸上的绢帛面幕也缀有玉石片，还有圭璋等

---

① 悦读坊主编《璀璨的古代科技》，第113~114页。
② 刘春华、王志友：《从"以水银为百川江河大海"看我国东周秦汉时期墓葬之内的防腐措施》，《秦文化论丛》2001年。

礼玉。

古人有"金玉生寒"的观念，认为用金玉殓葬可以使尸身不坏。《周礼·春官宗伯》有"璧琮以敛尸"。《抱朴子·对俗》记载："金玉在九窍，则死人为之不朽。"《汉书·杨王孙传》中记载："口含玉石，欲化不得，郁为枯腊。"基于这些认识，也就有了玉棺和玉衣。目前可以见到的玉棺遗存，例如徐州狮子山出土的楚王刘戊墓，墓中的漆棺就镶嵌有三角形、菱形等图形的玉板。

春秋战国时期，在君主和高级贵族中间盛行死后以"缀玉面罩"以及"缀玉衣服"作为专门的殓服。一件完整的玉衣，包括头、手套、上衣、裤筒和鞋五个部分。根据墓主人身份、地位的高低，文献中记载的玉衣分为金缕、银缕以及铜缕三个级别。组成玉衣的这些玉片，有的表面平素，有的雕刻着柿蒂纹、云纹或蟠螭纹，同时还镶饰着金丝或者金叶。

玉石除了可以制作成玉衣之类的陪葬品外，还可被制成九窍塞。九窍塞是被用来填塞或者遮盖逝者的九个窍孔，这九个窍孔包括死者的眼、鼻、耳、口、肛、阴等，目的在于防止身体里的"精气"从九窍中"逃"出来，"死人为之不朽"。九窍塞中最重要的是含在死者口里的塞子，通常被称为琀。

（五）利用花椒等香料

先秦时期，香料就被涂抹在尸体上用来防腐。这一类香料，包括龙脑、花椒、安息香等，可以制作成香枕、香囊等物品。香料的益处在于，既可以使人体散发香气，同时还有防腐杀菌的功能。棺椁的四周通常用木炭以及沙石填塞，这使墓室和外界相隔绝，从而形成密闭空间。在这种密闭空间下，再用具有杀菌效用的药物和香料进行消毒，腐败菌就很难生存下去。除此之外，花椒等香料的气味有较强的挥发性，这种气味在一定程度上也会对棺椁内微生物的活动起到抑制作用。因此，这类香料在墓中被大量使用。当然，以香料来浸泡尸体或是置于尸体周围，除了有消毒作用之外，还有利于尸体的保存。在古墓中，也出现了存放薰香的香炉，证明古时候的人们已经注意到了薰香对于尸体具有防腐和杀毒的功效。北宋洪刍所撰《香谱》中对月支香有如下记载："天汉二年，月支国贡神香……后长安中大疫，宫人得疾，众使者请烧一枚以避疫气，帝然之。宫中病者差。"由此也可证明，古人以香料陪葬，不仅是为了保持尸体散香，更关键的是为了起到防虫、祛邪、去蠹等功效，以防止尸体的腐烂和霉变。

（六）使用优等木材以及多层棺椁

远在春秋之时，人们已经熟知木材的种类以及性质。因此，松、柏、楠、梓等木材很早就成为人们制作棺椁的选择，还规定了各身份和等级可以使用的木材种类。唐代孔颖达为《礼记》作注疏云："柏椁者，谓为椁用柏也。天子柏，诸侯松，大夫柏，士杂木也。"

除了尸体防腐措施之外，古人在棺椁制作上也采取了一些技术。《礼记·檀弓上》载："夫子制于中都，四寸之棺，五寸之椁，以斯知之，不欲速朽也。"制棺是为了使尸体保存得更好，因此材料和厚度都要为保存尸体服务。例如，1972年出土于长沙市东郊浏阳河旁的马王堆一号墓辛追尸体，辛追的尸体盛放在六层棺椁中，其中内三层是棺，外三层则是椁，棺椁板都是完整的。棺椁封闭得十分严密，里外两面都刷上了油漆，棺椁之间也有一种白膏泥固封。这种白膏泥有防水防潮的功能，在地下为尸体创造了一个恒温且恒湿的环境。

（七）高地埋葬

人们还会选取高地来埋葬尸体。一是为了选择"形胜吉地"，二是出于防止尸体腐烂的考虑。《吕氏春秋·孟冬纪》云："葬不可不藏也，葬浅则狐狸抇之，深则及于水泉。故凡葬必于高陵之上，以避狐狸之患、水泉之湿。"高地埋葬可以避免水湿、狐患，从而起到防止棺椁以及尸体过早腐烂的作用。

高地埋葬最早出现在战国时期。随着高地墓葬的发展，崖葬也开始出现，崖葬中最有代表性的，是四川、湖南等地区少数民族盛行的悬棺葬。悬棺葬通常葬在临江面水的悬崖绝壁之上，在悬崖上凿出多个孔钉，然后用木桩把棺木放置其上；或是将棺木一端放入崖穴之中，另一端则架在绝壁上所钉的木桩之上。人在悬崖之下，抬头可以看见棺木，北宋李昉所辑《太平御览》中对武夷山有如下描述："地仙之宅，半崖有悬棺数千。"悬棺也因此而得名。悬棺葬虽然存在工程艰险以及耗资巨大的弊端，但是由于可以最大限度地保护尸体，因此在贵族中间十分盛行。至今，崖葬依旧存在很多令人费解的问题：尸棺是如何"飞"到悬崖上？悬棺又是如何进行安葬？对此，目前存在以下几种说法。一是，在雨季时，人们趁着水位被抬高，用船载着棺椁运进提前布置好的洞穴中，待水位降低之后，棺椁就留在了悬崖之上。二是，参考古代东南亚地区安葬瓮棺的方法，人们借助绳索以及长梯等攀缘工具，将包裹好的尸骸、殉葬物品、板材以及制棺工具等一一运送至洞穴之中，最后现场完成制棺和入殓等仪式，现场安葬。三是，古人可以通过修建栈道或者升置悬棺等方式来安葬悬棺。不论古人是通过哪种方式来安葬悬棺，但无疑这种方式是成功的。至今，在四川地区，依然有许多悬棺高挂在悬崖峭壁之上，埋葬于此的逝者也得到了千年的安眠。

（八）深埋保尸

先人尤为重视尸体深埋，并且将厚实的土层视为最佳的庇护，所以古人的墓穴往往相当深大，而且要求不能泄出气息。有的墓穴深达数十米，而且墓室的四周填有 15~30 厘米厚的白膏泥，在白膏泥与椁室之间还有总计万余斤的木炭层，最上再用五花土夯实。处于这种环境下的墓室，才能有效地隔离外部的空气，不因气候的变化而受到影响，从而保持恒温，在数千年里维持稳定。正如前文中提到的，墓室内的氧气被随葬物品中的蛋、肉等有机物的氧化分解而消耗，使得需氧菌失去活性，又因为尸体及随葬丝织品等分解而产生有机酸，棺内的环境逐渐酸化，厌氧菌也失去活性，进而阻止尸体继续腐烂。

（九）水银防腐

《史记·秦始皇本纪》记载，秦始皇在修建骊山陵之时"以水银为百川江河大海"。秦始皇用水银造江河湖海，不仅仅是为了体现帝王坐拥山河的显赫地位，还因为汞气体可以使尸体以及随葬品维持长久不腐的状态。汞同时是一种含有剧毒的物质，如果大量吸入可致人死亡，如此还可起到毒杀盗墓者的作用。

第三章

殡葬制度

中国古代殡葬制度的起源可以追溯到先秦时代，但由于出土资料较少且文献记载不足，对商代之前的丧礼制度的考察实属困难。但经战国时期学者的整理，对周代的丧礼制度有了较详细的记载，如《仪礼》中有四篇专谈丧礼——《丧服》《士丧礼》《既夕礼》《士虞礼》，《周礼》和《礼记》中也有相关记载。然而，作为国家统一规制的系统殡葬祭祀礼仪，应该形成于秦汉时期，此后一直为历代王朝所沿用，只是随着时代发展，更加强化以社会等级、地位为核心的殡葬祭祀的社会功能。从国家层面而言，中国古代殡葬礼制是"早熟"的，是维护国家秩序的"法制"的延续。如《大唐开元礼》、宋《政和礼》、《明会典》以及司马光《书仪》、《朱子家礼》中记载的丧礼制度，都以此为范本并稍加变通。丧礼在古代为五礼之一，是与丧事有关的仪式礼节。《周礼·大宗伯》曰："以丧礼哀死亡。"古人极为看重丧礼，并形成了一套严格的丧礼制度。广大民众的殡葬活动，基本上是以不同时期社会主导文化为基础的殡葬礼制与地方民间葬俗相结合的形式进行。民间葬俗是由于各个地区社会发展进程不同、自然地理环境不同、生活内容不同、文化背景不同、宗教信仰不同，而各自形成的。儒家丧礼制度，基本上被后世沿袭，两千多年来一直指导着传统丧礼。

第一节　殉葬制度

从史前社会开始，殉葬这一野蛮的殡葬现象就已经出现。商代以后，高级贵族墓葬中存在大量奴隶或者战俘殉葬的行为，殉葬现象一直延续到明清时期。殉葬，亦称陪葬，是用牲畜、器物甚至活人陪同死者葬入墓穴的制度。

在史前社会，人们习惯于将喜爱之物与随身物品同死者一起埋葬。根据考古发现，早在新石器时代仰韶文化时期即已出现人祭。仰韶文化半坡遗址，在第 1 号房址西部的居住面下面，发现有一个带盖的粗陶罐，当为修建房子时有意埋入。在南壁下灰层中，发现一个人头骨，旁边还有一个破碎粗陶罐。这是目前所知我国最早的以人头骨奠基的人祭遗存。[①] 近年来，在陶寺、石峁等地也发现有人祭的遗址。石峁外城东门址周边共发现集中埋藏人头骨的遗迹 6 处，均位于早期地面之下或石墙墙体之下。河北邯郸涧沟的一座房基内发现人头骨 4 个，有砍伤与剥皮痕，显系死后又经剥皮的。这些人祭与城墙修建时的奠基或祭祀活动有关。

陶寺遗址中的人殉现象极少，石峁遗址中有人殉现象，部分贵族墓地大中型墓葬的棺外有殉人 1~2 人。山西清凉寺史前墓地中有人殉也是其墓葬的重要特点，其中西部和中部的墓葬殉人较普遍，而东部却有一些墓中不见殉人，由此可见殉人现象一度盛行，后来逐渐减

---

① 李健民：《略谈我国新石器时代的人祭遗存》，《中原文物》1981 年第 3 期。

少，直至消失。殉葬的人数一般为 1 人，少数为 2~3 人，个别有 4 人。殉人的年龄以 10 岁左右或 10 岁以下的小孩为主，只有少数青少年和成人。殉人的位置不固定，墓室的东、南、北三面及东南角和东北角等方位都有发现，但墓主人头部所在的西部和墓室中部均不埋殉人。殉人的入葬姿态各不相同，有的呈蹲踞式蜷缩在一角，有的呈俯身式横置在墓葬一端，也有的垂首下跪，还有的将死后的儿童的骨骼叠置于墓葬的一边或一角，极少数呈不规则状弃置于墓室内。[①] 史前社会晚期，人殉现象的出现与社会发展以及等级制度的确立有紧密联系。

以人殉葬，是早期社会一种野蛮的丧葬形式。从人殉数量来看，少则几十人，多则上千人。人祭，则是用活人做牺牲以祭祀神灵、祖先，亦称人牲。人殉与人祭，殷、周君王死后就很盛行，人殉与人祭有所不同。人祭的对象多为俘虏、"仇人"，用以供神灵食用，而人殉则是侍卫、妻妾、奴仆、近亲、近臣等亲近故旧，供主人役使。他们按照其生前地位、职业的不同被埋葬于主人墓中的不同位置。在殉葬者中，妇女占多数。据记载，西周末代君主周幽王的坟墓，覆盖着一丈多厚石垩、一尺多深云母，挖开时为幽王生殉的妃妾"见百余尸，纵横相枕藉"，"或坐或卧，亦犹有立者，衣服形色不异生人"。[②]

商代，为中国古代人殉、人祭最为盛行的时期。从盘庚迁殷到帝辛亡国的八世十二王，即整个商代后期，按目前掌握的甲骨资料，共用人牲 13000 余人，这还不包括 1000 余条未记人数的有关人牲的卜辞，但仅此就足以证明商代人牲是多么盛行。[③] 由甲骨卜辞可知，商王祭祀所用人牲的来源以羌人最多。羌人经常与商王朝发生战争，大量的羌人在战争中被商人俘获，其中的一部分便成了祭祀的牺牲品。

① 薛新明、杨林中：《山西芮城清凉寺史前墓地》，《考古学报》2011 年第 4 期。
② 刘歆：《西京杂记》卷 6《广川王发古冢·幽王冢》，中华书局，1985，第 42 页。
③ 胡厚宣：《中国奴隶社会的人殉和人祭》，《文物》1974 年第 8 期。

以人为牺牲的献祭方法至少有十多种，如俎、伐、沈等。所谓俎，是指用全人做牺牲。伐，甲骨文中凡是被砍头的人牲都叫作伐，包括用作祭祀牺牲品的俘虏。沈，是指在祭河神时将牲畜或人投入水中的献祭活动，其主要目的是向河神祈福，防止水患。其他还有诸如火烧、风干等用牲方法。① 甲骨文所见仅反映了商代后期人牲的一部分情况。

据甲骨卜辞，以武丁时期人牲的数量最多，祭祀的次数也极多，随后至帝乙、帝辛时期数量大大减少。人牲以俘虏为主，商代早、中期的人殉较人牲少，到后期却愈发增加，可能是奴隶制逐渐发展的原因，奴仆为主人殉死已成为当时的习惯。到商代后期，人祭和人殉已成为一种制度，"国之大事，在祀与戎"，祭祀已成为整个国家大事中最重要的组成部分。周朝也实行殉葬制度。按《西京杂记》所说，周幽王的墓中有百余具女性尸体，应为从死殉葬的后妃、宫女。

春秋战国时期，人殉现象仍然存在。《史记·秦本纪》记载，秦武公死时，"初以人从死，从死者六十六人"。秦穆公死后"从死者百七十七人"。据《吴越春秋》，阖闾在阊门外为自杀的女儿大造坟墓，"凿地为池，积土为山"，送葬时竟下令将跟随观看舞鹤的人们埋进坟墓，为女儿殉葬。但此时旧有制度濒于崩溃，人殉的做法开始引起非议。国人作《黄鸟》诗以表示对暴君的不满及对死者的哀悼。《墨子·节葬下》曰："天子杀殉，众者数百，寡者数十；将军大夫杀殉，众者数十，寡者数人。舆马女乐皆具……此为辍民之事，靡民之财，不可胜计也。"《荀子·礼论》中对杀殉也极为不满，认为"刻死而附生谓之墨，刻生而附死谓之惑，杀生而送死谓之贼！"在各诸侯国，以妇女为墓主婢妾生殉的恶俗也逐渐被摒弃，人殉已基本上改为以木制或泥制人形俑殉葬。秦国更是在献公元年（前384）正式下令废止人殉。

---

① 姚孝遂：《商代的俘虏》，《古文字研究》第 1 辑，中华书局，1979。

秦汉时期，殉葬制度并没有得到根本废除。据记载，秦始皇死后，秦二世下令"先帝后宫非有子者，出焉不宜"，皆令从死，成为秦王嬴政的殉葬品。自汉代以后，少有人殉现象，但仍有帝王以活人殉葬的个例。

辽夏金元时期，人殉之风再次兴起。辽太祖耶律阿保机死后，述律平要求100多名大臣殉葬。据宋代徐梦莘《三朝北盟会编》，金代女真贵族下葬风俗是"死者，埋之而无棺椁。贵者生焚所宠奴婢、所乘鞍马以殉之"，盛行殉葬恶俗。据何建民《中国殉葬史》，成吉思汗下葬时以40名贵族女子殉葬。据《马可·波罗游记》，成吉思汗的孙子蒙兀死时，沿途杀了2万人殉葬。

明代前期，人殉之风死灰复燃。皇帝晏驾，以宫妃殉葬。朱元璋死后，有46名妃嫔、宫女殉葬。建文、永乐年间，对这些殉葬者的家属"相继优恤"，如"张凤、李衡、赵福、张璧、汪宾诸家，皆自锦衣卫所试百户、散骑带刀舍人进千百户，带俸世袭"，人称之为"太祖朝天女户"。此后，"历成祖，仁、宣二宗亦皆用殉"。[1] 明成祖"长陵十六妃俱从葬"。为仁宗殉葬的嫔妃有5人，她们是郭氏、王氏、王氏、谭氏、黄氏。其中郭、王二妃"有所出，在例不当殉"，但也未能幸免。为宣宗殉葬的嫔妃、宫女有10人，她们是何氏、赵氏、吴氏、焦氏、曹氏、徐氏、袁氏、诸氏、李氏、何氏。[2] 正统元年八月，在追赠何氏等10人为妃的册文中说："兹委身而蹈义，随龙驭以上宾，宜荐徽称，用彰节行。"

不仅皇帝死后以宫妃殉葬，诸王也沿此制。景帝朱祁钰，死时已被废为郕王，以王礼葬西山，犹用殉，"盖当时王府皆然"。[3] 据《明

---

① 《明史》卷113《后妃传》，中华书局，1974，第3515页。

② 《明英宗实录》卷3，宣德十年三月庚子，台北：中研院历史语言研究所，1962，第79页。

③ 《明史》卷113《后妃传》，第3515页。

史·诸王传》，在天顺八年英宗朱祁镇废止宫妃殉葬之前，的确如此。勋戚大臣死后，也有妻妾殉葬的。如宣德九年武安侯郑享死，妾张氏自缢以殉，赠"淑人"。

明代废止妃嫔殉葬，始于英宗。天顺八年，英宗朱祁镇去世前一天，召皇太子朱见深及太监牛玉、傅恭等人至榻前，谕以"殉葬非古礼，仁者所不忍。众妃不要殉葬"。① 英宗遗诏在丧葬史上意义很大，正如《明史》所称，此"盛德之事可法后世者矣"。② 从此以后，妃嫔获免从死，得以终其天年。

英宗之后，废止宫妃殉葬的遗诏遂为定制。此后，宫廷再未发生宫妃殉葬的现象。外藩王府，有人企图用人殉，但也不敢擅自而行。成化十年，辽王豪壆奏："嫡长子恩鏋病故，其继妃冯氏、妾曹氏俱无所出，宜令殉葬。"宪宗不准，批曰："先帝上宾，顾命毋令后宫殉葬，可以为万世法，况王府前此未尝有用殉者。今辽王葬其子，乃欲以其妇殉之，何其戾耶！礼部其移文所司，启王勿用，迁其妇别室，毋令失所。"③ 但也没有完全杜绝。成化二十二年，宁河康僖王死，宫人王氏、杨氏、张氏、段氏自经殉葬，赠"夫人"。

清朝入关前，人殉之风盛行。主死奴仆殉，夫死妻妾殉，习以为常。《宁古塔志》记载这一习俗时说："男子死，必有一妾殉。当殉者即于生前定之，不容辞，不容僭也。当殉不哭，艳妆而坐于炕上，主妇率其下拜而享之。及时，以弓弦扣环而殒。倘不肯殉，则群起而扼之死矣。"④ 1616年努尔哈赤称汗建立"大金"政权以后，仍然沿用这种陋习，如努尔哈赤死后，大妃阿巴亥和二庶妃阿吉根、代因扎为其殉葬。《清太祖实录》卷4载，太祖遗命以大妃为

① 《明英宗实录》卷361，天顺八年正月己巳，第7172页。
② 《明史》卷12《英宗后纪》，第160页。
③ 《明宪宗宝训》卷2《明礼》，台北：中研院历史语言研究所校印本，第98页。
④ 《昭代丛书·丙集》卷26，上海古籍出版社，1990，第82页。

殉。太祖死后，"诸王以帝遗言告之，后支吾不从。诸王曰：'先帝有命，虽欲不从不可得也。'后遂服礼衣，尽以珠宝饰之，哀谓诸王曰：'吾十二岁事先帝，丰衣美食，已二十六年。吾不忍离，故相从于地下。'"

　　因为殉葬者为威逼而死，所以，如果妻妾不止一人，选定谁人殉葬，势必会发生纠纷，甚至会引发政治势力之间的斗争。天聪八年的《殉葬例》，大概就是针对这一问题而颁布的。该条例说："妇人有欲殉其夫者，平居夫妇相得，夫死，许其妻殉，仍行旌表。若相得之妻不殉，而强逼侍妾殉者，其妻论死。其不相得之妻及滕妾，俱不许殉。违律自殉者，弃其尸，仍令其家赔妇人一口入官。有首告者，将首告之人准离本主，夫族兄弟各坐以应得之罪。"[1] 这显然是为人殉大开绿灯。也有怀恩自愿殉葬者，他们及其后代往往会受到褒奖和优恤。如太宗皇太极死后，牛禄章京敦达里、安达里二人，"以幼蒙恩养，不忍永离，遂以身殉。诸王贝勒甚义之"，分别赠甲喇章京和梅勒章京，"子孙永免徭役。倘干犯重典，应赦者，即与开释。不应赦者减等，官爵世袭勿替"。[2]

　　不仅努尔哈赤、皇太极死后有人殉葬，皇后、亲王、贝勒、郡王等死后也行人殉。早在努尔哈赤称汗之前，其福晋（后追谥高皇后）叶赫那拉氏死后，努尔哈赤即令四奴婢殉葬。顺治十七年，顺治帝的宠妃董鄂妃死后，殉葬人更多。据顺治帝御制《董后行状》，宫女"直欲身殉者数人"。而德人魏特《汤若望传》则说："太监与宫中女官一共三十名悉行赐死，免得皇妃在其他世界中缺乏服侍者。"[3]

　　这种由关外带来的人殉风气，直到康熙年间才逐渐被禁止。康熙

---

①　《清太宗实录》卷17，天聪八年二月壬戌，中华书局，1985，第229页。
②　《清世祖实录》卷1，崇德八年八月辛未，中华书局，1985，第28页。
③　魏特：《汤若望传》，杨丙辰译，台北：台湾商务印书馆，1960，第323页。

十二年，礼科给事中朱裴疏请申禁殉葬："泥信幽明，未有如此之甚者。夫以主命责问奴仆，或畏威而不敢不从，或怀德而不忍不从，二者俱不可为训。好生恶死，人之常情。捐躯轻生，非盛世所宜有。"①康熙皇帝准奏。但也仅"禁止八旗包衣佐领下奴仆随主殉葬"，对宫廷皇室仍未言及。不过，从此以后人殉现象大大减少。

第二节　丧服制度

丧服制度是居丧期间为死去的亲属在一定时间内服丧的一种制度，表达居丧者失去亲人的悲痛心情和对死者的悼念，即"饰情之表章"，同时也可显示死者与亲属之间的远近和尊卑关系。许多民俗学家认为，丧服的最初意义在于表示某种禁忌，是为哀悼死者而穿戴的衣帽、服饰等。中国自周代以来并经历朝历代增删完善，随着伦理观念的进步、丧服意义的演变，按服丧轻重、周期长短，依据生者与死者的亲疏关系，制定了一套严格的规范亲属服丧期间或重或轻、或长或短、或繁或简的丧服制度。

一　丧服制度的主要内容

（一）丧服和丧服制度的起源

《尚书》最早记载"丧服"一词，《尚书·康王之诰》记载康王"释冕，反（返）丧服"，依照礼制为成王服丧。从文献记载来看，丧服至少在西周时期就已出现了。中国传统的丧服一般为"素服"，有如下几层含义。其一，表达对祖先的崇敬。《史记·礼书第一》云："天地者，生之本也；先祖者，类之本也；君师者，治之本也。无天地恶生？无先祖恶出？无君师恶治？三者偏亡，则无安人。故礼，上

---

① 《清史稿》卷264《朱裴传》，中华书局，1977，第9926页。

事天，下事地，尊先祖而隆君师，是礼之三本也。""尊先祖"，乃"礼之三本"之一。若穿着华丽，是对祖先的不敬，因此丧服用素色以表达对祖先的尊敬。其二，展示虔诚。古人将丧服等级和原料的粗糙程度相匹配。古人最早用麻制作服装，清麻脱胶以及丝帛经炼漂，都会呈现素色，素色是最朴素的颜色。《史记·乐书第二》云："穷本知变，乐之情也；著诚去伪，礼之经也。""君子不以绀緅饰，红紫不以为亵服。"以麻本色为丧服颜色，符合礼之本遵循的"著诚去伪"原则。《仪礼·丧服》曰："丧服，斩衰裳，苴绖杖"；"大功，布衰裳，牡麻绖缨，布带，三月，受以小功衰，即葛"；"小功，布衰裳，澡麻带绖，五月者"；"缌麻，三月者"。在丧服原料的选择上，古人认为应该原始、自然、质朴。服丧中最重的斩衰，原料上仅用生麻布。

中国古代殡葬礼制是"早熟"的，是维护国家秩序的"法制"的延续。唐贾公彦《仪礼》疏曰："黄帝之时，朴略尚质，行心丧之礼，终身不变……唐虞之日，淳朴渐亏，虽行心丧，更以三年为限……三王以降，浇为渐起，故制丧服，以表哀情。"丧服制度的形成远在三王以降的时期，并且经历了漫长的演变。

西周的丧服制度是在殷人原有制度的基础上进一步发展而来的，在别亲疏、分嫡庶以及强调等级方面做出了相应的调整，使其与森严的宗法制度相吻合。春秋以后，各诸侯国的丧服制度虽不尽相同，但整体朝更细密、完整的方向发展，与宗法制度的关系也更加密切。春秋时有许多关于丧服制度的记载，《左传·襄公十七年》记载了晏婴为父服丧："齐晏桓子卒。晏婴粗缞斩，苴绖带，杖，菅屦，食鬻，居倚庐，寝苫，枕草。"《论语·阳货》记载了孔子与宰我关于父母之丧的问答，孔子曰："三年之丧，天下之通丧也。"丧期，也与后世相同。先秦的丧服制度经儒家整理，可详见于《仪礼·丧服》，为后世所推崇。汉武帝推行"独尊儒术"，在政治力量的推动下，儒家提倡的丧服制度得到了社会的普遍认可，后世历代王朝也将此列入法典。虽随着时代变迁稍有修整，但总体的内容和精神始终未变，丧服制度植根于民间，成为传统伦理的重要表现形式，深刻影响了古代的社会生活。

（二）丧服等级的划分

《仪礼·丧服》依据与死者关系的亲疏远近，由重至轻，将丧服分为斩衰、齐衰、大功、小功、缌麻五等，称为五服，每种服制都有特定的服饰、时间以及行为限制。丧服由麻布制成，不同等级的丧服使用的麻布不一样，用丧服的质料来标识和丧者的远近亲疏关系。斩衰，用于重丧，这是五服中最重也是等级最高的丧服。一般用最粗的生麻布制作，不缉边缝，出殡时披在胸前，男子还须加用丧髻（丧带），俗称披麻戴孝，以示丧者是最亲近的人。齐衰，等级仅次于斩衰，用四升粗麻布制成，缝衣边。大功，是次于齐衰的丧服，布衰裳，用八升或九升的粗熟麻布制成。小功，亦称"上红"，次于大功，用十一升稍粗熟麻布制成。缌麻，是最轻的一种丧服，采用细熟麻布制成，又以麻为经带，故名缌麻。也就是说，穿得越差、做工越粗糙，和死者的关系越近。

除此之外，与丧者关系的亲疏远近不同，为丧者服丧的时间也不尽相同。其中，服斩衰者，"至亲以期断"，即以年为期来计算服丧时间。"期"是一年的周期，天地万物已经度过一个完整的循环期，生于天地万物的人也应该配合自然界的循环规则。所以，对至亲的哀思，应以期年为限，这种礼仪内顺人情，外合自然。服斩衰之丧者多是儿子为父服丧，臣为天子服丧，妻、妾为夫君服丧，上述服期多为三年。儒家认为，孩子经三年才能离开父母的怀抱，所以应服三年之丧。至亲本应以期断，然而为加隆父母恩，于是再期而行大祥之祭，二十五个月禫祭除服。因为二十五个月已经跨入第三年，因此号称三年之丧，代表三年一闰，表示天道小成。对于死者，亲人能有长期的悼念，是一个圆满的结束。对于生者，可以有一个完整的思慕尽哀的过程，然后再重新回到社会，心理上更加能够接受。

当然，亲属间的关系，不能统一以期年之丧为准则，恩情较浅的就比照准则适当降低等级。因此，在期年以外，还有不同的服丧期限。齐衰者，服丧期分为四等：一等服丧期三年，若父亲死，儿子需为母服丧三年，继母及慈母服丧时间相同，母亲需为长子服丧三年；二等服丧期一年，父亲尚在，子为母服丧一年；妻死，丈夫为妻子服丧一年，又称"杖期"；三等服丧期五个月，为曾祖父母、伯叔、兄弟，已嫁女子为父母，亦称"不杖期"；四等服期三个月，为高祖父母，为继父不同居者。大功者，服丧期分为九个月、七个月，因为男未成年或女未出嫁而死称为殇死，本应服斩、齐之服，降在大功，又名殇服。为此服丧者主要是：父亲为长殇、中殇的儿子或未出嫁的女儿，大夫为长殇、中殇的嫡子，为长殇、中殇的叔父，等等。小功者，服期五个月、三个月，为此服丧者主要是：为子女之下殇，为叔父之下殇，为嫡孙之下殇，等等。缌麻者，服期三个月即可除之，服此丧者包括为族曾祖父母、族曾父母、族父母、族昆弟、贵臣、贵妾、乳母、曾孙、舅等。以一季三个月为丧期的最低等级，代表着哀情的最低周期。也就是说，穿丧服的时间越长，和死者的关系越近。

服丧期限的细化，是为了适应日益复杂的社会关系。丧服制度不仅仅是社会礼俗的表现，就其内涵而言，也可以由此区分各成员在家族中的位置，可以促进个人对家族的向心力。也就是说，五服之内是一家人，每个个人不是独自的个体存在。同等级的丧服之中又有不同程度的差异性，加上各成员之间的相对关系非常复杂，于是在五服之外又有加服、降服，使得丧服制度更加精密化。

（三）五服制度的演变

五服制度由丧服制度演变而来。五服原义为五种孝服，《仪礼·丧服》对各种丧葬服制有明确记载，并为历代奉行。五服也可以指代五辈人，"五服之内为亲"，逢婚丧嫁娶诸事，参加的也多为五服之内的亲属。

在古代，同父同母为一服，即"同胞"，同父却不同母乃二服，同祖父为三服，同曾祖父为四服，同高祖父为五服。现代社会实行一夫一妻制，若无父亲离婚或者丧偶后再婚，一、二服间的区别可忽略不计。在古代五服制度中，祖父往上，对妻妾的子女不再分别。长辈和晚辈之间也有相对应的称呼，往上依次是父、祖、曾祖、高祖、天祖、烈祖、太祖、远祖、鼻祖。后代称呼依次为子、孙、曾孙、玄孙、来孙、晜孙等。

出五服，不必服丧，可通婚。古代出五服，服丧方式为更轻的"袒免"。袒，是袒露左肩；免，指不戴冠，用布带缚髻。古时，逢友人逝世，在灵堂吊唁或殡葬时需要披麻；若在他乡，袒免即可。

五服制度有如下几个特点。第一，男女有别。若夫死，妻子需要居丧三年，反之，丈夫仅为妻子服丧期年。明代以前，若父亲还在，子为母居丧仅为齐衰而非斩衰。第二，嫡庶之分。庶子需要为嫡母居丧三年（明代后，庶子为生母也需服丧三年），但是嫡子不需要为庶母服丧，后来改为期年丧。服丧礼仪中，长子长孙起到关键作用，例如"承重孙"，即若嫡长子逝世，则由嫡长孙担负丧祭重任。进一步还有"承重曾孙"，承重孙、承重曾孙名字在讣闻中居首位。第三，血统亲疏和等级观念。《尔雅·释亲》曰："族父之子相谓为族晜弟，族晜弟之子相谓为亲同姓。"五服之外只是同姓之亲。

二　丧服制度的原则

丧服制度以逝者为中心，将周围的族人相互联系，按照血缘关系的远近加以区分，并规划处理各类亲人的关系。在精神上，丧服制度的制定把握人文意识的觉醒，注重亲亲、尊尊思想的延伸。在丧事发生时，亲人按照亲疏穿戴不同的丧服表达内心的哀痛，以此来显示整个家族的和睦，表示家族内成员之间血脉相连。其目的在于增强家族的凝聚力和向心力，巩固家族的社会基础。

丧服制度遵循的基本原则是：亲亲，尊尊，名分，出入，长幼，从服。儒家认为，服丧的根本原则及理论基础在于区分贵贱亲疏。《礼记·丧服小记》记载："亲亲，尊尊，长长，男女之有别，人道之大者也。"服丧有六个原则，《礼记·大传》曰："服术有六：一曰亲亲，二曰尊尊，三曰名，四曰出入，五曰长幼，六曰从服。"丧服制度中的五服轻重之分，就是依据这一原则确定的。所谓"亲亲"，就是以血缘关系的远近作为服丧轻重的标准而制定出来的一个服丧原则。《礼记·丧服四制》曰："其恩厚者，其服重，故为父斩衰三年，以恩制者也。门内之治，恩掩义；门外之治，义断恩。"《礼记·大传》说："自仁率亲，等而上之至于祖。自义率祖，顺而下之至于祢。是故人道亲亲也。"又说："四世而缌，服之穷也。五世祖免，杀同姓也。六世，亲属竭矣。"《礼记·丧服小记》载："亲亲以三为五，以五为九，上杀、下杀、旁杀，而亲毕矣。"《礼记·服问》引《传》云："罪多而刑五，丧多而服五，上附、下附，列也。"从中可以看出，儒家丧服制度中的五服轻重之分，主要是依据血缘关系中的远近而确定的。所谓"尊尊"，就是以身份地位的尊卑高下作为标准而确定丧服轻重的一个服丧原则。《礼记·丧服四制》曰："资于事父以事君，而敬同。贵贵尊尊，义之大者也。故为君亦斩衰三年，以义制者也。"《荀子·礼论》说："君之丧，所以取三年，何也？曰：君者，治辨之主也，文理之原也，情貌之尽也，相率而致隆之，不亦可乎？《诗》云：'恺悌君子，民之父母。'彼君子者，固有为民父母之说焉。父能生之，不能养之；母能食之，不能教诲之。君者，已能食之矣，又善教诲之者也，三年毕矣哉。"认为君者兼父母之恩，以三年报之，犹未毕也。从这些理论可以看出，在儒家的伦理观念里，至少是把君臣和父子相提并论并予以高度的重视。这也是孟子所说的：

"内则父子，外则君臣，人之大伦也。"所谓"名"，就是指名分。郑康成注云："名，世母、叔母之属也。"孔颖达疏曰："名者，若伯叔母及子妇并弟妇、兄嫂之属也。"可见，名服是妇人之服。"凡人者，始名为妇。"《说文·女部》释妇为"服也"。《礼记·郊特牲》说："妇人，从人者也。幼从父兄，嫁从夫，夫死从子。"所谓"出入"，就是根据宗族的归属而确定丧服轻重的一个原则。郑康成在注《礼记·大传》时举例说："女子子嫁者，及在室者。"孔颖达疏曰："出入者，若女子子在室为入，适人为出，及出继为人后者也。"所谓"长幼"，是指以年龄大小作为服丧轻重的一个原则。郑康成注说："即成人及殇也。"孔颖达疏："长谓成人，幼谓诸殇。"如子、女子子之成人者，父母为之服斩衰（嫡长子）或齐衰期（众子）；如子、女子子尚未成人，则依次降为大功九月、七月及小功五月。这个原则见于《仪礼·丧服》篇的较多，如《丧服经》曰："大功布衰裳，牡麻绖，无受者：子、女子子之长殇、中殇。"《丧服传》解释说："何以大功也？未成年人也。何以无受也？丧成人者，其文缛。丧未成人者，其文不缛。故殇之，盖未成人也。年十九至十六，为长殇；十五至十二，为中殇；十一至八岁，为下殇。不满八岁以下，皆为无服之殇。无服之殇，以日易月。以日易月之殇，殇而无服。故子生三月，则父名之，死则哭之。未名则不哭也。"又《丧服经》规定"从父昆弟之子之长殇、昆弟之孙之长殇"为缌麻，《丧服传》说："何以缌也？以为相与同室，则生缌之亲焉。长殇、中殇降一等，下殇降二等。齐衰之殇中从上，大功之殇中从下。"从这些记载可以看出，此一原则也同样贯穿着儒家为人伦所定的亲疏尊卑秩序，反映了当时社会父系大家庭内部等级森严的关系。所谓"从服"，就是指随从某一种关系人之服而确定的一个服丧原则。郑康成注说："从服，若夫为妻之父母，妻为夫之党服。"《礼记·大传》说："从服有六：有属从，有徒从，有从有服而无服，有从无服而有服，有从重而轻，有从轻而重。"据此，可知从服共有六种情形。此外，在丧服之中，又因取义的不同而确立了正服、义服、降服、从服、报服、名服、加服、生服等不同名目的丧服类型，此不赘述。

通过对逝者丧服制度的规定，让生者深切体会到何谓生命的分离，由晦暗粗恶的苴杖衰麻的配饰，感受何谓情感的悲哀。死亡是人所体验到的成长经历。这种居丧的体验，让人理解人也是天地间的生命存在，只是人可以通过死亡的教化明白自身的有限性与内心的永恒性，并经由别人的死亡，领悟到人生的价值意义。

三　丧服制度的演变

古代的丧服制度起源于西周，完善于春秋战国时期，在汉代时制度化，并与封建制、宗法制相互配合。汉代丧服依《仪礼·丧服》所载五服之制，包括斩衰、齐衰、大功、小功、缌麻五等。但是汉代对丧葬服饰要求做出了细微的改变。如汉文帝遗诏服丧哭祭的都不必打赤脚，这是对传统丧服的一项重大改变。此外，先秦的丧服中只有冠，并没有帻，自汉代以后，帻逐渐成为丧服的重要组成部分。另外，服丧的范围也突破了血缘关系，出现了弟子为师穿戴丧服的现象。儒家学说在汉代盛行，尊师重道之风渐涨，遂出现服师丧的现象。

魏晋南北朝时期的丧服制度沿袭了两汉习惯，但这一时期朝代更迭频繁，且两汉时期的丧服文化并不是强制性的制度，这就为魏晋南北朝这个特殊时代的丧服制度变革提供了空间。此时期丧服制度的最大变化是：中央集权制的进一步发展，促成了服叙制度的进一步明密化，即正服、降服、义服的划分更加明晰。正服指的是为本宗亲属即五服之内的亲属所服的服丧制度，譬如为母齐衰三年，为祖父母、世叔父母、昆弟服齐衰不杖期等就是正服。降服指的是因为自己的身份、爵位或者父祖地位的影响，从而从高等服叙降至低等服叙的丧服服制，如公子为其母服丧，公子为诸侯庶出的儿子、为庶妻是无服的，但是母亲是其亲生的母亲，不服又不通情达理，所以只能在正服之外寻找其他服制，即所谓降服。这其实是服制原则中"尊尊"对于"亲亲"原则压制的体现，也是社会等级和宗法血缘等级森严的体现。义服指的是因一定的政治或者社会关系，或者间接的亲属关系为五服之外的人服丧的服丧制度。最明显的就是朋友之间吊唁的服制，仅在为朋友吊唁的时候穿，吊唁完毕就脱下了。再比如庶人为国君、妻子为夫的祖父母等都是义服。在丧期方面，此时最突出的是对"丧毕除服"和"三年之丧"的争执。如三国时期由于军事原因和政权上对峙的客观需求，采取了"葬毕除服"的居丧制度，但是西晋武帝司马炎和北魏孝文帝则对三年之丧极力提倡并进行恢复。其次就是扩大了三年"心丧"的范围，使心丧成为补充完备古礼的一个重要组成部分。关于师丧，至晋定新礼，从挚虞之议，于是无服之制相沿至今。总体来说，正服、降服和义服的服叙细化是中央集权制度进一步发展，社会等级进一步细分的结果。服叙制度的细分既包含社会政治等级和宗法血缘等级，又包含着人的情感诉求，为后世居丧服制提供了基本的模式。

隋唐结束了魏晋南北朝近四百年的战乱，进入全国统一时期。随着时代的发展和社会的变化，前期的五服制度，部分内容已经不适，有唐一代，对丧服制度进行了修订。主要的改革有四次：贞观改制，显庆改制，武后改制，开元定礼。贞观改制主要包括以下几点：曾祖父母旧服齐衰三月改为五月；叔嫂互服及弟妻、夫兄服小功五月；将舅服与姨服同等。显庆改制的丧服制度调整涉及了为庶母、继母等服丧问题，调整子为八母（即慈母、嫡母、继母、养母、出母、嫁母、乳母、庶母）服丧的标准，至此，诸母之服有了相对统一的标准。武后改制对长期以来男尊女卑、夫为妻纲的宗法体系提出挑战，改革为母服丧的制度，父在也要为母服齐衰三年，以此彰显母子亲情及家庭孝道，提升女性地位。开元定礼主要是针对武后时期丧服礼制的复杂状况，百官对贞观、上元年间的服制改变也议论纷纷。此时人们有两种看法：一种反对改革古礼，维护长幼有序的宗法制度与男尊女卑的纲常伦理；另一种则赞成武后的改革。最终，开元二十年（732）萧嵩修撰《大唐开元礼》时，又将上元年间"父在为母服齐衰三年"的条款写入其中，颁行天下，逐渐形成定制。经过太宗朝以来的数次改革，唐代丧服制形式上日趋完备，内容上相对缜密，利用五服制度规范地位尊卑关系、划分亲疏远近的等级制度完全确立，尤其是开元年间颁行的《大唐开元礼》，对后世丧葬礼制的规范起到了重要作用。

宋代时五服制度的变革主要表现在两方面：一是服丧时间大幅度减少，"以日易月"，宋代的除服礼在死者去世二十日就举行；二是对丧服的简化。司马光和朱熹两人在制定丧礼时，第一，以"生布""生绢""极粗""稍粗"等材料替代过去制作极细的熟布；第二，齐衰以下一般不用衰服；第三，对丧冠、受服等的布料质地等进行简化。同时强调礼仪规格可以就低不就高。

元代的丧服制度主要在汉人群体中流行，依然有"亲者三年之丧"的习俗，如"斩衰三年，子为父、妇为夫之父之类"，"齐衰三年，子为母、妇为夫之母之类"。在丧服方面，基本沿袭赵宋服制。蒙古人、色目人在殡葬方面依然实行本族的礼俗。

明清丧服服饰，受《朱子家礼》影响很大。在继承明制的基础上，清朝服制最大的变化就是增加了兼祧之服。兼祧的目的是承继香火，实际上允许一夫多妻制的合法存在，即独子同时继承两家宗祧的习俗。兼祧人不脱离原来家庭的裔系，兼做所继承家庭的嗣子。清俞樾《俞楼杂纂·丧服私论·论独子兼祧之服》："一子两祧，为乾隆间特制之条，所谓礼以义起也。道光间议定服制，大宗子兼祧小宗，则为所生父母斩衰三年，而为兼祧父母齐衰不杖期。"这是具有清朝特色的服制，可以说，清朝是中国古代唯一承认兼祧合法的朝代。到近现代，只有香港还因沿袭旧律，兼祧婚制度曾长期存在。这种规定，于1970年7月10日香港颁布的《婚姻制度改革条例》中才予以废除，规定：自1971年10月7日以后，"任何人均不得缔结兼祧婚姻"，但此前已建立的兼祧婚姻，及双方所生儿女，其地位以及合法权益都受到保护。

第三节　居丧制度

居丧，或称丁忧，或称守丧、值丧，以示对死者的怀念和哀悼而为其服丧的一种习俗。居丧来源于史前时期灵魂不灭的观念。随着历史的发展，居丧习俗中的有关禁忌也越来越多，饮食、服饰等生活起居方面的内容被人们列入禁忌中。在春秋战国以前，居丧的时间并没有明确的规定，因人、因时、因地、因财力而异。大约到春秋战国时期，儒家从统治阶级的利益出发，以礼制和道德制定了等级化的居丧制度。此后，居丧制度成为中国古代丧葬制度中的一项重要内容，影响中国社会达数千年之久。

一　居丧制度的内容

居丧制度是中国古代丧葬制度的重要内容，反映了人们的宗教理念和伦理思想。从《礼记》《仪礼》等历史文献资料来看，居丧制度可分为饮食、居住、哭泣、容体、言语、沐浴与作乐等六大类。

第一，饮食。居丧开始后，三天不能进食，三天以后，早晚只能吃一溢米制成的粥。具体要求为："斩衰，三日不食；齐衰，二日不食；大功，三不食；小功、缌麻，再不食；士与敛焉，则一不食。故父母之丧，既殡食粥，朝一溢米，莫一溢米；齐衰之丧，疏食水饮，不食菜果；大功之丧，不食醯酱；小功、缌麻，不饮醴酒。此哀之发于饮食者也。"三日而殓，既殡、成服后可食用较少分量的粥。齐衰以下，由粥改为"疏食水饮"，然后逐渐增加。但特殊情况下可以通融，据《礼记·杂记下》、《礼记·丧大记》和《礼记·曲礼上》，居丧期间如有君命或他人馈赠酒肉，为了表示尊敬，可以接受馈赠食品，但酒必须推辞。如果亲属有病或者年纪大无法完成服丧之事，可以饮酒食肉，以完成丧事。

第二，居住。父母未葬之时，遗体安放于正堂，孝子则居住于正堂外草棚内，不得用席，仅以茅草为垫，土块为枕，经带也不可以解开，以表达对逝世亲人沉痛的哀悼之情。丧者的其他亲属可以住在庐舍内。下葬后，服齐衰之丧，则可以住在未加涂饰的垩室，可以将庐屋草墙涂上泥土，但不能在明处涂，睡在齐边但没有扎缘的席子上；而君、大夫、士的庐屋可以用布遮住。大祥之后，服丧者可由垩室移居正屋，但仍然不能用床铺。服大功之丧可用席子；服小功、缌麻之丧可用寝室的床席。

第三，哭泣。在居丧期间，哭泣之礼有严格的规定。从斩衰之丧、齐衰之丧至大功、小功、缌麻之丧，随着哀悼之情的逐渐缓和，哭泣的程度减轻。《仪礼·丧服》记载，既虞期间，早晚各哭一次；既练时，哭没有严格的时间限定。《礼记·丧大记》也记载，祥时在门外可以大哭，至于室内可随时哭。《礼记·丧大记》《礼记·杂记下》还对哭泣的仪式等做了明确规定。如在招魂仪式上要哭；人刚死时，先由丧主哭，接着兄弟哭，然后才让妇人跟着哭；如大夫亲自来吊祭，则身为士的丧主要跟着哭。哭是人类情感表达的基本方式。因此，哭在丧礼中占有极为重要的地位。

第四，容体。居丧期间，对逝世亲人的哀悼随着关系的远近、彼此间情感的深浅而有所区别。孔子曰："敬为上，哀次之，瘠为下，颜色称其情，戚容称其服。"但总的要求是哀容在表露内在情感的同时，必须与外在的容体配合，即所谓的"表里一致，内外如一"。如果"居丧而不哀，在戚而有嘉容"，则是一种非礼的现象。

第五，言语。居丧期间的言语，《礼记·间传》《礼记·丧大记》中也有明确规定。居丧期间"非丧事不言"，即凡是与丧事无关的不说，要做到"言而不语，对而不问"。为什么要这样呢？"思慕尽情也。"当然，不是说所有的事都不讨论。丧礼不言的目的是能一心尽孝子之道，但要是公事，经官方释服，可予以处理。

第六，沐浴与作乐。《礼记·杂记下》记载："凡丧，小功以上，非虞、附、练、祥，无沐浴。"即小功以上，非特殊情况，居丧期间是不准沐浴的。同样，父母、妻子之丧不准举乐，到小功时才允许，《礼记·杂记下》云："父有服，宫中子不与于乐。母有服，声闻焉，不举乐。妻有服，不举乐于其侧。大功将至，辟琴瑟。小功至，不绝乐。"《礼记·丧大记》云："疾病，外内皆扫，君、大夫彻县，士去琴瑟。"除此之外，居丧期间不得行嫁娶、生子之事，否则会被视为非礼。

二 居丧期间的特殊情况——"夺情起复"

在汉代，丁忧作为一种制度性规范开始出现，不过它还没有成为一种具有普遍约束力的强制性规定。唐宋时期，丁忧居丧制度作为一种礼仪规范写入法律。做官的人如果遭遇亲丧，一般应立即解去官职回家为父母守丧，但若遇到特殊的情况则可有所变通，这就是居丧中的"夺情"现象。

夺情就是在居丧期间的终止居丧，指官员不能回家去守丧，要留在官职岗位上处理公务。在正常情况下，官员遇到父母之丧是必须回家守丧的，但是遇到特殊情况如军事需要或政务需要的时候，守丧的官员就必须在岗而不能回家守丧，甚至在家守丧的官员也会被召回，强令出仕，前者为"夺情"，后者为"起复"。因为从封建伦理纲常的角度讲，君臣之义大于父子之情，国家之利大于家庭之情。夺情起复的现象在史籍中屡见不鲜，虽然各朝各代的规定不完全相同，但总体上讲，夺情起复都是出于朝廷公务的需要。

唐朝时期的官员常常因国事的需要而奉命夺情起复。丞相张九龄丁母忧，结果被诏令夺哀起复；欧阳询的儿子欧阳通也是丁忧起复的，欧阳通被夺情起复后每次上朝都是光脚走到内廷的门口才穿鞋，并且很少说话，"非公事不言"，回家之后，又会换上守丧的衣服，哀恸异常。宋朝夺情的官员则多在官衔前冠以"起复"二字，如宋初丞相赵普丁忧起复后就自称"起复左仆射中书门下平章事赵普"，以表示有孝在身。元明时期，一般不允许夺情起复，主张官员应该为父母守丧。到了清朝，八旗官员若遭遇父母之丧，百日后就可以起复授职。

由于丁忧居丧的官员是没有俸禄的，而且有的居丧期满之后很难官复原职，所以常常有贪图禄位而不报忧守丧的人。后唐明宗时的孟异就是一个典型的例子，他在母亲去世后不报忧奔丧，事发后被大理寺判为充军，皇帝却认为这是忤逆不孝的十恶大罪，结果孟异被赐自尽。也有一部分人不愿离职而自谋夺情的，如明朝万历年间内阁首辅张居正。

也有朝廷虽诏起复，但本人恳辞坚决，终于居丧满三年的。最著名的是明朝正德年间的内阁首辅杨廷和。正德九年（1514）丁父忧，诏既葬夺服，杨廷和三次上疏恳辞，武宗勉强应允。杨氏终丧之举，在士大夫公论中备受推崇。

三　居丧制度的演变

古代的居丧制度，虽然起源于西周，完成于春秋战国，但居丧行为被纳入法律规范，始于魏晋南北朝。至唐宋时期，居丧制度全面法律化、规范化，辽、金、元时期守丧之法式微，明清以后有所恢复。

两汉初年，中央制定礼仪规范，在遵循"清静无为"的治国方针的前提下，对当时的居丧制度略做规范，具体要求包括：亡者下葬三日后，亲故皆释服；居丧期间，可以嫁娶、饮酒食肉；服徭役的人如遇父母丧事，可请丧假三十天，祖父母丧事可请丧假十五天。汉武帝时期，按照儒家礼仪对诸侯王等上层社会的居丧礼仪做了强制性的规范，如居丧期间不得嫁娶生子，不得饮酒食肉。除此之外，对居丧期间不同等级丧服的言行举止也有规定，如"君之丧，子、大夫、公子、众士皆三日不食"，父丧与君丧相同。在言行方面，居丧者仅有应人之声，不可议论，不得享受乐事。东汉时，随着隆礼之势的形成，加上统治者的大力提倡与推广，按照儒家礼制居丧已经成为当时社会的风尚。

魏晋南北朝时期是居丧和丧服制度承前启后的阶段，居丧和丧服制度经过这一时期的传承和发展，改变了汉朝以来居丧无定制的局面。因为朝廷的大力提倡，也因为对孝道与清议制度的重视，魏晋南北朝时期出现了很多孝子的典范，多数与居丧期间的表现有关。如此时期孝子最大的特点就是居三年丧的人往往会"致毁己死"，即过哀，超越常礼。所谓的"过礼"或者"逾礼"，是不为儒家所提倡的。而且父母是死于非命的话，居丧中孝子的行为会更加极端。此时孝道发展达到了一个顶峰，孝子见到先人遗物甚至面貌相近的人都会哀痛不已。魏晋南北朝时期居丧和丧服制度的发展符合封建社会中社会等级和宗法血缘关系的需求，为当时社会广泛接受，为后世所传承，成为后来居丧和丧服制度的基本雏形。

隋唐五代时期，在变革前期居丧礼制的基础上，总体上显示出重视重丧、限制轻丧的趋势，并且将居丧制度全面法律化。居丧期间违礼的行为不但是不孝、不义之举，而且还是严重违背伦常的重大犯罪行为。禁止居丧期间行嫁娶事、居父母丧生子、居哀求仕、居丧作乐等从晋代就有所规定，隋唐五代时，条文更为细致。比如丧期禁止嫁娶，但如果一方不知道另一方在居丧期内，则免除罪责，即"不知情，不坐"。

宋代统治者十分重视"丁忧"。官员解官去职为父母服丧三年，是宋代居丧制度的核心，其被定为"天下之通丧"，始终作为一种制度规范在社会上强制推行。即使贵为帝王，其三年之制也不能免。这期间，不得饮酒作乐、食肉，不处内，不入公门，不可以娶妻纳妾，门庭不得更换旧符。若是官员在丁忧期间有不遵守孝德、违背礼仪伦常等行为，就会受到处罚。但对于其中不切实际、不合人道的居丧制度，宋代一些开明的儒家士大夫提出要做一些必要的改革。如朱子提出恢复"百日为卒哭"的古礼，这样一来，居丧的时间会大幅度减少。"百日为卒哭"的古礼一度在一些文人士大夫中间流行。需要说明的是，除官员要执行居丧制度外，民间也有相应的礼俗。不过较之官员的要求来说，民间则要宽松得多。

明初居丧仍沿前俗。明初制定法律时，考虑到时代、民俗的发展演变，以及居丧之法的可操作性，试图在唐宋法律的基础上做某些调整，这就使《明律》中的守丧条文有较大修改。主要修改有三。第一，删除"居丧生子"处罚的条文。唐宋律居父母丧生子，处徒刑一年。朱元璋认为此条不近人情，后修《明律》时便删除了"居丧生子"处罚的条文。第二，减轻量刑幅度，较唐宋律减刑幅度大致在二至七等。第三，缩小居丧的亲属范围，除个别涉及期亲尊长外，均限制在父母、夫的范围内。明清时期，维护守丧制度的核心在于坚持官吏的守丧解职制度，即所谓丁忧。明清律对丁忧的起始日期、程序及丁忧期间的犯罪问题等都做了详细的规定。但只限于父母及承重祖父母（父先于祖父母去世，长孙为祖父母承重）丧，期亲不必奔丧及守制。

清代时居丧礼制最大的变化表现在丁忧守制上，但旗人和汉官有所不同。在京八旗文武各官遇到亲丧，百日后即可入官署办事，不过在二十七个月内，可不参加朝会和祭祀等礼仪活动。外任旗员丁忧，原定需归旗守制到二十七个月，但乾隆时期，以旗员人少，规定旗员在服丧百日后即可入署办事。在汉官中稍有例外的是钦天监官生和太医院医官，丁忧时均不开缺离任，穿孝百日，即进署当差。至于居丧期间需遵守的种种礼仪规范，清律与明律大体相同。

第四节　殡葬礼制与法令

中国的殡葬礼制与法令，自产生之日起，便具有等级制的色彩，贯穿着"秩爵异级，贵贱殊等"的等级制度。礼法制度是中国古代社会的重要特征，它涉及政治、经济、文化、军事等多个方面。《礼记》对此的阐释有："夫礼者，所以定亲疏，决嫌疑，别同异，明是非也。礼，不妄说人，不辞费。礼，不逾节，不侵侮，不好狎。修身践言，谓之善行。行修言道，礼之质也。礼，闻取于人，不闻取人。礼，闻来学，不闻往教。"初期的"礼"涉及道德、教化、纠纷、等级、祭祀，所谓"道德仁义，非礼不成。教训正俗，非礼不备。分争辨讼，非礼不决。君臣上下、父子兄弟，非礼不定。宦学事师，非礼不亲。班朝治军、莅官行法，非礼威严不行。祷祠祭祀、供给鬼神，非礼不诚不庄"。祭礼和丧礼是古代礼仪的重要组成部分。孔子曰："生，事之以礼；死，葬之以礼，祭之以礼。"随着中国古代社会的发展，居丧成为体现儒家"孝""义"的方式。

为了强化儒家伦理纲常，居丧制度逐渐法律化，居丧制度的法制化成为中国古代丧葬制度的重要特点。对此，法国启蒙思想家孟德斯鸠也是颇有感慨，他认为：中国的立法者将礼与法混淆，他们制定了无数的礼节和仪式，使人对双亲生前和死后都能克尽人子的孝道。要是在父母生前不知尽孝，就不可能在父母死后以应有的仪式来敬奉他们。敬奉亡亲的仪式与其他内容只是同一法典的不同部分。[①] 从"制

---

① 孟德斯鸠：《论法的精神》，张雁深译，商务印书馆，1997，第315页。

礼作乐"的周礼，到汉朝"礼治"入刑、魏晋之后"礼"入律文，再到唐代将纲常礼教作为唐律修订的指导思想和定罪量刑的理论依据，在"一准乎礼"的立法理念与"礼""法"合一的趋势下，唐代居丧等制度以法律形式确定。后世的殡葬礼法也皆以唐为范例，形成了中国古代殡葬制度与其他丧仪的显著差异。

一　殡葬礼制的形成

我国古代的葬礼与葬仪产生于父系氏族社会时期，最开始指的是求神赐福的宗教祭祀典仪，"礼"的观念，是在原始社会晚期才开始出现。

《礼记》记载了三代对其祖先的祭祀方法。尽管这些祖宗人物并非都是真实存在的，其中有虞氏、夏人、殷人、周人所尊崇的祖先均是传说中的伟大人物，如黄帝、帝喾、禹、鲧、冥、稷等，但都推动了历史发展的进程。"凡祖者，创业传世之所自来也。宗者，德高而可尊，其庙不迁也……祖者，祖有功；宗者，宗有德。其庙世世不毁也。"进入龙山文化时期，礼得到进一步发展，礼制也应运而生。原始的礼和礼制曾为中华文明的产生做出巨大贡献。龙山文化时期氏族制度逐渐解体，出现贫富差距。山东龙山文化遗址出土的墓葬，大多数墓较狭小，且无随葬品，有随葬品的也不过三五件。由此推断，这些随葬品是当时等级分化的产物，规定由少数的贵族所占有，从而彰显其身份与地位，因此产生出等级制度即原始的礼制。

夏商周时期，祖先崇拜的丧葬礼仪作为奴隶社会的重要典章制度对维护宗法与等级制度产生了重大影响，敬天法祖的祖先拜祭制度延续至后世。作为典章制度，它是奴隶制度的体现；作为道德规范，它是维护统治者利益的行为准则。《礼记》记载："夫圣王之制祭祀也，法施于民则祀之，以死勤事则祀之，以劳定国则祀之，能御大菑则祀之，能捍大患则祀之。"这里所提到的被祀者，其"法施于民"、"定国"或御灾捍患，皆为有功之人。

先秦时期，道德观念发生变化，人们对于祖先英雄的崇拜也转化为对父系先祖的崇拜，此源于"父传子，家天下"继承制的发展。《礼记》追述说："今大道既隐，天下为家，各亲其亲，各子其子，货力为己。大人世及以为礼，城郭沟池以为固，礼义以为纪，以正君臣，以笃父子。""天下为家"，指的是将君位传给儿子，国家便为一家所有，这样才能维护宗族血缘关系，巩固父系氏族，并将统治扩展至整个社会。当时的道德以敬天法祖、忠君孝亲为基本要求，强调"亲亲"，即祭拜君王的先祖。郑玄注："有虞氏以上尚德，禘郊祖宗，配用有德者而已。自夏已下，稍用其姓氏代之。"夏代之前的祭祀对象为其氏族的英雄人物，以德行为祭祀的标准，而夏代以后改为祭祀统治者之祖先，无论才德如何，在祖先崇拜上体现了家天下的政治特点。

祭祀夏代氏族的共同祖先的权力被统治阶级垄断。《礼记》中记载祭祖权，所谓"礼，不王不禘。王者，禘其祖所自出，以其祖配之。诸侯及其大祖。大夫、士有大事（指祫祭），省于其君，干祫及其高祖"。孙希旦解释说："得姓之祖，为之始祖，始封之君，为之大祖。诸侯不禘，唯得祭其大祖，而于大祖以上则不得祭矣……祫本诸侯以上之礼，而大夫、士用之，故曰干祫。大夫三庙，士一庙，虽并得祭高祖以下，然每时但特祭一祖，而不得合祭，唯有为君所省录，命之大祫，然后得合祭高祖以下也。"禘祭，乃君主一年一次祭祀祖先的大礼，诸侯（夏代为"百吏"）以下不能举行，祭祀的对象是君主的先祖，因此祭祖权被上层统治阶级所垄断。

中国的丧葬礼仪，自产生之日起便具有等级制的色彩，到商周时期等级制色彩已经非常鲜明。《后汉书·赵咨传》说："古之葬者，衣以薪，藏之中野，后世圣人易之以棺椁。棺椁之造，自黄帝始。爰自陶唐，逮于虞、夏，犹尚简朴，或瓦或木。及至殷人而有加焉。周室因之，制兼二代。复重以墙翣之饰，表以旌铭之仪，招复含敛之礼，殡葬宅兆之期，棺椁周重之制，衣衾称袭之数……然而秩爵异级，贵贱殊等。自成、康以下，其典稍乖。至于战国，渐至颓陵，法度衰毁，上下僭杂……"这说明，自殷商"而有加焉"，到成周"制兼二代"，"墙翣之饰"、"旌铭之仪"、"含敛之礼"、"棺椁周重"、"衣衾"之数和"品物"等的丧葬礼仪已贯穿着"秩爵异级，贵贱殊等"的等级制度。《周礼·春官宗伯·小宗伯》记载："王崩，大肆以秬鬯渳；及执事莅大敛、小敛，帅异族而佐；县衰冠之式于路门之外；及执事视葬、献器，遂哭之；卜葬兆，甫竁，亦如之；既葬，诏相丧祭之礼；成葬而祭墓，为位。"大意是：王死后，用郁鬯为王尸沐浴；负责督察的人员同大祝等官员临视大殓、小殓，并率领异姓的人帮助行殓事。在路门外悬挂丧服和丧冠的标准样式。将葬时同梓匠等官吏视察随葬明器，接着便代嗣王而哭。占卜墓地，开始挖墓穴时，也这样代哭。葬后，告教王行丧祭之礼。坟丘筑好后祭祀地神，设置祭位。这是最早记载"王崩"的一套比较完整的丧葬礼仪。据《中国风俗史》，"丧葬之礼节，皆整顿于周。由贵贱亲疏，而有种种差别。其用情之厚，世界所未见也。周公立制，节目详备，哭泣擗踊皆有法"。可以说，先秦时期丧葬仪礼的等级性是逐步发展起来的，成熟期应该是在周代。

该时期的列鼎制度，也是以陪葬礼器组合来"辨等列、明尊卑"。《公羊传》中记载周代的礼制："礼，祭，天子九鼎，诸侯七，卿大夫五，元士三也。"至东周，则变成天子、诸侯用九鼎，卿用七鼎，大夫、士与西周时一样。在周代丧葬制度中，"礼不下庶人"，鼎以及其他陪葬的铜器如簋等为贵族的专属，一般平民的陪葬品为日用陶器。

但春秋战国以后，从贵族到平民，其丧葬普遍出现逾礼的情形。逾礼的出现，代表人们希望其能在死后享有生前无法拥有的地位，而葬礼上的"逾礼"实则是"加等"的结果。鲁国的臧僖伯为卿大夫，但因其是隐公的叔父，所以"葬之加一等"；许国的穆公亦是如此，原为男爵，但因其随齐桓公伐楚，故"葬之以侯"，此乃"凡诸侯薨于朝会加一等，死王事加二等"。因此"政在大夫"或"陪臣执国命"时，擅自逾礼加等便成为一件易事。考古发现，晋国的卿大夫墓里，竟出土了九鼎、八簋、三套编钟及一套编磬，与鲁国季氏的"八佾舞于庭"相比，其逾越古礼的程度可谓有过之而无不及。平民墓葬中，这种逾礼的现象则愈发明显。从春秋到战国，除了少数墓中有铜礼器，平民墓葬随葬品中的陶器组合基本上由鬲、盆、罐等日用器组成，然后逐渐变成豆、壶等陶礼器。另外，修隧（墓道）也是逾礼的表现。在周代，只有天子的墓才能修墓道，即便臣子有功于王室，其墓也不能修隧。然而至战国，修墓道的现象十分普遍，不仅中型墓出现墓道，就连小型平民墓也出现了修隧的情况。

进入封建社会以后，儒家和历代统治者对丧制的细节做了严格的规定，并且依死者的身份进行区分，如殓衣的袭数，饭含之用品，铭旌、明器、棺椁的尺寸大小、规格，抬柩的人数，仪仗的规模，乃至坟墓的大小高低，等等，等级森严，具有鲜明的阶级性。同是一死，由于死者身份的不同而有不同的名称。《礼记·曲礼下》云："天子死曰崩，诸侯曰薨，大夫曰卒，士曰不禄，庶人曰死。"郑玄注曰："异死名者，为人褒其无知，若犹不同然也。自上颠坠曰崩。薨，颠坏之声。卒，终也。不禄，不终其禄。死之言澌也，精神澌尽也。"孔颖达曰："崩者，坠坏之名，譬若天形坠压然，则四海必睹。王者登遐，率土咸知，故曰崩。薨者，崩之余声也。诸侯卑，死，不得效崩之形，但如崩后之余声，劣于形压也。卒，毕竟也。大夫是有德之位，毕了生平，故曰卒也。士禄以代耕，而今遂死，是不终其禄。死者，澌也。澌是消尽无余之目，庶人极贱，生无令誉，死绝余芳，精气一去，身名俱尽，故曰死。"为了区分死者的身份，追求"等级贵贱之序"，故给"死"冠以不同的名称。如《白虎通》中记载：

"天子称崩何？别尊卑、异生死也。"招魂用的复衣、人数及地点亦因贵贱尊卑的不同而有严格的区别。为天子招魂，需要 12 人，在明堂的皋、库、雉、应、路 5 门及四郊招魂；为诸侯招魂 9 人或 7 人，招于库、雉、路 3 门；为大夫以下的人招魂，4 个人自庙门以内，即庙及寝而已。他们的死也应该各得其所。天子和诸侯虽然都死于路寝，但天子有 6 寝（1 路寝、5 小寝）；诸侯不但只有 3 寝（1 路寝、2 小寝），而且其路寝之制要小于天子。卿大夫，命归于大寝，即大夫处理政务的地方。士及妻则应死于自己的正室。死者的饭含之物，同样有严格的等级规定。《周礼》规定："君（诸侯）用粱，大夫用稷，士用稻。"《礼记》的规定是："天子饭九贝，诸侯七，大夫五，士三。"《春秋说题辞》则曰："天子以珠，诸侯以玉，大夫以璧，士以贝，庶人以饭。"死者大小殓所用的殓衣因死者身份的不同而有严格的等级规定。先秦礼制规定：士袭衣三称，大夫五称，诸侯七称，公九称。小殓，尊卑通用十九称。大殓，士三十称，大夫五十称，君百称。殓衣质料的好坏也因身份地位的不同而有异。《礼记·丧大记》云："君锦衾，大夫缟衾，士缁衾。"大小殓所用的席子，同样因死者身份的不同而有严格的区别。"君以簟席，大夫以蒲席，士以苇席。"棺椁的使用，更是显示出鲜明的贵贱等级差异和阶级性。

二　殡葬的礼法合一

进入封建社会以后，对于殓衣的袭数，饭含之用品，铭旌、明器、棺椁的尺寸大小、规格，抬柩的人数，仪仗的规模，乃至坟墓的大小高低，等等，儒家及历代统治者都依据死者身份的高低贵贱做出严格规定，等级森严，具有鲜明的阶级性。

（一）丧葬礼仪的修订

魏晋时期强调孝道，居丧被视为是为父母尽孝的重要方式。居丧制度逐渐明晰，例如允许大臣为父母终丧、禁止居丧期间婚嫁宴请、居丧期间禁止求仕等。隋唐五代以后，各类丧礼更趋完善，而以礼入法也更明显。隋唐时期对古礼进行了多次修订，隋文帝曾命"牛弘、辛彦之等采梁及北齐仪注，以为五礼"。[①] 凶礼为其中之一。唐立国之初，殡葬之制多沿袭隋制。太宗即位后，"诏中书令房玄龄、秘书监魏征等礼官学士，修改旧礼"，[②] 修成《贞观礼》，总共138篇，分为100卷，其中《凶礼》6篇、《国恤》5篇。《贞观礼》中的丧礼有一些变化，一是凶礼在古礼中的位置有所调整，从原来的第二变为第五；二是增加了"太常行山陵"的内容，这也是对皇帝葬事的重视。贞观七年（633）修订完成后，颁行于内外。永徽初年，"以《贞观礼》节文未尽，又诏太尉长孙无忌、中书令杜正伦、李义府，中书侍郎李友益，黄门侍郎刘祥道、许圉师，太子宾客许敬宗，太常少卿韦琨，太学博士史道玄，符玺郎孔志约，太常博士萧楚才、孙自觉、贺纪等重加缉定"。[③] 完成后合130卷，共229篇。显庆三年（658）正月五日，各卷修订后上奏，高宗为之作序，下诏内外颁行。《显庆礼》对丧葬礼法的最大调整是删除了《国恤》篇，此事也引起当时人的非议，因为早期的五礼仪注，"自前代相沿，吉凶备举"，但主持此事的许敬宗、李义府听从了萧楚才、孔志约的建议，"以国恤礼为预凶事，非臣子之宜言"，[④] 删除了《国恤》篇。大臣纷纷认为《显庆礼》不及《贞观礼》，导致之后的礼制多次改变。上元三年（676）二月，敕文要求继续以《贞观礼》为依据。仪凤二年（677）八月又诏，显庆以来新修礼，多处与古礼不同，因此五礼皆按照周礼行事。"自是，礼司益无凭，每有大事，皆参会古今礼文，临时撰定。"[⑤] 朝廷多次更

---

① 杜佑：《通典》卷41《礼典一·沿革一》，中华书局，1988，第1121页。
② 《旧唐书》卷21《礼仪一》，中华书局，1975，第817页。
③ 《旧唐书》卷21《礼仪一》，第817~818页。
④ 王溥：《唐会要》卷37《五礼》，中华书局，1955，第670页。
⑤ 王溥：《唐会要》卷37《五礼》，第670页。

改敕令，导致礼制混乱。贞观与显庆年间的两次修订，"前后颇有不同，其中或未折衷"。开元十四年（726），唐玄宗下诏要求集贤院学士详议礼制。最终在张说、萧嵩等人的先后主持下修订了《大唐开元礼》。开元二十九年，《大唐开元礼》编撰完成，其中第 131～150 卷为《凶礼》。"凶礼古居第二，而退居第五者，用贞观、显庆旧制也。"① 凶礼依然沿袭了贞观、显庆年间的旧制位于五礼之末，但内容仍然多达 20 卷。《大唐开元礼·凶礼》中的内容并非都与丧礼有关，但丧葬是凶礼的主要内容，尤其按照皇帝、皇后、太子、太子妃、三品以上、五品以上、六品以下、王公以下对丧礼丧仪进行规范，充分体现了森严的等级制度。

（二）丧葬律法的制定

从内容而言，隋唐丧葬礼制沿袭了《仪礼·丧服》中的许多内容，当然其中也有诸多修订。经过两汉的发展演变，魏晋以后的法典融入了丧礼的诸多观念，加快了法礼结合的进程。丧葬自晋代即已入令，"晋命贾充等撰《令》四十篇……十七，丧葬"，② 宋、齐的律令与晋令类似。南梁初年，蔡法度等撰梁令 30 篇，丧葬令仍为第 17 篇。隋代开皇年间，高颎等撰令 30 卷，第 29 卷为《丧葬》。在唐朝，律令有 27 篇，其中第 26 篇为《丧葬令》。因此，自晋以来，丧葬令一直是历代律令的重要组成部分，近年来发现的《天圣令》中也有《丧葬令》一卷，但与殡葬相关的法律条文不仅仅在《丧葬令》中，还有《祠令》《户令》《选举》《封爵》《军防》《仪制》《卤簿》《田令》《赋役》《仓库》《捕亡》《医疾》《假宁》《狱官》《杂令》等 15 种 57 条。③ 唐《丧葬令》最后一次修订是在开元二十五年，《大唐开

① 萧嵩：《大唐开元礼》，民族出版社，2000，第 1 页。
② 李林甫等：《唐六典》卷 6《尚书刑部》，陈仲夫点校，中华书局，1992，第 184 页。
③ 吴丽娱：《唐朝的〈丧葬令〉与唐五代丧葬法式》，《文史》2007 年第 3 辑，中华书局，第 87～123 页。

元礼》编撰的时间是在开元年间，彼此之间可相互印证。吴丽娱先生在对唐《丧葬令》与《大唐开元礼·凶礼》进行比较后认为，"虽然内容和写作取向都有一些同异，但有一点可以肯定，即令与礼同样，几乎全部的条令都是相关官员丧葬的。……由官品出发的等级构成和内容，是礼、令所共有，而在依官品排列的次序之外，也都存在着享受特殊待遇的特殊阶层，构成了礼、令极重亲贵和官员的特色，是理解唐朝丧葬礼令的基础"。[①]丧葬礼制与丧葬令之间在功能上有所差异，但内容上还是颇多相似。这种相似延续了魏晋以来以礼入法的趋势，也是礼法合一的具体表现。这种结合也最终促成了唐律制度中的"一准乎礼"。也正是基于此，隋唐五代丧葬律文中的许多条款是以西周以来的礼法观念为立法依据。上至帝王，下至百姓，制定不同等级的殡葬标准，以礼法的形式加以强化，维护宗法体制与官僚机制。

宗法制度是依据血缘关系建立起来的社会结构，成为维系中国古代君主专制体制的基础。这种制度以父系为主，按嫡庶、长幼来区分地位尊卑、亲疏远近，判断是否为直系亲属或旁系亲属。中古时期的丧服制度也深受宗法制度影响，为亲人服丧共分为五等，亲者按重的服丧，疏者按轻的服丧，按照亲疏依次递减：斩衰、齐衰、大功、小功、缌麻。这种家族的等级差异，是国家政治体制的延续，以此建立等级严格、长幼尊卑有序的秩序。晋代以后，五服制度进入法典之中，以维护宗法体系。隋唐五代对五服制度的沿袭，也是为了维护王朝的统治秩序，以礼入法，以法律的强制力来保证礼法的推行。

另外，唐朝创建初期，民生凋敝，百废待兴，太宗与诸臣针对国家治理思路展开讨论，最终确定以礼治国的方略，推动这一决策的制定有两方面原因。首先，太宗及群臣以史为鉴，吸取了隋朝特别是隋

---

① 吴丽娱：《终极之典——中古丧葬制度研究》，中华书局，2012，第411页。

炀帝横征暴敛、法无轻重的教训。唐初，实行轻徭薄赋、与民休息政策，着力保障百姓生活。其次，唐太宗李世民是中国历史上少有的开明帝王，他以"水能载舟，亦能覆舟"警醒自己，在他的极力倡导下，大唐确立了"德礼为政教之本，刑罚为政教之用"的准则，并深入生活的方方面面。受此影响，丧葬律令的各项条款也与丧葬礼仪相对应，或者是丧葬礼制下的具体应用。

（三）礼法合一

隋唐五代时期律法中的许多丧葬条文体现出古代丧礼的基本理念。除此之外，还有一些以令、格、式为具体形式的丧葬规范，也与唐代丧制中的规定类似或受其影响，皆是为维护隋唐五代丧葬礼制与宗法体系。

隋唐五代时期，与殡葬相关的律法已相对成熟，违反丧葬制度的罪行也有多种类型的罪名，包括居父母夫丧嫁娶、居父母丧主婚、匿父母夫丧、居父母丧生子、冒哀求仕、父母死诈言余丧、忌日作乐、舍宅车服器物违令、残害死尸、发冢等，分属《户婚律》《职制律》《诈伪律》《杂律》《贼盗律》等律法之中。《唐律》与殡葬相关的罪名下，都有具体罪行及其应承担的等级各异的处罚，其中《唐律疏议》的疏议部分对此类罪行做出了解释，问答部分则是对该罪行出现的常见问题进行解答。丧葬礼法合一表现在以下几个方面。

其一，无论是罪行、量刑，其基本原则与五服制度等丧葬礼制关系密切。例如匿丧之罪，《唐律》规定："诸闻父母若夫之丧，匿不举哀者，流二千里；丧制未终，释服从吉，若忘哀作乐，自作、遣人等，徒三年；杂戏，徒一年；即遇乐而听及参预吉席者，各杖一百。"其中"大功以下尊长，各递减二等。卑幼，各减一等"。疏议曰："其嫡孙承祖者，与父母同。"再如发冢，无意发冢而误烧棺椁或尸体，但是死者是违法之人五服内的亲戚，则"缌麻以上尊长，各递加一等。卑幼，各依凡人递减一等"。^① 这都是根据血缘关系远近的程度量刑，以维护隋唐五代时期的宗法制度。

其二，律令与礼制在内容上有所差异，但在维护等级差异上则是互为补充。例如《唐律》规定："诸营造舍宅、车服、器物及坟茔、石兽之属，于令有违者，杖一百。虽会赦，皆令改去之，坟则不改。"疏议曰："营造舍宅者，依《营缮令》：'王公已下，凡有舍屋，不得施重拱、藻井。'车者，《仪制令》：'一品青油繐，通幰，虚偃。'服者，《衣服令》：'一品衮冕，二品鷩冕。'器物者，'一品以下，食器不得用纯金、纯玉'。坟茔者，'一品方九十步，坟高一丈八尺'。石兽者，'三品以上，六；五品以上，四'。此等之类，具在令文。若有违者，各杖一百。虽会赦，皆令除去，唯坟不改。称'之属'者，碑、碣等是。若有犯者，并同此坐。"可见，在依据官品等级营造墓葬方面，律令与礼制都做出了同样具体的规定。比如墓葬形制、坟地范围与高度、石兽数量等皆因品级不同而各有差异，任何不按律令要求的营建都是违法行为。

其三，居丧是儒家传统孝、义的体现，居丧期间违礼是不孝、不义之举，也是严重违背伦常的重大犯罪行为。隋代《开皇律》中有"十恶"重罪，不孝、不义是"十恶"重罪之一，如不孝之罪："居父母丧，身自嫁娶，若作乐，释服从吉；闻祖父母、父母丧，匿不举哀；诈称祖父母、父母死。"不义之罪："闻夫丧匿不举哀，若作乐，释服从吉及改嫁。"凡是纳入十大罪行的，"为常赦所不原"，因此被称为十恶不赦。

除了对违法行为做出制裁外，《唐律疏议》也对丧葬中一些常见的风俗习惯，如招魂葬等从法律角度予以确认。禁止服丧期间行嫁娶事、居父母丧生子、居哀求仕、居丧作乐等从晋代就有所规定，隋唐

---

① 长孙无忌：《唐律疏议》卷18《贼盗律》，刘俊文点校，中华书局，1983，第343~344页。

五代时，条文更为细致。比如丧期禁止嫁娶，但如果一方不知道另一方在居丧期内，则免除罪责，即"不知情，不坐"。总之，从隋唐五代的律令可见，该时期对丧葬礼制极为重视，《唐律》沿袭丧服制度的具体等级规定，并对逾越礼制的行为进行处罚。

三 殡葬法律条文增删

宋代在继承前期殡葬法规的基础上，又根据当时殡葬发展特色增加了相应的内容，所以宋代有关殡葬的法律条文较多。归纳起来，主要有以下几个方面。

（一）禁止匿丧

匿丧，据窦仪等撰《宋刑统》一书，内容包括：听乐从吉、冒荣居官、委亲之官、冒哀求仕、父母被囚禁作乐。按宋律，这五项均是犯罪，要判刑：诸闻父母若夫之丧，匿不举哀者，流二千里。丧制未终，释服从吉，若忘作乐者（自作、遣人等），徒三年，杂戏徒一年。即遇乐而听，及参预吉席者，各杖一百。闻周亲尊长丧，匿不举哀者，徒一年。丧制未终，释服从吉，杖一百。大功以下尊长各递减二等，卑幼各减一等。

对此，《宋刑统》一书做了非常详细的解释。父母之恩，昊天莫报，茶毒之极，岂若闻丧？妇人以夫为天，丧类父母，闻丧即须哭泣，岂得择日待时？若匿而不即举哀者，流二千里。其嫡孙主祖者，与父母同。丧制未终，谓父母及夫丧二十七月内。释服从吉，若忘哀作乐（注云：自作、遣人等），徒三年。其父卒母嫁，及为祖后者，祖在为祖母。若出妻之子，并居心丧之内，未合从吉。若忘哀作乐，自作、遣人等亦徒三年，杂戏徒一年。乐谓金石丝竹、笙歌鼓舞之类。杂戏谓樗蒲、双陆、弹棋、象博之属。即遇乐而听，谓因逢奏乐而遂听者。参预吉席，谓遇逢礼宴之席，参预其中者，各杖一百。周亲尊长谓祖父母，曾高父母亦同，伯叔父母、姑兄姊、夫之父母、妾为女君，此等闻丧即须举发。若匿不举哀者，徒一年。丧制未终，谓未逾周月，释服从吉者，杖一百。大功尊长匿不举哀，杖九十。未逾九月释服从吉者，杖八十。小功尊长匿不举哀，杖七十。未逾五月，释服从吉，杖六十。缌麻尊长匿不举哀，笞五十。未逾三月，释服从吉，笞四十。其于卑幼匿不举哀，及释服从吉，各减当色尊长一等。出降者，谓姑姊妹本服周，出嫁九月。若于九月内释服从吉者，罪同周亲尊长科之，其服数止准大功之月，余亲出降准此。若有殇，降为七月之类，亦准所降之月为服数之限，罪依本服科之。其妻既非尊长，又殊卑幼，在《礼》及《诗》，比为兄弟，即是妻同于幼。①

南宋时，朝廷一再颁布法令，要求官员们严格实行。绍兴十一年（1141），高宗应考功员外郎游损所请，诏文武官陈乞致仕身亡，虽在给敕之前，并听荫补。高宗对大臣们说："士风陵夷，以一官之故。父死匿丧以俟命，盖立法有未尽也。朕谓滥与人官，虽害法，其体犹轻。若风教不立，使人饰诈苟得，弃灭天理，其害甚大。况在法所当得乎！"②

（二）禁止父母在及居丧别籍异财或居丧生子

《宋刑统》卷12《父母在及居丧别籍异财（居丧生子）》载：诸祖父母、父母在，而子孙别籍异财者，徒三年。（别籍异财不相须，下条准此。）若祖父母、父母令别籍，及以子孙妄继人后者，徒二年，子孙不坐。

并解释曰：称祖父母、父母在，则曾高在亦同。若子孙别生户籍、财产不同者，徒三年。注云：别籍异财不相须，或籍别财同，或户同财异者，各徒三年，故云不相须。下条准此，谓父母丧中别籍异财，亦同此。若祖父母、父母处分，令子孙别籍，及以子孙妄继人后

---

① 窦仪等：《宋刑统》卷10《匿丧》，中华书局，1984，第163~164页。
② 李心传：《建炎以来系年要录》卷141，绍兴十一年七月庚申条，中华书局，1988，第3册，第2266页。

者，得徒二年，子孙不坐。但云别籍，不云令其异财，令异财者，明其无罪。居父母丧生子，已于《名例》"免所居官"章中解讫，皆谓在二十七月内而妊娠生子者，及兄弟别籍异财，各徒一年。别籍异财不相须。其服内生子，事若未发，自首亦原。[①]

（三）禁止居丧嫁娶

宋朝与前代一样，礼律规定居父母、祖父母及夫丧期间，当守丧二十七个月，也有二十五个月的。在此期间，不得嫁娶。如在父母及夫丧期间婚嫁，则被视为严重的违法活动。如《宋刑统》卷13《户婚律·居丧嫁娶》载：诸祖父母及夫丧而嫁娶者，徒三年，妾减三等，各离之。知而共为婚姻者，各减五等，不知者不坐。若居周丧而嫁娶者，杖一百，卑幼减二等，妾不坐。……诸居父母丧，与应嫁娶人主婚者，杖一百。

《宋刑统》解释"诸祖父母及夫丧而嫁娶者，徒三年，妾减三等，各离之。知而共为婚姻者，各减五等，不知者不坐"条曰：父母之丧，终身忧戚，三年从吉，自为达礼。夫为妇天，尚无再醮。若居父母及夫之丧，谓在二十七月内，若男身娶妻，而妻女出嫁者，各徒三年。妾减三等。若男夫居丧娶妾，妻女作妾嫁人，妾既许以卜姓为之，其情理贱也。礼数既别，得罪故轻。各离之，谓服内嫁娶，妻妾并离之。而共为婚姻者，谓婿父称婚，妻父称姻，二家相知是服制之内，故为婚姻者，各减罪五等，得杖一百。娶妾者合杖七十，不知者不坐。

解释"若居周丧而嫁娶者，杖一百，卑幼减二等，妾不坐"条曰：若居周亲之丧而嫁娶，谓男夫娶妇，女嫁作妻，各杖一百。卑幼减二等。虽是周服，亡者是卑幼，故减二等，合杖八十。妾不坐，谓周服内男夫娶妾，妇作妾嫁人，并不坐。

---

① 窦仪等：《宋刑统》卷12《父母在及居丧别籍异财（居丧生子）》，第192页。

又解释"诸居父母丧，与应嫁娶人主婚者，杖一百"条曰：居父母丧，与应合嫁娶之人主婚者，杖一百。若与不应嫁娶人主婚，得罪重于杖一百，自从重科。若居夫丧而与应嫁娶人主婚者，律虽无文，从不应为重，合杖八十。其父母丧内为应嫁娶人媒合，从不应为重，杖八十。夫丧从轻，合笞四十。[①]

但此条法令，在宋代极具争议，为此朝廷曾不断进行修改，放宽限制。王林说："《礼经》，女子出适，以父母三年之丧，折而为二，舅姑、父母皆为期丧。太宗孝明皇后居昭宪太后之丧，齐衰三年。故乾德二年，判大理寺尹拙、少卿薛允中等奏：'三年之内，几筵尚存，夫居苫块之中，妇被绮罗之饰，夫妇齐体，哀乐不同，乞令舅姑之丧妇从其夫齐衰三年，于义为称。'十二月丁酉朔，诏从之。遂为定制。"[②] 元祐五年（1090）秋，朝廷颁布条贯，对父母、祖父母亡，子女、孙、孙女守丧放宽到百日后可婚嫁。但这引起了一批官僚士大夫的强烈不满。元祐八年，时任端明殿学士兼翰林侍读学士、礼部尚书的苏轼，专门上了《乞改居丧婚娶条状》，略云：

> 臣伏见元祐五年秋颁条贯，诸民庶之家，祖父母、父母老疾（谓于法应赎者），无人供侍，子孙居丧者，听尊长自陈，验实婚娶。右臣伏以人子居父母丧不得嫁娶，人伦之正，王道之本也。《孟子》论礼、色之轻重，不以所重徇所轻。丧三年，为二十五月，使嫁娶有二十五月之迟，此色之轻者也。释丧而婚会，邻于禽犊，此礼之重者也。先王之政，亦有适时从宜者矣。然不立居丧嫁娶之法者，所害大也。近世始立"女居父母丧及夫丧而贫乏不能自存，并听百日外嫁娶"之法。既已害礼伤教矣，然犹或可以从权而冒行者，以女弱不能自立，恐有流落不虞之患也。今又

---

① 窦仪等：《宋刑统》卷13《户婚律·居丧嫁娶》，第216~217页。
② 王林：《燕翼诒谋录》卷3《丧葬不得用僧道》，第24页。

使男子为之，此何义也哉！男年至于可娶，虽无兼侍，亦足以养父母矣。今使之释丧而婚会，是直使民以色废礼耳，岂不过甚哉？《春秋》礼经记礼之变，必曰自某人始。使秉直笔者书曰："男子居父母丧得娶妻，自元祐始。"岂不为当世之病乎？臣谨按，此法本因邛州官吏妄有起请，当时法官有失考论，便为立法。臣备位秩宗，前日又因迩英进读，论及此事，不敢不奏。伏望圣慈特降指挥，削去上条，稍正礼俗。谨录奏闻，伏候敕旨。[①]

由于苏轼等大臣的激烈反对，哲宗"诏从轼请"，[②] 废除了服丧听百日外嫁娶之法。到南宋时，朝廷对寡妇守丧时间的规定再次放宽，"诸居夫丧百日外而贫乏不能自存者"，允许向地方官府自陈后再嫁。[③] 但在当时的社会现实中，有的寡妇根本不是"贫乏不能自存者"，甚至有等不到夫死守丧百日就改嫁的。

（四）禁止残害死尸

宋律沿袭唐律，禁止"残害死尸"。[④] 这一政策在宋朝立国之初便已确立，太祖"禁民以火葬"，[⑤] 建隆三年（962）三月十二日，发布敕令："京城外及诸处，近日多有焚烧尸枢者，宜令今后止绝。"[⑥] 另外，《宋刑统》卷18《贼盗律·残害死尸》规定：诸残害死尸（谓焚烧、支解之类），及弃尸水中者，各减斗杀罪一等。弃而不失，及髡发若伤者，各又减一等。（缌麻以上尊长不减。）即子孙于祖父母、

---

① 《苏轼文集》卷35《乞改居丧婚娶条状》，中华书局，1986，第1009~1010页。又见李焘《续资治通鉴长编》卷484，元祐八年六月壬戌条，中华书局，1993，第32册，第11513~11514页。

② 李焘：《续资治通鉴长编》卷484，元祐八年六月壬戌条，第32册，第11514页。

③ 《名公书判清明集》卷10《人伦门》，"妻已改适谋占前夫财物"一案，第378页。

④ 长孙无忌：《唐律疏义》卷18《贼盗二》，第343~345页。

⑤ 李焘：《续资治通鉴长编》卷3，建隆三年三月丁亥条，中华书局，1979，第2册，第65页。

⑥ 窦仪等：《宋刑统》卷18《贼盗律·残害死尸》，第287页。

父母，部曲、奴婢于主者，各不减。（皆谓意在于恶者。）

并对以上法条解释曰：残害死尸，谓支解形骸、割绝骨体及焚烧之类，及弃尸水中者，各减斗杀罪一等，谓合死者死上减一等，应流者流上减一等之类。注云：缌麻以上尊长不减。谓残害及弃尸水中，各依斗杀合斩，不在减例。

弃尸水中，还得不失，髡发谓髡去其发，伤谓故伤其尸。伤无大小，但非支解之类，各又减一等。谓凡人各减斗杀罪二等，缌麻以上尊长唯减一等，大功以上尊长及小功尊属仍入不睦。即子孙于祖父母、父母，部曲奴婢于主者，各不减，并同斗杀之罪，子孙合入恶逆，决不待时。注云：皆谓意在于恶者。谓从残害以下，并谓意在于恶。如无恶心，谓若愿焚尸，或遗言水葬，及远道尸柩将骨还乡之类，并不坐。①

此外，宋律"残害死尸"条，内容还包括"蕃客死许烧葬""穿地得死人不埋及因熏狐狸烧棺椁"两条。由此可见，宋代法律对于火葬的惩罚是很严厉的。

当然，统治者在制定法律时也考虑到了一些特殊情况，如外国人、僧侣和前线作战的军人等死后，可以灵活处置，也就是说可以举行火葬等进行特殊处理。如《宋刑统》卷18《贼盗律·残害死尸》载："诸蕃客及使蕃人宿卫子弟，欲依乡法烧葬者听，缘葬所须亦官给。"即允许他们按照自己民族的风俗进行丧葬活动。《庆元条法事类》卷77《服制门·丧葬》云："其蕃夷人欲烧骨还乡者，听。"程颢、程颐就列举有特准火葬的"别有焚尸之法"："军人出戍，许令烧焚，将骨殖归；郊坛须三里外，方得烧人。"② 宋朝统治者对僧、道等特殊阶层的人群及远路归葬的人，也同样酌情允许他们实行火葬。如建隆三年三月十二日敕："京城外及诸处，近日多有焚烧尸柩者，

---

① 窦仪等：《宋刑统》卷18《贼盗律·残害死尸》，第287页。
② 程颢、程颐：《二程集·河南程氏遗书》卷2下《附东见录后》，第1册，第58页。

宜令今后止绝。若是远路归葬，及僧尼、蕃人之类，听许焚烧。"①

"穿地得死人不埋及因熏狐狸烧棺椁"这条法令，则是针对民间日常的生产活动。《宋刑统》载：诸穿地得死人，不更埋，及于冢墓熏狐狸而烧棺椁者，徒二年；烧尸者，徒三年；缌麻以上尊长各递加一等，卑幼各以凡人递减一等。若子孙于祖父母、父母，部曲、奴婢于主坟冢熏狐狸者，徒二年；烧棺椁者，流三千里；烧尸者，绞。

该条解释道：因穿地而得死人，其尸不限新旧，不即掩埋，令其暴露，或于他人家墓而熏狐狸之类，因烧棺椁者，各徒二年。谓唯烧棺椁，火不到尸。其烧棺椁者，缌麻以上尊长，从徒二年上递加一等；至期亲尊长，流二千五百里，其卑幼各依凡人递减一等，缌麻于二年上减一等，徒一年半，小功一年，大功杖一百，期亲杖九十。若穿地得死人，可识知是缌麻以上尊长，而不更埋，亦从徒二年上递加一等，卑幼亦从徒二年上递减一等，各准烧棺椁之法。其烧尸者，徒三年，缌麻以上尊长各递加一等，谓从徒三年上递加一等。烧大功尊长尸，流三千里，虽周亲尊长，罪亦不加。其卑幼各递减一等，谓缌麻卑幼减凡人一等，徒二年半，递减至期亲卑幼，犹徒一年。

（五）禁止盗墓

宋律禁止盗墓，《宋刑统》卷18《贼盗律·发冢》载：诸发冢者，加役流。（发彻即坐，招魂而葬亦是。）已开棺椁者，绞。发而未彻者，徒三年。其冢先穿，及未殡而盗尸枢者，徒二年半；盗衣服者，减一等；器物、砖、版者，以凡盗论。

《宋刑统》对"诸发冢者，加役流。（发彻即坐，招魂而葬亦是。）已开棺椁者，绞。发而未彻者，徒三年"法条解释曰："礼云：'葬者藏也，欲人不得见。'古之葬者，厚衣之以薪，后代圣人易之以棺椁。有发冢者，加役流。注云：发彻即坐，招鬼而葬亦是。谓开至

---

① 窦仪等：《宋刑统》卷18《贼盗律·残害死尸》，第287页。

棺椁，即为发彻。先无尸柩，招魂而葬，但使发彻者，并合加役流。已开棺椁者绞，谓有棺有椁者，必须棺椁两开，不待取物触尸，俱得绞罪。其不用棺椁葬者，若发而见尸，亦同已开棺椁之坐。发而未彻者，谓虽发冢而未至棺椁者，徒三年。"

解释"其冢先穿，及未殡而盗尸柩者，徒二年半；盗衣服者，减一等；器物、砖、版者，以凡盗论"法条曰："其冢先穿，谓先自穿陷，旧有隙穴者，未殡，谓尸犹在外。未殡埋而盗尸柩者，徒二年半。谓盗者原无恶心，或欲诈代人尸，或欲别处改葬之类。盗衣服者减一等，得徒二年，计赃重者，以凡盗论，加一等。此文既称未殡，明上文发冢殡讫而发者亦是。若盗器物、砖、版者，谓冢先穿，取其明器等物，或砖若版，以凡盗论。"

有人问曰："发冢者加役流，律既不言尊卑、贵贱，未知发子孙冢，得罪同凡人否？"答曰："五刑之属，条有三千。犯状既多，故通比附。然尊卑、贵贱，等数不同，刑名轻重，粲然有别。尊长发卑幼之坟，不可重于杀罪；若发尊长之冢，据法止同凡人。律云：发冢者加役流，在于凡人，便减杀罪一等。若发卑幼之冢，须减本杀一等而科之。已开棺椁者绞，即同已杀之坐。发而未彻者，徒三年。计凡人之罪，减死二等，卑幼之色，亦于本杀上减二等而科。若盗尸柩者，依减三等之例。其于尊长，并同凡人。"

此外，宋代在"发冢"条中还附有"诸盗园陵内草木"一条，法律规定：诸盗园陵内草木者，徒二年半。若盗他人墓茔内树者，杖一百。

解释道："园陵者，《三秦记》云：'帝王陵有园，因谓之园陵。'《三辅黄图》云：'谓陵四阑门通四园。'然园陵草木而合芟刈，而有盗者，徒二年半。若盗他人墓茔内树者，杖一百。若赃重者，准下条以凡盗论，加一等。若其非盗，唯止斫伐者，准《杂律》毁伐树木稼穑，各准盗论。园陵内徒二年半，他人墓茔内树杖一百。"

又，"前代帝王陵寝，名臣贤士、义夫节妇坟垄，并禁樵采，摧毁者官为修筑；无主者碑碣、石兽之类，敢有坏者论如律"。① 王明清《挥麈录》也载："祖宗朝重先代陵寝，每下诏申樵采之禁，至于再三，置守冢户，委逐处长吏及本县令佐常切检校，罢任（具）有无废阙，书于历子……以上十六帝，各置守陵五户，每岁春秋祠，御书名祝板，祭以大牢。诸处旧有祠庙者，亦别祭飨。"②

此外，宋代还有律法规定在墓田范围内禁止他人起造屋宇，或开成田园，种植桑果之类。③ 如绍兴十二年（1142）二月二日都省指挥规定："庶人墓田，依法置方一十八步，若有已置坟墓步数元不及数，其禁步内有他人盖屋舍，开成田园，种植桑果之类。如不愿卖，自从其便。"只是不得于禁地内再安坟墓。如果"骨肉相弃，死亡不躬亲葬敛者，于徒二年上重行决配"。④

四　丧葬律令的演变

明清有关丧葬的律令，国家层面的主要载于《明会要》《大明集礼》《大明律》《大清通礼》《清会典》《清会典事例》《大清律例》等典籍之中。以下主要围绕《大明律》与《大清律例》的相关条文，考察明清有关居丧（守丧）、丧服的律令，以及对某些葬俗的规制。

（一）对居丧行为的规制

居丧行为被纳入法律规范，始于魏晋南北朝。至唐宋时期，居丧制度全面法律化、规范化，经过辽、金、元，守丧之法式微。

明初居丧仍沿元俗。洪武元年（1368）十二月辛未，监察御史高

---

① 《宋史》卷105《礼志八·吉礼八·先代陵庙》，第2559页。又参见《宋大诏令集》卷156《政事九·褒崇先圣》，中华书局，1962，第584~587页。

② 王明清：《挥麈录·前录》卷2《祖宗重先代陵寝，诏禁樵采》，上海书店出版社，2001，第9~10页。

③ 胡石壁：《禁步内如非己业只不得再安坟墓起造垦种听从其便》，《名公书判清明集》卷9《坟墓门》，上册，第322~324页。

④ 方秋崖：《祖母生不养死不葬反诬诉族人》，《名公书判清明集》卷10《不孝门》，下册，第387页。

原侃上言："京师人民循元氏旧俗，凡有丧葬，设宴会亲友，作乐娱尸，惟较酒肴厚薄，无哀戚之情。流俗之坏至此，甚非所以为治。且京师者，天下之本，万民之所见，一事非礼，则海内之人转相视效。况送终，礼之大者，不可不谨！乞禁止，以原风化。"朱元璋于是诏中书省，令礼官定官民"丧服之制"。① 此后，明代丧制逐步恢复唐宋礼法，集中体现在《大明律》与《明会典》中。

明初制定法律时，考虑到时代、民俗的发展演变，以及居丧之法的可操作性，试图在唐宋法律的基础上做某些调整，这就使《大明律》守丧条文有较大修改。

《大明律》有关居丧行为的规制，主要为《礼律·仪制》"匿父母夫丧"：凡闻父母（若嫡孙承重，与父母同）及夫之丧，匿不举哀者，杖六十，徒一年。若丧制未终（父母、夫丧），释服从吉，忘哀作乐及参预筵宴者，杖八十。若闻期亲尊长丧匿不举哀者，亦杖八十。若丧制未终，释服从吉者，杖六十。若官吏父母死，应丁忧，诈称祖父母、伯叔、姑、兄、姊之丧不丁忧者，杖一百，罢职役不叙。无丧诈称有丧，或旧丧诈称新丧者，罪同。有规避者，从重论。若丧制未终，冒哀从仕者，杖八十。其当该官司知而听行，各与同罪，不知者，不坐。其仕宦远方，丁忧者以闻丧月日为始。夺情起复者，不在此例。②

《户律·婚姻》"居丧嫁娶"：凡居父母及夫丧，而身自嫁娶者，杖一百。若男子居丧娶妾，妻、女嫁人为妾者，各减二等。若命妇夫亡，再嫁者，罪亦如之，追夺并离异。知而共为婚姻者，各减五等。不知者，不坐。若居祖父母、伯叔父母、姑、兄、姊丧而嫁娶者，杖八十。妾不坐。若居父母、舅、姑及夫丧，而与应嫁娶人主婚者，杖八十。其夫丧服满，愿守志，非女之祖父母、父母而强嫁之者，杖八十。期亲强嫁者，减二等。妇人不坐，追归前夫之家，听从守志。娶

① 《明太祖实录》卷37，第709~710页。
② 怀效锋点校《大明律》卷12《礼律》，法律出版社，1999，第95~96页。

者，亦不坐，追还财礼。①

综合来看，变化主要有如下几个方面。匿丧、居丧释服从吉、居丧参与筵宴，明代处罚较唐宋律减轻。居丧作乐、诈称父母丧，与唐宋律在量刑等方面有所不同。居丧嫁娶，《大明律》对居丧嫁娶之处罚包括身自嫁娶、为人主婚两种情况（无为人媒合之处罚）。冒哀从仕，唐宋律将居丧求仕分为"释服求仕"与"冒哀求仕"两类，分别处徒刑三年与一年。《大明律》则合为"冒哀从仕"。

（二）丁忧与起复

明清时期，维护守丧制度的核心在于坚持官吏的守丧解职制度，即所谓丁忧。

1. 丁忧

明清律对丁忧的起始日期、程序及丁忧期间的犯罪问题等都做了详细的规定。但只限于父母及承重祖父母，期亲不必奔丧及守制。

明初允许百官闻丧不必等批准即可去官奔丧。至洪武二十六年始规定，必须等批准后方能奔丧，因此官吏丁忧往往不得见父母遗容，甚至来不及参加殡葬。

守丧日期的计算，从闻丧日算起，至二十七月服满，不计闰月。丧期内还要取得原籍官吏及里邻等人关于该父母确系死亡的证明，以防诈称父母丧。二十七月服满后立即启程赴任，"若有过期不行，文移催取到部，果无事故在家迁延者，咨送法司问罪"。②

明代规定武官及某些特殊官职不得丁忧解职。嘉靖十六年（1537），四川道试御史苏术上疏认为应该允许武臣丁忧持服，明世宗降旨训斥，将其贬黜。③ 明代受限制的官职，还有钦天监官、医官等。

---

①　怀效锋点校《大明律》卷 6《户律》，第 61 页。

②　万历《明会典》卷 11《丁忧》，《续修四库全书》第 789 册，第 191 页。

③　《明世宗实录》卷 202，嘉靖十六年七月己卯，台北：中研院历史语言研究所，1965，第 4237 页。

洪武十九年令钦天监官不许守制，之后才有奔丧三个月之制。医官丁忧者，"奔丧二十七日，赴部送监办事"。①

明初以来，衍圣公"凡遇父母之丧，不行丁忧，即请承袭，与军职同"。明穆宗隆庆元年（1567）吏部主事郭谏臣上疏，认为鲁为上世秉礼义之国，孔子为万世礼义之宗，衍圣公为圣人之后，当守礼以表率天下之人。"不使其子孙守三年之制，其何以责天下？"应当让他们一如文臣，遵制丁忧。皇帝准从其议。②

清代丁忧守制，旗人和汉官有所不同。在京八旗文武各官遇到亲丧，"例于持服百日之后即入署办事"。不过在二十七个月内，"仍各私居持服，以自尽其心"，可不参加朝会和祭祀等礼仪活动。外任旗员丁忧，原定需归旗守制二十七个月。乾隆十四年（1749）更改为"嗣后外任满洲、蒙古官员丁忧，至京已满百日后，着该旗带领引见"。原因是，"原以旗员人少，若令离任守制，恐致误公"，"满洲、蒙古不似汉人众多，且旗员亦不应听其闲居不得当差"。③ 在汉官中稍有例外的是钦天监官生和太医院医官，丁忧时均不开缺离任，穿孝百日，即进署当差。

2. 夺情起复

因公务或军务特殊需要，特命不准去职居丧，令在职守制者，为夺情；官员虽已开缺回籍守制，但不待服满，即命提前补官赴任，是为起复。

明朝以来，大臣丁父母忧而朝廷夺情起复者比比皆是，吏部稽勋司专设"起复科"。明景帝时规定外官不许夺情，但京官未禁。明英宗正统十二年（1447），下令内外大小官员丁忧者，不许保奏夺情起

---

① 徐乾学：《读礼通考》卷108，第9~10页。
② 徐乾学：《读礼通考》卷108，第12页。
③ 光绪《大清会典事例》卷138《吏部·守制》，《续修四库全书》第800册，第339页。

复。景泰四年（1453），吏部都给事中林聪又上疏要求京官不得夺情，得到允准。后英宗下诏允夺情起复，罗伦疏谏。陆容《菽园杂记》论其事："先是，大臣遭父母丧夺情起复者，比比皆是。至是，始著为令，皆终丧三年。夺情起复者，亦间有之。实出朝廷勉留，非复前时之滥。是则罗生一疏之力也。"①

明代夺情起复之事，以万历年间内阁首辅张居正影响最大。万历五年（1577）十月，张居正闻父丧，虽然装模作样上表乞归，实际不欲奔丧守制，其党羽工部尚书李幼孜、大学士吕调和等遂倡夺情之议。张居正之夺情较以往不同的是，不仅不想守丧三年，甚至连奔丧也想免去，较通常的既葬夺情更进了一步。恰逢此时天文观察有星变之忌，于是人言汹汹，引发公愤，编修吴中行、检讨赵用贤等相继论奏以为不可。张居正大怒，用杖笞、削籍、谪戍、罢归等各种手段镇压反对者。最终，张居正未奔丧守制。

清代亦有夺情之制，但守制的具体规定具有自己的一些特点。

清代有"在任守制"，其与批准居家服丧不同，虽仍属夺情，但程度不如历朝所谓夺情之深。如雍正四年蒋廷锡遭母丧，"命廷锡奉母丧还里，葬毕还京，在任守制"。② 这大概即《清史稿·宋权传》中说的"如常入直，私居持服"。③

原本行于武职人员丁忧之时的居丧百日之制扩大范围。如《清史稿·穆宗本纪一》载，同治五年七月乙丑，李鸿藻丁母忧，"懿旨令百日后仍直弘德殿、军机处。……壬申，李鸿藻请终制，不许"。④《清史稿·宣统皇帝本纪》：宣统元年闰二月，军机大臣、大学士那桐

---

① 参见徐乾学《读礼通考》卷109《丧制二·变古》，第20页；陆容《菽园杂记》卷3，中华书局，1985，第27页。

② 《清史稿》卷289《蒋廷锡传》，第10252页。

③ 《清史稿》卷238《宋权传》，第9495页。

④ 《清史稿》卷21《穆宗本纪》，第815页。

丁母忧，"诏夺情，百日孝满改署任，仍入直"。①

亦有在京守制者。康熙三十三年，李光地督顺天学政。"闻母丧，命在任守制。"李氏乞假回里治丧，经九卿议，"命光地解任，在京守制"。服阕，仍督顺天学政。②

（三）丧服制度

《仪礼·丧服》以来，服制遵行以父至尊的原则，对家族其他成员的丧服，若父在，均需压、降。如对于为母服丧，规定父卒为母服齐衰三年，父在为母服齐衰杖期。这一原则，不断引起讨论，魏晋南北朝以来，母服有逐渐加重之势。到唐代，武则天为提高女性地位，提出父在为母服丧三年，《大唐开元礼》的编纂者接纳此项原则，定制父在为母齐衰三年。此后，宋代《政和五礼新仪》、《朱子家礼》乃至明初的《大明令》《大明集礼》均沿袭此项规定。

洪武七年九月，孙贵妃薨。贵妃无子，太祖命礼官议丧服之制。礼部尚书牛谅引《周礼》《仪礼》之制，认为父在则为母服期年，若庶母则无服。太祖以此制不近人情，下令翰林学士宋濂再议。宋濂考订古人议论，显示愿服三年者居多。太祖于是定制："子为父母、庶子为其母，皆斩衰三年。嫡子、众子为庶母皆齐衰杖期。"并著《孝慈录》一书颁示天下。"命吴王橚服慈母斩衰三年，以主丧事；敕皇太子及诸王皆服期。"③ 同时制为"服制图"，载《大明律》之首，以法辅礼。这一服制，明清两代均沿袭未改，成为定制。④

在继承明制的基础上，清朝服制最大的变化是增加了兼祧之服，具有清朝特色。纵观中国各朝，只有清朝承认兼祧合法。清乾隆四

---

① 《清史稿》卷25《宣统皇帝本纪》，第971页。

② 《清史稿》卷262《李光地传》，第9897页。

③ 《明太祖实录》卷94，洪武七年十一月壬戌，第1631~1632页；卷93，洪武七年九月庚寅，第1625页。

④ 何淑宜：《明代士绅与通俗文化——以丧葬礼俗为例的考察》，台北：台湾师范大学历史研究所，2000，第49~56页。

十年允许独子兼为两房之后，① 于是相应产生为两房父母及亲属的服制。

明初《孝慈录》有关丧服服饰制度部分，几乎完全照录《朱子家礼》。在法律上，至《大明律》《大清律例》则进一步简化，对丧服只剩下两条要求，一是布料质地，二是缝不缝边。明清律中的熟布与《朱子家礼》中的熟布不同，后者是指麻布，前者是指棉布。明清两代，棉布在民众的衣着材料中已占据了主要地位。自北宋司马光《书仪》以来，丧服服饰制度已发生变化：对为父母、夫、妻、公婆之服即斩衰、部分齐衰的服饰，尽可能维持古礼；而对其余齐衰、大功以下服饰，则随流俗变化。故在棉织品已经普及的明清两代，律中以棉布作为大功以下丧服服饰的材料。明清律"丧服总图"中斩衰服"不缝下边"、齐衰服"缝下边"，实际是经典服饰中斩衰"不缉"、齐衰"缉"的简化。经典服饰中，"不缉"是指斩衰上衣均不缝边，并不单指"不缝下边"，所谓下边，仅指上衣下摆处，可见"不缉"与"不缝下边"也是有区别的。

第五节　殡葬制度的近代变革

民国时期的殡葬制度，一方面，极大地继承了中国传统丧礼的诸多内容，有着不变的一面；另一方面，由于受到自晚清以来西方文化的强力冲击以及逐步迈入现代生活的现实情势，又呈现出诸多革新的气象，比如强调废除等级制、反对迷信、力倡节俭、实施国葬等。民国政府所制定的丧葬礼制，与民众根据自身生活环境而约定俗成的丧葬习俗，相互影响、彼此渗透，最终构成这一时期独特的丧葬礼俗。

---

① 独子兼祧是以一子兼承同父兄弟两房宗祀的特殊继承方式。详见孔潮丽《清代独子兼祧制度述论》，《史学月刊》2009 年第 12 期。

该时期殡葬制度的传承和变革，只有结合民间习俗和社会现实的变迁去理解，才能有更为深刻的认识。民国时期政治变化频仍，自中华民国成立到 1949 年中华人民共和国成立，政局一直处在变化动荡之中。因此，民国时期的殡葬制度，部分得到了贯彻实施，但也有相当部分并没有进入实施层面，产生的社会影响需谨慎评估。

一 《礼制》《服制》中的丧葬条款

1912 年，中华民国临时政府在南京成立，孙中山出任临时大总统。民国肇始，以共和取代传统的皇权政治，万象更新而又百废待兴。摆在新生的民国政府面前的任务，首先是一系列有关国家仪轨象征的制定。比如，改用公历纪元、民国纪年以及推行阳历，取代清朝的干支纪年、帝王年号纪年与阴历等，以示大同，合乎世界潮流。除此之外，便是礼制与服制的制定，成为民国开国元年的大事。

传统的皇权政治文化中，改朝换代需要"改正朔，易服色"。同样，民国新创，颁行何种礼制以指导国民日常的行为规范，使民众认同民国共和的理念是一件大事。"民间昏丧宾祭之事必待礼制而后可行者，不能以军旅未息，一切屏绝而不为也。为焉而无所依据，则手足不知所措矣，民俗于是不安，民志于是不定，此可危之甚者也。"[1] 有鉴于此，民国伊始便开始了礼制的制定工作。时人沈彭年认为"今日所最重要者，在立民国礼制之标识，期合于平等之主义而已。凡旧时规制为民国所必不当有者，则标明而废止之。民国所当有而其事又简单易行者，则特规定之"。[2] 换言之，民国礼制的制定应当体现民国的特质。

1912 年 8 月 17 日，经过临时参议院数月的讨论，政府颁布了民

---

[1] 《请临时政府宜速订暂行礼制》，《申报》1912 年 3 月 21 日。
[2] 《请临时政府宜速订暂行礼制》，《申报》1912 年 3 月 21 日。

国第一部《礼制》。该《礼制》共有两章七条，内容如下：

第一章 男子礼

第一条 男子礼制为脱帽鞠躬。

第二条 庆典、祀典、婚礼、丧典、聘问为脱帽三鞠躬。

第三条 公宴、公礼及寻常庆吊、交际、宴会用脱帽一鞠躬礼。

第四条 寻常相见用脱帽礼。

第五条 军人、警察有特别规定者不适用本制。

第二章 女子礼

第六条 女子礼适用第二条、第三条之规定，但不脱帽，寻常相见用一鞠躬礼。

第七条 本制自公布日施行。①

从这部《礼制》的内容来看，其最大的特色有如下几处。第一，在制定民国礼制纲要的时候，将男女的差别考虑进去，分为男子礼与女子礼。第二，从总的原则上废除了清朝礼制中的"跪拜"等反映等级制度的不合时宜的礼仪规范，代以"脱帽鞠躬"这种简易、现代的礼仪。第三，其规定了男子在丧典中所行之礼是脱帽三鞠躬，而女子亦行三鞠躬之礼。寥寥数语，拉开了民国政府关于丧葬礼仪与法规的序幕。

在《礼制》紧锣密鼓地制定的同时，甫一进入民国的人们对于在各种场合着何种冠服也较为茫然。早在1912年1月，有时人就政府行政人员与外宾交接时该穿什么样的衣服问题，指出了服制法案推出的必要性。"商务总长王君上沪军都督书云，中央政府成立而冠服尚

---

① 《命令》，《申报》1912年8月19日。

无定制，现担任行政职务者与外宾交接，仅服旧时便章殊不庄重。拟请转陈大总统早日宣布，凡须与外宾晋接者之冠服，期于中外一律，以表大同。如遇庆贺典礼或不须晋接外宾者，仍用绸缎冠服，亦须规定制度，庶昭郑重。"① 鉴于社会上的呼声和现实需要，民国政府开始制定有关冠服制度的法令。

1912 年 10 月 3 日，同样经过参议院数月讨论的《服制》方案，由临时大总统袁世凯向社会各界公布。该《服制》方案共有三章十二条，兹录内容如下：

第一章　男子礼服

第一条　男子礼服分为大礼服、常礼服二种。

第二条　大礼服式如第一图，料用本国丝织品，色用黑。

第三条　常礼服分二种。一、甲种式如第二图，料用本国丝织品或棉织品、麻织品，色用黑。二、乙种褂袍，式如第三图。

第四条　凡遇丧礼，应服第二、第三条礼服时，于左腕围以黑纱。

第五条　男子礼帽分为大礼帽、常礼帽二种。一、大礼帽式如第四图，料用本国丝织品或毛织品，色用黑。二、常礼帽式，如第五图，料用本国丝织品或毛织品，色用黑。

第六条　礼靴分二种。一、甲种式如第六图，色用黑，服大礼服及甲种常礼服时均用之。二、乙种式如第七图，色用黑，服乙种常礼服时用之。

第七条　学生、军人、警察、法官及其他官吏之制服，有特别规定者不适用本制。

第八条　凡有公职者于应服礼服时，不适用第三条第二款及

①　《请定冠服制度》，《申报》1912 年 1 月 19 日。

第六条第二款之规定。

第二章　女子礼服

第九条　女子礼服式如第八图，周身得加装饰。

第十条　凡遇丧礼，应服前条礼服时胸际缀以黑纱结。

第三章　附则

第十一条　关于大礼服及常礼服之用料，如本国有相当之毛织品时得适用之。

第十二条　本制自公布日施行此令。[①]

　　从 1912 年《服制》所体现的内容来看，其与传统的服制有较大区别。首先，是服制废除了等级制度，体现人人平等的精神。传统服饰的式样、色调与质地皆有严格的等级限制，平民与官吏、贵族之间在穿衣戴帽上有着等级分明和尊卑有别的区分。这部《服制》开创了官民可同服的新风尚，所规定的男女礼服、常服适用于全体国民。其次，该《服制》体现了民国过渡时代的特征，中西服式混合杂糅，新旧并行于世。在常礼服中，既可以选择西式的着装，也可穿以长袍马褂为代表的中式衣着。不过，在大礼服的选择上，则是第一次以官方法令的形式将西式服装定为礼服，显示了西风东渐在民国社会的影响。再次，是对服装原料需本国生产的强调。事实上，在《服制》制定的过程中，对于该采用何种原料，曾经在参议院内部引起巨大争议，各方辩论的结果是以维持国货、振兴民族经济为宗旨，故于服制内容一再强调使用本国丝织品与棉纺织品。最后，《服制》在总的原则上规定了丧礼之时所穿礼服，男子"于左腕围以黑纱"，女子于"胸际缀以黑纱结"。如严昌洪所言："这一规定在实际生活中既改变了向吊客散'孝帕'或白布的风俗，又冲击着斩齐缌麻之丧服制

---

① 广益书局编印《新制酬世大全》卷 1，1936，第 12~15 页。

度。"① 臂缠黑纱与胸戴黑纱结（后来改为白花），成为社会流行的丧礼服饰，直至今天。

总体而言，1912 年民国初建所颁布的《礼制》与《服制》，虽然并非专门针对丧葬的政府法规和条令，但其中涉及新时代的丧礼行礼方式和丧礼冠服，故可以看作民国所有有关丧葬法令的滥觞。更为重要的是，其中所体现的民国特质和精神，也影响到此后丧葬具体法令的制定。

二　社会公众人物的殡葬制度

（一）《国葬法》及相关法规细则

1916 年 10 月至 11 月，湖南籍的黄兴、蔡锷两人先后病逝于上海和日本。北洋政府决定以隆重的国葬礼安葬黄、蔡二人。"查东西各国对于有功国家之人均得予以国葬，所以表彰先哲昭示来兹，虽隆报之仪繁略不无或异，而旌扬之意中外本属从同。拟遵从优议恤之令请将前黄上将、前蔡中将隆以国葬典礼。"② 具体而言，国葬黄、蔡主要是仿照日本的模式，"查日本公爵伊藤博文及有栖川宫行国葬时，欧美各国均派代表，东京及各县均同时行遥拜礼。盖国葬与私葬不同者，私葬时与祭者必至灵右，国葬不然，不过国家对于死者行一种奠礼而已，固不问其灵在何处也"。③

在北洋政府模仿日本国葬伊藤博文、参考英国安葬其君主及诗人、法国公葬其大文豪准备国葬黄、蔡的同时，国会议员张善与等又提出制定国葬法案。"又闻国会议员张善与等昨亦提出国葬法案，其案要旨凡得享国葬典礼必两项资格：一为有大勋劳于国家经国会议决

① 严昌洪：《民国时期丧葬礼俗的改革与演变》，《近代史研究》1998 年第 5 期。
② 《国葬黄蔡与国葬法案》，《申报》1916 年 11 月 25 日。
③ 《国葬黄蔡与国葬法案》，《申报》1916 年 11 月 25 日。

者，二为对外战死者。"① 经国会近一个月的讨论，北洋政府于 1916 年 12 月 18 日公布《国葬法》，内容如下：

一、中华民国人民有殊勋于国家者，身故后经大总统咨请国会同意，或国会之议决，准予举行国葬典礼。已经私葬者，亦得依前项之规定，补行国葬典礼。

二、国葬经费伍千元，由国库支出。

三、国葬墓地，由国家于首都择定相当地址，建筑公墓，或由死者遗族自行择定茔地安葬，均由国家建立碑铭，以表彰之。

四、关于葬仪及修墓一切事宜，由内务部派员办理。

五、予国葬典礼者，由大总统亲自或派员致祭。

六、举行国葬之日，所在地之官吏均往与祭，同时全国官署及公共团体均下半旗，设位遥祭。

七、殡葬时，所在地及经过地方之官署及公共团体均下半旗，并由国家派遣军队军乐护送。

八、本法自公布日施行。②

北洋政府公布的《国葬法》共有八条，开篇第一条规定了国葬资格。根据《国葬法》第一条规定，符合国葬条件的逝者是"有殊勋于国家者"，并不见得是国家最高领导人。法案也指出提请国葬的程序，或由大总统提议经国会同意，或者由国会直接议决通过。该法案中"已经私葬者，亦得依前项之规定，补行国葬典礼"表明，国葬并非对逝者即行安葬的实态，而是一种政治荣誉，具有极强的象征意义和仪式性色彩。这实际上指出了国葬与私葬本质的不同，私葬是为了

① 《国葬黄蔡与国葬法案》，《申报》1916 年 11 月 25 日。
② 《政府公报》第 345 号，1916 年 12 月 19 日。

使死者得到安葬，同时寄托家人友朋的哀思；而国葬是一种隆重的国家纪念仪式，这是民国之前所未曾有过的。

1927 年，国民革命军通过北伐推翻了北洋政府的统治，并在南京建立了新的国民政府。1930 年 10 月 7 日，南京国民政府发布新的《国葬法》，北洋政府时期的《国葬法》被废止。新的法案内容如下：

> 第一条　中华民国国民有殊勋于国家者，身故后依本法之规定举行国葬。
>
> 第二条　国葬之举行由国民政府国务会议决定之。
>
> 第三条　国葬经费经国民政府国务会议议决由国库支出之。
>
> 第四条　依本法第二条之规定决定，举行国葬时由国民政府派员组织国葬典礼办事处，筹办国葬事宜。
>
> 第五条　国葬之仪式由国民政府以命令定之。
>
> 第六条　国葬举行之日，凡公务人员均须臂缠黑纱，全国停止娱乐，各机关、各团体及商店、民居均下半旗以志哀悼。
>
> 第七条　本法自公布日实行。①

第一位按照 1930 年《国葬法》安葬的是谭延闿。谭延闿于 1930 年 9 月 22 日去世，在为其准备国葬的同时，《国葬法》也随之由南京立法院通过。

自 1930 年推出至 1949 年，《国葬法》经过四次修订。1936 年 7 月 13 日第一次修订公布，彼时正值著名学者章炳麟逝世之际。"（南京）国府九日令。宿儒章炳麟，性行耿介，学问淹通，早岁以文字提倡民族革命，身遭幽繁，义无屈挠。……应即依照《国葬法》特予国葬，生平事迹存备宣付史馆，用示国家崇礼耆宿之至意。"② 1937 年 4

---

① 《立法院通过之国葬法》，《申报》1930 年 9 月 28 日。
② 《国府明令国葬章炳麟》，《申报》1936 年 7 月 10 日。

月 23 日再次修订公布，两次修订更改的内容主要有如下两方面。第一，何人适用于国葬，其表述修改为"中华民国国民有特殊勋劳或伟大贡献，足以增进国家地位、民族光荣或人类福利者，身故后得依本法之规定，举行国葬"。第二，规定为举行国葬应设立国葬墓园，除特殊情形外，国葬均应葬于国葬墓园。1947 年 12 月 5 日《国葬法》第三次修订公布，规定国葬墓园内应立祭堂，于每年植树节日，由国民政府派员致祭。1948 年 11 月 26 日第四次修订公布，将"国民政府"均改为"总统"，派员致祭日改为每年民族扫墓节日，其余大致同前。1948 年最终修订的《国葬法》共十二条，内容如下：

第一条　中华民国国民有特殊勋劳或伟大贡献，足以增进国家地位、民族光荣或人类福利者，身故后得依本法之规定，举行国葬。

第二条　国葬应经行政院会议以全体委员无记名投票过半数以上同意议决举行，由总统以命令公布之。

第三条　国葬费用经行政院核定，由国库支给之。

第四条　办理国葬时，应设立国葬典礼办事处，其组织通则由内政部拟订，呈请行政院核定之。

第五条　国葬仪式，由总统以命令行之。

第六条　国葬举行之日，由总统派员致祭，全国下半旗志哀。

第七条　内政部应会同首都所在地市政府，于首都择定地点，设置国葬墓园，呈请行政院核定之。

第八条　国葬墓园内应立祭堂，于每年民族扫墓节日由总统派员致祭。

第九条　前条墓园及祭堂之设计、建筑、墓位及碑碣之式样，由内政部会同首都所在地市政府拟订，呈请行政院核定之。

第十条　国葬墓园之管理警卫等事宜，授权首都所在地市政府办理之。

第十一条　凡国葬均应葬于国葬墓园，如愿择地另葬者，应经行政院核准，由受国葬者之家属领费自行安葬，但仍应于国葬墓园内建立碑记。

第十二条　本法自公布日施行。①

围绕着国葬及《国葬法》，南京国民政府又出台了一系列相关的法令规范，共同构成了一套系统的有关国葬方方面面的法规与仪式，兹分别介绍如下。

1.《国葬仪式》

1930年，南京国民政府《国葬法》出台之后，围绕着国葬谭延闿一事，依据《国葬法》第五条"国葬之仪式由国民政府以命令定之"，又出台了《国葬仪式》十条，用以规约国葬期间的各种仪式，以隆国葬典礼。1937年7月29日，国民政府又公布了修订的《国葬仪式》，共有十七条，其内容如下：

第一条　本仪式依《国葬法》第五条之规定制定之。

第二条　参加国葬典礼人员，应于国葬日指定时间齐集灵柩所在地。

第三条　起灵前中央执行委员会、中央监察委员会、国民政府各派代表十人，各院部会署长官、国葬典礼办事处正副主任、亲友及家属举行移灵。典礼由行政院院长主持。其秩序如下：（一）典礼开始；（二）全体肃立；（三）奏哀乐；（四）主祭就位；（五）献花；（六）恭读诔文；（七）向灵柩行三鞠躬礼；

---

① 《国葬法》，《上海市政府公报》第10卷第5期，1949年，第67页。

（八）默哀三分钟；（九）奏哀乐；（十）礼毕起灵。

第四条　灵车覆以党旗、国旗。

第五条　起灵时由附近要塞鸣礼炮十九发。

第六条　灵榇前后行列如左：

　　第一行列　骑兵官长一员，乘黑马执军旗；开道骑兵二名，乘黑马背枪；护旗骑兵二名，乘黑马背枪分执党旗、国旗（党旗在右、国旗在左）；骑兵二名，乘黑马背枪护旗；军乐队明令亭、铭旌、花圈、挽词、遗像亭、骑兵（抱战刀）。

　　第二行列　步兵军乐队、步兵（枪口向下）。

　　第三行列　海军军乐队、海军（枪口向下）。

　　第四行列　警察乐队、警察队（枪口向下）。

　　第五行列　军乐队、京外党政军各机关代表、京内党政军各机关代表、各团体学校代表、外宾、步兵（枪口向下）。

　　第六行列　各国代表、中央执行委员会、中央监察委员会及国民政府代表、各院部会署长官、国葬典礼办事处正副主任、亲友。

　　第七行列　灵车家属车、步兵（枪口向下）。

　　第八行列　骑兵殿后（抱战刀）。

以上各行列内之骑兵、步兵、海军、警察队之人数由国葬典礼办事处临时定之。

第七条　灵榇经过时，军警应行最敬礼，民众一律脱帽肃静致敬。

第八条　送灵人员自先头部队到达国葬墓园后，即以次分左右相向，作二行停止于灵榇经过时，军警应行最敬礼，余脱帽鞠躬致敬。

第九条　灵榇抵国葬园后，中央执行委员会、中央监察委员会、国民政府代表、各院部会署长官、国葬典礼办事处正副主任、亲友及家属恭扶灵榇入祭堂，举行安葬典礼，仍由行政院长主祭。其秩序如下：（一）典礼开始；（二）全体肃立；（三）奏哀乐；（四）主祭就位；（五）献花；（六）恭读诔文；（七）向灵榇行三鞠躬礼；（八）默哀三分钟；（九）恭扶灵榇入墓门（由各院部会署长官、国葬典礼办事处正副主任、亲友及家属恭扶）；（十）奏哀乐；（十一）葬毕礼成。灵榇安葬毕，送灵人员应各就指定地点向墓行三鞠躬礼，辞归。

第十条　灵榇安葬时，由国葬墓园附近要塞鸣炮十九发。

第十一条　灵榇安葬时，航空委员会派飞机示敬。

第十二条　送榇人员均应于左臂缠黑布一道，志哀。

第十三条　凡依《国葬法》第七条规定，择地另葬者不适用本仪式。

第十四条　择地另葬者，应于安葬之日在国葬墓园内建立碑记，并由中央执行委员会、中央监察委员会、国民政府各派代表十人，各院部会署长官、京内各党政军机关、各团体学校代表、亲友家属或代表，举行国葬，立碑致祭。典礼由行政院院长主祭，其秩序如下：（一）典礼开始；（二）全体肃立；（三）奏哀乐；（四）主祭就位；（五）献花；（六）恭读诔文；（七）向碑行三鞠躬礼；（八）默哀三分钟；（九）主祭报告受国葬者之事略；（十）奏哀乐；（十一）礼成。

第十五条　前条所定典礼由国葬墓园管理处办理之。

第十六条　择地另葬者移葬时，各地军队机关应派军警护送，各机关长官应亲自送柩，各团体、各学校得派代表参加。

第十七条　本仪式自公布日施行。①

---

① 《内政法规汇编·礼俗类》，1940，第15~16页。

由上述内容来看，修订后的《国葬仪式》对国葬的各个环节进行了巨细无遗的规定和说明，标志着相关仪式在南京国民政府的多次修订后已日臻成熟。

2.《国葬墓园条例》

根据《国葬法》第八条内容，应专设国葬墓园。1936 年 7 月 13 日，国民政府首次公布《国葬墓园条例》，共十条。规定国葬墓园应设于首都郊外，其地点由国民政府选定，呈由内政部核转行政院转呈国民政府备案。凡是依据《国葬法》举行国葬者，应依该条例之规定安葬于国葬墓园。但有特殊情形未安葬于国葬墓园之中的，经国民政府核准，得竖立墓碑，以资纪念。1937 年 4 月 23 日，国民政府公布经过修订的《国葬墓园条例》，相比之下有所删减，共七条，其内容如下：

第一条　本条例依《国葬法》第八条之规定制定之。

第二条　国葬墓园由国民政府指定地点设立之。

第三条　国葬墓园之设计、建筑、管理、警卫等事宜，应设国葬墓园管理处办理。其组织规程由内政部拟定呈请行政院核定之。

第四条　国葬墓园之墓位，由国葬墓园管理处规划，呈由内政部核转行政院转呈国民政府备案。

第五条　国葬坟墓、碑碣等之式样，由国葬墓园管理处拟订呈由内政部核转行政院备案。

第六条　国葬墓园内应立祭堂，于每年植树节日由国民政府委员致祭。

第七条　本条例自公布日施行。①

---

① 《内政法规汇编·礼俗类》，第 16 页。

《国葬墓园条例》颁行后，其执行情况如何已难以得知。不过，有资料显示，1947 年 12 月 5 日，《国葬墓园条例》被南京国民政府废止。

3. 《国葬墓园管理处组织规程》

根据《国葬墓园条例》第三条"国葬墓园之设计、建筑、管理、警卫等事宜，应设国葬墓园管理处办理。其组织规程由内政部拟定呈请行政院核定之"，南京国民政府内政部又制定《国葬墓园管理处组织规程》，并于 1937 年 4 月 30 日由行政院向社会公布。内容共十条，规定了国葬墓园管理处的人员组成，如下：

第一条　本规程依《国葬墓园条例》第三条之规定制定之。

第二条　国葬墓园管理处直隶于内政部。

第三条　国葬墓园管理处设主任一人，简派由内政部主管司司长兼任，副主任一人荐派。

第四条　国葬墓园管理处设左列二组：一、总务组；二、工程组。

第五条　总务组设文书、会计、庶务、警卫各股；工程组设建筑、园艺各股。

第六条　总务组、工程组各设组长一人，由内政部委员派充。

第七条　国葬墓园管理处设处员十二人至十六人，分掌各股事务。于必要时得延聘工程师及酌用雇员。

第八条　国葬墓园管理处应需警卫名额，由首都警察厅拨用。

第九条　国葬墓园管理处办事细则另定之。

第十条　本规程自公布日施行。①

---

①　《内政法规汇编·礼俗类》，第 16 页。

4.《国葬墓园建筑委员会组织章程》

1937 年 5 月 26 日，由南京市政府与内政部共同公布《国葬墓园建筑委员会组织章程》，用于建设国葬墓园。该法规共十一条，内容如下：

第一条　内政部、南京市政府为筹建国葬墓园起见，特设国葬墓园建筑委员会。

第二条　本会附设于内政部，其执掌如左：一、关于国葬墓园之设计事项；二、关于国葬墓园建筑工程之指导事项。

第三条　本会委员由中央执行委员会秘书处、国民政府参军处、行政院秘书处各派代表一人，内政部、南京市政府各派代表二人充任之。前项委员互推一人为主任委员。

第四条　主任委员总理本会一切事物，并为会议时主席。

第五条　本会每月开会一次，如有重要事项得开临时会，均由主任委员召集之。

第六条　本会议决案，应录送内政部、南京市政府办理。

第七条　本会设专门委员五人至九人，由内政部、南京市政府会同聘请之。

第八条　本会所需技术及事务人员，由内政部、南京市政府职员中调用，必要时并得延聘工程师。

第九条　本会不对外行文，所有文件往来，以内政部、南京市政府名义行之。

第十条　本会于国葬墓园建筑完竣后撤销之。

第十一条　本章程自核准公布之日施行。[①]

---

① 《内政法规汇编·礼俗类》，第 16~17 页。

5. 《国葬典礼办事处组织通则》

根据 1937 年所修订的《国葬法》第四条之规定："办理国葬，应由内政部设立国葬典礼办事处，其组织通则由内政部拟订，呈请行政院核定之。"当年 4 月 30 日，由行政院颁布了《国葬典礼办事处组织通则》，以法规的形式规定了国葬典礼的具体执行机构——国葬典礼办事处的组织原则，其内容如下：

一、本通则依《国葬法》第四条之规定制定之。

二、国葬典礼办事处设主任一人，特派副主任一人，简派秘书二人，其中一人简派，一人荐派。

三、国葬典礼办事处分总务、典礼、招待三组。每组设组长一人，干事若干人，办事员若干人。

四、国葬典礼办事处职员，除第三项所定人员外，应向国葬墓园管理处尽量调用之。

五、国葬典礼办事处经费，以二千元为限，由国库支付之。

六、国葬典礼办事处职员，均为无给职，但得酌给车费。

七、国葬典礼办事处，于国葬事宜办竣即撤销之。

八、国葬典礼办事处办事细则另定之。

九、本通则自呈毕核准公布之日施行。①

6. 《修正国葬先哲逝世日纪念典礼条例》

1933 年 9 月 19 日，国民政府公布《修正国葬先哲逝世日纪念典礼条例》，以此纪念"有殊勋于国家"的国葬者。该条例共五条，主要规定了纪念者、纪念方式以及纪念典礼的仪式等，其内容如下：

---

① 《内政法规汇编·礼俗类》，第 17 页。

第一条　凡有殊勋于国家，经照《国葬法》举行国葬者，其逝世日依本条例之规定，举行纪念典礼。

第二条　纪念典礼应由国葬坟墓所在地政府最高机关，领导当地各机关于墓前举行之。

第三条　纪念典礼仪式如下：（一）开会；（二）奏哀乐；（三）唱党歌；（四）向国旗、党旗、总理遗像及国葬先哲遗像行三鞠躬礼；（五）主席恭读总理遗嘱；（六）默念（三分钟）；（七）主席报告国葬先哲事略及其逝世经过；（八）奏哀乐；（九）散会。

第四条　举行纪念典礼之日，全国各机关、各团体、各学校、各工厂、商店均下半旗以志哀悼。

第五条　本条例自公布日施行。[①]

值得注意的是，在现代民族国家中，纪念仪式成为民众日常生活中国家认同的重要组成部分。民国肇建之后，各种关涉政治的纪念日被确立，如国耻纪念日、总理纪念周、植树节、劳动节、三八妇女节等。在诸种纪念日中，国葬先哲逝世日颇为重要。一方面，这一纪念日的设定是为了彰显国葬先哲对于国家的贡献，是一种政治荣誉。另一方面，通过纪念国葬先哲，也形成一定的政治崇拜和政治认同。"即使在纪念先哲的仪式中，孙中山也同样是崇拜的对象。"[②] 在《修正国葬先哲逝世日纪念典礼条例》第三条关于纪念典礼的仪式中有"（三）唱党歌；（四）向国旗、党旗、总理遗像及国葬先哲遗像行三鞠躬礼；（五）主席恭读总理遗嘱；（六）默念（三分钟）"这样几项内容，不难看出，在纪念国葬先哲的同时，也如陈蕴茜所言是形成

[①] 《内政法规汇编·礼俗类》，第17页。

[②] 陈蕴茜：《崇拜与记忆：孙中山符号的建构与传播》，南京大学出版社，2009，第179页。

了一定程度的孙中山崇拜。除此之外，也将对以孙中山为核心的国民党党国体制的认同，不断向参加追念的人强化。所以，《修正国葬先哲逝世日纪念典礼条例》既是民国国葬系列法案中的一环，也是构成民国政治实践的一维。

从 1916 年出台的第一部《国葬法》到 1948 年《国葬法》第四次修正案公布，以及围绕着国葬墓园、国葬仪式、国葬纪念而先后出台的系列法案，形成了民国时期关于国葬的相对完备的法规与法令。

（二）公葬与公祭法规

与国葬一样，民国政府围绕着公葬也出台了诸多法令法规，用以维系公葬的庄严肃穆，褒扬公葬者为国家所做出的贡献。1937 年 4 月 12 日，南京国民政府行政院公布《公葬及公葬墓园暂行条例》，在国家政令层面出台了正式的公葬法规。该条例共八条，内容如下：

第一条　凡中华民国国民有勋劳于国家，身故后经行政院会议议决，呈请国民政府明令举行公葬。但本人家属如声明不愿接受公葬者，得自行安葬。

第二条　凡公葬者应依本条例之规定，营葬于公葬墓园。

第三条　公葬墓园得设于各省市政府所在地。

第四条　公葬墓园由各该省市政府设置，咨请内政部备案，前两条所称之市系指直辖市而言。

第五条　举行公葬由行政院指定所在地之省或市政府筹办之，其经费不得过五千元。

第六条　公葬墓园之设计、建筑、管理、警卫等事宜，由各该省市政府办理之。其坟墓面积及墓碑式样，应由各该省市政府核定之。

第七条　公葬墓园应于每年植树节日，由各该省市政府派员致祭。其典礼另定之。

第八条 本条例自公布之日施行。①

根据《公葬及公葬墓园暂行条例》的规定，能够享受公葬者，需"有勋劳于国家"。条例第二至第七条内容，分别说明公葬者应安葬于公葬墓园以及墓园所设位置、公葬经费、致祭典礼等。对比《国葬法》的相关内容，发现两者在内容上基本相同，公葬条例可以看作国葬法规低一规格的翻版。

根据《公葬及公葬墓园暂行条例》第七条，在公葬墓园内，每年需于植树节日由各省市政府派员到墓园致祭。因此，1937 年 6 月 18 日，行政院又公布了《致祭公葬墓园典礼》，用以指导各地公葬致祭。该条例共六条内容，兹列如下：

第一条 本典礼依《公葬及公葬墓园暂行条例》第七条之规定制定之。

第二条 各省市政府于每年植树节日，派员致祭所属公葬墓园，依本典礼行之。

第三条 致祭公葬墓园，由各该省市政府所派人员主祭，当地各机关团体、学校均另派代表陪祭。

第四条 受公葬人之家属得参加典礼与祭。

第五条 致祭秩序及位次依公祭礼节之规定。

第六条 本典礼自公布日施行。②

与国葬祭奠一样，公葬致祭于每年特定时间表示对死者的哀思纪念，由地方政府人员、各机关团体和逝者家属参与。除此之外，公开的祭奠在一定程度上也是通过纪念来"教育"参祭人员，具有

---

① 《内政法规汇编·礼俗类》，第 17~18 页。
② 《内政法规汇编·礼俗类》，第 18 页。

一定的政治文化意义。这就需要在致祭现场有严格的仪式，而非简单的悼念死者的活动。为此，国民政府于 1937 年 6 月 22 日修订公布了《公祭礼节》，并附有公祭位次图，以指导各地公祭活动，其具体内容如下：

第一条　凡举行公祭，除法令别有规定外，依本礼节之规定。

第二条　公祭依左列之秩序：

一、祭礼开始；二、全体肃立；三、奏哀乐；四、主祭者就位；五、陪祭者就位；六、与祭者全体就位；七、上香；八、献花；九、恭读祭文；十、行祭礼三鞠躬；十一、主祭报告致祭事典；十二、演讲；十三、奏哀乐；十四、礼成。前项第五、第六、第十一、第十二各款规定得因致祭时实在情形酌量改变或从略。

第三条　公祭位次依附图之规定。

第四条　本礼节自公布日施行。①

《公祭礼节》共有四条内容，核心是第二、三条。在第二条内容中规定了公祭之礼的具体环节，从祭礼开始到礼成，其间有全体肃立、奏哀乐、上香、献花、恭读祭文、行三鞠躬礼等诸多仪式。第三条内容是将公祭时各相关人员与场地摆设的位次图做一标准模式，供实际公祭时参考。同时，各地公祭的具体仪式可以根据实际情况调整，比如《公祭礼节》中主祭报告致祭事典、演讲等可根据情况酌情增减。

追悼会是近代以来兴起的新的丧葬仪式之一。与公祭一样，其本

---

① 《内政法规汇编·礼俗类》，第 53 页。

身也具有相当程度的公开性，大多用于上自国家政府机关，下至各社会团体对逝者的公开纪念与缅怀。国民政府对追悼会的仪式与会场位次图也出台了相关的法令，这便是 1935 年 7 月 10 日由内政部咨发各省市的《追悼会仪式》，其内容如下：

（一）开会。

（二）全体肃立。

（三）奏哀乐。

（四）向党国旗、总理遗像及受追悼者遗像行三鞠躬礼。

（五）主席恭读总理遗嘱。

（六）默哀三分钟。

（七）献花圈。

（八）读追悼词。

（九）主席报告开会意义及受追悼者之事略。

（十）各界代表致词。

（十一）奏哀乐。

（十二）礼成散会。①

从《追悼会仪式》中可以看出，整个仪式的设计是以国家和社会名义向死者致以哀思的礼仪过程。在这个过程中，南京国民政府将与国民党有关的政治符号很自然地嵌进去。结合追悼会现场图与《追悼会仪式》规定，国民党党旗与国旗被放在整个追悼会最上与最醒目的位置，紧挨其下的是国民党已故总理孙中山的遗像，然后才是受追悼者的遗像。党国旗、总理遗像、追悼者遗像摆放位次的不同，昭示着一种政治秩序。而在具体的追悼过程中，也要先向三者行三鞠躬礼，

---

① 《内政法规汇编·礼俗类》，第 54 页。

然后恭读总理遗嘱，在这些象征性的仪式之后，才是具体的追悼活动。

1943 年，以考试院院长戴季陶为首，在重庆北碚缙云山下北温泉就民国礼制进行讨论，通过《中华民国礼制》。为免遭散失，将其收入会议记录《北泉议礼录》中。在《北泉议礼录》五礼之一的《凶礼》篇中，除了适用于个人的普通丧礼之外，特别增加"特典"一节，用以规定与国家有关的各种丧葬礼节，包括国民政府主席亲奠、国葬法、国葬仪式、公葬法、追悼会等。其中，除明确指向国葬的仪式法规之外，其他几项皆是有关公葬与公祭的法规。"特典"第四目是有关公葬的法规，其内容如下：

一、中华民国国民有勋劳于国家者，身故后，奉国民政府明令举行公葬时，由国民政府派员，或由地方政府与受葬者之亲友主持葬礼。

二、凡公葬者，营于各省市政府所在地之公葬墓园。

三、公葬所在地之机关、学校及人民团体，应派代表参加公葬典礼。

四、公葬之移灵典礼，由省市政府长官主祭，余如国葬礼之仪节。

五、灵榇经过之处，军警应行敬礼，民众一律脱帽致敬。

六、公葬之安葬典礼，由省市政府长官主祭，余如国葬礼之仪节。①

"特典"第三目是有关追悼会的仪式，内容如下："凡有贡献于国家社会者，身故后，其所属机关、学校、团体同人及其亲友得举行

---

① 国立礼乐馆编《北泉议礼录》，北碚私立北泉图书馆印行部，1944，第 41 页。

追悼会，其仪节如次：一、开会；二、全体肃立；三、主席就位；四、奏哀乐；五、献花；六、向遗像行三鞠躬礼；七、主席报告死者行谊；八、致追悼词；九、讲演；十、家属谢礼；十一、奏哀乐；十二、散会。"①

相比20世纪30年代制定的公葬法规，1943年《北泉议礼录》中的"公葬"，在立法理念上并无太大不同，只是细节上稍有变动。在"追悼会"中有一定的变化，即去除了悬挂党国旗以及总理遗像、宣读总理遗嘱等具有党国象征意义的仪式符号，更多的是对死者的追悼和纪念，反映了此时制定礼规的理念。

从民国时期有关丧葬法规法令的制定来看，虽然在个人丧葬礼仪上一直存在礼俗相异、地域不同、法规前后矛盾等诸多难以解决的问题。但关涉国家、社会层面指向公共空间的丧葬法规（比如国葬、公葬、公祭、追悼会等），却能够系统地制定，并且吸收现代理念，能够很好地在各地贯彻执行。

三 北洋礼制馆与《丧礼草案》的制定

民国成立之后，围绕着如何制定礼制，曾先后在1912年出台了《礼制》与《服制》等礼制法案。相对于民国社会的变动和中西、新旧的杂糅，以《礼制》与《服制》为代表的简易礼制大纲显然不能满足现实的需要。有鉴于此，时任政事堂国务卿徐世昌创立了礼制馆。"伏思治定制礼，往代所崇。况民国肇兴，事同开创，欲将厘定通礼，尤必贯通新旧，符合国情，因革当审夫时宜，权衡宜衷于至当。"② 礼制馆于1914年7月1日开馆，其任务便是延聘通儒，制定民国礼制，分类编辑吉、凶（即丧礼）、嘉、宾、军五礼。

1914年创办的政事堂礼制馆在1916年裁撤，前后存在约两年的

---

① 《北泉议礼录》，第41~42页。
② 《礼制馆开馆记》，《申报》1914年7月6日。

时间。其裁撤的原因与袁世凯称帝失败和护国运动胜利有关。在近两年的时间内，政事堂礼制馆相继制定出《祭祀冠服图》《相见礼》《关岳合祀典礼》《忠烈祠祭礼》《祀天通礼》《祭祀冠服制》《祀孔典礼》等民国时代的专门礼制。这些专门礼制的制定既在一定程度上反映了民国社会的特质，同时也保留了传统礼制中相当多的内容，特别是由于正处在袁世凯复辟帝制时期，礼制馆诸多礼制的制定与传统的皇权政治文化又有千丝万缕的关系。护国运动胜利后，礼制馆很快就被裁撤。

礼制馆裁撤之后，1917 年夏，北洋政府内务部礼俗司继续承担编订礼制的重任。1920 年秋，国务院、内务部会同设立礼制处，但当年冬天就因为经费支绌而被裁撤。1925 年，北洋政府内务部呈准设立礼制编纂委员会，至 1927 年 9 月礼制馆奉令设立后，礼制编纂委员会解散。从 1916 年至 1928 年，先后四次成立礼制编订机构，前后纂订之礼制案十余种，有公之于众的，也有未来得及公布甚至是稿件已成但发生政变而中断的。礼制馆本身跌宕起伏的命运也是民国政治和文化激荡变动的一种写照。

1927 年 9 月成立的礼制馆，虽然在 1928 年 6 月因国民革命军北伐宣告北洋时代的结束而裁撤，但在其存在的时间内，有感于民国社会丧葬礼俗混乱、中西交错的现实，"民国不纲，礼教废弛，致我民壮而昏者不知何以娶，老而死者更不知何以葬，已十六年于兹。孟子云，惟送死可以当大事，丧礼岂容一日或缺。虽我国文明最古，旧制尚可沿用，究因时隔势殊，宜于昔不宜于今者实多"，[①] 因而编订《丧礼草案》，并在礼制馆内部对该草案进行讨论。由于该《丧礼草案》并未来得及公布和实施，北洋政府即宣告瓦解，过往研究甚少注意，今将其内容列出，以存一份史料。该《丧礼草案》内容如下：

---

① 中国第二历史档案馆编《北洋政府档案》第 157 册，中国档案出版社，2010，第 350 页。

袭章

陈沐浴巾栉、含具。

案：《士丧礼》，沐巾一、浴巾二，浴巾二者，上体、下体异也。疏士礼同用绤，并引玉藻云"上绨下绤"，彼据大夫以上，今拟于本句下加注，沐巾一，浴巾二，用绨用绤听。

小殓章

复一禅一皆以缯。

案：通礼，三品以上复三禅二，五品以上复二禅一，六品以下复一禅一。今酌用复一禅一。礼意固为已备，然附身、附棺术等其无憾，必限以复一禅一。子心或有未尽，至贫者，殓手足形，亦可以葬，此固未能概论也。

大殓章

以绛帛为铭旌，长七尺，题曰：中华民国某君某甫之枢（有官于某君上书某官，妇则书某君配某氏）。

案：旧礼内丧，书某封某氏。今妇人无封而易以某君配某氏，如夫犹生存，连带而书恐遭俗忌。

成服章

凡斩衰三年菅屦竹杖。

案：《丧服传》"苴杖竹"也，削杖桐也。疏为父所以杖竹者，父者，子之天。竹园上象天。为母杖桐者，桐之言同内心同之。于父又削之，使方者取母象于地。自父母同服斩衰而杖亦无别，然考民间习惯，有竹父木母之谚，尚与古制相合，今拟仍分用竹、桐以示区别。

若三岁以下遗弃子不知本宗，即后所养家姓氏，入校出仕者为养父母之服同。

案：旧礼系应考出仕者与为养父母句下注，并令辍考解任，语意重在辍考解任，今小注既删，则入校出仕句似不可节。

朝夕奠章

丧主以下诣案前依行辈行礼（已为亡者之卑幼再拜同辈再鞠躬，原再拜者听尊长一鞠躬，凡行礼时卑幼为一起，同辈为一起，尊长为一起）。

案：旧礼纯用再拜，今改完依行辈行礼，则拜与鞠躬之义已概括在内，小注似可不用。

治葬具章

仪后各视其宜。

案：旧礼仪后各视其品，隆杀自有范围，今无品级可言，故以宜字代之。然窃见富豪之家一殡之费殆数千金，此于附身、附棺之义毫无所取。若体先人遗意，以赙余分散戚族或充公益，岂然广孝思于无尽丧，与其易也，宁戚于后宜之中，似应示以限制，为遣奠章役人举鉴不逾四十八人之例。

题主章

是日择宗亲善书者一人题主。

案：指葬日而言。吾学录以近日丧礼，皆于出殡前一二日行题主礼，于丧次留之。惟祝之告辞则曰形系窀穸穸神返堂室，丧次柩犹在堂，于义嫌不充分，不如将告主一节，留待葬日行之，或将丧次告辞略为修改。

通观 1928 年北洋礼制馆所编订的《丧礼草案》，不难看出，其制定的丧礼程序与内容大多沿袭的是清代丧礼。从袭章、小殓章、大殓章、成服章到题主章，基本上皆是传统丧礼的再版。不过，这部《丧礼草案》也在一定程度上简化了传统丧礼的程序，去掉了一些烦琐的程式。此外，由于民国废除了等级制度，因此传统丧礼所体现的等级差别在这部《丧礼草案》中基本都去除了。在"小殓章"部分，传统丧礼根据品官等级不同，有"三品以上复三禅二，五品以上复二禅一，六品以下复一禅一”的规定，而这部《丧礼草案》取人人“复一禅一”。在“大殓章”中，如若是妇人，则书“某君配某氏”，一改传统的“某封某氏”之写法。

在对《丧礼草案》进行讨论时，礼制馆内部人员对其中一些提法又进行了补充和修改。一是认为应该增加提倡节俭之意的文字，认为这样可以改变丧葬大吃大喝的陋习。“我国普通习惯，几等丧礼于宴会，盛筵将事，观者为美，哀痛未闻，及以毁家供醉饱。为尽孝子之分量，奢而失礼，此风俗之大弊也。”① 为此，礼制馆书记员褚庆兰认为应该增加“示以制限”的文字。“查《丧礼草案》亲宾奠吊赗节，载延客待茶之文，是已早为鉴及，而示以制限也乎。窃谓事不明为规定，人犹受制习俗，似宜于待茶句后，增加必需食客以食时，品类务从简素。”② 再者，针对《丧礼草案》中男女丧服丧期不同而提出异议。“五服等杀，本以明亲疏，惟于夫妇，则显然大不平等。”③ 传统社会男尊女卑，体现在丧服丧期上是以男子为尊为重。民国男女平权成为社会常识，被大众所认可。因此，在《丧礼草案》中，应修订有关男女的丧服丧期问题。“民国改建，女权伸张，是为无可避免之事实。一代之兴，有一代之礼，此时万不可再拘守成规。对夫妻及妻族之丧服，允宜酌量损益，借资救济，不惟可以昌明人道，由不平而使之渐趋于平。”④ 这体现了鲜明的民国特色。

1928 年北洋政府的《丧礼草案》在整体上比较“趋古”，但有一些简化和革新。不过，由于北洋政权的垮台，这部《丧礼草案》并没有真正实施。

---

① 《北洋政府档案》第 157 册，第 351 页。
② 《北洋政府档案》第 157 册，第 351 页。
③ 《北洋政府档案》第 157 册，第 355 页。
④ 《北洋政府档案》第 157 册，第 356 页。

四 南京国民政府主导的《丧礼草案》

与北洋礼制馆编订《丧礼草案》形成对照的是，1928年南京国民政府成立后，时任礼制服章审订委员会及大学院院长的蔡元培和内政部部长薛笃弼，鉴于各地丧俗纷乱陈旧，大多沿袭旧有礼俗，其中迷信和陋俗交织，为了移风易俗，形成新的丧葬习俗，遂制定了《丧礼草案》。这部南京国民政府所主导的新《丧礼草案》，有着与过去截然不同的风貌。

由礼制服章审订委员会与内政部联合制定的《丧礼草案》，共有七章外加一个附则，其全部内容如下：

一、报丧

死者殁后，家属通知亲友，或用讣帖，或登报。

二、视殓

（甲）告殓，丧主行告殓礼，向死者行三鞠躬礼。（乙）陈殓具。（丙）入殓。（丁）盖棺。（戊）丧主向灵前行三鞠躬礼，亲友向灵前行一鞠躬礼，丧主谢襄殓者行一鞠躬礼，礼成。

三、受吊

来宾至灵前行三鞠躬礼。行礼时奏哀乐。礼毕，丧主致谢行一鞠躬礼。

四、祭式

（甲）序立。（乙）奏哀乐。（丙）主祭者就位。（丁）参灵，向灵前行三鞠躬礼。（戊）献祭品（限香花、酒果），奏乐。（己）读祭文。（庚）辞灵，向灵前行一鞠躬礼。（辛）奏哀乐，礼成。

五、别灵

（甲）来宾辞灵礼：（一）就位。（二）奏哀乐。（三）向灵前行三鞠躬礼。礼毕，丧主致谢行一鞠躬礼。

（乙）丧主辞灵礼：（一）就位。（二）奏哀乐。（三）向灵前行三鞠躬礼。

六、出殡

铭旌在前，次挽联、花圈，次乐队，次像亭，次送殡者，次丧主，次灵柩。（挽联、花圈、乐队、像亭等，不用者听。）

七、丧仪

（甲）丧主行告窆礼：（一）就位。（二）奏哀乐。（三）读告窆文。（四）行三鞠躬礼。

（乙）丧主祭奠礼：（一）就位。（二）奏哀乐。（三）向墓前行三鞠躬礼。

（丙）送葬者参墓礼，同上。礼毕，丧主致谢行三鞠躬礼。

八、附则：

（甲）殓服：礼服或军服。附身以衾为限，不得用金玉、珍玩等物。

（乙）丧服：白衣、白冠。

（丙）旧俗所用僧道建醮、一切纸扎冥器、龙杠衔牌及旗锣伞扇等，一概废除。

（丁）纪念死者可用遗像，载明生卒年月及年岁等，如用神主、题主，旧礼应即废除。

（戊）丧事从俭，奠仪、挽联、挽幛、赙仪、花圈等为限。此外，如锡箔、纸烛、纸盘、冥器等物，一概废除。①

从这部《丧礼草案》的内容来看，其最大的特色在于趋新和简洁实用，适合民国以来的现代都市生活。在报丧部分，草案规定"家属

---

① 石苇编《应用文全程》，长风书店，1946，第61~63页。

通知亲友，或用讣帖，或登报"，尤其"登报"是近代以来的新形式，是在晚清报纸大规模兴起之后才有的新现象，将之写进《丧礼草案》颇为"现代"。在视殓、受吊、祭式等部分，也和传统丧礼的规定大异其趣，在保持对逝者哀思和敬意的前提下，尽量简化繁杂的礼节和规矩，所使用的也都是"鞠躬礼"这种现代礼制。事实上，这反映了新文化运动以来以蔡元培、胡适等为首的新式知识分子对于丧葬礼俗的观念，是其革新精神的体现。1918年，胡适的母亲去世，胡适即采取简化的丧礼。

这部《丧礼草案》的革新精神，在草案最后的附则中集中体现出来。附则五条内容皆是有所实指。对于死者所穿殓服的规定，实际上是反对为死者"穿金戴银"的铺张浪费；丧服上"白衣、白冠"的规定，是废除传统丧服"斩衰、齐衰、大功、小功、缌麻"的五服制度，尽量做到简洁质朴；而"僧道建醮、一切纸扎冥器""神主、题主""锡箔、纸烛、纸盘、冥器"的废除，在从俭的前提下，也是反对迷信、破除旧礼的观念的反映。1928年由蔡元培等人制定的新《丧礼草案》，属于《民国礼制草案》的一部分，尽管最终未能公布实行，不过在民间社会中还是有很大的影响力。各地的县志中常见对于《丧礼草案》的引用，民国人所编著的社会礼仪实用录中也常见1928年《丧礼草案》的相关内容。

五 《北泉议礼录》中的《丧礼》

1943年，抗日战争进入相持阶段的后期，以重庆为战时陪都的国民政府于该年重启关于民国礼制草案的讨论。1943年5月，教育部创设国立礼乐馆，任命顾毓琇为礼乐馆馆长，[①] 就1938年教育部与内政部所拟订的礼制草案进行讨论。当年10月3日，由考试院院长戴季

---

① 《北泉议礼录》，第1页。

陶召集和主持，在重庆北碚缙云山下北温泉再次就民国礼制进行讨论。到会人员有戴季陶、陈立夫、周钟岳、顾毓琇、丁惟汾、狄君武、贾景德等，经过约十天的讨论，制定了《中华民国礼制》。北泉会议后，将其收入会议的记录《北泉议礼录》中，并出版发行。

《北泉议礼录》中的《中华民国礼制》是按照传统礼制将礼划分为吉礼、凶礼、嘉礼、宾礼、军礼五个部分，外加一个阐释制礼原则的总纲，共六部分。其中的凶礼部分，即是有关丧礼的规则。《凶礼》的开篇阐述凶礼制礼原则：

> 周官凶礼所以哀忧，丧礼所以慎终锡类，荒礼所以救患分灾吊恤之礼，以哀、祸、灾、寇，乱皆主于哀戚矜敬，无取缛节繁文。世变代异，则礼从其宜，明权制变，而义归于一。因革损益之际，其意至慎，而为用可知。是以三年之丧，古今一也。而开常禁，育人民，周礼荒政，特许多昏。时有常变，则礼有经权，达矜恤之意，赴救患之功，求理之通也。兹篇分丧礼、恤荒二章，而于制经权应世变之道，盖未尝不慎思之焉。[①]

从凶礼制礼原则来看，其遵循两大制礼原则：一是"古今一也"，即中国社会伦理中不变的部分；一是"世变代异，则礼从其宜"中"变"的部分。根据变与不变结合的制礼原则，1943 年《北泉议礼录》中有关普通丧礼的内容，以"丧礼以丧服、丧期定其隆杀，以男女、亲疏定其礼数"[②] 为指导，制定了丧礼草案，共八目，其内容如下：

第一目　始丧

一、始丧。家属为死者净浴、易服、安置尸床，行礼举丧，

---

① 《北泉议礼录》，第 37 页。
② 《北泉议礼录》，第 37 页。

立丧主。

二、家属即去华服，遣人向亲友报丧。

第二目　入殓

一、将殓。家属为之易礼服毕，家属及亲友以次瞻视遗容，行告殓礼。然后升尸入棺盖封。自始丧至入殓，不得过三日。

二、既殓设帷置案，立死者灵位或遗像，家属依丧服及丧期目之规定，分别成服。

第三目　讣告

一、既殡，家属讣告亲友其式如次：

（一）讣告尊亲属之丧用之

先○○（从亲属关系分别称呼，如先祖父、先祖母、先父、先母）

民国前
　　　　○年○月○日○时享年○○岁　○○等道礼成服敬谨
民　国

治丧　兹择于○年○月○日○时设奠　○年○月○日○时出殡安葬于○○　谨此哀告

称谓

○○○等哀启

（注：一、父在不称太夫人；二、称谓为孤子、哀子等）

（二）讣告同辈或配偶之丧用之

先○○○（从其关系分别称呼，如先兄或先弟、先夫、先
　　　　　　　　　　　　　　民国前
妻）于○年○月○日○时逝世　距生于　　　○年○月○日○时
　　　　　　　　　　　　　　民　国

享年○○岁　○○等道礼成服敬谨治丧　兹择于○年○月○日○时设奠　○年○月○日○时出殡　安葬○○　谨此泣告

○○○泣告

（三）讣告晚辈之丧用之

亡○（从其关系分别称呼，如亡男、亡女或亡媳）○○年○○岁于○年○月○日○时去世　兹择于○年○月○日○时设奠○年○月○日○时出殡　葬于○○　谨此泣告

○○○泣启

二、讣告应以近亲至友为限，如死者有勋劳于国家社会，得撰状附送。

第四目　家奠

一、出殡前家属举行家奠，其仪节如次：

（一）奠礼开始；（二）丧主及有服者以次就位；（三）上香；（四）献奠品；（五）读奠文（不用者略）；（六）向灵位行礼；（七）举丧；（八）礼成。

第五目　吊奠

一、亲友吊奠之仪节如次：

（一）奠礼开始；（二）吊奠者就位；（三）奏哀乐（不用者略）；（四）上香；（五）奠祭品；（六）读祭文（不用者略）；（七）向灵位行三鞠躬礼；（八）默哀；（九）家属谢礼；（十）礼成。

二、亲友闻讣，得致书唁丧主或死者家属，以文简情挚为主。

第六目　出殡

一、举殡时，先立木主，家属就木主前行移灵礼，乃撤帏升柩启行，其序如次：

（一）仪仗（如铭旐等类不用者略）；（二）灵位或遗像；（三）执绋者；（四）重服亲属；（五）灵柩；（六）家属。死者之功绩纪念品或其遗物足资观感者，并得列于仪仗之后。

二、出殡时执绋者全体肃敬，柩所过处，遇之者应脱帽致敬。

第七目　安葬

一、柩至葬所，家属及执绋者就柩前行安葬礼。执绋者行礼，家属谢礼毕，移柩入圹，掩土封墓，家属再向墓行礼。

二、凡死者应速安葬，如有特殊情形，得延至三个月内举行，但至迟不宜超过五个月。

第八目　丧服及丧期

一、丧服分斩衰、齐衰、大功、小功、缌麻五等，各分正服、义服，以麻制用。

二、五等之服其丧期如次：

甲、父母之丧，斩衰三年，正服。（首尾二十七月而除。凡国有大兵、大灾、大疫时从荒礼。）祖父母、伯叔父母、姑、兄弟、姊妹、子女之丧，齐衰期，正服。（首尾十三月。）媳之丧，齐衰期，义服。曾祖父母之丧，齐衰五月，正服。高祖父母之丧，齐衰三月，正服。从兄弟姊妹、兄弟姊妹之子女、孙子女之丧，大功九月，正服。孙媳之丧，大功九月，义服。伯叔祖父、祖姑、从伯叔父、从姑、从兄弟子女、兄弟孙子女，小功服五月，正服。伯叔祖母、从伯叔母、兄弟之妻之丧，小功服五月，义服。女之子女、曾孙子女、玄孙子女，缌麻三月，义服。

乙、母之父母之丧，大功九月，正服。母之兄弟姊妹之丧，小功五月，义服。母之祖父母之丧，缌麻三月，正服。母之兄弟姊妹之子女、姑之子女之丧，缌麻三月，义服。

丙、夫妻之丧，齐衰三年，义服。（首尾二十七月而除。凡国有大兵、大灾、大疫时从荒礼。）

丁、夫父母之丧，齐衰期（首尾十三月），义服。（妻嫁夫从夫居者，对于夫父母之丧期与夫同。）夫祖父母、夫伯叔父母、夫之姑之丧，大功九月，义服。夫兄弟及其妻、夫姊之丧，小功五月，义服。夫高祖父母、曾祖父母、夫伯叔祖父母、夫祖姑之丧，思（缌）麻三月，义服。

戊、妻父母之丧，齐衰期（首尾十三月），义服。（夫赘于妻家从妻居者，对于妻父母之丧期与妻同。）

三、为人后者，为其本生父母，齐衰三年，降服。

四、认领之子女，对于父母及生母，斩衰三年，正服。

五、养子女对于养父母之丧，服丧期与婚生子女同，义服。

六、前妻之子女，对于继母之丧，为大功九月，义服。（愿服斩衰三年者听。）

七、前夫之子女，对于同居继父之丧，为大功九月，义服。

八、婚生子女，对于所认领子女之生母之丧，为小功五月。但以其与父永久共同生活者为限，义服。

九、本章未规定丧服丧期之亲属，曾受死者之扶养或监护者，得服小功五月之丧，义服。

十、对于未成年之死者，丧服丧期降一等。但已结婚者不在此限。

十一、出殡后服丧期未满者，除行礼时外改用素服。但应于左肘以上缠黑布一道志哀。服丧期满，应行礼释服。

十二、凡因非常事故，服丧期已满而后扶柩回籍安葬者，启殡及安葬时仍用丧服，丧毕乃除。

十三、服斩衰三年之丧，在二十七月以内停止婚嫁。在职务上有特殊情形者，及国有大兵、大灾、大疫时，从荒礼。

十四、公务员有父母之丧者，得辞职守制。其不得请者，得在任给假治丧，坚辞者听辞职。[1]

---

[1] 《北泉议礼录》，第37~40页。

《北泉议礼录》丧礼草案中第一至第七目的内容是从生者逝去到安葬整个过程的礼仪规定，分别包括始丧、入殓、讣告、家奠、吊奠、出殡、安葬七个环节。整体而言，已大大简化了丧礼程序，显示了民国的时代特色。比如在行礼方面，采用鞠躬、默哀、脱帽致敬等礼节，在整个安葬过程中也去掉了烦琐的、带有明显迷信色彩的礼仪形式。对于安葬也要求从速安葬，反对铺张浪费。不过，《北泉议礼录》丧礼草案中也保留了不少传统丧礼的程序，有些甚至不太合时宜。比如始丧中的"立丧主"，这实际上是中国古代的丧葬风俗。一般而言，"立丧主"指确定主丧人，是传统宗祧制度的体现。民国的法律已经明确规定不再实行宗祧，而1943年的丧礼草案却重拾"立丧主"。

丧礼草案的第八目内容主要是关于丧礼中的丧服与丧期问题。关于丧服与丧期，历来是丧礼中最难规定之处。民国时期新旧交替，社会风俗的变化各地不一，国家政令法律与民间习惯之间又多有抵牾。因此，到底该如何规定丧服与丧期，社会各界人士多有争议。从《北泉议礼录》丧礼草案中关于丧服与丧期的规定来看，其较多借鉴传统丧礼习俗，颇有"复古"之意。根据亲疏关系，以斩衰、齐衰、大功、小功、缌麻这种传统的五服制度来规定丧服，也是延续"披麻戴孝"的旧式丧礼。在五服丧服制下，又详细地规定了不同亲疏关系应服的丧服以及应守丧期。不过，男女之间存在等级差别和一夫多妻的制度，显然不符合民国男女平等的理念和法律的规定。"男女平等，订于约法，与旧俗盖殊，本宗外家，原有差别者，今不得不重加规定也。"① 因此，关于男女之间的丧服与丧期，调整为互相平等的"夫妻之丧，齐衰三年，义服"，而非沿袭旧制的斩衰与齐衰之别。其在最后一条关于公务人员父母之丧的规定中，认为公务人员逢父母之丧

———————
① 《北泉议礼录》，第37页。

需要辞职守制，实际上是来自传统的"丁忧"，在民国社会的政治实践中显然很难实施。

总而言之，1943年《北泉议礼录》中的丧礼草案，吸收了民国历次丧礼草案的内容。不过，由于《中华民国礼制》于1943年10月讨论制定，颁布于1944年，而1944～1949年正值抗战进入尾声以及国共内战，国民政府无暇顾及礼制在全国的推广和实践。随着1949年国民党退踞台湾，这套丧礼草案也告以终止。民国不同时期的丧礼草案，最终都没有很好地得到贯彻实践，一方面是因为局势动荡，很难有一个相对平和的环境予以推行；另一方面，则是当时正处在国家与社会的转型时期，各地礼俗不同，没有政府长期、强有力的推广，则很难真正落实到民间社会中。

六 军人的丧葬制度

北洋政府为武人秉政，因此尤为注意军人的丧葬。1913年2月24日，以临时大总统令的形式公布了由时任海军总长刘冠雄主持制定的《海军丧礼条例》，这在民国历史上颇为特殊。

1913年的《海军丧礼条例》与《海军制服令》先后颁布，构成北洋政府关于海军礼制建设的一部分。《海军丧礼条例》共七章三十五条，详尽阐述了海军丧礼各方面的规定。《海军丧礼条例》第一章为总则，共六条，内容如下：

第一章 总则

第一条 凡现役海军军人及召集中之续备役、后备役海军军人，其丧礼均照本条例行之。但死者当犯法受刑中，不在此限。

第二条 凡丧礼，以死者之长官为主丧。

第三条 准尉官以上之丧，主丧者应于死者同级或下一级军官中指定一人或数人为丧礼干事。但无此项军官，得以上一级军官充之。

第四条　丧礼干事受主丧之指挥，掌一切丧礼事宜。

第五条　葬分水葬、陆葬二种。但水葬限于不能陆葬时行之。

第六条　丧礼分左列五种：

一、半旗。

二、发引炮或发引枪。

三、卫队。

四、葬炮或葬枪。

五、丧章。①

总则第一条规定了适用《海军丧礼条例》的人群范围，即现役或预备役海军军人，但触犯法律者不在此例。第二、三、四条规定了丧礼参与人员的组成，以死者上级为主丧者，以死者同级或下级为丧礼干事，具体操办丧礼诸事。第五条规定了丧葬的形式分为水葬和陆葬两种。水葬是海军丧礼中特有的形式，据说最早起源于北欧海盗，为海上古老的葬礼形式。近代以来，随着大航海时代的到来，远洋航行和海军远征使海员在航海途中逝去的情况不可避免，因此海葬或水葬逐渐成为一种丧葬形式。不过，晚清民国之际中国的海军并不发达，其在丧礼条令中因袭世界海军的通行做法，但又特别标明"水葬限于不能陆葬时行之"。第六条将海军将士丧礼过程的主要内容列举出来，分为半旗、发引炮或发引枪、卫队、葬炮或葬枪、丧章五个方面的内容。

《海军丧礼条例》的第二章，主要是说明和规定丧礼中关于下半旗的诸项事宜，条例内容如下：

_____

① 《政府公报》第 289 号，1913 年 2 月 25 日。

第二章　半旗

第七条　当军舰应悬海军旗、舰者旗之时，将各该旗章半下为半旗。若死者为司令或舰长，应同时将其旗章半下。

第八条　半旗依第一表之规定，自得讣时或死者殓时起行之。

第九条　本国军舰与外国军舰同泊一港内，得外国军舰照会应悬半旗致吊之时，即以相当期间举行半旗。

第十条　军舰遇有左列各官丧礼，应于当日悬半旗至日没为止：

　　一、军舰停泊地方，有本国现役陆军将官及召集中之续备役、后备役陆军将官之丧礼时；

　　二、军舰停泊外国地方，有本国驻扎外交官或领事官之丧礼时。

第十一条　无论死者随殓随葬与否，半旗只于第八条规定之时际行之。但行水葬者，限于葬时行之。[①]

此章内容共有五条，从不同方面规定了"半旗志哀"的各种礼节。第八条主要说明下半旗的时刻为"自得讣时或死者殓时"开始，第十一条补充说明水葬下半旗是在死者丧葬时开始。第九、十两条说明除本军舰或者海军之外的下半旗礼适用范围。其中第九条是说海军军舰与外国军舰同泊一港内，得到外舰通知有死者逝去下半旗时，也应同降半旗表示哀悼。第十条是说军舰停泊之处，有本国陆军将官及预备役陆军将官逝去，理应下半旗志哀；军舰泊于外国港口，有本国驻外外交官与领事官逝去，亦应下半旗志哀。从"半旗志哀"的规定可以看出，下半旗是海军丧礼中颇有仪式感的一个重要场面，其适用

———————
① 《政府公报》第 289 号，1913 年 2 月 25 日。

范围除了海军本身以外，也用于表达海军同行之间的彼此吊问以及对本国军政人员的志哀。"半旗志哀"起源于近代西方远洋航海之中，成为海上表达哀思的仪式象征。与此同时，这种海上礼节也传入陆地，并且融入近现代民族国家的政治活动之中。时至今日，"半旗志哀"成为全世界对重要人物逝去表达哀悼的一个通行方式。

《海军丧礼条例》第三章，对丧礼时如何发引炮或引枪有详细的规定，其内容如下：

第三章　发引炮或发引枪

第十二条　发引炮，每发应距隔一分钟至五分钟，其发数依《海军礼炮条例》附表所定。

第十三条　海上勤务将官之丧，其柩移出本舰载上舢板时，由本舰或同泊港中之一舰施放发引炮。若该处有可放礼炮炮台，其柩抵岸时，该炮台亦应施放。

第十四条　陆上勤务将官之丧，其柩迁出丧家时，由丧礼地港中所泊军舰之一施放发引炮。若该处有可放礼炮炮台，该炮台亦应施放。海上勤务将官之丧，其柩出发地如在陆上，亦适用本条之规定。

第十五条　舰长之丧，其柩移出本舰载上舢板时，由本舰施放发引炮。

第十六条　军舰遇有左列各官丧礼，应于其柩迁出丧家时，施放发引炮。但一港内泊有军舰数艘，则只一舰行之：

一、军舰停泊地方，有本国现役陆军将官及召集中之续备役、后备役陆军将官之丧礼时；

二、军舰停泊外国地方，有本国驻扎外交官或领事官之丧礼时。

第十七条　发引枪，每发应距隔一分钟至五分钟，由丧礼本舰之卫队或另编队伍施放，以三发为限。准尉官以上之丧无受发引炮资格者，在海上于其柩由本舰移往陆上时，在陆上于其柩迁出丧家时，施放发引枪。[①]

《海军丧礼条例》第四章是关于丧礼中如何使用卫队的规定，第五章是关于落葬时如何鸣发葬炮或葬枪的规定，两章内容如下：

第四章 卫队

第十八条 卫队于出殡时分列柩之前后，掌道中卫护之事，但其护送路程，不得逾一日以上。

第十九条 卫队之人数，依第二表之规定。如人数不足，得由主丧临时酌定。

第二十条 军舰在外国，遇有本国驻扎外交官或领事官出殡时，应按死者官阶酌定人数多寡，派遣卫队护送。

第二十一条 司令及舰长出殡，如在海上应将其旗章悬诸载柩舢板之首，在陆上则由卫兵一名捧行于卫队之先。

第二十二条 在外国举行出殡时，应以卫兵一名捧海军旗以行。

第五章 葬炮或葬枪

第二十三条 葬炮每发应距隔一分钟，其发数依《海军礼炮条例》附表所定。

第二十四条 将官及舰长陆葬，于其柩下坟时，由卫队施放葬炮，水葬则由本舰施放。

第二十五条 葬枪每发应距隔一分钟，陆葬由卫队成排施放，水葬由本舰卫兵或另编队伍施放，以三发为限。海军军人之

---

① 《政府公报》第 289 号，1913 年 2 月 25 日。

葬无受葬炮资格者，其柩下坟或水葬时，施放葬枪。①

值得注意的是，《海军丧礼条例》中有关卫队、葬炮或葬枪的规定，其实大多数是舶自西方的葬礼模式。众多周知，传统的中国军队建制是重陆轻海的。及至晚清，西方侵略者挟坚船利炮自海上而来，其所优长之处正是与海洋有关的远洋航行以及先进的舰船装备，其所攻击的正是"天朝上国"对于海洋的轻视。泰西文明与东方文明的碰撞，使国人开始极为注重海军的营建，北洋水师的诞生便是例证。若不以最终的胜败论英雄，晚清以来中国海军的礼制、军服和各种条令大多是仿效西方模式，可以说其西化的程度远高于陆军。仅就《海军丧礼条例》而言，其从法令立意到具体形式，也主要是以西方因素居多。这种以西式葬礼模式为主的海军葬礼，并不只是面向海军将士，对社会的影响也颇大。特别是卫队、引枪、葬枪、葬炮以及军乐队的形式，也被社会上一些趋新葬礼甚至是中西结合的葬礼所使用，在一定程度上起到移风易俗的作用。

《海军丧礼条例》第六章是关于丧章使用黑纱的规定，这也与民国的《服制》规定是相吻合的。第七章附则是就前六章规定之外的特殊情况进行说明，内容如下：

第六章　丧章

第二十六条　丧章以黑纱为之。殡葬行列中之旗章、乐器及卫队与送丧者之左袖，俱应被丧章，式如第一至第四图。

第七章　附则

第二十七条　海军军人之丧，若不即葬，应以柩至殡所为丧礼之终。嗣后葬时，不再举礼。但得于停柩时依第五章各条之规

---

① 《政府公报》第 289 号，1913 年 2 月 25 日。

定，施放葬炮或葬枪。

第二十八条　凡丧礼如有特别原因，不能照本条例施行时，由主丧者酌量省略之。

第二十九条　不能施放发引炮或葬炮时，得以发引枪或葬枪代之。

第三十条　遇有本国极高文武官长之丧，依《海军礼炮条例》其人有受礼炮资格者，得由所在海军资深官参照本条例及《海军礼炮条例》，适宜酌定礼式。但应即时报告海军部，或临时由海军部以部令规定行之。

第三十一条　遇有外国丧礼必须致吊时，所在海军资深官得参照本条例及《海军礼炮条例》并外国成例，便宜处置。但应即时报告海军部，或由海军部临时以部令规定行之。

第三十二条　本条例所称外交官、领事官，系依《海军礼炮条例》有受礼炮之资格者。

第三十三条　凡休职、停职者之丧礼，依陆上勤务军人例行之。

第三十四条　同时同地有两人以上之丧，依官职等级之高下、次第各行应行之礼式。但其间至少须距隔三十分钟。等级相同时，先对于资深者行之。若有两人以上同时合行丧礼，但依等级较高者之应行礼式行之。

第三十五条　本条例自公布日施行。[1]

从民国历史来看，按照《海军丧礼条例》进行安葬的多为当时的海军大员。1915 年，北洋海军上将郑汝成在镇守上海时，被陈其美派刺客暗杀。郑汝成灵柩运回北京进行安葬。当时《申报》报道其葬

---

[1]　《政府公报》第 289 号，1913 年 2 月 25 日。

礼，即遵照《海军丧礼条例》而进行。"应请大总统特派海军总长前往奠醊，其礼节另行规定。四护送卫队按照《海军丧礼条例》之规定，应派卫队二营，应由海、陆军两部分派兵队，先期齐集车站。灵榇到时，列队先致敬礼，并在灵榇导引。海军部军乐队先时至车站迎候，并随卫队护送至先农坛，其应被丧章，按照《海军丧礼条例》办理。"① 1918 年，加入同盟会追随孙中山、曾任民国海军总长的程璧光于广州被刺客暗杀。他的葬礼也是依据《海军丧礼条例》而进行。"程总长功在民国，今既逝世，查《海军丧礼条例》，应下半旗二日。昨已通饬各机关自二月二十七日起至三月一日止，照例举行以志哀悼。"②

1929 年，南京国民政府曾对 1913 年的《海军丧礼条例》进行审订，但基本维持了《海军丧礼条例》的主体部分，并未做太大改动。作为北洋时期针对海军军人以及具有相当社会影响力的《海军丧礼条例》，是民国时期关于丧葬的重要法规法令。

七　烈士抚恤褒扬法规

民国时期，内忧外患，战乱频仍。针对历次战争特别是 1937 年全面抗战之后的阵亡将士的抚恤、褒扬与纪念，成为民国政府日常行政活动中不可或缺的内容。围绕着对阵亡将士的抚恤与纪念，民国政府亦出台了诸多法规法令。

1912 年，中华民国初创。当年 2 月，南京临时政府成立临时稽勋局，由冯自由出任局长。临时稽勋局直隶于国务总理，掌办开国时立功宣劳等的调查、褒扬及抚恤等事项。具体职权是"稽查开国前各处倡议殉难者，开国时为国尽瘁身亡者，开国时关于各地方战事宣力著功者，开国时于军事、建议策划或奔走运动成绩卓著者，开国前后输

① 《郑故使灵榇到京之办法》，《申报》1915 年 11 月 27 日。
② 《程璧光被刺三纪》，《申报》1918 年 3 月 7 日。

资助公者"。① 对于已故革命志士及其遗族的调查与抚恤，是临时稽勋局的重要职责。当年 3 月，南京临时政府颁布《陆军部规定陆军官佐士兵恤赏表》，这是民国时期最早公布的一部军人抚恤法规。在该法规中，规定阵亡者按照军衔一次发放抚恤金，士兵从下士到上士为150~200 元，此外，阵亡士兵的父母妻小也有相应的安排。1912 年 9月 18 日，北洋政府公布《陆军平时恤赏暂行简章》，分总则、剿办内乱伤亡之恤赏规则、因公伤亡之恤赏规则、积劳病故之恤赏规则、恤赏规则等五章。1912 年 10 月 18 日，公布《战时陆军恤赏章程》，对于阵亡、阵伤致废、因公殒命、积劳成疾者分不同等级进行抚恤金的发放和对遗族的照顾。与此同时，北洋政府着手海军抚恤立法，拟制了《海军赡恤法草案》和《海军给予令草案》两部针对海军将士的抚恤法案。

1927 年南京国民政府成立后，于当年 7 月公布了《国民革命军战时抚恤暂行条例》，适用对象为战时伤亡的官兵。不久之后又制定公布《陆海空军平时抚恤暂行条例》和《陆海空军战时抚恤暂行条例》，继续完善对军人的抚恤法规。进入 20 世纪 30 年代，国民政府针对军人的抚恤立法更加专门化，出台了《空军抚恤暂行条例》《陆军平战时抚恤暂行条例》《海军平战时抚恤暂行条例》，分别从平战时的区别、抚恤金的发放方式、抚恤金发放等级、对于亡者亲属的照顾等层面进行严格和详细的规定。

1937 年全面抗战爆发，蒋介石于 7 月 17 日在庐山发表抗战讲话，称地无分南北、年无分老幼，人人皆有守土抗战之责。对日的全面抗战是近代以来中华民族对外的一次最大的军事战争，无数抗战将士牺牲在为国守土的疆场上。针对如何抚恤、褒扬阵亡将士，同时为振奋

---

① 张宪文、方庆秋、黄美真主编《中华民国史大辞典》，江苏古籍出版社，2001，第1368 页。

整个民族的抗战精神和意志，国民政府陆续公布了多项专门针对抗战阵亡者的抚恤法规，择其中重要者简要介绍一二。

（一）《人民守土伤亡抚恤实施办法》

1938 年 4 月，迁都重庆的国民政府行政院公布了《战地守土奖励条例》，鼓励全民族奋起抗战。1938 年 10 月 14 日，根据《战地守土奖励条例》，国民政府行政院又公布了《人民守土伤亡抚恤实施办法》，该办法共十五条，内容如下：

第一条　本办法依《战地守土奖励条例》制定之。

第二条　凡人民及一切人民武装抗敌组织（包括壮丁队、义勇壮丁常备队、别动队、便衣队、义勇军防护团、人民自卫军及其他一切人民武装抗敌组织）之份子因守土而伤亡者，其抚恤依本办法之规定办理。

第三条　凡合于《战地守土奖励条例》第一条第三、第六两款之规定而有左列情形之一者应予以抚恤：

一、参加抗敌战斗临阵伤亡者。

二、扰乱敌人后方及侦查敌人行动因而伤亡者。

三、协助军队工作或执行军队命令因而伤亡者。

四、保卫村镇抗拒敌人因而伤亡者。

五、因其他抗敌行动而伤亡者。

第四条　因前条各款原因受伤或亡故者依照左列规定抚恤之：

一、亡故者除给予其遗族八十元之一次恤金外，并给予每年五十元之年抚金。

二、受一等伤者除给予七十元之一次恤金外，并给予每年四十元之年抚金。

三、受二等伤者除给予六十元之一次恤金外，并给予每年三十五元之年抚金。

　　四、受三等伤者除给予四十元之一次恤金外，并给予每年三十元之年抚金。

前项二、三、四各款所称伤等，按照陆军平战时抚恤暂行条例第十三条之规定检定之。凡领导民众守土抗敌具有特殊勋劳因而伤亡者，得专案呈请从优抚恤。

　　第五条　依前条第一项第三款、第四款规定，领受一次恤金后三个月以内，发现其伤势加至较重伤等者，得依同条同项第二款或第三款之规定加给年抚金。

　　第六条　依第四条第一项第二款至第四款规定，领受恤金及年抚金后，发现其伤势减轻或痊愈者，自发现之日起，其年抚金得改依同条第三款或第四款之规定，给予或停止之。

　　第七条　依第四条第一项第三款规定，给予恤金核定后未逾两个月内，因伤发而死亡，或依同条同项第二款规定，给予恤金核定后，未逾六个月因伤发而死亡者，自死亡之日起，改依同条同项第一款之规定，给予遗族年抚金。

　　第八条　年抚金之给予期限如左：

　　一、第四条第一项第一款之情形，其遗族年抚金给予以十年为止。

　　二、第四条第一项第二款至第四款之情形，以五年为一期，期满后得呈请继续给与。未逾五年而亡故，其子女未成年者，得续给遗族五年年抚金。

　　第九条　应受年抚金之遗族其顺序如左：

　　一、死亡者之妻及子女（再醮或出嫁者不在内，下仿此）。

　　二、妻丧及子女俱无者，给其父母。

　　三、父母俱无者，给其祖父母及孙。

　　四、上列遗族俱无者，给其未成年之胞弟妹。

同一顺序有二人以上时，应按人数自行平均分配之。

第十条　人民守土伤亡抚恤，由受抚恤人及其亲属，或当地人民十人以上联署填其请恤事实表，呈请该管县市政府核查确实后，拟定办法呈请省政府核准办理，转咨内政部备案。

在院辖市则呈由市政府核定行之，转咨内政部备案。

第十一条　省政府核定抚恤办法后，即填发抚恤令，令经由原呈请机关送达恤金受领人。恤金受领人接到抚恤令后，即得向该管县市政府领取恤金及年抚金，但须取其保结并呈验抚恤令。在院辖市则由市政府填发其恤金，向财政局请领之。

第十二条　抚恤令分为存根备查通知及抚恤令四联。省政府于填发抚恤令时，应将存根留查备查一联送达审计机关，查核通知书一联发交财政部，转发抚恤金受领人，请领时与抚恤令核对无讹，即行发给。除通知书存县留查外，应册报省政府转审计机关查核。在院辖市则由市政府填发通知书于市财政局。

第十三条　人民守土伤亡抚恤金由省库支给一次恤金，财政厅于转发恤金通知书之同时，即将应发金额一并附发给年抚金者。财政厅应于每年一月至三月、七月至九月两期汇发县市政府转发。在院辖市抚恤金由市库支给，即由市财政局直接发给之。

第十四条　本办法所未规定者，得参考陆军平战时抚恤条例办理。

第十五条　本办法自公布之日施行。①

《人民守土伤亡抚恤实施办法》是抗战时期国民政府出台的最为重要的针对抗战阵亡士民的抚恤条令。该抚恤条令结合了民国以来关于军人伤亡抚恤法令的各项规定，并将适用对象扩大到为抗战而死的

---

① 《内政法规汇编·礼俗类》，第41~42页。

人民。法令的第二条规定了享受抚恤的人群范围，即"凡人民及一切人民武装抗敌组织"。换言之，凡为抗战而伤亡的军民，皆在抚恤范围内。法令的第三条具体规定了抗敌伤亡者受抚恤的诸种情形，包括抗敌中的阵亡伤残者、敌后侦查的牺牲受伤者、协助军队执行任务的伤亡者、保乡抗敌而伤亡者等，都在抗战伤亡抚恤之列。第四至第八条法规是关于发放抚恤金的具体细则。从法令内容来看，对抗敌伤亡者发放抚恤金，分为一次性抚恤金和常年抚恤金两种，抚恤金的数额则根据当时及其后的伤亡情形而定，亡者享受最多数额的抚恤金，伤残者根据伤势而定为数等。第九条法规是关于如何向抗战伤亡者遗族发放抚恤金的阐释。第十至十三条则具体地规定了如何申请抚恤以及领取抚恤的相关问题。

《人民守土伤亡抚恤实施办法》出台之后，国民政府在中央成立了抚恤委员会，与内政部、军政部、教育部联合开展相关抚恤活动。在地方上，各省市县政府依据该条令抚恤抗战中的伤亡者。譬如，1941年3月31日，《申报》报道安徽省抚恤境内因抗战而牺牲的民众："立煌镇陵县居民叶植万、张安发、崔绍柿、邓良友、方玉堂、朱先玉、叶俞氏等七名，因侦察日情及参加部队作战壮烈牺牲，皖省府特依照《人民守土伤亡抚恤实施办法》，各给予抚恤金，以励来兹。"[①] 对于抗战牺牲的民众，安徽省正是根据《人民守土伤亡抚恤实施办法》进行抚恤。

（二）《抗敌殉难忠烈官民祠祀及建立纪念坊碑办法大纲》

抗战期间，国民政府除颁布抚恤法规安抚因抗敌而伤亡的军民之外，也出台诸多政策对抗战忠烈进行隆重的安葬、纪念和褒扬，进而激发全民族抗战。在诸多褒扬法令中，围绕着忠烈祠的建立，国民政府出台了《抗敌殉难忠烈官民祠祀及建立纪念坊碑办法大纲》以及依

---

① 《皖省府抚恤守土阵亡人民》，《申报》1941年3月31日。

据该法第十条所制定的《忠烈祠设立及保管办法》，这两个是抗战时期针对抗战军民最为重要的褒扬法令。

忠烈祠的设立，并非始自抗战时期。中国古代为了表彰忠臣烈士，历朝历代皆有忠烈庙、昭忠祠或忠烈祠设立，用以奉祀忠烈之士。1912 年民国初立，为纪念革命死难烈士，以孙中山为首的革命党人将革命牺牲者崇祀忠烈祠，以示纪念和褒扬。从现有史料来看，彭家珍是中华民国临时政府下令崇祀忠烈祠较早的革命烈士。彭家珍是清末著名的革命志士、同盟会会员。1912 年，武昌首义之后，南北处于和战的拉锯之中，满洲少壮贵族为挽救风雨飘摇中的清王朝，成立了以铁良、良弼为首的宗社党，对抗革命意图自救。1912 年 1 月 26 日，彭家珍以炸弹暗杀良弼，本人也伤重不治。为了表彰彭家珍为革命牺牲的精神，1912 年 3 月，经孙中山批准，彭家珍得以崇祀忠烈祠。[①]

北伐之后，1933 年 9 月 13 日，南京国民政府内政部出台《烈士附祠办法》。规定"凡为国民革命而牺牲之烈士，除专设纪念祠供祀外"，依据《烈士附祠办法》在"事迹表著地、死难地，或原籍之烈士祠内附祠供祀"。[②] 1936 年 5 月，南京国民政府军事委员会又制定《历次阵亡残废受伤革命军人特别优恤办法全案》，在其所附的《各县设立忠烈祠办法》中规定："凡抵御外侮、北伐、剿赤各战役死亡官兵之原籍属于某县者，即于某县忠烈祠专祀之。"又指令各县将文庙、乡贤祠旁原有昭忠、忠义等祠或庙改建为忠烈祠，祭祀自北伐战争以来历次战役死亡的官兵。全面抗战爆发后，1938 年 11 月，蒋介石在南岳召开对敌军事会议，会上各将领反映战场上士兵伤亡惨重，许多士兵的尸骨得不到掩埋，几乎是暴尸疆场，这让蒋介石颇为痛心。一方面，抗战阵亡将士是为国捐躯，却不能入土为安，这无法向

---

① 《请赐恤彭烈士家珍》，《申报》1912 年 3 月 30 日。
② 绥远省政府秘书处编《烈士附祠办法》，《绥远省政府年刊》（1933 年），第 162 页。

逝者及其亲属交代。另一方面，阵亡将士的尸骨不能得到安置，对于士兵的士气也是极大的打击，而侵华日军素来对阵亡者的安葬极为重视，也会因此轻视中国抗战军队。在蒋介石的持续关注下，1940 年 9 月 20 日，行政院颁布《抗敌殉难忠烈官民祠祀及建立纪念坊碑办法大纲》以及《忠烈祠设立及保管办法》，用以纪念、褒扬抗战阵亡将士。《抗敌殉难忠烈官民祠祀及建立纪念坊碑办法大纲》共十一条，内容如下：

第一条　抗敌殉难忠烈官民之祠祀及建立纪念坊碑，依本大纲行之。

第二条　抗敌殉难忠烈官兵有左列诸事之一者，得入祀忠烈祠，并得建立纪念碑及纪念坊：

一、身先士卒冲锋陷阵者。

二、杀敌致果建立殊勋者。

三、守土尽力忠勇特著者。

四、临难不屈或临阵负伤不治者。

五、其他抗敌行为足资矜式者。

第三条　抗敌殉难忠烈人民有左列事项之一者，得入祀忠烈祠，并得建立纪念碑：

一、侦获敌人重要情报者。

二、组织民众帮助军队工作或执行军队命令者。

三、剿杀敌人或汉奸者。

四、破坏敌人重要交通路线者。

五、焚毁敌人仓库者。

六、破获敌伪间谍组织者。

七、被掳不屈者。

八、救护抗敌官民者。

九、组织民众实行国民公约者。

十、其他忠勇抗敌者。

第四条　凡合于前二条规定各款情事之一者，得由其事迹表著地、殉难地或原籍地之公正人民或乡邻亲属，填具详细事迹表，呈由各该县（市）政府调查属实后，呈请省政府，转咨内政部分别核准入祀，或建立纪念坊碑。抗敌殉难忠烈官兵，应由其原属部队填具事迹表，并造具清册报由军政部，转咨内政部核准。事迹表及清册格式，由内政部定之。

第五条　各级地方政府应随时查访，遇有合于第二条、第三条规定各款情事之一者，应详具事实，比照前条规定程序办理。

第六条　忠烈祠设于省市（包括院辖市及省辖市）县政府所在地，乡（镇）亦得设立之。纪念坊碑建立于事迹表著地、殉难地或原籍地。忠烈祠及纪念坊碑之建立经费，由地方政府支出之。

第七条　国民政府于首都所在地，建立忠烈祠，并得特准建立专祠、专坊或专碑。首都忠烈祠及专祠、专坊、专碑之建立经费，由国库支出之。

第八条　忠烈祠之入祀及纪念坊碑之建立，由内政部于核准时定之。忠烈事迹特著及建有特殊勋绩者，入祀首都忠烈祠，并得同时入祀各省市县忠烈祠。入祀首都忠烈祠者，应经国民政府明令行之。保卫地方建有功绩者，入祀省忠烈祠并得同时入祀原籍市县忠烈祠。其他忠烈入祀原籍县市（院辖市或省辖市）忠烈祠。

第九条　忠烈祠应祀古代名将及革命先烈。

第十条　忠烈祠设立及保管办法，另定之。

第十一条　本大纲自公布日施行。①

---

① 《内政法规汇编·礼俗类》，第50页。

在十一条法令内容中，以第二、三条法令最为重要，其分别规定得入忠烈祠受褒扬的官兵、人民的适用条件，共枚举了十五种抗战杀敌的情形。在大纲中，还特别提及要于首都建立忠烈祠，用以举行全国性的纪念和祭祀，但限于种种原因，最终未能建成。而在当时国统区范围内，各省市县根据《抗敌殉难忠烈官民祠祀及建立纪念坊碑办法大纲》，纷纷设立忠烈祠，用以纪念抗战牺牲者。各地所建的忠烈祠，是根据与大纲同日颁布的《忠烈祠设立及保管办法》条令。该条令共十三条内容，兹录如下：

第一条　本办法依《抗敌殉难忠烈官民祠祀及建立纪念坊碑办法大纲》第十条之规定订立之。

第二条　国民政府所在地、各省（市）政府及县（市）政府所在地，均应设立忠烈祠一所，乡（镇）公所所在地如有公共寺庙亦得设立之。

第三条　设立忠烈祠，得就公共祠庙改建，但应事先商得各该祠庙负责人之同意，并报内政部核准行之。

第四条　各地忠烈祠成立后，当地原有类似忠烈祠之祠庙，得由各该官署酌予归并，呈报内政部备案。

第五条　烈士牌位之式样及尺度如左：

一、牌位一律蓝底金字，边缕花纹，上加额，下设座。

二、牌位中直书烈士姓名，有衔者具衔，左书年龄、籍贯，右书殉难事由。

三、牌位尺度以国定市用尺为标准，长二尺，横宽五寸，两边各宽一寸五分，额高二寸，座高三寸。

四、如烈士人数过多时，得分排书写，每牌十排，每排十名。

第六条　忠烈祠应征集下列物品，开室陈列以供瞻仰：

一、烈士遗像。

二、烈士遗物。

三、有关烈士之文牍。

四、有关烈士之摄影。

第七条　忠烈祠内或附近得斟酌情形开设花圃或公园。

第八条　各地忠烈祠应于每年七月七日依公祭礼节举行公祭。首都忠烈祠由内政部部长主祭，省（市）忠烈祠由省政府主席或市长主祭，县（市）忠烈祠由县（市）长主祭，乡（镇）设忠烈祠者由乡（镇）长主祭，当地各机关、法团均须参加。

第九条　各地忠烈祠保管机关规定如左：

一、首都忠烈祠由内政部保管之。

二、省（市）忠烈祠由省政府民政厅或市社会局保管之。

三、县（市）忠烈祠由县（市）政府保管之。

四、特殊厅政区（如威海卫管理公署及设治局等）忠烈祠由各该官署保管之。

五、乡镇设有忠烈祠者，由乡镇公所保管之。

第十条　忠烈祠之保管经费列入预算。

第十一条　各地忠烈祠保管机关，应于每年年终将保管实况呈报上级政府，转咨内政部备查。如有特殊情形，并应专案具报。首都忠烈祠保管实况由内政部报由行政院，转报国民政府备案。

第十二条　忠烈祠不得占用或处分。

第十三条　本办法自公布日施行。①

---

① 《内政法规汇编·礼俗类》，第51页。

从条令内容来看，忠烈祠的作用并不是安葬抗战阵亡的军民，而是建造一个纪念场所，用以纪念和褒扬逝者。因此，在条令中规定征集烈士的遗像、遗物、文牍等可供瞻仰的物品，再结合牌位等，共同构筑一个纪念空间。法规也规定了自首都以至全国各省市县都要建立忠烈祠，乡有公共寺庙者也要设立。不过，可以专门设立忠烈祠，也可以改造当地的公祠庙宇作为忠烈祠，并且尽量营造成具有公园性质的现代仪式空间。忠烈祠以纪念与褒扬为第一理念，法规也规定了每年依公祭礼节进行祭奠。

第四章

殡葬礼俗

在史前时期，殡葬"礼制"更多地表现为约定俗成，而夏商周以后则表现为国家规定的制度，具有强制实施的性质。古人制定的殡葬仪程中的"礼"，贯穿于"殡""葬""祭"活动的全过程。《周礼》、《礼记》和《仪礼》（合称"三礼"）是研究殡葬礼仪最为重要的历史文献，而夏商周以后的殡葬礼仪，基本上是承袭"三礼"中的《礼记》所记载的礼制，其是中国古代社会制定殡葬礼制的基础，支撑了长期以来的中国殡葬礼仪活动。隋唐以后，特别是《大唐开元礼》《政和五礼新仪》等的颁布，将殡葬过程的礼仪程序进一步法制化，以规范人们的殡葬行为。所谓殡葬过程中的"俗"，是指人们在长期的殡葬活动过程中形成的相对固定的礼节、习惯，如"招魂"习俗等，基本上是不同地区社会发展进程不同、自然地理环境不同、生活内容不同、文化背景不同、宗教信仰不同，而各自形成的丧俗不同。可以说，殡葬礼俗，是以不同时期社会主导文化为基础的殡葬礼制与地方"民间葬俗"相结合的产物。

　　殡葬礼仪等级森严。《周礼·春官宗伯·小宗伯》记载："王崩，大肆以秬鬯渳；及执事莅大敛、小敛，帅异族而佐；县衰冠之式于路门之外；及执事视葬、献器，遂哭之；卜葬兆，甫竁，亦如之；既葬，诏相丧祭之礼；成葬而祭墓，为位。"大意是：王死后，用郁鬯为王尸沐浴；负责督察的人员同大祝等官员临视大敛、小敛，并率领异姓的人帮助行敛事。在路门外悬挂丧服和丧冠的标准样式。到将葬时同梓匠等官吏视察随葬明器，接着便代嗣王而哭。占卜墓地，开始挖墓穴时，也这样代哭。葬后，告教王行丧祭之礼。坟丘筑好后祭祀地神，设置祭位。这是最早记载"王崩"的一套比较完整的丧葬礼仪。

　　到春秋战国时期，中国古代的丧葬礼仪已基本具备。以士人的丧礼来说，按照《仪礼·士丧礼》，士级贵族由死到下葬的礼仪过程包括：招魂（死者亲属持死者衣物于屋脊中央，面北大声呼唤死者姓名，祈求死者复生）、楔齿（用角柶将死者的牙齿撑开）、缀足（用矮几固定死者的双足）、奠帷堂（放置祭品，在堂上陈设帷幕）、赴于君（向国君报丧）、君使人吊、君使人襚（国君派人前来吊唁，赠送衣衾时，需要撤去帷幕）、亲者襚、庶兄弟襚、朋友襚、为铭（即铭旌，将死者姓名、功名写于白旗上，置于灵堂前）、陈列丧葬所需衣物和器具、沐浴、饭含、小敛（死后次日清晨，为死者沐浴，穿衣及覆衾等）、大敛（将已经装裹好的尸体放入棺材之中，并且钉盖）、成服（士死期满三日后，丧主以及其他亲属开始穿上斩衰或者缌麻的丧服）、朝夕哭奠、筮宅（冢人占卜墓地）、视椁、视器（棺椁及随葬品）、卜日（占卜下葬之日，择吉日下葬）等。殡、葬、祭中的各个环节，历代有所增损，名称虽有所不同，但一般都包括初终、招魂、沐浴、饭含、袭、设铭旌制重、小敛、大敛、设灵座、成服、报丧闻丧与奔丧、启殡、陈器用、送葬、下葬、虞祭、祔庙等环节。下面就丧葬程序中每一项仪式的具体细节分别说明，以窥探其含义、作用所在。

第一节 殡礼

殡的过程中礼俗内容比较多，包括下葬之前的各个程序，主要包括初终、招魂、沐浴、饭含、袭、奉体奉精神、为铭、设重、小殓、大殓、设灵座、成服、报丧闻丧与奔丧、吊丧和赠襚等仪程。

一 初终

初终是指人将死时到咽气阶段。《礼记·丧大记》记载："疾病，外内皆扫。君大夫彻县，士去琴瑟。寝东首于北墉下。废床。彻亵衣，加新衣，体一人。男女改服。属纩以俟绝气。男子不死于妇人之手，妇人不死于男子之手。君夫人卒于路寝，大夫世妇卒于适寝，内子未命，则死于下室。迁尸于寝，士之妻皆死于寝。"人临终之时，需要为病人脱去旧衣物，重新穿戴新衣物。一般男人不用女人侍候，女人也不用男人侍候。换衣之后，将弥留之人迁至正寝（即居屋的正室），内外安静，让病者平静地死去。人刚死，家属要将尸体转移到地上，表示人一出生就在地上，死后也要回到地上。而后举行"属纩"仪式，即古人测试死者是否断气的一种方法，"属"是放置的意思，"纩"是新絮。其方法是：用很轻的新蚕丝或新棉放在死者的口鼻前试气，以观察是否断气。如果不见新絮摇动，表明人真的已断气，同时记住病人死亡时间。断气前，亲属应将死者弥留清醒之际的遗言及时记录。

人断气后，亲属要换丧服，女子不能佩戴首饰，以示肃穆。丧服换好后，亲属要坐在逝者床的东、西两侧，按照长幼亲疏排列，行踊跳之礼。其中男性在床的东面，按照丧主、兄弟子侄等和逝者的亲疏关系依次向后排列；女性在床的西面，以死者的妻子为首，妾室及其他女性依次排在后面。按顺序就位后，行哀哭之礼。寝室和外堂之间，用行帷隔开。祖父以下的亲属在行帷的东北壁下，祖母以下亲属在行帷的西北壁下。外姓亲属男子在门外东面，外姓亲属女性则在主妇的西北。主妇之丧，则长辈男子及外姓男性亲戚的位置在前堂，在门外的都要向南。同宗亲戚在门的东面，以西为首；外姓亲戚在门的西面，以东为首。在啼踊之礼的过程中，亲疏远近啼踊的地点和方位也不尽相同。

二　招魂

招魂，也称为"复"。古代认为人由魂和魄构成，断气并不意味着死去，只有魂魄同时不在，才算是真正的死亡。人气绝后，只能说他的魂不在，但魄可能在，如果采取某种仪式将他的魂招回来，还有复活的可能，所以要举行招魂仪式。

招魂仪式一般在正室中举行，由三人主持招魂之仪。《仪礼·士丧礼》记载："复者一人，以爵弁服，簪裳于衣，左何之，扱领于带。升自前东荣、中屋，北面招以衣，曰：皋某复！三降衣于前。受用箧，升自阼阶，以衣尸。复者降自后西荣。"《礼记·丧大记》对此也有记载，古人初死之时，需要逝者的亲人或者侍者拿着逝者的上衣，登上屋顶，"左执领，右执要"，面向北边，"凡复，男子称名，妇人称字"。《礼记·檀弓下》记载："复，尽爱之道也。望反诸幽，求诸鬼神之道也。"人们不忍见到亲人离去，故而请求鬼神，希望逝者的灵魂可以回到尸体里，实现复生。这个充满宗教、迷信色彩的仪式饱含了亲人之间的挽留、不舍之情。此外，招魂所用的衣服不能陪葬，一般招魂后烧掉。另据《墨子·非儒》："其亲死，列尸弗敛，登堂窥井、挑鼠穴、探涤器，而求其人焉。以为实在，则戆愚甚矣。"可见其时的复礼，不仅流行登屋顶招魂，民间还有窥井、挑鼠洞、洗涤器等习俗。又《礼记·杂记》记载，"如于馆死，则其复如于家"，古代不但给逝于正室者举办招魂仪式，对于客死在外者也要举行招魂仪式。《礼记·丧大记》有"其为宾，则公馆复，私馆不复；其在野，则升其乘车之左毂而复"。若逝世在途中，就在车上招魂，招魂用的衣服"不以衣尸，不以敛"，招妇女的魂，"不以袂复"，也就是不能用她出嫁时穿的礼服。死于府署或公馆的，方法与家同。至于客死其他人家的则"不复"，不可以举行招魂仪式。招魂仪式完毕之后，逝者亲人需要再一次确定死者是否真死。如死者不得重生，才正式举行丧事，立丧主和主妇、护丧、司书、司货。

三　沐浴、饭含、袭、奉体奉精神

招魂后，要为死者沐浴，修剪头发、指甲，以示洁净返本。沐浴后，接着是行饭含之礼。先秦时期，饭含丧俗就已存在。《周礼·地官·舍人》郑玄注："饭所以实口，不忍虚也。"《公羊传·文公五年》何休注曰："孝子所以实口也，缘生以事死，不忍虚其口。"举行饭含仪式是为表达对死者的敬爱之情，不忍其空口而去，饿着肚子到阴间受罪。饭含是把米、珠、玉、贝等放在死者口中。自周代之后，饭含这一习俗历代沿袭，只不过所含物品因各个朝代的不同而有所变化。

沐浴后，进行设床奉体仪式，就是再对尸体做一番整理修饰，进行施掩、设握、袭尸等。如《荀子·论礼》载："设褒衣，袭三称，缙绅而无钩带矣。设掩面儇目，鬒而不冠笄矣。"施掩，即用锦帛将亡者的头部裹起来。设握，《仪礼·既夕礼》云："设握，里亲肤，系钩中指，结于腕。"袭尸，指为死者穿上特制的丧衣。《仪礼·士丧礼》曰："乃袭三称，明衣不在算。"郑玄注有云："迁尸于袭上而衣之。凡衣死者，左衽，不纽。"即袭衣时，除了内衣，要给死者穿上三套全新的衣服，先秦袭衣为左衽。

而后，在室内西面放床，将床脚去掉，在床上铺好竹席，放上枕头，再把尸体安置于床上，头朝南面，盖上将来大殓时盖遗体用的被子。《仪礼·士丧礼》载："楔齿用角栖，缀足用燕几。"所谓"楔齿"，即用角栖（类似小勺子的礼器）将死者的牙齿撑开，以便举行饭含的仪式。"缀足"，则是用案几将死者双足固定，以便于以后为死者穿鞋。凡是与丧事有关的内外亲属及帮忙之人，都应该脱去锦绣、绯红及金玉珠翠之类的衣饰，换上丧服。

此后，举行一次祭奠仪式，即设床奉体仪式后再行奉精神之礼，也就是祭帷堂。由死者亲属将酒食等物置放于死者东侧，然后哭奠。这种仪式，象征死者能像生时一样有所饮食。最后还要行啼踊之礼，其哭的顺序、方位与死者初终时相同。

四 为铭、设重

铭即为灵柩前的旗幡。《礼记·丧服小记》："复与书铭，自天子达于士，其辞一也。男子称名，妇人书姓与伯仲，如不知姓则书氏。"铭，含有代表死者灵魂之意，同时表明死者身份。悬挂在户外，旗幡上书写死者姓名与官职情况，男人书名，妇人称姓与排序。按照品级，旗幡的长度有不同的规定："一品至于三品，长九尺，韬杠，铭曰'某官封之柩'，置于西阶上；四品至于五品，长八尺；六品至于九品，长六尺。"即一品至三品官，用满幅宽的绛色帛，九尺长，要用包裹上牛皮的竹杠，写上"某官封之柩"，放在西阶上；四品至五品官，帛长八尺；六品至九品官，帛长六尺。

设重就是用木板刻成一块牌位，置于中庭，用来象征死者亡灵。贾公彦为《仪礼·既夕礼》作疏云："初死为铭置于重，启殡祝取铭置于重，祖庙又置于重。今将行，置于茵者，重不藏，拟埋于庙门左，茵是入圹之物，铭亦入圹之物，故置于茵也，是以郑云重不藏，故于此移铭加于茵上也。"在先秦，初死之时就需要设铭旌、制重。待制重完成，就会将铭旌悬于重上。对于重的使用，不同等级也有不同的规定："一品至于三品，长八尺，横者半之，三分庭一在南；四品至于五品，长七尺；六品至于九品，长六尺。"制好牌位之后，将给死者沐浴时所用的小米盛入鬲中，用粗布盖住鬲口，然后用竹篾系住，挂在牌位上方，祝者再取来铭旌悬在重的上方。下葬之时，将其置于茵，待葬礼结束之后，一起埋入坟墓，重埋于庙门之左。

五　小殓

在古代，人死后之次日早晨为死者穿着尸衣（殓服、寿衣），称为小殓。小殓在室内，设帷，为死者着衣祇九套。殓毕移尸于堂。《萧山问俗记·丧礼》记载："敛，人初死，停于床，丧属跪而号哭……祭后，乃面西停于堂。至夜，僧或道踵于门，各事其事，或由丧家自雇，或为亲戚所赠，铙钹钟鼓交作，至晨乃已，意盖散抑郁之气也。"诸侯五日小殓，天子七日小殓。小殓之时，死者的近亲抚尸擗踊（捶胸顿足）痛哭，表示极度悲痛。有官职在身及有幕僚的人，可以派人代哭，其他人要依据与死者的亲疏关系进行哀哭。夜间要点亮厅堂灯火，称为坐夜。天亮后，熄灭灯火。

六　大殓

大殓是将遗体移入棺木之中。一般在死后第三日，也就是小殓的第二天进行。大殓需备三十套衣服，还有上等衣服一套，冠冕要备有簪导、缨等；如果死者为女性，需花钗一支、被子一床。此后的祭奠与小殓相同，其中甒上放勺，筐在东南，笾、豆、俎用细布盖住。

入殓前，要提前熬八筐粥（黍、稷、粱、稻各两筐），都要添加鱼和腊肉。把蜡烛放在食物的东边，把盆、盥等洗漱器具放在东阶的东南侧，祝者自台阶上去，执巾者在台阶下等着。祝者和赞者洗手之后，撤去小殓时使用的食物，按顺序放置在台阶的西侧，向西一字排开，其陈列的形式就像放置在堂屋中一样。然后到东阶，帷内的人稍退，站立哭泣。接下来侍奉者装殓，给死者戴上冠冕或花钗，用被子覆盖死者。然后打开帷幄，居丧者哭，礼仪如同小殓。入殓时，内外人停止哀哭，待棺椁抬上堂停在灵枢处，再哭。

此时内外人等回归原位。接着将熬好的粥放在死者周围，头脚处各一筐，左右两边各三筐。用木板覆盖棺木，用泥或漆对棺木进行涂抹、装饰，还要在灵枢上设置帷幄，把棺木都围起来，并且将铭旌覆盖在灵枢上。

最后还要进行祭奠。祭奠时，执巾者、执席者从台阶进入室内，将器物放在室内的西南角，然后面向东。过一会儿，赞者拿着食物进入室内，面向西，将食物放在席前。祝者用巾覆盖在俎上，奠者从西边台阶出来。最后放下帷幕。至此，入殓仪式结束。

盖棺仪式在各地不尽相同。盖棺时一般用四颗铁制的"寿钉"，由木匠以斧头将钉子楔入。躲钉，是指在木匠铆钉时，死者亲属齐跪灵前，为亡灵喊魂。楔左面钉，高喊死去的亲人向右边"躲钉"；楔右面钉，高喊死去的亲人向左边"躲钉"。

七　设灵座

灵座也称灵坐、灵位，设置于下室西面，朝东。灵座是死者大殓之后到下葬之前停放的地方，设置灵座包括放置床、案几、案台、屏风、帷帐以及服装，还要按时为死者放置食物和汤饮，就像死者生前那样侍奉死者。

八　成服

成服是指亲属按照与死者关系的亲疏远近，穿着相应的丧服，一般在大殓之后。成服之日，大家先行哭踊之礼以尽哀，然后按照从重到轻的顺序依次换上相应的丧服，五服之外的亲友仍着素色衣服。相者引众人来到灵柩前站立，众人行哭踊之礼。子孙跪在身份尊贵的人面前，祖父安抚他们，妇女们对立而泣。身份尊贵的人走出殡所，众人站立在东阶。关系略微疏远的亲人可回家。成服之后，贵客夫妇可到殡所致哀，其他人则到正堂南面致哀。孝子成服后，只能食粥，早晚只能食用四合小米（约为现在的 300 克）；如果不能吃粥，可吃些米做的饭。

九　报丧、闻丧与奔丧

据考证，闻丧、奔丧之礼的习俗源于周代，是丧俗的重要内容，以后各朝各代均有沿袭。报丧是指人死后，停柩一段时间，万事俱备后，亲属和子孙就要选日子报丧。奔丧是指当人们得知他们的亲朋好友或尊长的丧事，从外地赶往吊唁或料理丧事。

（一）报丧

报丧是指将死者的死讯告诉死者的亲戚、朋友以及上司下属。报丧的文书由护丧、司书发出；如果不发文书，则由主人亲自（或遣人）去亲朋家里，将死讯告诉他们。通常情况下，士大夫阶层会用纸质的报丧文书，即"讣告"；平民百姓家仅以口头告丧，几乎没有人家出纸质讣告。在此期间，除发出讣告，不再进行其他的书信往来，以书信来吊唁的也一律在卒哭以后复信。

（二）闻丧与奔丧

《礼记·奔丧》记载："始闻亲丧，以哭答使者，尽哀；问故，又哭尽哀。遂行，日行百里，不以夜行。唯父母之丧，见星而行，见星而舍。若未得行，则成服而后行。过国至竟，哭，尽哀而止。哭辟市朝，望其国竟哭。"大意是：若是子女在外闻父母过世，需要以哭答使者，详细询问父母的死因。待哭毕需要穿着深衣，头戴素冠尽快回到故乡。返乡途中，食素，只得白天走，不能黑天奔丧。至家，则从门外号哭于堂上。若是因为残病、生育等不能回家奔丧，需要寄物以表示吊唁，否则，就会被世人讥为不孝。根据与死者关系的亲疏远近，哭的要求也不尽相同，服齐衰者看见家乡的城楼就要哭，着大功服者看见家门才哭，着小功服者到达家门口开始哭，着缌麻者到达自己祭拜的位置才开始哭。到达举行丧礼的地方后，要先到灵前跪拜、哭悼，直到有人劝慰才止。之后去掉丧冠及丧服，披发露臂，赤足而行，再行死者刚刚去世时的祭奠仪式。

在古代，父母逝去不奔丧，乃大不孝行为。例如，战国军事家吴起沉迷弄权，其母丧而不奔；汉时，陈汤在等待升官之时遇父死而不奔丧，都为时人所不齿。

十　吊丧和赠襚

（一）吊丧

吊丧是指亲朋好友在接到丧家的讣告后，往往要在正式吊唁前，来丧家家中瞻仰死者的遗容。看后遗体便入棺，至亲好友再返回家中准备香烛、纸钱、爆竹和挽联等物，届时再来正式吊唁。即使因故或在异地不能前往，也必遣人驰书持礼往吊。

吊丧在秦汉时期就已萌芽，但缺乏具体的礼仪规范，到宋代，吊客往丧家吊唁时有了一套礼仪。首先是要穿上吊服，不同阶级的人穿的吊服也不一样。士大夫的吊服皆为素服，幞头、衫带都用生白绢制作而成；而庶人的吊服，素委貌，白布深衣。妇人吊服，吉笄无首，素吊服。其次，吊客要真心地哭泣，以示悲伤。吊丧还有一些禁忌，如吊丧不衣朱，而且吊丧期间用的物品也忌红色。丧家招待吊客等吃饭，只用素食，但是在丧事中从事体力活动的仆役人员可以吃荤食。

（二）赙、赗、襚

民间有助丧之举。所谓助丧，是指亲朋好友赠送车马、钱及衣服束帛等物给丧家，帮助其办好丧事，在古代文献中称为"赗"或"赙"、"禭"。先秦时期，助丧之举已经开始出现，助丧之物有钱财、车马、束帛、衣服、被褥等物品，但是还未成为固定的丧葬礼仪，各人因自身经济基础及与死者关系的亲疏远近而自行之。至两汉时，助丧制度已有雏形。官方赙赠制度对高级官吏、贵族的赙钱数量做出了较为明确的规定，赙赠的范围也进一步扩大，不只皇亲国戚、高级官僚，儒学之士乃至宦官都有获得朝廷赙礼的机会；此时赙赠的内容主要为钱币、布帛和谷物，高级的王侯官吏还可以获得棺木、玉衣等物。魏晋南北朝时期，赙赠进一步制度化，赙赠的内容主要有棺木、朝服、钱币、蜡。隋唐时，赙赠制度开始律令化，不同阶层人员的赙赠数目得以明确，赙赠的内容多为米粟和布帛。宋代时，死者亲故好友赠送给丧家的物品是"纸钱赠作"，这些物品最后都焚为灰烬，对丧家毫无用处。故此，司马光建议不如恢复古代的"赙禭之礼"。"既不珠玉，则含礼可废。"就是说如果真的要送，不如送一点儿实用的东西给丧家，如金钱、布料、粮食等，至于多少，可以根据自家的经济实力、关系的远近、感情的厚薄来定，聊胜于无。

官员的丧葬中还有发丧和赙赗两个仪式。发丧就是将死者去世的消息告诉给朝廷有关部门。其程序是朝廷派使者到死者家，主人来到死者面前说："臣某之父某官臣某薨，遣某官臣某奉闻。"说完，朝使者两拜；使者出门，主人哭着进屋，回到原来的位置。赙赗就是朝廷送给死者家属财物以助葬。六品以上的官员，朝廷可以助葬。这一制度在唐朝成为常礼。赙赗也有一定的仪式：朝廷使者面朝东站在死者大门西侧，他的下属捧着装满布帛等物品的筐子站在大门西南面，也面朝东。丧事主持者进门告诉主人朝中使者将来到的消息，主人站起来哭。丧事主持者面朝东接受主人的吩咐后出门，来到使者面前，朝西面向使者说"敢请事"，使者从下属手中接过筐子，说："某封若某官使某赙。"丧事主持者再次进入屋内通知主人，再出来说："孤某须矣。"然后把使者引入内门外，这时主人停止哭。使者进门后再说："某封若某官使某赙。"主人又哭，并再次拜谢。最后主人送使者出门。如果使者带来的财物没有筐子装着，主人家要准备筐子，不能将礼物放在地上。

十一 停柩待葬

停柩待葬即殡，指的是大殓之后到下葬之前棺木暂时停放的一段时间。停殡的日期，在历代丧制中有比较严格的规定，《礼记·王制》记载："天子七日而殡，七月而葬；诸侯五日而殡，五月而葬；大夫、士、庶人三日而殡，三月而葬。"而在民间，各个时代、各个地区因种种因素的影响，多有不同。归结下来，停柩待葬是出于对以下因素的考虑：一是准备下葬所需葬品；二是选择以及等待吉日；三是选择和营建墓地。除此之外，还有因战乱等暂时无法回乡下葬，财力不足，需要夫妻合葬，等等。

如果待葬时间比较长，丧家往往会采取一些措施，比如在灵柩周围放置冰块降温以防腐。在每月初一、十五，还要举行一种名为"殷奠"的祭祀活动。祭祀时，将食物放在东堂。要摆上分别装满醴和酒的瓦甒，两个杯子，一个木枓；还要分别摆上羊、猪二牲，干肉三条；还要有两个簋、两个簠、两个铏、六个笾、六个豆，并放盆在食物的东面。祭奠的时候，内外亲属都要过来，并穿丧服，各人到各自的位置上哭。奠祭当天，内堂不献食物。

第二节 葬礼

葬礼主要包括卜葬、启殡、朝祖、陈器用、送葬和下葬等。

一 卜葬

卜葬包括占卜墓地和占卜葬日。占卜墓地的程序为：查看用作葬地的土地的地形；挖掘该地的四角，查看土壤以判断该地是否可以选作墓地；如果适合，从中间开始挖，土要堆在南面，因为死者下葬时头朝北。哭踊之礼后，主人乘车到墓地。主人、占卜人员、筮师、巫师以及主丧者、亲属和宾客等人按照不同的方位，穿着相应衣服站立。这时，主丧者向前走几步，面朝东说"准备好了"，然后退回原来的位置。

占卜墓地的仪式正式开始，卜师手里拿着龟甲，筮师打开盒子拿出器具，并打击器具以惊动神灵。如果是为男性占卜墓地，则卜者口中念道："孤子姓名，为父某官封某甫，度兹幽宅，无有后艰。"如果是为女性占卜墓地，则将"为父某官封某甫"改为"为某母夫人某氏"即可。占卜完成后，主丧者来到主人左边报告占卜完成。为了确定位置，还需要在墓地上及墓地的四个角落、南门的两侧各立一根标杆。然后巫师跪读祝文，格式为："维年月朔日，子某官姓名，（若主人自告，父称孤子，母称哀子名字。）敢昭告于后土氏之神：今为某官姓名，（若主人自告，云为父某官封某甫，母云太夫人若郡君某氏，各随官职称之。）营建宅兆，神其保佑，俾无后艰。谨以清酌脯醢，祗荐于后土之神，尚飨。"最后丧主一家三哭后，卜宅兆仪式正式结束。如果刚才占卜的墓地不合适，需要重新举行完整的卜筮择地仪式。

古人对葬日的择定非常重视，需要年、月、日都吉利才下葬。其仪式与卜墓地一样烦琐，但是卜葬日是先确定下葬的日期，再占卜其吉凶。此后还要用龟甲占卜，并念道："假尔泰龟有常，假尔泰筮有常。"古人认为占卜确定之日，神仙鬼怪都不能怪罪，目的在于获得神灵保佑。如果这个日期可以的话，主人和其他人都要哭。如果时间不好，则要重来。据文献记载，早在汉代，我国就已经出现了专门用于卜选丧葬吉日的专著——《葬历》。司马光《书仪》也根据先秦时期和唐代的丧礼，以及当时"卜宅兆葬日"礼仪的发展情况，制定了"卜宅兆葬日"的礼仪，其具体仪程与前代大同小异，具体施行起来颇为繁杂。由于民间信奉后人的安危受到葬日吉凶的影响，因此下葬日要选择黄道吉日。

二　启殡

从殡到葬期间，丧家需要准备墓穴和筹备葬礼等，时间长短贵贱有别，因人而异。《左传·隐公元年》中记载："天子七月而葬，同轨毕至；诸侯五月，同盟至；大夫三月，同位至；士逾月，外姻至。"与周礼相比，汉代时间大大缩短，例如汉武帝十八日，汉明帝十一日，汉章帝十二日。民间无常例，长短不一，视丧家情形自定。后世许多官宦、富贵之家为了选择"风水宝地"，也有停灵数年之久的。通常而言，葬期不可以拖延太久，逝者宜尽早入土为安。但是由于灾荒、战乱、家境贫寒、客死他乡等特殊情况，长达数十年不葬也屡见不鲜。元代时期，人们推崇厚葬，"丧亲，贫则不举，有停其柩累数世不葬者"。但是，久殡而不葬实属非礼之举，为社会舆论所谴责，官宦之家还会受到弹劾和惩处。例如唐开元年间，朔方令郑延母亲逝世，殡僧舍不葬长达29年，监察御史颜真卿"劾奏之"，认为郑氏兄弟"三十年不齿，天下耸动"。宋代也有官吏因拖延父母葬期而被贬职的。

下葬日定下之后，就要举行启殡仪式。启殡，即将棺木移到堂屋等待出殡。下葬日的前一天傍晚，丧事主持人除去棺材周围的帷幄，准备祭祀，祭祀的规格与大殓时相当。宾客们站在大门的右边，面朝南，众人像往常夕奠时那样哭。启殡的那天，主人和诸子皆摘去丧冠，用纟由巾盖着头，到各自的位置上哀哭。祝者身穿丧服、手持功布，自东面的台阶进堂屋，于灵柩的南边，向北而立。这时，屋内外的亲属、宾客都要停止哀哭。祝者哀叹三声，宣布启殡仪式开始，众人继续哀哭。

丧事主持人将铭旌取下，放在牌位北面。主丧者上堂，清除棺木上所涂抹的泥巴，并在灵柩东设席，然后众人将灵柩抬到席子上。这时，丧事主持人用细布拂去棺木上的灰尘，然后将死者的衣被盖在棺木上，灵柩四周重新设置帷幄，只向东开口。

此后，丧主以外的家人入堂，在帷幄东面，朝西面向南哭。祖父辈以下的人在帷幄的东南角，朝南面向西哭；祖母辈以下的人在帷幄的西北角，朝南面向东哭；女婿辈的人在帷幄的东角，朝北面向西哭；女性在帷幄的西角，朝北面向东哭。而且，这些人中地位比较高的人，可以坐着哭。其间，丧事主持人和供奉饮食的人把祭物放在灵柩的东席，巫师斟酒祭祀死者。亲宾像离别仪式那样祭奠。

三　朝祖

所谓朝祖，又称为朝祠或祖祭，即于灵柩发引前一天，奉魂帛朝拜祖庙或家祠，犹如生前远行必辞别先辈。《礼记·檀弓下》："丧之朝也，顺死者之孝心也，其哀离其室也，故至于祖考之庙而后行。殷朝而殡于祖，周朝而遂葬。"

据《仪礼·既夕礼》，棺柩朝祖的顺序是"重先，奠从，烛从，柩从，烛从，主人从"。在朝祖路上，为防棺柩倾覆，由"司马执铎，左八人，右八人。匠人执羽葆（御柩）"指挥柩车前进。根据司马光《书仪》所述，时人"但言朝祖者，祖祢共庙举祖以包祢也"，即必须由家人奉棺柩到祖庙行礼。后因家庙狭小，难以周转，于是改用魂帛代柩。是时，役者进去，妇人一律退避，男主人则在旁边立视，如启殡时的礼仪。役者将死者的棺材抬到影堂前，祝以箱奉魂帛在前，执事者奉奠及椅桌次之，铭旌次之，枢次之。如果天未亮，则在枢前后各用两支蜡烛照明。接着，主人以下皆从哭。男子由右，妇人由左。重服在前，轻服在后，各以昭穆长幼为序。侍者站在最后面。无服之亲，男居男之右，女居女之左，不与主人、主妇并行。妇人皆披着盖头，因为有役者在前。役者出去后，则可去掉盖头。至影堂前，置枢于席，北首。役者出，祝率执事者设灵座及奠于枢西东向。若影堂前迫隘，则置灵座及奠于旁近，从地之宜。主人以下就位，位在枢之左右前后，如在殡宫。立哭，尽哀止。役者入，妇人避位。祝奉魂帛导枢右旋，主人以下哭，从如前。诣厅事，置席上南首，设灵座及奠于枢前南向，余如朝祖。主人以下就位坐于枢侧，借以荐席，如在殡宫，乃代哭如未殡之前。

四　陈器用

陈器用，即准备送葬的物品。《仪礼·既夕礼》记载："陈明器于乘车之西。"在启殡之日傍晚，枢车停在大门之内，正对大门，朝南，灵车停于枢车右边。送葬者的车停于大门之外，其中，男子的车停于门西，女子的车停于门东，按照与死者关系的亲疏排列。至于送葬途中的宿所，掌事者会提前挂上吉凶帐幕。凶帷挂于西，吉帷挂在东边，都朝向南，并在吉帷下设置灵座。

在出发前五刻，第一次击鼓提醒众人。要陈布吉、凶的仪仗，还有方相、志石、大棺车及明器等。死者官职等级不同，所陈器用也不一样：位居一品的官员用四条牵引绳，用六条带子固定棺木，灵枢左右各有八个铃铛，黑白花纹的饰扇、黑青花纹的饰扇、彩色花纹的饰扇分别用两个；二品到三品的官员用两条牵引绳，用四条带子固定棺木，灵枢左右各有六个铃铛，黑青花纹的饰扇、彩色花纹的饰扇分别用两个；四品到五品的官员所用之物与前者相比仅减少两条固定棺木的带子和两对铃铛，余者规格相同；六品到九品的官员只能用两条带子固定棺木，没有牵引绳，灵柩两旁各有两个铃铛，以及一对彩色饰扇。所有的东西准备好之后还要读赗、读遣。赗是指宾客的赙赠之物，遣是指为死者准备的随葬的物品。读赗的意义在于，表示宾客赠赗行为的完成和死者对赠赗者心意的领受；读遣则可以说明孝子贤孙准备物品的礼成。

五 送葬

陈器用之后，就开始进入送葬程序。在二刻时分，敲两次鼓，提醒众人准备送葬。掌馔者撤去启殡时所用的器物以便于灵柩出去，屋子内外人的人都开始哭泣。执绋者进入屋子，掌事者撤去帷帐，持饰扇者进入屋内，用饰扇遮住灵柩。执绋者拿起牵引所用的大绳，拿铃铛的人靠着西阶站好，负责拿大旗的人进入屋内，站在西阶的南边，面向北。掌事者把重取出来，将重靠在门外的东侧。执铭旌的人站在大旗的南面，面向北。

击鼓三次时，就要准备将灵车送进庭内。拿铃铛、拿饰扇、拿旌旗、拿大旗的众人负责引导。灵车进入庭内后，主人之外的其他亲属进来。之后，子女和亲属按照不同的方位再哭，巫师主持祖奠仪式，祭奠细节和大殓奠的程序差不多。巫师倒酒祭奠，进献食物，北向而跪说道："您的灵柩这次将永远地迁离这里了，我们已经精心布置好了灵车，一切仪式都符合先祖的教导，请您安心地享用祭品吧。"随后，将棺木抬上灵车，继续举行遣奠仪式。

祭祀后，主丧者用蒲苇包五个牺牲的腿，并用绳子捆好放入盘子，然后放在车前。灵车启动，孝子要牵着引走在前面，称为发引。出殡前，有的地方的丧俗是先举行"点主"的仪式，即请当地德高望重的名流学者或地方长官在牌位上用朱砂笔在原有的"王"字上加上一点，"王"字变为"主"字，俗称"成主"，就是指成为神灵之意。点主之人称为"点主官"，该仪式只限于正常逝世的中老年人，幼丧和凶死者不得举行。

灵枢从殡所运出前往墓地下葬，即"出殡"。出殡的过程中历来也有多种习俗。在明清时期的京师，在出殡前，丧家需要请阴阳先生将逝者的生卒、享年以及殡葬日期写于白纸之上，灵枢出城时需要交关验证，这种类似"通行证"的纸张俗称"开殃榜"或者"写殃书"。"伴宿"也可以称为"坐夜"，指在出殡前日，亲朋好友前来吊唁，延僧诵经，和众孝子彻夜陪伴于灵枢旁。"扫财"指出殡当日早晨，孝子以新帚打扫棺上浮土，将浮土倾倒于炕席之下；随后于棺角处垫一铜币，称为"掀棺"；接着行"辞灵礼"，礼毕，棺枢出堂。孝子执纸幡跟随棺枢前行，亲友随之，众人披麻戴孝，哀哭。出门之后，将棺枢放于灵车上，在灵车前放置丧盆，焚烧纸钱，上路之时孝子需要将丧盆摔碎。关于丧盆有如下描述："形如扁缶，底正中有一孔。置砖上，砖糊以纸，作书套形，摔时必使粉碎。"出殡时摔盆的礼俗沿用至今。

出殡途中，送葬之人需要拉灵车的绳子，即"绋"，让灵车缓慢前行。《礼记》中记载"助葬必执绋"。唐代孔颖达为《左传》注疏云："《周礼·遂人》，大丧属六绋，天子用六也。《丧大记》，君葬用四绋，大夫、士葬用二绋。是绋者所以引枢也。"绋绳的根数也需要依逝者身份而定。"富贵之家，路祭有多至数十起者。"其中"路祭"也称为"道祭"，在唐代就很盛行，指的是富贵人家出殡之时，亲友或者僚属沿路设祭。路祭之时往往表演乐舞、百戏，目的在于让逝者在入土前享受到人间的欢乐。例如，大历年间，太原节度使辛景云出殡，诸道节度使派员祭奠，"刻木为尉迟鄂公与突厥斗将之戏，机关动作，不异于生"，设"项羽与汉祖会鸿门之象，良久乃毕。缞绖者皆手擘布幕，辍哭观戏"。清代路祭多为逝者生前好友共同购买酒食和祭品，摆筵设席于灵枢所经路上，推选一位有声望的长者主祭，待灵枢到达，众人跪伏迎接，由主祭之人于柩前献祭品，再行一跪三叩礼，宣读祭文。待路祭完毕，孝子哭谢，继续前行。

出殡至村外，亲友止步，由逝者儿子"谢孝"。然后除去棺罩、停下仪仗，家人和至亲携带纸扎和祭品随棺去往坟地。待时辰到，立即下葬。

六 下葬

待棺木入墓后，阴阳先生需要摆下罗盘仪确定方位。方位采用东南—西北向（乾—巽位），即"头顶紫金山，足蹬雁门关"。阴阳先生有时还需安置镇物，例如桃弓、五谷、桑枝、柳箭、棉花等，以及在墓门内放置旌旗、墓志铭等。待墓门关闭，还需要设置门锁。逝者之子需要入墓检视，随后家人向墓内扔"富贵钱"和"富贵馍"等。在部分地区，墓内还需要放置有阴阳先生画符的新砖和新瓦，在民间习俗中，这被视为阴间的锁和钥匙。在掩埋棺木之时，有些地区的习俗要求"人停锹不停"，家人呼喊逝者"躲土"。待坟丘堆成以后，逝者儿孙手持的"哭杖""引魂幡"需要插在坟头之上，紧接着烧所有的纸扎，家人再次哀哭、祭奠后离去，让死者得以永远在此安息。

第三节 祭礼

死者下葬后，不代表丧葬礼仪的结束，亡者的亲故还要继续为其祭祀服丧，内容主要有虞祭、卒哭、祔庙、小祥、大祥、禫等，完成后整个丧葬礼仪才算结束。

一 虞祭

下葬结束后，还要举行仪式，将死者灵魂迎回家，称之为"虞祭"。传统上，中国人认为人是由魂和魄构成的，人死亡后，魄没有了，但灵魂在另外一个世界游荡。祖先的灵魂需要祭品才能存在，如果没有祭品，灵魂将会散亡得很快。

虞祭一般在下葬后的当天进行，事先要制作一块灵牌，长一尺，宽四寸，内有一个直径为九分的圆孔，涂上黑漆。灵牌放在灵座上，灵座设在寝室门内西边，朝东放置；此外在灵座东面还要放置一个没有装饰的几案。在西阶西面放置洗具，在北边窗户下放两个瓦甒，醴和酒放在东面。

丧主一家沐浴后来到灵座前，虞祭仪式开始。主人及其儿子拄杖在门外，进入门内后哭；宾客进来后面向灵座拜而哀哭，丧主一家哭而答拜。之后，进献食物的人从东阶进入屋内摆放好祭祀用的食物，食物与殷奠相同。主人洗手后将酒爵洗干净，斟好酒，将酒敬奠在所祭的食物前，向西面跪着哭。哀哭结束后丧主起身稍稍退后，祝者跪进祝文，巫师跪读祝文，祝文格式一般为："维年月朔日，子哀子某，敢昭告于考某官封谥：日月遄速，奄及反虞，叩地号天，五情糜溃。谨以洁牲柔毛、刚鬣、明粢、芗合、芗萁、嘉蔬、嘉荐、醴齐，哀荐祫事于考某官封谥，尚飨。"巫师于祝文读完后出门，主人哀哭，两拜，亲属宾客皆哭，两拜，祝者哭以尽哀。最后，掌事之人埋重木于丧主大门之外阶梯的西边。虞祭多举行三次，再虞、三虞的仪式规格和初次虞祭的规格一样。

二　卒哭

卒，为终止的意思；哭指"无时之哭"。按古代丧礼，百日祭后，改无时之哭为朝夕一哭，名为"卒哭"。古代孝子从父母刚刚去世到出殡，哭不绝声；殡后居庐中，念及父母即哭，称"无时之哭"。卒哭祭礼后改为朝夕各一哭，叫"有时之哭"。卒哭之礼于三虞后的一个刚日举行。古礼，士三月而葬，葬后又连续举行了三次虞祭，至此已近百日，故卒哭礼通常在死者去世后的百日举行。

宋代时，"百日卒哭"的礼仪记载得颇为详尽，司马光《书仪》载其礼仪为："三虞后，遇刚日，设卒哭祭。"逝者去世后百日举行卒哭礼。举行卒哭礼的当天，天刚亮，执事者就要把举行仪式时需要的食物准备好，把这些食物放在桌子上，陈放在洗手器物的东边。这些食物中蔬菜和水果共有五种，还有各种肉，如红生肉、白生肉、炒肉、烤肉、骨头、肉干、肉酱等；各种面食，如薄饼、油饼、胡饼、蒸饼、枣糕、环饼等；各种米食，如黍米、稷、稻米、粟米等。这些东西总共加起来不超过 15 种，如果家中贫困，或者迁居异乡习俗不同，一时无法将这些东西准备齐全，可以便宜行事，只需蔬、果、肉、面、米五类皆有，具体品数不做要求。祭祀用的器物为平时饮食所用，即使家里有金银的饮食器也不能用。准备祭祀用的酒放在酒瓶的西面，也可以用清晨初打的井水来代替酒。这些准备好之后，主人焚香，率领诸男子在西阶站好，然后诸男子洗手，依次捧着肉食放在灵座前面、蔬果的北面；主妇率领诸女子在西阶站好，洗手之后依次捧着面食、米食放在肉食的北面。陈列好之后，祝者站到主人的左边，向东跪下读祝词，祝词读完后众人再拜，卒哭礼结束。

但是这种"百日卒哭"的古礼在宋代民间并不流行，或者说此礼仅在一些文人士大夫中流行。

三　祔庙

祔是新死者与祖先合享之祭。按古礼，止哭之次日，奉死者之神主祭于祖庙，称"祔祭"。死者要合于祖父之庙，因为祖孙昭穆相同，所以要附属于祖父。这种昭穆也称"班"。班，即班次，指昭穆的次序。祭毕，仍奉神主还家，至大祥后始迁入庙。

祔庙之礼颇为烦琐，首先要选择一个好的时间，将死者的牌位迁入祖庙。在祔庙之礼的前一天，主人用酒以及干肉等祭祀神主，之后将神主移入帷幕中，再加以祭祀使神主得以安定。迁入祖庙时，主人和负责迁牌位的人都身着祭服。掌事者抬着腰舆，掌管宗庙的守门人站在宗庙的庭院里，向北拜两次，自东边的台阶进入坎室，将死者曾祖、曾祖母的牌位放到相应的位置，然后出来。拿着酒器和竹制礼器的人进入宗庙到自己的位置站定，祝者站到神座前，面向西边道："现今吉时已到，将您的神位迁入祖庙。"这时抬着腰舆的人走上台阶，巫师将死者的牌位放进匣子里进入祖庙，再将牌位放在神座上，祝者立定，赞者高喊："再拜。"众人在其位再次行礼。负责掌管馔食的人自东边的台阶进入室内，将食物分别盛放在神座前面。主人洗手，洗干净酒器，盛酒，自东阶进入室内面向北跪下，向死者牌位敬酒。经过一系列的程序，死者的牌位已经放在祖庙相应的位置上，用酒和肉脯进行祭奠，过一会儿再撤去这些东西。祝者将神主收入坎室。至此，迁入祖庙的程序基本完成。

四　小祥

小祥是指父母死后一周年（十三个月）的祭礼。丧主毁掉庐室，改作白土房室，铺设蒲席。主人及各子沐浴梳洗，除去头上的麻布，戴练冠，妻妾、女儿除去腰间的麻布。神主用栗木，祭祀时的礼仪与虞祭相同。宋代，小祥之礼发生了较大的变化。按宋制，外朝以日易月，父母死后十三日即为小祥。

五　大祥

大祥的祭祀礼仪和小祥的相同。隔月举行除丧服祭，即脱下祥祭之服，而除丧服祭的礼仪同大祥礼。祥祭后回到外室居住，妻妾、女儿回到内室。此时服丧的人已经可以吃肉酱。除丧服祭后就可饮醴酒，吃干肉。大祥之礼在宋代有所变化，按宋制，父母死后二十五日为大祥。外朝按以日易月之制，行奠祭礼，如前祭仪。

六　禫

禫是指丧家除去丧服的释服礼，也称为除服。除服礼在秦汉时就已产生，当时多为三年，即死者去世后三年丧家除去丧服。到宋代，用以日易月之制。按当时的礼制，死后二十七日即禫，奠祭之日，皇帝穿禫服。以政和礼为例：品官丧仪，禫前一日之夕，掌事者先备内外禫服，各陈于别所。主人及诸子俱沐浴，具馔如初。第二天一早，祝入设几筵于奥，主人及诸子、妻妾、女子仍祥服，内外俱升，就位哭，尽哀，降释服，服禫服。复升就位哭，设馔如初。赞者引主人盥手奠酒如初，祝进立于灵座右面。止哭，祝跪读祝文曰："维某年月朔日辰，孤子某敢昭告于考某官封谥。"按庶人礼，作"敢昭告于考某人之灵"。尚飨，余如大祥之仪。禫祭以后，丧家生活归于正常。

第四节　葬礼葬仪

中国素有"礼仪之邦"之称，礼是中国古代文化的根本特征，而礼仪制度和礼仪习俗则是礼的表现形式。葬礼葬仪作为中国传统礼仪文明的重要组成部分，历经历朝历代发展和完善，在不同历史时期发挥了重要的政治和社会等功能。

一　传统葬礼葬仪的社会基础

中国最早的丧葬礼仪出现于旧石器时代晚期。根据考古发现，北京周口店山顶洞人遗址中发掘有墓葬的遗迹，出土的遗物有石珠、钻孔兽齿等生活装饰物与燧石石器等生产工具，在尸骨的周围发现撒有赤铁矿粉末，身上还佩戴有骨坠，这说明当时已经重视对逝者的丧葬礼仪。学者推测，时人认为赤铁矿粉象征着红色的鲜血，在尸骨上撒赤铁矿粉，表明生命在延续。丧葬礼仪的产生便是以这种灵魂不灭观念为基础，灵魂不灭的观念产生于旧石器时代中期以前。丧葬礼仪的出现与当时的社会生产水平相适应。当时社会生产水平极低，在灵魂不灭观念的影响下，为了保护死者的灵魂，人们开始善待死者的尸体，于是便有了丧葬礼仪。进入阶级社会以后，中国的丧葬礼仪逐渐复杂化、制度化、等级化，并形成了一套成熟的丧葬制度。到了周代，中国的丧葬礼仪已经完备。《周礼》《仪礼》《礼记》等典籍详细描写了对初丧之礼、治丧之礼、出丧之礼、终丧之礼以及墓地、棺椁、随葬品的规定，并拥有一套完整的丧葬制度。另外还有专门负责丧葬的官员，特别是在五等丧服制度、墓室的大小、仪式的繁简、随葬品的多少及丧葬时间的长短等方面，等级化更加明显。《后汉书》云："古之葬者，衣以薪，藏之中野，后世圣人易之以棺椁。棺椁之造，自黄帝始，爰自陶唐，逮于虞、夏，犹尚简朴，或瓦或木。及至殷人而有加焉。周室因之，制兼二代。复重以墙翣之饰，表以旌铭之仪，招复含敛之礼，殡葬兆宅之期，棺椁周重之数，衣裳称袭之数，其事烦而害实，品物碎而难备。"可以说，随着丧葬礼仪的发展，等级观念愈发明显。

宗法制度是在氏族社会血缘关系基础上形成的，强调权力结构及等级划分，是封建社会的基础。其特征是崇拜祖先、父系承袭、嫡长子继承、父权统治、男尊女卑等。千百年来，丧葬礼仪受宗法制度和儒家孝道观念影响比较大。孔子曰"生，事之以礼；死，葬之以礼，祭之以礼"，后来孟子和荀子在继承孔子思想的基础之上继续发展，《孝经》就是集大成者。儒家孝道思想强调血缘、亲情、孝道，宗法制度和孝道观念相辅相成，成为中国传统丧葬礼仪的重要内容。

中国传统社会以宗法家族为基本的社会组织。维系宗法家族主要凭借家族中的等级划分及亲属间的情感联系，丧葬仪式则大大强化了族人的家族观念，使宗法制度中的权利、义务在代际关系中得以延伸，从而维系家庭内部的统一及保障家庭再生产的顺利进行。从社会角度来看，丧葬礼仪与宗法等级制度相适应，在一定程度上能维护社会稳定。中国传统社会主要依靠人伦关系维系，丧葬礼仪也蕴含着人伦关系。如孝道观念和宗法制度包含在丧葬礼仪中，体现其中的人伦关系。对个人而言，丧葬仪式能抚慰生者的悲伤，让活着的人接受逝者已逝的事实，同时丧葬礼仪还可以看作生者对死者应尽的义务，以丧葬礼仪安葬死者，不仅能摆脱对死者灵魂的恐惧，引导生者真实地面对死亡，还能反思生命的价值和意义。① 对家族而言，丧葬仪式能维系与巩固家族的情感联系，并发展家族的势力。

二 葬礼葬仪的演变

早期社会的祖先崇拜，主要是崇拜有大功的人。《国语》记载："黄帝能成命百物，以明民共财。颛顼能修之，帝喾能序三辰以固民，尧能单均刑法以仪民，舜勤民事而野死，鲧障洪水而殛死，禹能以德修鲧之功，契为司徒而民辑，冥勤其官而水死，汤以宽治民而除其邪，稷勤百谷而山死，文王以文昭，武王去民之秽。"虞、夏、商、周崇拜对其氏族有功之人。卜辞中记载了殷人对祖先神的崇拜。《礼记》在分析夏商周三代丧葬理念的异同时，指出殷人的特点是："殷人尊神，率民以事神，先鬼而后礼，先罚而后赏，尊而不亲。"从殷墟卜辞中不难看出，殷人尊神。比如杀牲祭神的数目极多，一次甚至"羊百""百牛""百豕""犬百"，另外还以大量的人作为牺牲，包括羌、大、亘、奚、印等邦族，一次杀至百人。殷人还崇拜自然、天神，如上帝、日、云、雨、雪等；崇拜地祇，如社、方（四方）、山、川等。而先民们的祖先崇拜，不仅崇拜先王、先妣，还崇拜名臣，其拥有不同的祭典仪式。列于祀典的受享名臣有伊尹、伊陟、巫咸、师盘等。《尚书》说："兹予大享于先王，尔祖其从与享之。"

---

① 陈鹏、范劭兴：《中国传统丧葬礼仪的功能变迁》，《劳动保障世界》2013 年第 7 期，第 172 页。

夏王朝是我国历史上第一个世袭制朝代，夏代在原本多神信仰的基础之上，出现了百神之长，即"天"。《说文解字》有："天从一大。"天，最初只是作为自然崇拜的一个对象，而后世不断赋予"天"神性，其成为至高无上的天神，被认为是宇宙的最高统治者，君王自称是天神在人间的代表，"君权神授"。《墨子》记载，禹进攻三苗前举行誓师仪式，其中誓词："济济有众，咸听朕言，非惟小子，敢行称乱，蠢兹有苗，用天之罚。若予既率尔群对诸群，以征有苗。"《墨子》还记载禹征伐有扈氏前誓师，称有扈氏"天用剿绝其命"，禹乃"恭行天之罚"。《墨子》中还引古书，"禹之《总德》有之曰：允不著惟天，民不而葆。既防凶心，天加之咎。不慎厥德，天命焉葆。《仲虺之告》曰：我闻有夏人矫天命于下，帝式是增"。据文献记载，"夏道尊命，事鬼敬神而远之"，"有夏服天命"，这说明夏人信鬼。夏代流行占卜，便是上帝鬼神迷信思想的反映。《汉书·艺文志》载《夏龟》有 26 卷，列入蓍龟类。这是一部占卜专书，今已亡佚。它是否夏代流传到汉代的，我们已无法证实，但它可能与夏人信鬼有关。另外，《礼记·檀弓上》也有"夏后氏用明器"的记载。"明器，鬼器也。"可见，夏人是信鬼的。考古资料也证实了这一点，如在二里头文化遗址中，出土了一些以猪、牛、羊的肩胛骨制成的卜骨，骨上都有灼痕。夏人灵魂不灭观念的存在，反映在丧葬上便是厚葬的盛行。如 1975 年在河南偃师二里头遗址发掘的一座墓，其随葬品就相当丰富，大坑内出土的随葬品有铜爵、铜戈、铜戚（钺）、陶、圆泡形铜器、石磬、绿松石片等；小坑棺内出土有圆形铜器、玉铲形器、玉钺、玉戈、绿松石片、骨串珠及海贝等。"据目前情况观察，大坑是墓穴，小坑是棺室，它可能是奴隶主的墓坑。"不仅奴隶主墓出土有丰富的随葬品，而且平民也广泛流行厚葬。在二里头遗址发现的 20 多座小型墓中，墓内均有随葬品，1~21 件，绝大多数为陶器，如鼎、豆、觚、爵、鬲、盆、三足皿、罐、瓮等，个别墓也出土有少量的玉器和海贝。

夏王朝始终信仰天和天命，夏君出师时要恭行天罚，统治国家也讲求天命，已经形成了以上帝为中心的鬼神系统。天神观念在思想家改造后，逐渐成为一种体现剥削阶级思想的宇宙观。

"先鬼而后礼"的商人最敬鬼神、祖先，突出地表现为当时特别盛行人祭与人殉。商代王室贵族几乎天天有祭祀鬼神和祖先的活动，甚至一天之内有数次祭礼活动。宫城之内，宗庙林立，人祭、牲祭的葬坑遍布四周。除祭礼活动外，商人还往往用卜筮决疑，即向鬼神请命断疑以决定人们的所作所为。这种用甲骨占卜向鬼神请命的做法，充分显示出商人重鬼神的思想。当然，商代奴隶主贵族频繁地举行祭祀和卜筮活动，是有其政治目的。一是取悦于鬼神和祖先，希望得到鬼神的庇佑；二是显示统治阶级与神之间的亲密关系，使被统治阶级相信只有他们才能得到神灵的庇护，从而听从安排。这样一来，奴隶主统治阶级就可以借助鬼神的力量和名义，"以教民事君"，让被统治者俯首帖耳地听从他们的统治。盘庚曾告诫臣民，"古我先后，既劳乃祖乃父，汝共作我畜民，汝有戕则在乃心；我先后绥乃祖乃父，乃祖乃父，乃断弃汝，不救乃死"，劝诫臣民不要有作恶的念头。《礼记·曲礼上》记载商人"敬鬼神畏法令"，道破了殷商统治者敬畏鬼神的本质。从商人那种"灵魂不灭"和"亲族意识"形式的祖先崇拜中，可以看出商人的丧葬观念已包含了伦理、宗教以及强调尊卑秩序的三重特性。此外，"殷人用祭器"，也表明在"尚鬼"的宗教信仰中已潜藏着日益扩大的伦理性丧祭精神，这成为"周因于殷礼"的思想与社会基础。殷人灵魂信仰在丧葬中的直接反映便是厚葬习俗的盛行。商代是我国古代厚葬的第一次高潮，其特征之一是奴隶主贵族的陵墓建筑规模宏大壮丽，而且随葬有大量精美的青铜、玉石制品；二是普遍以奴隶、牲畜等殉葬。例如妇好墓发现有殉人 16 人、殉狗 6 只、468 件青铜器、700 多件玉器等。在墓中放入大量随葬品是为了让逝者在冥间也可以过着像生前一样奢侈而豪华的贵族生活。由此可见，殷人的灵魂观念是何等的强烈和浓厚。

周人同样将鬼神信仰看作国家的头等大事，《左传》云："国之大事，在祀与戎。"但其迷信鬼神的程度比殷人要轻得多，原因应与周人克殷直接有关。周初文献记载"皇天上帝，改厥元子，兹大国殷之命。惟王受命"；同时提出"惟命不于常""天命靡常"。故孔子在《礼记·表记》中说："周人尊礼尚施，事鬼敬神而远之。"这种说法与《礼记·檀弓上》所载的"夏后氏用明器，示民无知也；殷人用祭器，示民有知也；周人兼用之，示民疑也"以及"之死而致死之，不仁而不可为也；之死而致生之，不知而不可为也……其曰明器，神明之也"的说法是一致的，因而可信。但从考古资料来看，周代初期的丧葬礼俗仍未摆脱商人尚鬼的观念，厚葬风气仍然非常浓厚。直到西周穆王，特别是西周中期以后，这种厚葬风气才呈现弱化的趋势，其显著特征是人殉的现象几乎完全消失，随葬品减少并以铜器组合代表死者的身份。人殉现象的大量减少和列鼎制度的出现，表明周人已逐渐脱离殷人尚鬼的本质，创造出"郁郁乎文哉"的理性文化。

春秋战国时期，葬礼葬仪的等级化更加明显。《荀子·礼论》曰："天子棺椁十重，诸侯五重，大夫三重，士再重。"《庄子·天下》云："天子棺椁七重，诸侯五重，大夫三重，士再重。"《礼记·檀弓上》和《礼记·丧大记》等记载：天子棺椁四重，诸侯三重，大夫二重，士一重。虽然这些古籍记载的棺椁制度各不相同，但其都体现了等级制。此外，儒家礼制还对棺椁的大小、用料等做了严格的规定。《礼记·丧大记》载："君大棺八寸，属六寸，椑四寸。上大夫大棺八寸，属六寸。下大夫大棺六寸，属四寸。士棺六寸。""君松椁，大夫柏椁，士杂木椁。"同样，死者的棺饰也因贵贱等级的不同而有区别。身份地位愈高，棺饰愈华丽；反之，棺饰则愈简陋。如

《礼记·丧大记》载道："饰棺，君龙帷，三池，振容，黼荒，火三列，黻三列，素锦褚，加伪荒，缫纽六，齐五采，五贝，黼翣二，画翣二，皆戴圭，鱼跃拂池。君缫载六，缫披六。大夫画帷，二池，不振容，画荒，火三列，黻三列，素锦褚，缫纽二，玄纽二，齐三采，三贝，黻翣二，画翣二，皆戴绥，鱼跃拂池。大夫戴前缫后玄，披亦如之。士布帷布荒，一池，揄绞，缫纽二，缁纽二，齐三采，一贝，画翣二，皆载绥。士戴前缫后缁，二披用缫。"《说苑·修文》云："舆马、束帛、货财、衣被、玩好，其数奈何？曰：天子乘马六匹，诸侯四匹，大夫三匹，元士二匹，下士一匹。天子束帛五匹，玄三缫二，各五十尺；诸侯玄二缫二，各三十尺；大夫玄一缫二，各三十尺；元士玄一缫一，各二丈；下士彩缦各一匹；庶人布帛各一匹。天子之赗，乘马六匹，乘车；诸侯四匹，乘舆；大夫曰参舆，元士、下士不用舆。天子文绣衣各一袭，到地；诸侯覆跗；大夫到踝；士到髀。"至于陵墓，其大小高低皆有定制。身份地位越高，则墓地范围越大，坟墓也越高，当然墓室的结构和装饰也就越精致豪华。如《周礼·春官·冢人》曰："以爵等为丘封之度与其树数。"明器的使用，在春秋战国时期也有明确的规定，如《仪礼·既夕礼》郑玄注曰："士礼略也。大夫以上，兼用鬼器、人器。"

殡的形式和礼节同样因身份等级不同而有所区别。据《礼记·丧大记》：天子殡的礼节是将棺（又称柩）放在车上。载柩的车身画龙，外面再加椁，椁边上挂着绣有黑白斧纹的帷幕。车的四周围以丛木，上面做成屋顶的样子，整个涂以白垩。诸侯殡的礼节是将柩放在车上，四面用丛木围着，丛木的上端在棺上合拢，象屋顶，涂以白垩。大夫、士殡的礼节也有规定。此外，殡时所用的谷物也有区别。国君用黍、稷、稻、粱，以8只筐盛装。大夫用黍、稷、粱，以6只筐盛放。士用黍、稷，以4只筐盛放。殡葬日期也因身份地位而有所不同。《礼记·王制》曰："天子七日而殡，七月而葬；诸侯五日而殡，五月而葬；大夫、士、庶人三日而殡，三月而葬。"《左传·隐公元年》载："天子七月而葬，同轨毕至；诸侯五月，同盟至；大夫三月，同位至；士逾月，外姻至。"又曰："士三月而葬，是月也卒哭。大夫三月而葬，五月而卒哭；诸侯五月而葬，七月而卒哭。"

秦汉以降，儒家在葬礼葬仪方面不遗巨细地区分尊卑贵贱，使"丧祭械用，皆有等宜"，"贵贱有等，长幼有差，贫富轻重皆有称者"。也正是通过对葬礼的规制，进一步区分循礼和非礼，保护特权阶级的地位。专制君主高居其上，芸芸众生拜伏在君主脚下，聆听他的训谕，王权可借此进一步神圣化。对于处在社会最底层的百姓而言，丧葬等级体现了"贵贱不相逾"的思想理念，特权阶级希望底层百姓按本分行事，从而潜移默化地巩固封建统治。特别是宋代以后，帝王的殡葬礼仪主要有 30 项，即：宣遗制（诏）；发哀；成立治丧、灵驾指挥、建陵机构；命大臣撰陵名、哀册文、谥册文，议谥号；告哀外国；大殓成服；赐遗留物；诸军赏给；以日易月之小祥；逢七入临；掩攒宫；以日易月之大祥；禫；按行；卒哭；烧香；外夷入吊；告于南郊和请谥于南郊；启攒宫；三奠；发引；灵驾赴山陵；掩皇堂；虞祭；卒哭之祭；祔庙；降德音；三年丧之小祥、大祥；建道场；修寺院。这些仪式绝大多数见诸《周礼》《仪礼》《礼记》，极少部分源于佛教、道教及阴阳五行学说。从文献记载来看，宋代官员的丧仪可分为诏葬和非诏葬两种。所谓诏葬，在宋代又被称为"敕葬""赐葬""官葬"，即由皇帝下诏为死去的大臣举办丧事。这种丧事由国家出资，朝廷派遣中使官员监护丧事。享受这种官葬待遇的死者，大多是皇亲国戚以及和皇帝亲近的大臣。因为是诏葬，所以丧礼非常隆重。首先，对待有特殊功绩的大臣，朝廷往往要加以厚赐。在京的大臣死后，皇帝一般要亲临致奠，而且皇帝要穿着素服参加官员的丧礼，但是又因丧主身份的不同而有所差异。其次，官员去世后，往往有辍朝之制，根据官员的品级以及对朝廷的贡献不同，辍朝的时长往往也不一样。最后，皇帝要为去世的官员封爵、赐谥。赐谥是指大臣死后，天子依其生前的事迹与品德修养，评定褒贬，赐予一个寓含善恶评价、带有评判性质的称号，也可以说是对其盖棺论定。宋代诏葬除了葬地一般要由官府批准和作价、本家出钱购买之外，官家还需要雇请人力，借给灵车，甚至还有送葬之际置顿赁舍、用物损坏的费用。非诏葬，则是指普通官员去世通用的制度。普通官员去世后，朝廷也有赙赠，但是其数目不能与王公大臣之数相提并论，官品的高低成为最基本的参照物。

明清的丧葬礼仪，君臣官民各有等差，帝后的丧仪最为隆重。明清时期关于帝后丧礼的举办，首先要根据其遗诏，由礼部会同翰林院或内阁官员集体商议，向嗣皇帝进"大行皇帝丧礼仪注"，嗣皇帝审定后依礼施行。

明代以记载最全面的太宗朱棣之丧礼为例，可以大体窥见明代皇帝的丧仪。自闻丧之日开始，京城各地寺院、道观鸣钟三万杵，禁止屠宰四十九日。丧至，皇太子、亲王以及群臣皆穿丧服哭迎。殡殓之后，发引的前三日，百官斋戒，遣官以葬期告天地宗社，皇帝衰服告几筵，皇太子以下皆衰服随班行礼。发引前一日，遣官祭祀梓宫必将经过的金水桥、午门、端门、承天门、大明门、德胜门。发引之日，皇帝、皇后、皇太子以下皆衰服行礼。发引之时，有执事以羽扇遮蔽棺木，使棺木放置在龙辀上，以彩色帷幕罩饰，正式启行。到达陵前，奉梓宫进入陵墓，行安神礼，皇太子、亲王等伏地跪拜、奠酒、读祝、举哀。安神礼之后，遣官祀告后土并天寿山，行迁葬礼，皇太子以下在梓宫前跪拜。返回京城途中，还要由皇太子奠神主。神主至京，百官衰服在城外迎接。

清代在关外时，遇丧有摘缨之礼，官员暂停婚嫁宴会，但是民间不禁止。入关以后，清代帝王丧礼制度与明代大同小异。也可以说，清代仪节大体采用明代礼仪。通常的仪节为：大殓后，奉梓宫于乾清宫，设几筵，朝、晡、日中三设奠。王公大臣、宗室诣几筵前，副都统以上序立乾清门外，汉文官赴景运门外，武职赴隆宗门外，服缟素，朝夕哭临三日。听选官、监生、吏典、僧道全部素服赴顺天府署，朝夕哭临三日。停放二十七日后，移到殡宫暂时安放，等待下葬。殡宫没有统一处所，顺治、康熙的殡宫设在景山寿皇殿，雍正的殡宫设在雍和宫永佑殿，乾隆、嘉庆、咸丰、同治、光绪的殡宫设在景山观德殿，道光的殡宫设在圆明园正大光明殿。发引时嗣皇帝送至东安门外，或亲送至皇陵。至陵途中所过门、桥皆致祭。途中宿次，朝夕奠献，亲王行礼，群臣举哀。百里内地方官素服跪迎道右。其中也有与明代不同的仪节，比如嗣皇帝是否亲奉梓宫，两个朝代就不一样。清代为大行皇太后治丧，也采用明朝制度。唯明代行焚黄之仪，清代则无。清代帝后丧礼，还保留某些满族旧俗，非常隆重复杂。其中特色之处主要有：火葬、陀罗经被、百日剃头、丹旐、蓝批、遗念、殷奠。

明清时期官员的殡葬礼制基本沿袭唐宋时期的规范，只是变得更加严格、细致。特别是清代，不仅非常重视官员殡葬过程中的等级性，而且强调殡葬要简单、简朴，严禁官员在殡葬方面的越礼和奢靡行为。

第五节　殡葬管理机构

重视殡葬活动是中华民族历史文化传统，上至王室、皇室与达官显贵，下到庶民百姓概莫如此。从国家层面来看，西周时代官方已经设置了管理殡葬的官吏，如郁人、司服、冢人、职丧、丧祝、墓大夫、冢大夫等。进入帝国时代，殡葬问题已经被国家最高统治集团置于重要位置，不仅皇帝的陵墓，有专职官员负责修建，陵寝祭祀与陵园、陵邑的管理也有相应机构专司其职。两汉时期的汉宣帝、汉章帝更是亲临石渠阁与白虎观会议，讨论与殡葬相关的礼制。一些在历史上有影响、有作为的君主，如"文景之治"的奠基者汉文帝、"一代枭雄"曹操、大唐盛世的开创者唐太宗李世民等，还专门为殡葬颁布诏书。有宋一代编制了《开宝通礼》《礼阁新编》等多部有关丧葬礼仪的典章，使国家的殡葬制度规范化、法制化。明清之前，官方的墓葬管理机构记载较多，且大多是关于皇陵的修建、管理与维护。明清之后，民间殡葬机构开始大量见于史书。清代后期，西方的殡葬理念伴随着西学东渐的浪潮传入中国，渐渐影响了中国传统的殡葬观念，与之相关的殡葬机构也开始有了许多变化。

一 官方设置的殡葬管理机构

《周礼·春官宗伯》记载，冢人"掌公墓之地，辨其兆域而为之图。先王之葬居中，以昭穆为左右。凡诸侯居左右以前，卿大夫、士居后，各以其族"。还记载，墓大夫"掌凡邦墓之地域，为之图。令国民族葬，而掌其禁令，正其位。掌其度数，使皆有私地域"。也就是说，先秦时期建造族墓地有专职的人员统一规划设计，这种设计叫"兆域图"，也就是《汉旧仪》中所说的"章程"，何况如此庞大的工程没有规划设计是不可想象的。

（一）秦汉魏晋时期

《秦会要》记载："（秦始皇）使丞相李斯将天下刑人徒隶七十二万人作陵，凿以章程。三十七岁，锢水泉绝之，塞以文石，致其丹漆，深极不可入。"清楚地说明当时有设计的"章程"。而且，这个章程是经秦始皇同意认可的。修建陵墓遇到障碍，"凿之不入"，李斯只能向秦始皇汇报，在接到"旁行三百尺"的命令后，才敢修改图纸，继续施工。这说明无论是骊山陵位置的选择，还是形制与规模、样式和结构，秦始皇都是总体设计者。

公元前221年，秦统一全国前后，李斯已经担任三公九卿中主管监狱和司法建设的廷尉，开始在秦国政坛中具有举足轻重的地位。到公元前 213 年，李斯已被擢升为丞相，直到公元前 207 年，李斯被秦二世腰斩于咸阳。考虑到李斯在秦朝所处的地位，他的意见有可能在建设秦始皇帝陵园的规划设计中占有一定的分量。李斯以丞相身份主持修陵。具体主持者是九卿之一的少府及其属官。此外，掌握大量徒刑的其他中央部门也参与了陵墓的某些专项工作。

在秦始皇陵园出土的砖瓦上发现了一些带"都"字的陶文，如"都船""都船工口""都昌""都欧""都高"等。"都船"本是中尉的属官，"都"是其省文。《汉书·百官公卿表》记载："中尉，秦官，掌徼循京师。有两丞、候、司马、千人。"此外，在鱼池遗址采集到的一片板瓦上，有"□司空□"四字，可能是"都司空"辖下工匠的印记。"都司空"是九卿之一的宗正的属官，主水及罪人。秦俑身上和砖瓦上多有带"宫"字的印戳，如"宫疆""宫得""宫臧""宫水""宫水壹""宫水顺""宫甲"等，表明这些都出自宫廷匠工之手。"宫"当为"宫水"的简称，属于中央同"都水"有关的职官。

汉代负责陵地营建的官员为"将作大将"。《汉书·百官公卿表》中记载这一官吏的职责为："将作少府，秦官，掌治宫室，有两丞、左右中候。景帝中六年更名将作大将。属官有石库、东园主章、左右前后中校七令丞，又主章长丞。武帝太初元年更名东园主章为木工。成帝阳朔三年省中候及左右前后中五丞。"《后汉书·百官志》曰："将作大匠一人，二千石。本注曰：承秦，曰将作少府。景帝改为将作大将，掌修作宗庙、路寝、宫室、陵园木土之功，并树桐梓之类列于道侧。"《汉旧仪》曰："天子即位明年，将作大匠营陵地，用地七顷，方中用地一顷，深十三丈，堂坛高三丈，坟高十二丈。"史书中也记载了不少将作大将参与帝陵修建的实例。《汉书·陈汤传》载，陈汤与将作大匠解万年相善。但元帝时，渭陵不复徙民起邑。成帝要建昌陵，解万年为了自身利益，鼓动陈汤说："武帝时工杨光以所作数可意自致将作大匠，及大司农中丞耿寿昌造杜陵赐爵关内侯，将作大匠乘马延年以劳苦秩中二千石；今作初陵而营起邑居，成大功，万年亦当蒙重赏。子公妻家在长安，儿子生长长安，不乐东方，宜求徙，可得赐田宅，俱善。"东汉建武二十六年（50），初作寿陵时，"将作大匠窦融上言园陵广袤，无虑所用"。由此可见，将作大将这一官职在帝陵修建中起着重要的组织作用。

在将作大匠之下，汉代朝廷为负责皇室土木营造的这一官吏配备了一支完整的官僚队伍。下有将作大匠丞二人为其副手，属下有石库、东园主章、左右前后中校七令丞等官员。其中东园主章"掌大材，以供东园大匠"。而左、右校令的职责"为掌左、右工徒"，也就是具体负责管理陵墓修建的工人。此外，汉代还将前代本属少府的负责营造陵内各种陪葬器物的东园匠划归将作大匠。在这一机构的运营之下，帝陵的建筑及各种配套器物设施得以有条不紊地进行。当然，在西汉后期，由于国力的衰弱、经济的拮据，陵墓的规格不得不下调，将作大匠属下官员的配额也随之减少。

魏晋南北朝的殡葬管理机构，在前朝的基础上又有所调整。尤其是在居丧制度的管理方面，晋武帝对曹魏时期的司徒府典选进行改革，新加了"司徒左长史"这个职位，完善了中正管理制度。司徒府权力巨大，作为中正的上级部门和主管机构，可以发动针对居丧违礼的清议活动，并且两晋时期的其他官员如御史中丞、尚书省官吏、国子学、太学博士等都可以参加清议，从而在机构上为对居丧违礼进行清议提供了保障。

由于魏晋南北朝特别是西晋之后的居丧制度已经进入了法律化的阶段，不能再像两汉那样"自以意为之"，因此，一系列专门审议丧服服制和居丧违制的机构也从中央到地方开始形成。皇室、诸侯和中央官吏在居丧和丧服上面有异议时，一般是由太常寺来议决，有时候也会由皇帝亲自下诏断绝。而太常寺的礼官议决中如果有明显的违礼之处，也会受到相应的惩罚。地方上的官吏和平民在居丧和丧服方面有异议的话，一般由地方长官来议决。

（二）隋唐五代时期

隋唐五代时期，出现负责帝后山陵制度的山陵使、礼仪使、卤簿使、按行使、仪仗使、桥道使等山陵诸使，他们负责帝后山陵营建、丧礼丧制以及管理仪仗、人夫车马等事务。

1. 山陵使

山陵使是负责营造帝后陵寝、掌议丧葬事宜的临时使职。唐代之前就有山陵使的称谓，《晋书》载东晋孝武帝太元四年（379）九月，皇后王氏崩，曾诏："远近不得遣山陵使。"[①] 但此处所载山陵使与唐代以后的山陵使职能上有所差异。

隋唐时期，皇帝会选择朝廷重臣为皇帝、皇后"营山陵制度"。这里的山陵制度包括多方面：一是负责陵墓陵园的营建，二是议定山陵规制与丧仪，三是承办主持葬事。隋文帝仁寿年间，独孤皇后驾崩，其山陵制度主要由杨素操持。为此隋帝专门下诏褒扬："献皇后奄离六宫，远日云及，茔兆安厝，委素经营。然葬事依礼，唯卜泉石，至如吉凶，不由于此。素义存奉上，情深体国，欲使幽明俱泰，宝祚无穷。以为阴阳之书，圣人所作，祸福之理，特须审慎。乃遍历川原，亲自占择，纤介不善，即更寻求，志图元吉，孜孜不已。心力备尽，人灵协赞，遂得神皋福壤，营建山陵。"[②] 杨素不仅要为独孤皇后寻找葬地、营建山陵，还要依礼承办葬事。另外，工部尚书杨达也曾参与独孤皇后与隋文帝的山陵之事。

唐贞观年间，高祖李渊驾崩，太宗任命房玄龄和高士廉等负责营建高祖山陵。在诏定山陵制度时，太宗"令依汉长陵故事，务存崇

---

① 《晋书》卷20《礼志》，中华书局，1974，第633页。
② 《隋书》卷48《杨素传》，第1287页。

厚"。事毕后，房玄龄以"护高祖山陵制度，以功加开府仪同三司"；① 高士廉摄司空，"营山陵制度，事毕，加特进，上柱国"。② 阎立德以"营山陵功，擢为将作大匠"。③ 房玄龄、高士廉、阎立德都曾因参与高祖的山陵营护而得到擢升。

贞观十年（636），文德皇后长孙氏去世后。阎立德摄司空，为其营山陵，后坐怠慢解职。段志玄也曾参与文德皇后山陵的营建，按墓志记载，他曾任"文德皇后山陵检校右武候大将军，总□□□□□□。□□□□之功，□纪于玉府。加等进秩之宠"。④ 由于墓志缺字较多，具体情况不得而知，但推测担任的应是具有临时监督性质的职务。贞观二十三年，阎立德再次摄司空，营护太宗山陵。《唐会要·陵议》中将阎立德称为旧山陵使，本职为工部尚书的阎立德主要负责陵墓营建的工作。另有赵国公长孙无忌担任检校山陵卤簿，崔敦礼为辅，负责监督丧事的典章礼仪等。

高宗驾崩后，武后命韦待价摄司空，营高宗山陵，⑤ 另有韦泰真摄将作大匠参与营建，⑥ 霍王李元轨与侍中刘齐贤等知山陵葬事。⑦ 山陵旧仪多废缺，则由韦叔夏、中书舍人贾太隐、太常博士裴守贞等草创撰定。⑧ 唐前期的帝后山陵制度多由官员以"摄司空"的名义代理处置，以表隆重。帝后驾崩之后的葬事是国恤，涉及礼仪、营造、规制等多方面，需多位相关人员参与。所以从高祖至高宗的葬事来看，既有如房玄龄等总掌山陵营建事宜的朝廷重臣，也有分担山陵营

---

① 《旧唐书》卷 66《房玄龄传》，第 2461 页。

② 《旧唐书》卷 65《房玄龄传》，第 2443 页。

③ 《旧唐书》卷 77《阎立德传》，第 2679 页。

④ 《唐故辅国大将军右卫大将军扬州都督褒忠壮公段公（志玄）碑》，参见张沛编著《昭陵碑石》，三秦出版社，1993，第 107 页。

⑤ 《旧唐书》卷 77《韦挺附韦待价传》，第 2672 页。

⑥ 周绍良、赵超主编《唐代墓志汇编续集》，上海古籍出版社，2001，第 291 页。

⑦ 《旧唐书》卷 64《李元轨传》，第 2430 页。

⑧ 《旧唐书》卷 189《韦叔夏传》，第 4964 页。

建与评议葬事礼仪、规制的其他官员。

唐中后期，各类使职增多，山陵使的权责与组织也更加明确。玄宗、肃宗死后，代宗特以裴冕兼御史大夫充山陵使，[①]裴冕则任用中书舍人刘烜充山陵使判官，后刘烜坐法，裴冕被贬。后来瑱代替裴冕充山陵使，[②]郭子仪被罢副元帅后，也被任命为肃宗山陵使。[③]代宗驾崩，德宗任命郭子仪与崔宁为山陵使。郭子仪"摄冢宰，充山陵使，赐号尚父，进位太尉、中书令，增实封通计二千户，给一千五百人粮，二百匹马草料，所领诸使、副元帅并罢"。[④]崔宁入朝后，"迁司空、平章事，兼山陵使"。[⑤]另任命李涵为山陵副使，[⑥]辅助郭子仪等营建山陵。安史之乱以后，藩镇割据，中央政权控制力下降，任命郭子仪等勋臣为山陵使，一方面是皇帝向其示宠的方式，另一方面也有借机削其兵权的政治意图。

德宗之后，皇帝山陵使曾设置为一正二副的模式。以下按吴丽娱先生的考证，介绍唐后期山陵使设置的情况。顺宗永贞元年（805）正月至十一月，杜佑担任检校司空、司徒摄冢宰同平章事充（崇陵）山陵使，武元衡为御史中丞充山陵副使兼仪仗使，李鄘任御史中丞充山陵副使。宪宗元和元年（806）正月，李巽任兵部侍郎充山陵副使，崔郔为礼部侍郎充山陵副使，正使缺载。元和十一年三月，李逢吉被任命为门下侍郎同平章事充（庄宪太后）山陵使。元和十五年正月，令狐楚任中书侍郎同平章事充山陵使，柳公绰任兵部侍郎兼御史大夫充山陵副使，李翱任宗正卿充按行山陵地使兼山陵副使。文宗驾崩后，开成五年（840）正月至八月，李珏任户部尚书平章事充山陵使，

① 《旧唐书》卷113《裴冕传》，第3354页。
② 《旧唐书》卷114《来瑱传》，第3367页。
③ 《旧唐书》卷120《郭子仪传》，第3454页。
④ 《旧唐书》卷120《郭子仪传》，第3465页。
⑤ 《旧唐书》卷117《崔宁传》，第3400页。
⑥ 《旧唐书》卷126《李涵传》，第3562页。

迁门下侍郎。"会秋大雨，梓宫至安上门陷于泞，不前，罢为太常卿。"八月十七日，崔郸担任中书侍郎兼礼部尚书平章事充（章陵）山陵使。会昌六年（846）三月至八月，李回任中书侍郎平章事充（端陵）山陵使。会昌六年四月，李让夷任司空、门下侍郎充大行山陵使。大中十三年（859）八月至咸通元年（860）二月，夏侯孜任中书侍郎平章事充山陵使。文德元年（888）三月，孔纬任左仆射平章事充（靖陵）山陵使。天祐元年（904）九月，独孤损任左仆射、门下侍郎平章事充山陵使，韦震权知河南尹充桥道使，复改以检校司徒充山陵副使。五代时期，长兴四年（933）十二月丁巳，冯道任左仆射平章事为山陵使，韩彦恽任户部尚书为副使。天福七年（942）六月丙子，冯道担任司徒兼侍中为山陵使，窦贞固任门下侍郎为副使。乾祐元年（948）三月壬戌，窦贞固被任命为司空、门下侍郎平章事为山陵使，段希尧担任礼部侍郎为副使。显德二年（955）二月丁卯，冯道担任中书令充山陵使。显德六年六月癸卯，范质担任司徒、平章事为山陵使。① 由上可见，到了唐末五代，山陵使则多采用一正一副的设置。

山陵使负责帝后陵墓的营建与经费调度。阎立德就曾以工部尚书之职负责陵墓的营建。敬宗时，曾下敕文："所进修造殿宇，木石一物以上，并付山陵使收管。"② 山陵使掌管陵墓、陵园、寝宫等建设的经费。山陵使还一般摄太尉、司空等职，《大唐元陵仪注》记载，太尉、司空在从送葬到入葬、祭祀等整个丧仪中地位非常重要。太尉、司空、山陵使等需监督锁闭墓门并行掩埋，"太尉及司空、山陵使、将作监、御史一人监锁闭玄宫。司空复土九锸。所司帅作工续以终事"。③ 虞祭时，在皇帝后，"太尉亚献"。

---

① 吴丽娱：《终极之典——中古丧葬制度研究》，第350~358页。
② 王钦若等：《册府元龟》卷101《帝王部·纳谏》，中华书局，1960，第1109页。
③ 杜佑：《通典》卷86《礼·葬仪》，第2349页。

2. 礼仪使

唐中后期至五代，礼仪使成为帝后葬事的重要参与者。帝后丧葬礼仪方面的内容由礼仪使负责。与山陵使不同，礼仪使一开始并非仅负责山陵丧事。开元十年（722），"国子司业韦绦为礼仪使，专掌五礼"，[①] 此时的礼仪使职责包括吉、凶、军、宾、嘉五礼。但是"随着大礼和山陵五使制度的逐渐确立，礼仪使的分工也开始明确。由宰相重臣充任的大礼或山陵使既不是仅备仪式、完全不掌实事的荣衔，礼仪使也成为临时由太常卿兼任而主要负责南郊或丧葬、陵庙仪典的专职，吉、凶分离，这种情况一直持续到五代"。[②] 而礼仪使也由负责礼仪制度，逐渐参与到仪式安排、丧礼活动等实际事务中。

玄宗、肃宗死后，杜鸿渐以尚书右丞、吏部侍郎、太常卿充礼仪使，"监护仪制，山陵毕，加光禄大夫，封卫国公"。[③] 代宗驾崩之后，颜真卿被任命为礼仪使。颜真卿曾"以高祖已下七圣谥号繁多，乃上议请取初谥为定。袁傪以谄言排之，遂罢。杨炎为相，恶之，改太子少傅，礼仪使如旧，外示崇宠，实去其权也。卢杞专权，忌之，改太子太师，罢礼仪使"。[④] 颜真卿虽屡遭排挤，但直到卢杞时方罢礼仪使。在担任礼仪使期间，他撰有《大唐元陵仪注》，详细记录了代宗丧事的过程。永贞元年，杜黄裳被任命为太常卿充礼仪使，元和元年，迁门下侍郎同平章事仍兼使职。元和十一年，裴度任中书侍郎平章事充礼仪使。元和十一年，郑絪任太常卿兼礼仪使。元和十五年闰正月，韩皋判太常卿充山陵礼仪使。长庆四年正月，牛僧孺任中书侍郎平章事充（光陵）礼仪使（山陵使）。大和元年正月，李绛任检校司空兼太常卿（充山陵礼仪使）。大中十三年八月癸巳至咸通元年二

① 王溥：《唐会要》卷 37，第 670 页。
② 吴丽娱：《终极之典——中古丧葬制度研究》，第 344 页。
③ 《旧唐书》卷 108《杜鸿渐传》，第 3283 页。
④ 《旧唐书》卷 128《颜真卿传》，第 3595 页。

月，令狐绚担任司空、门下侍郎同平章事充（贞陵）山陵礼仪使。天祐元年八月癸卯，王溥担任太常卿充礼仪使。天祐元年九月，裴枢被任命为右仆射、门下侍郎、礼部尚书平章事充（和陵）山陵礼仪使。五代同光三年六月戊子，李琪任刑部尚书充昭宗、少帝改卜园陵礼仪使。同光三年七月己酉至十一月，李琪任刑部尚书充大行皇太后山陵礼仪使。长兴四年十二月丁巳，王权任礼部尚书为礼仪使。应顺元年正月辛卯，卢文纪任太常卿充山陵礼仪使。天福七年六月丙子，崔棁任太常卿为礼仪使。乾祐元年三月壬戌，张昭任太常卿为礼仪使。显德二年二月丁卯，田敏任太常卿充礼仪使。显德六年六月癸卯，窦俨任翰林学士、判太常寺事为礼仪使。① 可见，唐中后期至五代山陵礼仪使多由太常卿或者礼部尚书兼任。太常卿作为三公行园陵的副手，"公服乘辂，备卤簿，而奉其礼"。② 礼部"掌天下礼仪、祠祭、燕飨、贡举之政令"，③ 兼管丧事丧礼。

山陵礼仪使的地位低于山陵使，主要是制定丧礼仪节。在丧葬仪式中，皇帝的许多礼仪就是由礼仪使引导进行的，如《大唐元陵仪注》："皇帝服大祥服，近侍扶就位哭，十五举声。礼仪使奏请再拜，皇帝再拜，赞者承传百僚在位者皆再拜。礼仪使奏请就次变服，皇帝就次，除大祥服，服素服。……太祝读祝文，祭讫，礼仪使奏请再拜，皇帝哭再拜，赞者承传内外百僚皆哭再拜。讫，礼仪使奏礼毕，遂与礼官趋出。"在礼仪使的引导下，皇帝完成相关步骤。从发丧、小殓、大殓、成服到启殡、入葬，都是礼仪使引导新君和诸王各就其位，跪拜、哭止、奉宁、奉辞等，并指挥丧礼顺利进行。

3. 卤簿使

卤簿使负责组织帝后丧葬的车驾、旌旗、仪卫等。帝后的葬礼仪

---

① 吴丽娱：《终极之典——中古丧葬制度研究》，第 350～358 页。
② 李林甫等：《唐六典》卷 14《太常寺》，第 395 页。
③ 李林甫等：《唐六典》卷 4《尚书礼部》，第 108 页。

式繁杂，送葬队伍庞大，日本僧人圆仁曾目睹文宗送葬队伍，"营幕军兵，陈列五里"，因此必然需要专门官员统辖。唐前期，赵国公长孙无忌曾担任检校山陵卤簿，崔敦礼为辅，负责监督葬事的仪仗等。《崔敦礼神道碑》载："其年，副太尉赵国公检校山陵卤簿。事毕，蒙进爵为公，食邑一千户，赐物五百段。"[①] 可见，唐前期已设置山陵卤簿督查山陵仪卫。

安史之乱以后，卤簿使逐渐成为重要的山陵使职。广德元年（763）三月，苏震为户部侍郎，判度支，"为泰陵、建陵卤簿使，以劳封岐国公，拜太常卿"。[②] 永贞元年一月至十一月，郑云达以刑部侍郎充卤簿使。开成五年，文宗驾崩，王起任兵部尚书充卤簿使，时任枢密使的刘弘逸、薛季棱率禁军护灵驾至陵所，意图杀死仇士良、刘弘志，"卤簿使兵部尚书王起、山陵使崔棱觉其谋，先谕卤簿诸军"，[③] 并诛杀刘弘逸、薛季棱两人。天祐元年九月，李燕任兵部侍郎充卤簿使。五代时期，长兴四年十二月丁巳，李鏻任兵部尚书为卤簿使。天福七年六月丙子，吕琦任户部侍郎为卤簿使。乾祐元年三月壬戌，卢价任兵部侍郎为卤簿使。显德二年二月丁卯，张昭任兵部尚书充卤簿使。显德六年六月癸卯，张昭任兵部尚书为卤簿使。[④] 卤簿部分由官兵组成，涉及仪仗，因此卤簿使多由兵部或者户部的官员充任。

卤簿使需安排仪仗人员按照顺序排列，按《大唐元陵仪注》："卤簿使先进玉辂于承天门外东偏稍南，舆辇、鼓吹、吉驾、卤簿并序列于玉辂前。"

4. 按行使

按行山陵地使又称按行使，按行使的职责是为帝陵墓葬选址，

---

① 张沛编著《昭陵碑石》，第205页。
② 《新唐书》卷125《苏震传》，第4403页。
③ 《旧唐书》卷18《武宗纪》，第585页。
④ 以上均源自吴丽娱先生考证的唐朝后期山陵诸使设置、五代山陵诸使设置。参见吴丽娱《终极之典——中古丧葬制度研究》，第349~358页。

以作陵寝。唐代该使职多由宗正卿担任，宗正卿多是皇室成员。永贞元年一月至十一月，李抃任宗正卿充按行山陵地使。元和十五年二月，李翱被任命为宗正卿充按行山陵地使兼山陵副使。《唐会要》记载："李翱官是宗卿，职奉陵寝，按行陵地，公事已终便请兼充副使，专于陵所勾当。"李翱按行陵地结束后，又担任了山陵副使。天祐元年，李克勤以宗正卿充按行使。五代时期，李存勖建立后唐，并以唐朝继承者自居。由于唐昭宗、唐哀帝死后陵墓营造仓促，所以在同光三年正月，他"以昭宗、少帝山陵未备，宜令有司别选园陵改葬"。① 六月辛未，任命李纾以宗正卿充昭宗、少帝改卜园陵使，为二人改葬。因此，改卜园陵使与按行使的职责有相似之处。

5. 仪仗使

仪仗使，唐中期就已经出现。仪仗使多由御史中丞兼任，有监察山陵仪仗的职责。永贞元年正月至十一月，武元衡为御史中丞充山陵副使兼仪仗使。五代长兴四年十二月丁巳，龙敏担任御史中丞为仪仗使。天福七年六月丙子，王易简担任御史中丞为仪仗使。乾祐元年三月壬戌，边蔚担任御史中丞为仪仗使。显德二年二月丁卯，张煦担任御史中丞充仪仗使。显德六年六月癸卯，边归谠担任御史中丞为仪仗使。② 五代以后，仪仗使已经成为帝后丧葬中的重要使职。到了宋代，按行使不在山陵五使之内，而仪仗使取代按行使成为五使之一。

6. 桥道使

桥道置顿使、山陵桥道排顿使、桥道顿递使都为桥道使。桥道使主要负责送葬仪仗经过之处交通道路、桥梁门洞的修缮，路途之上的保卫监督，安排途中临时休息的场所，同时掌管置顿事务的财权。

玄宗、肃宗死后，严武以京兆尹兼御史大夫，为桥道使。③ 元和

---

① 《旧五代史》卷 32《后唐庄宗纪》，中华书局，1976，第 444 页。
② 吴丽娱：《终极之典——中古丧葬制度研究》，第 349~358 页。
③ 《旧唐书》卷 117《严武传》，第 3395 页。

年间庄宪太后崩，李鄘被任命为京兆尹，充山陵桥道置顿使，《旧唐书·李鄘传》记载："恃能惜费，每事减损。灵驾至灞桥顿，从官多不得食。及至渭城北门，门坏。先是，桥道司请改造渭城北门，计钱三万，鄘以劳费不从，令深凿轨道以通灵驾。掘土既深，旁柱皆悬，因而顿坏，所不及辒辌车者数步而已。"[①]

　　五代时期，同光三年七月己酉至十一月，张全义任河南尹充山陵桥道排顿使。长兴四年十二月丁巳，卢质担任右仆射、权知河南府为桥道顿递使。应顺元年正月丁丑，张继祚担任左武卫上将军充山陵桥道顿递副使。显德二年二月丁卯，王敏担任开封少尹、权判府事充桥道使。显德六年六月癸卯，昝居润担任宣徽南院使、判开封府事为桥道顿递使。[②]唐五代帝后陵墓主要在京畿周边地区，因此桥道使主要由京兆尹兼任。

　　帝后丧葬事宜涉及国家礼仪、陵墓营造、人员经费调拨等多个方面，尤其是唐代帝陵多以山为陵，致使陵墓建造难度增加。加之启殡、送葬人数众多，仪仗、卤簿队列较长，必须临时设置重臣统筹操办，并配备大小官吏与工匠、人夫、士卒等。帝王陵墓修建完成后，即位的皇帝往往颁布优劳德音，所谓"义有必酬，式举劳以申命，惠无不浃，仍蠲赋以加恩"，以此犒赏参与先王葬事的所有人员，如顺宗的《崇陵优劳德音》：

　　　　山陵使杜佑若子若孙，与一人五品正员官。礼仪使杜黄裳特加一阶，与一子六品官。副使李廓、按行山陵地副使李扞赐一级，各与一子官。卤簿使郑云达与一子出身。仪仗使、舁梓宫官各赐爵一阶，邑爵掌优赐有差。三京元高陵高阳县人夫，寒冻近

---

①　《旧唐书》卷 162《李鄘传》，第 4240~4241 页。
②　以上均源自吴丽娱先生考证的唐朝后期山陵诸使设置、五代山陵诸使设置。参见吴丽娱《终极之典——中古丧葬制度研究》，第 349~358 页。

道，邻村坊市，屋宇什物田苗被毁损，并近陵百姓，偏有使役，委京兆府勘覆闻奏。挽郎挽士，量加优恤。甸内百姓奉山陵，秋冬滞雨，供庆疲弊，所配折纳和籴并停。

其中提到的封赏人员不仅包括山陵使、礼仪使、（山陵）副使、按行山陵地副使、卤簿使、仪仗使、舁梓宫官，还包括人夫、挽郎挽士、甸内百姓奉山陵者。《崇陵优劳德音》中涉及的人员还不太详细。在《景陵礼成优劳德音》《光陵礼成优劳德音》《庄陵礼成优劳德音》《孝明太皇太后山陵优劳德音》中则记载得更为清楚。[①]

卤簿仪仗是帝后葬礼中参与人数最多的。《旧唐书》记载“若王公百官婚葬之礼，应给卤簿”，[②] 六品以上由武器署供应。但帝后葬礼上的卤簿人数记载不详，“凡大驾行幸，卤簿则分前后二部以统之。法驾则三分减一，小驾则减大驾之半”。[③] 再按《宋史》：“吉仗用大驾卤簿。凶仗用大升舆、龙輴、鹅茸纛、魂车、香舆、铭旌、哀谥册宝车、方相、买道车、白幰弩、素信幡、钱山舆、黄白纸帐、暖帐、夏帐、千味台盘、衣舆、拂纛、明器舆、漆梓宫、夷衾、仪椁、素翣、包牲、仓瓶、五谷舆、瓷甒、辟恶车。”[④] 不过这是宋代安陵的情况。而宋太祖赵匡胤安葬时，“其吉凶仗如安陵，惟增辒辌车、神帛肩舆，卤簿三千五百三十九人”。[⑤] 但从这些史料也可窥知唐五代帝后葬礼车骑舆马、羽葆鼓吹、旗锣伞盖组成的仪仗规模，其中唐代还“包括有诸卫组成的各种旗仗，清游、朱雀、持钑、玄武队和马队等，唐后期则还有神策六军”。[⑥] 除此之外，还有挽郎挽士、诸司执掌、工

① 具体可参见吴丽娱《唐朝五帝二后山陵职事人员设置表》，《终极之典——中古丧葬制度研究》，第 244~246 页。
② 《旧唐书》卷 44《职官志三》，第 1880 页。
③ 《旧唐书》卷 44《职官志三》，第 1875 页。
④ 《宋史》卷 122《礼·凶礼一》，第 2848 页。
⑤ 《宋史》卷 122《礼·凶礼一》，第 2850 页。
⑥ 吴丽娱：《终极之典——中古丧葬制度研究》，第 239 页。

巧杂役、人夫等其他人员参与到帝后陵的营造、葬礼仪式等事宜中（见表4-1）。

表4-1 唐朝五帝二后山陵职事人员设置

帝后	山陵	外官外使	内官内使	其他官员人吏
德宗	崇陵	山陵使、礼仪使、（山陵）副使、按行山陵地副使、卤簿使、仪仗使		舁梓宫官、诸色执掌、挽郎挽士，三原、高陵、高阳县人夫
顺宗	丰陵	山陵使、山陵礼仪使及陵所摄太尉行事官、山陵副使、按行山陵地使		挽郎代哭，诸司执掌、工巧杂役、人夫车牛
宪宗	景陵	山陵使兼陵所摄太尉行事（官）、山陵礼仪使、山陵副使、按行山陵副使、桥道置顿使、卤簿仪仗使、桥道置顿副使、山陵仪礼、桥道置顿判官、山陵使司官与军将、按行陵地仪仗卤簿判官、诸副使判官、诸司诸使监当杂职掌官吏	内山陵使、山陵修筑使、监修桥道使、内按行山陵地使、内山陵副使及修筑副使	舁梓宫（官）、神策六军修筑山陵官健、检校军使及押当所由、陵所造作押当使、诸色诸使应缘山陵修造及专知修造作、并诸色检校执当官典白身，及直司长上、巧儿工匠，吉凶仪仗诸色行从官、诸司诸使押当官，置顿举幕往来、检校军将中使，太极宫宿卫官及中使、大内皇城留守及押当官、撰谥册、哀册、谥议，书册文、读谥册哀册、书宝读宝官、铸造宝册装册及检校官、题木主官、舁宝册官，押卤簿仪仗、挽郎，山陵使司官与军将、知东渭桥官、知道官、知顿官、挽士、代哭、挽歌，玄宫石匠及宫寝作头巧儿，诸色行事官、斋郎、礼生并阴阳官、应缘仪仗三卫矿骑及诸色人匠、并缘山陵应役人夫车牛、诸道应副山陵参佐军将、诸色职役官吏
穆宗	光陵	山陵使、礼仪使兼陵所摄太尉行事官、山陵副使、按行使、桥道置顿使、卤簿使、仪仗使、桥道置顿副使、桥道置顿官、仪仗卤簿使判官	内山陵使兼监修桥道使、修筑使、按行使修筑副使	舁梓宫官、神策六军修筑官健及检校军使、陵所造作押当官吏，中使、诸司诸使应缘山陵修道造作及专知执当工匠，吉凶仪仗使（使衍）诸色行从官、撰哀册、书宝、读册官、舁宝册官，挽郎、南郊及太尉侍中告谕册谥宝、灵座前进谥宝、奏内严外办、奠玉币酌献等（官）

续表

帝后	山陵	外官外使	内官内使	其他官员人吏
敬宗	庄陵	山陵使、山陵副使、按行山陵地使、桥道置顿使、桥道置顿副使、卤簿使、仪仗使、山陵使礼仪使判官、按行山陵使仪仗卤簿使判官	内山陵兼监修桥道使、内按行山陵副使、山陵修筑副使	舁梓宫官、陵所造(作)押当官及中使、吉凶仪仗诸色行从官、太极宫宿卫官及中使、大内皇城留守并押当官、撰哀册谥议、读谥册官、书册及读哀册书宝官、镌造宝册装宝册及检校官、中书门下仪制官、题神主官、舁宝册官、专知桥道官、知东渭桥官、知道路官、知顿官、诸色诸使监杂职掌官吏、挽郎、南郊及太极殿摄太尉侍中告谥册宝,及灵座前进谥宝、奏内严外办、奠玉币酌献等官
庄宪皇太后		山陵(使)所摄太尉行事官、山陵礼仪使、山陵副使		
孝明太皇太后		山陵使所摄太尉行事官、山陵礼仪使、山陵副使、判官,山陵置顿桥道使、副使、判官、巡官、巡检专知官、卤簿使、仪仗使、仪仗卤簿使判官及诸副使判官、诸使诸司杂执掌官吏,山陵礼仪置顿使判官	内山陵副使、判官,山陵监修桥道使、判官	陵所造作押当官及中使、诸司诸使应缘山陵修造及专知造作诸色检校执事(押)当官、白身及直司长上、巧儿工匠、吉凶仪仗诸行从官、诸司诸使押当官、置顿营幕、往来检校军将中使等、两仪卫官及中使、大内皇城留守并押当官,撰谥册、哀册、谥议、书册及读谥册、书宝、读宝官等,镌造册宝、装宝及检校官,题木主官、舁宝册官及举宝官,押卤簿仪仗、挽郎、挽士、挽歌,诸色行事官及斋郎、礼生并阴阳生,应缘仪仗三卫弘骑及诸色夫匠、山陵应役人夫车牛、太常礼直官及中书门下仪制官、诸道应奉使赴山陵幕府军将

资料来源:吴丽娱《终极之典——中古丧葬制度研究》,第244~246页。

(三)宋、辽夏金元时期

宋代皇帝死后,承唐而置山陵五使,即山陵使、礼仪使、卤簿使、仪仗使、桥道顿递使,而以山陵使总之。

按宋朝的惯例，山陵使一般由皇帝亲近的大臣（如宰相）担任，而以宦官之高品者为副（实际上由其负责具体事务），其主要职责是以"国音"选定陵位。礼仪使、仪仗使、卤簿使和桥道顿递使，则一般由皇帝身边亲近的侍官担任。如太祖乾德元年（963）十二月二十三日，诏改卜安陵，命枢密承旨、内客省使王仁赡为按行使。王仁赡与司天监赵修己言，得河南府巩县西南四十里訾乡邓村地吉，从之。乾德二年，以宰相范质为改卜安陵使，翰林学士窦仪等为礼仪使，吏部尚书张昭为卤簿使，皇弟开封尹匡义为桥道顿递使。不久，范质免相，遂以开封尹代充改卜使，兼总辖五使公事。张昭致仕，以枢密直学士薛居正代理其职，任卤簿使。① 开宝九年（976）十月二十日，太祖崩于万岁殿。二十五日，命翰林使、饶州团练使杜彦圭为山陵按行使，武德使王继恩副之。十一月五日，命开封府尹、齐王廷美为山陵使兼桥道顿递使，翰林学士李昉为礼仪使，知制诰李穆为卤簿使，侍御史知杂事雷德骧勾当仪仗使事。既而又命齐王兼充桥道顿递使。宋代五使中没有按行使，但它仍是山陵五使之外的重要使职。宋代的按行使负责选择帝王陵址，应是唐代按行使的延续。比如宋真宗永定陵就是由按行使蓝继宗上言所定："永安县东北六里曰卧龙冈，堪充山陵。"② 仁宗曹皇后驾崩后，韩缜为按行使，韩缜认为："永昭陵北稍西地二百十步内，取方六十五步，可为山陵。"③ 按行使蓝继宗、韩缜都是为帝后陵墓选址。宋仁宗明道二年（1033）曾任命"宰臣吕夷简为山陵使，翰林学士盛度为礼仪使，章得象为仪仗使，权御史中丞蔡齐为卤簿使，权知开封府程琳为桥道顿递使，入内内侍押班卢守勤、右班副都知阎文应为山陵按行使，东染院使岑守素

---

① 马端临：《文献通考》卷126《王礼考二十一·山陵》，中华书局，1986，第1129页；《宋史》卷1《太祖纪一》，第16~17页。

② 《宋史》卷122《礼·凶礼一》，第2852页。

③ 《宋史》卷123《礼·凶礼二》，第2872页。

为山陵修奉都监，马军副都指挥使高继勋为山陵一行都总管"。① 除了山陵五使，按行使也在其中。

如果五使失职，则要追究责任。元符三年（1100）正月十二日，哲宗崩于福宁殿。十月二日，御史台制勘所奏："桥道顿递使吴居厚、提举修治桥道承议郎宋乔年、通直郎卢概、奉议郎李公年等，为道路不治，致哲宗皇帝灵驾陷于泥淖，暴露经宿。"诏龙图阁学士、左中散大夫、新知永兴军吴居厚落职知和州，宋乔年等各降一官，卢概仍冲替。②

宋代民间义冢出现，有文字记载的义冢始于宋代中前期，一般是官办义冢，距今已有千年历史。下文将具体介绍，兹不赘述。

（四）明清时期

明清帝王大多自登基伊始便着手选择陵地，当时负责此事务的专门机构是钦天监。除帝王之外，钦天监亦服务于王公大臣。《红楼梦》中提到贾府邀请钦天监阴阳司官员治丧一事，但阴阳司实际上并不存在，具体执掌这一职责的是漏刻科。明朝皇帝尚经常邀请民间堪舆大师为自己卜选山陵，明成祖朱棣长陵之卜选便曾请廖均卿、王贤等民间术士参与。③ 明武宗朝工科右给事中许天锡亦曾建言，在钦天监拣选山陵吉地后，仍需于廷臣中推选通晓地理之人前去勘察，如果有疑问，便"移文江西等处广求术士，博访名山，务得主势之强，风气之聚，水土之深，穴法之正，力量之全，如宋儒朱熹所云者，庶可安奉神灵，为国家祈天永命之助"。④ 而到了清朝，为皇帝择葬地之事便

---

① 《宋会要辑稿》礼 32 之 3 ~ 4，刘琳、刁忠民、舒大刚、尹波等校点，中华书局，1957，第 28 册，第 1200 ~ 1201 页。

② 以上参见《宋会要辑稿》礼 29 之 67 ~ 68，第 2 册，第 1097 页；马端临《文献通考》卷 126《王礼考二十一·山陵》，第 1131 页。

③ 刘毅：《明代帝王陵墓制度研究》，人民出版社，2006，第 376 页。

④ 《明武宗实录》卷 1，弘治十八年五月丁未，台北：中研院历史语言研究所，1961，第 14a ~ 14b 页。

很少有民间术士参与了。另外，皇帝也多亲自参与陵墓选址。如明神宗在大臣为陵墓风水争执不下时，亲自前往大峪山，留下一番"在德不在险"的论述后，钦定选址。① 清朝皇帝亲临陵墓选址也是屡见于实录记载，清世祖之孝陵相传是其在狩猎途中亲自拣选。

人固有一死，死而殓之，殡而葬之，古今中外，概莫如是。19 世纪以来，殡仪馆、公墓和火葬场的出现是晚清殡葬中的新现象，它们多出现在与西方交往甚密的几个通商口岸城市。而这一新兴事物的兴起主要是受到西方文化影响，它们的主要服务对象也是旅居中国的外国人，因而中国早期的殡仪馆、公墓与火葬场与租界密切相关。上海作为近代中国第一批开放的通商口岸之一，是中国开展对外交流以及与西方接触最多的地方，它在吸收外来文化和习俗上也较其他地方更为便利，具体到丧葬方面也是如此。事实上，晚清中国出现的殡仪馆、公墓和火葬场多始自上海。

1843 年上海开埠之后，来沪的外国人越来越多，客死中国的外国人如何埋葬的问题逐渐提上日程。英国驻沪领事馆首倡公墓之议，得到积极的响应。1844 年，英国人开办山东路公墓于上海租界，这是中国近代史上第一个商业性公墓，也是近代中国最早的公墓。这处公墓经营到 1868 年时，整个墓区就已全部被占满，只得对外宣布关闭。

自山东路公墓出现之后，便不断有外国人在沪开设公墓营业。1859 年，英租界工部局在浦东陆家嘴建浦东公墓，主要埋葬轮船亡故船员；1863 年，英租界工部局置地开设八仙桥公墓；1873 年，上海日本领事馆购马车路（后改名卡德路，即今石门一路）土地一处，建日侨墓地；1865 年，英租界和法租界工部局共同修建了上海唯一一家联合公墓。

---

① 《明神宗实录》卷 166，万历十三年闰九月丙午，第 1b~3a 页。

为了管理这些经营性公墓和办理外侨入葬手续，1866 年 2 月，上海英租界工部局在其卫生处之下专门设立了"公墓股"，专事外侨土葬申请和公墓管理，这也是在上海出现的第一个殡葬管理机构。1896年，工部局于涌泉路购置 64 亩土地，用来修建新的公墓以及火葬场。涌泉路公墓被外国社团认为是"最好的公墓"。此后，又陆续新建了一批公墓。如 1905 年，建卢家湾公墓，专葬外国人，占地 23 亩，由法租界公董局管理；1907 年 3 月，由一批寺院的日本人发起，设立法光株式会社，花洋银 14000 元购当时的宝山土地一处，设立日侨公墓和火葬地。1913 年，殡葬慈善机构普善山庄创立，从事火化露尸业务。随着近代公墓不断出现，上海还出现了几家犹太公墓，但这些公墓由于迁葬、改建，如今已不复存在。

西方殖民者建立的公墓都是为本国居民预留的，这些公墓满足了他们按照宗教、财产、种族等划分等级的需要。各租界仅仅关心本国人民，中国人多被排除在市政公墓以外。在公墓问题上，对西方人来说，宗教也起着重要的作用。如中国人通过预订，也可以安葬于涌泉路公墓，1913 年前，信奉基督教的中国人偶有埋葬于此。后来，因为人口增长和基督教徒增多，更多国人想要葬于涌泉路公墓。针对此种情形，卫生处的官员规定：中国人的公墓建成前，每年安葬的中国人限制在 20 人左右。法租界内的公墓是真正的市政公墓，只有中国居民被排除在外。中国人必须自行解决安葬问题。

中国传统社会没有公墓，与之类似的只有义冢，即"家必专茔，窆必独穴。无族葬或公墓之制，贫者困于财力，富者惑于堪舆"。① 这种情况一致延续到晚清。在当时的城市里，除了专葬外国死者的万国公墓和专葬教会死者的教会公墓，中国人只有义冢而少公墓。20 世纪初，上海建立了第一个中国人开办的经营性公墓——万国公墓，这是

---

① 民国《月浦里志》卷 4《礼俗志·风俗》，1934 年铅印本，第 3 页。

中国人自办的第一个近代意义上的公墓。万国公墓，创办于 1909 年，初名"薙露园"，浙江商人经润山于徐家汇虹桥路购置 20 亩土地筹建，建成于 1914 年，共有墓穴 6000 余个。该公墓后因修建沪杭甬铁路被占用。1917 年，经润山妻子汪国贞接管薙露园，在张虹路购置土地重建，改名为"薙露园万国公墓"。一般中产之家，无力购置墓地，若将先人葬于荒郊，又觉失身份，公墓正好介于二者之间。虽然也是各家共葬，但各墓之间有较大的距离，且排列整齐。地下可修建墓穴，地上可以竖碑，封土可用砖石材料装饰，四周植树，比乱葬岗气派得多，而且公墓也有利于市政管理，后来逐渐得到推广。

需要说明的是，晚清中国的义冢与公墓并非简单的承继关系，两者在很长一段时间内并存，甚至有所冲突。一般情况下，通商口岸租界的公墓与中国慈善团体的义冢互不干扰，比如《津门杂记》中记载："海大道西，有地数亩，环以矮墙，中植树木，为外国茔地。旅榇难归者，即于此丛葬焉。各立碑碣，以记姓氏。"[1] 天津租界的外国公墓自成一体，与义冢并无矛盾。而上海的情况较为复杂，两者最激烈的冲突是 1874 年及 1898 年两次"四明公所事件"。18 世纪 90 年代创办的四明公所是由旅沪的宁波人组成的。四明公所是具有慈善性质的同乡团体，为了掩埋、停厝、运送客死他乡的同乡灵柩回籍。本来与租界互不干涉，但是 1849 年后，四明公所地产划入法租界。法租界公董局对公所的义冢，尤其是厝柩的丙舍甚感不满，认为它们是传染疾病的根源，大大有碍租界环境卫生。故而在 1862~1863 年的年度报告中，董事会表示，"为了消灭这些坟墓，决不在任何尝试面前后退，不管这种尝试有多么艰巨"，[2] 其强硬的态度加深了法租界与公所之间的芥蒂，最终酿成两次"四明公所事件"的流血冲突。后来随着市中心地价的飙升以及卫生防疫知识渐入人心，在租界当局的压力和

---

① 　张焘：《津门杂记》，台北：文海出版社，1970，第 295 页。
② 　梅朋、傅立德：《上海法租界史》，倪静兰译，上海社会科学院出版社，2007。

城市自治法规的约束下，四明公所被迫早于上海其他同乡组织、慈善团体而将寄柩所迁至郊外。对此，竹枝词中多有咏怀之叹：

> 四围马路各争开，英法花旗杂处来。怅触当年丛冢地，一时都变作楼台。①
>
> 万里通商海禁开，千年荒冢幻楼台。可怜酒地花天里，夜有青磷泣草莱。②

受西方影响，晚清中国出现了新的丧礼设施——殡仪馆，它是专门负责办理丧事的场所，可以为丧主提供丧葬用品，并为悼念活动服务。它的出现改变了由死者家属在自己家里办理丧事的做法，承担了提供社会殡葬服务的职能。19世纪末年，美国人韦伦斯在上海设立"松茂洋行"，专理外侨殡殓，这是由洋人经营的第一家殡仪馆。

中国传统处理殡葬事务的场所是在家中或祠堂、寺庙，而且是整个宗族以及邻里互帮互助式的，依赖的是血缘和地缘关系，是一种人情交往，同时包括同乡、同业组织在内的慈善组织也会提供此类帮助。晚清殡仪馆的出现对中国人而言是全新的事物，它将丧葬事务置于一种陌生的、专门的特定空间，这种特殊的服务本质上是一种商业行为，抹去了传统丧葬中温情脉脉的人情色彩。这种空间转换和人际关系的改变对时人而言是不小的冲击，加之费用昂贵，故中国人少有问津。

虽然传统中国人多采用土葬，官方也禁止火葬，但火葬因简单经济，曾在南方部分地区盛行。不过中国传统的火葬方式是将尸骨直接放在柴堆上焚烧，黑烟滚滚，秽恶冲天。晚清火葬场出现，使用火葬

---

① 龙湫旧隐：《洋泾竹枝词》，转引自顾炳权编著《上海风俗古迹考》，华东师范大学出版社，1993，第475页。

② 以湘浦：《沪游竹枝词》，转引自顾炳权编著《上海风俗古迹考》，第476页。

炉焚尸，改变了传统火葬的方式，更加安全、卫生。上海出现的第一个商业性火葬场在静安寺公墓中，它兼营火葬场，由公共租界工部局于 1896 年建立。此外，涌泉路公墓和日侨公墓也兼营火葬场。上海建立火葬场，还有一个原因是照顾到英国殖民者中锡克教徒的需求，因为锡克教要对死者尸体进行火葬。1911 年，工部局应允锡克教徒的请求，于四川路虹口公园一带修建了一家火葬场，后来随着附近房屋的增多，于两年后迁移到打靶场附近。晚清火葬的实行顺应了城市化发展对空间的需求和防疫需求，开始逐渐被人们接受。不过实事求是地说，火葬主要是外国人或极少数大城市中的居民采取的一种丧葬形式，大多数人死后仍是土葬。晚至 1929 年，山东德州济阳县风俗调查表中仍显示："有无火葬情事？无。"①

二　义冢与民间殡葬机构

除了官方的殡葬管理机构，还有被称为"义冢"的场所。所谓义冢，即政府或私人提供或购置土地，为贫困家庭免费埋葬去世的亲人，有的是埋葬在战场上死亡的将士，有的是埋葬无人收领的孤寡流浪者的遗体。除官办义冢，民间组织或个人也捐建了大量义冢。这些义冢按照葬入者之间关系的不同，可以区分为不同类型。有不区分身份任人葬埋者，这种义冢多为官府或民间设置，供一定区域内人群葬埋；也有同业者的公共墓地，多半是同业公会组织设置；还有特定人群的墓地，比如清代京城附近的太监墓葬群等。此外，官私在处理战乱或灾荒造成的大量死亡者遗体时，往往采用公共墓地或多人葬入一穴的形式。

《谈征·事部·义冢》记载：义冢"起自宋代，韩琦镇并州，以官钱市田数顷给民安葬，蔡京设漏泽园，皆所谓义冢也"。《宋史·理

---

① 民国《济阳县志》卷 1《舆地志·风俗》，第 28 页。

宗纪三》也记载："命两淮、京湖、四川制司收瘗频年交兵遗骸，立为义冢。"宋沈作宾《嘉泰会稽志》云："辟地为丛冢，以藏暴骨，曰义冢。"义冢虽然始于宋代，但人们追溯义冢的源头，往往找到《周礼》那里，认为周代实行族葬，有王公贵戚的"公墓"，也有国中平民的"邦墓"，人人各有其地，死于道路者也有归宿。周代是令人向往的，后世也应该恢复周礼旧制。也就是说，义冢之设实际继承了古代邦墓葬埋族人以及"掩骼埋胔"的遗意。前者解决了族人贫不得葬之忧，后者则是针对路毙之人，包括流民、乞丐以及不幸死于外不得归葬之人。

　　就后世情形看，大致来说，宋代以前，义冢主要起"掩骼埋胔"的作用，瘗埋对象主要是因饥疫死亡之无主者。到了宋代，漏泽园的瘗埋对象不但有寺观无属棺椁以及"死人之不知姓名及乞丐遗骸暴露者"，也包括"贫无以葬或客死暴露者""军民贫乏，亲属愿葬漏泽园者"，实际上同时承担了"邦墓"与"掩骼埋胔"的职能。贫乏无地之家、无后之人可以埋，路毙者或暴露无主尸骸可以埋，如果衙门大牢中有罪囚死去，或者被处决，也会在义冢之中占有一隅之地。如常熟县的漏泽园，崇祯《常熟县志》载："漏泽园在宣化门外，凡孤老与囚犯瘗此。"义冢同时具有"厉坛"的性质。葬于义冢者，除去贫乏之家，都是所谓无祀之人，也就是所谓的"厉"，等同于孤魂野鬼。明代初年，诏令各地设立厉坛，每年清明、中元、十月朔日，请郡邑城隍谒坛赈济无祀鬼魂。咸丰《紫隄村志》明确指出："明洪武十五年建乡厉坛，每里一所。今之义冢即其遗意，以埋路毙、乞丐、无尸亲收瘗者。每年当境城隍土地神于清明、中元、十月朝节，仿城中三巡会仪，至坛散给饭食、冥锭以赈无祀鬼魂。"明代中期以后，《明会典》记载："令民间立义冢，仍禁焚尸。若贫无地者，所在官司择近城宽闲之地，立为义冢。"正是因为漏泽园这种瘗埋无祀之人的属性，在很多地方，漏泽园就设在厉坛附近。

作为公共墓地，义冢在很大程度上满足了多种人群的葬地需求，有助于解决明清时期各种原因导致的停丧缓葬、火化等丧葬问题。但是，其局限性也是很明显的。

就义冢的功能而言，它是葬地，也是权厝之所，两者没有截然的区别。这种角色定位的形成，与明清时期实际的社会需要存在直接关系，但这些需要的主体之间存在矛盾，在满足这种需要的同时，也对其他主体造成了伤害，因而产生了不良社会影响。

人们对于义冢往往有一种负面印象，导致的结果是，人们不愿葬埋于此。明代末年，陈龙正之父为家族义庄所立规条即明确规定，族人有丧，助葬费若干，"勿令投弃义冢，久难辨认"。如果将亲棺委于漏泽园，将会受到惩罚。嘉庆《太仓直隶州志》则说地方贫乏之家"不忍以祖先遗骸杂于不知谁何之鬼邻"。乾隆《濮镇纪闻》在"漏泽园"条后加按语称，当地火葬成风不能禁革的原因是"无葬地，而又不肯为义葬也"："漏泽园之设，原以收无主之骸，有主者又不欲概从瘗埋。于是赁地而厝，久或付之一炬。"

总之，在人们看来，葬于义冢就是对亲人的不孝，要被他人耻笑。人们之所以会将葬亲于义冢与不孝联系起来，一个重要的原因是，义冢在承担营葬乡人的"邦墓"之职的同时，也肩负着营葬路毙无主尸骸、罪囚等的"掩骼埋胔"的职能。将亲体与无主尸骸、罪囚同葬一地，很自然地被视为一种不孝行为。

（一）义冢制度的兴起

1. 义冢的创设

义冢又称义阡、漏泽园，即由官府建立和经办的公墓，用以集葬贫无葬身之地的平民百姓和由于种种灾祸等死亡的无主尸骨。它的创设，始于北宋元丰年间（1078～1085）。徐度《却扫编》卷下《漏泽园》对此做了较为详细的阐述："漏泽园之法，起于元丰间。初，予外祖以朝官为开封府界使者，常行部宿陈留佛祠。夜且半，闻垣外汹汹，若有人声，起烛之，四望积骸蔽野，皆贫无以葬者委骨于此。意恻然哀之，即具以所见闻，请斥官地数顷以葬之，即日报可。神宗仍命外祖总其事。凡得遗骸八万余，每三十为坎，皆沟洫什伍为曹，序有表，总有图，规其地之一隅以为佛寺，岁输僧寺之徒一人，使掌其籍焉。"①

徐度外祖父为陈向，字适中，睦州（今浙江建德）人。历任度支员外郎、江西转运副使等，后徙楚州，元祐年间（1086～1093）卒。元丰二年（1079）三月二日，神宗采纳了开封府界提举常平等事陈向的建议，诏开封府界僧寺："旅寄棺柩，贫不能葬，岁久暴露。其令逐县度官不毛地三五顷，听人安葬。无主者，官为瘗之。民愿得钱者，官出钱贷之。每丧毋过二千，勿收息。"又诏提举常平等事陈向主其事。后向言："在京，西禅院均定地分，收葬遗骸。天禧中，有敕书给左藏库钱。后因臣寮奏请裁减，事遂不行。今乞以户绝动用钱给瘗埋之费。"② 次年六月，陈向上奏乞选募僧守护漏泽园，量立恩例。这一建议又得到了神宗皇帝的允准，神宗诏令："开封府界僧寺旅寄棺柩，贫不能葬。令畿县各度官不毛地三五顷，听人安厝，命僧主之。葬及三千人以上，度僧一人，三年与紫衣，有紫衣与师号，更使领事三年，愿复领者听之。"③

2. 义冢制度的制定

崇宁三年（1104）二月三日，关于如何健全义冢制度，中书省认为："州县有贫无以葬或客死暴露者，甚可伤恻。昨元丰中，神宗皇帝尝诏府界以官地收葬枯骨。今欲推广先志，择高旷不毛之地置漏泽园。凡寺观寄留槽椟之无主者，若暴露遗骸，悉瘗其中。县置籍，监司巡历检察。"四日，中书省又言："诸以漏泽园葬瘗，县及园各置图

---

① 徐度：《却扫编》卷下《漏泽园》，《宋元笔记小说大观》第 4 册，上海古籍出版社，2001，第 4526 页。
② 《宋会要辑稿》食货 60 之 13～16，第 6 册，第 5871～5872 页。
③ 《宋史》卷 178《食货志上六·役法下·振恤》，第 4339 页。

籍，令厅置柜封锁。令佐替移，以图籍交授。监司巡历，取图籍点检。应葬者，人给地八尺、方砖二口，以刻元寄所在及月日、姓名。若其子孙、父母、兄弟、今葬字号、年月日，悉镌讫砖上，立峰记识如上法。无棺柩者，官给以葬，而子孙亲属识认，今乞改葬者，官为开葬，验籍给付。军民贫乏，亲属愿葬漏泽园者，听指占葬地，给地九尺。无故若放牧，悉不得入。仍于中量置屋，以为祭奠之所，听亲属享祭追荐。并著为令。"五日，宋徽宗敕令各地"收葬枯骨。凡寺观旅椟二十年无亲属及死人之不知姓名，及乞丐或遗骸暴露者，令州县命僧主之，择高原不毛之土收葬，名漏泽园。周以墙栅，庇以土地所宜易生之木。人给地八尺、方砖二，刻元寄之所，知月日、乡里、姓名者，并刻之。暴露者，官给槽。葬日，给寓锸及祭奠酒食。墓上立峰。有子孙亲属而愿葬园中者，许之，给地九尺。已葬而愿改葬他所者，亦听。禁无故辄入及畜牧者。又立法，郡县官违戾者、弛慢者、失检察者，皆置之法"。此"实广熙宁之诏"，并将这一制度推广至全国。所谓"漏泽园"，"取泽及枯骨，不使有遗漏之义也"。①蔡京"推广为园，置籍，瘗人并深三尺，毋令暴露，监司巡历检察"。② 至是，宋代的义冢或漏泽园制度正式形成。

当时除京城所在的河南，全国各州县也都普遍设立了漏泽园。有许多州县甚至"分为三园，良贱有别"，"葬日及岁时设斋醮，置吏卒护视，守园僧以所葬多为最，得度牒及紫衣"。③ 如北宋末年秀州华亭县（今上海松江）超果寺主僧通过化缘得到了寺北的一块空地，并在上面建起了一座漏泽园。到宋孝宗时，该寺住持僧昙秀向朝廷申请，又得到了"广化漏泽院"的建寺名额，并在漏泽园里建

---

① 张岱：《夜航船》卷2《古迹》，刘耀林校注，浙江古籍出版社，1987，第69页。
② 《宋史》卷178《食货志上六·役法下·振恤》，第13册，第4339页；《宋会要辑稿》食货60之13～16，第6册，第5871～5872页。
③ 《嘉泰会稽志》卷13《漏泽园》，《宋元方志丛刊》第7册，第6959页。

起了一座规模较小的坟院。此时的坟院"屋才数楹耳，门庑庳陋，庖湢不具，不足以称名院之意"。后来昙秀得到了宋仁宗时宰相章得象后裔章钦若的大力赞助，将坟院规模扩大，"翚飞轮焕，犹一望刹"。①

3. 义冢制度的毁废和恢复

两宋之际，由于战乱，许多州县的漏泽园陷于毁废。为此，统治者多次下令要各地方官员对其予以重视。如宣和元年（1119）五月九日诏："居养、安济等法，岁也寖隳，吏滋不虔。可令诸路监司、廉访使者分行所部，有不虔者，劾之，重置于法。"次年六月十九日，又诏："居养、安济、漏泽之法，本以施惠困穷。有司不明先帝之法，奉行失当。……漏泽园除葬埋依见行条法外，余三处应资给，若斋醮等事悉罢，吏人、公人员额及请给酬赏，并令户部右曹裁定以闻。"②

宋高宗建炎三年（1129）九月，金军兵分两路，渡江南下。两淮、两浙、两湖、两江不少州县遭到了金兵的铁骑蹂躏。在建康府（今江苏南京），金兵纵火大掠，城中民众"死于锋镝敲挎者盖十之四"，以致"城中头颅、手、足相枕藉，血流通道，伤残宛转于煨烬之间，犹有数日而后绝者"，而且骸骨长期无人收葬。"又二年，乌鸢所残，风雨所蚀，阡陌沟渠，暴骨皆充斥，行者更践蹙，居者杂卧起，与瓦砾荆莽相半也。"③ 其余如杭州、南康军（今江西星子）、平江府（今江苏苏州）、洪州（今江西南昌）、潭州（今湖南长沙）等地，民众也遭到金军或盗匪的野蛮屠戮。南康军"遗骸不啻万人"；"平江以北流尸两岸，遗骸颇多"。④ 此外，宋室南渡过程中毙于道路

---

① 许尚：《广化漏泽院记》，《全宋文》卷6158，第272册，第303~304页。
② 《宋会要辑稿》食货60之13~16，第6册，第5871~5872页。
③ 马光祖修，周应合纂《景定建康志》卷43《风土志二·掩骼记》，《宋元方志丛刊》第2册，第2041页；叶梦得：《建康集》卷4《建康掩骼记》，《全宋文》卷3183，第147册，第335~337页。
④ 《宋会要辑稿》食货68之120，第7册，第6313页。

的人也是不计其数。为此，当地的主政官员多次建议朝廷下令恢复设置漏泽园，葬埋无主尸骨。如郑兴裔知扬州时，请立义冢："臣伏闻掩骼埋胔，先王之政，泽枯瘗朽，西伯之仁。国朝神宗皇帝元丰间，允陈向奏请，诏各郡置漏泽园。开封府界瘗骸骨八百余具，他郡掩瘗不等，甚盛德也。南迁之后，戎马蹂躏，规制久废。臣莅任广陵，按行部曲，四望积骸蔽野。访之土人，辄云或毙锋镝，或死饥寒，无主收埋，经年暴露，间有贫不能葬者，亦复委诸草莽。干和作沴，于斯为烈。臣闻见之余，心切痛悯。恭体陛下仁民爱物之意，请以郭外官地数区建立义冢，开圹瘗埋。仍创舍宇，设义冢，户主管守护。繄死人而肉白骨，古圣王不忍之政，无逾于此。仰候睿慈即降指挥，并敕诸路守臣一体施行，不胜幸甚！"①

绍兴十三年（1143）十月十四日，有官员言："欲望行下临安府钱塘、仁和县，踏逐近城寺院……或有死亡，送旧漏泽园埋殡。"② 据此可知，临安府在绍兴十三年十月十四日前已有漏泽园，但可能规模较小，无法满足当时的需要，故在绍兴十四年十二月三日，户部员外郎边知白乞临安及诸郡复置漏泽园："伏陛下惠恤穷民，院有养济、给药，惟恐失所。岁所存活，不可数计。独死者未有所处，往往散瘗道侧，实为可悯。居养、漏泽，盖先朝之仁政也。后来漏泽园地多为豪猾请佃后，不惟已死者衔发掘之悲，而后死者失掩埋之所。欲乞首自临安府及诸郡，凡漏泽旧园，悉使收还，以葬死而无归者。发政施仁之方，掩骼埋胔为大，实中兴之要务也。"

高宗允准该建议，并认为"此仁政所先，可令临安府先次措置申尚书省，行下诸路州军，一体施行"。同月十三日，临安府上奏言："被旨，措置漏泽旧园，葬无归者。本府欲下钱塘、仁和县，拘收官、私见占佃元旧漏泽园，四至丈尺，为藩墙限隔。每处选募僧人二名，

---

① 郑兴裔：《请立义冢状》，《全宋文》卷4991，第225册，第81页。
② 《宋会要辑稿》食货60之13~16，第6册，第5871~5872页。

主管收拾埋瘗。及二百人，核实申朝廷，支降紫衣一道。逐处月支常平钱五贯、米一硕，赡给僧人。委逐县令佐检察，令不得因缘科率搔扰。"高宗曰："可令诸路州军仿临安府已行事理，一体措置施行。仍令常平司检察。"① 另据潜说友《咸淳临安志》卷 88《漏泽园》所载："钱塘、仁和两县管下，共一十二所。先是，崇宁三年二月，诏诸州择高旷不毛之地置漏泽园。凡寺观寄留槽椟之无主者，若暴露遗骸，悉瘗其中。各置图籍，立笔记识，仍置屋以为祭奠之所，听亲属祭飨，著为令。其在临安府者，中更多故，率为官私占佃。绍兴十四年，诏临安府措置漏泽园。遂下钱塘、仁和县悉行拘收，为藩篱以限之。选僧二名主管，月给常平钱五贯、米一石。瘗及二百人者，申朝廷赐紫衣。既又有旨，令诸路州军一体措置施行，仍委常平司检察。"②

据此可知，绍兴十四年，宋高宗接受户部员外郎边知白的建议，诏令都城临安府及各州县恢复设置漏泽园。③ 其时，仅在临安府就先后建立了 12 所漏泽园，漏泽园四周"为藩篱以限之"，选派两名僧人主管，"月给常平钱五贯、米一石"。如果埋葬尸体达到 200 具，便可以"申朝廷赐紫衣"。

其后，南宋大多数府州也逐渐建立了若干漏泽园。如临安府除上述钱塘、仁和两县外，其他县也设有漏泽园。其中，余杭县漏泽园在县东七瑞安乐乡南渠河之南，临安县漏泽园在县西三里，於潜县漏泽园在县南三里，富阳县漏泽园在后岭去县一里半，盐官县漏泽园在县西三里，昌化县漏泽园在县西二里。

---

① 《宋会要辑稿》食货 60 之 10，第 6 册，第 5869 页。

② "更有两县置漏泽园一十二所，寺庵寄留槽椟无主者，或暴露遗骸，俱瘗其中。仍置屋以为春秋祭奠，听其亲属享祀。官府委德行僧二员主管，月给各常平钱五贯、米一石。瘗及二百人，官府察明，申朝家给赐紫衣师号赏之。"参见吴自牧《梦粱录》卷 18《恩霈军民》，浙江人民出版社，1984，第 174~175 页。

③ 李心传：《建炎以来系年要录》卷 152，绍兴十四年十二月己卯条，第 3 册，第 2458 页。

宋孝宗淳熙三年（1176）初，添差两浙西路马步军副总管开赵为安葬随自己南下后死亡的"忠义归正人"，在平江府阊门外购买了300余亩山地作为义坟，又建造了一座寺院，供养僧人。宋孝宗为激励士气，一面为这座庵舍赐名"广济祥院"，一面又下令常平司给还开赵所创义冢及僧庵所费钱物，拨赐官田 500 亩充寺院"常住"田产。①

庆元元年（1195），提举浙东常平使李大性增置绍兴府义冢两处，分别位于城外会稽县界镇坞以及山阴县界洄涌塘旁。《嘉泰会稽志》对义冢设置的过程有载，其略云："越之流风，凡民有丧，即议侨寄，棺柩所积，夙号墓园。连岁不登，继以疠疫，而民不免于死亡。公奉命东来，一意全活，饥者振之以粟，病者起之以药，死者遗之以棺。荒政举行，毕力无倦。复有意于埋胔掩骼之举，命次铎走近郊，枚数寄棺，凡三千余。下令申饬晓告，使人人知有送死之义。且曰其有徇浮图火化者，助之缗钱，姑从其私。乃若无力归藏者，请于官，给所费。规画已定，复命次铎度地，得二所：其一镇坞，广四十亩；又其一洄涌塘傍，十余亩。由是义冢之规立矣。两隅分峙，男女以辨，缭以周墙，封其四围，画图传籍，备录分藏，闾里、姓名次第刻著。申命缁黄，以视墓室。丘封广列，尚为后图，庶几有以继于此也。自庆元改元夏，迄于冬十月，野处之棺，官为覆藏者凡千二百九十有三，据籍有考。至是，泽及枯骨矣。"②

还有一些寺院，本身就拥有专属的墓地。如宋高宗后期的高级宦官、入内侍省押班董仲永，是一个虔诚的佛教信众。他曾出资在临安府城东创建了一所因果院，"凡遗骸暴露，专用归之。岁时斋设经咒，令僧追荐"。③

---

① 《宋会要辑稿》兵 16 之 7，第 8 册，第 7032 页。
② 《嘉泰会稽志》卷 13《漏泽园》，《宋元方志丛刊》第 7 册，第 6960 页。
③ 曹勋：《董太尉（仲永）墓志》，《全宋文》卷 208，第 191 册，第 135 页。

（二）宋代的义冢制度

1. 漏泽园择址必须是高旷不毛之地或空闲田地

元丰三年（1080），宋神宗诏令曰："开封府界僧寺旅寄棺柩，贫不能葬。令畿县各度官不毛地三五顷，听人安厝，命僧主之。"① 崇宁三年（1104）二月，宋徽宗诏诸州择高旷不毛之地置漏泽园。② 从文献记载来看，各地均是按此执行的。如淳熙四年（1177）六月十七日，江州都统皇甫倜言："乞于江州福星门外收买空闲田段，将所部诸军亡殁之人就彼埋瘗。"从之。③

2. 漏泽园的埋葬对象必须是"贫无以葬或客死暴露者"

宋代对漏泽园埋葬的对象，有比较严格的规定，其身份必须是以下几种。

一是贫不能葬者。元丰二年三月二日，开封府界提举常平等事陈向的建议得到了神宗的允准，诏开封府界僧寺："无主者，官为瘗之。民愿得钱者，官出钱贷之。"④ 建炎四年（1130）十月三日，高宗诏曰："诸处流移老弱到行在者，日夕饥饿。可专委官具数量支米、钱赈济。死亡者，委诸寺僧行收瘗，计数给赐度牒。务使实惠加于存没，以称朕意。"⑤ 绍兴十六年（1146）十一月五日，宋高宗提出："居养、安济、漏泽，先帝之仁政。居养、安济已行之矣，惟漏泽未曾措置，宜令条具添入。"十日，南郊赦："贫乏乞丐，已约束如法养济；其死而无归者，旧法置漏泽园藏瘗。已降指挥，令诸州依仿临安府措置。访闻尚有未就绪去处，可令诸路常平司疾速检举，措置施行，无致暴露。"⑥ 建康府就以此标准实行，规定："遇有贫乏之家，

---

① 《宋史》卷178《食货志上六·役法下·振恤》，第4339页；《宋会要辑稿》食货60之13~16，第6册，第5871~5872页。

② 潜说友：《咸淳临安志》卷88《漏泽院》，《宋元方志丛刊》第4册，第4175页。

③ 《宋会要辑稿》食货60之13~16，第6册，第5871~5872页。

④ 《宋会要辑稿》食货60之13~16，第6册，第5871~5872页。

⑤ 《宋会要辑稿》食货60之13~16，第6册，第5871~5872页。

⑥ 《宋会要辑稿》食货60之13~16，第6册，第5871~5872页。

欲于义阡埋葬，僧行等即时放入，不得稍有遏阻，及乞取钱物。如违，许提督厅觉察，具申本司追究施行。"其义阡所收葬者为"民间因有死亡之家无力买地埋葬以致弃在沟壑"者。①

二是遭受战争之害的军民。熙宁八年（1075）三月，北京留守司令西福顺天王院寺僧收瘗军士遗骸，"每三岁度一人"，令其专门负责看守。②但因为政府给的好处太少，寺僧们不满，他们便采取消极对抗的办法，对送来的棺柩不及时安葬，而是将其长期停放在僧舍中，③这样时间一长旅寄棺柩日益暴露在外。于是在元丰二年三月，宋廷令河州在"城东北隅附山不食之地二顷作墓园，瘗蕃汉阵亡暴骸"，并"二年度僧一人"，令其专门"看管修葺"，并赐额"慈济"。④建炎四年十二月，刘光世、张俊两军渡江作战，虽然"屡获胜捷"，然而将士战死者不少，宋高宗也依照旧例，"既加褒赠，复令收其遗骸于僧寺隙地瘗之，岁度量童行守冢而厚恤其家"。⑤淳熙元年八月九日，孝宗诏："临安府以买到北上门外杨□桥东地充漏泽园，埋瘗遗骸。及日后无主死亡军民，亦听埋瘗。"九月二十六日，从殿前司请，诏："临安府东青门外驹子院地，将一半充漏泽园，拨付殿前司埋瘗亡殁军民。"⑥建康府覆舟山下的义冢也专门埋葬阵亡的将士。《景定建康志》载："端平三年十二月十五日，制置使陈尚书韡，调兵剿虏江北，战而死者甚众，遂于建康府北门外覆舟山龙光寺侧，择地开二大穴，甃以灰砖。凡阵殁将士骸骨，悉收而葬之。给牒度二僧，

①　马光祖修，周应合纂《景定建康志》卷43《风土志二·义冢·南北义阡》，《宋元方志丛刊》第2册，第2042页。
②　李焘：《续资治通鉴长编》卷261，熙宁八年三月甲寅条，中华书局，1986，第19册，第6364页。
③　史继刚：《宋代助葬制度述略》，《青海师范大学学报》1994年第3期。
④　李焘：《续资治通鉴长编》卷289，元丰元年四月甲子条，中华书局，1986，第20册，第7069页。
⑤　《宋会要辑稿》食货68之122，第7册，第6314页。
⑥　《宋会要辑稿》兵16之6，第8册，第7031页。

以守其冢。给田百五十八亩有奇，以其租入为每月供享、忌日追荐之用，版榜寺门。"①

三是遭受天灾人祸死亡而无人认领的遗骸。除去战争，因天灾人祸死亡而无人认领的尸体遗骸，也往往由官府出资组织僧人掩埋。如绍兴五年冬，潭州（今湖南长沙）出现反常天气，"雪霰交作，间有雷电，冰凝不解，深厚及尺。州城内外，饥冻僵仆，不可胜数"。于是荆湖南路转运判官、权安抚司公事兼管潭州薛弼下令："用度牒招募僧行随即瘗埋。"② 淳熙八年四月十八日，宋孝宗鉴于这一年多疾疫，死者较多，"缘地主利于得钱，往往发旧改新"，导致骸骨遗弃，不复收瘗，诏命："临安府于府城四门外相视隙地，作大冢各一所。每处委僧十人、童行三十人，凡遗弃骸骨，不问新旧，并行收拾丛葬。棺殓之具并僧行食钱，令本府量行支给。仍出榜禁戢。今后如有发去旧冢之人，依掘冢法科罪。"③ 再如，濒临东海的秀州华亭县，"每当风涛暴怒，多有溺者之尸乘潮而上。潮退，暴露沙际。须臾，犬鸟啄啮以尽，遗骸荡析，随亦灭没久矣"。宋光宗时，知县李直养让僧人师俊组织人力，在县治东北 36 里的荡山修建大墓，专门掩埋这些暴露在海岸边的尸骸，一共收埋了 146 具尸骨。④

四是无主尸体或没有后人举办丧事的。绍兴十五年六月二十三日，潭州言："崇宁间推行漏泽园，埋瘗无主死人，所降条格，棺木、絮、纸、酒、仵作行下工食钱，破砖镌记死人姓名、乡贯，以千字文为号。遇有识认，许令给还。每年三九、春冬醮祭。缘逐件条格烧毁不存，乞明降指挥施行。"于是户部言："今欲下诸路州县，如委系无

① 马光祖修，周应合纂《景定建康志》卷 43《风土志二·义冢·覆舟山下义冢》，《宋元方志丛刊》第 2 册，第 2043 页。

② 李心传：《建炎以来系年要录》卷 98，绍兴六年二月庚戌条，第 2 册，第 1614 页。

③ 《宋会要辑稿》食货 58 之 14～15，第 6 册，第 5828 页。

④ 单庆修，徐硕纂《至元嘉禾志》卷 24《丛冢》，《宋元方志丛刊》第 5 册，第 4597～4598 页。

主，即于常平司钱内量行支给。仍每人不得过三贯文省，如法埋瘗，无令合干人作弊科扰。并令本司常切不住检察，如违，亦仰按治施行。"从之。绍兴十八年八月十九日，臣僚言："郡县立漏泽园以惠天下，死亡者各得其所。州县奉行灭裂，所属监司全不按举。欲望举行之，俾死亡无人殡敛者，有园以葬埋之。"诏令户部看详。绍兴二十二年十一月十八日，南郊赦："已降指挥，州县旧有漏泽园去处，复行措置，收瘗暴露骸骨。缘其间地段多是为人占佃，县道徇情，不行措置。仰监司、州郡常切点检。"庆元六年十一月二十四日，右司郎中李寅仲言："恭惟国朝漏泽园之制恩及枯胔，前古未有。窃见诸州县寺院多有攒殡，历年滋多。或家贫，子孙无力收葬；或远宦因循不举，僧徒玩视，公肆徼求，驯致暴露，枯骨无归，深可悯恤。欲每岁委自逐路提举司近冬检举，行下诸州县委官躬亲抄札，如年深无主、家贫无力者，官为择地置义冢以葬之；其有子孙，不愿入义冢者，责以近限收葬，庶几枯胔不致暴露失所。岁一举行，无为文具，无令骚扰，庶几仰称圣朝泽及漏泉之意。"从之。[1] 在当时，官员们也是按此办理的。如官至参知政事的翟汝文守绍兴时，曾命山阴县收集四郊无主尸骸入园，所葬者数以千计。[2]

如果超出了上面的范围，则要对相关的责任人进行处罚。如崇宁五年八月十一日，徽宗诏令："诸漏泽园、安济坊，州县辄限人数，责保正长以无病及已葬人充者葬，杖一百。仍先次施行。"[3] 当然，也有例外，史载蔡京"之卒，适潭守乃其仇，数日不得殓，随行使臣辈藁葬于漏泽园，人谓得其报。此说止见于《靖康祸胎记》"。[4]

---

① 《宋会要辑稿》食货60之13~16，第6册，第5871~5872页。

② 《宋会要辑稿》食货60之13~16，第6册，第5871~5872页；翟耆：《重刊翟氏公哭埋铭》，翟汝文：《翟忠惠集》，附录。

③ 《宋会要辑稿》食货60之13~16，第6册，第5871~5872页。

④ 周辉撰，刘永翔校注《清波杂志校注》卷2《青布条》，中华书局，1994，第77页。

3. 漏泽园必须制定详细的规划和管理方法

为了方便对漏泽园进行管理，朝廷要求各地政府在建立漏泽园时要详细规划，并做到以下几点。

一是划分区域。如开封府陈留县的漏泽园，"凡得遗骸八万余，每三十为坎，皆沟洫什伍为曹，序有表，总有图"。另外，还应"丘封广列，尚为后图，庶几有以继于此也"。①

二是"良贱有别"。由于无主死者的身份复杂，"又以囚死或客死者埋瘗其中"，因此百姓即使家贫无力，也是耻葬义冢，不愿与囚犯埋葬在一起。王爔就曾经指出：常熟县"虽见有丛冢，又以囚死或客死者埋瘗其中，故吾民耻列于此"。因此有条件的漏泽园，"分为三园，良贱有别"。②

三是男女以辨。"两隅分峙，男女以辨。"③

四是统一埋葬的规格，规定"凡漏泽园收瘗遗骸，并深三尺"。④"应葬者，人给地八尺、方砖二口，以刻元寄所在及月日、姓名。""军民贫乏，亲属愿葬漏泽园者，听指占葬地，给地九尺。"⑤ 以建康府为例，其"所置义阡地段，姑据见定地步尚狭，未能开展，合立定则例。每名只许破一丈，庶几不致多占地段，有妨他人安葬。所破葬地，既以一丈为准，又恐安葬之时广占尺寸，合行下尉司，先将其地以一丈界为一眼，令深五尺，以防他日壖灭。止许于界眼内安葬。所有坐向，却从其便"。"葬穴不可太浅，庶免他日暴露。仰僧行告报，定要掘深五尺。"⑥

五是必须为死者建立档案。崇宁三年二月四日，中书省言：

---

① 《嘉泰会稽志》卷 13《漏泽园》，《宋元方志丛刊》第 7 册，第 6960 页。
② 《嘉泰会稽志》卷 13《漏泽园》，《宋元方志丛刊》第 7 册，第 6959 页。
③ 《嘉泰会稽志》卷 13《漏泽园》，《宋元方志丛刊》第 7 册，第 6960 页。
④ 《宋会要辑稿》食货 68 之 132，第 7 册，第 6319 页。
⑤ 《宋会要辑稿》食货 68 之 130，第 7 册，第 6318 页。
⑥ 马光祖修，周应合纂《景定建康志》卷 43《风土志二·义冢·南北义阡》，《宋元方志丛刊》第 2 册，第 2042~2043 页。

"诸以漏泽园葬瘗，县及园各置图籍，令厅置柜封锁。令佐替移，以图籍交授。监司巡历，取图籍点检。应葬者，人给地八尺、方砖二口，以刻元寄所在及月日、姓名。若其子孙、父母、兄弟、今葬字号、年月日，悉镌讫砖上，立峰记识如上法。"各地大多按此办理，如临安府"各置图籍，立笔记识"。① 绍兴府"画图传籍，备录分藏，闾里、姓氏次第刻著"。② 建康府"凡遇殡葬……量棺之短长、广狭，深穴而厚封，立牌标记。西、南、北三个义阡亦按其法办理"。③

六是准许移葬。"已葬而子孙亲属识认，今乞改葬者，官为开葬，验籍给付。"④

七是妥善保护。"无故若放牧，悉不得入。"建康府义冢，"为门为榜，严其扃钥，非葬祭不启"。⑤

4. 设立专门的管理机构和管理人员

宋代的义冢，一般由政府管理。绍兴十八年，户部言："所置漏泽园，承降指挥，依仿临安府措置事理，令常平司常切检察。今乞下诸路常平司检照见行条法、指挥，下所属州县遵守施行。若有违戾去处，按治依法施行。"从之。其中，建康府义冢，委托上元、江宁两尉管理其事。⑥ 绍兴府义冢管理同样如此，绍兴元年十二月十四日，通判绍兴府朱璞曰："绍兴府……如有死亡之人，欲依去年例，委会稽、山阴县尉，各于城外踏逐空闲官地埋葬，仍委踏逐官点检，无令

---

① 潜说友：《咸淳临安志》卷88《漏泽院》，《宋元方志丛刊》第4册，第4175页。
② 《嘉泰会稽志》卷13《漏泽园》，《宋元方志丛刊》第7册，第6960页。
③ 马光祖修，周应合纂《景定建康志》卷43《风土志二·掩骼记》，《宋元方志丛刊》第2册，第2041页。
④ 《宋会要辑稿》食货68之130，第7册，第6318页。
⑤ 马光祖修，周应合纂《景定建康志》卷43《风土志二·义冢·四门义冢八所》，《宋元方志丛刊》第2册，第2042页。
⑥ 马光祖修，周应合纂《景定建康志》卷43《风土志二·掩骼记》，《宋元方志丛刊》第2册，第2041页。

暴露。其养济院及外处方到未曾入院病患死亡之人，去年召到僧宗华收敛，雇人抬舁出城掩瘗。令县尉监视，置历拘籍。每及百人，次第保明申朝廷，给降度牒。"诏每掩瘗及二百人，给度牒一道，余依所乞。①

　　为方便看守，官府往往要在规模较大的漏泽园附近建佛寺，让寺院中的僧人来管理。元丰三年六月，陈向乞选募僧守护漏泽园，量立恩例。这一建议得到了神宗皇帝的允准，神宗诏曰："开封府界僧寺旅寄棺柩，贫不能葬，令畿县各度官不毛地三五顷，听人安厝，命僧主之。"② 如北宋时开封府陈留县的漏泽园葬有八万余人，因而"规其地之一隅以为佛寺，岁输僧寺之徒一人，使掌其籍焉"。③ 建康府的义冢，"选邻僧之慈愍勤事者掌之"。东阡则选之半山寺，南阡则选之宋兴寺，西阡则选之清凉寺，北阡则选之永庆寺，人各月支钱三十缗、米一石。又虑东义阡距半山寺路途远，特在东义阡创庵三间。④南宋都城临安殿前司十三军将士的专用公墓，建在临安府西湖山北的鲍家田青枝坞。公墓设有普向院，"令僧主其香火"，负责照管和祭奠。乾道八年（1172），宋孝宗还接受该寺住持僧法千的建议，改赐寺名为"愍忠资福普向"。⑤

　　当然，在漏泽园附近建佛寺，除方便看守外，也是按民俗让寺院中的僧人来超度亡魂。《虢州卢氏县漏泽园记》明确记载："上以广朝廷仁惠之泽，下以掩遗骼暴露之苦，将以建佛宫于其□，日闻法音演无量义，俾沉魂幽魄咸证善因，郁气滞冤往生乐土，以子以孙戴天履地，靡有终极，则丰功厚德及于幽明者不可量数，实利益之无穷，

① 《宋会要辑稿》食货60之13~16，第6册，第5871~5872页。
② 《宋史》卷178《食货志上六·役法下·振恤》，第4339页。
③ 徐度：《却扫编》卷下《漏泽园》，《宋元笔记小说大观》第4册，第4526页。
④ 马光祖修，周应合纂《景定建康志》卷43《风土志二·掩骼记》，《宋元方志丛刊》第2册，第2042页。
⑤ 潜说友：《咸淳临安志》卷79《寺观五·普向院》，《宋元方志丛刊》第4册，第4082页。

罄河沙而未比。"①

少数漏泽园是由道士照管的。例如，庆元二年（1196），婺州东阳县（今属浙江）在县丞曾棠的主持下，重建了漏泽园，"为墙三百二十有一堵"。在园内修建了三间房屋，外立门屏，让道士居住，负责看管。"凡用钱二十三万有奇。"② 建康府也有此种现象，于南北两门外择选空闲高荒地段设立了南北两阡，差拨僧道专一在各处看管。其中，南义阡造有房屋三间，于毗近殊胜寺轮差僧一员、行者一人在庵专一看守，早晚焚修；北义阡则请后湖真武庙道士孙守清就行看管。③

5. 拥有完善的建筑设施

一是在漏泽园中设置灵堂，"以为祭奠之所，听亲属享祭追荐"。在"葬日及岁时设斋醮，置吏卒护视"。④

二是漏泽园四周"缭以周墙，封其四围"。⑤ 建康府义冢之旁为义阡，军民皆杂葬在一起。起先，"垣墙弗设，牛羊践之，土浅骨暴，过者颡泚，甚失掩骼之初意"。开庆己未，马光祖再镇建康府，看到这种情形恻然动心，在任内于城外建造了东、西、南、北四义阡。"死而无归者，给棺椁殡焉。"但时间一长，樊墙颓圮，牛羊也进入里面吃草，暴骨如莽。而后来的殡葬者也是多发前冢，弃枯骼而纳新柩。马光祖虽然屡行禁止，然而纲维无人，率为具文。于是，马光祖始命上元、江宁两县簿尉分其责，月给十八界二十贯、酒四瓶。封其土，缭以长垣。在东门者，一百五十四丈；在南门者，一百五十八

---

① 三门峡市文物工作队编著《北宋陕州漏泽园》，文物出版社，1999，第390页。

② 赵彦粹：《重建漏泽园记》，《全宋文》卷242，第242册，第199～200页。

③ 马光祖修，周应合纂《景定建康志》卷43《风土志二·掩骼记》，《宋元方志丛刊》第2册，第2042页。

④ 《嘉泰会稽志》卷13《漏泽园》，《宋元方志丛刊》第7册，第6959页；《宋会要辑稿》食货68之132，第7册，第6319页。

⑤ 《嘉泰会稽志》卷13《漏泽园》，《宋元方志丛刊》第7册，第6960页。

丈；在西门者，一百九十八丈五尺；在北门者，二百八十九丈五尺。又于清凉寺西偏得地三十余亩，以广西阡，依山为墙。从此以后，皆无蹂躏之患。凡筑墙五百八十一丈，为庵一，为门四，共靡钱十八界四千三百余贯、米七十余石。①

6. 制定奖励措施

为了激发寺院僧人的积极性，确保此项工作顺利开展，宋廷根据收瘗遗骸数量对寺僧施行奖励，规定守园僧人"以所葬多为最，得度牒及紫衣"。② 元丰二年，宋廷规定："葬及三千人以上，度僧一人，三年与紫衣，有紫衣与师号，更使领事三年，愿复领者听之。"③ 绍兴元年秋，宋高宗诏令各地官府招募僧道掩埋因战争而死的尸骨，规定凡掩埋二百具者便可领取度牒一道。绍兴四年，因运河淤积，漕运不通，宋高宗诏令组织役兵疏浚运河，诏令："河中遗骸，听僧徒收瘗。数满二百，给度牒一道。"④ 绍兴五年七月，阵亡将士"皆暴露尸骸"，宋高宗令地方官员招募道、僧、童行埋瘗遗骸，并规定收葬两百具尸骸者，官给度牒一道，"愿改换紫衣师号者亦听"。⑤ 同年又诏令："募僧人收瘗淮南客死者，每百人以度牒一道给之。"⑥ 绍兴三十一年，金军攻入淮东，屠杀民众。泰州如皋县石庄镇明禧禅院的僧人如本，"收瘗遗骸三百，得官给僧牒"。⑦ 隆兴二年（1164）十二月，宋廷再次下令收瘗遗骸，若"及二百副，童行支度牒一道，僧道赐紫衣师号"，"余人比类支给度牒价钱"。⑧ 乾道六年六月，湖州马墩镇

---

① 马光祖修，周应合纂《景定建康志》卷43《风土志二·义冢》，《宋元方志丛刊》第2册，第2041~2042页。
② 《嘉泰会稽志》卷13《漏泽园》，《宋元方志丛刊》第7册，第6960页。
③ 《宋史》卷178《食货志上六·役法下·振恤》，第4339页。
④ 李心传：《建炎以来系年要录》卷72，绍兴四年正月癸酉条，第2册，第1205页。
⑤ 《宋会要辑稿》食货68之122，第7册，第6314页。
⑥ 李心传：《建炎以来系年要录》卷84，绍兴五年正月壬子条，第2册，第1376页。
⑦ 洪迈：《夷坚志·支戊》卷4《闽僧如本》，何卓点校，中华书局，1981，第1081页。
⑧ 《宋会要辑稿》食货68之122，第7册，第6314页。

的行者祝道诚因收葬运河挖出来的尸骨遗骸"一千二百六十有余"，宋孝宗下令赐给他度牒和紫衣，剃度为僧。① 淳熙元年十一月十日，宋孝宗又发布诏令，宣布每州设置一名童行负责看守"归正人"的墓地，满三年，便发给一道度牒，将他正式剃度为僧人。② 宝祐五年（1257），因"更有毙于疫疠、水灾与夫殁于阵者，遗骸暴露，尤不忍闻也"，宋理宗下命令："召募诸寺观童行有能瘗遗骸及百副者，所在州县保明，备申尚书省，给度牒一道，以旌其劳。"③ 从上述文献记载来看，这种奖励主要是以政府发给度牒和紫衣作为看墓僧人的酬劳和补贴的，如果愿意改换紫衣师号，亦可以。其标准一般为"葬及三千人以上，度僧一人；三年与紫衣；有紫衣与师号，更令管勾三年，愿再住者准此"。④ 但从各地的落实情况来看，有"收瘗遗骸三百，得官给僧牒"，亦有"瘗遗骸及百副者……给度牒一道"。

7. 后续经费的保障

为了让义冢制度得到顺利执行，官府往往拨出一定的田地供其使用。如琴川，官府专门"买田六十二亩，米四十二石，岁收为给养"，以"为经久之计"。⑤

8. 宋代义冢制度的弊端

据张邦炜等研究，宋代义冢制度在推行过程中弊端甚多。⑥

一是弄虚作假。朝廷规定守园僧人"以所葬多为最，得度牒及紫衣"，守园僧人"遂有析骸以应数者"，以便冒领"恩例"。某些地方

---

① 《宋会要辑稿》道释1之36，第8册，第7886页。
② 《宋会要辑稿》兵16之6，第8册，第7031页。
③ 《宋史全文》卷35《宋理宗五》，宝祐五年十一月壬戌条，黑龙江人民出版社，2005，下册，第2340~2341页。
④ 李焘：《续资治通鉴长编》卷297，元丰二年三月辛未条，中华书局，1990，第21册，第7217页。
⑤ 孙应时纂修《琴川志》卷1《叙县·义阡·劝谕文》，《宋元方志丛刊》第2册，第1164~1165页。
⑥ 张邦炜、张忞：《两宋时期的义冢制度》，《天府新论》1995年第5期。

的官员甚至不择手段，草菅人命，"责保正长以无病及已葬人充"。①
这里记载的"无病"人，便是还活着的并无疾病的百姓。以活埋百姓
来骗取政府补贴，可谓丧心病狂。

二是敷衍塞责。按照朝廷的规定，"凡漏泽园收瘗遗骸，并深三
尺"。但有的州县的漏泽园应付了事，"奉行尚或灭裂，埋瘗不深"，
即"不深三尺而致暴露"，② 等于不葬。

三是胡乱开支。某些地方官吏"奉行颇过"，在"葬日及岁时设
斋醮，置吏卒护视"，以致入不敷出。③

（三）明代义冢的设置与管理

明洪武三年，朱元璋鉴于浙江等处火化之惨，命官司设义冢，以
便无地者安葬。又在五年诏天下郡县各设义阡以为贫民掩埋之所。至
明代中期，由于"历岁滋久，有司视为故事，养济之典虽尚举行，而
义阡则废久矣"。弘治十五年，宜兴知县查访各乡义阡，已十废八九。
这可能是一种较为普遍的现象。弘治十二年，就有老人上奏，南京城
凡有死亡多无葬地，又有监察御史说，南都之外原有漏泽园被人占
种。弘治帝下旨："令天下各该衙门，旧有漏泽园者，重加修饰；无
者，即于本处城外选择空地创造，或名漏泽，或名义冢。"

葬地缺乏是导致停丧不葬以及火化盛行等丧葬问题的重要因素之
一，因此，义冢之设被视为解决这一问题的最直接、有效的办法。顾
炎武认为禁除火葬之法，应该是"每里给空地若干为义冢，以待贫民
之葬"，然后辅之以厉禁，"庶乎礼教可兴，民俗可厚也！"

就现存方志来看，各地多在明中叶建立起漏泽园，多少不一，但
至少有一处设于城北厉坛附近，官府每年三次祭祀无祀之鬼。如苏州
府，见于记载的明代义冢，除了有两处建于明初外，其余都是弘治朝

---

① 《嘉泰会稽志》卷 13《漏泽园》，《宋元方志丛刊》第 7 册，第 6960 页。
② 《宋会要辑稿》食货 68 之 131，第 7 册，第 6319 页。
③ 《宋会要辑稿》食货 68 之 132，第 7 册，第 6319 页。

以后创置的。整体而言，明清时期，江浙等东南地区所设义冢数量较多，这与该地区火化与停丧缓葬之风重新抬头并愈演愈烈有关。官府通过免税、予爵等方式，鼓励人们捐设义冢。明末清初以前，义冢主要来源于官府的捐助，个人设置不多。明末清初以后，随着善堂善会在各地的建立，作为与其配套的设施，义冢的数量猛增。经过几百年来不断的建置，江南地区形成了庞大的义冢群。

义冢的管理与维护，往往有一定之规。义冢一般有明确的标志。如万历二年湖州府在乌程县赵湾地方置义冢，"四隅各立石柱，中建石碑一座，刻'义冢'二字"，这是为了防止邻地的蚕食侵占。冢地周围若无深沟为界，多以砖土垒墙，中开一门，专人启闭，意在保护义冢内尸棺不受破坏。

冢地附近通常建有一些附属建筑，或作殡舍之用，或为看守之人所居。所谓"有室以居守墓禁者，掌其度所，禁其侵争，樵苏毋犯"。看守者，或以孤寡无居之人，或以土工，或以僧侣。无人看守者，应该更多。

葬埋形式：义冢通常划分为若干单位，依次而葬。苏州锡类堂掩埋办法："惧男女之相乱而葬后子孙莫可识别也，画土为方，方内复为行列，男女异左右，大书死者姓名于簿，云某人葬某阡第几方第几列第几柩，复揭竹箪于墓左，牢树之，以待子孙祭扫，及日后之以礼迁葬者。"这样做的好处，一是在有限的葬地内尽可能多地葬埋棺骸；二是便于登记标识，不致紊乱。

在江南地区，设立义冢须考虑防水。选址应避免卑下之地。冢址既定，要在四围与中间挖掘深沟。沟壑可以泄水，降低冢地的地下水位；而且，壕堑之土可以垫高冢地，不但免于水渍之患，还可相对增加圹井的深度，便于深埋。苏州锡类堂规条云："惧积潦为害也，于低洼处浚濠三百丈，阔一丈，深六尺，以走潦水、去潎污，即其土培成高地。"又上海果育堂《义冢条约》："一冢地四周各浚深涧大沟，中间起亩，亩间起□，使前后左右水气得以疏泄。"深沟不但可以泄水，还可防止侵占。

（四）清代义冢功能的多元化

明末清初以来，由于火葬与停丧不葬之风的大规模兴起，收掩对象势必要包括大量的有主棺骸，因此，各方人士在设置义冢之初，就要考虑到义冢职能的混同可能对有主棺属带来的消极影响。他们的一般做法是，将罪囚、路毙之尸单独设地葬埋，不与齐民同列。崇祯年间，张国维兴复苏州义冢，规定"禁瘗囚于邻壤"，并改其名曰"广孝阡"。康熙十一年，杭州府德清县奉抚院范承谟之命，创立广孝阡数处，范自有想法："查县例有官坛义冢，止埋囚犯孤贫，恐良善百姓似未肯同瘗兹土。若不备为区画，则暴骸日众，有乖化理。饬县于近城郊外择视高阜平阳之所，创立广孝阡数处。凡系无主棺骸，即为收瘗。如有子孙家属，悉劝速行埋葬。"雍正十三年，苏州知府姚孔钖创建锡类堂，专司掩埋。监局之一的缪曰芑在葬埋之法中特别指出："其无主后者不入方内，第葬法如前。而乞丐、道死及累囚庾毙无人收视者，别为兆域，不与齐民列。"将瘗埋囚犯、孤贫者的义冢与埋葬有主无主棺骸之地分开，以打消葬主的疑虑。

为什么要同时将名称改掉，比如叫"广孝阡"呢？张国维解释说："俾市井蚩蚩之众，顾名思义，更化易俗，瞻马鬣而兴悲，望松楸而陨涕。死者免毁弃之惨，生者逭流殛之刑。"蕴含了劝孝兴葬之意，也表明葬埋的对象是无地葬身者，实在是用意良深。同时，义冢具有厉坛职能的传统给人们打下了深深烙印，如乾隆年间南汇县广善堂订立《埋骸规议》八条，其一即云："南邑风俗，误认义冢为化人坛，不知厉坛但埋罪囚、路毙乞儿，而义冢系仗义好善捐葬无力治葬棺，坛仍可立碑，听子孙扫墓。"因此，义冢名称的变更，实际也是在打消葬主对于义冢的疑虑。光绪年间，浙藩恽祖翼办理掩埋事务，谕令各属置办义冢，但名称不必为"义冢"，目的就是免得"死者子若孙心有难安"。

三　近代殡葬服务管理制度

（一）公墓管理法规

公墓是近代中西文化交流中的舶来品。自晚清以来，随着西方人不断涌入中国，公墓制度也被带入沿海通商口岸。1866年，上海公共租界工部局在卫生处设置公墓股，这是上海近代史上第一个负责殡葬的行政管理机构。此后，工部局多次公布了《公墓章程》，就公共租界内的公墓管理制定了诸多法规。1918年的《东方杂志》上就摘要刊登了工部局的《公墓章程》。北洋政府亦于1922年颁布了《坟山特别登记章程》，共三十五条内容。

南京国民政府成立后，将推行和管理公墓视作移风易俗、构建现代殡葬文明的重要手段。因此，自1928年起，开始尝试在全国层面出台公墓法规。1928年，时任浙江省民政厅厅长的朱家骅率先在浙江省发出制定公墓法规的倡议，"浙江民政厅长朱家骅氏，鉴于吾国旧习人民迷信风水，乃拟具浙江省公墓条例"。[①] 朱家骅在提案中称推行公墓有打破迷信、发展农林以利民生的好处。"查公墓制度风行欧美，法良意善。近来我国广东等省，既已仿行于先。而吾浙最近政纲亦有提倡公墓之条。为矫正旧时弊习及节用土地、公共卫生起见，自宜设法筹办，逐渐推行，既除人民风水之迷信，又可免肥沃之地多为死人占踞，而变为不毛之土，使农林日益衰落，生产日形减少，民生问题大受影响。"[②] 根据朱家骅的提案，浙江省公布了公墓条例，并严令各市县政府自条例公布日起一年以内，均须依照条例筹设公共墓地。

浙江省出台公墓条例的经验，很快被南京国民政府吸收。1928年10月，由内政部、卫生部与浙江省政府共同商议制定的《公墓条例》，由内政部向全国颁发。该条例共十六条，内容如下：

---

① 《浙江省公墓之提案》，《申报》1928年5月25日。
② 《浙江省公墓之提案》，《申报》1928年5月25日。

第一条　各市、县政府，应于市、村附近选择适宜地点设立公共墓地。

第二条　私人或私人团体设立公共墓地者，须呈经市、县政府之许可。

第三条　公墓须设于土性高燥地方，并须于下列各地保持相当之距离。

（一）工厂、学校及各公共处所；

（二）住户；

（三）饮水井及上下水道；

（四）铁路、大道；

（五）河塘、沟渠距离限度，由各市、县政府斟酌当地情形定之。

第四条　公共墓地须划分地段，建筑公路，栽植花木，并于其周围建筑坚固围墙。

第五条　公共墓地之图案及墓与碑碣之式样，由市、县政府定之。

第六条　各墓面积及深度，由市、县政府斟酌当地情形及土质定之。

第七条　各墓之距离，左右不得过六尺，前后不得过十尺。

第八条　公共墓地得划分收费区与免费区两种。但收费区面积，不得超过全墓地三分之一。收费区征收地价，应按面积计算，其价额由市、县政府定之。

第九条　公共墓地由市、县设立者，须由市、县政府按墓编号派员管理。由私人或私人团体呈请设立者，须由呈请人编号管理。管理规则由市、县政府拟定，但须呈报该管民政厅备案。

第十条　葬者之姓名、籍贯及殁葬年、月、日须刊载之于墓碑。墓碑如有损坏，管理人须通知墓主自行修理。通知后逾年仍不修理，认为有妨碍时得撤除之。

第十一条 各墓除由墓主自行扫除外，每年秋冬间应由管理人扫除一次。

第十二条 墓及墓碑并基地所植花木，不得践踏、拆毁。公墓地内不得狩猎及放牧牲畜。

第十三条 凡公墓非墓主自愿并呈准该管市、县政府不得起掘。

第十四条 公墓由私人或私人团体设立者，关于第五条、第六条、第八条第二项、第九条第二项规定各事项，须由原呈请人呈经该管市、县政府核定之。

第十五条 各特别市地方设立公共墓地，由特别市政府准用本条例各规定行之。

第十六条 本条例自公布日施行。①

这个《公墓条例》规定各市县政府和私人以及私人团体均可筹建公墓，实际上是要求各地应筹建公墓，并规定了公墓建设的具体办法。如规定公墓应设于各市县附近，但须与工厂、学校、水源等有一定距离，以达到卫生、整洁的要求。甚至对墓与墓之间的距离、墓地占地面积、收费区与免费区的设置都做了较为详细的规定，可以说是对西方公墓管理条例的完全模仿。

内政部《公墓条例》出台之后，各省市根据《公墓条例》的规定纷纷出台了适用于当地的公墓管理办法，推进各地公墓建设。1928年11月，南京国民政府卫生部成立，具体负责公墓推进的事宜由内政部转入卫生部。卫生部发文要求各地选择合适地点建成一二公墓进行管理，对于私人添葬和暴露的浮棺采取迁入公墓的办法，并禁止私

---

① 陈明光主编《中国卫生法规史料选编（1912～1949.9）》，上海医科大学出版社，1996，第579页。

自在市区周围营葬。不过，卫生部的行政命令并没有取得预想中的成效，命令颁布之后，各地上报营建公墓者并不多，全国仅有上海、西安、天津、杭州、武汉等大城市响应中央命令，大力推行公墓。

1936 年 10 月 30 日，南京国民政府行政院参照各地的"实际情形"对《公墓条例》进行修订，在此基础上颁布了《公墓暂行条例》。与《公墓条例》相比，《公墓暂行条例》的规定更加详备且更具操作性。《公墓暂行条例》共七章三十六条内容，可以视作对 1928 年《公墓条例》的一次补充和调整，其内容如下：

第一章　总则

第一条　设置公墓，依本条例之规定。

第二章　设置公墓

第二条　各市政府（院辖市及省辖市下同）应选择适宜地点，设置公墓。各县政府应就所属各区乡镇分设公墓。

第三条　团体或一姓宗族或个人，呈市县政府之许可得设置公墓。

第四条　设置公墓，应将左列各款呈报省政府核准，转咨内政部备案，院辖市政府径咨内政部。

一、设置地点；

二、设计详图；

三、经费及预算；

四、各项章则；

五、设置人及管理人名单。

依本条例第三条设置之公墓，应报由市县政府核转。

第五条　设置公墓，应于不妨碍耕作之山野地为之。

第六条　设置公墓，应不妨碍军事建筑及公共卫生或利益，并与左列各地保持相当距离。

一、学校、工厂、医院、户口繁盛区或其他公共处所；

二、饮水井或饮用水之水源地；

三、铁路、大道、要塞或堡垒地带；

四、河川；

五、贮藏爆炸物品之仓库。

第七条 公墓之用地，得依法呈请征收之。

第八条 各市县应行设置公墓之数目，及每一公墓之面积，应由各市县政府依辖境人口数量，酌定比例，分期分地完成之。

第九条 公墓内应栽植花木，建筑道路及泄水设备，并得于其周围设置墙篱。

第十条 公墓内应依面积之大小划分区段，每段内应依墓穴数目划分墓基。每一墓基之面积，不得超过二百平方市尺，但两棺以上合葬者，得酌量放宽之。

第十一条 墓穴应妥为封固，墓面如超出平地，至高不得过四市尺。墓穴之深度及碑碣式样，由市县政府核订之。

第十二条 公墓地区内，得建筑祭堂及停枢处。

第十三条 公墓地区内，得附设火葬场。火葬办法另定之。

第十四条 设置公墓，得依墓基等次征收租金，以后每隔二十年征收一次，但不得超过第一次租金额二十分之一。

第十五条 墓基租金数额应预为订定，呈请经省政府核准，转咨内政部备案，院辖市政府径咨内政部。依本条例第三条设置之公墓，征收墓基租金数额，应报由市县政府核转。

第十六条 市县政府设置公墓，应设免费墓基地段，依本条例第三条设置之公墓，得设免费墓基地段。

第三章 营葬

第十七条 市县政府设置公墓后，应报告指定该公墓所属区域，嗣后在该区域内营葬者，除法令有规定外，应于公墓内为之。未设置公墓区域，暂准自由营葬，但不得违背本条例第五、六两条之规定。

第十八条　市县政府对于前条暂准营葬之坟墓，得办理登记。前项登记不得征收费用。

第四章　公墓管理

第十九条　公墓内棺柩或尸体，非经官署核准不得起掘。

第二十条　公墓不得收葬未经官署发给抬埋许可证照之棺柩或尸体，但未有发给许可证照办法之地方，不在此限。

第二十一条　公墓内无主墓之棺柩或尸体，得由管理人呈经市县政府之许可，起掘火葬或合葬之。前项火葬或合葬之棺柩尸体，应明定起掘期间，于一年前公告之。免费墓基地段内之棺柩或尸体，经过二十年后，得依前两项之规定，起掘火葬或合葬之。

第二十二条　公墓之一部或全部因地形变更，或其他特殊情形，须迁移者，应呈经省政府核准，转咨内政部备案，院辖市政府径咨内政部。

第二十三条　公墓应设置管理人，管理规则由市县政府核订之。

第二十四条　公墓应备簿册，登记左列事项：一、墓基号数；二、葬期；三、受葬者之姓名、性别、籍贯及生死年月日；四、营葬者之姓名、籍贯、住址及与死者之关系。前项营葬者之姓名及住址有变更时，应即通知公墓管理人。

第二十五条　公墓内墓穴及碑碣如有损坏，管理人应即通知墓主或有关系之营葬人，自行修理。

第二十六条　公墓应随时扫除，保持整洁。

第二十七条　公墓管理人，应于每年春秋二季，将公墓办理情形呈报市县政府查核。

第二十八条　市县政府应于每年年终，将辖境内公墓办理情形，呈报省政府查核，转咨内政部备案，院辖市政府径咨内政部。

第五章 旧墓处置

第二十九条 依本条例第十七条第一项规定，公告指定区域内之旧墓，经该管市县政府查明，有左列情形之一者，应迁葬于公墓内：一、坟墓地点足以妨碍军事建筑及公共卫生或利益者；二、田亩中之坟墓足以妨碍耕作者；三、浮厝或露棺。

第三十条 依前条规定，应行埋葬之棺墓，市县政府应明定迁葬期间，于一年前公告之，并于棺木所在地树立标志。墓主如逾期未迁，市县政府应代迁葬于公墓内，其设有火葬场者并得依法火葬之。

第三十一条 依本条例第二十九条第一、二两项规定之应迁葬之坟墓，如墓主不愿迁葬，应于前条迁葬期内，向市县政府声请特别登记。特别登记征收费用，登记后并得征收年捐。前项费用及年捐数额应报经内政部核准。

第三十二条 凡有关名胜古迹，经呈请核准之坟墓，得不适用前两条之规定。

第六章 罚则

第三十三条 违背本条例第十七条第一项之规定者，市县政府除处以三十元以下之罚款外，并得限期勒令迁葬于公墓内。

第三十四条 依本条例收入之捐费罚款，充作市县政府设置公墓经费。

第七章 附则

第三十五条 本条例未规定事项，应由各省政府、院辖市政府另定补充办法，并报内政部备案。

第三十六条 本条例自公布日施行。[①]

---

① 《内政法规汇编·礼俗类》，第19~20页。

1936 年的《公墓暂行条例》，其主体部分是设置公墓、公墓管理与旧墓处置三大部分。在设置公墓 15 条内容中，除详尽地列举各种相关问题，对于应行远离的区域，增加了军事堡垒及爆炸危险品仓库两项。而对于公墓墓基、墓穴的高度、征收租金也都有明确的数字规定。在公墓管理的各项条款中，逐渐健全了棺柩处理、墓穴的登记在册、公墓墓穴及墓碑的维修和扫除清洁以及政府备案的各项机制。对于旧墓处置的办法，也给予了相当明确的解释。为了更好地推行《公墓暂行条例》，内政部又先后出台了《解释公墓暂行条例实施疑义》《解释公私茔墓应距市区或公路若干里疑义》等补充性文件，用以解答各地关于暂行条例的疑惑。

1944 年 3 月，国民政府内务部又制定了《推行公墓制实施方案》，将《公墓暂行条例》予以废止。相较于《公墓暂行条例》，后者在内容上变化不大，各省又根据这一新的法规，各自制定适合本地的公墓实施方案。

（二）地方殡仪馆管理规则

民国时期在国家层面没有看到出台过有关殡仪馆管理的专门法令法规。不过，在殡仪馆设立较多的几个大都市中，政府都各自出台和颁布了适用于本市的殡仪馆管理规则。1933 年，上海市政府颁布《上海市管理殡仪馆规则》，该规则共十四条内容，兹录如下：

第一条　凡在市区内建筑或设立殡仪馆，应先填具声明书，呈请卫生局查明核准后，始得向工务局请领营造或修理等执照。

第二条　殡仪馆内部设备应呈请卫生局，按照下列各条视察合格后，准予注册给照，营业注册时应交执照费洋一元、印花税一角。

第三条　殡仪馆地点宜在空旷之处。其墓地四周应有围墙，自屋身至四面围墙均应有八公尺以上距离之园地。此项园地上除须多种树木外，不得添搭任何建筑物。

第四条　殡仪馆不得附设丙舍，其暂行停柩待葬之房屋至多不得过三间，每间停柩不得过五具。

第五条　馆内应设施术室、焚毁炉或消毒池，以便尸体防腐消毒及焚毁一切曾与尸体接触之衣着等物。前项施术室、焚毁炉等构造式样及设备与消毒方法应报由卫生局查核准许后方得办理。

第六条　殡仪馆于接洽代办收验时，应向接洽人索取曾在本市卫生局登记之医院所出诊断书。如系因患传染病而死者，应即按照本规则第十二条之规定妥为防卫，以免再由尸体传布病菌，致滋疫害。

第七条　殡仪馆于收进尸体时，即将死亡者地点、姓名、性别、年龄、籍贯及死亡原因等项分别登簿填表，按月将表连同死亡证书呈报卫生局。

第八条　凡尸体进馆后须用消毒药水洗涤，如患传染病（即伤寒或类似伤寒、斑疹、伤寒赤痢、天花、鼠疫、霍乱、白喉、流行性脑脊髓膜炎、猩红热等九种）死亡之尸体搬运时，应用一张厚布包袱将尸体缜密包裹。到馆后应即严重消毒，速予棺殓，所有用过之衣服、被褥及曾与尸体接触之物件均须烧毁或严行消毒。

第九条　施术后之尸体不得在馆内露置十日以上，尸棺寄存不得过一月。

第十条　殡仪馆应受卫生局之监督，并得随时派员视察指导改良。

第十一条　所有馆内职员、工役由卫生局按时派人种痘及施行传染病预防注射，不得拒绝。

第十二条　如有违犯本规则者，得由卫生局处以百元以下之罚金或停止其营业。

第十三条　本规则如有未尽事宜，得随时修正之。

第十四条　本规则自市政府公布之日施行。①

该规则内容涉及殡仪馆的注册、建造、营业、内部设备以及卫生防疫等多个方面，可以视为民国时期较早的比较完备的关于殡仪馆的地方性法规。《上海市管理殡仪馆规则》出台不久，又于1934年对该规则进行了修正，颁布了《修正上海市管理殡仪馆规则》。不过，修正案与原管理规则内容相差不大，仅将第八条"应用一张厚布被将尸体缜密包裹"改为"应用二张厚布被将尸体缜密包裹"；将第十一条内容中"所有馆内职员、工役由卫生局按时派人种痘及施行传染病预防注射"修改为"所有馆内职员、工役每三年种痘一次，每年应受传染病预防注射"。② 1936年11月，南京市政府也颁布了《南京市管理殡仪馆规则》，共十七条内容，对照《修正上海市管理殡仪馆规则》，发现两者的表述基本相同。不同之处是南京市政府增加了第十二条内容中不得妨碍公共安宁的规定："殡仪馆内每晚九点后，严禁僧道、尼姑等诵经，尸属号泣，及音乐爆竹类声音发出，以免妨害公共安宁。"③

总而言之，南京国民政府在理念上接受了近代以来西方的丧葬观念，在中央层面大力提倡公墓建设，认为其有利于民生、卫生、破除迷信等，为此颁布和出台了多部公墓管理条例。在管理殡仪馆层面，虽未出台国家法令，但主要都市都颁布了相关的管理规则。事实上，推进公墓、殡仪馆建设以及颁布公墓法令与殡仪馆管理规则，在助推现代殡葬建设的同时，也在一定程度上起到了层层推进以国家为中心的现代政治管理体制的效果。

---

① 《上海市管理殡仪馆规则》，《上海市政府公报》第128期，1933年，第102~103页。
② 《修正上海市管理殡仪馆规则》，《上海市政府公报》第143期，1934年，第145~146页。
③ 《南京市管理殡仪馆规则》，《南京市政府公报》第171期，1936年，第26~27页。

　　1912 年出台的《礼制》与《服制》，拉开了民国殡葬法规法令制定的序幕。《礼制》中规定了男子在丧典中所行之礼是脱帽三鞠躬，女子也行三鞠躬之礼。《服制》在总的原则上规定了丧礼之时所穿礼服，男子"于左腕围以黑纱"，女子于"胸际缀以黑纱结"。臂缠黑纱与胸戴黑纱结（后来改为白花），后来成为社会流行的丧礼服饰，直至今天。有关丧礼，终民国时代一直处在草案制定之中。从北洋时期开始，就有 1916 年、1928 年关于《丧礼》草案的制定，在延续传统社会丧礼程序与丧服、丧期的规制的同时，对于民国男女平等诸观念也有所考虑。南京国民政府时期，由时任礼制服章审订委员会及大学院院长的蔡元培和内政部部长薛笃弼，联合主持制定了《丧礼草案》。这部南京国民政府所主导的新《丧礼草案》，有着与过去截然不同的风貌。1943 年，戴季陶在重庆北泉主持修订《中华民国礼制》，再次制定和修正《丧礼草案》，这部《北泉议礼录》中的丧礼，既有复古之意，又有所革新，亦是新旧杂合的产物。

　　民国有关殡葬法规法令制定的一大特色是国家层面的国葬、公葬、公祭、追念先哲、追悼会等法规法令的陆续出台和完备、详密。由于处于乱世之中，内战与对外战争长期持续，针对军人丧礼、抚恤、纪念的各种法规的出台，也是这一时期的一大特色。此外，关涉普通人殡葬的丧葬仪式与公墓管理条例等方面的法规法令也日益专业化和细化。

第五章
葬具与随葬品

　　葬具，顾名思义，指放置尸体的器具，主要分为"棺"与"椁"两类。棺椁分内外，棺指的是直接装殓尸体的器具，相当于逝者的床，也称为棺床。椁是围砌或套在棺外放置随葬品的设施，相当于逝者生前的屋，多层椁室的外椁即相当于逝者居住的院墙或城墙。葬具的出现，表明殡葬已经发展到一定阶段。最初人死时以一些草木、叶子、树枝等覆盖尸体，或用茅草裹尸草草了事，或将尸体直接放置在墓穴之中。伴随着社会的进步和丧葬习俗的发展，"后世圣人易之以棺椁"，便出现了与后世无异的葬具与随葬品。

第一节　葬具类型

　　考古发现的最早的葬具出现于距今 7000 年左右，到新石器时代晚期已较为流行。中国古代的葬具依材料的不同，可分为陶质、木质、石质等几类，还有少部分金属葬具。石质和陶质葬具的产生年代较早，木质葬具产生后，逐渐成为人们使用的主要葬具。但由于距今年代太过久远，防腐措施也不到位，极难发现尚存的史前时期的木质葬具。一般来说，清理腐朽尚存的板灰痕迹后，根据其范围与形状，可复原木椁或木棺的大致形状。

一　陶质葬具

使用陶质葬具者，通常为瓮棺葬或瓦棺葬。瓮棺葬是一种以陶瓮或陶罐等陶质葬具来安置逝者的葬法。随着瓷器的发展，又有粗瓷器葬具。

瓮棺葬较早出现并流行于黄河中游的仰韶文化中，仅瓮棺葬地点就发现有 50 多处，瓮棺葬则有 700 余座。目前国内已知最早的瓮棺葬发现于陕西临潼白家村遗址大地湾文化中，距今约 7000 年，共发现儿童瓮棺葬 8 座。此后盛行于新石器时代。据不完全统计，我国包含瓮棺葬的史前文化遗址总计百余处，发掘瓮棺葬共计 1100 座，其分布范围北及吉林、内蒙古，最南达云南、广东，东至山东、江浙一带乃至台湾，西至甘肃、青海，但大部分位于黄河中游及长江中游地区。瓮棺，又称"瓦棺"，《礼记·檀弓》有"周人……以有虞氏之瓦棺葬无服之殇"的记述，为一种陶质的器具。新石器时代的瓮棺葬葬具常见的器形有瓮、罐、盆、钵、尖底瓶、大口尊、壶、鬲、鼎等近 20 种，但更多的时候是以大型陶瓮为葬具，因此常被称为"瓮棺"，是原始社会最早出现的葬具。

在各类瓮棺中，最主要的是瓮或鼎，另外再加盖。根据当前瓮棺葬的考古发现来看，大致有五种组合形式：第一种，以瓮与瓮组合，两瓮对口相合；第二种，以瓮和盆或钵相组合；第三种，以鼎和钵或豆相组合；第四种，以缸和盆或器盖相组合；第五种，尖底瓶去掉底部与筒形罐相组合，或组合两个尖底瓶。[①]

---

① 参见史仲文、胡晓林主编《中国全史》第 1 卷，人民出版社，1994，第 492 页。

而其他种类的瓮棺，数量极少。目前所见的釜灶棺仅发现于山西垣曲丰村，甑棺也只见于河南安阳后冈和内蒙古准格尔旗大口。大汶口文化晚期还有一种将完整陶器打碎后铺在儿童身体下面和盖在上面的埋葬形式，也称陶片葬。山东邹城野店大汶口文化的婴儿或孩童的墓，常用破碎的陶片覆盖头部，但更多的是覆盖头部和身部。江苏常州圩墩和苏州吴中草鞋山遗址，也发现个别的墓葬存在将陶器盖在头上的现象。圩墩常用红陶盆覆盖，草鞋山常用釜、钵、豆、盆等陶器覆盖。这种埋葬习俗源于当时的鬼神信仰，具有特殊的宗教意义，可能与瓮棺葬有相同之处。瓮棺多数取自当地常用的生活用品，只有个别是专门制作的。在河南伊洛河流域，出土了一种大型陶缸，专用于成年人的二次葬，又因此类陶缸最早发现于河南伊川土门遗址，故称之为"伊川缸"。

瓮棺葬主要是针对夭折幼儿的葬俗，只有极少数用来埋葬少年或成人。成人死后一般葬于氏族的公共墓地，而对未成年的幼童，则是装入瓮棺，多不放入氏族公共墓地，只有少量与成年人葬在一起。盛殓婴幼儿尸骨的瓮棺，常被埋葬在居住房屋的附近，一则因为逝者尚且年幼，当时并非氏族成年成员，不得埋入氏族墓地；二则由于当时灵魂不灭信仰及亲子之情，选择将幼儿葬于健在的亲人周围，作为亲人的生者也可成为幼小灵魂的避依，自身情感也有了些许寄托。同时为了照应幼儿的灵魂，会在葬具上凿出小孔便其出入。不仅中国，这种瓮棺葬存在小孔的现象同样也出现于世界其他国家，如英国、法国、瑞典、印度等。

战国至魏晋时期，瓮棺墓仍然存在。瓮棺墓墓主大多为儿童，以两个或三个口部相对的陶釜或陶瓮为葬具，将尸体容纳在内，如天津南郊窦庄子汉墓。但是随着社会的发展，木质棺椁兴起，陶质葬具已经较少使用，只有个别倡导简葬者使用，或者用于收纳火葬、改葬后的骸骨。后周太祖郭威提倡薄葬，史书专门提到他下葬时，只用瓦棺纸衣。瓦棺，就是大型陶棺。

　　火葬后的骨灰一般采用陶罐、带釉的粗瓷瓮、瓦棺收贮。宋代是中国历史上火葬最为盛行的时期。陶棺葬在宋代四川、山西等地区极为流行。当时的陶棺，有的以"卍"为装饰。如山西五台县城关镇一座宋墓中出土的6具小陶棺，其陶棺栏杆上均装饰有"卍"。此外，宋墓中出土的陶罐葬具也属陶棺之一种。洛阳老城北关邙麓街宋墓发现6个陶罐，里面皆有骨灰。南阳东郊两座宋代竖穴土坑墓各置一个较大的陶罐，罐内立放人骨，罐上盖有大方砖，分别刻有砖铭，内容相近，其一为："大观三年（1109）一月十一日，第二都保正胡玉送到一副。本地分沿古城下见，丙寅德字号葬。"学者推测这是属于漏泽园的罐葬墓。

　　明清时期，由于缓葬、火葬或改葬，往往捡骨盛以小棺或瓮坛。吴中习俗，停丧数载，如欲举葬，即捡骸置小棺中。陈梓《迁小棺》序云："吴中俗，亲死概不谋葬，为厝亭野间，阅一二十载。如举窆，棺已腐矣，乃拾骸小棺中。良可哀也。"其诗则以逝者的口吻自嘲道，即使这样，还得感谢儿辈孝思，这要比火化收残灰好多了。各地方志，多记载有火葬捡骨贮瓮之俗。光绪《常昭合志稿》："贫家田塍厝葬，年深枢朽，往往以瓦坛改埋其骨耳。"嘉庆《桐乡县志》："更有乡愚延僧道将尸火化，拾骸骨贮于瓮，埋之荒野（名曰火葬）。此风，南方水乡土隘之地间有染之。"同治《乌青镇志》引《志稿》："或有将枢火焚，拾骸骨贮瓮埋之者。或俟尸腐烂后检其骨置瓮中，谓之揭生骨。"改葬或二次葬也有以瓦罐者。乾隆《安溪县志》："或墓塌，则拾骸贮瓦罐另葬。"乾隆《将乐县志》："治葬皆先置棺入土，全无砖石为椁，不数月而物化。及其既化，又起筋骸装入瓦罐，再为掩埋。"

　　到了民国时期，个别少数民族也是用陶罐作为葬具。云南省境内的俄亚纳西人因自身不会烧制陶器，陶罐取之不易，较为珍贵，只有有儿有女、正常死亡的成年男女的骨灰可以装入陶罐，葬入公共墓地。其他人死亡不能享受这个待遇。

二 木质葬具

木质棺椁是用木材加工制作的葬具。棺内直接盛殓遗体，有的在棺内放置贵重随葬品和逝者装饰物品，椁是套在棺外的木罩。

考古发现的最早的木棺出土于半坡遗址中的墓地，在其中一座墓穴，其四壁上均发现有木板灰痕。在黄河流域的大汶口文化中晚期，已发现了结构完整的木棺和木椁。大汶口文化中晚期大墓最早发现有木椁，如邹城野店遗址，在大汶口文化晚期的两座墓葬中，均发现一椁一棺的现象。山东邹城野店遗址中的 51 号墓，不仅有"井"字形木椁，而且有内框式木棺，这应是我国古代内棺外椁的祖型。仰韶文化晚期遗址中出土的木质葬具数量上升，出现了内外相套的两重葬具，也就是椁内置棺，俗称一椁一棺。

长江流域的良渚文化，也普遍以木棺为葬具。良渚文化墓葬无论早晚，也不辨大小规格，普遍使用木棺类葬具。一般均有墓坑，为土坑竖穴墓，并发现很多葬具痕迹，大都被认定是独木刳成的棺，做法是以独木刳成，把原木分上下两块，中间凿空以置墓主，棺两端还有横向木板。在反山、瑶山等遗址的高级墓葬中还发现有椁的痕迹。良渚文化在葬具上已开始加以装饰，装饰手法有两种：一是在木棺的内外用赭色或朱红色涂抹甚或绘制图案，如赵陵山 77 号墓；二是在棺外装缀一些饰物，在反山 20 号墓的棺盖上有一些玉串饰和零散珠管类挂件，这些饰物都是专门装饰棺木的。

良渚文化棺椁的使用清晰见于江阴高城墩遗址，墓葬时代大体应属良渚文化中期偏晚阶段。一般在安葬墓主时，首先在墓底放置两根东西向的垫木，然后放入已经过装饰并放置逝者的独木棺。独木棺类似独木舟的形状，底部呈弧形，故名独木棺。棺内还会放置玉石器。

棺安置好后则用无底箱式木椁罩住，盖好椁板，向墓坑内填土形成熟土二层台。浙江桐乡普安桥遗址中出土 19 座墓葬，其中多处墓穴挖掘出木质葬具，而出土的这些葬具又分为单棺与一棺一椁。

据现今考古发现，黄河上游甘青地区的马家窑文化和齐家文化出土了数量最多的史前木棺，其中最具代表性的是青海柳湾墓地。木棺葬具使用范围很广泛，既用于男性也用于女性，甚至有些儿童墓也有木棺，表明木棺并不专用于某一部分人。柳湾墓地共发掘出半山类型墓葬 257 座，马厂类型墓葬 872 座，齐家文化墓葬 366 座，其中绝大部分的墓穴使用木质葬具。在马厂类型墓葬中还首次发现了有榫卯结构的木棺葬具痕迹。根据研究，木质葬具的原料多为松柏类木材，木棺可分为梯形木棺、吊头木棺、长方形木棺、独木棺和垫板等几种类型，其中长方形木棺占绝大多数。"梯形木棺，即一头大一头小呈梯形的木棺。棺的四壁由半圆木或木板围拼而成，四角的接合采用穿榫法，即边壁挖槽、端壁作榫、紧密合缝；有的棺上有盖。棺板的表面未经刨光，均保留原来的劈裂面，有的还留有树皮的痕迹，这说明当时的木棺工艺还比较粗糙。"[①]

吊头木棺与梯形木棺相似，但是其两壁板伸出挡板一部分，该部分便为"吊头"。其四角结合也采用穿榫法，如半山类型墓葬中的421 号墓，木棺长 2.3 米，宽 0.4~0.7 米，两壁板伸出挡板外约 0.3米。马厂类型的吊头木棺，其规模要比半山类型大得多，如 1060 号墓，木棺长 4 米，宽 1.24 米，吊头长 0.2 米。这种木棺数量少、规模大，常被用于多人合葬墓。

长方形木棺，整体呈长方形，有底有盖，其头挡与脚挡宽度大致相同，有的头挡略大于脚挡。棺的四壁由木板围拼成。值得注意的是，马厂类型中的长方形木棺，往往还在棺外用木框架加固。"木框

---

① 　王晓：《浅谈中原地区原始葬具》，《中原文物》1997 年第 3 期，第 99 页。

架的具体结构是：棺盖上或棺底下各横置二道或三道等距离的小木板（每条小木板宽4～8厘米），棺两侧壁外各竖置二道或三道与盖、底同距离的木条，用穿榫法加以套合。这种以木框架加固棺身的做法，既能使木棺牢固稳定，又便于搬运。"① 木棺大小不同，最大者长达4米，但棺长约2米的居多。在马厂类型墓葬中，长方形木棺有531座，数量最多，占木棺墓总数的绝大多数。

独木棺也叫船形棺，这类墓也称船棺葬。其制法是将一段大圆木，先横向削去约三分之一，再将中部凿成船舱状。独木棺两端多为平头，底部亦稍稍削平，以便放置平稳。大小相若，长1.5～2米，有的棺上还置有一个棺盖。齐家文化墓葬中的独木棺现象较为明显，独木棺的数量占木棺总数的64%，而马厂类型墓葬中的独木棺数量则远低于齐家文化，仅占3%左右。

垫板，即一种用一块大木板或2～3块小木板拼接起来而形成的长方形葬具。木板长短因人而异，其长度会随逝者身高而改变。这种葬具多数供死去的儿童使用。

龙山时代更普遍地使用以棺椁为主的木质葬具。同为棺、椁，但在各地的使用中，其形制、结构、制作方法多有地域特色，这是使用木质棺椁初期阶段的表现，同时也为夏商周时期的棺椁制度奠定了基础。

秦代墓的分类因其标准不同，可以有多种类型。若按棺椁分类，可分成三类：第一类是双棺一椁；第二类是一棺一椁（有砖椁和木椁之分）；第三类是单棺。在江陵地区，较早的有1986年湖北荆州城岳山发掘的10座秦墓，这批秦墓为无墓道的长方形竖穴木椁墓。1990年，江陵扬家山发现的135号秦墓保存完好，棺椁保存完好。椁室由垫木、底板、墙板、挡板、隔板、盖板组成，可以分成头厢、边厢、

---

① 王晓：《浅谈中原地区原始葬具》，《中原文物》1997年第3期，第99页。

棺室三部分，棺室内置双重木棺。随葬品主要在头厢、边厢和棺室。四川省发现的秦代墓不是很多，但受到巴蜀传统、秦人葬俗、中原礼制和楚文化因素的多重影响，棺椁分厢制度则是受楚文化的影响。

秦汉时期的一些墓葬采用多重棺椁，以此表明身份、区分等级。西汉早期，大体为在棺椁之间设置头厢或边厢，厢内放置随葬品。西汉中期（武帝、昭宣时期），扬州地区流行在木椁墓的棺椁壁上开凿木门、设置门窗和栅栏，椁内的棺室、各分厢之间装有带装饰性的隔板。

西汉时，棺椁制度达到顶峰，尤其是两汉皇族中流行黄肠题凑，即在"椁室四周构筑黄肠题凑，东、南、北三边各垒三层黄肠木，通墓道的西边只垒二层，题凑内有二层椁，外椁紧贴题凑墙垒砌"，使木棺椁的豪奢达到了前所未有的高度。题凑是古代帝王、诸侯的一种葬式，也赐用于大臣，多见于汉朝。形式为用规则木块排列堆垒成木质结构，包裹椁室四周，不包括顶盖，仅出现于木结构墓室中。常见选用的木材有楠木、柏木等，如木料选用黄心的柏木，木心向内辐射排放，被称为"黄肠题凑"。在已进行考古发掘的诸侯王陵中，有13座已发现有题凑结构。

迄今为止所见最早的木结构题凑出现在河北石家庄北郊西汉墓。在木椁的四周与椁壁呈垂直方向堆垒题凑木，木头皆内向，题凑前壁略呈方形，长、宽各4米，直抵墓道尽头。除此之外，西汉时期有题凑结构的墓葬还有长沙象鼻嘴汉墓、长沙古坟垸汉墓、长沙风盘岭汉墓、长沙望城坡渔阳墓、大云山汉墓、北京老山汉墓、安徽六安双墩一号汉墓、湖南望城风篷岭汉墓、湖南望城咸家湖陡壁山汉墓、大葆台汉墓、高邮天山汉墓、山东定陶灵圣湖汉墓。

这几座诸侯王陵基本体现了题凑墓的发展脉络，从中可以大致看到以下特点。一是结构逐渐复杂化。随着墓葬规模的扩大，题凑内部空间也变大。扩大了的内部空间，为修建更为复杂的内部结构提供了条件。在西汉中期，题凑内出现木制隔间，而后出现环绕题凑的木制内回廊，而西汉后期的题凑墓内还出现了多侧室、外藏室、内甬道等复杂结构，似是模拟墓主人生前的宫室建筑。二是设计和制作工艺趋于精巧化。早期的题凑墓木材长短大小不一，采用堆垒的方式，彼此之间无固定装置。中期以后开始出现用泥或小木块垫平加固的方法，在题凑墓技术成熟的西汉晚期，木块之间开始出现榫卯结构，选用的木材在规格上也大体保持一致，排列方式上也由早期的与墓底垂直变为更为稳固的平行排列。

典籍中未记载帝陵中棺的层数，在考古发掘中发现，诸侯王棺的层数，一重、两重、三重、五重都有。棺椁的结构主要有平列、套榫和扣槽三种，且为了增加牢固性，往往采用多种加固手法并用的方式。长沙望城坡渔阳墓，外棺四角用燕尾榫套合，侧板与底板用凹凸榫连接，盖板与棺身用凹凸边榫嵌接，外部接缝处用腰榫连接。内棺四周用落槽凹凸连榫套紧，盖板与棺身用凹凸边榫嵌接。长沙象鼻嘴一号汉墓中，棺板之间用套榫连接，侧板、底板用凹凸榫，盖板与棺身用子母相扣，中、内棺盖的挡板用落槽凹凸接榫。

棺的装饰上，《后汉书》中"诸侯王、公主、贵人皆樟棺，洞朱，云气画。公，特进樟棺黑漆"的特性多有体现。王棺内外皆施以厚漆，因漆本身具有一定的防腐作用。用色以黑、红两色为主，也有用近似的棕红、深棕或赤色，一般为外表髹黑漆，内髹红漆。在棺板或顶盖上，出现了一些装饰花纹，以云气纹或卷云纹为主。"云，山川之气也"，云气是仙人飞行的重要载体，将灵动飘逸的云纹引入漆棺，体现了汉代人对自然的崇尚和对死后升仙的渴望，也是"道法自然"的黄老思想在主流社会兴盛的表现。黑底配朱色卷云纹，这种黑红反差的强烈对比，体现了汉代工匠独特的审美情趣。

除采用髹漆技艺外，部分诸侯王的漆木棺上出现了有规律地贴玉片的形式，这种棺被称为"镶玉漆棺"。大云山二号墓中发现的镶玉漆棺，被认为是迄今为止保存最完好的。玉棺本体由梓木刻成，外髹黑漆，通体针刻云气纹。前后挡板外侧上部饰有鎏金铜铺首衔环一对。棺体的挡板、底板和顶板的内侧镶嵌玉片，玉片有玉璧形、三角形和菱形等，侧板用铜条加固。其余镶玉漆棺的形制大体如此，狮子山汉墓中的玉棺形体较大，有 2000 多片玉片镶嵌在漆棺外壁。在部分诸侯王墓中，在内椁之内，有用来承托棺的葬具，被称为棺床或笭床，如有多重棺，一般用于承托内棺。

两汉时期流行厚葬，劳财伤民，不利于国家社稷。三国时期，曹氏父子下令实行薄葬改革，其措施之一就是简化棺木的制作。文帝曹丕在其《终制》中明确交代"棺但漆际会三过"，即只在接缝处油漆三遍。两晋时期的葬具与汉魏时期没有大的区别，主要由棺与椁两部分组成，其中在平民的墓葬中，墓室建筑具有椁的作用。同时还有以河西地区为代表的尸床与尸罩形态。它也由两部分构成，下半部分称尸床，用于放置尸体；上半部分称尸罩，罩在尸床上。两部分合在一起起到棺椁的作用。这里的尸床是墓室内放置尸体的平台，是仿照人们日常使用的寝具造就，按其建筑结构可以分为框架式和层叠式。尸罩与棺木造型非常接近，两者都是木质的组合体，都有左右侧板、前后两端挡板和上盖板；区别在于尸罩没有底板，尸体放在尸床上；而棺木是有底板的，尸体直接放在棺木的底板上。尸罩是一种全木质结构，其使用的是我国古人发明的榫合法。因此我们可以按其拼装榫合的方法将尸罩分为以下几种：铆销法尸罩、搭边榫加蝴蝶榫固定法尸罩、细腰嵌榫尸罩、穿榫尸罩、透榫尸罩。

南朝的葬具多有棺无椁，木棺下使用砖棺床或石质棺床。南朝葬具使用最多的还是木棺，但木质棺椁易腐烂，加上气候等原因，极难长期保存，所以研究起来难度较大。仅从保存较完好的遗迹中，发现钉木棺使用的铁钉和铜钉。据考证，木棺使用的木材主要是杉木和松木。还有少量木板上残留漆皮，漆皮的颜色为红、黑两种，木板内侧是红色，外侧是黑色，这证明棺外刷过漆。这一时期的墓中普遍使用棺床来放置木棺。棺床的类型有砖砌成的长方形砖棺床和石板拼成的石棺床两种，有时也将两种棺床合并使用。

隋唐五代时期，丧葬中棺椁等级色彩逐渐消退。目前考古发现棺椁的长度与官阶并不一致，反映出等级色彩有所淡化。虽然唐代规定"其棺椁皆不得雕镂彩画、施户牖栏槛，棺内又不得有金宝珠玉"，但墓葬中发现棺椁表面涂油漆以及彩绘的不少。棺椁的大小，不同时代有不同的要求，五代时期流行巨大棺椁，其高度要超过一人身高。隋唐五代时期，棺椁材质中松树和桐树占据多数。由于松制相对比较昂贵，普通人的棺椁多采用楸、松、柏，楸尤受欢迎，如《四时纂要》二月"移楸"条中就说"堪为棺材，更胜松柏"。当然，即使是所谓的松棺和桐棺，也还是普通人的葬具。经济实力比较强的人，棺木的材质比较好。

宋代的木棺从制作的木材材料来分，分为楠木棺、樟木棺、杉木棺、柏木棺、桐木棺等。木棺所用的木材以楠木最为珍贵。宋代皇帝所用的棺材就是用楠木制成的，俗称为"沙板"的木材。所谓"沙板"，为一种木质结构极为细致紧密的高级名贵木材。民间也有使用楠木棺的现象。这种棺在考古中多有发现，如安徽郎溪县清理出的一座宋墓就出土有楠木棺，木质仍然完好，板料厚 8 厘米，盖厚 12 厘米；棺长 180 厘米、宽 70 厘米。1991 年四川蒲江县出土的宋朝散大夫宋德章妻何氏棺也是一具楠木棺，合肥北宋马绍庭夫妻合葬墓出土的两口棺材也是用楠木制成。柏木棺也是一种比较珍贵的棺材，多为上层社会和富豪大族所用。松木、杉木因普遍易得，故以这种木材制作的棺材极为常见。松木、杉木棺在考古中也多有发现，1991 年四川蒲江县出土的宋朝散大夫宋德章棺便是一具杉木棺。从文献记载来看，宋代又有用油漆、沥青、松脂等涂漆木棺的习俗。考古中也出土过精致的漆棺，如江苏金坛南宋周瑀墓的棺材，用生漆填缝，封闭严密。棺外部以麻布作底，裱以漆灰，再髹棕黑色漆。经多次油漆，外漆层厚达 1 毫米，出土后仍然闪闪发亮。棺内涂一层很薄的黑漆，已经脱落。棺盖里面无漆。

元代木椁木棺比较普遍。四川重庆明玉珍墓，一棺一椁，出土时完好。椁用香榧木制，椁内置柏木棺一具，其形与椁相似。无锡钱裕墓，两室分葬男女，"棺外都套有木椁"，椁的外面涂一层三合土。山东嘉祥曹元用墓，木椁用整块楠木合榫而成，椁盖上盖一层苇席。木棺置于椁内，棺椁距离仅 0.05~0.08 米，木棺盖上覆一层细绢。甘肃漳县汪世显家族墓四座，均以木棺为葬具，棺外大都有施有绘画及雕刻的木椁，但均已朽蚀塌毁。

从墓葬发掘来看，元代对棺木和遗体的保护有多种措施。嘉祥曹元用墓，土坑竖穴合葬墓，用石灰、糯米汁拌和细土、白砂粒及少量石块等浇灌铺底，厚 0.5 米，放置木椁、木棺后用同样的灰浆将木椁包起来，顶部厚 1 米，四周 0.4 米左右。安庆范文虎墓，东室范文虎棺"椁与棺之间、椁与墓壁之间空处，皆用松香灌实"；西室女棺，棺四周空处均用石灰、米汁混合土灌注。海宁贾椿墓，棺木外涂厚约 1 厘米的朱砂漆。棺内底部平放两根长 180 厘米、径 10 厘米左右的垫木，其上又横放 10 根长 50 厘米的小楞木，垫木和楞木之间填放木炭约 200 斤。三门峡 M36、M38 两座元墓的棺底都铺有一层木炭。西安南郊皇子坡村两座元墓，木棺下均铺有 0.2~0.5 厘米厚的白灰层。

明清时期，棺木材质有楠木、樟木、杉木、柏木、桐木、柳木等。以楠木最为贵重。明人谢肇淛《五杂俎》："楠木生楚、蜀者，深山穷谷，不知年岁。百丈之干，半埋沙土，故截以为棺，谓之'沙板'。佳者，解之中有文理，坚如铁石。试之者，以暑月作盒，盛生肉，经数宿，启之，色不变也。然一棺之值，皆百金以上矣。"清人毛祥麟也说，楠木之棺"水不能啮，蚁不能穴，每具辄值千金"。在地方志的记述中，使用者往往与其经济状况相关联。如万历《新昌县志》说："棺枢，富室宦家用沙木为最厚，衣衾亦称是。中家棺用杉松，至下家则以薄为其道尔。"光绪《遵化通志》则说："棺以柏为上，松次之，杉木惟世族始用，常人用柳，犹胜于杨。"

棺枢大小。据海宁周广业考察，"天成、开运以来，俗尚巨棺，有停之中寝，人立两边不相见者"。在江南地区，很早以来就流行小棺，宋人昆山李衡临终遗言："此间土薄水浅，棺以小为贵，仅可周身足矣。"清人海宁王载宣《慎终录要》主张，棺枢中空，长度"人身自头顶至足跟量准尺寸，外加四寸可也"，加上前后板即两和的厚度约七寸二分即可。前和高二尺一寸五分，后和高一尺九寸。嘉善陈龙正也主张制棺不可太宽太长，"如料富，则量逝者形躯裁减之。礼云，棺周于身。勿惜损料，尤忌太高。高阔俱宜二尺四寸，或二尺六寸，以环视见方为度"。原因是，"太高则上空，既无用，而圹势因之不得不高，坟势因之不得不稍薄。留棺中无用之空虚，损圹外宜厚之封土，岂善事哉！"海宁许楹也说："棺小则不多占圹地，棺虽美，无不朽者。"高大之棺，若日后棺朽，"其中之空虚也甚矣哉！"

传统上，棺枢形状为前宽后窄，前高后低，与人的形体相似。其弊端是，由于金井是一个标准的长方形，棺枢落井封顶，棺材后半部两侧以及顶部与井壁间即留有较大空隙，尽管可以灰沙筑实，但总不如少一些为好。因此，陈龙正强调棺木"以环视见方为度"。张朝晋制棺之法也是"两和皆平准，无凹凸状，世人谓之柜式"。这种做法，在明代后期苏州一带即是如此，王文禄《葬度》说"苏匠制若经匣样"，即四四方方的形状。一副好的棺枢，标准即是密实，即封闭性强。首先，需要棺枢本身保持长久不坏。其次，制作要保证接缝严密。人们强调制棺不可用钉，因为"钉缝漏气"，且钉易生锈。有"雌雄簨"之法，可不用铁钉而将棺板紧密凑合一处。其法，木板接合处做成几个凹凸形状，"凹则下丰上杀，凸则上丰下杀，簨簨凑洽，完密无罅"。

棺材制成，尚需髹漆。髹漆可有效防止潮气腐蚀，加入磁灰，又可增加棺柩的密闭性能，达到长久"比化者"的目的。福州孟超然《丧礼辑略》述漆棺之法："今南方敛毕，奉尸入棺，以漆灰严封隙处。自是皆灰和桐油涂之，或七遍或九遍，乃漆。其有力者则用磁灰和生漆涂之，有多至十五六遍者。磁灰入漆坚如铁石，闻葬久有木朽而漆不能脱者，亦人子慎终之道也。今北方用漆犹几无。"清代末年，美国传教士卢公明（Justus Doolittle）在福州也有类似观察："棺材内部的所有缝隙先贴上布条，再抹上油灰都填平补好，使其有很好的密闭功能。讲究的还先在内部上油漆，这项费用由女婿承担。尸体落棺后，表面要上很多道油漆。油漆里掺了陶瓷碎片碾成的粉屑，形成了一层坚硬的壳。富裕人家一般是每个'七'的最后一天加上一道漆，一共上七道。一副用上等木料制作的棺材经过这样的处理之后，可以保证尸体放上几年不埋，也不会出现令人尴尬的渗漏现象。"无锡丁彦章《丧礼集要》也说："近人棺用瓷灰和生漆布底，更有用瓷灰而后再加苎麻和漆胶髹其上。坚固异常，入圹经久不坏，乃孝子欲父母遗体久安于地下也。"有感于此，吴骞强调"棺全赖漆，漆而忽焉，是无棺也"。主张棺内漆四次、棺外漆十次，力不能者也要六次，不可草率。但又强调，漆棺次数不可过多，过多反有剥落之虞。

层层髹漆颇费时日，有力之家一般预置棺柩，以免临事仓促，髹漆不及。王载宣《慎终录要序》云：古人六十即置备棺木，"诚以棺不易成，非一二日可为者"。张朝晋是张履祥的私淑弟子，康熙四十七年（1708），张朝晋为杨园侧室陆氏制寿棺一副，未及相赠，在两年后改窆其父骨殖时用上了，原因是来不及赶制棺木，"盖仓卒，患别制不及漆也"。

棺木内外多有象征福寿的字体或吉祥图案。朝鲜《燕行录》讲到中国北方地区的棺椁："棺椁之制，状如舟船，涂以髹漆，列于市廛，或用金泥书'寿'字。"常熟王应奎《柳南随笔》则载："世俗制棺，其前和辄刻'寿'字或'福'字。"上海果育堂《施棺代赊条约》中也说，民俗制棺，在和头"雕花贴金"，"并刊阴阳二卦"。书刻逝者名姓的，也十分常见。

如西安明代秦藩王大管家张氏家族墓，出土了多具保存较好的漆木棺。木棺色彩艳丽，图案保存完好，有的木棺上还绘制有凤凰、仙鹤、牡丹和池塘小景等图案，另外还有描金的纹饰、金箔装饰。其精美程度表明当时制棺技术的进步与时人重视殡葬的意识。

三　石质葬具

用石材建造墓室或在土坑穴内用石材制作葬具的殡葬方式，统称为石室墓。史前时期的丧葬习俗中，使用石材建墓的虽然很多，但在一个墓地中以石室为主的却很少，所以不管是只有极少量存在，还是以石室为主的墓地，都值得关注。

年代较早而且主要以石材建墓的实例，以江苏省灌云县大伊山遗址最有代表性。这处遗址距今约 6000 年，具有马家浜文化和大汶口文化的特征。墓地已遭到破坏，仅在 200 平方米的范围内清理出 38 座墓葬，除一座未发现石室外，其他 37 座均为石室墓。所用的石材是当地的天然石板，厚 8~15 厘米。其建造方法是先把石板嵌入土中，围成长 2 米左右、宽 1 米左右的长方形，放入逝者及随葬品后，再用石板封顶，最后用土覆盖，所以发现时都没有坑穴。该墓地反映出，石棺葬具的无坑穴、合葬、用红陶钵覆盖等多种特征，既是不同地区交界地带文化相互影响的结果和体现，也与当地的埋葬习俗有关。

与大伊山石室墓年代基本相同的山东泰安大汶口文化遗址，在北辛文化与大汶口文化早期墓中也有少量的石棺墓。与前者不同的是，这里的石棺是在土坑墓穴内建造的，使用的石材是当地的页岩石板。

而在东北地区的新石器时代墓葬中，石棺墓的形式也是用石板砌成棺室。该地区最早的石棺墓出土于红山文化中，如辽宁牛河梁的红山文化积石冢群，各积石冢中的逝者依身份差异被埋葬在不同的长方形石棺中，再覆石块于棺上，便构成了一座积石冢。除红山文化外，东北地区的石棺葬现象也出现在属青铜时代的西团山文化、夏家店上层文化等中，该现象被视为中国古代边地民族的一种传统葬俗。

西北地区最具代表性的是甘肃景泰张家台遗址。在张家台遗址马家窑文化半山类型墓地中，挖掘出 22 座墓葬，其中 11 座石棺墓、1 座木棺墓、10 座无葬具土坑墓。石棺墓的结构是："先挖土坑，后放棺。棺的四壁各由一整块板石挡立而成（少数是拼凑的），棺底有的铺石板，有的不铺，棺盖大部分是用数片板石拼成，仅 13 号墓的棺盖是板石和木板各占一半。板石是当地所产的赭红色和灰色板岩，略作修整。"[①] 石棺的四壁由长方形的石板构成，都没有底板且盖板有无不定。另外，在陕西神木石峁遗址龙山文化墓地中也发现有使用石棺的痕迹，但石棺的结构略有不同，在墓坑的底部和四周都铺上石板，且以石板为盖，最后呈棺材状。在宗日遗址齐家文化墓地中，322 号墓葬具为石椁木棺，即在墓的四壁砌筑石板，形成石椁，椁两侧各用六七块石板、两端各用一整块石板砌构，椁盖两层，均由八块石板构成。石椁内置木棺，整套葬具的构筑比一般墓要复杂而讲究。299 号墓为石、木复合棺，即棺的两侧用半圆木，两端用石板。这在葬具用材、结构方面，是极有特色而罕见的。石椁在元君庙仰韶文化墓地等处也有发现。

以石材特别是片状天然石板为原料构建葬具，棺室坚固，可以更好地保护遗体和随葬品。在殡葬文化中，因地制宜建造葬具，石质葬具可以说是一大发明。在新石器时代，石棺构建相对粗糙，但随着生产力水平的提高，如果说商周时期悬崖葬是利用天然洞穴的话，进入秦汉时期，依山凿石建造墓室，也确实有优于土坑墓、精于木质棺椁

---

① 甘肃省博物馆：《甘肃景泰张家台新石器时代的墓葬》，《考古》1976 年第 3 期，第 181 页。

之长。

西汉晚期，石椁墓在整个山东境内流行。石头自汉代以来便与永恒联系起来，这一思想在北魏时期继续发展。因此北朝时石质葬具得到广泛使用，出现多种形式的石质葬具，并出现使用石质葬具的第一高峰。按照石质葬具的性质可分为三类：一为房形石椁；二为石棺床；三为梯形石棺。

一是房形石椁。顾名思义，石椁是以石头为材料雕刻而成的仿木椁的葬具。南北朝以前仅在四川地区发现有使用，到了南北朝时期，这种葬具已在中原等地发现，说明石椁已得到广泛运用。目前出土的石椁有山西大同北魏尉迟定州墓石椁（北朝最早的房形石椁）、山西大同北魏宋绍祖墓石椁、大同智家堡北魏墓石椁、河南洛阳北魏宁懋石室石椁、陕西西安北周史君墓石椁等。因古人"事死如事生，事亡如事存"的观念，墓葬中的石椁是仿照活人居住的房子建造的，只是建造屋顶时采用了不同形式。归纳起来，屋顶的形状主要有两种形式：一种是单檐悬山顶式；一种是单檐歇山顶式。从某种意义上说，这两种形式都反映了逝者生前的身份。除了身份以外，建造石椁的形制还与当时的建筑风格有关。

二是石棺床。石棺床是汉末墓葬中常见的一种葬具。那时的棺床大多简单地用砖垒砌成长方形的台子，相对而言较简陋，充其量只能称为棺台。魏晋以后才开始使用造型逼真的石雕棺床，有的棺床上还发现有石棺座和石枕。棺床性质与活人睡觉的床相近，供逝者躺卧。目前，已出土的石棺床有北魏司马金龙墓石棺床、北魏宋绍祖石椁内石棺床、宣武帝景陵石棺床、洛阳石棺床、洛阳古代艺术馆藏北魏石棺床等。在北朝，使用石棺床葬具是较普遍的现象，上至帝王，下至入华粟特人。主要集中于北魏的平城地区（今山西境内）、洛阳地区（今河南境内），东魏北齐的邺城地区（今陕西境内）、晋阳地区（今河北境内）、青州地区（今山东境内），西魏北周的关陇地区（今甘肃境内），等等。

根据结构，石棺床可分成四种。第一种是简单石棺床。如宣武帝景陵石棺床、北周史君墓石椁内石棺床，由石板直接组合而成。第二种是组合石棺床。可分为两类，一类是石棺床单独作为盛放尸体的葬具，如司马金龙墓石棺床、田村石棺床等；另一类为石棺床与石椁共同作为葬具，如北魏宋绍祖墓石椁石棺床、北周史君墓石椁石棺床等。第三种是带屏风（围栏、栏板）的石棺床。以组合石棺床为基础，在床板上外加竖立的石板，比组合石棺床稍微复杂些。如洛阳古代艺术馆藏北魏石棺床、沁阳西向石棺床、安伽石棺床等。第四种是带阙带围屏石棺床，又称"双阙围屏式石棺床"，即在床板前端增加建筑式门阙。这种也是最复杂的，如安阳固安带阙石棺床、北齐石棺床等。[①] 以上这些石棺床有些是盛放棺木的，棺木之中再盛殓尸体；有些则直接盛放尸体。

三是梯形石棺。北朝的石棺形制，大多数为梯形棺。梯形棺源自鲜卑梯形木棺，按其形状又可分为平面呈梯形（头部宽，尾部窄）与平剖面呈梯形（头部高宽，尾部低窄），以平剖面呈梯形较多。其实石质梯形棺只是在早期木质梯形棺的基础上，把材料由木质换成石质而已。

当前出土的北朝梯形石棺有偃师前杜楼北魏墓石棺，石棺在墓室的西侧。石棺青石质，素面，表面磨制光滑，头朝墓道，由盖、左帮、右帮、前挡、后挡及底板组成。通高 0.82~1.08 米，通长 2.51 米，图像及相关数据都证明其是典型的梯形棺。另有元谧石棺、孝子画像石棺、龙虎升仙画像石棺。

北魏入主中原后，逐渐盛行梯形棺，这可从大同南郊清理出的北魏墓群中发现。其中绝大多数为梯形棺，但其以木质为主不易保存，

---

① 此分类参见曹鹏《北朝出土石质葬具研究》，硕士学位论文，内蒙古大学，2013，第19页。

所以这些木质棺现在都已经腐朽。北魏后期，洛阳及其附近地区出现的梯形石棺已经能全面展示梯形棺的形制结构，如上文提到的孝子画像石棺、龙虎升仙画像石棺、偃师前杜楼北魏墓石棺等。北朝晚期的西魏北周都城西安出土的石棺说明梯形葬具已被民众接受并且成为重要的葬具，如北周郭生石棺、李诞石棺等。北朝石质葬具不仅形制多样，且装饰精美，取得了很高的艺术成就。葬具的刻画在继承前朝的基础上，又发展出了新的内容，而且还融合了少数民族的风格。北朝石质葬具刻画的主要有孝子、升仙、墓主的生活场景、商旅图、祭祀图等。现实生活场景的刻绘主要是在来华西域胡人的葬具上。最常出现的有四种图刻：宴饮图、仪仗图、狩猎图和商旅图。

总之，魏晋南北朝时期的葬具仍以木棺为主流，但是葬具的形式更加多样化。如棺床的作用不再局限于放置棺椁，而且可以直接放置尸体；石质葬具得到长足发展，仿木石椁、石棺床大为流行；后期画像石棺、画像石椁的发展更使北朝达到了我国石质葬具的鼎盛时代。

隋朝可以使用石质棺椁，李穆在开皇六年（586）卒后，"赐以石椁、前后部羽葆鼓吹、辒辌车"。到了唐朝，明令不准使用石质棺椁："大唐制，诸葬不得以石为棺椁及石室。"但在实际丧事活动中，不少皇族与权贵仍然使用石质棺椁。唐代石质棺椁，分为两种类型，一种是仿木质棺椁形式；另外一种是仿宫殿式的，又称房形棺椁，在当时最为流行。一般把唐代的棺椁分为两期，在唐中宗以前，石质棺椁形制不一，有棺形、歇山形、硬山形，但没有庑殿形，棺椁的形制与墓主身份一致；唐中宗至唐玄宗开元年间为后期阶段，这阶段石质棺椁形制统一，均为庑殿顶，使用者身份差距较大，有陪陵改葬者、有事出特制者，也有得宠的宦官。不过，开元二十九年（741）之后石质棺椁没有发现，可能是开元二十五年的节葬令发挥了作用。此时还有一种特殊形制的棺椁，即装舍利的棺椁。这种棺椁虽然不是棺椁的主流，但也是按照现实中棺椁的形制打造的。用于安放舍利的容器有多种类型，如陶罐、石函等，通常是石函内安置多重容器，由内至外是玻璃瓶、铜函、石函，舍利函造型是中国式盝顶盖方函。

石棺在宋代使用更为广泛，精美程度大大提高。如河南洛阳博物馆收藏的一具北宋张君墓画像石棺，石棺整体由青石雕成，棺盖上刻"洛阳张君墓志"六字。除此以外，棺上还刻有牡丹、童子、侍女、仙子等图案，展现出宋代绘画技法的高超，是典型的宋代世俗人物画，极具特色。

另外，巩义西村宋代石棺墓出土的石棺，呈紫红色，质地细腻、松软而易于雕刻。整个石棺是六块石板（盖、左右侧板、前后挡、底）扣合而成，榫卯扣接严密。棺下无棺床，四角各用一长方形石块支垫。棺体呈长方棱形，棺体的上部向前倾斜，棺头呈卷轴式，石棺上绘有蕙草、行云、双鹤、缠枝牡丹、缠枝宝相海石榴花等图案。棺盖前端的棺头正面两侧棱边上均有线刻蕙草边饰，上平面正中是减地平雕三朵硕大的宝相海石榴花图案。左右两边是两方连续三角形，内似太阳放光芒图案，每边刻 24 个三角形，每个三角形内有一个太阳放光图。棺盖抹角斜面与地平，雕两方连续缠枝牡丹图案，每边八朵，花蕊均朝着太阳。棺盖四周棱边上为两方连续蕙草图案。左右侧板中间分 12 格，格内线刻二十四孝图，每幅均有题名。

还有 1992 年河南洛宁县东宋乡大宋村北坡清理出的一具北宋政和七年（1117）乐重进画像石棺，由青色石灰岩制成。石棺上刻有墓主乐重进夫妇观赏散乐图、天女散花图、妇人启门图，以及麒麟、鹿、花草等精美图案。相较于洛阳出土的其他同期的画像石棺，乐重进画像石棺内容丰富、图案清晰，表明当时已有较高的绘画与制棺技术，展现了北宋时期的生活场景与殡葬习俗。

元代有石椁木棺。永乐宫全真道上层人物宋德方和潘德方两人的墓室都是石椁一具，石椁内有木棺一具。石家庄后太保村史氏家族墓群内，有墓中部用石板砌成石椁，石椁内置木棺。山东济宁张楷夫妇合葬墓,为长方形土圹石椁木棺双室墓,其南有长方形土圹石椁木棺三室墓。山东李裕庵墓,用整块石灰岩凿成大小不同的槽形石椁两个,大石椁内有木棺。椁盖接合处,凿成子母口的齿槽,套合非常严密。木棺四周用九卷素绸填塞。有的石棺无椁。如北京朝阳区南豆各庄耿完者秃墓,石棺用一整块岩石凿成,平面近似方形,石棺内放置骨灰和一组陶质明器。北京石景山金顶街元代石棺墓,石棺由6块大小不等的青石板组成,棺内放置骨灰。

前文说过,元代墓葬中往往建棺床,上置棺木或直接安放尸体。北京张弘纲墓,主室棺床上有石棺两具。石棺用整块青石凿成,棺盖为盝顶形。棺内放置骨灰。永乐宫潘氏墓,室北端砌有棺床,石椁置于棺床之上。大同元代崔莹李氏墓,在棺床上置长方形石棺,棺内有绢裹的骨灰。内蒙古赤峰元宝山元墓墓室中砌有棺床,男女尸体安放在棺床上。

明清时期,石棺在部分地区依然流行。1973~1980年在四川铜陵先后发现6座石椁墓。石椁墓盛行于浙江杭嘉湖地区,史料曾记载浙省数府富厚之家下葬使用石椁:"往往用石板彻底,四周上下以及罗围,皆用石工,并雕琢花草人物,以及联额,经费千金及数千金者。"① 只有这样做,才认为其厚待其亲。

到了民国时期,水族为了表达对逝者的追念,家属仍为逝者搭建石棺坟墓和大型石碑,还会在石棺和石碑上雕刻多样的图案,题材各异,不仅包含社会生活类、动植物类,还含有几何类等多种纹样。

第二节 随葬品与明器

在殡葬活动中,为死者放置随葬品是普遍的殡葬习俗。随葬品的

---

① 佚名辑,张仁善整理《禁火葬录》,庄建平主编《近代史资料文库》第10卷,上海书店出版社,2009,第7页。

类别和种类，随时代和地域的不同而不同，但往往都可划分为食品、日用器具、生产工具、礼仪器皿等，另外还有专门为死者制作的"鬼器"即明器。在墓中的随葬品，还受生产力水平、生产生活方式，特别是人们的社会地位的制约。在新石器时代早期阶段，人们之间是平等的，而到中晚期，随着私有观念产生、私有财产出现，随葬品也从各墓间大致相同变化为有明显的差异。

早期墓葬内往往只用简单的装饰品或几件生产工具随葬，是一种象征性的表示。然而随着时代的发展，随葬品的类别和数量逐渐丰富齐全，而且当时社会上最贵重的物品也出现在墓内。在墓内放什么、放多少、放在什么位置，都有特定的含义，是当时丧葬礼俗的反映。不同的时段、不同的地区使用随葬品的情况，对探索新石器时代各发展阶段的思想、文化、经济、社会关系来说都是重要的实物资料。

在新石器时代的墓中，随葬品主要放置在死者周围或身上，当有棺椁葬具后，则有了在棺内、棺椁之间、二层台上放置不同随葬品的情况。而夏商周时代，则出现在腰坑内放殉人、殉牲或随葬品的情况；在墓室头厢、脚厢、边厢分类放置随葬品的情况更为多见，而且发展到除墓室内，还在墓室近旁挖建车坑、马坑或车马坑。随葬品的功能方面，从最初使用随葬品一直到新石器时代早期，随葬品的种类有生产工具、生活用具（包括装饰品），但都是当时人们日常使用的物品。到新石器时代中晚期，则开始出现为死者随葬的明器，而且礼仪性器皿（如玉琮、高柄杯、彩绘陶）也多用于随葬，使随葬品包含了更多的文化内涵。

新石器时代初期，距今 12000～9000 年的墓葬，与旧石器时代晚期的葬俗基本一致，多是就地掩埋，以"使人不得见"为目的，随葬品或有或无，有的也只是简单的日常使用器，从中既看不出埋葬习俗有何不同，更看不到死者之间有何差别，完全是一种平等关系的体现。到距今9000~6000年，墓葬资料已经比较丰富，公共墓地已普遍存在。虽然在不同时段或不同地域，在殡葬习俗方面已有许多不同，但在同一个墓地，甚至同一个考古学文化区，各墓葬间的共性非常突出，如习惯使用单人葬的墓地，各墓葬的规模大小、深浅、使用随葬品的数量和种类大致是相同的。即使有的墓葬随葬品比较丰厚，或是因为死者年龄大，或是因少年早亡，基本不见有特殊随葬品，这是"威望"或"呵护"的表现，并没有人们之间尊贵与卑贱的划分。然而在新石器时代中晚期，伴随着社会的变化，人们之间的关系由平等而出现分化。部落领袖的威望逐渐变为权力，由此引起公共墓地中各墓葬间的明显差别，而且这种差别到夏商周时代更为突出，统治与被统治的关系在墓葬中被赤裸裸地反映出来。这种由平等到分化、由分化到对立的社会关系，在殡葬发展中成为史前、先秦时期殡葬演变脉络中的一条主线。

在大汶口文化晚期、仰韶文化晚期，成年男女（一男一女或一男二女）的合葬墓屡有发现。其共同特点是男左女右，或女子在左右两侧，有葬具的男子在棺内，女子在棺外，随葬品也多在男子身边，说明这时男子在家庭（家族）中已占主导地位。

两周时期的贵族墓地，根据随葬品的多寡，会有九鼎墓、七鼎墓、五鼎墓、三鼎墓、一鼎墓之分，是死者身份的象征标志。各时代墓葬随葬品的种类、组合、放置位置，不仅反映了当时的葬俗，而且为研究当时的社会生产、生活状况提供了丰富的实物资料。

夏商周时期的少数墓葬中存在碎器现象，即有意把随葬品打碎，把打碎的陶片撒在尸体周围或身上，有的把青铜器打破，把兵器折断放入墓中，这种现象被称为碎器习俗。这种现象不是某一文化的普遍习俗，存在数量也很少，具体是什么原因，虽学者有自己的推想或猜测，但仍有待今后的继续发现。有一定数量的积累，再探究其目的和意义。

随葬品是随同死者遗体一起放入墓中（有的则埋入墓旁）的物品、器具等。文献中关于随葬品的记载相当匮乏，但在考古发现中却非常丰富且直观。对同一时期的墓葬，特别是在同一墓地的各墓中的随葬品进行统计量化并加以对比，对于分析当时人们之间的社会关系是非常重要的。

一　随葬品的出现

新石器时代早期的墓葬，已普遍有为死者放置随葬品的习俗，是当时的死亡观和灵魂观念的反映，表达了人们对死者的感情。通过考古发现，在新石器时代早期的诸多墓地中，各墓葬的随葬品的种类和数量虽然并非绝对一样，但差别也不明显，表明了人们之间平等的关系。其差别往往表现为男性墓中多随葬生产工具如刀、斧、铲之类，而女性墓中多见陶质或石质的纺轮，但这仅是自然分工的表现。而到新石器时代晚期，大约是仰韶文化后期和龙山文化时代，随着生产力水平提高，社会关系也相应地发生了变化，私有观念和私有财产、权贵阶层开始出现，在墓葬礼俗方面必然有相应的改变。以随葬品来说，早期阶段的平等关系已经不见，代之而来的是数量、质量的差别。如仰韶文化、大汶口文化晚期的墓葬，随葬品少者数件，甚至一无所有，多者则数十件甚至达百件以上。而且品质优良的随葬品绝大多数出现在大墓中，如玉器类随葬品一般不见于小墓。到龙山文化时代，这种差别更为突出，集中表现在礼仪性器具的有无方面，这同样也反映出人们之间关系的改变，昭示着以社会地位和拥有财富多少来衡量人的时代已经到来。

到夏商周时期，有无及放置多少随葬品、放置什么随葬品，已经与社会制度、殡葬礼俗紧密联系在一起。人们之间的阶级属性已经非常清楚，贵族集团的等级也在随葬品中反映得越来越明显。夏代的墓葬发现不多，但从已发现的墓葬随葬品中仍可以清晰看出阶级对立与等级差别，如青铜器、玉器，尤其是礼仪性器物，多见于规模较大的墓中，而小型墓中或者仅有数件日用器，或者没有随葬品。由于缺乏夏代殡葬礼仪的文献佐证，还难以做全面分析，但人们之间的尊卑贵贱仍可以从有无青铜质的爵、觚、斝、盉等，玉质的铲、戈等随葬品中得到体现。

到商代，按尊卑礼制进行随葬的制度基本成形。夏代贵族墓中尚不见的青铜鼎逐渐占据突出位置，除了中型墓中多有 1~2 件铜鼎，高级贵族的墓葬中随葬的青铜鼎数量也大增。商代大墓发现较多，在河南、山东、江西、河北等地发现的商王室、诸侯方国贵族墓，其豪华程度令人叹为观止。如 1976 年发掘的妇好墓，虽规模较小，但棺椁多层，殉人殉牲众多，随葬品堆积如山，而且多为稀世罕见的珍品。后妃的随葬品都如此丰厚，商王的墓葬可想而知。在殷墟王陵中出土的司母戊大方鼎重 875 千克，如此重器，在制作时要耗费巨大人力、物力，但也要埋入墓中，与高贵的墓主人相依为伴。另外，殷墟武官村大墓，面积约 340 平方米，容积为 1615 立方米，墓中有人殉 79 具，此外还有马、禽兽等，因被盗过，各类陪葬品难以计量。商代以人殉厚葬，这在现存的甲骨文卜辞中也能得到证明。

进入西周，在早期用器随葬方面还较多沿用商代礼俗，但从中期开始，反映周王朝殡葬礼制的随葬品开始出现。其中重要的一个表现就是随着器类增多，青铜礼器基本组合的变化。夏商代注重爵、觚、斝、角等饮酒器，尊、卣等盛酒器普遍见于贵族墓中，并以数量（或套数）的多少论高下。到西周中期以后，酒器类数量减少，而食器类增多，特别是用青铜鼎的使用已成为要严格执行的制度，以此来表示墓主人身份的高下，有了鲜明的等级色彩，如《礼记》《仪礼》等古籍中都有根据身份等级使用鼎的记载，从天子到士，分别以九、七、五、三、一件作为身份象征。考古学家郭宝钧结合考古发现与文献记载，提出了列鼎的概念。① 俞伟超、高明等学者则在此基础上，概括出两周时期的用鼎制度及变化轨迹。② 他们都以考古发现为依据，结合两周社会面貌，对西周中期以来的用鼎制度作为周代礼制的重要组成部分做了深入分析，而且对春秋战国时期用鼎制度的变化与社会变革的关系也做出精到的论述。此外还依据《礼记·郊特牲》所载的"鼎俎奇，笾豆偶"原则对周代用鼎制度中鼎与簋的配伍以及考古发现中的鼎簋配伍做了深入解读，指出九鼎八簋、七鼎六簋、五鼎四簋、三鼎二簋及一鼎一簋的配制是用鼎制度的基本要素。

乐器在先秦时期也是一项重要的随葬品，被赋予了政治内涵，作为死者生前身份地位的象征，直观地反映了社会的等级制度。先秦时期常用的随葬乐器为编钟（钟有甬钟、钮钟、镈钟三种形态）与编磬，文献中对它们的使用情况有所记载。《周礼·春官·小胥》载："正乐县（悬）之位，王宫县，诸侯轩县，卿大夫判县，士特县。"郑玄云："宫县，四面县。轩县，去其一面。判县，又去一面。特县，又去一面。四面象宫室，四面有墙，故谓之宫县。轩县三面，其形曲，故《春秋传》曰：'请曲县，繁缨以朝，诸侯礼也。'"此处讲殡葬中钟磬悬挂的位置与数量。宫县是四面悬挂，轩县是三面悬挂，判县是两面悬挂，特县是一面悬挂，悬挂数量为每面悬挂一套编钟，每套的数量不等，按等级递减。所内含的等级规定为：王"宫县"（悬四面），悬挂四套编钟；诸侯"轩县"（悬三面），悬挂三套编钟；卿大夫"判县"（悬两面），悬挂两套编钟；士"特县"（悬一面），悬挂一套编钟。编磬，据《仪礼·大射仪》，只有天子或者诸侯才能使用，清代学者金鹗在《求古录礼说·特磬考》中云："诸

---

① 郭宝钧：《山彪镇与琉璃阁》，科学出版社，1959，第11页。
② 俞伟超、高明：《周代用鼎制度研究（上）》，《北京大学学报》1978年第1期；俞伟超、高明：《周代用鼎制度研究（中）》，《北京大学学报》1978年第2期；俞伟超、高明：《周代用鼎制度研究（下）》，《北京大学学报》1979年第1期。

侯惟有编磬，以石为之。"

　　车马和车马配件，也是体现等级制度的随葬品种类之一，并逐渐制度化。用车马随葬是指用真车、真马或车马器随葬的殡葬礼俗。这一现象始见于商代晚期，周代承袭并发展规范，成为等级制度在殡葬方面的重要表现。车马坑在商代集中发现于殷墟地区，先后出现在小屯东北地、西北岗王陵区、大司空村、孝民屯、白家坟西北等墓地，数量已达50多座。大凡有车马坑，其近旁一定会有高等级贵族大墓，说明用车马（坑）陪葬一开始就有鲜明的等级性。而且车马坑多在有墓道的墓葬附近，说明墓主人的地位是很高的，多为殷代王室成员。但是在晚商，并不是所有的王公显贵都一定有车马随葬，有的墓葬规格很高，但没有车马坑，如殷墟5号墓的主人，是商王武丁的配偶，出土文物数量巨大、质量精美，多有王室气魄的重器，但并无车马坑，仅有少量马饰。有研究认为，这种现象可能是因为埋葬车马尚属开始，还没有形成一套严格必行的制度，在埋葬过程中还没有得到普遍推行。但从实际发现来看，墓葬规格与随葬车马的多少还是有直接关系的，如"在殷墟早期，带四条墓道大墓仅同穴殉车一辆，两条墓道的大墓同穴殉车一辆或仅殉马而无车。到殷墟晚期，从随葬车的数量上看，四条墓道同穴殉车二辆，单墓道大墓仅殉车一辆"。[①] 说明最高级别的墓要有全套的车马，而带一条墓道的墓，虽然级别也不低，但也只有一车，仍然是规则上的礼俗。

　　到西周时期车马殉葬制度有了进一步的发展，车马随葬现象大大增多，随葬车马坑也很普遍。在西周多处贵族墓地里都发现有车马坑。如浚县辛村、沣西张家坡、山西曲沃、北京琉璃河、宝鸡竹园沟等地的墓地里，车马坑陪葬比较多见。用车马器随葬更是普遍，地位稍高的贵族墓中往往都随葬有车马器。如在洛阳北窑墓地发掘的330

---

① 郑若葵：《试论商代的车马葬》，《考古》1987年第5期。

座西周时期的大中型墓葬中，203 座墓葬都随葬有车马器。而且有的墓车马坑中放置车马的数量也比较多，如浚县辛村 3 号墓车马坑是 M17 的陪葬坑，使用了 12 辆车、72 匹马，这与晚商时期即使是商王的墓中也仅有 1~2 辆车马不可同日而语。这种变化趋势说明西周社会殡葬中随葬车马的普遍。

西周时期的车马随葬呈现出制度化趋势。具体表现是依墓主人身份的高低而随葬数量不等的车马，且有一定的规律可循，等级差别明显。至于具体的随葬车马制度，先秦文献也略有记载，如《仪礼·士丧礼》云："其数各视其命之等者。案《周礼·大行人》云：'上公贰车九乘，侯伯贰车七乘，子男贰车五乘。'"《礼记·檀弓下》曰："国君七个，遣车七乘；大夫五个，遣车五乘。"《礼记·少仪》曰："贰车者，诸侯七乘，上大夫五乘，下大夫三乘。"说明先秦时期，按照地位高低，国君、上大夫、下大夫使用不同数量的车随葬，等级分明。学者们也结合考古发现对此问题进行论析，如印群先生指出西周时期的车马制度在商代的基础上进一步发展，当时存在与贵族等级相对应的随葬车马制度，墓主身份与随葬车马数的对应关系比商代更清晰："从诸侯至士一级，随葬车数由 7 乘至 1~3 乘，驾车马数一般由驾 4 马、骖 2 马降到了驾 2 马。随葬车数和驾马数皆有明确的差别，等级构成更复杂。"①

春秋时期，车马制度随着宗法等级关系的发展进一步发展，更加制度化、规范化。如上村岭虢国墓地发现的车马坑埋葬车马之数就各有等差，与用鼎制度相对应，反映出严格的等级关系。墓地中发掘的 8 座车马坑，M1052 号墓是虢太子墓，随葬 7 鼎，其车马坑出土了车 10 辆、马 20 匹；M1706 号墓和 M1810 号墓，各随葬 5 鼎，车马坑各出土了车 5 辆、马 10 匹；M1721 号墓随葬 3 鼎，车马坑出土了车 3

---

① 参见刘允东《车马坑的考古发现与研究》，《殷都学刊》2009 年第 4 期，第 28 页。

辆、马 6 匹；1 鼎墓用 1 车 2 马作陪葬。可见春秋时期车马随葬相当严格，随葬车马数量多寡与墓主等级地位高下关系密切。概言之，商周时期的车马作为随葬品，标志着墓主的身份等级。按死者生前的身份地位来决定其墓葬规模，随葬车马的数量和比例也随之改变。当然，考古发现中，随葬车马数量与墓葬等级的对应关系并非严格遵循着文献记载，但是毋庸置疑，商周时期已经存在一套逐渐完善且严格的车马随葬制度。

综上所述，先秦时期墓葬中的随葬品，继承史前时期的殡葬习俗，并在此基础上发生改变，适应着夏、商、西周与东周的社会环境。以青铜鼎为代表的礼器制度，以钟磬为基本组合的乐器制度，以及车马制度，在先秦文献中都有或简或繁的记载，可以与考古发现做对比研究。另外，陶器、玉石器、骨角蚌等也都是常见的随葬品，但在文献中却罕有记载，我们将在后文中详述。在此还要进一步说明，本节所提及的随葬器类，不管是青铜礼器类、乐器类，还是车马器类，都是分门别类独立介绍的，而在实际埋葬中，它们却是综合的，以立体形式展现出来，使人们对先秦时期各发展阶段的殡葬制度及变化有宏观的认识，由此对先秦时期的殡葬理念和表现会有更具体和详细的把握，这将会在后面章节中展开分析与论述。

二 秦汉时期的随葬品及其类型

秦汉时期随着农耕经济的发展，随葬品涵盖了农业、手工业、建筑业、军事装备及日常生活领域的方方面面。不仅如此，秦汉时期人们对死后世界的认知逐渐清晰，尤其对来世和永生的追求更为强烈，并表现在随葬品的类型方面。

（一）农具

在秦汉墓葬中，我们经常可以看到农具作为随葬品的情况，这一方面反映了墓主人的身份，另一方面也反映了秦汉社会农业发展的情况。这些农具随葬品有耒、犁、播种农具、中耕农具、灌溉农具、粮食加工用具等。

在秦汉墓葬中，发现不少木耒或铁耒。耒是铲土的农具，它在汉代有很多别名。如《释名·释用器》记载，锸"或曰销"，也就是后世说的锹。《史记·秦始皇帝本纪》正义记载："耒，锹也。"王祯《农书》卷13说："盖古谓耒，今谓锹，一器二名，宜通用。"耒类农具前部的板名叶，《释名·释用器》载：锸"其板曰叶，象木叶也"。

全木制的耒在长沙咸家湖西汉曹媭墓的填土中发现过一件，耒叶前端已破裂。自战国以来，铁耒口在各地经常被发现。此物汉代名"鐅"。《说文·金部》记载："鐅，河内谓耒头金也。"居延简中有"今余鐅二百五"的记事（简498·9）。长沙马王堆3号墓填土中所出西汉带柄铁鐅木耒，保存状况完好：全长139.5厘米，耒柄和耒叶是用一整块化香树材制成的。此耒的铁鐅作"凹"字形，这是汉代铁鐅的主要式样。

此外，还出土过一些双齿即两刃的耒。对于有黏性的壤土来说，使用这种耒更为省力。这种耒在汉代名为"耒"，《说文·木部》："耒，两刃耒也。从木，丫象形。"在山东肥城，江苏铜山等地发现的东汉画像石上可以看到执耒者的形象。长沙西汉墓所出木制农具模型中，既有耒，也有耒。至于曲柄的耒，可以称为耜。耜也是双刃的。《礼记·月令》郑注说："耒，耜之上曲也。"所以耜应为曲柄，武氏祠画像石中"神农氏"所执的农具就是这个形状。

在秦汉墓葬画像石上，我们常常会看到二牛抬杠的长辕犁。到了东汉，在山东滕州、陕西绥德等地的画像石上出现了一牛牵挽的犁，甘肃武威汉墓中也出土过一牛拉犁的模型。山东枣庄出土的画像石上，刻有一牛一马同挽一犁的情形，上面刻有明显的犁盘。秦汉时期的犁已出现犁底、犁辕、犁衡、犁梢、犁箭、犁评等部件，作为畜力犁的主体构件已经具备，这是当时人们生产生活的反映。

不仅把平整土地的情形搬到了墓葬，土地平整后，下一步就是播种和中耕了，这种场面也出现在墓葬随葬品中。四川德阳出土画像砖上的农夫执圆形器在撒播籽粒。四川新都出土的画像砖上，播种者一手执"点种棒"在农田中插洞，另一手在点播谷种。山西平陆枣园村新莽时期的墓葬壁画中，有用驾一牛的三脚耧进行播种的图像。这种耧，将原来先用小犁破土开沟，再随沟撒籽的两步工作统一了起来，提高了效率。用于耘田的锄在墓葬中也有出土，洛阳烧沟、陕西水寿等地出土过铁质的实物。其中烧沟出土的锄通长 15 厘米、刃宽 9 厘米，水寿出土的锄通长 13.5 厘米、刃宽 8.9 厘米，形体均较小。山东泰安出土的画像石中，将执锄立耨的形象表现得更加清楚。中耕的农具还有耨和镈，内蒙古和林格尔汉墓壁画中有执耨伛身除草者所用的耨，有平口和带齿的两种。洛阳烧沟出土过器形与镈相似的铁质器；长沙浏城桥 1 号墓出土的铜镈还带有木柄，它的刃是纵装的。

在地表水源不足的环境下，农田灌溉需要凿井利用地下水。中国古代凿井技术起源很早，在河南汤阴白营龙山文化早期地层中发现了用 46 层木框垒叠成的井筒。井自然无法完整搬到地下墓葬，但在秦汉墓葬中，发现不少明器井，有些附有水槽模型，也可能是向水渠引水用的，这说明墓主人或当时人对这一实物的重视。

水位较深的井须使用机具提水，春秋时发明的用来提水的桔槔，在汉画像石中常见到。《淮南子·汜论训》中认为用桔槔灌溉比抱瓶汲水"民逸而利多"。此外，战国时发明的辘轳，此时在关中地区已较普遍。由陶明器和画像石中的辘轳可知，有轮形与细腰形两种。陶辘轳井上有的塑出汲水容器。北京市东南郊五环路与六环路之间的工业园 79 号一汉墓出土的明器陶井，井台上就有一汲水容器——陶柳斗。

除了井灌这类小型的灌溉设施外，还有水利工程的模型。广东佛山澜石圩东汉墓出土了陶制水田模型，一旁有小船，还有跳板与田地相连，表明田在水边，可引地表水灌溉并用船运输。在四川西部都江堰崇义乡出土的石水田模型中，则发现了阶梯形水田，高处的水田内有鱼和螺，田埂处设置水口，利用地势的落差将水引入梯田。

农作物成熟收获后，还需要进行加工。加工粮食的用具较多，不同时期的墓主人选择将不同的用具带入地下。最古老的脱壳用具是地臼木杵。这种设备到汉代仍偶尔使用，如《汉书·陈咸传》中还提到用"地臼木杵"，但在多数场合下已用石臼。在洛阳烧沟、洛阳西郊、安徽定远、江苏泰州等地都发现过汉代的石臼。不过配套的杵还是木质的。《汉书·楚元王传》记载："杵臼雅舂。"颜注："为木杵而手舂。"

西汉时，"延力借身重以践碓"，人们发明了碓，比碓效率更高的脱壳器是砻。江苏省泗洪重岗西汉画像石中有砻。但砻的分量轻，只适于水稻脱壳，小麦磨粉还需用石磨。我国最早的石磨可追溯至秦代，至西汉时，石磨已广泛使用，如西安、洛阳、济南、南京、江都、扬州等地都发现了石磨或其明器模型，可见当时已将磨推广至南北各地。在长沙阿弥岭7号西汉墓出土的滑石明器上刻有"磨"字，也证明西汉时期已经开始使用此字。

满城汉墓出土了带有磨浆的磨，出土时放在铜漏斗内，但一般石磨是用来磨粉的。汉磨的演进主要表现在磨齿的变化上。西汉初期延续了秦代栎阳石磨以同心圆排列的凹窝磨齿。西汉晚期洛阳烧沟58号墓出土的磨已凿出斜线磨齿。安徽寿县茶庵马家古堆东汉墓出土石磨的磨齿分两种，一种是辐射状沟槽，另一种是纵横叠错的斜齿。后一种效率相对较高，沿用至今。粮食加工多以人力操作为主，但满城汉墓石磨出土时，其南侧有马骨架一具，有可能是用于拉磨的马。

谷物被舂碓以后，还需簸去糠秕来取得精米，效率较高的是飏扇。在四川彭州出土的画像砖上，有一人在碓旁执圆筐倾倒已舂之谷，另一人则用大型飓扇扬谷。四川双流牧马山汉墓出土的执飓扇俑拿的正是此物。值得注意的是，在河南济源泗涧沟西汉晚期墓和洛阳东关东汉墓中还发现了陶扇车。

（二）作物

从随葬品的记载中，我们还可以看到秦汉时期农作物的品种。古代粮食作物以五谷或九谷为主。五谷在《礼记·月令》中的说法是麻、黍、稷、麦、豆，与《汉书·食货志》、《周礼·天官·疾医》郑玄注的说法一致。但郑玄在《周礼·夏官·职方氏》的注里，改称为黍、稷、菽、麦、稻，而后的《黄帝内经·素问·金匮真言论》、《淮南子·修务训》高注也如此记载。显然，后一说以稻取代了前说中的麻。秦汉时期，江南各地的农业种植以水稻为主。湖北江陵凤凰山汉墓所出简牍中便出现关于不同稻米名称的记载，如精米、粲米、稻粝米、稻粺米、白稻米等，反映出稻米已经成为当地的主食。在此时期，北方也出现食用稻米的迹象，如在洛阳、陕县等地出土的陶仓上标有"稻"或"白米"等字，在西安出土的陶罐上也标有"粳米"二字。

谷物应为当时的随葬品之一，但由于年代久远，外加保存不当，谷物在出土时大多数早已炭化，或者仅剩朽痕，仅能从出土的仓囷模型窥探当时的场景。古籍记载中我国主要种植的谷物如黍、稷、菽、麦、稻，在秦汉时期均已得到种植。尽管粮食难以保存至今，但仍有痕迹残存。20世纪70年代，湖北江陵凤凰山167号汉墓出土的陶仓里发现四束稻穗，出土时外形保存完整且籽粒饱满，经鉴定为粳稻。汉代水稻产量不高，仅稍高于现代的一半。

其他作物，如高粱，曾在广州先烈路龙生岗4013号东汉墓出土，也解决了秦汉时期是否已种植高粱的争论。因这时期文献中对高粱没有明确记载。随葬品中发现高粱，说明这时的农作物中已有高粱，这是无可置疑的。

　　生活中不仅需要农作物，还需要蔬菜及果类，这些生活化的物品也出现在墓葬里。如长沙马王堆 1 号墓中曾出土葵籽、芥菜籽，江苏邗江西汉墓曾出土菠菜籽、芥菜籽。广西贵县（今贵港）出土过黄瓜籽，证明我国至少从汉代就已经开始栽培黄瓜。而文献记载最早要到《齐民要术》时才出现，其中提到"种越瓜、胡瓜法"，胡瓜，即黄瓜。甘肃泾川水泉寺东汉墓出土的陶灶面上有浮雕的萝卜图案。用于蔬菜加工的调味品，也有一些发现。秦汉时期调味品主要是花椒。花椒在战国时已被发现，到汉代已经较为常见，如在满城、江陵、广州等地的墓葬中均有出土。此外，在长沙马王堆汉墓中还出土了茱萸、姜和桂皮。

　　水果也是必不可少的，在地下世界里，墓主人仍需要享用这些。岭南地区的汉墓中亦出现水果的身影，如广州西村增埗 2060 号西汉墓和广西贵县罗泊湾西汉墓中曾出土橄榄。岭南等地的汉墓中，出土了荔枝、橄榄等水果，表明这几种水果在西汉时的岭南地区颇受欢迎，并具有一定地位，才会被选为陪葬品。

（三）丝麻

　　丝绸之路让我们知道秦汉时期纺织业的繁荣景象，但在秦汉社会生活中占据重要地位的纺织业究竟如何，随葬品为我们诠释了这一盛况。

　　秦汉时期纺织品的原料主要是丝和麻。由于养蚕和缫丝技术的改进，这一时期已能生产出质地优良的蚕丝。秦汉贵族墓中有以铜蚕或金蚕随葬的记载，如《三辅故事》中记载始皇陵中有"金蚕三十箔"。所植桑树主要有荆桑（植株较高大）和鲁桑（植株较低矮）。

　　在麻类作物中，主要有大麻和苎麻两种。但大麻的纤维不如苎麻的细美。浙江余姚河姆渡遗址中曾出土苎麻绳。江陵凤凰山 168 号西汉墓棺内出土过苎麻，苎麻絮因可以作为丝絮的代用品，故《汉书·楚元王传》称为"纻絮"。凤凰山出土的苎麻已用石灰等碱性物质脱胶，"呈黄白色，类似丝棉，拉力强度大"。

秦汉时期，人们还将纺织工具做成随葬品带入墓中。贵州清镇、湖南长沙及资兴等地的汉墓中均出土过陶纺轮，这是用来捻麻线的工具，即"纺专"。《说文·寸部》："专……一曰纺专。"通称纺轮或纺坠，各地出土的数量很多。有的还保存着铁轴杆，形制相对完整。

纺织的成品种类较多，有素、缣、纱、罗、绮、锦等。在随葬品"生活化"的趋势下，墓主人自然把很多纺织品带入地下。如素，秦汉时的丝织品统称为帛或缯，其中将洁白的平纹丝织品称为素。马王堆 1 号西汉墓出土的素，疏密程度大不相同，纬丝也都稀于经丝。较密的如 442 号香囊的缘边，经密为 164 根/厘米。满城 1 号西汉墓中玉衣衬垫物内出土的残素，经密达 200 根/厘米，纬密达 90 根/厘米，是目前所知的秦汉时期最为精密的素。

如缣，这是一种更结实的平纹丝织品。《说文·糸部》载："缣，并丝缯也。"满城 1 号西汉墓的玉衣衬内曾出土缣片，这是一种双纬平纹织物，经密 75 根/厘米，纬密（30×2）根/厘米。

如纱，纱也是平纹组织，但纱由于经纬部很稀疏，所以出现细细的孔眼。马王堆 1 号西汉墓出土的素纱蝉衣之纱，经密和纬密均为 62 根/厘米，应是比较密的。甘肃武威磨嘴子 48 号西汉墓出土的素色孔纱要稀一些，其经密为 31 根/厘米，纬密为 29 根/厘米。

再如罗，罗是有孔的丝织品，它的孔呈椒眼状，与方孔的纱不同。这种用绞经法织出来的交结点远比纱更结实。马王堆 1、3 号西汉墓，满城 1 号西汉墓，武威磨嘴子 62 号新莽墓，新疆民丰尼雅及山西阳高等地的东汉墓中，均出土过用四经绞罗组织织出地纹，而以二经绞罗组织织出花纹的菱纹花罗。

罗有时也被称作绮。《汉书·外戚传》颜注说："罗，绮也。"《西京赋》中有"似不任乎罗绮"。这就可以解释为什么马王堆 1 号墓出土的手套和香囊，有些是用罗缝制的，但在遣策中却说是绮。但罗和绮的织法并不相同。绮并不织出孔眼，它是在平纹地上用斜纹起花的，故其花纹多含菱形。马王堆 1 号西汉墓出土的菱形绮就是类似经斜纹组织的织法。另一种织法是斜纹和平纹混合组织。新疆民丰尼雅出土的汉罗就是这种织法。它的花纹是在大的菱形内部填充树叶纹，而菱形之间的空隙复缀以心形树叶纹，比单纯的杯文构图要复杂。

最高等级的丝织品是锦。汉锦代表着秦汉代丝织品的最高水平，用染成的各种颜色的丝线织成。汉锦中最特殊的品种为绒圈锦，在马王堆 1、3 号西汉墓，满城 1 号西汉墓，武威磨嘴子 62 号新莽墓及诺颜乌拉 14 号匈奴墓中均有出土。它的经线以四根为一副，包括一根底经、两根地经和一根较粗的起绒经。在织出的幅面上，高绒圈、低绒团和经浮线构成疏朗错落、层次分明的花纹，立体效果很强。

这些陪葬锦不仅反映了纺织技术的高超，也反映了秦汉人和墓主人的审美。马王堆 1 号西汉墓出土的矩纹锦，以七个单元图形的纵列横向布满全幅，暗褐色地，红棕色花纹，与长沙左家塘 44 号战国墓出土的锦比较接近。马王堆 1 号墓的绣枕两侧的茱萸锦，以茱萸纹与菱纹和空心点子组成图案。此墓还出土了星蒂锦，以八芒星与柿蒂纹及零碎的点子组成图案。再如江陵凤凰山 168 号西汉墓出土的锦，其纹饰与马王堆 1、3 号墓出土的锦大体相同。这些锦以分散的小图形与点子、线条相组合，上下交替排列，在色彩上追求一种雍雅含蓄的效果。虽然花纹多用鲜明的朱红色，但分布在深沉的红棕、暗褐地子上，并不显得很突兀。

此外，陪葬锦因地区不同，各有特点。但同一地区，尤其是在边疆地区比较一致。如新疆的罗布淖尔、内蒙古的扎赉诺尔以及蒙古国的诺颜乌拉等地有许多发现。这些锦还有相同之处，如罗布淖尔、扎赉诺尔出土的锦与民丰尼雅遗址出土的"万世如意"锦几乎完全一样。

时代不同，锦也有差别。两汉时期的锦具有以下几个特征：一是把当时出现在漆器、釉陶和画像砖上的云气禽兽纹搬到锦上；二是在色彩的搭配上，西汉晚期与东汉的锦基本上以棕红、赭红为地，以明亮的浅黄、浅驼色花纹作配，整体画面为一片温暖的色调；三是锦上开始织一些文字，如诺颜乌拉出土的锦上有"新神灵广成寿万年""仙境"，罗布淖尔出土的锦上有"长乐明光""韩仁绣文衣，右（佑）子孙无亟""望四海贵富寿为国庆"等。锦上织有文字，使得其纹饰的主题更加深化。

不过，西汉晚期以后的锦并非完全一种风格，如民丰东汉墓出土的"阳"字菱纹锦，其幅面上的菱纹以白线条作为界线，每九个斜方格组成一组菱形图案。菱形图案之中心的一个格子则用绀青和白色线交织而成，靠近幅边处又织出一行白色"阳"字纹。这种锦的图案颜色搭配的效果很好，与西汉早期锦的韵味不同。

陪葬品中的刺绣也反映出墓主人渴望在地下"生活"的倾向。刺绣在商代已经出现，宝鸡茹家庄 1 号西周墓中发现了压在泥土中的绣痕，这是一种索绣。马王堆 1 号西汉墓中出土了 40 件绣品。较多的信期绣、长寿绣、乘云绣，则体现了蟠螭纹向云气纹的转变。马王堆 1 号墓中还出土了一件以黄绢作坯料的长寿绣，采用类似接针的绣法，这样可以使花头的尖端更细。汉绣一般以开口索绣和闭口索绣为基本针法，但马王堆 1 号墓中装饰内棺的铺绒绣，采用了直针平绣。这种针法与诺颜乌拉出土的汉绣一样，诺颜乌拉 12 号墓出土的龙纹绣，采用辫索绣成，针法细腻。

刺绣需要经过浸染或涂染，秦汉时期一般用植物作为染料，偶尔也使用矿物颜料。马王堆 1、2 号西汉墓出土的丝织品颜色达 36 种之多。由化验的结果可知，所用之植物性染料有茜草、栀子和靛蓝等。茜草以铝盐（明矾）为媒染剂可染出红色，以铁盐（铁矾）为媒染剂可染出紫色。栀子是用来染黄色的，原产于我国南部和西南一带。

马王堆 1 号汉墓中的一部分黄色丝织品就是用栀子染成的。染蓝色的靛蓝历史更久，靛蓝染色工艺至汉代也已相当成熟。马王堆 1 号墓出土的一块青罗，其染色过程大体为：先将不溶性的干靛还原成可溶性的靛白，将纺织品在靛白中浸染后，取出置通风处氧化，则重新转为不溶性靛蓝。如此反复进行数次，可以染出牢度很高的鲜明的深蓝色。

除了单独使用上述植物染料外，也可以配伍套染。马王堆 1 号墓出土过蓝绿、藏青、藏青黑等色的丝织品，基本上是以靛蓝打底，再加套黄、浅棕和深棕色而成。

汉代还曾以印染之法为纺织品加花。马王堆 1 号墓出土的"金银色印花纱""印花敷彩纱"两种印花纱保存得比较完整。前者图案的单元呈菱形，与南越王墓所出铜版的图案相近。后者使用了型版印花和彩绘两种方法。图案的单元也呈菱形，以四方连续布满幅面。

就普通百姓而言，日常使用的衣料是由麻纺织品做成的布。马王堆 1 号墓出土的 N29-2 号大麻布，通幅经线总数为 810 根，与《汉书·王莽传》说的"自公卿以下，一月之禄十缫布二匹"相符合，十缫布一幅中有经线 800 根。更细的布则是用苎麻线织成的纻布，如马王堆 1 号墓出土的 N27-2 号纻布，经密为 32.4 根/厘米，N26-10 号纻布，经密为 37.1 根/厘米，这些纻布的精细度比现代的细苎麻布还要细。

秦汉时期，也有一些地区出现了棉布。民丰东汉墓中出土了蓝白印花布及手帕等棉织品，印花布的经密为 18 根/厘米，纬密为 13 根/厘米，说明到秦汉时期，棉花已经在新疆地区种植。但这一时期在内地不流行穿毛织品，只有下层贫民才穿毛织物。但在边疆少数民族那里，尤其是西北地区，是比较流行的。

绦品种也曾出现在墓葬之中。江陵马山 1 号楚墓出土过纬编绦。汉绦中以马王堆 1 号墓所出"千金绦"最为绚丽，宽度为 0.9 厘米与

2.7厘米两种，绦面上有"千金"字样。满城1号西汉墓出土的素绦是网状组织，其编法与千金绦大体相似，但编时尚需扭绞或穿股，以便形成网眼。

（四）车船

秦汉时交通工具主要是车和船，这几乎影响到每个人的生活，尤其是车。墓主人自然喜欢将其带入地下，以便继续享用。

秦汉以前，多为独辀车，向双辕车的过渡是在西汉时完成的。西汉中期以前，满城1号墓、曲阜九龙山2号墓、北京丰台大葆台1号墓均出土过驾四匹马的独辀车。长沙马王堆3号墓出土的帛画《仪仗图》中，画的也是四排驾四马的独辀车。西汉晚期以后，这种车就很少见了。双辕车最早出现于战国时期。海昏侯墓是我国长江以南发现的唯一一座有真车马陪葬坑的墓葬，坑内有马约20匹，骨架已腐朽殆尽，仅存痕迹。[①]

车的种类较多，如轺车、轓车、辒车、辇车、牛车。秦汉时期最常见的应是轺车，武威磨嘴子48号西汉墓出土了驾一马的彩绘铜饰双辕木轺车。但轺车也可以驾两匹马、多匹马，其车厢均敞露而且较小。其次是轓车。河南荥阳苌村东汉墓壁画中描绘墓主人当"□陵令"时，乘的车左轓为红色，右轓为黑色。《汉书·景帝纪》记载："令长吏二千石车朱两轓，千石至六百石朱左轓。""令"当时"秩千石至六百石"，与此相符。当墓主人升到"巴郡太守"时，乘的车就是"朱两轓"。成都扬子山2号东汉墓车马过桥画像砖上也有轓车的图像。轓车比轺车增加一对车耳。山东临淄西汉齐王墓4号陪葬坑中的4号车，不仅有车耳，且后部有半月形缺口。《续汉书·舆服志》记载："后谦一寸，若月初生，示不敢自满也。"沂南东汉画像石墓中的第八辆车也有车耳。

---

① 江西省文物考古研究所、南昌市博物馆、南昌市新建区博物馆：《南昌市西汉海昏侯墓》，《考古》2016年第7期，第62页。

辎车。潘祖荫旧藏的一块汉画像石上有一辆榜题刻有"辎车"的车，应是辎车。这种车因车厢严密适合妇女乘坐，《后汉书·张敞传》说："君母出门，则乘辎軿。"沂南画像石拓片第 39 幅墓主夫人乘坐的就是辎车。辎车车厢两侧的窗叫牖。《说文·户部》载："牖，辎车旁推户也。"上边为车盖，多呈椭圆形，称作鳖甲。秦始皇陵出土的 2 号铜车的车盖就鳖甲形。车型与辎车相似的是軿车，只是车厢后部没有后辕。内蒙古和林格尔东汉墓壁画中有一辆軿车，其榜题"夫人軿车"也说明了这一点。

妇女乘坐的另一种车是辇车。这种车的结构比辎车、軿车更简单。东汉墓中出土过大型的辇车模型，如四川成都扬子山出土的陶辇车和贵州兴义出土的铜辇车。

牛车一般为载物使用，也有贫者使用。东汉晚期开始发生变化，牛车迅速成为高规格的车型。在安徽灵璧九顶镇汉画像石中有装偏幰的牛车，装幰就证明了其规格的提升。驼车在河南密县东汉画像砖中出现过，其他未见实例。

另外还有一些特殊用途的车。如斧车，山东沂南、四川成都及德阳、辽宁辽阳等地东汉墓的画像石上均有发现。这种车在车厢中竖立大斧，是公卿以下、县令以上出行时用于前导之车。

在墓葬中也常发现一些车的部件。满城 1 号西汉墓出土过管状铁锏，含车轴朽木，有的还残存有将锏固定在轴上所使用的铁钉。按《释名·释车》："锏，间也，间缸、轴之间，使不相摩也。"车毂外为軎。軎装在轴通过毂以后露出的末端，是保护轴头的。满城 1 号墓、曲阜九龙山汉墓等西汉大墓中出土过通体错金银的軎。

中国古代的车与世界其他地方不同，使用的基本上是有辐之轮。北京丰台大葆台 1 号西汉墓所出土的车装有 24 辐，江苏涟水三里墩西汉墓出土的铜车模型也是 24 辐。《大戴礼记·保傅》记载为 30 辐，秦始皇陵出土的也是 30 辐。

秦汉马车上的车盖制作已经相当考究了。车盖一般为伞形,其柄称为杠,因为在某些场合中必须取下车盖,铜杠箍即其装卸时的连接之处。杠箍在河南郑州及洛阳、河北满城、山东曲阜、宁夏银川、广西西林、广东广州等地的西汉墓中都有出土。

车的部件还包括辕、軏、衡、轭、轫、銮、锡、衔、镳等。

独辀车和双辕车,其后部都装在车厢底下,与轴垂直相交,它们伸出厢底前沿的轸木后的平直部分叫作軦。軦接近顶端处稍稍变细,名颈,颈外的顶端名軏,用铜包头的叫铜軏。满城1号西汉墓出土过鎏金铜軏。定县43号东汉墓出土过一对龙首形铜軏。

衡是用来缚轭驾马的横木。曲阜九龙山4号墓出土了一种通体鎏金、浮雕龙纹的衡木。车衡上,每个轭的两旁要装轫,用来羁縻。秦汉的铜轫多呈U字形或环形。铜山龟山2号、曲阜九龙山4号等西汉墓出土过鎏金铜轫。

特殊的人力车在秦汉时期的墓葬中也有显现。如四川乐山东汉崖墓石刻和江苏昌梨水库1号东汉墓画像石中均有辇的身影。图像中所见汉辇,都是人在前面拉,文献中也有关于人推辇的描述,《史记·货殖列传》记载卓氏迁蜀,"独夫妻推辇,行诣迁处"。汉代用手推的车只有鹿车。从山东武氏祠画像石、四川渠县蒲家湾汉阙雕刻和成都等地出土的画像砖综合来看,鹿车的车轮装于车子前部,车的重心位于轮的着地点(支点)与推车人把手处(力点)的中间。这固然不符合杠杆省力原理,但能装载重物在比较狭窄的道路上通行。

除了车之外,坐船和骑马也是出行方式之一。我国古代的船通过以楫拨水前进,这种方式延续到秦汉。汉代的楼船水军被称为辑濯士,就是划桨手。江陵凤凰山、广州皇帝岗和长沙伍家岭出土的西汉明器木船,就反映了这种情况。凤凰山木船上没有俑,却装有支棹的木橛。皇帝岗木船操棹与操舵的俑都踞坐在木板上。伍家岭木船有设16棹1舵。

舵的发明对行船意义重大，舵的雏形大约从西汉时就已经有了。《淮南子·说林训》记载："毁舟为杕。"高诱注："杕，舟尾柁。"当时的舵大约还停留在杕的阶段。因此，凤凰山和皇帝岗木船上的柁，与帆的形状区别不大。伍家岭木船上的舵就比棹长得多。东汉广州先烈路汉墓出土的陶船上的舵较同期的船舵，更为进步。广东德庆汉墓出土的陶船上的舵，较先烈路汉墓陶船之舵更为先进，可能已是转轴舵了。

骑马，在秦汉时很流行，因而骑乘所用鞍具得到发展。咸阳杨家湾西汉早期墓陪葬坑中出土了陶战马鞍。西汉后期，河北定县出土了错金银铜杠箍饰中的骑马者之鞍。汉代还没有发明马镫，但鞍具已经很华丽，如文献中所说的"马珂"，在云南晋宁石寨山7号墓、广西西林普驮铜鼓墓、古乐浪王根墓和河南杞县许村岗1号墓中都有发现，材质有银、铜鎏金、铅锡金等。

（五）家居建筑

秦代的家居建筑很难有实迹存在，但墓主人幻想着能在地下过生前的生活，自然，也希望将其搬到墓葬之中。

秦汉家居建筑以夯土与木框架的混合结构为主。龙山文化时期的版筑法，到秦汉时期已相当成熟。版筑施工，需先立挡土板，继而可填土打夯，打夯的动作和工具都叫筑。工具筑，就是指夯杵，此物多以木制。咸阳杨家湾4号西汉墓西墓道内发现过一件木夯杵的残迹，兴平茂陵出土过西汉的石夯头，咸阳长陵与徐州子房山西汉墓出土过铁夯头。

为了装饰墙壁，还要用灰浆抹面。汉代所谓的"垩"是用石灰石烧成的石灰。用蚌壳烧成的叫蜃灰，比石灰更加洁白光亮。茂陵建筑址中就发现一处抹蜃灰的残壁。

汉代建筑物承重一般由壁柱受力，屋顶荷载由柱、梁组成的木构框架承托，木构架主要有穿斗式、抬梁式、干栏式与井干式。穿斗式、抬梁式在明器陶屋山面中经常出现。穿斗、抬梁、干栏等构架由柱支撑。汉代木柱的实例已很难看到，只能通过仿木的石构件加以考察。在沂南画像石墓中，可以看到柱下的方础和覆盆形栌，陕北米脂东汉牛文明墓的画像石中也有同类型的础和栌。汉代的柱式很多，四川乐山柿子湾崖墓、山东安丘画像石墓中的束竹柱是一种比较讲究的柱式。

秦汉家居建筑很重视屋顶的美，汉代的屋顶形式有悬山、庑殿、歇山、攒尖等。分段的悬山顶和庑殿顶在陶屋和石阙中均有出现。由中央的悬山顶和周围的单庑顶组合而成的广州陶屋上的歇山顶，说明歇山顶的结构尚未成熟。攒尖顶直到东汉的广州大元岗 4019 号墓和陕西勉县老道寺 4 号墓所出土的井亭与陶楼中才真正出现。

斗拱在秦汉时期开始走向成熟，"一斗二升"式被广泛使用，并继续发展。在沂南汉墓前室石柱与四川雅安高颐石阙的斗拱上，就出现了中间增设小蜀柱的做法，促使"一斗三升"式斗拱的产生。

除了装在柱头上的斗拱，插拱多在房屋转角处承檐。河北望都东关汉墓出土的陶楼，在转角处的两根柱子都在正面装插拱。陕西勉县老道寺东汉墓出土的陶楼在一层平顶檐下有插拱。也有在转角处施斜撑挑檐的，如河南灵宝张湾 3 号墓出土的陶楼。为了加强对檐檩的支撑和增进整个檐下的横向联系，还会在柱间的横楣上装补间斗拱。如四川出土画像砖中的楼阁和辽宁辽阳北园东汉末年墓的壁画中都有补间斗拱。当然，此时的柱头、转角、补间三种斗拱尚未成熟。

此外，家居建筑中的砖、门、窗也较为常见。早期的砖有铺地面和修造墓室两方面的功能。夯土地面的防潮性差，不如用砖铺地更为耐磨。用砖砌墓室不仅比土坑严密，也比木椁更长久，战国晚期已经出现空心砖墓。西汉时期，制砖技术发展得很迅速，此时的空心砖火力匀透，西汉早中期在中原地区用这种砖砌的墓室很常见。西汉晚期，条砖开始用于建筑墓室。不过空心砖仍在使用，如洛阳西汉卜千秋墓，主要墓室用空心砖，侧室和耳室则用小砖砌造。卜千秋墓中的空心砖达 16 种。

除了铺地方砖外，还有一种画像砖，花纹为凸起的浮雕，每块砖自成一个独立的画面。东汉晚期在河南、四川等地的墓葬中比较流行这种砖，四川蜀汉墓中也有出土。它的功能和墓葬中的壁画、画像石相同，多数嵌砌于墓壁上，其画像的内容有的是辟邪祈福，有的是反映生产和生活的情形。

到了汉代，最主要的砖型是条砖。陕西临潼刘庄战国晚期秦墓的椁就是用条砖砌成的，但这在当时只是个别案例。因为秦始皇陵 1 号兵马俑坑中砖墙的砌法，仍是原始的垂直通缝且无黏合剂。直到汉代，砖墙的砌法才得到全面改进，这在砖室墓中有集中反映。

如何避免上下通缝呢？在中原地区的洛阳烧沟西汉后期的砖室墓中，已普遍采用顺砖错缝的砌法。为了增强稳定性，河南陕县刘家渠东汉砖墓出现了全用丁砖平侧错缝垒砌的墓壁。当然，各个地区情况不尽相同。在江苏邗江甘泉 2 号东汉墓中，墓壁每块平砌的顺砖都和两块平砌的及四块侧砌的丁砖相对应，这样砖缝上下贯通，整体性比较差，说明这一地区砌砖技术仍较落后。

到了东汉中期，中原地区砖墓的墓壁开始采用顺砖平砌与丁砖侧砌上下层相间的组合形式。武威二十里滩汉墓是在顺砖错缝平砌的砖墙中，在墙脚侧砌一道或两道丁砖。河北定县北庄汉墓墓壁，就是在二顺一丁的基础上，在两层顺砖后面加砌了一层暗丁。河南密县打虎亭东汉 1 号墓后室后壁的砌法又进了一步，即出现了一层顺砖、一层丁砖错缝平砌的形式。

个别墓葬中砖的砌法较为独特，如甘肃武成雷台与内蒙古托克托汉墓是编席式砌法。洛阳烧沟汉墓封门砖墙是空斗式砌法，尽管这种砌法可以节省工料、降低造价，但在汉代尚未普及。

汉代的砖墙多数用泥浆胶结，比较讲究的砖墙为磨砖对缝，如河南密县打虎亭 1、2 号墓，安徽亳县董园村 1 号墓。有的还以石灰浆灌入，如河北望都 2 号墓。

汉代的门多为板门，有双扇、单扇和带轮子的拉门。门楣上有门簪，门扇中部装衔环的铺首。但画像砖石中所刻画的铺首形体偏大。满城 1 号汉墓后室石门装的铺首通长 22.5 厘米，与石门的高度 178 厘米相契合。

汉代的窗如出土陶屋中所见，一般为空洞。但也出现过其他窗，如广州龙生岗 4015 号、大元岗 4022 号等东汉前期墓中出土的陶屋上出现过支摘窗，只是在当时很少见。湖北云梦痢痢墩 1 号东汉墓出土的陶楼上有百叶窗，也是极为罕见的。

家居建筑中的辅助设施，也反映了生活化场景。厕所是居住必需的设施。我国南方的厕所多将各种用途的房舍紧凑在一起，北方则往往另筑厕所。河南南阳杨官寺东汉墓出土了一件比较讲究的陶厕，其平面近方形，后部是敞棚，悬山顶，设气窗。正面有两门：左门通往棚后的女厕，右门通往前院的男厕。男、女厕的粪池下部均与猪圈相通。河南汲县出土的陶厕，也和猪圈连在一起。因此在秦汉时期，厕所和猪圈相连通是普遍的。

然而，饲养马、牛、羊的厩、牢、圈都不和厕所在一起。长沙东汉墓曾出土陶牛牢，河南陕县刘家渠东汉墓曾出土陶羊圈。自先秦到秦汉，我国有食狗的习俗。因此，陕县刘家渠东汉墓中还出土过陶狗圈。饲鸡用的明器木舍曾在武威磨嘴子东汉墓出土。专门养鸭的鸭栏，在湖南资兴东汉墓出土过。

（六）武备骑射

秦汉时期，军事战争成为很多人生活的一部分。建功封侯自然是很多人的梦想，有些墓主人念念不忘自己的征战生活，将征战时的武器带到了另一个世界。这些武器包括长兵器、中型兵器、短兵器、远射武器、防卫武备等。

　　秦汉长兵器主要有戈、戟、矛、铍、铩等。与战国时期形制相仿的铜戈在秦汉，尤其是西汉前期仍被使用。如满城 1 号墓出土过两件铜戈，都是曲援，直内，长胡三穿。戈柲的顶端都装有鎏金鸟形镈，底端装有鎏金筒形镦。镦蹲近杏仁形，柲的断面也是如此，这样执戈者操柲时凭感觉就可知援的方向。长沙浏城桥 1 号墓出土了积竹柲，积竹柲强韧而有弹性，不易折断。江苏涟水三里墩西汉墓出土的戈，其镦为鸟头、兽爪、马蹄形，错金银并镶嵌绿松石。山东临淄西汉齐王墓陪葬坑出土的戈，装金质冒、镈和金镦，可看出其重要程度。

　　另一类铜戈战国晚期开始出现，这种戈与戟互训，差别不是很明显。典型的戟是什么样子的呢？《周礼·考工记·冶氏》中记载：戟应有内、有胡、有援、有刺。山西长治分水岭 14 号墓出土的戟，铭文中刻有"棘戟"，棘即刺，棘戟即为装刺的戟。宜昌葛洲坝 4 号西汉早期墓出土铜戟刺一件，鎏作杏仁形，是戈矛连体戟上的刺。汉代士兵常用的是一种"卜"字形铁戟，只有前伸的直刺和旁出的横枝。为了加固戟柲，又加装青铜柲帽。江苏盱眙东阳西汉墓出土的木柲全长 2.49 米，有学者认为这是骑兵用的"马戟"。满城 1 号墓出土的不足 2 米的戟，应为步兵使用。

　　西汉初期，矛与战国时期的相差不大。临淄齐王墓陪葬坑出土的矛为铜制，矛叶断面呈空心菱形，其镦为圆筒形，通长 2.1 米。满城 1 号墓出土的矛为铁制，为扁平的柳叶形，镦也为铜制，通长约 1.96 米。汉代最长的矛是矟。《释兵·释名》说："矛长丈八尺曰矟。"汉代的八尺，应为现在的 4 米多。目前最长的是秦始皇陵兵马俑坑 T19 出土的 6.7 米的矟。

　　与矛相近的武器还有铍和铩。秦始皇陵兵马俑坑中出土了带柄的长铍。临淄齐王墓陪葬坑与山东巨野西汉墓出土过铁铍。临淄出土的铍通长 2.9 米，它应具有相当的威力。如果在铍头下部装上如剑格的镡，就称作铩。《说文·金部》载："铩，铍有镡也。"马王堆 3 号墓的遣册中记有"执短铩"者与"操长铩"者，可知铩的柄有长、短两种。江苏徐州白集画像石中可见到一长铩插在兵兰正中。

中型兵器指介于长兵戟、矛和短兵刀、剑之间的类型，如钺、椎、殳、棓、钩镶等。这类武器中，格外值得注意的是钺，也就是常说的"大斧"。在先秦时，它只是权力和地位的象征，作战使用并不灵活，这种象征意义延续到秦汉，沂南画像石的出行图中的斧车就具有这种象征意义。另外，钺（包括比钺小些的斧）还可作为刑具，也就是《国语·鲁语》中讲到的"大刑用甲兵，其次用斧钺"。孝堂山画像石在对立两钺的兵器梁上悬人头，就是表示用它行刑的意思。

椎在汉代也是一种武器。《史记·留侯世家》记载张良以一力士在博浪沙伏击秦始皇，其所使用的武器就是铁椎。安徽阜阳双古堆西汉汝阴侯墓中，铁椎与漆鞘铁剑同出，椎应是被作为武器看待的。当然，究竟是武器还是工具，从画像石中看，区别不是太大。

汉代的殳是杖类武器。湖北随县曾侯乙墓出土过战国时期带锋刃的和不带锋刃的殳。秦汉的殳多数是无刃的。汉画像石与壁画中的伍佰常执殳。与殳相类似的有棓，棓即木棒，但也有铁制的。满城汉墓出土过一圆铁棒，《满城汉墓发掘报告》认为它是殳，但没有文献可以证实。

钩镶在汉代较为常见，是一种钩、推两用兵器。河南洛阳、四川成渝路沿线、河北定县中山穆王刘畅墓等处都出土了钩镶。定县出土的铁钩镶上还有错金花纹，显示出墓主的尊贵地位。徐州铜山小李村画像石中便绘有钩镶与环首刀配合使用的情形，使用者一手勾住对方的长兵，另一手则向其挥刀砍去。陕西绥德四十里铺画像石上也有执钩镶与刀者和持戟者格斗的画面，构图与铜山小李村画像石相类似。

短兵器主要有剑、刀、拍髀、匕首等。剑是适用于近战的短兵器。先秦的铜剑很短，主要用于卫体防身。秦时开始加长，如秦始皇陵兵马俑坑出土的铜剑长 91.3 厘米。西汉初年仍有铜剑和铁剑。铜剑的性能无法与铁剑相比，此时的铜剑多用于仪饰。如满城 1 号汉墓出土的鎏金铜剑，就是一种装饰品。在多数西汉墓中，铁剑取代了铜剑，只有在冶铁相对落后的广州地区，在东汉后期的墓葬中还有铜剑。

西汉的铁剑基本上已经锻冶成钢，多用块炼铁反复折叠锻打渗碳制作而成。比较典型的如满城 1 号汉墓出土的刘胜的佩剑。徐州铜山出土了东汉建初二年"五十涑"钢剑，长 109 厘米。当然，无论是铜质剑还是铁质剑，最高贵的制品均装玉剑具，装有玉剑具的剑称为玉具剑。《汉书·匈奴传》颜注引孟康释"玉具剑"曰："摽首镡卫尽用玉为之也。"《淮南子·修务训》高注："摽，刀削（鞘）末铜也。"摽则指鞘末的包尾，一般用铜制作，秦始皇陵 2 号铜车上的御者所佩剑摽即为铜质。玉具剑则为玉摽，满城 1 号墓的铜剑就为玉摽。

从西汉中期开始，剑在战场上的地位逐渐被刀取代，这也反映了骑兵在军队中的地位越来越重要。在马上挥舞砍刀显然更有优势，因为刀背主要是铁质的，比剑脊厚实，不易折断。洛阳烧沟汉墓群中发现了少量仪仗使用的钢刀。汉刀的刀身比较直，刀首呈环形，环中有的饰以禽兽。长沙金盆岭 3 号东汉墓出土的刀，长达 128.5 厘米。环首长刀大约在东汉时普遍用在军队中。

汉代还有一种短刀，长 20~40 厘米。《洛阳烧沟汉墓》作者称为"拍髀"。成都北门外与河南方城东关等东汉墓石门上所刻门吏，其腰间所佩短刀应为拍髀。

远射武器主要是弓箭。在形制上，汉代的弓与战国时区别不大。如长沙马王堆 3 号汉墓出土了单体弓，当然绝大多数是复合弓。在邗江、乐浪及新疆民丰等墓葬中都曾发现其残件。弓的材质一般是多层竹（木）叠合，内侧粘贴牛角，外侧粘贴牛筋，再缠上丝，涂上漆。

弓体的末梢叫箫，箫里装弭，弭是装在箫端供挂弦用的。安徽阜阳双古堆两汉汝阴侯墓出土过错金银铜弭。汉代的弓弦较粗，临淄齐王墓陪葬坑出土过皮条制成的弓弦，马王堆 3 号墓出土过丝绳绞合而成的弓弦。

箭原名矢，因制箭杆的箭竹而得名，从汉代开始广泛使用。其中，箭镞十分重要，秦镞含锡量少，西汉的镞多为铜镞。检测的结果表明：秦俑坑的镞含锡量为 11.39%，而满城汉墓的镞含锡量为 22.1%。当然，锡过多也会导致其脆弱。

弩生于弓，在臂和机的作用下，可以延时发射。弩将张弦装箭和释弦放矢分解为两个单独的动作，射程比弓远，命中率也高。"自战国至汉，弩臂都在前端留出承弓之凹槽，将弓固定于臂前，与宋以后在臂上打眼穿弓的方式不同。但在发射时，弩弓和弩臂的接合必须稳妥而牢固，所以又在弯臂前部贯一短横木。"[1] 秦汉时期，这种缚结方式以及二者之长度的比例，变化不大。长沙扫把塘 138 号楚墓的弩，复原后长度约为 125 厘米，臂长为 51.8 厘米。乐浪 147 号东汉王根基墓中的弩，弓长 130 厘米，臂长 54.1 厘米。

防卫武备有胄、盾和甲等。在商代，我国就有了铜胄。汉胄较少。安徽阜阳双古堆 1 号西汉墓有一组铁胄。目前已复原的只有临淄齐王墓陪葬坑中出土的胄，它由 80 片铁胄片组成。革胄实例也未发现，但东汉壁画中武士所戴的胄、和林格尔东汉墓壁画中的胄类似革胄。

西汉时的盾与战国时区别不大。临淄齐王墓陪葬坑中出土的盾与长沙五驻牌 406 号战国墓中出土的大致相同。从厚度看，这两地出土的盾应是革盾。马王堆 3 号墓遣册中提到"执革盾"，说明西汉常用革盾。除革盾外，汉代还有木盾。咸阳杨家湾大墓陪葬坑中出土的步兵俑所执的就是木盾。此外，广州龙生岗 4013 号墓出土过椭圆形的东汉漆盾，在河南唐河、成都曾家包等地的东汉画像石中，也发现了

---

① 孙机：《汉代物质文化资料图说》，文物出版社，1990，第 141 页。

这种盾。

最早的甲是用皮革制作的，到西周晚期，开始出现铜甲。战国晚期，铁甲普遍出现了。秦代没有发现铁甲的实物，但秦始皇陵兵马俑坑中的陶俑，有的披仿皮甲，有的披仿金甲，其结构与编缀法为汉代铁甲提供了借鉴。

汉代的铁甲又叫玄甲。咸阳杨家湾西汉大墓陪葬坑中出土的陶甲士俑，应为送葬的军阵。文献中的记载可以印证。《汉书·霍去病传》记载："元狩六年（霍）薨，上悼之，发属国玄甲，军阵自长安至茂陵。"又如《东观汉记》记载："祭遵薨……乃赠将军，给侯印绶，朱轮容车，遣校尉发骑士四百人，被玄甲、兜鍪，兵车军阵送葬。"铁甲是汉代军队中最精良的防具，不仅在此类特殊场合中出现，甚至会作为陪葬品出现在墓穴中，例如满城1号西汉墓、安徽阜阳双古堆1号西汉墓、洛阳西郊3023号西汉墓、临淄齐王墓陪葬坑、广州南越王墓等墓中都有出土。铁甲的制作，经金相鉴定甲片可知，广州南越王墓的铁甲片为炒钢制品，河北满城汉墓的甲片为块炼渗碳钢制品，而徐州狮子山楚王墓的甲片是以铸铁脱碳钢经冷锻成型。汉代仍有皮甲，长沙侯家塘西汉墓与乐浪东汉墓中都发现了皮甲。

（七）日用器具

与人们最为密切的是每天饮食起居的日常生活。秦汉时期的人们相信有一个相类似的地下世界，自然也要将更多的相关东西带入另一个世界。

人生活着需要货币。墓主人或家人也怕在将来的世界里缺少钱，因此，将钱作为随葬品带入墓葬几乎是普遍现象。秦汉时期带入墓葬的主要是半两钱。

战国后半期，秦国开始铸造半两钱。秦统一后将这种钱推行到全国作为标准货币。从出土物的实际情况看，秦半两钱的大小很不一致。秦统一后的半两钱，重量又有所减轻。西汉初，各类半两钱仍继续流通。由于经济拮据，加上"秦钱重难用，更令民铸荚钱"，荚钱比原来小的半两钱更小了。到汉文帝时期，"为钱多而益轻，乃更铸四铢钱，其文为'半两'"，史称"四铢半两"。湖北江陵凤凰山、山东临沂银雀山、四川成都洪家包、河南新安铁门镇等地的西汉墓中出土的半两钱，直径约为 2.3 厘米，重量在 2.5～2.8 克，造型规整，文字书体拘谨清晰。为保持钱币的法定重量，使用中还要称量核验，江陵凤凰山 168 号西汉墓出土的"称钱衡"就是这种工具。

秦始皇陵西侧赵背户村刑徒墓出土了具有吕后八铢特征的半两钱，使人们对《汉书·高后纪》颜注所引应劭说的吕后八铢"本秦钱"的观点逐渐重视起来。

除半两钱外，西汉前期有些地区也同时使用其他杂币。如山东地区出土的四铢方钱、辽东地区出土的一化圆钱、江苏涟水西汉墓出土的小刀币等。

秦汉时期还兼用黄金。秦始皇时，黄金为上币，铜钱为下币。汉代仍沿用此制，只是将黄金的单位由镒改为斤。其外形则有圆饼形和蹄形两种。河北定县八角廊 40 号西汉墓中出土的掐丝贴花镶玻璃面的蹄形金，较大者近似马蹄，较小者近似鹿蹄。山西太原东太堡西汉墓中出土的圆形金饼上有"令止"的刻文，杭州老和山出土的圆形冥币泥饼上有"令止""令之一金"的刻文。"令之"有可能是"麟趾"的通俗写法。

王莽居摄二年，另铸大泉。新朝建立后，王莽另发行小泉代替五铢钱，但并未起到作用，我们从洛阳西郊出土的一批汉墓中可以看到大泉在迅速变小、变轻的贬值现象。王莽时币制变更十分频繁，有些并没有写入史书，如地皇二年左右铸造的一种"布泉"。在洛阳烧沟、洛阳西郊、陕县刘家渠、江苏昌梨水库、广州、西安等地的汉代墓葬中曾出土。

东汉初期，因经济困难，货泉仍在流通，甚至到了东汉中期仍有人私铸小货泉，这在洛阳西郊汉墓中可以得到证实。建武十六年，开始重铸五铢钱。但到了后期，五铢钱开始贬值，湖南零陵东汉墓中出土的铁五铢和洛阳西郊东汉墓中出土的锡五铢就反映出这个问题。钱多时需要穿成串。河南永城芒砀山柿园西汉梁王墓中的钱窖出土了铜钱 255 万枚，多数穿成了钱贯，每串约 1000 枚。西安三兆镇西汉宣帝杜陵 1 号陪葬坑中出土的钱，每串在 70 ~ 90 枚。河南陕县后川 3003 号西汉墓中，每串才 8 枚或 9 枚。这些都是根据实际需要而定的。有了钱，才能保障地下世界的日常饮食起居生活。

饮器也主要是以生前日常用具为主，主要有杯、卮、尊、壶等。

杯又称耳杯，因杯耳得名。西汉时杯耳稍微上翘，东汉时的杯耳则多与杯口取平。耳杯是一种常见的饮具，一般用于饮酒，如浙江宁波西南郊西汉墓中出土的漆耳杯，上面便有"宜酒"二字，另外长沙汤家岭西汉张端君墓中出土的铜耳杯，上刻有"张端君酒杯"五个字，彰显其作为饮器的基本功能。但耳杯还有另外一个用途，还可用作食器。云南昭通桂家院子出土的铜耳杯中装有鸡骨和鱼骨，便是一个有力的证明。饮器以外的耳杯，最可注意的是一种带炉的钢杯，其炉自名为"染炉"。根据马王堆 1 号墓遣册记中"小具杯"注明的"其二盛酱、盐"，可能这种器物是盛调味品的。炉和杯配套称为染器，在长沙识字岭、咸阳马泉、陕县后川、浑源毕村、隆化馒头山西汉墓中都有出土。

卮是秦代常用的饮器，最早是用木片卷曲而成。后来出土的陶、铜、银、漆卮，多数为圈器形制。阜阳西汉汝阴侯墓中出土的圆筒形漆器自命名为"卮"。山东临沂银雀山 4 号西汉墓中出土的圆筒形卮容积为汉量 5 升多，因此卮在当时应为小型饮器。

尊是汉代最主要的盛酒容器，有盆形和筒形。这两种陶尊在河南陕县汉墓中都有出土。陶盆形有三足、圈足两种。河南洛阳高新技术开发区西汉墓出土了筒形尊，上书"酒尊"二字。

壶开始是陶质的，因其形状与瓠（葫芦）类似而得名。马王堆 1 号墓的遣策中有"盛米酒"的记载。洛阳烧沟汉墓中出土的陶壶，也有一部分用于盛粮食，满城 1、2 号墓出土的陶壶中则放置有动物骨骼等。

室内的饮食姿势，多是席地而坐，家具陈设中最常见的是食案。食案又有无足和有足之分。有足之案历经夏、商、周，直到秦汉一直在沿用。汉代的案多为木制长方形，山东临沂银雀山 10 号西汉墓出土过木案。重庆相国寺东汉墓、河南灵宝东汉墓出土过陶案，广州先烈路沙河顶 5054 号东汉墓出土过铜案。北京丰台大葆台西汉墓出土过彩绘漆案。

说到漆器，我国使用漆的历史悠久，早在河姆渡遗址中就出土了漆碗。从后来出土的漆器看，商代到春秋战国时期，漆器的图案与青铜器类似。但到了秦汉时期，漆器因光泽醒目加上轻便的特点被广泛应用。西汉大墓中的许多陪葬品为漆器。乐浪汉墓中出土过一个漆盘，据其底部所刻"常乐，大官，始建国元年正月受，第千四百五十，至四千"，此盘应是新莽时期常乐室（即长安长乐宫）的器具。从铭文可知，这批漆盘共有 4000 件。江苏盐城三羊墩 1 号西汉墓中也出土过刻有"大官"字样的漆盘。装有金扣的漆器只能皇帝或诸侯王使用，目前只在广州南越王墓中有发现。银扣漆器发现较多，如安徽阜阳西汉汝阴侯墓中出土的银扣漆盘、安徽天长西汉墓中出土的银扣五子奁、江苏海州西汉墓中出土的银扣漆盒。

秦汉漆器制作的总体水平也有进步。战国开始出现的麻布胎漆器大量出现，在文献中被称为"纻器"，而木胎漆器名称的出现则是因在贵州清镇 17 号墓、乐浪汉墓中有木胎漆耳杯，铭文均为"木黄耳棓"。木胎贴麻布后，还要上漆灰。朝鲜王旴墓漆盘底部朱书"夹纻行三丸"，"丸"通假为"垸"，《说文·土部》记载："垸，以桼和灰而鬃也。"上完漆灰，再进行涂漆，汉代称之为"髹"，《说文·桼部》记载："麹：柒垸已，复柒之。"但发现的马王堆 1 号墓、3 号墓和凤凰山 8 号墓的漆器上均写作"成市饱"，或许是漆工们所书写，也反映了漆器的产地以蜀郡的成都最为著名。其次是邻近的广汉郡雒县，如乐浪、贵州清镇、江苏邗江、河南杞县、湖南永州都出土过标有"广汉郡工官"的漆器。就漆器的花纹而言，这一时期盘心常常以三兽纹为装饰，如长沙徐家湾 401 号墓漆盘、山西万安汉墓漆盘、贵州清镇汉墓漆盘与乐浪王光墓漆盘等；耳杯上多画有双鸟纹，如武威汉墓、天长汉墓、江苏泗阳泗水王墓等中出土的漆器。除了官方漆坊外，私人的作坊从汉初就已经存在。如湖北睡虎地、江苏邗江等西汉墓漆器上刻的"宦里大女子鷔""门里""大女子乙""工冬""工克"等文字就是标志。尤其是 2 世纪初，汉朝不再向工官征调漆器，官方的退出促进了私人作坊的兴盛，江苏连云港西汉霍贺墓和侍其繇墓出土的精美漆奁证明了这一点。

精美的漆器，本身就具有审美功能，人们活着的时候有审美意识，既然认同有一个死后世界，墓主人对艺术审美的要求就会被带入地下。所以也常常将乐器、玉器、铜镜等带入地下。这些随葬品功能较多，但无疑有着"生活化"的倾向。

关于乐器，我国远古就有磬和鼓等打击乐器。战国时代，曾侯乙墓出土了完整的乐器组合，如编钟、编磬、建鼓等。广州象岗南越王墓东耳室、山东章丘洛庄汉墓第 14 号陪葬坑都出土过完整的编钟。一般而言，汉墓中使用的钟、磬并不多见，多为明器。鼓是打击乐器中的另一大类，按照古代的"八音"分类法，鼓属于革乐。大型鼓叫作建鼓，河南新野出土的东汉"鼓舞"画像砖上就有建鼓。小型鼓叫应鼓，在南阳汉画像石上看到过这种小型鼓。

春秋战国时期产生了弦乐器，秦汉时常见的有瑟、琴、筝、筑等。长沙马王堆 1 号西汉墓出土了最完整的木制汉瑟。这件瑟长 116 厘米、宽 39.5 厘米。瑟在调弦后，双手并弹，清正相和以成乐曲。

鼓瑟俑出土于徐州驮蓝山西汉楚王墓中。河南淮阳于庄墓的鼓瑟俑用一手按弦,正在演奏。琴在演奏技法上有了新的飞跃,它利用按弦时变更振动弦分,在一根弦上奏出不同的音。战国时出现的七弦琴为西汉所承袭。长沙马王堆13号墓出土了木制髹黑漆的琴。西汉的琴尾用实木,尚未越出楚琴的樊篱。东汉时制琴工艺有了提高。如四川三台东汉墓乐俑演奏的琴,为了音量和音色的改善,将共鸣箱延至琴尾。

此外,秦汉时期的弦乐器还有筝和筑。两种乐器出现于战国,但筝主要流行于秦国,筑流行于东方六国。河南新野樊集出土的画像砖上有燕太子丹送别荆轲的场面,高渐离所击的正是筑。

琵琶起源于美索不达米亚,后广泛流行于亚洲西部、西南部各地,东汉时经西域传入我国。四川乐山虎头湾、辽宁辽阳棒台子屯等地东汉晚期墓的石刻和壁画中出现过奏琵琶的人像。

先秦时期认为,玉器具有灵性,具备与天沟通的能力。秦汉时期,在商周"灵玉""礼玉"的基础上,玉的作用进一步扩大。玉器的功能大致有祭祀、佩饰、用器和容器以及用作艺术品等五种。也就是说,玉器除了祭祀功能之外,已有了审美功用。先秦时玉璧、玉琮、玉圭、玉璋、玉琥、玉璜等用于祭祀的玉被称为祭玉。很多汉代大墓以玉璧随葬,如河北满城1、2号汉墓共出土玉璧69件。汉璧按照形状分为璧、瑗、环。长沙咸家湖长沙王后曹嬛墓出土了龙凤纹玉环,其他如广西贵县罗泊湾2号西瓯君夫人墓、广州麻鹰岗1141号西汉墓中也有绞丝纹玉瑗。就外形来说,汉代玉器可以算作用器或容器,当然,一般还是当作装饰品。广西贵县罗泊湾西瓯君墓出土了谷纹玉卮,但如此昂贵之物多作为装饰品使用。河北定县北陵43号东汉墓出土的透雕东王公、西王母纹饰的玉屏座,广州象岗南越王墓发现的透雕玉饰,也可能属于装饰品。在秦汉代玉中,属于纯艺术品的是立体圆雕玉器。咸阳新庄出土的熊、鹰等小雕像,咸阳汉昭帝平陵附近发现的羽人骑马玉像等圆雕玉器，体现了汉代玉器工艺的新水平。

爱美之心人皆有之，铜镜作为重要的审美物品，在墓葬中也大量出土。铜镜最早出现在新石器时代晚期的齐家文化中，但数量较少。到了战国时期，铜镜的产量猛增。和其他工艺品一样，铜镜在西汉前期仍带有战国的影子。战国晚期的山字纹镜、蟠螭纹镜流行到西汉早期，长沙马王堆1号墓与满城2号墓中都出土了蟠螭纹镜。同时，西汉在铜镜的设计和制作上也有不少创新，如临淄齐王墓陪葬坑出土的大方镜，镜背面有五个环形弦纹钮，钮座呈柿蒂形，主纹是一蜿蜒于云气中的长龙。除了这种特大镜之外，还有比较小的，如满城2号墓出土的母龙镜，直径仅为4.8厘米。

西汉中前期草叶纹镜也是常见的。如西汉中期的满城1号墓、新莽时期洛阳煤土坑2号墓等中都有出土。不过到了汉武帝、昭帝时期，它的地位逐渐被星云纹镜和连弧纹日光镜所取代。星云纹镜的钮改用连峰式，钮座呈圆形。连弧纹日光镜因其外区中有铭文"见日之光"四个字而得名。

规矩镜也是秦汉镜中较常见的一种，包括规矩禽兽镜、规矩四神镜以及规矩五灵镜。典型的规矩五灵镜要到东汉初期才形成，如洛阳烧沟1023号东汉早期墓曾出土此类型，这种铜镜"钮为大圆顶形，柿蒂形钮座，座外之大方格周围排列十二辰铭文。方格四面各自中部向外伸出T形符号，与连接外区圆周之L形符号相对"。[①] 这些TLV纹通称规矩纹。

东汉前期，规矩镜虽然流行，但自汉明帝开始，出现一些具有新风格的镜型。如连弧云雷纹镜，长江流域和华南一带的墓葬中有较多出土。东汉晚期，在广汉、会稽、鄂等地还出现了一类花纹为浮雕式

---

① 孙机：《汉代物质文化资料图说》，第310页。

的新型铜镜，有半圆方枚神兽镜、人物故事或神人车马画像镜、重列式神兽镜等。

日常生活中难免有病，在秦汉时期，墓主人也会将生前的药物或药具带入墓葬。1954 年西安白家口西汉墓出土的"药府"半通印，应为药藏府之官所用的印章。秦汉时期，药物由太医所掌的药藏府管理。秦汉出土的医疗器具多为铜制品，与《治百病方》中提到的药物用铜器治合相符。满城 1 号汉墓出土过"医工"铜盆。此墓中出土的铜匕，应为药匙。此外，还出土了一套冷却器，此皿中的汤液被冷水循环降温，以迅速达到方剂所要求的"寒温适"的程度。河南陕县后川东汉墓还出土了一件小铜量，应为药量。

金、银制作的医疗器具比铜器更高级。满城汉墓出土了一套银灌药器。满城汉墓中出土的最著名的医疗器械是金、银医针，与《灵枢经》记载的"九针"约略相合。在使用医针之前，主要使用砭和灸。满城汉墓中的水晶质砭石为斧形，有锋利的刃，主要用于切割，也就是外科手术时使用。四川绵阳双包山 2 号西汉墓出土了人体经脉的模型，与马王堆帛书出土的《足臂十一脉灸经》《阴阳十一脉灸经》等古医书论述的人体内经脉不同。秦汉比较重视医疗体育。马王堆帛书中的《导引图》，有各种动作图形、动作名称和所"引"的病名。江陵张家山汉墓出土的竹简中有《引书》，讲述了导引的各个动作及疗病之法；重庆巫山麦沱 40 号西汉墓还出土了导引俑。

日常生活中所需要的东西还有很多，此处不一一列出。如斧，这是木工常用的工具。按照《释名》的说法，用斧伐木之后则用斤"平灭斧迹"，但以斤平斧迹仍难做到十分平整。《释名》："鉥有高下之迹，以此鑢弥其上而平之也。"这种鑢也就是考古报告中所说的刮刀，在广西西汉墓中就出土了木柄的铁鑢。广州南越王墓出土的是长条形鑢，两边还有鸭嘴形状的扁刃，主要是用于凹槽或者孔洞的刮削。有时平木还可以用鎊，河北定县东汉墓出土的平口铁铲，应当为鐩。这些工具需要磨刃，洛阳汉墓中就出土过砺石。器物的形制规整，需要用规矩绳墨。如在汉画像石中经常见到持规矩的伏羲、女娲像。

其他如钳也是常见的器物。双股相交，用以钳持物件的钳最早见于陕西凤翔战国秦墓中。湖北荆门瓦岗山 2 号西汉墓曾出土两股中间装关掜的钳，河北易县高陌村 37 号及定县北陵头村 43 号等东汉墓中也发现过铁钳。钳在汉代应该是常用的工具。

三　魏晋南北朝时期的随葬品

相对于两汉时期奢华的随葬品，魏晋南北朝时期在随葬品使用上发生了巨大的转变。由于统治阶级提倡简葬、薄葬，陶器、瓷器成为这一时期主要的随葬品，金银器等贵重器皿的使用减少。

（一）三国时期的随葬品

魏武帝曹操身体力行推行薄葬。就随葬品而言，他明确要求在其身死之后不用金银珠宝陪葬。具体内容见其遗令：“天下尚未安定，未得遵古也。葬毕，皆除服。其将兵屯戍者，皆不得离屯部。有司各率乃职。敛以时服，无藏金玉珍宝。”《宋书》中对曹操的简葬有更详细的记载：“魏武以送终制衣服四箧，题识其上，春秋冬夏日有不讳，随时以敛。金珥珠玉铜铁之物，一不得送。文帝遵奉，无所增加。及受禅，刻金玺，追加尊号。不敢开埏，乃为石室，藏玺埏首，示陵中无金银诸物也。汉礼明器甚多，自是皆省矣。”只随殓四时衣服，不得随葬金银珠宝等。

魏文帝曹丕继承其父的遗志，将简葬之风继续发扬光大。曹丕在《终制》中突出地表示要打破旧有的一些规定，实行几乎没有随葬品的简葬。这是他本人基于汉末帝陵及社会上高坟大墓大量被盗挖等现实的一种权衡利弊后做出的决定，这一决定对于后来包括晋代都有巨大的影响。

曹魏大臣也是实行简葬，随葬品以瓦器为主。《三国志·魏书·韩暨传》注引《楚国先贤传》，韩暨临终遗言曰："夫俗奢者，示之以俭，俭则节之以礼。历见前代送终过制，失之甚矣。若尔曹敬听吾言，敛以时服，葬以土藏，穿毕便葬，送以瓦器，慎勿有增益。"大司马、清阳亭侯裴潜也遗令俭葬："墓中惟置一坐，瓦器数枚，其余一无所设。"说明随葬品非常简陋。

20世纪50年代在洛阳地区发现一座曹魏正始八年（247）的墓，但墓葬已被盗掘。墓中出土的随葬品有65件，绝大多数为陶器，有少量铜器、铁器、玉器等。具体发掘情况如下：陶器，共48件，材质是泥质灰陶，包括陶罐、陶盆、陶盘、陶奁、陶案、陶磨、陶灶等生活用品和陶猪圈、陶鸡、陶狗、陶俑等家禽家畜；铜器，3件，包括铜博山炉、铜饰、铜锏；铁器，9件，铁帷帐架；玉杯，1件；石板，1块。

1951年山东东阿曹植墓出土4件玉璜，这4件玉璜均为青色，素面无纹，与汉代玉璜相同。1956年河南洛阳魏墓出土玉杯1件，玉器形制规整，抛光细润，素面无纹，制作精致。

2009年4月，在河南洛阳孟津发现曹休墓。随葬品主要有陶器、铜器、铁器等。陶器有四系罐、碗、盘、尊、耳杯等；铜器有铜印、铺首、鎏金铜带钩、泡钉；铁器有铁蒺藜、钩、镜、刀削等。

综合史书资料和曹魏时期墓葬所出土的随葬品可知，鉴于汉代陵墓多被盗掘，墓主尸骸暴尸荒野，以及频繁的战乱对社会经济造成的巨大破坏，曹魏时期人们对随葬品的态度发生了巨大的变化。汉代葬具豪华、随葬品众多的风尚不再被人们推崇，曹操及其继承人及王公大臣多要求在身死之后随葬瓦器和陶器。因此与两汉相比，曹魏时期的随葬品在数量和质量上都大幅下降。曹魏时期的墓葬中，上至王侯将相下至平民百姓都主要使用陶质随葬品。但是我们不能说此时仅有陶质随葬品，金银器、玉器、铜铁器依然存在，只是使用量大大减少了。

蜀汉时也以简葬为主。虽然在刘备的遗诏里没有关于随葬品的具体规定，现在也没有这方面的发掘资料，我们无从知晓具体情况，不过作为蜀汉丞相的诸葛亮卒后使用的随葬品有详细的记载。诸葛亮于建兴十二年八月卒，"遗命葬汉中定军山，因山为坟，冢足容棺，敛以时服，不须器物"。与曹操一样，诸葛亮要求只用当时生活中的服饰装殓而不要其他的随葬品。

1981 年，在四川崇庆县发掘一座蜀汉墓。墓内出土铜器 4 件，器形有釜、锅、灯座、马等，还出土数量较多的铜钱；陶器 2 件，器形有灯、罐等；银笄 1 件；铁锄 1 件。还出土大量陶片，原器形有碗、罐、钵等。

2001 年，在重庆万州晒网坝发掘了一座蜀汉墓。"墓内出土陶器30 件、银钗 1 件、80 枚铜钱，另外在墓室内发现了一些红色和黑色漆皮，均已看不出器型。陶器以红陶为主，火候较低，很多应是明器，有的施釉。主要器形有钵、罐、壶、甑、魁、杯、熏炉等。"[①]

从以上史料中对诸葛亮临终遗言的记载和对蜀汉墓的发掘报告可以看出，曹魏和蜀汉在随葬品使用方面十分相近，那就是更多地使用简陋的陶器而较少使用金银器。这说明在统治阶级的倡导下，有识之士已经认识到，厚葬于生者无益，于死者无加。在社会上，简葬之风开始流行。

相对于曹魏和蜀汉的简葬，孙吴推行厚葬。孙皓夫人张氏死，孙皓哀愍思念，"葬于苑中，大作冢，使工匠刻柏作木人，内冢中以为兵卫，以金银珍玩之物送葬，不可称计"。孙皓以大量金银珍玩作为夫人张氏的陪葬品。

1979 年，在江西南昌发掘了东吴高荣墓。该墓出土器物比较丰

---

① 山东省博物馆：《重庆晒网坝一座蜀汉墓发掘简报》，《江汉考古》2007 年第 4 期，第 24 页。

富，且大多完好。有陶器 21 件，器形有灶、臼、井、炉、灯、盘、罐、盆、仓等。青瓷器 17 件，器形有罐、钵、盅、壶等。漆器 15 件，器形有槅、耳杯、盘、钵、碗、奁盒、圆盖、洗等。金银器 23 件，器形有金手镯、金发钗、金挖耳、金帽花饰、银发钗、银小刀等。铜铁器的器形有洗、炉、镜、釜、刀等。竹木器，器形有竹尺、木梳、木圭、木简、木方、木屐等。其他还有石臼、石黛砚、墨等。青瓷器和漆器等实用器物放置在左耳室，陶器等明器放置在右耳室。

1984 年，安徽省马鞍山市发掘了东吴朱然墓。朱然为东吴右军师、左大司马。该墓已被盗，墓内共残存随葬器物 140 多件。有漆木器、瓷器、陶器、铜器等，其中漆木器约占 57%。随葬品中的漆木器、瓷器、铜器，大部分分布在后室和过道内，许多器物被压在翻倒的棺下。陶器集中分布在前室的东南角。漆木器约 80 件，器形有案、盘、羽觞、槅、盒、壶、樽、奁、匕、勺、凭几、砚、虎子、屐、扇、梳、刺、谒等。青瓷器 33 件，器形有碗、盘、盏、盆、罐、壶、灯、勺、困等。陶器 18 件，有罐、盆、井、磨、鸭、猪、厕圈等。此外还有铜币约 6000 枚。

从以上皇帝妃子随葬品的记载和两位大臣墓葬中出土的丰富随葬品可以看出，相对于曹魏和蜀汉的简葬，吴国实行的是穷奢极欲的厚葬制度。孙吴墓葬中随葬品不仅式样繁多，而且材质多种多样，大量使用贵重的金银器及青瓷器、漆木器，与魏蜀墓中多使用简陋陶器形成了鲜明的对比。

（二）西晋时期的随葬品

西晋的统治者要求死后薄葬，因此西晋时的随葬品也比较简朴，以陶器为主。

晋宣帝司马懿关于随葬品在其《顾命终制》中有明确的说明："预作终制，于首阳山为土藏，不坟不树；作《顾命》三篇，敛以时服，不设明器，后终者不得合葬。一如遗命。"关于晋武帝的丧葬，张华《武帝哀策文》曰："终制尚俭，率由典度。华幕弗陈，器必陶素。不封不树，所在惟固。贻法来世，是则是慕。大隧既启。"

西晋名臣司徒石苞，生前作《终制》，提倡"自今死亡者，皆敛以时服，不得兼重。又不得饭含，为愚俗所为。又不得设床帐明器也。定窆之后，复土满坎，一不得起坟种树"。皇甫谧"著论为葬送之制"，即有名的《笃终》："故吾欲朝死夕葬，夕死朝葬，不设棺椁，不加缠敛，不修沐浴，不造新服，殡唅之物，一皆绝之。吾本欲露形入坑，以身亲土，或恐人情染俗来久，顿革理难，今故牷为之制。奢不石椁，俭不露形。气绝之后，便即时服，幅巾故衣，以籧篨裹尸，麻约二头，置尸床上。择不毛之地，穿坑深十尺，长一丈五尺，广六尺。坑讫，举床就坑，去床下尸。平生之物，皆无自随，唯赍《孝经》一卷，示不忘孝道。籧篨之外，便以亲土。土与地平，还其故草，使生其上，无种树木、削除，使生迹无处，自求不知。"皇甫谧对简葬有着更深的理解，认识到丰厚的随葬品只能引起人们的贪欲，崇尚朝死夕葬、不封不树的做法，因此他连陶器都不用，随葬物只有《孝经》一卷而已。《笃终》的成书说明时人对薄葬的认识达到了相当高的程度，认识到厚葬不仅对死者没有好处，而且会招来盗墓者的觊觎。

1962 年，在北京西郊发现两座西晋砖室墓。这两座墓出土随葬品共 24 件，除铜镜、钱币之外，大多为陶质明器，主要有牛车、牛俑、车夫俑、马俑、鸡、灶、盘、勺、壶、罐、盆、井等。1965 年在北京发掘华芳墓。此墓在被发掘前已经被盗挖过，但依然出土了一些器物，其中骨尺 1 件，漆盘 2 件，铜熏炉 1 件，铜炉盖 1 件，铜弩机 1 件，银铃 1 件，料盘 1 件，铜钱 200 余枚，陶罐 2 件。

1991 年，在 310 国道孟津段发掘一座西晋墓。该墓出土随葬品 34 件，有陶质生活用具、模型明器、俑以及铜钱、铜镜、铜花饰、铜簪等。其中生活用具有三足盘、兽首灯、耳杯、帐座等 11 件；模型明器有水斗、车、磨、井、釜等8件；陶俑有女侍俑、武士俑、俑头、猪、马头等8件。

综上所述，可以看出西晋延续着前朝的简葬制度，皇帝本人对身后之事要求极尽节俭，此时使用的随葬品仍然以陶器为主。不过也应当看到，此时随葬的陶器种类有所增加，对金属陪葬品的使用也开始增加。

（三）东晋时期的随葬品

穆帝崩，山陵将用宝器，江逌谏曰："以宣皇顾命终制，山陵不设明器，以贻后则。景帝奉遵遗制。逮文明皇后崩，武皇帝亦承前制，无所施设，惟脯糒之奠，瓦器而已。昔康皇帝玄宫始用宝剑金舄，此盖太妃罔已之情，实违先旨累世之法。今外欲以为故事，臣请述先旨，停此二物。"书奏，从之。

据此，至少可以说晋朝穆帝及前诸帝对随葬物要求并不尚奢。从江逌的奏书可以看到，晋朝皇帝随葬物中的明器从无到瓦器再到宝剑金舄逐渐呈现增加的趋势，这也就为以后的大量使用埋下了伏笔。

1964年，在南京富贵山发掘了一座东晋墓。但墓葬破坏严重，随葬物多散失，经修复，共有81件遗物：青瓷器17件，器形有鸡首壶、鸟形水盂、钵、盅、碗等；陶俑4件；陶器18件，器形有箱、座、果盒、钵、三足器等；铜器27件，器形有阴井盖、鎏金帽钉、鎏金环、棺钉等；还有玉佩1件，残玉饰1件，金钉5枚，琉璃珠3件，角质圆珠2件，石珠1件，石刻小兽饰1件，铁棺钉1枚。随葬品已经开始逐渐丰厚起来。

1982年、1985年，在南京幕府山南麓发掘了两座东晋墓。两座墓的编号分别为幕府山3、4号墓。3号墓早期被盗，残存的随葬器物如下：青瓷器17件，器形有鸡首壶、碗等；陶器7件，有帷帐座、案、凭几、仓等；滑石猪2件。4号墓内随葬品较丰富，分述如下：青瓷器4件，器形有盘口壶、碗、洗等；陶器12件，有帷帐座、香熏、托盘、圆盘、耳杯等；石黛板 1 件；金器 20 件，有钗、花、丝球、饰件等；银器 2 件，器形有链等；琥珀、炭精、石饰 5 件；玻璃饰件 1 件；珠饰 10 件。随葬品也是比较丰厚的。

由以上可以看出，东晋建立以后，厚葬之风又开始兴盛起来，上层社会的厚葬观念开始抬头。陪葬的物品不再满足于少量的陶器，而是使用种类繁多、功能细化、材质多样的各种随葬品，这也是上层社会逐渐腐朽的写照。

（四）南朝时期的随葬品

南朝包括宋、齐、梁、陈四个朝代，是自 420 年东晋王朝灭亡之后，在南方先后出现的政权。四个政权存在的时间相对其他王朝而言，都比较短暂，立国时间最长的宋也不过 59 年。在中国历史上，这是一个朝代更替较快的时期。每个朝代存续的时间很短，加上战争不断，国家财力有限，统治者又不是世家大族出身，因此南朝帝王大都推行简葬。此时南朝的随葬品仍然是以生活用品为主，装饰品较少，陶、青瓷器被大量使用。其中青瓷器是具有南方特色的随葬品。

齐武帝萧赜的遗诏中提出了关于自己死后随葬品的要求："我识灭之后，身上着夏衣画天衣，纯乌犀导，应诸器悉不得用宝物及织成等，唯装复夹衣各一通。常所服身刀长短二口铁环者，随我入梓宫。祭敬之典，本在因心，东邻杀牛，不如西家禴祭。我灵上慎勿以牲为祭，唯设饼、茶饮、干饭、酒脯而已。天下贵贱，咸同此制。未山陵前，朔望设菜食。陵墓万世所宅，意尝恨休安陵未称，今可用东三处地最东边以葬我，名为景安陵。丧礼每存省约，不须烦民。"

据《南齐书·豫章文献王传》，豫章文献王萧嶷对自己死后的随葬物品提出了如下要求："三日施灵，唯香火、盘水、干饭、酒脯、槟榔而已。朔望菜食一盘，加以甘果，此外悉省。葬后除灵，可施吾常所乘舆扇伞……棺器及墓中，勿用余物为后患也。朝服之外，唯下铁镮刀一口。作冢勿令深，一一依格，莫过度也。"

1977 年，在新昌县发现一座南齐墓。此墓早年被盗，仅发现一些青瓷碎片，经整理，能复原的有：盘口壶 1 件，钵 2 件，碗 2 件，石雕小猪 2 件。

1978 年，在新昌县发掘一座南朝宋墓。此墓早年被盗，出土文物只有一件青瓷小碗较完整，其余均为青瓷碎片。经修复，有：青瓷钵 1 件，青瓷盘口壶 1 件，青瓷小碗 1 件，古钱数枚。

1980 年，在江西赣县发现一座南齐墓。该墓已被盗，随葬品中的大件器物已被打碎，墓室中部台阶下有 22 件器形较小的青瓷器，后部有一件小铜镜。这 22 件青瓷器均为青灰色胎，包括碗 4 件，杯 2 件，盘 8 件，托盘 2 件，格盘 1 件，三足炉 1 件，灶 1 件，砚 2 件，水盂 1 件。

1988 年，在南京发现梁代桂阳王萧象墓。此墓早年遭到破坏，随葬品大多被毁坏，墓内所获完整器、可复原或可辨认器形的遗物仅有陶瓷器、铜器、石器 33 件，出土时多散布于石门后的甬道内和墓室前部西侧。少数完整器如滑石猪和瓷盏，发现于甬道的排水沟中。瓷器 4 件，器形有唾壶、盏、碟、鸡首壶把；陶器 16 件，器形有女俑、马、杯、魁、托盘、盘、灯、砚、凭几、香熏盖等；铜钱 7 枚；石器 6 件，器形有滑石猪、祭台、门臼、器足、墓志等。

2008 年，在南京灵山发现梁代萧子恪墓。该墓早年屡经盗毁，导致出土遗物多不在原位且破损不堪。经发掘清理，尚能够分辨器形的仅有"陶碟 1 件、陶钵 1 件、陶盘 1 件、陶果盒 1 件、陶托盘 3 件、陶唾壶 2 件、陶灯 2 件、陶奁盒 2 件、陶香熏 2 件、陶凭几 2 件、陶井 1 件、陶女俑 4 件、陶男俑 4 件、陶仓 2 件、陶马 1 件、陶牛车 2 件、青瓷盘口壶 2 件、铜钱 30 枚、铜泡钉 7 枚、铁钱 50 枚、铁钉若干、滑石猪 1 件、石墓志 1 件"。[①]

---

① 南京市博物馆：《南京灵山梁代萧子恪墓的发现与研究》，《南京晓庄学院学报》2012 年第 5 期，第 13 页。

陈宣帝之葬,《陈书》本纪遗诏云:"凡厥终制,事从省约。金银之饰,不须入圹。明器之具,皆令用瓦。唯使俭而合礼,勿得奢而乖度。以日易月,既有通规,公除之制,悉依旧准。"要求简葬。

(五)十六国、北朝时期的随葬品

十六国时期的史料相当稀少,对这一时期随葬品的研究主要根据发掘的十六国陵墓做出判断。甘肃省玉门市发现 24 座十六国墓葬。这 24 座墓葬大都被盗,随葬品也基本被洗劫一空。24 座墓中共出土随葬品 171 件,其中陶器数量较多,大多完整,部分可修复。器类主要有罐、灶、钵、盆、井、甑、仓、器盖、壶、樽、盘等;铜器数量较少,且保存较差,完整者较少,器类有镜、环、叉、钱等;铁器,仅见铁镜 1 件;木器数量有限,器类有簪、梳、笔、刀、幛钩、牍、衣物疏等;砖分刻画砖、文字砖等;其他还有香包、粉扑、山羊角、云母片、丝织品;等等。

2001 年,在陕西省咸阳市发现一座十六国时期的墓葬。该墓随葬器物共 60 余件(组),大多分布于墓室东西两侧及棺内。"墓室东部摆放骑马鼓吹乐俑 16 件,在后排骑马俑的北部、靠近棺木处放有两匹铠马,一匹通体施黄褐色釉,形体比较高大;一匹遍施彩绘,形体略小。在骑马乐俑的后面紧靠东壁处发现一件铁矛。墓室西部以两组牛车和一组轺车为中心,两侧摆放女侍俑和伎乐俑六件;其南侧和前面放置有陶仓、灶、壶、罐、井等日用器模型,陶鸡、狗、猪类禽兽俑及铜□斗、铜釜等实用器。墓室中部放置有铜吊灯和陶连枝灯各一,可惜保存极差,形状不明。棺内主要为墓主随身的装饰品,在其头部发现银钗、铜铃各一,手臂附近发现银镯、指环等,棺底发现大量铜钱币。另外在棺外紧贴墓室北壁中部放置一釉陶虎子。"[①] 可见,十六国时期的随葬品主要沿承魏晋的简葬用陶制度,但也有少数统治

---

① 咸阳市文物考古研究所:《咸阳平陵十六国墓清理简报》,《文物》2004 年第 8 期,第 6 页。

者营建高陵大墓，使用奢侈的随葬品。

北朝时大量使用陶俑，陶俑的功能细化，有镇墓兽俑、武士俑、文吏俑、女官俑、女侍俑、女侍跪俑、女仆俑、役夫俑、骑马武士俑、骑马文吏俑、舞蹈俑、鼓乐俑、骑俑、骑马乐俑、执物骑俑、驮物骑俑等。陶俑是这一时期最具特色的随葬品。

北魏文成文明皇后冯氏的随葬，《魏书·文成文明皇后冯氏传》详细交代了冯氏的随葬品情况："辜负遗旨，益以痛绝。其幽房大小，棺椁质约，不设明器。至于素帐、缦茵、瓷瓦之物，亦皆不置。"这种既有简葬要求，同时在现实的墓葬中要有所突破的现象，还是非常常见的。1965 年在洛阳老城发现了北魏元邵墓，该墓位于盘龙冢村南的邙山半坡，墓主元邵为孝文帝之孙。该墓出土了 115 件以泥质青灰陶制成的陶俑，其组合方式为分别模制头和身躯，再将其插合成整体。陶俑不仅全身施粉彩，在服饰、甲胄等处也加以涂抹；另外还出土了一些陶动物模型，如驴、牛、马、猪、骆驼等；陶器器形有碗、盘、灯、盒等。

1993 年，大同市博物馆发掘了一座北魏时期的墓葬。墓内出土金、银、铜、铁、陶、石、土等各种质地器物 195 件以及谷物少许。具体情况如下：2 件釉陶壶；铜器的器形有铺首衔环、泡钉、货币、钏等；金银器的器形有金铃、金饰片、银笄、银指环、银环等；铁器器形有棺环、铁镜等；土器器形有泥饼等；还有项链、谷子；等等。

2000 年，在山西大同市发掘了北魏宋绍祖墓。此墓随葬品达 170 余件。彩绘的陶俑从前廊南侧一直摆放到石椁两侧，组成一支规模庞大的出行队伍，其中的人马陶俑有披铠甲的重装骑兵，亦有战马不披铠甲的轻装骑兵，护卫着代表墓主所乘坐的陶制牛车模型。随葬品主要有陶俑（甲骑具装俑、鸡冠帽武士俑、男俑、女俑、胡俑等）、动物模型（马、驮粮驴、牛、陶车、猪、羊、狗等）、实物模型（碓、井、灶、磨等）、陶器（罐）、墓铭砖、石供桌、石板、银镯、小镜、琥珀饰件、漆盘等。

1991年，在陕西省咸阳市发现西魏谢婆仁墓。该墓出土墓志砖1块、五铢钱1枚。

北周明帝宇文毓的随葬品，《周书》本纪有如下记载："朕禀生俭素，非能力行菲薄，每寝大布之被，服大帛之衣，凡是器用，皆无雕刻。身终之日，岂容违弃此好。丧事所须，务从俭约，敛以时服，勿使有金玉之饰。若以礼不可阙，皆令用瓦。"

北周平阳县伯李彦临终遗诫其子等曰："昔人以豪木为椟，葛藟为缄，下不乱泉，上不泄臭。此实吾平生之志也。但事既矫枉，恐为世士所讥。今可敛以时服，葬于烧埴之地，勿用明器、刍涂及仪卫等。尔其念之。"朝廷嘉奖赞许李彦的这种行为，遵从其遗愿。

北周宇文俭墓位于陕西省咸阳市。宇文俭墓共出土文物166件，其中陶器156件，器形有武士俑、镇墓兽、骑马俑、风帽俑、骑马乐俑、仪仗俑、笼冠俑、陶狗、陶鸡、陶仓、陶灶、陶罐、陶碓等。还有玉璧2件；铜镜1件；铁器6件，器形有锁、门钉、门环等；墓志1合。

1983年，在宁夏固原县发掘北周柱国大将军、大都督李贤夫妇合葬墓。此墓被严重盗掘，"置于甬道西部的陶俑及墓室门口的墓志均被移动"。[①]陪葬的陶俑也大多被损坏，现存的陶俑有具装甲骑俑、骑马俑、风帽俑、武官俑、文吏俑、女官俑等。除此以外，还包括陶制的井、磨、灶、碓、盆、钵、罐、马、牛等，还有未被盗走的精美物件，如鎏金银壶、玻璃碗、金戒指、玉璜、玉佩、玛瑙珠等。

北齐薛琡，临终敕其子减以时服，逾月便葬，不求赠官。自制丧车，不加雕饰，但用麻为流苏，绳用网络而已，明器等物并不令置。

1971年，北齐范粹墓在安阳县洪河屯村出土，其随葬品丰富，并

---

① 宁夏回族自治区博物馆、宁夏固原博物馆：《宁夏固原北周李贤夫妇墓发掘简报》，《文物》1985年第11期，第5页。

出土石墓志一合。"墓内出土陶俑 67 件，有武士俑，有头戴尖顶或圆顶风帽、外披套衣的鲜卑侍吏俑，还有仪仗俑、男女侍俑、骑马俑以及陶动物模型等。"①

1979 年，在山西省太原市发现北齐娄叡墓。娄叡墓虽遭破坏，但仍保留相当数量的随葬品，经初步整理，尚有 870 余件。现存随葬遗物中，300 余件放置于墓门外、甬道及墓道两侧。墓门外正中有一陶马，在封门砖前有陶罐、壶等。墓道北端和甬道两侧放置有武士俑 137 件、文吏俑 107 件、女俑 53 件、骑俑 6 件和役夫俑 1 件，并有陶厕 1 件。墓室内的随葬品，在砖砌棺床上有玉佩、陶俑、瓷灯和盘等。棺床以东放置一组 8 件石柱础和石狮，从其位置和造型看，可能为帷幔、屏风或布帐的支撑物。东南部有生活用具中的瓷盘、碗、罐、灯，陶俑类中的武士俑、文吏俑、女俑、骑马武士俑、骑马乐俑等，陶牲畜中的马、驮马、牛、骆驼、猪、卧羊、鸡、卧狗，陶模型器中的井、仓、臼、磨，装饰品中的料珠和玉佩。西南角和西南墙根有瓷灯、陶仓、陶灶、陶厕、牲畜和武士俑、文吏俑、女俑、骑俑等。金饰出土在北墙根盗洞下。现分类介绍：陶俑 610 件，器形有武士俑、文吏俑、女官俑、女侍俑、女侍跪俑、女仆俑、役夫俑、骑马武士俑、骑马文吏俑、骑俑、骑马乐俑、执物骑俑、驮物骑俑等；陶牲畜 42 件，器形有马、驮马、骆驼、牛、猪、卧羊、卧狗、鸡等；陶模型 16 件，器形有仓、碓、磨、灶、井、厕等；瓷器 76 件，器形有二彩盂、灯、盘、贴花瓶、罐、螭柄鸡首壶、托杯、扣盒、碗等；陶器 13 件，器形有罐、瓶、壶、碗等；装饰品 85 件，器形有金饰、琥珀兽、蚌人、蚌饰、玉璜、玉佩、珠、残银饰、残铜饰、铁饰等；石刻 17 件，器形有石狮、石柱础；其他随葬品还有瓦当、汞、丝织品、墓志；等等。

---

① 胡永庆：《河南魏晋南北朝考古发现与研究六十年》，《华夏考古》2012 年第 2 期，第 115 页。

东魏墓葬的随葬物和北齐墓葬基本相同。随葬品有酱釉瓷、青瓷、白瓷、黑瓷。其中酱釉瓷器形有四系罐、盘口壶、小盘口罐和盘口束颈鼓腹罐；青瓷有四系莲花罐、碗、高足盘、盘口龙柄鸡首壶、盏；白瓷有白釉绿彩双系罐；黑瓷有瓷碗等。

北朝也有多位君主明确提出身死之后实行简葬，不得使用金银珠宝。这一时期墓葬中普遍使用陶器，尤其是作为礼仪用品的各种类型的陶俑，极具特色。北朝时的随葬品虽具有少数民族特色，但是总体上仍延续魏晋的随葬制度，使用廉价陶器陪葬是当时的社会风气。

魏晋南北朝时期，在随葬品使用上与汉朝相比，无论在数量上还是贵重程度上都大幅下降，墓葬整体呈简葬、薄葬的特点。之所以会出现这种重大转变，一方面是汉朝的厚葬坟墓大多被盗，促使统治者放弃厚葬采取薄葬；另一方面是长时间的分裂与战争，导致社会混乱不堪和经济衰退，统治者没有精力和财力营造庞大的陵墓。除孙吴的随葬品繁多奢华外，其他朝代大都提倡简葬，因此这一时期的随葬品普遍使用陶器、瓷器等廉价的材料，而金银玉器及铜铁器等使用较少，甚至只用四时衣物。

四 唐宋明器制度的形成发展

隋唐五代时期，明器制度更加成熟与完善。首先，在中央机构中有专门负责明器的部门。《隋书·百官志》载："尚书省……祠部统祠部（掌祠部医药、死丧赠赐等事）。""将作监改大监、少监为大匠、少匠，丞加为从六品。统左右校及甄官署。""甄官署，又别领石窟丞。"在隋朝，祠部和甄官署两个部门负责丧葬之事，但是否负责明器生产，不得而知。到了唐五代，相关规定比较清楚。《旧唐书·职官志》记载："武器署……凡大祭祀、大朝会及巡幸，则纳于武库，供其卤簿。若王公百官婚葬之礼，应给卤簿，亦供之。左校署……左校令掌供营构梓匠。凡宫室乐悬簨虡、兵仗器械、丧葬所须，皆供之。甄官署……甄官令掌供琢石陶土之事。凡石磬碑碣、石人兽马、碾硙砖瓦、瓶缶之器、丧葬明器，皆供之。"《唐六典·将作都水监》中明确地说："左校署……丧仪谓棺椁、明器之属。"可见，明器由甄官署负责，但有时候武器署和左校署也会负责特定的明器供应。

其次，丧葬所用的明器数量多少，已经有了比较明确的规定。《唐六典·将作都水监》记载："甄官署……甄官令掌供琢石、陶土之事；丞为之贰。凡石作之类，有石磬、石人、石兽、石柱、碑碣、碾硙，出有方土，用有物宜。凡砖瓦之作、瓶缶之器，大小高下，各有程准。凡丧葬则供其明器之属（别敕葬者供，余并私备），三品以上九十事，五品以上六十事，九品以上四十事。当圹、当野、祖明、地轴、鞍马、偶人，其高各一尺；其余音声队与僮仆之属，威仪、服玩，各视生之品秩所有，以瓦、木为之，其长率七寸。"

不过，这些规定一再被破坏。太极元年（712），左司郎中唐绍上疏说："臣闻王公已下，送终明器等物，具标甲令，品秩高下，各有节文……近者王公百官，竞为厚葬，偶人像马，雕饰如生，徒以眩耀路人，本不因心致礼。更相扇慕，破产倾资，风俗流行，遂下兼士庶。若无禁制，奢侈日增。望诸王公已下，送葬明器，皆依令式，并陈于墓所，不得衢路行。"所以，唐朝多次规定丧葬所用明器的多少，《唐六典》记载，开元二十九年（741），规定："三品以上明器，先是九十事，请减至七十事。五品以上，先是七十事，请减至四十事。九品以上，先是四十事，请减至二十事。庶人先无文，请限十五事。皆以素瓦为之。"贞元六年（790）规定："流文武官及庶人丧葬。三品以上，明器九十事……五品以上，明器六十事……九品以上，明器四十事……以前明器，并用瓦木为之。"会昌元年（841），御史台奏，请条流京城文武百僚及庶人丧葬事："三品以上……明器并用木为之，不得过一百事……五品以上……明器不得过七十事……九品以上……明器不得过五十事。"当然，这些明器的大小尺寸，也有严格的限制。

五代时期，继承了唐代的做法。《五代会要·丧葬上》记载，后唐天成元年（926）规定："凡明器等，三品已上，不得过九十事。五品已上，不得过六十事。九品已上，不得过四十事。当广地轴、辁、驰马及执役人，高不得过一尺……所用仍以木瓦为之，不得过七尺，及别加画饰诸纛。"

明器是阴间所用生活物品，主要由陶或瓷等制成。除了明器之外，隋唐五代时期还有其他陪葬品，其中金银也是比较常见的，虞世南遗言要求："明器所须，皆以瓦木，合于礼文，一不得用金银铜铁。使万代子孙，并皆遵奉，一通藏之宗庙，岂不美乎！"李勣遗言要求："又见人多埋金玉，亦不须尔。惟以布装露车，载我棺柩，棺中敛以常服，惟加朝服一副，死倘有知，望著此奉见先帝。明器惟作马五六匹，下帐用幔布为顶，白纱为裙，其中著十个木人，示依古礼刍灵之义，此外一物不用。"以至于《通典》卷45《棺椁制》记载，唐代明确规定，"棺内又不得有金宝珠玉"。

在实际生活中，这些法律规定的内容往往难以实现，社会上层，尤其是皇族的墓葬，往往超过规定。永泰公主李仙蕙墓出土陪葬明器1400余件，懿德太子李重润墓出土器物约1000件，章怀太子墓出土器物600余件。出土的明器中数量最多的为陶俑，永泰公主墓出土700多件。至于有一定官阶的官员，其墓葬中的情况亦如此。郑仁泰为高宗年间官居二品的高员，其墓中未经盗窃的俑残留超过400件，此外还有大量的唐三彩。葬于总章元年（668）、官居三品的李爽，其墓仅残存骑马俑、男俑以及女俑数量就超过了300件，远远超过法律条文上所谓的"九十事"。

随葬品中，死者生前所用之物与喜欢的东西比较常见。李世民生前喜欢王羲之等人的书法，所以其陵墓中随葬的书法作品比较多，

"床上石函中为铁匣,悉藏前世图书,钟、王笔迹,纸墨如新,韬悉取之,遂传人间"。周太祖郭威要求薄葬,但"又使葬其平生所服衮冕、通天冠、绛纱袍各二,其一于京师,其一于澶州;又葬其剑、甲各二,其一于河中,其一于大名者"。郭威的随葬品中,衣服都是平时所穿戴的,宝剑和盔甲也符合其武将出身的身份,都是其生前钟爱之物。普通老百姓的随葬品之中,除了普通明器如碗、罐之外,多随葬镰刀之类的生产工具。如洛阳隋唐平民墓葬中,几乎每个墓葬中都有镰刀。

隋唐五代的明器与陪葬品有鲜明的时代特点。一是平民墓葬中的明器与随葬品比魏晋南北朝时期要丰富。此时期的平民墓葬中或多或少都有明器,质量比较好,而魏晋南北朝时期明器较少而且质量比较差。二是隋唐五代墓中铁制农具比较丰富,而魏晋南北朝时期农具很少有陪葬的。这反映出隋唐五代时期社会经济有了一定的发展。三是隋唐五代时期的明器处于过渡阶段。隋唐五代之前,明器主要是世俗生活用品;而隋唐五代后,明器多为宗教性用品。此外,隋唐五代时期的明器还有其时代特征。如安史之乱前,经济比较发达,明器比较多,比较高大;安史之乱后,经济衰退,明器逐渐减少,逐渐矮小。除此之外,隋唐五代时期的宗教逐渐渗入民间的丧葬习俗中,在墓葬考古中就发现了大量与佛教、道教相关的随葬品。

宋代中国的明器制度已经定型。张景文在《大汉原陵秘葬经》"盟器神煞"篇中详细记载了自天子、公侯卿相至平民墓葬中所用的各类明器,概括其名称、尺寸与所在位置,同时还附有其排列方位的示意图。其记天子陵墓中所用的明器为:"天子山陵用盟器神煞法:十二天官将相,本形,长三尺三寸,合三十三天也。十二元辰,本相,长三尺,合三寸,按于十二方位上。五方五呼相将,各着五方衣,长三尺五寸,安五方。二十八宿,本形,长三尺二寸,合三才二仪也。岁星长三尺，安东方。太白星长四尺，安墓西界。荧惑长三尺二寸，安南方。辰星长三尺二寸，安北方。镇星长三尺五寸，安墓心。天关两个，长四尺，安南北；地轴两个，长四尺，安东西界，各似本相也。仰观伏听，长四尺三寸，安埏道中。祖司祖明，长三尺，安后堂。四宰相、六尚书、二谏议、二金吾，各长三尺五寸，棺前面依次两下排之。墓门口安阁门使二人、皇门使二人、通使舍人二个，各长三尺五寸，各披金银甲，执金银枪，两行排之。纠弹司二人，各长三尺五寸。光禄司五人，内藏库五人，各长三尺三寸。棺西御药二人，天文院十五人，翰林院十五人，理仪司十五人，宝贝库十五人，画院司五人，各长三尺三寸。棺后镇殿将军二人，各长三尺九寸。后宫安三十六宫，安皇后夫人，各长三尺五寸。每一宫宫娥美女四个，各长二尺九寸。埏道口安当圹、当野二人，长三尺三寸。墓龙九尺长，安辰地。玉马长五尺，高二尺，安午地。金牛长四尺，安丑地。铁猪重二百斤，安亥地。墓堂东南角安太阳星，圆二尺四寸。西南角安太阴星，圆二尺四寸。蒿里老翁长五尺九寸，安西北角。五方五帝，长五尺五寸，镇五方界。金鸡长二尺二寸，安于酉地。玉犬一只，长二尺二寸，安戌地。方相长三尺三寸，五彩结之，有四眼，手秉拖杈。观风鸟一个，长三尺。凶神王人，长三尺三寸。诸司使执弩一张，箭一只，临下事闭墓时射凶神王心，射着吉，墓内走三遭吉。乖角长三尺。咬敲援棒长三尺。擢搦长三尺。铡狭长三尺三寸。用檀木刻成半仗鸾驾，依次排之。”

大夫以下至庶人墓中的明器为：“十二元辰，长一尺二寸，安十二方位。五呼将长一尺二寸，镇墓五方。五精石，镇五方。祖司祖明，长一尺二寸，安棺后。仰观伏听，长一尺二寸，安埏道中。当圹、当野，长一尺二寸。五谷仓一尺二寸。三浆水高九寸，安棺头。金鸡高一尺二寸，安酉地。玉犬长二尺九寸，高一尺，安戌地。蒿里老公，长一尺五寸，安堂西北角。天关二个，长一尺二寸，安堂南北界上。地轴二个，长一尺二寸，安堂东西界上。天丧刑祸一对，长二尺，安墓。墓龙长三尺，高一尺二寸，安辰地。金牛长二尺，高一尺二寸，安丑地。玉马高一尺，安午地。铁猪重三十斤，安亥地。四廉路神，长一尺九寸，安四角。"

纸钱作为具有祷谢禳被功用的物品，在宋代的丧祭活动中广泛使用，人们纷纷焚化纸钱以祷神。① 在北宋两度入相、一任枢密使的寇准（961~1023），天圣元年（1023）九月病逝于贬谪之地雷州。其妻宋氏寻乞归葬西京洛阳，得到了宋仁宗的同意。棺材经过荆南公安县，人皆设丧祭，哭于路，折竹植地，挂纸钱焚之。② 《夷坚志·丙志》卷11《施三嫂》载，梧州（今属广西）州民张元中为死去的施三嫂"买纸钱一束，焚于津湖桥下"。话本《快嘴李翠莲记》中李翠莲说："沙板棺材罗木底，公婆与我烧钱纸。"这些都反映了民间烧纸钱风气之盛。

不仅民间有焚烧纸钱的风俗，而且这一风俗也影响到了儒家士大夫和最高统治者。大儒邵雍（1011~1077）在春秋祭祀时，约古今礼行之，亦焚纸钱。程颐看见后觉得很奇怪，遂向其询问原因，邵雍回答曰："明器之义也。脱有益，非孝子顺孙之心乎？"③ 南宋戴埴也明确主张烧纸钱，他认为："今儒家以为释氏法，于丧祭皆屏去，予谓不然。"并反问道："以纸寓钱，亦明器也。与涂车、刍灵何以异？俗谓果资于冥途，则可笑。"④ 涂车即泥车，刍灵即用茅草扎成的人马。他认为用烧纸钱代替过去的葬实钱是一种历史的进步。

宋孝宗也赞成焚烧纸钱。史载"思陵神舆就祖道祭，陈设穷极工

---

① 高承：《事物纪原》卷9《寓钱》，《丛书集成初编》本，第1212册，第340~341页。

② 《宋史》卷281《寇准》，第9534页；李焘：《续资治通鉴长编》卷101，仁宗天圣元年闰九月戊戌条，中华书局，1979，第8册，第2336页。

③ 祝穆：《古今事文类聚·续集》卷26《珍宝部·康节焚纸钱》，文渊阁《四库全书》，第927册，第25页。

④ 戴埴：《鼠璞》卷上《寓钱》，史绳祖：《学斋占毕（外六种）》，上海古籍出版社，1992，第854~874页。

巧，百官奠哭。纸钱差小，官家不喜"。谏官们认为世俗使用纸钱，是佛教"使人以过度其亲"，但"圣主"不宜用此"以奉宾天也"。孝宗听了极为生气，他愤怒地质问道："邵尧夫何如人，而祭先亦用纸钱。岂生人处世如汝，能日不用一钱否乎？"①

宋代的纸质明器，大致有纸钱、纸人、纸马、纸房屋、各种纸质服饰等种类。宋代承袭唐代，人们普遍以为阴间也通行金钱。宋代的纸钱用纸，不仅讲究纸的质地，还讲究纸的色彩。不同的颜色代表不同的金属，即"剪白纸钱得银钱用，剪黄纸钱得金钱用"。如明朝胡我琨撰《钱通》卷19载："问曰：'何故经中为亡人造作黄幡，挂于冢塔上者？'答曰：'虽未见经释，然可以义求。此五大色中，黄色居中，用表忠诚，尽心修福，为引中阴不之恶趣莫生边国也。又黄色像金，鬼神冥道将为金用，故俗中解祠之时，剪白纸钱，鬼得银钱用。剪黄纸钱，鬼得金钱用。'问曰：'何以得知？'答曰：'《冥报记》《冥祥记》具述可知。'"

焚烧纸钱是当时普遍的做法。正如宋人高翥在《菊磵集·清明日对酒》诗中描绘的那样："南北山头多墓田，清明祭扫各纷然。纸灰飞作白蝴蝶，泪血染成红杜鹃。日落狐狸眠冢上，夜归儿女笑灯前。人生有酒须当醉，一滴何曾到九泉。"

需要指出的是，宋代虽然纸钱盛行，但用真实钱币、其他质类冥钱或真实钱币与冥钱一起随葬的风气仍然存在。如四川一地发现的宋墓里，钱币多放在陶罐与墓葬的腰坑之中，已不见死者口中含钱币或手中握钱币的现象。② 江苏南京陆营的一座北宋墓出土有铜钱220枚。③ 江西德安发现的北宋皇祐五年（1053）墓，出土有"祥符通

---

① 袁裒：《枫窗小牍》卷下，上海古籍出版社，2005，第5册，第4773页。
② 四川文管会：《四川官渠埝唐、宋、明墓清理简报》，《考古通讯》1956年第5期。
③ 李文明、李虎仁：《南京陆营宋墓清理简报》，《东南文化》1995年第2期。

宝"铜钱5枚。① 衡阳县何家皂一座北宋墓，出土铜钱300余枚，其中棺底石膏层上置4行12排，共48枚；棺两侧石膏层中散置200余枚。② 太湖县罗湾两座北宋墓出土有110枚铜钱，其中一座为71枚，另一座为39枚；值得注意的是，这两座墓随葬的铜钱以"太平通宝"为最多，这种现象可能是希望死者的灵魂太平安宁，反映了当时人们的心理状况。③ 1991年12月，江阴市博物馆的考古人员在江阴夏港镇新开夏港河工地清理了一座宋墓，内有铜钱84枚。此外还有一枚石质压胜钱，正面刻"金玉满堂"4字，"金"字上面穿一小孔，用来悬挂；一枚木质冥钱，圆形方孔，上无钱文。④

司马光反对焚烧纸钱，其出发点是送钱财比烧纸钱实用，更符合古人节俭之精神。他说："古有含襚赗赙之礼，珠玉曰含，衣裳曰襚，车马曰赗，货财曰赙，皆所以矜恤丧家，助其敛葬也。今人皆送纸钱赠作，诸为物焚为灰烬，何益丧家？不若复赙襚之礼。"⑤

五　元明清时期随葬品的演变

元代墓葬大多有随葬品，种类繁多。主要有金银珠宝、陶瓷器、铁器、铜器、木器、化妆品、钱币以及买地券等。但贫富之家差别很大。历代上层人物为了夸耀富贵，都以金银珠宝为殉，尤以帝室为甚，有的墓中珍宝之多令人咋舌。元代虽有厚葬之风，但与前代相比，大为逊色。在已经发掘的元代墓葬中，出土的金银珠宝数量有限，质量也不是很高。张士诚是元末地方割据政权的首领，其父母合

①　于少先：《江西德安发现北宋皇祐五年墓》，《南方文物》1992年第3期。
②　陈国安、冯玉辉：《衡阳县何家皂北宋墓》，《文物》1984年第12期。
③　太湖县文物管理所：《太湖县罗湾北宋墓清理简报》，《文物研究》第5辑，黄山书社，1989。
④　高振卫、郭红梅：《江苏江阴夏港宋墓清理简报》，《文物》2001年第6期。
⑤　司马光：《司马氏书仪》卷5《丧仪一·吊酹、赙襚》，《丛书集成初编》本，第55~56页。

葬墓出土物品比较丰富，有金冠两顶，钗、簪、耳环、镯、戒指等金器，以及银奁、玉带等物。石家庄后太保元代史氏墓群 M4 系长方形多室墓，其中 A 室墓主是女性，应是湖广行省左丞史杠的夫人。出土时头发尚存，上插有金簪、金钗、铜簪、玉簪、玻璃簪计 15 件。尸骨腹部以上发现金镯 2 件、金戒指 2 件、金耳坠 2 件和铜钱 50 余枚。无锡钱裕夫妇墓有金器 6 件（杯、簪、箍形饰品各 1 件，带饰 3 件），各种银器 40 件。甘肃漳县汪世显家族墓 4 座，出土金银首饰 15 件，有金耳坠、戒指等。

富贵人家的墓葬中大多有丝织品。四川地方割据势力首领明玉珍墓出土大量丝织品，有被褥、衣物、缎料等，其中有龙袍 5 件。张士诚父母墓男尸衣服腐烂，女尸衣服有袍、袄、裙等，质地有缎、绫、绸，还有绸料 5 匹。李裕庵墓出土丝、麻、棉织品衣物共 55 件，以丝织品为主，还有绸、罗、缎。无锡钱裕夫妇墓有各类丝织品 28 件。元代墓葬中有少量棉织品。海宁贾椿墓发现一块裹身用的棉布，长 182 厘米，宽 62 厘米，色白，纺织精细。山东嘉祥曹元用墓有棉布衬衣 1 件，又有棉菱形花纹织锦 2 件，织造精细，图案匀称。山东邹城李裕庵墓死者上身穿六层长袍，最内一层为素白棉布短袖夹袍。可知当时棉织品已开始应用，这是很值得重视的。

元代墓葬的随葬品中以陶瓷器为最多。瓷器多见于富裕人家，常见有瓶、碗、盘、杯、盅、盏、壶、匜等。北京铁可父子墓，出土瓷器 21 件，有青瓷、影青瓷、黑白花瓷和褐瓷，玉壶春瓶、罐、碗、洗、盘等。西安曲江张达夫与夫人合葬墓出土瓷器 14 件（套），有青花瓷匜，青瓷碗、碟，白瓷瓶、杯、盏等。上海青浦任仁发家族墓出土瓷器，内官窑瓷器 8 件，枢府釉瓷器 16 件，龙泉窑瓷器 7 件。高足杯是元代瓷器中流行的新器形，在墓葬中时有发现。北京耶律铸夫妇合葬墓中出土一件带"王白"铭文的卵白釉高足杯。青浦任氏家族墓出土一件枢府卵白釉高足碗。漳县元代汪氏墓区中发现有 4 件高足瓷杯和多件瓷碗。大同齿轮厂元墓出土影青连珠纹象生高足莲花杯。徐州大山头元代纪年画像石墓出土高足瓷杯1件，属"枢府窑类型"，胎质极薄，制作规整，质量堪称上乘。

元代墓葬的随葬品中陶器所占比重很大，内蒙古、山西、河南、北京等地尤为突出。随葬的陶器有灰陶、黑陶，种类繁多，可分为以下几类。（1）生活用品，如罐、壶、碗、碟、盆、盏、筒、釜、灶、仓等。西安曲江张达夫夫妇墓有陶仓5件，5号仓内有粟，3号仓内有炭化的黑色粉末物。北京铁可父子墓和张弘纲墓中出土明器多为灰陶，器形有罐、盆，普遍缩小。北京元墓中，小型陶明器的组合主要是罐、盆、釜、杯、钵、灯，这是北京元墓的特点。（2）起居用品，如椅、桌、凳、架、烛台等。山西大同崔莹李氏墓随葬品40余件，主要为陶质器物（灰陶），多为明器及供器。王青墓中的随葬品亦多为陶质，其中太师椅、巾架、影屏、长供桌、蜡台、带座瓶、带座碗不仅形状相似，大小尺寸也极为接近。（3）礼器。洛阳至正九年王述墓出土鼎、敦、罍、尊、爵等20余件仿古礼器。甘肃漳县汪氏墓葬群中出现多种陶礼器，有陶鼎、陶豆、陶尊、陶簋、陶钟等。元赛因赤答忽墓有黑色陶器58件，主要是仿古礼器，有陶鼎（2件）、陶豆（10件）、陶敦（4件）、陶簋（5件）、陶壶（6件）、陶罐（4件）、陶尊（1件）、陶爵（1件）、陶案（8件）、陶熏炉（1件）、象尊（2件）、驹尊（1件）等。陶器上有各种模印纹饰，制作精致，造型古朴，堪称精品。赛因赤答忽官居一品，故随葬品中有成组礼器，这在其他墓葬中是罕见的。（4）陶俑。从汉代起，木俑、陶俑作为奴婢的替身放置在贵族官僚的墓中。从两晋南北朝开始，墓葬中俑的数量和种类越来越多。元代陶俑主要见于陕西墓葬，四川、河南和其他地区亦有发现。陕西鄠邑贺胜墓，出土陶俑131件（骑马俑、牵马俑、骑驼俑、牵驼俑、持盆俑、卫士俑、立俑、武士俑等），动物模型21件（骆驼、马、龙、牛、羊、狗、鸭、鸡、龟）。西安电子城元墓出土陶俑 16 件，内男卫士俑 8 件，分 4 式；男侍俑 1 件；女侍俑 2 件，分 2 式；骆驼 1 件；鞍马 2 件；驮行囊马 2 件。西安南郊王世英墓有陶俑多件（女骑马俑 2 件；站立俑 10 件，男、女各 5 件；马 6 件，内鞍马 1 件、载物马 2 件、拉车马 3 件；牛 2 件；羊 2 件；鸡 1 件；狗 1 件；豕 1 件；龙 1 件）。王世英曾任忠勇校尉、同知耀州事，官阶正七品。西安曲江张达夫夫妇合葬墓，男俑 2 件，女俑 2 件，陶鞍马、陶羊、陶狗、陶牛、陶豕、陶鸡、陶龙各 1 件。据墓志，张达夫没有出仕，是普通地主，亦可用俑。在南方，四川华阳元墓有陶俑 10 件。成都郊区元墓有陶俑 8 件。福建南平三官堂元代刘千六墓，有木俑 2 件，存 1 件，脚部残，残高 12.5 厘米。河南焦作中站区发现元怀孟路总管靳德茂墓，出土 80 件彩绘陶车马及人物俑，组成规模宏大的车马出行方阵，最中间的是 2 辆陶车，四周排列男女侍俑、仪仗俑、陶马及驭马俑。人物俑均为彩绘，高 27~36.9 厘米，规模宏大，制作精细。

　　一般平民墓葬中的随葬品，以陶、瓷生活用品居多。河北徐水西黑山墓地是平民家族墓地，随葬品以民窑烧造的粗瓷器和陶器为主，主要随葬品是日常生活中的实用器，大多还有锔补痕迹。山西襄汾三座元代普通平民墓葬，共发现随葬品 11 件，内黑瓷罐 3 件，白瓷枕、黑瓷钵、提梁陶罐、小碗各 1 件，另有铜镜、铁灯和绑扎竹篦 2 件，这些陶瓷器都很简陋。

　　元墓中出土的随葬物还有铜器、铁器、漆器、木器、玻璃器。铜器以铜镜居多，有多种形状。铜镜常悬挂于墓顶。甘肃漳县元代汪氏家族四座墓葬（M8、M9、M11、M13）中，M11 和 M13 墓室顶部施方砖一块，中间悬挂铜镜一面。M8 出土 1 件，M13 女尸锦囊包内有 1 件。山东临淄大武村元墓，墓室穹隆顶正中悬挂铜镜，圆钮，素缘，纹饰为高逸图。凌源富家屯元墓 M1 顶部浮雕莲花的石板中心凿一横孔，当为悬挂铜镜用。大同王真墓，墓室中部有一件大铜镜，圆形，形体厚重，铜质较好，径 26.3 厘米，背面镜中有半圆钮，其上穿有铁环，已残缺，可能是悬挂在墓顶上的。墓顶悬挂铜镜，是辽金墓葬风俗的延续。汪氏家族墓中出土的铜器，还有铜爵、铜盘、铜鼎、铜洗等。北京张弘纲墓出土铜杯 1 件，高 3.7 厘米，底刻"子子孙孙永宝用"。石家庄史氏墓群中出土有铜香炉、铜簪等物。山西大同王青墓中出土有铜镜、铜钵、铜盘、铜盅、铜簪等。出土的铁器主要是动物造型。内蒙古凉城后德胜元墓 M3 中有铁犁铧。安庆范文虎墓，男棺棺底有大木板 1 块，大木板下面四角各有铁牛 1 只，均俯足北向。前面两铁牛之间有铁豕 1 只。西安韩森寨元墓中有铁牛 1 件，铁豕 1 件。西安东郊元代壁画墓中有铁牛 2 件。山西长治捉马村元代壁画墓中有铁牛 1 件，铁豕 1 件。山西长治郝家庄元墓中有铁豕 2 件，铁牛 2 件。洛阳赛因赤答忽墓中有铁牛 1 件，铁豕 1 件。漆器在元墓中亦有出土，但数量不多。青浦任氏墓群出土《陶渊明东篱赏菊图》漆盒 1 件，是元代漆雕中的上乘之作。又有漆奁 1 件，朱漆，木胎，通体为八瓣莲花形，分 5 层。通高 38.1 厘米，直径 27.2 厘米，底径 20.4 厘米。就目前所知，宋元时期同类型的漆奁，此为最大。而底部附有圈足，是这件奁的又一特色。另外还有 4 件圆漆盒、1 件漆瓶。无锡钱裕夫妇墓出土漆器 10 件，有漆奁 1 件，葵花八瓣形，分 3 格。通高 22.5 厘米，直径 16.5 厘米，底径 12.3 厘米。漆盒 3 件，放在奁中格。山东嘉祥曹元用夫妻合葬墓中出土有漆奁盒，圆桶形，盖上作描金双凤牡丹纹，内置铜镜、角梳等物。元墓随葬品中木器不多。大同冯道真墓出土木器较多，有木屋、影屏、巾架、盆座、蜡台等，比较丰富。甘肃漳县汪氏墓群出土有木衣架、木屋、木蜡台、木案、木奁等。漳县汪氏墓葬中还发现玻璃莲花杯、托各 1 件，这在出土物中是很罕见的。

钱币用作随葬品由来已久。元代墓葬中时有铜钱出土，以宋钱为主，元钱少见。徐水西黑山金元墓葬 60 余座，共有铜钱 406 枚，内唐钱 32 枚，金钱 41 枚，五铢钱 1 枚，大泉 501 枚，元钱仅 1 枚（至大通宝），余者均为北宋钱。邹城李裕庵墓中有铜钱 69 枚，男尸口内含用银片加工的素面钱 4 枚。范文虎墓中有宋钱，金钱 38 枚、银钱 96 枚，金十字 8 个。金钱上有"天下太平""金玉满堂""早生天界"等字。济南郎茂山路元代家族墓 3 座均有铜钱出土，以唐、宋时期为主，另有金钱 1 枚（正隆通宝）、元钱 1 枚（至大通宝）。无锡钱裕夫妇墓出土至元宝钞 500 文 15 张、至元宝钞 200 文 18 张，装在胸部的绸钱袋中。以现行宝钞随葬，这在已发现的元代墓葬中是唯一的。

元代的很多墓葬中发现有买地券。如西安韩森寨元代壁画墓有买地券 1 方，为方形青砖，上以朱砂楷书。西安东郊元代壁画墓有买地券 1 方，为方形青砖，朱砂楷书 322 字。山西大同崔莹李氏墓有买地券 1 方。河北宣化元代葛法成墓有买地券 1 方，板瓦，朱砂书写，13 行，满行 27 字。江西永丰元延祐七年墓，有地券 1 方，青石质，长方形，券首为半圆形，前题"故吴母孺人陈氏地券"。三门峡市发现的元墓 M36 墓室底部西北角有 1 方合同券，质地为灰砖，方形，券文乃朱砂书写，一侧书有半字"合同券"，背面正中模印一右手手印。值得注意的是，一般平民墓葬中亦有买地券。如山西襄汾的丁村 1 号元墓和解村元墓，墓室结构简单，随葬品有限，却都有买地券。

进入明清之后，由于墓室小型化，可以随葬实物的空间被大大挤压，数量相对减少。上海地区已发掘整理的明墓，保存较好的墓内大多数有随葬品，一般为 2~3 件，多的上百件，最多的潘允征穴室内有随葬品 168 件。随葬品有铜镜、饰件、木家具明器、木桶、锡制祭器、服饰、折扇、文房四宝、度牒、书籍等，其中以铜镜数量为最多，以饰件、木家具明器、木俑、服饰、折扇、文房四宝最有特色，度牒、说唱本、木船明器、木升较少见。这些随葬品，或置于棺内，或放于棺椁之间。

又或于圹壁做小室，放置随葬器物。如赵执信《礼俗权衡》对山东博山县葬俗的批评，当地葬以灰隔之法，但"于容棺之前，更筑一室，著几席、琴书、明器之属"，导致穴中存有空隙。陕西临潼吕绣峰纂修《相公庄吕氏家谱》（咸丰十年刊），记墓中规制与随葬物："其墓中，余曾为三叔父大人于幽堂两面半壁间，左右相对开二方窑，高一尺有余，宽二尺余，深不及尺。一面安放茶碗、烟袋、酒壶、砚台之类，一面安放文房及小部书与平日玩好之物。幽堂门内左右，近地各开一小窑，左窑放水一罐，右窑放油一罐，油上用漂子燃灯。棺之大头左右放童男女，小头放瓦五谷罐五个，不拘大小，内各实以五谷。安置妥帖，安魂帛于前，将棺上土用新布巾拭净。铭旌上人名，用蓑刻存好，装红帖套内，以备过日送去。铭旌顺盖棺上。"

从以上描述中可见明清时期随葬物品之大概，大体有铭旌、实物、明器三类。

1. 铭旌

明清志书记载营葬，多有"覆铭旌于枢"之句。所谓铭旌，即书有死者姓氏、职衔的布料，葬时盖于枢上。

同治年间刻《湘潭兰下王氏四修家谱》记铭旌之制："铭旌，所以识死者之枢，在家则悬之于枢右，出葬则竖于枢之前。用绛帛为之，长短有制。今士庶人家专取其长，似亦莫亲之意。如书待诰赠，即诰赠者然犹为妨，但曰旌旗属也。"

光绪《遵化州志》记铭旌及题写习俗：葬前，请年高德重、有尊望的长者书写铭旌，将亡者的封衔、氏字、年数大写在朱绢上，绢长寻有半（合 12 尺）。书写者于左侧列衔，以另纸书写名姓。下葬时，把铭旌覆盖在棺上，名纸留下返还给题者，之后覆土。

1973 年，四川铜梁县发现明嘉靖三十九年（1560）云南阿迷州刺史李三溪墓，在墓室后龛，有一幅铭旌，绫底，白粉楷书"奉直大夫云南阿迷刺史三溪李公枢"，这样的实物不太多见。

2. 实物

日常生活用品在随葬品中经常见到。除地域上的差别，因为墓主身份与生前爱好不同，规格、数量与品质也存在差异。

钱币　明清墓中随葬的钱币大体可分为三类：一是历朝历代的流通货币，二是金、银、纸币，三是专为陪葬而制的冥币。有明一代，前朝的旧钱和本朝的制钱一直处于流通状态，而由于历史原因和经济发展水平限制，出现了北方地区旧钱多而南方制钱多的现象，这种情况直接反映到当时的墓葬中。北方地区的明墓如果出铜钱，十有八九会是唐宋旧钱，而南方地区的明墓中则是旧钱和制钱都有出土。

铜镜　在上海地区，几乎每座明墓都有铜镜出土，不同明墓中出土的铜镜数量不等，最少的有一枚，富裕人家的墓穴中出土的铜镜竟多达数十枚。棺内两端各置一镜的情形较为常见，如诸纯臣及其妻杨氏，胸前及足部的棺"和"上各有铜镜一面。铜镜上多有铭文，诸如"长命富贵"之类，或配以灵龟、仙鹤、仙长、老树纹，寓意长命富贵。

油缸　浙江西安县，嘉庆县志记载："葬礼，用石椁，贫者用砖，以油缸燃灯置椁中，亦仿骊山鲵鱼膏意也。"取长明灯之义。在浙江湖州，清代寿茔（生圹）之中，"贮油一缸，内燃长命灯"。

食罐　置食罐的习俗在民间较为普遍。雍正《直隶定州志》载："盛饭以瓷瓶，俟葬纳诸圹中，或亦《葬仪》苞筲瓮瓿之义。"光绪《遵化通志》载："始死，设食罐，每饭必祭，添肴馔其中。至葬之前夕，添食品至满，纳葱其中，罩以红布，系以五色线。授冢妇抱之，至葬所置棺前埋之。凡亡者有子无妇，则置罐予怀，或并无子，则并棺舁之。多以为憾，盖甚重也。"

梅瓶　明代大型砖室墓中，瓷质梅瓶是常见的一种随葬品。梅瓶常出现于帝后、皇妃、公主和皇子得封的郡王等的大型砖室墓中。梅瓶的数量多寡体现了等级制度，甚至出现了梅瓶是统治者专门使用的一种"风水瓶"的说法。

3. 明器

明器，亦称冥器，是专门为随葬而制作的一种特殊器物，是为了取代实用器物。明器种类繁多，各地多有不同。无锡华悰韡《虑得集》载：明器，"今俗用饭团、竹棒、过河棍、生炭、纸钱及一应邪说之物"。乾隆《平定州志》则云："志石或易为木，明器则有木偶人马、楼阁、幡幢、引路菩萨之类。"

明器质料，唐末五代以来出现的纸质者，到宋时已为明器主流，其他质料的明器逐渐减少。宋人赵彦卫《云麓漫钞》卷5说："古之明器，神明之也。今之以纸为之，谓之冥器，钱曰冥财。"纸质明器或可统称为纸扎，广泛流行于各地丧葬活动中，举凡楼阁、人物、牛马、元宝，都可以纸为之。陕西临潼吕氏清代家谱记明器："今呼为纸扎，各按品级，如车马、杠箱、衣箱、盥盆、烟袋、茶碗之属。"大量制作精巧的纸扎往往在葬前焚化，因而或被认为靡费无益。康熙《单县志》批评当地风俗："顾葬时好为下里伪物，禺车禺马，充塞街衢，槽旐灵辆，饰以锦绣，秉畀烈焰，靡费无益。富者斗胜，贫者效尤。相习成风，莫之能革。坐是繁文太盛，葬每愆期，议者为之叹息。"又或置于圹内。今已难见其原貌。明清明器种类繁多，分为俑、生活用品、家具等。

俑。明代多木俑、陶俑，也有少数石俑，仅见于帝王和王族官僚墓。墓俑在题材上比较单一，据考古发现只有仪仗俑（少数配置侍俑）。藩王墓一般以象辂为中心，数百件仪仗俑排列前后左右。官僚墓俑以肩舆为中心，几十个仪仗俑排列在前。人物造型偏重于写实。

值得一提的是，1973~1980年在四川铜陵先后发现石椁墓6座，共出土石俑100多件，高20~40厘米。肩舆俑5件，其中一件表现官员乘八人大轿的出行场面，从轿形看是六品至九品的官员。前有持旗、鸣锣、衙役等仪仗俑，后有牵马、负物、抬箱等侍从俑。人物均穿长袍，戴尖顶风帽。从这些轿夫看，作者刻画出不同的人物形象，但动作又基本保持协调，他们似乎走得很慢，又好像走走停停，人物造型和动作令人觉得非常有趣。

清代墓俑，目前发现较少，较为有名的是清初吴六奇墓出土的陶俑。其再现了官衙场面和内室侍女环绕的生活状态，是清代达官生活的真实写照。其官衙场墓俑，不同身份者各环立衙座之后，造型和服饰各异，有作捧文书、捧宝剑、捧大伞和背弓矢之状。这些俑都是压模成型，后经加工，故造型有所变化，似比明代陶俑生动些。

家具与生活用品。上海明代潘惠、潘允征父子墓棺椁间，放置成套的家具。这些家具模型，从室内陈设床、榻、厨、箱、桌、椅、凳、几、衣架、盆架等，到生活用器坐桶、面盆、脚盆、各种盒子，应有尽有，成为研究明代家具与日常生活的重要参照物。

在民众普遍具有厚葬心理倾向的明清时期，随葬品的多寡，往往成为厚葬与俭省的重要指标。时人对于随葬品的议论，除了以其无用但累及民生，导致停丧不葬外，还经常提醒人们，随葬品往往成为盗墓者觊觎的对象，不要让这些所谓"孝亲之举"成为祸亲之源。

除此之外，明清墓葬中多有墓志。墓志又称为圹志，是记载和标识墓主人身份及墓址的物件。作为墓主人的随葬品，入葬时随棺椁一起埋在墓穴中。墓志的材质多为石质，也有砖、陶及瓷质。典型的墓志为石质方形，刻写墓主人的姓氏、官职及生平事迹等，称为"志石"。此外，志石上往往覆盖一块斗方形石头，用以保护志石不受损坏，称为"志盖"。志盖覆斗顶面以篆书或隶书刻写墓主的姓名、官职及时代。在明清时人的文集中，墓志铭往往占有相当比例。陆容《菽园杂记》记时人重视墓志的情形："前辈诗文稿，不惬意者多不存，独于墓志表碣之类皆存之者，盖有意焉……士大夫得亲戚故旧墓文，必收藏之，而不使之废弃，亦厚德之一端也。"张瀚《松窗梦语》则云："墓志不出礼经，意以陵谷变迁，欲使后人有所闻知，但记姓名、爵秩、祖、父、姻娅而已。若有德业，则为铭。今之作者纷纷，吾不知矣。"今人余英时认为，这一现象与明中叶以来商人的推动有关。比如，唐顺之提到三类可笑之事，其一为："其屠沽细人有一碗饭吃，其死后则必有一篇墓志。"这一观察在李乐《见闻杂记》（万历辛丑自序）卷3第161条得到印证："唐荆楚川先生集中诮世人之死，不问贵贱贤愚，虽椎埋屠狗之夫，凡力可为者，皆有墓文。此是实事。"

上述史实反映了明清社会的一个面相，这一事实也从另一个层面说明，墓志的使用带有一定的普遍性。但是，作为一种墓葬用品，墓志刻石是要耗费金钱的，就此而言，它与丧家的社会地位或财富能力存在一定关联。我们看一下墓志主人的身份，即可明白此点。所以，地方志对墓志的记述，往往是表明此物的使用因人而异、因财力而异。光绪《清源乡志》即说："志铭、碑碣，视乎其人。"民国时期的志书也有类似说法。民国《东平县志》说，当地葬俗也有埋墓志于柩前者，但通常是因为其人生平事迹卓著，故勒石以志之，常人则否。民国《汤溪县志》提到当地有葬入地契之俗，由地师书写，然后又提到墓志，"其得有搢绅先生为之志若铭以刊之石者，盖万而未能一也"。也有资料显示，墓志的使用与否可能与地方风气有关。万历年间，麻城人熊吉《墓志不可无说》认为，墓志对于标识墓主身份至关重要，但"今之治葬者，惟修斋醮、盛幡旍而独略此，不知送终垂远，在此不在彼也"。同治《房县志》也说，圹中通常会有契砖，"而志铭、碑表则鲜闻焉"。

明清墓志基本为方形，较之前代，大形体者增多。根据西安碑林所藏25方明代陕西宗室墓志，尺寸都在50~85厘米，其大小似乎与志主身份无关，大致趋势是越往后尺寸越大。墓志均配盖。宋代以后，志盖刻饰趋于简单化，明清墓志盖就极少装饰了。

墓志铭多有溢美之词。隋唐时期人们重视的是墓中人而非撰文之人。宋元以后，则看重的是由谁来书碑，已失立碑本意。清人对此批评说："宋、元、明人不察，遂仿之以为例，竟有叙述生平交情之深，往来酬酢之密，娓娓千余言，而未及本人姓名、家世一字者。甚至有但述己之困苦颠连，劳骚抑郁，而借题发挥者，岂可谓之墓文耶？"

吕绣峰纂修《相公庄吕氏家谱》述丧礼："志铭总宜早刻，如殡期、山向未定，文内先将此处空下，事定补刻，庶免临时草率，甚有刻印不及，志石不能随葬之弊。"说明因来不及刻印而不能及时随葬的情况是有的。

第三节　宗教信仰与随葬品

随葬品是供死者在阴间使用的物品，一般多为日常生活用品。但是，随着时代的发展及宗教信仰的传播，宗教习俗逐渐影响了中国社会的丧葬习俗，随葬品中也逐渐有了与宗教相关的物品。墓葬中与佛教相关的随葬品主要有经咒、天王俑，墓葬中或者墓侧立有经幢，个别贵族墓葬中有飞天、云中车马等壁画。墓葬中与道教相关的随葬品主要有镇墓石、买地券、十二生肖俑等，其中十二生肖俑在隋唐五代墓葬中较为常见。

一　解除驱鬼

秦汉时期，人们普遍认为生命会以另一种形式存在，并可以重生，也就是在佛教传入之前，中国人已经有了死后转世的观念，特别是通过墓葬展现人们对长生不死与生命转化的追求，这一信仰影响中国社会至深。这里仅以随葬品为例做一分析。解除，是秦汉魏晋时的一种避祸除殃方术。时人认为，人死后各种恶鬼是灵魂升仙的最大障碍，必须为死者行解除仪式。到了汉代，解除术成为一种普遍的民俗仪式。

驱鬼仪式通常有巫觋参与,其渊源是古代的驱傩仪式。汉代画像石中便画有众多方相氏或其他凶神恶鬼之像,有震慑与阻止邪祟之意。如沂南汉画像石墓中描绘的执五兵、戴假面、蒙熊皮的是大傩的首领方相氏。在打鬼仪式中,需要有人戴着假面具打鬼。魌头便是人戴的假面具,秦汉时期多作熊形或虎形,据说它能吃鬼怪、避邪恶。

另外还有在墓室内放置镇墓瓶或其他物品来驱鬼辟邪的解除术。如以人偶或人的模拟物代替死者受罪。在秦汉代墓葬里,发现一些以金、锡、铅等金属材料制成的人形,如1999年咸阳教育学院东汉墓朱书陶瓶中出土形状如人体的8件铅人,河南陕县刘家渠东汉墓地出土3件铅人。或许当时以木质材料为多,但不易保存,没有在墓葬中发现。这些假人代形显然带有解谪功能,如代死者受谪,这样死者的魂魄就可以脱离苦境,或许也是为了代替生人受注,以免生者受到伤害。

还有利用药石厌镇的,即利用神药、五石等药石镇压墓穴中的鬼邪。如汉墓中用五石来压镇墓穴的四方及中央。五石的颜色,恰恰对应五行五色说。五石在墓葬的镇墓瓶中并没有全部装入,只是装一两种作为象征,但以礜石、雄黄居多。古人认为符号也具有厌镇鬼神的力量,因此在秦汉墓葬中,还会发现一些符箓。

腰坑是在墓葬棺材的中部开挖的一道小坑,此位置多在死者腰部附近,坑内置放某种物品(比如殉葬物品、燃烧过的纸钱灰烬等),是古代丧葬的一种形式。墓葬中有腰坑,在新石器时代石家河遗址中就已经出现,商周时期墓葬中普遍有腰坑,战国秦汉时期在不同地域还有遗存,东汉后一度消失。唐代墓葬中,腰坑葬又出现,并一直延续到明代。

唐代出现腰坑的墓葬,比较早的是在1994年河南洛阳市北郊邙山南麓发掘的两座墓,墓葬中部凿有一个边长为0.28米、深0.1米的方坑,坑四角放有生肖俑,坑内有镇墓石。墓葬年代在唐玄宗时期。此外，唐代史思明墓葬也有深井，位置与腰坑相似。五代时期，墓葬中的腰坑也多有发现，但主要集中在东南地区，而且墓主都是社会地位比较高的人。腰坑并非只有一个，有时是多个。腰坑多在棺床上，以长方形为主，内一般无物品。福建永春五代墓比较特殊，有3个腰坑，腰坑内埋入了跪拜俑与镇墓兽。五代时期的腰坑葬，除了东南地区外，湖北与四川也有发现。

唐末五代腰坑墓的腰坑内多不放置遗物，少数放置跪拜俑、神怪俑等，放置的物品基本可归属于镇墓类物品。腰坑与镇墓兽类物品在墓葬中共同出现，表明此时期的腰坑葬不是先秦时期腰坑葬的简单重现，而是一种新的文化要素，即道教因素在墓葬中出现，反映出道教因素对葬礼的渗透。腰坑在唐五代只在少数高级墓葬中出现，宋元之后，腰坑比较普及。

唐朝时期，出土了诸多镇墓石。其中规格比较高的是唐睿宗李旦墓中出土的一合镇墓石，共16字，释文为"黄中总炁，统摄无穷，镇星吐辉，流炼神宫"。环绕着秘篆文，还有隶书小字，旋读，共161字。武三思墓中也出土了一镇墓石，其内容共133字。

至于平民的墓中，比较有代表性的是河南偃师南蔡庄发掘的郑炅墓，其中一合镇墓石，其文字为："其灵冥冥，以此为极，阳覆阴施，大道之侧，五精变化，安魂之德，子孙获吉，诸殃永息，急急如律令。"此外，河南洛阳市北郊邙山南麓龙泉东沟唐墓中也有一合镇墓石，其文字为："其灵真真，以此为拯，阳覆阴施，大道之侧，五精变化，安魂之德，子孙获吉，诸殃永息，急急如律令。"

镇墓石的原型，可以在东汉的墓葬中找到类似的随葬品。实际上，镇墓石应该是由东汉时期的镇墓文和解注文发展而来。该情况的出现与中国的祖先崇拜有关。

东汉时期人们认为，非正常死亡的人会变成厉鬼，或者不利于后人。在这种情况之下，产生了镇墓之术，非正常死亡人的墓葬中都会出现这种方术。这种思想随着道教的流行而逐渐扩展。众所周知，唐睿宗李旦和武三思都死于非命，而他们的墓葬中出现镇墓石，可见道教思想在皇族中也流行。偃师和洛阳墓葬中使用镇墓石的主人，是否非正常死亡不得而知，但考虑到是女性，因为生产而死亡在传统时代比较常见，所以从"诸殃永息"中也可以看到是应对非正常死亡的一种方式。

此外，阿史那忠墓葬中出土的镇墓石，也可认为是对非正常死亡者的一种方术。阿史那忠在《新唐书·诸夷蕃将传》中有传，据记载："宿卫四十八年，无纤隙，人比之金日磾。卒，赠镇军大将军，谥曰贞，陪葬昭陵。"如果仅以史书分析，阿史那忠显然是寿终正寝，但如果结合墓志铭，发现阿史那忠是"暴病遂兴，奄然捐馆"。阿史那忠是暴病而亡，至于是何种疾病，墓志铭中并没有透露，但可知阿史那忠从得病到死亡，时间很短。在古代，这种情况也会引起生者的不安。阿史那忠墓葬的镇墓石文字比较长，仅据一段来分析："北面：乾，乾天神王，保佑葬后存亡安稳；亥，元曹、殃祸在亥，保佑存亡安稳；壬，壬神王，保佑葬后存亡安稳；子，玉信在子，保佑存亡安稳；癸，丘承（垂）在癸，保佑存亡安稳；丑，青龙、墓鬼在丑，保佑存亡安稳；艮，艮山神王，保佑葬后存亡安稳。"其东、西、南三面都有类似的文字。虽然阿史那忠镇墓石和传统的镇墓石有很大不同，而且其涉及的神灵也众多，但镇墓石的作用是一样的，即要死者安宁、生者平安。实际上这是时人对非正常死亡的恐惧。

隋唐五代时期，虽然镇墓石的形式与内容表现多样，但其实质都是一样的，是对非正常死亡者的一种处理方术，希望用这种方术使死者不至于为厉鬼而危害生者。

与前代一样，宋代也流行在墓中放置镇墓石。这种葬俗在文献中多有记载，如《宋会要辑稿》记载乾兴元年真宗永定陵以五精石镇墓。五精石是以五色代表五方。"镇墓古法有以竹为六尺弓度之者，亦有用尺量者。今但以五色石镇之于冢堂内，东北角安青石，东南角安赤石，西南角安白石，西北角安黑石，中央安黄石，皆须完净，大小等，不限轻重。"考古资料也显示，宋墓中有放置镇墓石的现象，如陈家营宋墓发现五块三彩太湖石，呈黄、白、绿、黑、黄褐（应为红色）五色，代表了五方五色，是镇墓石发展序列中的新形式。宋代的镇墓石有的是天然石料，有的是经过人工雕琢的，如山西兴县蔡家崖宋墓出土的五块红砂岩卵石中即有以上两种，其中一块还镌刻有文字。

元代以后，墓葬中同样常见镇墓石。在墓中置镇石的习俗，应是受道教的影响。1983 年发掘的三门峡上村岭元墓，墓室棺床中间有一块买地券，券前和墓室四角各放一块色泽不同的卵石。东北角为绿色，东南角为红色，西北角为黑色，西南角为白色，中间券前卵石为浅灰色。2013 年，三门峡市发掘元墓 M36 亦有五色镇墓石，西北角为黑色，东北角为青色，东南为红色，西南为白色，北部偏中为黄色。西安东郊元代壁画墓在墓室四角及中部发现有五枚未经加工的天然鹅卵石。西安韩森寨元墓出土五件镇墓石，均为天然鹅卵石，形状不规则，大致呈圆形或椭圆形，长 7~10 厘米，发现时分别置于墓室四角和中央。西安曲江张达夫及其前三位夫人合葬墓有镇墓石五块，卵石，白色或青灰色，分置东、西侧偏南、西侧偏北、南、北部。张达夫第四夫人墓亦有镇墓石五块，卵石，白色或青灰色，分置东、西、南、北、中部。此外，1983 年，辽宁凌源富家屯 2、3 号元墓各出四块涂色砾石。

二　买地券、镇墓文

东汉以来，盛行随葬一种文书——买地券，其象征死者拥有阴间土地，并为死人解殃、为生人祈福。买地券的出现证明秦汉时人们相信另一个地下世界是存在的，表现了当时民间的宗教信仰。

东汉中后期出现了朱砂写在镇墓陶瓶、陶罐上的解殃文辞，即镇墓文。镇墓文最初是买地券，为随葬明器，有些买地券亦可镇墓，如王当买地券中有"无得劳苦苛止易，勿繇使，无责生人父母兄弟妻子家室，生人无责，各令死者无适负"的字样。但镇墓文更侧重于生死异路，也就是为生人不受死者骚扰使用。买地券只是模仿现世地契的形式，甚至可以没有文字。

后来买地券和镇墓文出现了合一趋势。如王当买地券，全文第一部分向地下神祇汇报，这块土地已由王当的弟弟买下，作为王当等人的阴宅，铅券就是凭证，上面有买地的时间、地点、涉及的人物、土地亩数、成交价格、土地四界等。第二部分就是镇墓文，既然死人魂归蒿里，地下官吏就不能呵止，其他人也不得占有墓宅，要求死人"佑富贵、利子孙"。最后是说清楚田地转卖情况和券约证人。

隋唐五代时期，墓葬中仍然发现有买地券。随着道教兴起，买地券中越来越多具有了道教色彩，隋朝临湘陶智洪买地券文字为："维大业六年，太岁在庚午，二月癸巳朔，二十一日癸丑斩草。没故道民陶智洪，今居长沙郡临湘县都乡吉阳里。今□巴陵郡湘阴县治下里中东罡（岗）大阳山买地百亩，东至甲乙，南至丙丁，西至庚辛，北至壬癸，中央戊己，东南西北，界域斩草，窆下灵柩，上无泪落，下无罪名，亡人毕命寿尽，当还蒿里。地府□人、蒿里父老、墓卿右秩、左右冢侯、丘承（丞）墓伯、地下二千［石］、□都武夷王、魂门监司、墓门亭长、山林□□、冥府吏君，今□（故？）用钱万万九千九百九十九文，买东阳山罡（岗），卜其宅兆而安厝之。生属皇天，死属地泉，生死异域，勿使山神土地，五道游军，葬送之日，不得更相郭导（障碍）。天地水三官，元（刻）石为券，张兼（坚）固、李定度，明如奉行！券成之后，勿使里域真官呵问亡人犯座。毕事之后，千年不惊，万年不动，亡人安乐，子孙安稳。四时八节，□许从生人饮食，不得复连生人。女青制地，一如奉行。女青照（诏）下！"严格意义上它不是一张买地券，虽然它有买地券的内容；后面强调"不得复连生人"，可以推断陶智洪可能是非正常死亡，为了防止"冢讼"，所以采取了"解除"的法术。

隋朝的买地券还兼有六朝"冢讼"的特征，但到了唐宋时期，买地券基本上有了固定的格式。北宋王洙奉敕编撰的《地理新书》卷14《斩草建旐》记载："用铁为地券，文曰：某年月日具官封姓名，以某年月日殁。故龟筮叶从相地袭吉，宜于某州某县某乡某原安厝宅兆，谨用钱九万九千九百九十九贯文，兼五彩信币买地一段。东西若干步，南北若干步。东至青龙，西至白虎，南至朱雀，北至玄武，内方勾陈，分擘四域，丘丞墓伯封部界畔，道路将军齐整阡陌，千秋万岁，永无殃咎。若辄干犯呵禁者，将军亭长收付河伯。今以牲牢酒饭百味香新，共为信契，财地交相，分付工匠，修营安厝，已后永保休吉。知见人岁月，主保人今日直符，故气邪精不得忏吝。先有居者，永避万里。若违此约，地府主吏自当其祸。主人内外存亡，悉皆安吉。急急如五帝使者，如青律令。"①《地理新书》中记载的格式，与出土的买地券并不完全符合，但主要要素还是具备的，如价格、方位与四至、死者的姓名等。一般来说，买地价格多用钱九万九千九百九十九文；这个钱并不是实际价格，是一个虚拟价格，无论多少地，都是这个价格，所以可能是一种格式。五彩信币，应该是用五种颜色做的纸钱，纸钱在唐五代之后，相当于人间的货币。这个说法在唐代之前的买地券中是没有的，反映出这一时代的特色。丘丞墓伯在汉代的买地券中就已经出现，主要负责墓葬的守卫，如果有人入侵死者墓地，二者负责将之逮捕，并押送交给河伯处理。

死者的墓地，除了要用钱购买之外，还得给有关神灵祭品，这样买地才有效。买地之后，还要有"知见人、岁月、主保人"，即要有

---

① 王洙等编撰，毕履道、张谦校《地理新书校理》卷14《斩草建旐》，湘潭大学出版社，2012，第428~429页。

见证人、时间和担保人。如同人间契约一样，见证人确保契约的有效，担保人保证有钱来支付。一般来说，买地券上的见证人与担保人是生者。契约生效后，死者拥有这片墓地，先前的亡灵要到他处，地下的神灵要保证死者乃至生者的安全。"急急如五帝使者，如青律令"，表示亡灵要遵守这个命令，如青是道教神灵，主要负责鬼律。因此，最后由如青来监督这个契约的实施。

隋唐五代时期的买地券，逐渐去除了东汉至六朝时期具有"冢讼"部分的文字，具有鲜明的时代特色。同时，买地券中又增加了纸钱的内容，与这一时期的丧葬习俗一致，格式逐渐固定。另外，道教色彩比较深厚，反映出道教因素在丧葬中的渗透。

宋代时，买地券已成为墓葬中一种常见的随葬品。其原因大致有两个：一是以为人死后在冥世仍然需要土地，于是就像随葬象征财富的陶俑、土田和其他物品一样，模拟土地买卖的证券形式，将其随葬于墓中；二是以为墓室是阴世的住宅，即"阴宅"，而建造阴宅务必要征得地神的同意，因此，必须跟地神订立买地的契约，后人遂又称这种随葬用的地券为"地神券文"。买地券不仅可作为供冥府公验的凭证，保证墓主阴宅的私有权，还可在墓中起到镇邪压胜的作用。这种观念的产生，明显与当时人们的道教信仰及鬼神崇拜有关。

经过宋代官方的规范，买地券在民间广泛流行起来。如四川成都南郊北宋赵德成墓出土的一方买地券，红砂石质，方形，平放，券文向上。长 45 厘米，宽 42 厘米。镌刻粗疏，生硬，字体为楷书，券阴刻双栏，上部呈梯形，从左至右横书"赵德成地券"五字，下部呈方形，从右至左立书 11 行，每行 13～15 字，共 156 字。这一时期，买地券等的书写方式也颇有特色，多是一行顺书，一行倒书。从文献和考古资料来看，随葬铁质或石质地券的一般为家境好的人家，贫者则使用纸质或木板作为地券材料。

两宋墓葬中还流行镇墓券文。人们之所以在墓葬中随葬镇墓券文，是希望以此祈吉辟邪。这种风俗在四川地区尤为突出。从考古资料来看，目前还没有发现明确可定为北宋初期的镇墓券。北宋中期开始流行镇墓券，如四川成都地区发现的北宋仁宗嘉祐年间之后的两宋墓葬，先后出土了大量属于道教的镇墓石刻。有学者研究北宋时期的镇墓券："北宋中期至徽宗以前，多为一派镇墓券出土于一墓，且上清派的'华盖宫'文券和'天帝敕告'文券出土相对较多，灵宝派的'真文券'相对较少。可见，这一时期本地上清派势力可能较灵宝派更大。从徽宗以前两派镇墓券共存的现象相对较少来看，虽然上清派与灵宝派对丧葬信仰已有了融合的趋势，但是两派仍表现得较为独立。……徽宗末年至南宋时期，两派镇幕券共存的现象增多。可能是徽宗时期所掀起的崇道之风在北宋末期使本地区道教信仰在民间葬俗的选择上产生了合流。但是，两派镇墓券不共存的现象依然存在，而且可能此时灵宝派势力的发展已超过了本地的上清派，因此这一时期随葬一派镇墓券的多是灵宝派'真文券'。"① 也有学者推测北宋用"敕告"文，南宋用"华盖宫"文。

元代也继承了前代在墓葬中放置买地券的习俗。元代买地券的格式和前代的买地券是一样的，通常先写时间、地点和死者姓名、墓地四至，然后向地下鬼神通告死者之殁亡，祈求得到他们的接纳与保佑。除时间、地点和死者姓名外，其他内容（墓地四至、买地价钱、各路神仙、知见人、担保人等）一般是虚拟的，文字充满道教的神秘色彩。宋末元初学者周密《癸辛杂识·别集》卷下《买地券》中记载："今人造墓，必用买地券，以梓木为之，朱书云：'用钱九万九千九百九十九文，买到某地'云云。此村巫风俗如此，殊为可笑。"但从考古发掘来看，买地券以砖居多，亦有铁质或石质、瓦质。江西铅山八水源村元墓发现"新故明达省元赵公"墓契一方，方形，灰陶

---

① 吴敬：《成都地区宋代砖室墓的分期研究》，《四川文物》2009年第4期，第74~75页。

质，中有符箓一行。从契文内容来看，实际上是虚拟的买地券。

但是也有例外。山西大同冯道真墓内有石碑一通，正面为墓志铭，背面为买地契。券文内容是民间交易并得到官方批准的地契，刻在墓碑上，用来证明坟地的所有权。地契是民间土地交易的凭证，是真实的，和买地券的性质不同。这种情况不多见。

1983 年发掘的三门峡市上村岭元墓，墓室棺床中间斜靠一块买地券，陶质，方形，正反两面都有朱书文字。反面一行，竖行，书在边沿，每字只余半截。正面文字 10 行，竖行，177 字。券文以地契为基础，加上买地券的内容，可以说是两者的混合。还有一种地券是向地方神祇报告死者的生卒时辰。

三　经咒类陪葬品

佛教信徒认为，在墓葬中陪葬经书会给死者带来好报。姚崇的临终遗言反映出社会上的这种风气："且五帝之时，父不葬子，兄不哭弟，言其致仁寿、无夭横也。三王之代，国祚延长，人用休息，其人臣则彭祖、老聃之类，皆享遐龄。当此之时，未有佛教，岂抄经铸像之力，设斋施物之功耶？……惑于凡僧，仍将喻品，用为实录，抄经写像，破业倾家，乃至施身亦无所吝，可谓大惑也。亦有缘亡人造像，名为追福，方便之教，虽则多端，功德须自发心，旁助宁应获报？递相欺诳，浸成风俗，损耗生人，无益亡者。假有通才达识，亦为时俗所拘。如来普慈，意存利物，损众生之不足，厚豪僧之有余，必不然矣。且死者是常，古来不免，所造经像，何所施为？"[①] 但姚崇的批判并没有阻止这一风气的盛行。社会上流行比较广的是《金刚经》、《仁王经》以及《心经》，这些经典文字不多，便于传抄诵读。然而墓葬中出土最多的是汉文或梵文的

---

① 《旧唐书》卷 96《姚崇传》，第 3028 页。

陀罗尼经咒，目前各地出土墓葬中发现陪葬此经咒的墓葬有十多个。为什么社会上流行《金刚经》等佛经，而墓葬中却陪葬陀罗尼经咒呢？这可能与经文内容有关。

陀罗尼经咒在唐代就被翻译成汉文，即《佛说随求即得大自在陀罗尼神咒经》，这部佛经指出：如果听别人讲过这部佛经，他的一切罪恶都会消除，来生肯定会投好胎；如果诵读或者拥有这部经书，就会成为金刚之身。但这部经书中最重要的信仰还在于，如果死者用此经典陪葬，他的一切罪恶也会消除，"得生于三十三天"，即他将在天道之中，而不会返回人间，更不会投胎他处，也就是说，此人距离成仙不远。经书记载一个例子，有一个和尚生病后，抄写了这部经书系在脖子下面，系好后他的一切病苦都消灭了。寿终正寝后，他的灵魂堕入地狱受审，但他的遗体上还放有这部经书，和尚的灵魂在地狱中没有受到折磨，反而过得很安乐。阎王就要人去探个究竟，发现和尚遗体上有这部经书。阎王认为和尚受到这部经书的保佑，一切罪恶都消除了，可以升入天道。由于人们相信死者陪葬这部经书有利于消除生前罪恶，因此在隋唐五代，墓葬中发现这部经书是很常见的现象。

受到经文的影响，出土的陀罗尼经咒一般置于死者颈部或臂部，或在所附的银盒、铜盒当中，个别情况是附于死者的颌托中。这与经文中的典故所描述的相似。出土的陀罗尼经咒有手写本，也有雕版印刷本，甚至有专门的商人雕版印刷之后用于出售。这些反映出这类佛教经典的流行。

四　经幢

经幢是周身刻有经文的石柱，通常是八角形，也有六角形和四角形的，偶尔也见圆柱形。经幢在唐代佛教徒中最先使用，其后道教徒也吸收了其精髓而有自己的经幢。不过，目前保存最多的是佛教经幢。佛教经幢一般以刻《佛顶尊胜陀罗尼经》为最多，所以又称"陀罗尼经幢"或"尊胜幢"。经幢一般立在寺庙与墓侧，也有立放入墓中的。

经幢出现的原因，一方面是隋唐五代以来地狱思想的流行，使人们对死后进入地狱比较恐惧。隋唐五代以来，三阶教、净土宗在教义中都宣传地狱的恐怖。三阶教可以通过露尸葬等来避免进入地狱；净土宗以避免进入地狱为要务，而经幢可以免除地狱之苦。另一方面是晚唐之后十王信仰的流行，加重了人们对死亡者救赎的心理。

《佛顶尊胜陀罗尼经》强调了破地狱的功能，是尊胜经幢出现在丧葬中的主要原因。《佛顶尊胜陀罗尼经》强调人们见到或者书写陀罗尼经，或者把这些佛经放在高竿、高山高楼乃至墓中，只要经幢的影子映在身上，或者经幢上的尘埃飘到人身上，就会消除所有罪业，不堕入地狱，免受各种折磨。为了使死者可以随时受到经幢尘埃或影子的保佑，唐中期，有人在墓侧立经幢。比如《唐观心寺禅律故尼大德坟前尊胜石幢记》中就说："罗尊胜，诸佛秘门。破诸地狱，能离垢尘。建资幢赞，用济幽魂。巍巍不朽，万古千春。"明确说明经幢破地狱的功能。

五　天王俑和十二生肖俑

俑是中国古代一种用以殉葬的偶人，为明器。《礼记·檀弓下》记载："孔子谓为刍灵者，善；谓为俑者，不仁。"郑玄注：俑，"偶人也。有面目机发，似于生人"。《孟子·梁惠王上》："仲尼曰：始作俑者，其无后乎？为其象人而用之也。"

俑，作为一种随葬品，由人殉制度演变而来，大约起源于商周时期。有学者认为最早的俑可能是以茅草扎束成人形，称"刍灵"。西周初年，洛阳等地的小墓出土了玉质奴隶俑，至春秋战国时期，多地开始流行用俑殉葬。考古资料表明，山东临淄郎家庄 1 号墓出土的成组陶俑当是这一时期时间最早的陶俑。这组陶俑形体很小，高仅 10

厘米左右，有男、女俑。男俑为武士，多披甲持物；女俑为奴婢、伎乐等。陶俑与人殉同出一墓，表明用俑殉葬在春秋战国时期尚处于萌芽阶段。除郎家庄 1 号墓外，在山西长治分水岭的战国墓中也出土有陶俑，如 14 号墓中发现 18 个陶质的男、女俑，身高 5 厘米左右，造型简单，仅具轮廓，身上涂朱，还留有刀刻痕，多为奴仆形象。在湖北、湖南等省的楚墓中也发现有木俑，多为婢仆和武士形象。以木刻成人的轮廓，然后墨绘出眉目、须发等细部，有的彩绘出衣裙甲胄，也有的穿丝织衣物。一般形体扁平，也有的在躯体上另按手臂，手上再握持小木剑、戈等物或演奏乐器。俑的出现，其作用是取代被殉葬的奴隶或是"从死或葬"的妻妾、部下或仆从。

墓葬陪葬品中，天王俑比较常见。天王是佛教中的护法神，天王一般有四个，分别是东方天王持国天、西方天王广目天、南方天王增长天、北方天王多闻天。在佛教教义中，四大天王的作用极其重要，他们护法护世，使世界远离灾难，众生安居乐业。

南北朝的石窟中出现天王图像及造像。用于陪葬的镇墓俑在北朝与隋朝也出现，不过通常是身穿裲裆或披挂甲胄，拄剑按盾，身体直立，面貌如常人，是完全写实的武士形象，通常称之为"武士俑"。唐朝时期，随着佛教经典的翻译，天王形象在中国逐渐固定。唐不空翻译出《北方毗沙门天王随军护法真言》，对天王的形象进行了刻画："七宝庄严衣甲，左手执戟槊，右手托腰上，其神脚下作二夜叉鬼，身并作黑色。其毗沙门面，作甚可畏形恶眼视一切鬼神势。"不过，文本出现的时间比实际影响要晚些。在唐朝初年，天王已经出现双目圆睁，神情狰狞，孔武有力；铠甲的肩部出现兽首含臂，身体扭曲，一手置腰间，一手高举，不再执兵器；一脚抬起，双脚踩踏夜叉的形象。

唐高宗时期，由于天王可以驱鬼，墓葬之中开始出现天王俑。天王不再是佛教的护法神，而是墓主在地下世界的保护神，使墓主免受地下妖魔鬼怪的威胁，保护墓主地下世界的安宁。唐中期之后，墓葬中流行放置天王俑，尤其是关中与中原地区的贵族墓葬中。

唐代不同时期的天王俑造型各异。"初唐时期的天王俑头戴盔，盔檐外卷，怒目张嘴，身穿甲胄，长至膝部，腰束带，双手握拳弯举胸前，两腿分开直立，足下踩一蹲坐的牛或羊，底带托板。此期的天王俑形体各部分比例还有失协调，给人以僵硬之感。"① 天王俑多为汉人形象。而盛唐时期，天王俑"制作精美，造型既夸张又真实自然，给人一种和谐饱满的印象"。② 此时的天王俑面部造型则多似胡人，表现为硕额、虬髯、鼓目、狮鼻、阔口，眉骨与颧骨高突，泛称"胡相"。晚唐时期，天王俑帽檐外卷，衣饰简化，制作粗糙，身材比较短小，也比较肥胖，气魄也不大，故逐渐消失在晚唐时期的墓葬中。

安史之乱后，天王俑在墓葬中逐渐减少。究其原因，一方面与社会动荡不安有关，另一方面与木俑与纸俑出现有关，特别是纸俑的出现，冲击了原有的墓葬明器。纸俑是明器的一种，以纸扎束成，下葬时在墓前烧掉，以示死者可在地下享用。隋唐五代时期，纸明器越来越普遍。除了纸钱之外，方相氏也可以用纸做，而且越大越好；鬼神所用的碗，也可以用纸做；衣服、鞋子等也可以用纸做。用纸做明器，成本比较低廉。晚唐五代时期，社会比较混乱，人们的生活水准下降，这种廉价的丧葬方式逐渐在社会上流行，因此，比较花费钱财的天王俑逐渐在墓葬中消失。

十二生肖俑是隋唐五代时期墓葬中常见的明器。《唐会要》卷38记载："（元和）六年十二月条流文武官及庶人丧葬。三品以上，明器九十事，四神十二时，在内园宅，方五尺……五品以上，明器六十事，四神十二时，在内园宅，方四尺……九品以上，明器四十事，四神十二时，在内园宅，方三尺……以前明器，并用瓦木为之，四神不

---

① 孙燕：《唐墓的守护神——天王俑》，《文物世界》2008 年第 4 期，第 27 页。
② 孙燕：《唐墓的守护神——天王俑》，《文物世界》2008 年第 4 期，第 27 页。

得过一尺，余人物等不得过七寸，并不得用金银雕镂，帖毛发装饰……庶人明器一十五事……挽歌铎翣四神十二时各仪，请不置。所造明器，并令用瓦，不得过七寸。""十二时"即为十二生肖俑。可见十二生肖俑在隋唐五代是常见的明器，但只有九品以上的官员墓葬中能用。但到了晚唐五代，墓葬中僭越现象比较多，富贵之家也有用十二生肖俑的。

十二生肖，或称十二（相）属，本是古代占星家用 12 种动物记星象、记日、记年的一种方式，同时用来表示人的生岁。先秦时期已出现十二地支配动物的观念；魏晋南北朝时期，十二生肖用于相属业已流行。十二生肖俑出现在墓葬中，最早的是北魏时期山东临淄崔氏墓，残存 6 件，灰陶质，各带鼋台，衣冠兽首，但生肖多以动物原型出现。隋朝时期，两湖地区墓葬中生肖俑比较常见，到了唐高宗时期，中原地区墓葬中出现十二生肖俑。五代时期，墓葬中仍然常见生肖俑。

十二生肖俑的形象也发生了一定的改变。隋朝至唐初，为坐姿的兽首人身像；但是到了唐高宗、武宗时期，两湖地区开始流行站姿俑，其造型为兽首且身着宽袖大袍，逐渐取代了坐姿俑。而中原地区直至盛唐时期，生肖俑才在墓葬随葬品中流行起来，并且由坐姿俑变成了拱手站立的兽首人身文官俑。另外也出现了图像的形式，比如安菩墓棺床上侧刻有十二生肖的图像。

十二生肖陶俑在隋唐五代墓葬中的出现，与道教因素有关。道教认为"十二生肖乃斗星之气，散而为人之命，主管人世生辰岁月，时光轮回，故十二神虽界身仙界，所尽职责却是人间俗事"。[①] 为了提高自身的身份及地位，李唐王室自称为道家先师李耳之后人，因此大兴道教。同时，为十二生肖俑在墓葬中的出现奠定了社会基础。

---

① 卢昉：《隋至初唐南方墓葬中的生肖俑》，《南方文物》2006 年第 1 期，第 83 页。

六 带有佛教色彩的棺床、灯具

在前蜀永陵和后蜀和陵中，其石棺床带有浓厚的佛教色彩，因为其样式是须弥座式、莲花纹的装饰，还有扶棺的力士。这种类型在同一时期的经幢、佛塔以及敦煌石窟类似的图案中比较常见。

山西长治唐墓舍利棺椁门前两侧有站立的侍女，扶风法门寺地宫中出土的舍利棺椁中有脚踏莲花的菩萨。类似的题材逐渐世俗化，如吴越地区木棺前部放有门扉和木屋，两旁都有木制女俑，是佛教题材在普通人棺椁中的体现，是世俗化与简单化的体现，反映出墓葬主人的佛教信仰。

隋唐五代墓葬中出土了不少灯具，这些灯具具有明显的佛教文化因素。灯，又称灯明，是佛教中的六种供养具之一，代表智慧，表示六波罗蜜中的智波罗蜜，所以"佛经中多以灯明喻法、智慧，即以光明照破愚痴暗障之意。燃灯作为一种仪式，同涂香、散花、焚香、饮食一样都是对佛的供养，是僧侣、信徒积累功德的重要方法"。[①] 因此，有专门讲述施灯供佛好处的佛经——《佛说施灯功德经》。唐五代敦煌地区的燃灯活动与中国的传统节日有所联系，其中最重要的是正月的建福燃灯、上元燃灯和腊月的腊八燃灯。

世俗燃灯信仰在墓葬中也有体现。在五代墓中，常见出土具有照明功能的遗物。西安郊区隋吕思礼夫妻合葬墓中以及唐安菩墓中有烛台，饰有莲花十二瓣。巩义食品厂唐墓中出土有莲花灯，是典型的佛教用具。前蜀永陵与后蜀和陵中均出土有石缸与灯台。福建刘华墓以及吴越地区的水邱氏墓、钱宽墓、康陵等都出土有孤魂台。安徽青阳南唐墓中出土有瓷灯。福建晋江永春五代墓葬中出土有陶灯盏。江西周一娘墓中有青瓷灯盏。这些墓葬中的灯具应该是佛教中供奉菩萨的六大法器之一——灯明。

---

① 冀志刚：《燃灯与唐五代敦煌民众的佛教信仰》，《首都师范大学学报》（社会科学版）2003 年第 5 期，第 8 页。

七　纸钱

宋代，传统的明器由唐代的登峰造极逐渐衰落，如朱熹云："明器，《礼》既有之，自不可去。然亦更在斟酌，今人亦或全不用也。"其突出表现便是纸制明器的盛行，赵彦卫《云麓漫钞》载："古之明器，神明之也。今之以纸为之，谓之冥器，钱曰冥财。冥之为言，本于《汉武纪》'用冥羊马'，不若用'明'字为近古云。"

纸钱作为具有祷谢禳祓功用的物品，在宋代的丧祭活动中广泛使用，人们纷纷焚化纸钱以祷神。福州的东岳行宫，人们都用纸钱去"祭神""祈福"。据当时人描写，这些纸钱数量之多，好似"飞雪"，最后还要将这些纸钱焚烧。

纸钱在宋代丧祭活动中作为禳祷之物广泛使用，主要选择在以下几种场合。一是人刚死之时。老人刚刚"闭眼"，子孙下跪、哭啼送终之后，第一件事就是烧起身盘钱，即烧冥钱。民间认为，这样做可以使死者将其所有的东西带到阴间享用。二是做佛事道场时。丧家做佛事，供十王像，多烧楮镪，贿赂公行，为死者赎罪。三是吊丧时。当时民间遇到丧事，亲友们都赠送纸钱、纸绢等物。四是入殓时。人们还将焚烧后的纸钱灰烬用瓦缶盛装起来，待入殓时纳入棺中，认为可以供死者亡魂在阴间使用，或者将少数纸钱随墓主入葬。五是出殡时要烧起身盘钱。起身盘钱烧于亡者床头，意为给亡者去阴曹地府的车马费，即上路费。而在有些地区，此俗又称为"撒金钱"。丧家因恐死者亡魂遭野鬼戏弄，遂在就近的寺院佛殿焚烧纸钱，然后将焚烧后的纸钱灰取回家中，待出殡时沿途抛撒，意在贿赂阴间的孤魂野鬼。六是寒食或清明（冬至后第105天为寒食节，寒食节第3天为清明节）上坟时。这一风俗，含有祝福死者在冥间富裕之意。如庄绰《鸡肋编》卷上载民间寒食上坟之俗道："（河东）寒食日上冢，亦不设香火，纸钱挂于茔树。其去乡里者，皆登山望祭，裂冥帛于空中，谓之'擘钱'。"此外，扫墓时还有挑钱的习俗。所谓"挑钱"，就是将纸钱挂于竹竿上，插在墓顶；或者把纸钱挂在墓旁的树枝上。七是中元节祭祀先祖时。在宋代，七月十五日为中元节，是祭祀死者（即先祖）之日，谓之"鬼节"。这一天要举行各类活动。佛家寺院则设"盂兰盆会"以荐亡者，道家以此日为地官赦罪之辰。是日，僧道满街，纸钱遍地，象征死者后辈给先人送去了生活费用。

纸人纸偶使用的起始时间，史载不详，但唐代中期以后已经流行，如司马光说："自唐室中叶，藩镇强盛，不尊法度，竞其侈靡。"他们扎成祭屋，高达数丈，宽数十步，又扎起鸟兽、花木、车马、仆从、侍女，穿上用锦绮做成的衣服，待枢车经过时，全部焚烧。

到宋代，这一风俗已经非常盛行，史载"祷祀禳襘者用之，刻板刻印，染肖男女之形而无口"。北宋初年，长安民间遇丧葬时，陈列偶像，其中外表用绫绢金银做成的偶像称"大脱空"，外表用纸并着色的偶像称"小脱空"。长安城里有专门生产和经销"脱空"的店铺，组成"茅行"，俗谓之"茅行家事"。在宋人看来，纸人纸偶可模拟生人在阴间陪伴侍奉死者，这是一种典型的偶像巫术。

绍圣、元符间，丧祭用纸钱，以礼鬼神。又以芦苇扎鬼屋，外糊彩纸，内装潢器物，悉如生人所用，定期烧化。北宋都城东京也有此俗，七月十五日中元节这天要祭祀死者，焚烧"冥器：靴鞋、幞头、帽子、金犀假带、五彩衣服"。

八　魂瓶

古代流行在墓室中安放魂瓶，其意义在于祭祀死者、超度死者亡魂，同时也含有慰藉、取悦死者灵魂的意思。制作魂瓶，将丧仪场面再现，说到底是为了活着的人。他们希望通过这种方法，得到死者灵魂的庇佑，给他们带来幸福，禳除灾难。迄今为止，所见魂瓶上的龟趺驮碑碑铭内容全都是"宜子孙""作高吏""其乐无极""富且洋

（祥）""寿命长""千意（亿）万岁未见英（央）"之类的吉祥语，道出了制作魂瓶的真正用意。

宋代的魂瓶在不同的时期，其造型和装饰并不相同，具体表现为：北宋为青瓷五管瓶，南宋为影青堆塑瓶。五管瓶，流行于两宋时期，又称多管瓶。顾名思义，五管便是瓶的肩部分布有五个倾斜的空心管子，管子又有圆形和多棱形。这些管子是供死者亡魂出入用的。其中，青白瓷长颈、短颈和无颈堆塑瓶在江西地区多有出土，特别是在赣中和赣东北地区，南宋墓几乎每墓必出。它们一般是成双成对地安放在棺椁前面，有些在出土时还装有粮食。此外，与江西毗邻的湖北黄梅和黄石、浙江的江山和衢江、福建省的邵武、湖南的醴陵等地亦有零星出土。因这种魂瓶的瓶身往往堆塑有龙虎和日月的纹饰，故人们又称之为"龙虎瓶""日月瓶"。从出土的众多青白瓷堆塑瓶来看，"其经历了一个由简单到复杂、从低矮向高细的发展过程。早期青白瓷堆塑瓶的造型比较简单，一般为盘口、细长颈、椭圆腹，盖上塑立鸟，颈腹间有龙形堆贴，并有 3 个弧形鋬，通高在 50 厘米以下，领长（堆塑部分）占全器的二分之一"。[①] 如 1965 年江西南城县北宋嘉祐二年（1057）墓出土的一对青白瓷堆塑瓶，釉呈米黄色，长颈，腹上鼓下收，圈足外撇，腹素面，肩颈相连部堆塑荷叶边形附加堆纹一周，颈饰 12 道凸弦纹作地，两瓶的颈部分别堆塑龙与虎，自肩至颈上部有 3 个半弧形把，盖作矮笠帽状，上饰一飞鸟，通高 46.2 厘米。

南宋时的堆塑长颈瓶出土数量很多，时代特征也非常明显。首先是体形变得修长，且由北宋的颈长与腹长相等变为颈长大于腹长。其次是肩颈相接部普遍增加一周立俑，多为 12 个，个别为 11 个或 13 个。如颈部堆塑有龙、虎、日、月、伏听俑、文俑、武俑、鹿、马、

———————

① 　程晓中：《魂瓶漫说》，《收藏家》2001 年第 1 期，第 56 页。

鸡、犬、凤凰、龟、蛇等，且布局繁而不乱，疏密有致。最后是盖普遍作尖顶高帽形，个别盖很高，竟占到全器高度的四分之一。南宋早期，其两肩部仍如北宋时多饰一周荷叶形边附加堆纹，中期以后则改饰一周凸弦纹。南宋晚期开始出现龙虎头部和日月悬空凸出于器表的现象。

南宋中期以后，青白瓷堆塑瓶的瓶身逐渐增高，形状变得修长，堆积的内容也逐渐增多。江西上饶出土的一对青白釉堆塑瓶，通高34.5 厘米、腹径 13 厘米、底径 7 厘米，瓶带盖，上面饰有人物俑、家禽等图样。短颈、弧腹，有灰白色的矮圈足，颈部四周饰有 6 个人物俑，上腹堆塑下有一圈泥条状的锯齿边，堆塑人物俑间各塑有一龙一虎。通体施青白釉，釉面匀净光滑，外壁釉不及足底。

南宋晚期，青白瓷堆塑瓶的瓶身更高更长，内容也愈加复杂。如1965 年江西省清江县南宋宝庆三年（1227）墓出土的青白瓷堆塑瓶，高达 80 厘米，颈上堆有日、月、云、龙、虎及人物等。

需要说明的是，华南地区的魂瓶或魂坛，其装饰与江西地区有一定的差异。这里既有器物肩部堆塑的人物翩翩起舞，作祈祷升仙状的，如广宁出土者；也有堆塑苦萨、观音等造型的，如番禺小陵山M1 出土者，而器身从上至下的数道波浪纹与莲瓣较为相似。因此，有学者认为这类器物可能是受到了佛教影响而成为本地区较为流行的随葬品。

第六章

墓葬及其形制

　　史前时期的人类经历了漫长的不葬阶段。有意识地安葬死者，首先是从无坑穴的就地掩埋遗体开始的，当人们学会建造房屋后，即进入新石器时代，才出现挖坑建墓埋葬死者的现象。墓穴出现后，经历了从浅到深的发展过程，这是早期殡葬现象的一个规律。新石器时代后期，出现了私有财产和私有观念，氏族社会成员间地位出现明显分化，社会分层现象产生。这些巨大而深刻的社会变化，也使得墓葬形制产生了差别，墓葬规模差别明显。到了夏朝，等级制度更加明显，墓室规模和墓葬规格成为墓主人社会等级身份的象征之一。高等级权贵阶层的墓葬，从墓室到葬具，从随葬品多寡到器物类别的选择，从尸体的防腐措施到祭祀的礼器，都彰显着墓主人的身份。商朝之后，不同等级的墓葬规格差别更加明显。帝王陵墓、贵族墓葬、大臣墓葬以及中下层墓葬的营建规格、墓葬类型、墓室结构、随葬品等有所差异，这些差异一方面与当时的社会背景和历史条件相关，另一方面受古代社会等级制度的影响。帝王陵墓无论是陵园布局、陵墓营造、墓室结构、随葬品等都是一般王公贵族墓葬难以企及的，而王公与大臣墓葬则按照品级有不同的标准，平民墓葬则只能根据个人的能力营造简单墓室，随葬普通物品。

第一节　帝王陵墓

中国古代帝王陵墓的出现应该与帝王制度的形成同步。按照古史传说和后来的文献记载，中国帝王制度形成于距今四五千年的五帝时期至夏代，但各地现存的那些"三皇五帝"以及夏、商等远古帝王陵墓大都是后人为追功报德而建的历史纪念性建筑，未必是真墓所在，更不足以资证远古时代的陵寝制度。考古发现表明，在新石器时代晚期，已经出现了大型的贵族墓葬，它们是中国古代帝王陵墓的雏形。随着时代的发展，王权逐渐强化，帝王陵寝制度也逐渐完善，各代的帝王陵墓在继承前朝的基础上也融合自身的特色，在形制上有所创新。

一　商代王陵

商代墓葬的墓室多为长方形竖穴土坑墓，但等级较高的墓葬往往设有墓道，包括一条、两条和四条墓道，墓道数量越多，墓葬规格和等级就越高，墓葬设有二层台和腰坑的概率也较高。最早出现墓道的墓葬始于晚商时期，长期以来学者普遍认为墓道的多少是衡量墓主身份等级的重要标志，且认同四条墓道为殷商的帝王陵墓。目前带有四条墓道的大墓见于殷墟西北岗王陵区 8 座，山东青州苏埠屯墓地 1 座。从墓葬规模、随葬习俗和排列规则等方面可以看出，殷墟西北岗应当属于王陵区。

殷墟西北岗王陵区位于洹河北岸，地势较高，占地范围东西长450 米、南北宽 250 米。发掘者将其划分为东区和西区。西区共 7 座四墓道商王大墓和 1 座未完工大墓，这些墓葬大多以两两南北成列的形式排列，而且南边墓葬的一条墓道均打破北边墓葬的一条墓道，似是有意为之，说明南边墓葬晚于北边墓葬，应当是有意排列。这种南北成列的排列方式极可能是父子或兄弟之间关系的体现，也是宗族血缘关系的一种体现。加上东区 1 座四墓道大墓，共 9 座四墓道大墓，正好与武丁到帝辛九王匹配。

殷墟王陵东区有四条墓道的大墓 1 座，两条墓道的大墓 3 座，一条墓道的大墓 1 座，无墓道长方形竖穴墓 2 座，共有 7 座墓葬；另有大量公共祭祀坑。王陵东区的墓葬也有南北排列和互相打破的关系，各墓组之间应当也有血缘宗亲关系。[①] 大小墓葬规模之间的不同，说明墓主人的身份地位有一定差异，可能是王的配偶或殷王室成员墓葬。从王陵东区墓葬数量看，殷王配偶及其成员不会全部葬入王陵东区，妇好墓即为实例，王室及其成员应该还另有葬地。东区是商王祭祀先祖的地方，根据排列也可以分为南北两部分，南部全为祭祀坑，北部除大墓外，也全为祭祀坑。这些祭祀坑排列整齐，相互之间没有打破关系，可以分为很多组别，是多次祭祀活动形成的。

殷墟王陵区存在预先划定墓葬区域的现象，西北岗庞大、豪华的大墓和大量祭祀坑体现了商王至高无上的权威，也体现了商王墓地已经按照一定的规则和观念有意规划，墓地制度已经初步形成。

纵观整个西北岗东区和西区，墓葬排列从东向西依次顺排，即同一墓组中，北边的墓早于南边的，不同墓组，东墓组早于西墓组。[②]东区大墓年代最早，西区 8 座大墓也是南边晚于北边，东边早于西边；西区仅见四条墓道的王陵及附属祭祀坑、殉葬坑，无其他墓葬；东区除少量早期大墓外，还有大量祭祀坑。考古学者对殷墟王陵区大墓群进行深入研究后，认为该墓地是事先已有总体规划，而武丁时又

---

① 杨锡璋：《安阳殷墟西北冈大墓的分期及有关问题》，《中原文物》1981 年第 3 期。

② 杨锡璋：《安阳殷墟西北冈大墓的分期及有关问题》，《中原文物》1981 年第 3 期。

曾做过调整。由此可知，历代商王集中于一个墓地并有大量的祭祀遗迹，说明墓地制度发生重大变化，昭示着与商周社会相适应的墓地制度的形成，也就是说，经过夏代和商代早期的过渡，新石器时代的埋葬制度已基本完成了历史使命。这个变化与前述殷墟后期嫡庶观念进一步加深、王权进一步加强的进程亦相符合。[①] 尽管王国维先生早年提出过殷代无宗法制的论点，所谓"商人无嫡庶之制，故不能有宗法"，[②] 但从商王朝末期的墓葬出土情况来看，此时已经有了宗法制的萌芽，同时大量祭祀坑也是晚商时期"事鬼敬神"观念的集中体现。

殷墟西北岗王陵的 9 座四墓道大墓，墓室面积都在数百平方米，而且墓葬均有棺和椁，有二层台和腰坑，有十分丰富的随葬品，一般都有殉人坑和殉牲坑，殉葬数量很多，分布于墓室和墓道填土中。一些殉人坑的面积也很大，甚至有的殉坑还有自己的殉人，葬具有棺有椁，还随葬青铜器等器物，说明这类殉人本身属于地位较高者，掌握一定的财富，具有一定的社会地位，可能是墓主生前的臣属或侍从，但也属于陪葬性质。

二　周陵

周王朝实行分封制和宗法制，以宗法制为基础，周王朝的墓葬实行"族坟墓"制。族坟墓制度在宗法制度下有一套严格的规定，死后仍然以血缘关系来安排墓地，同族而葬。

周代的族坟墓制度分为公墓和邦墓，公墓是指王和诸侯的葬地，而邦墓是"邦中之地，万民所葬地"。公墓墓地由国家统一划分，由国家派遣官员管理，不同宗族、不同等级的人死后按各自应有的规格葬入事先划定的地域中。这些划分给各个宗族的墓地茔域归国家所有，并不归该宗族所有。周初的墓地排列规则是严格按照宗法关系来

---

① 胡进驻：《略论殷墟王陵制度的形成》，《华夏考古》2008 年第 3 期。
② 王国维：《观堂集林》卷 10《殷周制度论》，中华书局，1984。

区分昭穆次序，最中间的是国君之墓，以最早葬入墓地的先王为标准，此后历代国君按照左昭右穆的次序依次葬入墓地中。而在国君墓地的左右，则按照地位高低排列着其他大小贵族的墓葬。邦墓也有专人管理，国家会给这些宗族划定明确的墓葬茔地。邦墓是"万民"所葬之地，万民是指那些非王、侯家族的其他无爵位的贵族、自由民的家族，死后仍然以族而葬，战俘、奴隶不在"万民"之列。

西周王朝王畿范围内的公墓地发现较少，就目前考古发现来看，陕西周原周公庙遗址是迄今唯一一处发现西周城墙、甲骨文、高等级建筑和高规格墓葬群等遗存的大型周人聚落，其中大型墓葬群包括多座四墓道、两墓道大墓，还有车马坑和马坑等。从墓葬形制和规模来看，已经发掘的四墓道大型墓葬极有可能是周王之墓，而南北向两墓道大墓，考古专家已经定其为诸侯国君级别的大墓。也有学者根据甲骨文中多次出现的"周公"，认为该墓地是周公家族墓。无论如何，该墓地都是西周时期最高等级的墓葬群，墓葬规模显示该墓地极有可能是周王及其家族成员的公墓地，但具体讨论只能等待新资料的公布和发现。

三　秦陵

（一）陕西雍城秦公陵园

陕西雍城秦公陵园位于陕西凤翔南指挥镇一带，已勘探陵区范围总面积约 21 平方公里，东西长，南北宽，陵区南、北、西侧发现有宽 2~7 米的隍壕作为屏障。该陵园内已钻探出 18 座"中"字形大墓、3 座"甲"字形大墓、1 座刀形墓，还有 21 座"目"字形、"凸"字形车马坑。[①] 根据发现的陵园隍壕和墓葬分布情况，10 座陵园发现有规整的隍沟，3 座陵园有隍沟痕迹。每个陵园内墓葬数量不

---

①　陕西省雍城考古队：《凤翔秦公陵园钻探与试掘简报》，《文物》1983 年第 7 期；陕西省雍城考古队：《凤翔秦公陵园第二次钻探简报》，《文物》1987 年第 5 期。

等，一般以 1 座"中"字形大墓为中心，但也有 2 座或 3 座"中"字形大墓者。秦陵隍壕分为三种：双隍型，以马蹄形内隍围绕"中"字形大墓，再以中隍围绕主墓和车马坑；单隍型，有一条隍壕环绕"中"字形大墓和车马坑；组合型，中隍或陵中套陵的组合方式。这些围沟的主要功用是界域和护陵。① 根据陵园内的"中"字形墓葬数量，可将整个陵园划分为三种类型：第一种只有一个陵园，陵园内有三座"中"字形墓，埋葬的国君在两位以上；第二种陵园内只有一座"中"字形墓，即只埋葬一位国君；第三种陵园内有两座"中"字形墓东西并列，应是国君和其夫人并穴合葬。②

鉴于雍城秦公陵园中秦公及其夫人有隍壕围陵园的现象，有学者将其称为"独立陵园"。③ 雍城秦公陵园依旧是集中埋葬的公墓制，但该陵园中某些国君拥有单独的兆沟，陵园又是新出现的因素，因而可将其视为从"集中公墓制"向"独立陵园制"过渡的一种中间形态，它是后来典型意义上"独立陵园制"的萌芽，其出现意义重大。④

（二）秦东陵

秦东陵，亦称芷阳陵地。《史记·秦本纪》《史记·秦始皇本纪》等记载，从秦悼武王到秦始皇前诸王均埋葬于此墓地。

考古工作者对秦东陵已进行了大规模的钻探，探出 4 座陵园和若干座带封土大墓。4 座陵园相距很近，每座陵园有人工开凿或利用自然壕沟修整而成的隍壕。一号陵园发现 2 座"亚"字形大墓，有封土堆，南北并列，形制、大小基本相同；还发现 2 个陪葬区以及 4 处夯

---

① 田亚岐：《雍城秦公陵园围沟的发现及其意义》，《秦文化论丛》第 10 辑，三秦出版社，2003。

② 马振智：《秦国陵区考述》，《庆祝武伯纶先生九十华诞论文集》，三秦出版社，1991。

③ 马振智：《试论秦国陵寝制度的形成发展及其特点》，《考古与文物》1989 年第 5 期。

④ 赵化成：《从商周"集中公墓制"到秦汉"独立陵园制"的演化轨迹》，《文物》2006 年第 7 期。

土台基，在陵区的南、北侧都有一条天然壕沟，东面修建一条人工壕沟，与天然壕沟相连。二号陵园有1座"中"字形大墓、3座"甲"字形大墓，还有1座陪葬坑、2处陪葬墓区和1处地面建筑遗址。"中"字形墓与"甲"字形墓基本呈"品"字形排列。三号陵园东南距离一号陵园约1500米，东西长280米，南北宽180米，面积达48400平方米。陵园四面均有兆沟，西、北两面利用天然沟壑，东、南两面则是人工开凿而成。陵园内发现"中"字形大墓1座，东西向，在陵园的东南方向发现1座陪葬墓，在"中"字形大墓的正北和正西还发现4座小型墓和2处建筑基址。四号陵园内有"亚"字形墓1座、"甲"字形陪葬墓2座、小型陪葬墓群1处，四周有隍壕，北面为造陵时专门开挖，东、西、南侧则利用天然壕沟。[①] 其中，四号陵园葬昭襄王与唐太后，一号陵园葬庄襄王与帝太后，二号、三号分别葬悼太子和宣太后。[②] 从秦惠文王开始，历任国君都有独立陵园名称，如惠文王葬公陵、悼武王葬永陵、昭襄王葬芷陵、孝文王葬寿陵、庄襄王葬阳陵、秦始皇葬骊山。[③] 2004年在陕西西安长安区神禾原发现了战国晚期秦陵园遗址，陵园结构为长方形，外沟内垣，分为南北两区，内外五门，附有13座丛葬坑的四墓道"亚"字形大墓居于北区，大型建筑基址位于南区。大墓南北两侧各有一条排水沟。陵园布局完整，规格很高，属于秦帝、王或后妃的级别。[④]

---

① 张海云、孙铁山：《秦东陵调查记》，《文博》1987年第3期；陕西省考古研究所、临潼县文管会：《秦东陵第一号陵园勘查记》，《考古与文物》1987年第4期；陕西省考古研究所、临潼县文物管理委员会：《秦东陵第二号陵园调查钻探简报》，《考古与文物》1990年第4期；陕西省考古研究所秦陵工作站：《秦东陵第四号陵园调查钻探简报》，《考古与文物》1993年第3期。

② 赵化成：《秦东陵刍议》，《考古与文物》2000年第3期。

③ 赵化成：《从商周"集中公墓制"到秦汉"独立陵园制"的演化轨迹》，《文物》2006年第7期。

④ 张天恩、侯宁彬、丁岩：《陕西长安发现战国秦陵园遗址》，《中国文物报》2006年1月25日，第1版。

（三）秦始皇陵

在建造方式上，相比春秋战国时期的秦陵陵园，秦始皇陵有继承也有创新。如在形制上，虽然受到秦陵的影响，但改变了以隍壕或墙垣与隍壕相结合围筑的方式，只是以墙垣围筑。又如陵园由内外两重城垣组成、帝陵在陵园的中央等，都是秦王陵陵园所没有的。秦始皇陵设"阙"，也是帝王陵园最早的。

秦始皇陵是中国第一个皇帝的陵墓。秦人认为，陵墓修建得愈早，就愈长寿。秦王嬴政即位后就开始相关的修建陵墓计划，但在他亲政之前和亲政前期，主要忙于统一战争。陵墓的修建即使开始，也不会有很多的精力顾及。秦朝统一后，大规模地征发劳动力，投入帝陵建设当中，极大地加快了陵墓工程的修建速度。

据《史记·秦始皇本纪》，秦始皇陵地宫以水银为百川江河大海，用机械装置来操控水银的流动，地宫上部用奇珍异宝模仿天空，下部则模仿山川丘陵。这反映了秦始皇对死后世界的设想，即将国家的版图置于墓中以便死后继续关注帝国的未来。考古发现秦始皇陵园东西内外城之间有两组独立的三出阙，其形式和概念不是秦王时期的产物。分布在陵园内外数量众多的陪葬坑是皇帝制度下中央集权体制在地下的模拟再现，一座座陪葬坑代表了现实世界的中央政府和皇宫管理机构。这些是只有在新型政治体制建立后才可能产生的陵寝制度因素，也只能是秦统一后才会出现的。

关于秦始皇陵园的方向，"四向"说都有。有的说"南面而王"，有的说"背山面水"，有的说"西望咸阳"，但笔者认为"东向"说比较合理。由钻探材料可知：地宫的"方城"设有四座门，但东面并列五门；陵园四周，只有东门外放置一组表现秦军阵营的大型兵马俑坑，而且俑面向东；陵西的铜车马坑中，导从的高车在前，主者的安车在后，一律伫立朝东；陵园东的马厩坑、陵西内外城间的苑囿坑均呈东西向，其中的陶俑也无一例外地向东。这些既已同墓向保持一致，陵墓的正方向无疑在东面，这是秦人从陇东高原带来的古老葬俗的反映。

秦始皇陵地宫的设置及构筑已经超越了我们已知的秦代建筑水平。从总体上讲，墓室为竖穴石圹墓，在主室周围环绕侧室，在墓道两侧旁开耳室。地宫大致包括墓室、侧室、耳室、墓道几大部分。墓室是秦始皇陵地宫中放置棺椁的主体墓穴，或称"椁室"，汉代称为"方中"。根据新的勘探，秦始皇陵地宫比原来推测的要小。地宫宫墙西侧长约 200 米，东侧长约 250 米。为防止陵区内雨水在地面形成径流而灌注墓室，从而造成塌方，除了导流之外，另在方城内收分，斜向下挖筑墓穴。在墓底，笔直向下挖筑椁室。墓室是一个由特大型竖井式圹穴建构而成的三维空间，宛若一个内空的、倒置的"四棱台体"，考古工作者常称这种口大底小的墓室为"仰斗"状墓室。秦始皇陵墓道的名称，在《史记》中有明确的记载，它被称为"羡"。《史记·秦始皇本纪》有"闭中羡，下外羡门"之说。由此推测，墓道上应当设有三道门禁，即内羡门、中羡门、外羡门。秦始皇陵的墓道数量，至今没有得到合理的解释。秦始皇帝之前，最高等级的墓葬是四条墓道的形制，其后的西汉皇帝陵墓是四条墓道。但新一轮考古勘探发现秦始皇陵墓道仅设置在外圹的东西两侧，而且各自也只有一条。对这一现象目前只能存疑。

封土是指在墓穴之上用土堆垒成坟丘形状，适用于皇帝、诸侯王和高级官吏。据《汉书·楚元王传》，秦始皇陵封土"高五十余丈，周回五里有余"。20 世纪 60 年代以来，在现代测量技术的辅助下，考古学者对秦始皇陵封土的高度进行了多次勘测，获得了一批很有价值但相差迥异的数据。秦始皇陵园的区域内，南北海拔差异较大，南低北高，如将测点定在离陵墓中心位置较远的地方，数据就会变小，若将测点定在外城垣的北墙上，相应的数据就会变大。依据考古勘测，在秦始皇陵内、外城中间，东、西侧各有一组宏伟的三出阙。阙为表示等级威仪的建筑物，三出阙规格最高。依照阙的朝向，可推知陵园建筑是以东为上的。这样，将陵园东、西门周围的地面作为测点来丈量封土的高度更为合理。

秦始皇陵中还有一些礼制性建筑。通过勘探发现，在秦始皇陵墓圹周围有一高出地面 30 米的夯土台，平面上呈九级的台阶式，在此之上还建造有木质建筑，上有瓦铺设。据推测，这一建筑是供皇帝灵魂出游时登高望远用的。《汉书·贾山传》中"中成观游"的记载也印证了这一猜想。这种木构建筑属于享堂类的祭祀性建筑，但并不具备汉代陵寝中寝殿和陵庙的祭祀功能。因为它不是封顶式的堂式建筑，而且被覆盖在封土之下，无法承担祭祀功能。此外，在秦始皇陵封土之外还发现了用以祭祀的陵寝建筑，说明祭祀场所从封土上转变为封土外。

秦始皇陵陵寝制度中有"正藏"和"外藏"两大埋藏系统之分，由此奠定了秦汉陵寝制度中功能性空间区隔的基本格局。陵寝制度中外藏系统的产生、发展乃至成熟，先后经历了先秦时期的肇始、秦统一时期的发展以及西汉时期的成熟等三个不同的历史发展时期。以秦始皇陵园陪葬坑为代表的外藏系统，是秦王朝中央集权政体在皇帝陵墓中的模拟再现。"外藏"是相对于"正藏"而出现的一个与墓葬形制、格局相关的概念。大体说来，玄宫以内俱为正藏系统，玄宫以外为外藏系统。

秦始皇陵园整合了传统意义上的帝王陵园陵寝因素，加上统一后秦帝国的政治创新，模拟构建了皇帝制度下的中央集权政体，由此开创了古代陵墓制度上的一个新阶段。创新之一就是，在陵园内外所发现的大量大小不一、内涵丰富的陪葬坑构成的外藏系统。

迄今为止在秦始皇陵园范围内已发现 184 座大小、内容、形制皆不相同的陪葬坑，其中陵园内有 77 座，陵园外有 107 座，而且这些可能只是秦始皇陵陪葬坑的冰山一角，在封土之下、内城之内、内外城之间和外城之外皆可能广泛分布着大量陪葬坑。这些陪葬坑的大小相差极大，有面积 14000 多平方米的大陪葬坑，也有面积仅为 2~3 平方米的小型陪葬坑。从平面形制来看，各类陪葬坑形制多样，有长方形的，也有几何形或近似方形的。从陪葬坑的构造看，有在坑内用木板构建出和木椁相似结构的，也有仅在坑底以青砖铺设的。

秦始皇陵中共有 184 座陪葬坑，从空间布局上观察，以帝陵为中心由内向外可分为四个层次。第一层次，位于地宫之内的陪葬坑。迄今为止，考古工作仅限于地上建筑，对地宫部分未开展任何考古勘探工作，因此对各层台阶上是否存在陪葬坑，以及数量的多寡无法确定。第二层次，发现于陵园内城里、地宫外圹以外的各类型的陪葬坑。第三层次，位于内、外城间的陪葬坑，集中分布在内、外城间的东、西部。最著名的为曲尺形陪葬坑，面积为 1700 多平方米，出土了殉马、原大陶俑、真马等，排列非常密集。在该区域内的东部还发现了 3 座规模较大的陪葬坑。第四层次，分布在外城以外的陪葬坑。外城之外的陪葬坑包括兵马俑坑、动物府藏坑、马厩坑以及含有青铜水禽的陪葬坑等。这些陪葬坑中距离陵园最近的是马厩坑。在这里发现了 98 座陪葬坑，南北向分为三列排列，有马坑、俑坑以及俑马同坑三种类型。兵马俑陪葬坑在距陵园 1500 米之处，各式各样的仿真陶俑展示了秦王朝强大的军事实力。陵园东北方位的动物坑内发现鱼、鳖等 8 种动物的骨骼。上述四个层次的陪葬坑构成了秦始皇陵园一套完整的外藏系统，为进一步认识和研究秦始皇陵园，以及了解中国古代帝陵墓葬制度提供了新资料。

秦始皇陵园原来称为"丽山园"，是秦始皇陵墓的山园，也就是后世的陵园，它因丽山而得名。丽山园的规模同高大的骊山陵冢、肃穆庄严的寝殿建筑、雄阔巍峨的重城墙垣一样，庞大而奇伟。这种彼此协调又浑然一体所造就的美，足以体现出秦始皇这位"千古一帝"的个性和秦帝国的气魄。

丽山园东起今陕西临潼代王东晏西侧的古鱼池水一带，西至赵背户、姚池头、五里沟西边的古河道，南接骊山，北邻鱼池安沟一线，基本上呈边长为 7500 米的正方形，占地面积大约 56 平方公里。秦始皇陵雄踞于丽山园的中心位置，陵侧起寝，绕以重城。

秦始皇陵、园寝和一些礼制建筑外有墙垣围护。墙垣分内外两重，形成一个南北长的"回"字形。因为墙垣早已坍塌，从地面上很难看到它存在过的踪迹。考古工作者以断崖上暴露的墙基夯层为线索，经过探测得知，秦始皇陵园有内外套合的三城，计有十门。重城的四面墙各辟有门，其中东、西、南三面的六门内外相对，都指向陵冢。外城的北门和南门不同，虽然通过陵冢南北垂直，但小城南北各有一门，就使得内城的北门向西偏移，重城的两北门也就不再对直了。这些门原来是有门楼建筑的，在门址上还多有夯土和瓦砾的遗存。外城西门址上堆积的瓦砾、红烧土和灰烬，厚达 1~1.5 米。内城的西门址上曾出"甲百"二字的石门槛一条。内城的南门台基范围大约为 48.5 米×52 米，至今还高出地面 3 米有余，板瓦、筒瓦和脊瓦的残片俯拾即是。经探测，内城门址宽 8.9 米，外城门址宽 12.2 米，附近堆有大量的残砖碎瓦、红烧土和灰烬，可见当年的城楼巍峨宏大且甚富气魄。1964 年冬，在陵园外城北门附近的毛家村南的一块青石板下发现一柄铜钥匙，重约半斤，造型奇特，篆刻"北门钥"三字，说明陵园各门是定时启闭的。

围墙的四角原有角楼建筑。像内城东南角楼在下陈村西北角，原存的夯土基址已于 20 世纪 80 年代初平毁。再有，位于岳家沟东北隅的内城西南角楼，夯土基址仍高出地面 3.2 米，夯层异常清晰，层厚5.5~9.1 厘米。夯土细密夹细砂，色黄而质地坚硬，下部为原生褐土，可知角楼的建筑用土是取自本地的。由于角楼建筑早已荡然无存，所以夯基上层系瓦片和地面垄土的杂乱堆积。在今郑家庄东南方向，也就是陵园外城的西北角，夯土层较深，入地近 2 米，地面上也散布有大板瓦的残片，应当是角楼建筑的遗留物。

用探铲可以追踪陵园的墙垣的地下走向。北外城中段，因平整土地露出的部分形成断崖，高达1.5~2米，西南角呈直角走向。内城南门之东的夯土长140.8米、厚3.8米，门匮墙基在岳家沟断崖上更为清晰，角楼以东的一段长达120米。两段南墙沿线都有板瓦、筒瓦、脊瓦夹杂在木炭和红烧土中，可知墙头当年是有遮护的。墙的厚度也是内外有别，岳家沟的一段外城基宽14米，内城基宽8.3米。基槽都是深入地下1米，呈现条沟状。

在陵墓四周围墙的做法，源于春秋时期的秦国。雍都的秦公陵园不但围有隍堑（无水的壕沟），就连整个陵区的四周也都用绵亘十多公里的大型隍堑环绕着。雍都的秦公陵区包括13座陵园，每一座陵园均围以双层或单层的隍堑。秦始皇陵园的"重城"在继承春秋秦公陵园"重隍"的基础上，展示出由地下之隍变成地上之城，以至于城隍结合的过程。

此外，河南辉县周围村的魏王陵是1950年发掘的，在3座并列的战国大墓四周就有围墙建筑遗迹。1978年发掘的河北平山县战国中山王陵，其《兆域图》中表现的陵园围墙有两重，图上注明是"中宫垣"和"内宫垣"。这与秦始皇陵正方向在东，而陵园围墙作南北长方形的情况相同，说明帝王陵墓围以垣墙作为一种制度已经开始确立。汉、唐以至明清陵园，只是不再向纵深的长方形发展而已。

四　汉代帝陵

秦始皇陵开创了古代帝陵制度的新时代。但秦二世而亡，为时短暂。继秦而立的西汉，前承秦制，将秦创立的政治经济体制进一步巩固和完善。在帝陵修建上，也将秦所创立的建制加以完备，奠定了后世帝陵修建的基本格局，产生了深远影响。而东汉帝陵因考古工作较少，具体情况不甚了解。这里对汉代帝陵的探讨，以西汉为主。

（一）两汉帝陵修建

自刘邦建国至王莽篡汉，西汉共经历了皇帝 13 人。除吕后废除的汉少帝刘恭及末帝傀儡孺子婴未葬入帝陵外，其余 11 位皇帝均在生前就开始为自己修建陵墓。东汉 12 位皇帝，则有 11 位建有帝陵。

现存西汉 11 陵为：汉高祖高皇帝刘邦长陵、汉孝惠帝刘盈安陵、汉太宗孝文帝刘恒霸陵、汉孝景皇帝刘启阳陵、汉世宗孝武皇帝刘彻茂陵、汉孝昭皇帝刘弗陵平陵、汉中宗孝宣皇帝刘询杜陵、汉高宗孝元皇帝刘奭渭陵、汉统宗孝成皇帝刘骜延陵、汉孝哀皇帝刘欣义陵以及汉元帝孝平皇帝刘衎康陵。而东汉帝陵虽知道具体方位，但具体每座陵主是谁，学界并未达成共识。

从空间上来看，与前代王陵或帝陵位于都城附近相同，西汉 11 陵均位于都城长安附近，分立于咸阳原南北两侧。渭北陵区的西汉帝陵，自西向东依次为汉武帝茂陵、汉昭帝平陵、汉成帝延陵、汉平帝康陵、汉元帝渭陵、汉哀帝义陵、汉惠帝安陵、汉高祖长陵和汉景帝阳陵。长安城东南陵区有汉文帝霸陵和汉宣帝杜陵。东汉 11 陵，有 5 座位于汉洛阳城的西北（今孟津区境内），有 6 座位于汉洛阳城的东南（今偃师区境内）。

为何西汉帝陵会出现南北分立，而不是集中于一地？一般解释为与传统礼制中的昭穆制度相关。西汉帝陵中位于昭位的为高祖、景帝、昭帝、宣帝和成帝，处于穆位的为惠帝、文帝、武帝、元帝、哀帝和平帝。从西汉帝陵的分布上看，辈分相同者，如惠帝刘盈和文帝刘恒皆为高祖之子，在昭穆关系上平行，但因其帝位为前后承接，故不可以葬于同一区域。最终惠帝葬于高祖长陵之旁，而文帝的霸陵则坐落于渭水之南。但帝陵昭穆排序并非如禘祫之制可以通过毁庙祔祧来进行改变，尤其是处于渭水北面的帝陵呈线形排列，因此有些学者认为西汉帝陵的选址与昭穆制度无关。

与前代帝王陵地相比，西汉历代帝陵占地面积大为扩大，东西绵延近百里。一方面是由于陵墓本身规模变大，另一方面是由于大量陪葬墓、陪葬坑的出现以及陵寝建筑的大规模营建等。变化的根源，是西汉王朝国力逐渐雄厚与王权控制力的强化。

西汉诸位皇帝往往登基后即考虑陵墓的修建问题。除前面提到的昭穆制度之外，在陵墓选址的问题上，皇帝的个人喜好及风水占卜等因素往往影响力更大，如汉成帝曾经三改陵址。此外，在选择帝陵之址之前，选派术士占卜吉凶更是必需的。这一举动在后世形成了专门的一门学问——堪舆学。在陵寝选址上，堪舆学讲求要依山傍水，明堂开阔，"地贵平夷，土贵有支"，"土高水深，郁草茂林"。[①] 以此反观西汉帝陵，渭水北区九陵位于咸阳原北面高突之地，反衬于咸阳、长安所处的渭河平原，帝陵如山峦挺拔，巍然耸立。南与都城长安隔河相望，居高临下，视野开阔。且周围有秦岭、北山等山脉，有泾河、渭水等蜿蜒环绕，地势开阔，交通便利，也有利于祭祀和下葬，符合堪舆学的原则。

在选定帝陵地址后，还必须有人力、物力的支持来保障工程的进展。两汉帝陵的修建虽有官吏监作，但具体营建工作是由将作大匠全局统筹负责的。

西汉帝陵修建开始的时间，《汉旧仪补遗》卷下中说，天子即位次年就开土动工。实际上，据文献记载，在汉代帝陵中，在即位后的第二年即开始营建陵墓的只有汉武帝的茂陵，以及汉哀帝的义陵。其余有史料记载的，汉景帝的阳陵建于即位后景帝五年（前152），汉宣帝的杜陵建于元康元年也就是即位后的第八年（前65），汉元帝的渭陵始建于即位后的第八年也就是永光四年（前40）。而汉高祖的长陵、汉惠帝的安陵、汉文帝的霸陵、汉昭帝的平陵的具体营造时间则

---

① 郭璞撰，吴澄删定《葬书》，《四库术数类丛书》第6册，上海古籍出版社，1990，第18页。

不录于史书。但因陵墓修建工程浩大，整个工程必定历时很久。如汉武帝的茂陵修建时间前后跨度长达 53 年，直到汉武帝去世前两年才完工。而修建最为迅速的汉哀帝义陵也用了五年的时间。

如此庞大的工程，仅仅依靠国家机构所辖的工匠或征发农民力役是不可能完成的，而且大量地征发百姓营建陵墓势必耽误农时，招致民怨，影响到国家的赋税乃至造成不安定因素。所以军队和刑徒被调发参与到帝陵营造工程中，并成为首选的主体劳动力。近些年对两汉帝陵的考古勘察也发现，在帝陵周围存在大量刑徒墓地。于汉景帝阳陵西北约 1.5 公里处，有上万名刑徒埋葬于此，占地面积达 8 万多平方米。考古工作者挖掘了其中 29 个墓葬，共发现 35 具人体的骨架，大多骨架上还戴有"钛""钳"等铁制的刑具，甚至有的骨架上还存有清晰的砍斫痕迹。这些墓葬草草埋葬，排列混乱，没有随葬品。此外，东汉帝陵周围还出土了大量的刑徒墓志砖。通过篆刻在上面的铭文可以得知，从汉明帝永平五年（62）到汉灵帝熹平元年（172），有大量都城洛阳周边州县的刑徒参与了陵墓修建，所犯罪名有"髡钳"（五岁刑，剃发，颈戴铁钳）、"完城旦"（四岁刑，不剃发）、"鬼薪"（三岁刑，负责上山砍柴）、"司寇"（二岁刑，服劳役）等，[1] 男刑徒负责陵墓的修建，女刑徒负责修建的后勤工作，由"左部""右部"进行具体的管理工作。

如此旷日持久的工程，除了必需的人力保障外，雄厚的财政基础也对帝陵的修建成功起到了决定性的作用。"汉天子即位一年而为陵，天下贡赋三分之，一供宗庙，一供宾客，一充山陵。"[2] 日本学者加藤繁指出，汉代帝陵的修建费用主要来自国家财政而非帝室财政。[3] 在

① 中国社会科学院考古研究所编《汉魏洛阳故城南郊东汉刑徒墓地1964年发掘报告》，文物出版社，2007，第136~138页。

② 《晋书》卷60《索琳传》，第1651页。

③ 加藤繁：《汉代国家财政和帝室财政的区别以及帝室财政的一斑》，《中国经济史考证》（上），吴杰译，中华书局，2012，第103~105页。

汉代，掌管国家财政支出的为大司农。景帝后元年更名大农令，武帝太初元年更名大司农。在整个陵墓的修建开支问题上，大司农起着统筹作用。当然，也有例外。《汉书·宣帝本纪》在本始二年条有"春，以水衡钱为平陵，徙民起第宅"。东汉应劭在此条下注曰："水衡与少府皆天子私藏耳。"水衡属于上林三官，主管上林苑，掌铸造皇家私藏的钱。汉宣帝把本属于皇室财政的钱拿出来为先帝修建陵墓，其原因应劭分析："县官公作，当仰给司农。今出水衡钱，言宣帝即位为异政也。"

（二）两汉帝陵遗址

从整个建筑格局上说，帝陵的建构分为地上部分和地下部分。地上建筑包括封土、陵园、寝园、陵庙等，地下建筑包括墓室、墓道、陪葬墓、陪葬坑等，还有因造陵而附设的陵邑。目前，对汉帝陵的方中，也就是墓室，未进行过考古发掘，但对地上部分及地下陪葬品的情况已较为清晰。

1. 西汉帝陵的陵园

帝陵所有的建筑都依制分列于陵园之中。考古勘察报告也证实帝陵四周存在围墙的遗迹，也就是说陵园与外界由筑墙实现空间上的分隔。如汉景帝阳陵陵园四边垣墙由夯土构筑，墙宽 4~4.2 米。汉平帝康陵四周除北侧垣墙破坏严重外，其余墙址保存相对较好。墙体距离地表 0.3~1.5 米，夯筑，夯层清晰，厚 0.06~0.08 米，土质坚硬，土色黑褐，墙宽 4.1~4.3 米，现在残存的厚度仍有 0.5~2 米。[①]

东汉刘秀建国后，沿用了这种以垣墙为界的做法，但光武帝以后，这种实隔的垣墙被虚隔的"行马"所代替。"行马"指竹木架的围墙形式，如汉明帝显节陵就是以"行马"为界。这种形制被随后的

帝王所沿用，例如章帝敬陵、和帝慎陵等。

在葬式上，西汉、东汉有所不同。西汉时期，虽然在史书中也记载帝后为"合葬"，如《史记·外戚世家》："高后（吕后）合葬长陵。"但遵循同茔不同穴的原则，即帝后二人处于同一陵园中，但分葬于不同墓穴内。这一原则在汉初的墓葬中非常明显，汉高祖的长陵内就包含有高祖刘邦和吕太后的陵墓，汉高祖陵墓在吕后陵墓的西北280米处。汉惠帝和孝惠皇后同葬于安陵之中，两者的陵墓东西相距270米。自汉文帝的霸陵开始，皇帝、皇后的陵墓分立于各自陵园之内，各自筑有独立的围墙和门阙。这似乎有悖于上述原则。但据近年来的考古发现，在帝后陵园之外，还存在一个包含帝后二陵园的大陵园。如汉景帝阳陵的考古勘探发现，在帝陵、后陵门墙之外，还残存有外垣墙，其中东外司马门遗址和南外司马门遗址的考古资料已被系统地挖掘梳理，从而证实阳陵的确有外城存在。① 汉平帝康陵的布局有着更直观的显示，在平帝陵园和王皇后陵园的外围有一条封闭的围沟将两者包围起来。② 这些证明了同茔不同穴原则的一贯性。

到东汉，典籍记载已经实行夫妻合葬。但东汉帝陵未经过考古挖掘，具体情况不得而知。

从总体看，已知的西汉帝陵的走向均为坐西朝东，帝陵、后陵及陪葬妃嫔的墓葬皆位于各自陵园的正中心处。陪葬墓区在帝陵的东北方或东方，而陵邑设置于帝陵的北方或东方。从建筑形制上体现出崇方和居中的原则。

西汉帝陵陵园一般为方形。汉高祖长陵陵园边长为780米。汉惠帝安陵陵园东西长940米，南北长840米。在此之后的帝陵陵园多近

---

① 刘瑞：《秦、西汉帝陵的内、中、外三重陵园制度初探》，《中国文物报》2007年5月18日。

② 咸阳市文物考古研究所：《西汉昭帝平陵钻探调查简报》，《考古与文物》2007年第5期。

似正方形，陵园边长在 360～420 米。皇后陵园的规模一般比帝陵小，但也有个别皇后陵园规模较大的，如昭帝上官皇后的陵园边长为 404～429 米，长于昭帝的 370 米。在陵园方向上，除了末帝汉平帝的为南北向，其余均为东西走向。

陵园四周每面墙的正中央均开有一扇门，文献称之为"门"、"司马门"、"门阙"或"阙"。在陵园内的一般称为"阙"或"门阙"，位于帝陵外城的被称为"司马门"。在陵园中，门与地下的四条墓道相对，是帝陵的重要组成部分，出现在西汉所有帝陵建筑之中。此外，阙作为一种建筑形态，也出现在宫廷建筑中。

虽然称为"门阙"，但门阙实际上是一组建筑，一般由门道、阙台、门塾、回廊和散水组成。帝陵中的阙分为三种：一种为独立的阙，多出现在宫门或陵园中的司马门外；一种为门阙，兼具门的形制和阙制的因素，为门阙合一的建构；还有一种为凹形阙，为外有双阙，并与垣墙连在一起的建筑。阙的使用有着严格的等级地位之分，一般官吏使用一对单阙；诸侯、二千石以上使用一对二出阙，由一主阙和一子阙构成；皇室则使用规格最高的三出阙，由一主阙和两子阙组成。但西汉后期，随着国家控制力的减弱，门阙制度遭到破坏。虽然仍为身份地位的象征，但独立的阙门的形制已开始出现在普通官吏的墓葬中，甚至为帝王专用的三重阙也开始被大臣僭越使用。现存帝陵遗迹中，汉宣帝杜陵陵园的东门遗址和汉景帝阳陵的南门遗址保存较为完好。阳陵南阙门遗址的发掘很好地说明了阙门形制。

1997 年和 2000 年陕西省考古研究院两次对阳陵陵园南门遗址进行考古发掘。发掘总面积达 4200 多平方米，发现了大型建筑遗址一组，出土了大量瓦当、板瓦、筒瓦、铁夯头、铜器、陶俑、脊兽等遗物。[①]

---

① 陕西省考古研究院：《汉阳陵帝陵陵园南门遗址发掘简报》，《考古与文物》2011 年第 5 期。

阳陵南阙门遗址位于陵园南部正中，北距帝陵封土 120 米，阙门与垣墙连接在一起。南门遗址东西长 134 米，南北宽 10.4~27.2 米，占地面积达 2380 平方米。南阙门遗址由一组两座三出阙相连接构成，以门为对称轴，呈东西对称结构，体现了汉代建筑讲究对称、以高大为美的思想。其中东侧建筑结构保存较好，因其对称性结构，西侧建筑形制可以相应推出。

南门阙正中为中央门道，它不仅为南阙门的中心，也与整个陵园南北向的中轴线相重合。门道两侧紧贴门庭，南北长 20 米，东西宽 7.5 米，中间各有东西向的夯土墙一道，墙残长为 3.7 米和 2.5 米，宽 2 米，地面均有方砖铺地。

门庭和门道左右为两塾。"塾"，指门内东西两侧的堂屋。塾为夯土结构，平面为长方形，南北长 19.8 米，东西宽 10.7 米，塾的地面高度要高出门庭及廊道地面 2 米。塾的中部有东西向的夯土墙一道，将两塾分为等大的两部分，即内塾和外塾。加上西侧内塾、外塾，正好符合古代塾的形制："门之内外，其东西皆有塾，一门而四塾。"①在东侧塾的东侧有南北向踏步台阶，一南一北，可以由此进入两塾。台阶由夯土筑成，上面铺有瓦片或薄砖块，两段踏步入口处原应有门存在，内塾、外塾的外边缘有配廊存在。由此可以推知原本只是装饰作用的高台门阙，开始有了登高望远的实际功用。

在塾的东侧，与塾西侧相连的为东西向狭长的"凸"字形配廊。配廊地面铺素面方砖，中部有"一"字形排列的柱洞 5 个，下有长方形础石，推测原来应有承重的柱子存在。廊道也为夯土筑成，但土色与塾明显不同，为红褐色，外壁涂有草拌泥墙皮，为红色朱砂墙面。有学者推测，汉阳陵的设计可能受到传统五行观念的影响。根据五行思想，黄色为中央正色，东青色，西白色，南红色，北黑色。阳陵东

---

① 彭林注译《仪礼·释宫》，岳麓书社，2001。

阙门的遗址为青灰色彩绘，南阙门为红色彩绘，这正与五行观念不谋而合。①

塾与配廊外侧均为相互连接的廊道。廊道地面由素面或回纹形方砖铺成。在廊道之外为散水，保护建筑不受雨水的侵蚀。散水用卵石铺设，卵石为成行规则排列。截面呈现中间高、两边略低的屋脊状，散水的边缘均砌立砖为界。

皇后陵园中也存在门阙建筑，汉宣帝皇后陵园中东门遗址保存较好。与帝陵门阙相比，除了在规模上小以外，两者的不同之处在于：第一，帝陵的陵园门道，塾、配廊和廊道地面均在夯土之上铺设有素面或回纹形方砖，而皇后陵园只在塾内地面铺设有长方形地砖；第二，帝陵的塾与配廊的外侧设有卵石散水，而皇后陵园门阙在中央通道两侧，单侧门廊外有卵石散水；第三，从出土遗物来看，皇帝陵园门阙位置出土有陶器、瓦当、石器、铁器等，皇后陵园门阙位置出土的主要是"长乐未央""长生无极"一类的瓦当类建筑材料，未见其他品类物品出土。

与门阙相对，从陵墓到外城之间修有道路，称为"神道"。地上的神道与地下的羡道相对，在神道外缘的一定区域设墙地，禁止普通人入葬。在汉强盛之时，辟神道为帝陵所特有，后来被诸侯、重臣所僭越效仿，神道也出现在诸侯陵庙之中。对遗址进行考古发掘发现，在阳陵的帝陵、后陵陵墓四方向上都有汉代人工夯筑的道路遗存。

东汉年间，在神道路两侧还出现了大型石雕。根据文献记载，东汉的神道石刻有石柱、石象、石人、石羊、石阙等 12 种。近些年汉墓也出土了不少达官贵人的墓前石刻：山东省博物馆所藏汉琅琊刘君石柱、曲阜汉魏碑刻馆汉墓石人、北京艺术博物馆的秦君神道石柱

---

① 石宁：《西汉五行思想与汉阳陵帝陵陵园设计》，《文博》2013 年 5 月。

等。在洛阳象庄村南出土了一具石马，栩栩如生、雕法古朴，有些学者认为是东汉帝陵中的神道石刻。

2. 两汉帝陵的地宫与封土

西汉帝陵的地宫形制为中国传统建筑形态，为"亚"字形结构，多见于陵墓和礼制建筑明堂等。汉陵的"亚"字形结构，是墓室居中，四条羡道（墓道）与墓室呈现十字交叉结构。这是级别最高的墓葬形态。其次为两条墓道的"中"字形墓。还有一种为一条墓道的"甲"字形墓，这种单条墓道的主人身份较复杂。

以"亚"形五分法来建构陵墓，是为了把广阔无垠的土地缩小为可以建筑的形式来体现整个宇宙，而让自己处于宇宙的中心，俯视四周，控制八荒，并得以与四方神灵无限地接近。在中国古代统治者的观念里，活着的时候，他们位于天下的中心，向天下臣民发号施令；死后，自己依然处于天地的中心，能够继续他们的威仪统治，从而凸显出帝王极强的中心观念。这种"亚"字形结构在陵墓中广泛应用，显现出古人的宇宙观念、方位观念以及对死而复生的生命信念。

从汉景帝阳陵、汉武帝茂陵、汉宣帝杜陵、汉元帝渭陵、汉平帝康陵的考古调查、勘探资料来看，帝陵与皇后陵的墓室四面居中位置各开有一条墓道。墓道上接地面，下通地宫。在西汉前期，帝陵四条墓道明显有着主次之分，其中南、北、西三条墓道大小相近，而东墓道长于上述三条墓道，应为主墓道。以汉景帝阳陵为例，四条墓道中，东墓道长69米，其余三条墓道分别为：南墓道17米、西墓道21米和北墓道23.1米。墓道均呈入口小，愈靠近墓室愈开阔之势，墓道内均为五花夯土，土质坚硬，土呈现红褐色或黄褐色。同时为了便于排水，东墓道的底部还设计有斜坡。到西汉中晚期，帝陵的规模缩小，四条墓道也相应地变短，且形制、大小上变得基本相同。

据文献记载，东汉帝陵的墓道由四条墓道改为一条墓道，仅在墓室南方存在一条斜坡墓道，其原因在于建筑材料由木材转为砖石，以及南北"中轴线"观念的兴起。

在地下墓道、墓室之上，两汉帝陵都堆有规模巨大的封土。但汉文帝的霸陵除外，它"因其山，不起坟"。封土一般是在陵墓修筑工程完工后再夯筑，起到凸显威仪、保护墓室的作用。其形制受到当时主流的高台宫廷建筑的影响。封土的堆建推崇"以大为美"，这种修建模式被秦始皇发展到极致，也为西汉帝陵所继承。

西汉帝陵和皇后陵的现存封土遗址一般为覆斗形，也就是《礼记》记载的"堂"形，如同一个被截去顶部的方锥体，又像一个倒着放置的古代量器"斗"。如汉高祖长陵封土、吕后陵封土均为覆斗形。汉武帝时期国力强盛，茂陵封土规模更为宏大。即使在西汉中后期，帝陵建筑仍保留规模巨大的封土，如汉平帝康陵封土。

皇后陵的封土，其形制与帝陵相同，为覆斗形，但二者的高度多不相同。一般情况下，帝陵封土要高于皇后陵。如汉景帝阳陵封土高31米，王皇后封土高26米；汉平帝康陵封土高36米，皇后陵的封土高11米。极少数帝陵和皇后陵的封土的规模相近，如汉高祖长陵与吕皇后陵的封土高度都为30米。

东汉时帝陵封土形制与西汉迥然不同，为一种平面圆形，类似馒头，并影响到魏晋南北朝时期的王侯陵墓形制，直到隋唐才复归于覆斗形。这种馒头形封土由光武帝刘秀首创。

这种墓葬在形式上突出表现为"无为山陵"。"无为山陵"并不是不建隆起的山陵形坟墓，而是摒弃过去西汉帝陵的传统定式，尽量模仿自然界中的山丘。这就势必要去掉覆斗形封土的棱角，让整个陵墓的平面由方形向圆形转变。与西汉帝陵封土高大巍峨相比，东汉帝陵的封土规模缩小很多。西汉帝陵封土通常底边长度为150~260米，高度为26~46.5米；东汉帝陵封土底边长直径70~130米，高度往往不足20米。帝陵规模的缩小，一方面体现出光武帝节俭薄葬的观念，另一方面也可以达到掩人耳目、减少盗抢的目的。

3. 两汉帝陵中的礼制建筑

帝陵和皇后陵中的礼制建筑主要包括由寝殿和便殿组成的寝园、陵庙以及东汉时增加的石殿和钟虡等。这一组礼制建筑目的在于复原死者生前的生活状态。寝本来是君主宫廷生活中日常所居之处。古人相信灵魂不灭，事死如事生，生前有寝有朝，死后也应该有寝有庙。

（1）寝园

寝园由寝殿和便殿组成。据史籍记载，西汉的皇帝、皇后、部分太子、王后在各自陵园内均设置有寝园。《西汉会要》卷19记录的寝园有32所。其中，部分寝园经历了几次被毁和重建，原因在于后世子孙对昭穆制度的争议，更主要在于主流思想的变迁。汉初，吸取秦亡的教训，在宗庙制度上不以周礼为依据。每一代帝王都有祖庙，即不只有七座祖庙，也不尊奉昭穆制度，不迭毁祖庙。汉惠帝尊高祖为太祖，景帝时尊文帝为太宗，宣帝时尊武帝为世宗。

汉武帝采纳董仲舒的建议，实行"罢黜百家，独尊儒术"，尤其是昭宣之后，儒家思想提倡的礼制思想在主流意识形态和社会舆论上逐步占据了主导地位。元帝时，一批儒生援引礼学经典，要求实行宗庙制度的改革。贡禹主张毁惠帝和景帝庙，保留五代祖庙，加上始祖两代凑成七庙。这一提议在永光四年被变相地采纳。今天，其中部分寝园遗址被考古发现，还有一些陵园中发现有大型建筑遗址，但并未被证实用途。在被确认的寝园建筑中，汉宣帝杜陵和皇后寝园遗址保存较好。关于寝园在陵园中的位置，在汉武帝之前，寝殿居于陵旁，也就是陵园内。董仲舒的意见对于茂陵的修建产生了一定影响。加上陵园中陪葬坑的大量增加导致剩余空间变小，此后，寝园被移出陵园。茂陵的寝园位于陵园外东南角，汉宣帝的寝园也居于陵园外东南角，宣帝王皇后的寝园在陵园外西南角。下文以考古发掘报告中的宣帝及王皇后寝园情况为例做一分析。

从寝园总体看，宣帝和王皇后寝园平面都呈长方形。皇帝寝园东西长 174 米，南北宽 120 米，占地 20880 平方米；皇后寝园东西长 129 米，南北宽 86 米，规模小于皇帝寝园。帝后寝园均寝殿居西，便殿居东。因都利用了陵园北墙的一段，故寝园只有东、南、西三面墙。在三面墙中均辟有门，皇帝寝园南门为正门，皇后寝园西门为正门。正门墙两侧设有檐廊和卵石散水，皇帝寝园檐廊廊道地面铺素面砖，皇后寝园廊道无任何铺设。皇后寝园三面墙均设置门一扇，皇帝寝园在南墙有门三扇。

皇帝寝殿为单独一处院落，南北长 120 米，东西宽 116 米，南、北、西三面有墙，东面设廊。东廊和北廊廊道均由三排素面方砖铺地。寝殿院落辟有三扇门，南门在整个寝殿东西的居中位置，正对寝殿露台的正中央。东、西二门形制、大小基本相同，与寝殿东、西门相对，阔 12.75 米，进深 11.5 米。门由门道和两侧的檐廊和散水组成。门道居中，中设有东西向夯土墙，将门道分隔成南、北两个空间，门道尽头各置一门。

通道通往寝园主建筑——寝殿，居于院落的中部偏南，东西长 74.3 米，南北宽 37.5 米。在寝殿中部为殿堂台基，四壁均有方形壁柱，四周设有回廊，廊道地面铺设素面方砖。回廊之外有卵石散水，散水之外铺设几何纹方砖。

寝殿的四面都设门。东、西门规模较大，对称分布在寝殿的东、西面，大小、形制相近，东门略小于西门。门址的形制与寝殿院落门相似，也有夯土隔墙将门道分成两通道。通道为微斜坡设计，中段高，两侧平，中段地面做了防滑处理，铺设几何形方砖，两端为素面方砖。寝殿南、北面都辟有三扇门，被称为东阶、中阶和西阶。三阶进深相同，大小略异。阶的通道铺几何形砖，两侧铺设卵石散水。

便殿位于寝殿东侧，南北长 120 米，东西宽 73.5 米。便殿的东、南、北三面筑墙，西面设廊。南、北墙分别与寝园南墙、北墙的东段重合；东墙即寝园东墙，西廊与寝殿相连。在东、西、南三面墙上辟门，东门为寝园东门，西门为寝殿院落东门，南面墙有两门，也就是寝园南面的中门和东门。

整个便殿院落由堂、室和院子组成，它们之间用夯土墙分隔。便殿中的建筑物主要是堂和室，其中堂又是便殿中的主体建筑物。

以堂为主体的建筑群集中于便殿院落的西部，东部是以室为主的房屋建筑群。所有院落的中央都为天井，并设置了完备的排水设施。

西部建筑群包括殿堂一座、院子三处、房屋一套两间和一个庭院，并附有西门和南门各一扇。整组建筑南北长 58.2 米，东西宽29.1 米。殿堂在整个便殿建筑的西部居中，后有一处院落，前有两处院落，前面两处院落地面铺设方砖。

室的建筑群位于殿堂的东南部，南北长 58.2 米，东西宽 31.4米，包括三套房屋、三座院子和三座庭院。整组建筑的最中心的两座大房屋为主体建筑。在三座套间内各有一座窖穴，窖穴修建于便殿主体建筑完成之后。

王皇后寝园中寝殿和便殿的分布设置类似，但无论是规模上还是形制上都大为降低。寝殿遗址位于寝园西部，寝殿在院落的中央，院落在东、西、南三面墙上辟门，无露台。寝殿台基四周置回廊，廊道铺设素面方砖，外侧有卵石散水。寝殿北面置二门，其余形制与宣帝寝殿相同。

据考古可知，便殿出土的物品远远多于寝殿，且便殿人员来往频繁，院落利用率较高。

在寝园中日常活动的人员有以下几类。一为陵园的管理人员。史书记载有具体负责寝殿、便殿的寝令、寝中郎等官职。二是先帝的嫔妃和宫女。三为日常负责守卫和役使的人员。出土的文物也可证明，杜陵中最前面的院子为守卫士兵驻扎之所，院子旁边的一处套间为杂役人员居住。

（2）陵庙

陵庙为进行祭祀活动的重要场所。据典籍记载，西汉时期自高祖至宣帝，都有自己的陵庙，许多陵庙还有独立的名称，如景帝的陵庙号为"德阳"，武帝的陵庙号为"龙渊"。下面以汉景帝阳陵陵庙为例加以说明。

阳陵陵庙名为德阳庙或德阳宫。德阳宫位于帝、后陵园之间，帝陵东南约300米处。因陵庙中心处有一"罗经石"构件，所以又被称为罗经石遗址。

从外貌上看，遗址地形隆起，呈缓坡状。遗址分内外两重，呈"回"字形结构，总面积约6.76万平方米。外重边为正方形，边长260米，沿边缘的四周有壕沟遗存。壕沟内侧四角各修有一座曲尺形廊房建筑遗址，廊外铺设卵石散水。外重边的每边正中设有阙门，每扇跨度90米，门内侧两边各有渗水井一口，共计八口。

中心建筑为正方形，夯土结构台基，每边有14根柱子，现仍存有础石。每条边均设有3个门，共12个门。遗址四边房檐外门道原铺设有四方神兽空心砖，分别为东青龙、西白虎、南朱雀、北玄武。基址四边出土的地砖也颜色各异——东青色，西白色，南红色，北黑色，对应五行观念。

在中心夯土台基的最中央位置，放置一黑色云母花岗岩构件。其设计理念融合天圆地方传统观念，为上圆下方的结构。圆形表面平整，中间刻有"十"字凹槽，经测定，十字指向为正南正北方向。这一构件过去被认为是汉代为修建阳陵而特意修筑的测量标石，所以专家学者各取古代的定位仪器罗盘和现代经纬定位法的第一个字，将其命名为"罗经石"。当然，随着考古技术的进步和发掘的深入，有学者主张罗经石并非一个独立建筑物，而是德阳庙巨型中心石柱的石础；也有人认为它是西汉时期尊天敬神的报时工具——日晷。

但无论何种说法，对这一建筑的礼制性并未有争议。在遗址周围还出土了"千秋万岁""与天无极"等瓦当，以及玉璧、玉圭等各类祭祀用礼器，也印证了遗址的礼制特征。

（3）汉代的墓祭

秦汉以来，宗庙成为皇帝祭祀祖先的礼制性场所，更是国家政治的象征。西汉初，叔孙通采撷古礼，损益秦制，创立了汉代宗庙祭祀制度。对祖先的祭祀方式有两种：庙祭和墓祭。庙祭在宗庙举行，墓祭的主要场所为寝园和陵庙。

汉代的墓祭主要有四种形式：第一种就是每日按照皇帝生前的饮食礼仪、习惯来进行上食祭祀；第二种为丞相代替皇帝一年四次到陵寝行园时进行祭祀；第三种是每月的朔日和望日，在陵庙中举行祭祀先祖的仪式，一年12个月，每月2次，加上腊月加祭1次，一共25次；第四种墓祭形式为"月游衣冠"。古人相信衣冠上附有死者的灵魂，平日在寝殿中陈设"衣冠几杖象生之具"，且还有宫人负责管理，一如皇帝生前一样服侍。到了"月游衣冠"时，陵主生前的衣冠等被从寝园中请出，摆好仪仗在宗庙周围出游，出游完毕之后再将衣冠等物放回寝殿。此外，汉代在陵庙举行的祭祀活动还有"饮酎"，即把新鲜酿成的酒送到宗庙奉献。

这些祭祀制度，到东汉时基本保留。而且随着儒学正统地位的确立，《礼记》中记载的祭祀制度也得以复原，如四时祭、三年祫祭、五年禘祭等。这些祭祀活动规模宏大，场面热烈，也带来了陵园建筑布局上的部分改变。

第一，陵庙的设立。汉初，高祖庙在长乐宫西、安门大街东、安门北、武库南，按照"月游衣冠"的制度，需要每个月把高祖的衣冠从寝殿运到高帝庙一游。而惠帝住在未央宫，吕后住长乐宫，为了相见方便，惠帝打算在两宫之间修一条"复道"，但这条复道正好从"月游衣冠"的必经路上通过，遂遭到讲求礼制的叔孙通的反对，认为皇帝作为子孙不应当这样做。于是，惠帝在长陵重新修建了一座庙，也就是"陵庙"。从此，陵庙被独立出来，建在帝陵旁边，这一做法为西汉诸皇帝所沿用。

第二，衣冠道的设立。为了"月游衣冠"，从寝园到宗庙修有一条专门的道路，被称为"宗庙道"。随着陵庙制度的确立，这条专有的道路也被移到帝陵周围。为了道路的日常管理和维护，朝廷指定了专门的责任人。此时的"宗庙道"已改名为"衣冠道"，由"掌宗庙礼仪"的太常负责监管，一旦出现问题会被严惩不贷。在西汉前期，衣冠道作为国家宗庙礼制的重要组成部分，政府对其重视程度颇高，管理也比较严格。到西汉后期，随着王朝的衰败，以衣冠道为代表的礼法制度江河日下也成为必然。

东汉时期的墓祭还增加了对远祖的祭祀。一方面是宣传"以孝治天下"的国策，另一方面是为巩固政权的合法延续性。为了配合墓祭的开展，东汉的陵寝建制上也发生了相应的改变，出现了石殿、钟虡等建筑。石殿，是以石材为主要建筑材料的大殿，建在墓冢之前，在殿内设有神位。石殿的出现可能是由于东汉宗庙制度的改变——设亲庙，同时实行合祭不再迁毁，这种改变造成了东汉陵园中陵庙的废止。钟虡，原为宫殿中一套悬挂钟的物件，用于举行重大礼仪活动。因上陵礼的举行，钟虡也开始出现在陵园之中。

4. 两汉帝陵的外藏和内藏系统

汉代帝陵的埋葬系统根据埋藏位置的不同可分为外藏和内藏。内藏范围为墓室之内，外藏则为墓室之外。以墓室为限，"内方"即内藏，包括"内梓棺、柏黄肠题凑"、"百官藏"和四条羡道。在墓道之外的其他地下陪葬设施属于"外方"，即外藏系统。

《汉书·霍光传》中描述了内藏和外藏。其中玉衣、梓宫、便房、黄肠题凑应埋藏在墓葬当中，属于内藏。外藏系统包括"枞木外臧椁十五具"，被称为"椁"，所以应为木质结构。而"臧"则意味着埋于地下，具体指的是位于陵墓之外埋藏陪葬物品的陪葬坑。

在后世的帝陵中，梓宫和便房被沿用，只是便房的材质由木材变为石质。魏文帝曹丕鉴于汉代陵墓因陪葬品众多而被盗，故而主张薄葬，取消了金缕玉衣。黄肠题凑的消失则是由于东汉砖石墓的风行，即用方石取代枋木，仿照黄肠题凑的形式排列。

西汉晚期以后，在墓室之外的外藏陪葬形式逐步式微。东汉的帝陵从目前考古调查看，并没有发现单独的外藏系统。因洞室墓的流行，外藏被耳室、前室所代替。

5. 两汉帝陵的陪葬制度

由殉葬到陪葬，体现了社会的进步。生前封侯拜相、死后长眠于君王身边成为士人一生的期许。整个汉代陪葬制度盛行，根据考古发现，从高祖长陵到明帝显节陵都有大量达官贵人陪葬。

（1）西汉帝陵陪葬墓

在汉陵之中，高祖长陵的陪葬者数目最多。据史书记载，有萧何、曹参、周勃、周亚夫、张耳、王陵、纪信、戚夫人、田蚡家族、孝宣王皇后的王氏家族等。此外，《长安志》载，张良墓"与高祖长陵相去五里"，[①] 也属于长陵的陪葬范围。长陵的陪葬墓分布于陵园东直到泾河南岸，以长陵的司马道为轴，对称分布于两侧，相对集中。陪葬墓的封土呈现覆斗形、圆锥形和馒头形三种，在规模上比帝后陵的封土要小。

汉惠帝的安陵延续了长陵形式，陪葬墓位于陵园以东。据记载，陪葬安陵的有惠帝姊鲁元公主、冯唐、陈平、张仓、袁盎等。安陵现存有封土的陪葬墓 12 座，因自然或人为破坏封土呈现圆锥形，排列成东西向分布。

汉文帝霸陵为因山起陵，为西汉帝陵中的一个特例。据记载，陪葬者有窦太主、刘玄、武帝陈皇后、董偃等，但尚未经考古证实。

---

① 宋敏求：《长安志》卷 13《县三·咸阳》，文渊阁《四库全书》影印本，第 587 册，第 172 页上~下。

从汉景帝阳陵开始，出现了独立的陪葬墓园。阳陵距离都城长安位置较近，成为公卿大臣的赐葬之地，陪葬墓数量较多。阳陵陪葬墓集中在帝陵的北部和东部。阳陵的北司马门外有一处建筑遗址和两座陪葬墓。东区陪葬墓区和帝陵核心区之间有一条南北向壕沟将其分割，如棋盘状分布在东司马道两侧。北区两座墓规格较高，有独立的方形墓园，四周以壕沟为界，为墓室和两条墓道组成的"中"字形大墓。西侧墓封土现存为馒头形，外有13座陪葬坑。东侧墓封土呈覆斗形，环绕8座陪葬坑。

经钻探调查，汉武帝茂陵的陪葬墓现存有地面遗址的有113座，东侧较为集中，规模也较大，有大中型墓26座。此外，南侧、西侧、北侧也有分布。陪葬墓中有14座现在仍存留封土。考古确定的有卫青墓、霍去病墓、金日磾墓、阳信冢、霍光墓等。这些墓的封土有山形、覆斗形和圆丘形三种。其中，卫青墓、霍去病墓、上官桀墓等有独立的墓园。墓葬形式为竖穴土圹墓或洞室墓，墓道为单墓道的"甲"字形。

汉昭帝平陵周围的陪葬墓的封土大部分已被平掉，具体数量不知，根据以往文物普查资料记载有上百座。汉宣帝杜陵陪葬墓集中分布在帝陵东和东北。从汉元帝开始，大汉王朝江河日下，进入末期。在此时期，政治上，外戚逐步掌控实权，反映在墓葬上，陪葬者多为外戚重臣。西汉后期，国家的衰落导致礼制混乱。与前代帝陵陪葬墓集中于东侧不同，汉成帝延陵的陪葬墓，位于延陵的西面，在南面、东面也有陪葬墓的分布。汉哀帝义陵陪葬墓在陵园外东部、南部。现勘察了其中的16座，存有封土的有12座，形状为覆斗形、圆丘形和不规则形，墓葬形制为"甲"字形竖穴土圹墓。[①] 末帝汉平帝的康陵无论是在规模上还是设施上都大大简化，没有陵邑，没有陪葬墓，外藏坑数量也很少。

---

① 陕西省考古研究院、咸阳市文物考古研究所：《汉哀帝义陵考古调查、勘探简报》，《考古与文物》2012年第5期。

（2）东汉帝陵陪葬墓

东汉光武帝刘秀依靠豪强大族立国，并给予这些人特权，造成家族势力的扩大。在丧葬上，以往作为荣耀的陪葬帝陵不再对世家大族有吸引力，反而出现了家族墓地的兴盛。

此外，东汉帝陵附近也出现了宦官被赐茔的现象。因考古工作开展较少，故对于东汉帝陵陪葬墓的位置、形制、埋葬了哪些人了解不多。东汉重臣袁安曾有遗言：“备位宰相，当陪山陵，不得归骨旧葬。若母先在祖考坟垄，若鬼神有知，当留供养也。其无知，不烦徙也。”① 由此推测，东汉宰相以上的官员都应当陪葬帝陵，但因考古资料有限，未能提供佐证。

6. 两汉时期的陵邑制度

陵邑又称为园邑，是西汉丧葬制度中的一项重要内容。它是随着帝王陵区规模扩大，帝陵陵区仿效都城布局而产生的。

陵邑的设置始于秦，为西汉王朝所承袭。史书记载，西汉的帝王陵邑总计有 7 座，分别为汉高祖长陵、汉惠帝安陵、汉文帝霸陵、汉景帝阳陵、汉武帝茂陵以及昭帝的平陵和宣帝的杜陵。但实际上，设陵邑并非皇帝的专属，西汉某些未与先帝合葬的皇帝的母亲，以及死时并未以帝陵的礼仪入葬的皇帝父母也设有陵邑。所以实际存在的陵邑达 11 座。

但是，西汉设陵邑不是单纯地为奉祀陵庙，而是蕴藏着重要的政治目的，即移民以实关中。因此，出现了一场政府主导下的强制移民。汉初陵邑移民多属于普通劳动者，惠帝安陵邑的移民为“关东倡优乐人五千户”，而景帝阳陵邑的人员来源主要是“募民”，应该其中也没有多少富商大族。自武帝建茂陵邑开始，对于陵邑徙民才有了严格的甄选，也就是班固所谓的“三选之民”，即吏二千石以上、郡

---

① 袁宏：《后汉纪》卷 13，“孝和皇帝纪永光四年”，《两汉纪》下册，张烈点校，中华书局，2002，第 258 页。

国豪杰、富商，还包括游侠。大量移民涌入，使得关中地区的人口迅速增加，人口密度远高于其他地区。而且，富商豪杰的聚集效应，使都城长安的经济得以迅速恢复，出现了以长安和陵邑为主体的特殊商圈，并在全国占据绝对统领性地位。这些富商不容小觑的经济实力也为他们带来了政治上的话语权。茂陵富商焦氏、贾氏听闻昭帝有恙，大肆囤积丧葬用品。昭帝去世后，主持修建平陵的大司农田延年提出"商贾或豫收方上不祥器物，冀其疾用，欲以求利，非民臣所当为。请没入县官"，触及了焦氏、贾氏的利益，因此富人"出钱求延年罪"。后虽有丞相霍光、御史大夫田广明出面求情，但田延年仍被逼自刎谢罪。这充分说明了陵邑富商有着左右朝政的资本。

除了富商大贾，陵邑地区还聚集了大批达官显贵和社会名流。西汉时期的"七相五公"均出自陵邑，七相：车千秋、黄霸、王商、王嘉、韦贤、平当、魏相。五公：张汤、萧望之、冯奉世、史丹、张安世。这些人当中，车千秋出自长陵邑，王嘉、平当、魏相、韦贤来自平陵邑，黄霸出自云陵邑，其余二相及五公均出自杜陵邑。

这些被迁徙的精英大都文化水平较高，崇信好礼，这就促进了陵邑地区文化的繁荣，形成了独特的文化圈，今文经学开始真正在关中地区生根，作为汉代艺术丰碑的汉赋也得到了充分发展。平陵邑更是京兆地区的文化中心。自汉武帝设五经博士后，仅平陵一地就涌现出8位五经博士，如张山拊、吴章、平当、朱云、云敞等。陵邑地区文化的发展吸引了一批学者名流主动迁徙。今文经学家董仲舒、古文经学家孔安国都主动迁徙茂陵邑。国家的强盛、陵邑地区的富庶与汉赋极尽铺陈、气势宏大的特点相呼应。汉赋大家司马相如和卓文君移居茂陵邑，王商、萧望之、杜参等也居住于杜陵邑，他们把汉赋创作推进到一个新的高度。

这种政府主导的大规模移民到汉元帝时被废止。一方面由于国家控制力的加强，强干弱枝的目的已经达到。汉武帝时对北方的作战接连取得胜利，使得西北边疆的危机基本解除。各地诸侯王的势力也在推恩令实行后逐步削弱，对中央政府已构不成威胁。另一方面，当初为了增强吸引力同时安抚迁徙人员，国家往往给予一定的土地和金钱上的补偿。但元帝时，虽经历"昭宣中兴"，但政府的经济实力已大不如前，汉宣帝修平陵都不得不动用了本属皇室私钱的水衡钱，在如此举步维艰的情况下再拿出钱来鼓励移民已不可能。此外，三番五次的大规模移民，使陵邑地区人口密度变大，人多地少的局面使得很多人不得不弃农从商，这虽推动了商业的发展，但也导致了社会财富高度集中，形成追求奢靡的社会风气。永光四年冬十月，汉元帝废除陵邑，将其分属三辅，与普通县无异。此后的汉代皇帝除汉成帝外都不再修筑陵邑。

五　魏晋帝陵

魏晋南北朝时期，由于政权的分裂割据和交替频繁，再加上少数民族的融入、战争的不断发生，社会秩序紊乱，时常有许多墓地被盗，故而此时的帝王一改西汉时期的厚葬之风，改变当时的陵寝制度，使得魏晋南北朝时期的帝王陵墓在不同时期呈现出不同的特点。

（一）曹魏陵墓

曹魏陵墓是有记载的，但不清楚确切的位置。魏武帝曹操的陵墓一方面是依嘱而建，另一方面，一些特殊的建筑在当时就已经毁弃。罗宗真说："魏武帝曹操的陵墓，据文献记载，位于邺城外的西岗上，陵曰高陵。依曹操生前所颁《终令》，其陵'因高为陵，不封不树'。最初的高陵仍依东汉礼制，'立陵上祭殿'。魏文帝曹丕黄初三年（222），以'古不墓祭，皆设于庙'为由，毁去高陵上的祭殿。"[1] 因此，确切的高陵位置至今尚未可知，一些发掘所称的曹操墓都存在争

---

[1]　罗宗真：《魏晋南北朝考古》，文物出版社，2001，第76页。

议。魏文帝曹丕陵曰首阳陵，在今河南洛阳东的首阳山里，但也是"因山为体，无为封树，无立寝殿，造园邑，通神道"，并"使易代之后不知其处"。魏文帝的做法直接影响到魏晋时期的陵寝制度。首阳陵的具体位置现在也未确定。这种情况与当时提倡薄葬和葬所不为人知的观念是相一致的。

现在已发掘的魏晋时期的墓葬多集中在洛阳地区。这一时期墓葬的建筑风格多沿袭东汉晚期的风格，墓地主要由斜坡墓道、甬道、带耳室的方形前室和长方形后室组成。

（二）西晋陵墓

据现有考古资料，西晋共有五座帝陵。五座帝陵位于北邙、乾脯的两侧，山之阳从东到西分别是追封的文帝司马昭的崇阳陵、武帝峻阳陵以及惠帝太阳陵，山之阴则是追封的宣帝司马懿的高原陵以及景帝司马师的峻平陵。西晋的陵寝制度深受曹魏时期薄葬之风的影响，提倡薄葬，力求节俭。现已探查到的司马昭崇阳陵和司马炎峻阳陵都是依山而建，各为陵区。[①] 崇阳陵葬 5 墓，峻阳陵葬 23 墓。主墓即帝陵都在东侧，都是有较长墓道的土洞墓。此外在司马昭墓区之外还发现有夯土的陵墙，推测应建有角阙，陵前应有神道，在入口处立神道柱，但已不可考。应该说，西晋时期的经济虽然有所恢复，但汉末墓葬大规模被盗的记忆犹新，帝王在修建陵墓时还是有所顾忌，所以，西晋陵墓在规模上比汉时大大减缩。

（三）十六国时期陵墓

十六国时期，战乱频繁，政权更替极快，存在时间短且数目众多，故此一时期的陵墓资料无论是文献记载还是考古发现均很少。这一时期民族关系复杂，墓葬形制非常不统一，一些墓葬继承了西晋时期的特点。查阅此时的文献，墓制可考的有刘曜父之墓。史载 322

---

① 中国社会科学院考古研究所洛阳汉魏故城工作队：《西晋帝陵勘察记》，《考古》1984 年第 12 期。

年，汉主刘曜葬其父于粟邑，负土为坟，坟丘周回二里，高百尺，每日役 6 万人，百日建成，共用工 600 万人，号称永垣陵。323 年大雨，雷震刘曜父墓门屋，大风吹其寝堂于垣外 50 余步。从这些记载来看，此时的陵墓有陵垣，墓前有殿堂。

实际上，十六国时期之所以陵墓建筑之类发现较少，一方面是因为政权更替，一些当政者非正常死亡，没有得到与生前身份一致的安葬；另一方面也是遵从各自民族的习惯，实行潜埋虚葬。

（四）东晋陵墓

东晋政权共有 11 帝，建有 10 陵，陵墓均在建康。根据现有研究，元帝（一世）、明帝（二世）、成帝（三世）、哀帝（六世）葬在鸡笼山，即现今南京九华山；康帝（四世）、简文帝（八世）、孝武帝（九世）、安帝（十世）、恭帝（十一世）葬在钟山之阳，在今九华山至紫金山东西一线。各陵墓建在山前地面处，背靠山丘。基本都遵循西晋陵制，东西并列不起坟，仅有穆帝（五世）葬于幕府山之阳，起坟，但是坟丘较小，与秦汉时期的陵墓不可相比。

（五）南朝陵墓

南朝陵墓主要集中在南京地区（包括江宁、句容、丹阳三地），其陵墓建筑独特，逐渐形成了魏晋南北朝时期独有的墓葬建筑风格。南朝四朝中，宋、陈两代的帝陵主要在南京，齐、梁二朝的帝陵主要在南京以东的曲阿，即现今的丹阳。已知的帝陵主要有宋武帝刘裕的初宁陵、宋文帝刘义隆的长宁陵、陈武帝陈霸先的万安陵和陈文帝陈蒨的永宁陵，以上主要在南京地区。此外还有丹阳齐高帝萧道成的泰安陵、齐武帝萧赜的景安陵、齐明帝萧鸾的兴安陵、梁武帝萧衍的修陵、梁简文帝萧纲的庄陵。另有原葬于此后被尊为帝改建为陵的，如萧道成之父萧承之的永安陵、萧鸾之父萧道生的修安陵、梁武帝萧衍之父萧顺之的建陵，此外，还有齐废帝东昏侯萧宝卷墓和齐和帝萧宝融恭安陵。

　　总体上来说，就现今已有的陵墓材料我们可以大致得知南朝陵墓的一些建筑特点。

　　第一，南朝陵墓的建筑在选址上十分注重风水。所选的地方，一般是"背倚山峰，面临平原"。如南齐景帝萧道生的陵墓在水经山鹤仙坳南麓；陈宣帝陈顼墓在罐子山北麓，东、西、南三面都有小山相连，北对平地，中间有突起的萝卜山为屏障，可谓风水极佳。可见南朝帝陵大多是"因山为体"，在山腰、山麓上开凿陵墓。墓葬的方位也有不同，大多偏向南面，也有的偏向北面，并没有统一方位，都是依山势而定的。

　　第二，关于墓道和石刻。在南朝陵墓前的平原地区都有较长的墓道，又称神道。在南朝梁萧秀、萧融等墓前都有长约 1000 米的墓道。在神道上依次还立石兽、石柱、石碑，在神道两侧各一对，两两相对。石兽位于神道的最前端，史书中常称其为"麒麟"，或称之为"辟邪"。现存的石刻最大的要数梁武帝萧衍墓前的石兽，其长为 3.23 米，体围 2.4 米，高 2.7 米。六朝时期的石兽形象大致有两种。一种是身躯肥壮，短颈长鬣，头向后仰，兽身纹饰较为简单，此类石刻多用于王墓，其形象较像狮子，一般无角。另一种是身躯较前者要瘦弱，形象较为传统，多有角，有的有单角，有的有双角，此类石刻多用于帝陵。在石兽之后相隔一定距离一般立有石柱，称之为神道石柱，或华表。石柱一般由 3 个部分组成。其上部为柱首圆盖，往往为圆形莲花座，并在座上立石兽，可见这是受到了佛教的影响。中间为柱身，也可分为三段，"下段雕若干条凹棱，如古希腊陶立克柱身；中段雕凸出柱身之矩形平版，绕柱身雕绳纹连于平版，作绑捆状，版上用阴文刻'某某之神道'等字；上段雕与下段正相反之圆面凸棱，柱顶承托一个雕有一圈覆莲之圆盘，盘上雕一与神道入口石兽相同之小型兽"。[①] 最下为柱础，分为两层，

---

　　① 　乔匀等编著《中国古代建筑》，新世界出版社、耶鲁大学出版社，2002，第 68 页。

上层刻一对有翼的怪兽，口内含珠；下层为一方石，四面均有浮雕。石柱之后，一般在神道两侧立石碑。石碑的碑首大多作螭首形，左右双龙交缠，环缀于碑脊。碑身除刻写文字外，还在侧面加饰浮雕，多为鸟兽花叶纹，是一种新的装饰手法。这种装饰往往分为八格，每格刻一种纹饰。碑座为一龟趺，龟首高昂，颇为雄伟。

第三，关于陵墓的建造技术。根据现有考古资料，六朝时期的墓葬基本为砖石结构，这种材质和结构与南方地区的地理环境特征直接有关。在修砌陵墓之前一般先开凿墓坑，在墓葬的山坡上凿出长方形的墓坑，再在此基础之上建造陵墓。墓室均用砖石构建，最初多为长方形，之后墓室的四壁逐渐外凸，发展成近椭圆形的墓室。一般为大型的单室墓，不见前室和侧室，多为券顶和穹隆顶，墓室内部多有大型的拼镶画像砖。

第四，南朝陵墓甬道中多设石门，一般是两扇。这些石门门额呈半圆形，额上浮雕人字形拱。陵墓前均有长长的排水沟，大多在墓室铺砖上设井，通过甬道直达墓前的水塘。这种排水系统的构建在其他朝代和北方地区的墓葬中很少见，可以说是南朝墓葬的一个重要特征。当然，这也可能和南方环境潮湿有关。南朝的大墓一般起坟，其形制一般在 14~20 尺，较东汉时期小。总体上来说，南朝陵墓在一定程度上恢复和发展了东汉以来的陵寝制度，比如设神道和立石刻，但规模已大不如前。此外还出现了属于南方的陵墓特色形态，诸如排水沟系统的完善、拼镶画像砖的盛行等。

（六）北魏陵墓

北魏初期都城设在盛乐，之后迁都平城。北魏的陵墓区在盛乐的西北部，史称"金陵"。据记载，北魏道武帝拓跋珪葬于此。此外，北魏迁洛之前的六世皇帝以及后妃都葬在金陵，但金陵遗址尚未发现。平城发现有冯太后陵，号称"永固陵"。此外，孝文帝在永固陵东北为自己修建了陵墓，后南迁洛阳，并未使用，故称虚冢，号为

"万年堂"。在冯太后永固陵之前有永固堂，又称永固石室、永固庙，堂前有石阙、碑石、石像等。在陵前建石祠，祠前建石阙，祠里刻忠孝故事，这些都是汉代时陵墓的通制。由此可见，北魏早期恢复了陵寝制度和上陵礼。孝文帝迁都洛阳之后，在洛阳的北邙山上为自己建造长陵，使北邙山成为北魏的墓区，里面葬有皇族，包括元氏皇族、九姓帝族，甚至还包括一些中原和南方来的降臣。而此地的墓葬排列规制主要为父子（女）辈左右夹处，宿白先生认为其葬制是原始社会族葬制以及母系半部族制在墓葬制度上的残留。自然，这与中原的葬制很不相同，而是源于原始残余较重的代北旧习。①

　　永固陵可谓北魏皇陵的典型。据勘察，永固陵封土高达 22.87 米，基地平面呈方形，南北宽 117 米，东西长 124 米。该陵墓为砖砌多室墓，由墓道、前室、甬道和后室四部分组成，总长 27.6 米。墓道长 5.9 米，宽 5.1 米，高 5 米。前室平面呈梯形，拱券顶，后室为方形，四壁外弧，向上收拢呈四角攒尖顶，墓顶中间嵌白砂石，上雕莲纹图案。两室中间以甬道相连，甬道平面呈方形，拱券顶。前室及甬道前后各有一道大型石券门。石券门制作工整细致，由尖拱门楣、门柱、门槛、虎头门墩、石门组成，门框上饰有下具龛柱的莲瓣形券面浮雕。为了防盗，在两道石券门的里外及甬道中间共设置五道封门墙，墙厚 1.08 米。墓穴的砌筑方式是先在夯成土台的台面上开墓穴，穴中建墓室、甬道，然后再填实空隙，② 但此墓屡遭破坏。同时在墓前约 600 米处发现一个平面呈长方形的建筑遗址，上有砖瓦等建筑材料，还有石碑等遗存。在这个遗址前约 200 米处，还有一个周绕回廊的方形塔基遗迹。由此可见，北魏的陵墓受到了佛教的影响，出现了陵寺结合的特点。万年堂的结构与永固陵非常相似，但是规模略小。

　　① 宿白：《北魏洛阳城和北邙陵墓——鲜卑遗迹辑录之三》，《文物》1978 年第 7 期。
　　② 大同博物馆等：《大同方山北魏永固陵》，《文物》1978 年第 7 期。

北魏迁洛之后，以洛阳北部的邙山为陵区，葬有北魏孝文帝元宏、宣武帝元恪、孝明帝元诩三世皇帝。1991 年，考古工作者对宣武帝的景陵进行发掘。[①] 景陵墓冢平面略呈圆形，直径 105～110 米，现存高 24 米，平顶。在墓冢北约 10 米处发现石刻武士像一躯。陵墓由墓道、前甬道、后甬道和墓室组成，全长 54.8 米。平面大致呈"甲"字形。墓道长 40.6 米，整个墓道由土壁墓道和砖壁墓道两部分组成。甬道分前后两个部分，前甬道较墓道为宽，平面呈横长方形，拱券顶。后甬道位于墓葬的中轴线上，平面呈纵长方形，拱券顶。甬道内设三道封门墙，有一重石门。墓室平面近方形，地面铺砌石板，西边为石棺床。墓室壁厚 2.09 米，整个墓室十分坚固严密。墓室整体建筑与之前的北魏墓葬稍有差异，"用一种特制的绳纹长方形青砖砌筑，青砖制作规整，坚实细密而少杂质，内呈纯正鲜亮的青灰色，因入窑前砖坯诸侧面经过砑磨，故而成品砖表皮较为平滑且有黑色光亮……在墓壁、墓顶表面上，全都涂了一层均匀、黝黑、光亮的颜色，从色调上强调了这一特定建筑的性格特征"。[②]

北魏完成了北方的统一，使北方经济得到了恢复和发展，同时大力推行汉化，这点表现在陵墓制度上，就是如上所述，形成了一套颇具特色的鲜卑文化和汉文化相结合的陵寝制度。

（七）东魏、北齐陵墓

东魏 534 年立国，550 年亡于北齐，历 17 年，仅有孝静帝一帝，未真正发现陵寝。东魏孝静帝于天平元年（534）迁都邺城，在邺城西郊的漳河、滏阳河之间营建元氏皇陵区，称为西陵。此地现存很多大大小小的墓冢，西陵和北齐的皇室贵族陵墓在一起，统称为"磁县北朝墓群"。据考古研究，"东魏皇陵区位于磁县北朝墓群的西南部，

---

① 中国社会科学院考古研究所洛阳汉魏城队：《北魏宣武帝景陵发掘报告》，《考古》1994 年第 9 期。

② 李德喜、郭德维：《中国墓葬建筑文化》，湖北教育出版社，2004，第 119 页。

地表遗存一些高大的坟丘，并且还有‘魏侍中假黄钺太尉宜阳王碑’。宜阳王元景植，为孝静帝之兄，其墓葬位于讲武城乡东小屋村东北，坟丘残高3米”。① 在此墓东南侧还遗存有孝静帝之父东魏文宣王的墓葬。墓前原有石羊等雕像，应属神道石刻。

北齐皇室墓区主要在东魏皇陵区的东北面，在当时的漳河之西、滏阳河之南。北齐帝陵主要有三：文宣帝（高洋）武宁陵、孝昭帝（高演）文靖陵、武成帝（高湛）永平陵。此外，虽然神武皇帝高欢和文襄皇帝高澄均死于北齐立国之前，其皇帝身份是死后追封的，但也有帝陵。根据现有研究，在茹茹公主墓的附近有两座高大的墓冢，“大冢”位于南侧，东距茹茹公主墓约300米，应为高欢的义平陵，而位于“大冢”北侧约200米的“二冢”，猜测应为高澄的峻成陵。

1989年在河北磁县湾漳发掘一座墓葬，② 由墓道、甬道和墓室三部分构成。其中墓道为露天的斜坡道，径直通向甬道。墓室及甬道多铺有青石，甬道内有大量精美的壁画，甬道两壁上画有四灵及仪仗队伍。墓室为方形，四壁微弧，四角攒尖顶。墓室内壁画已毁，仅剩墓顶的天象图。墓前发现有石人，可知此处有神道。墓中有大量精美的壁画和随葬品，推测应为北齐的帝陵。

此外在安阳清峪村西还发现有北齐文宣帝高洋妃颜氏墓。③ 颜氏墓为洞室墓，主要由墓道、甬道、墓室组成，甬道前有斜坡式墓道。墓室平面近方形，现已残缺，形制不明。墓室北壁下有棺床。墓室四壁有壁画，南壁墓门两侧绘侍者，北壁残存一戴盔披甲骑马武士、一鹰鸟，西壁一为一妇女怀抱婴儿、一为骑马武士。

---

① 罗宗真：《魏晋南北朝考古》，第85页。
② 中国社会科学院考古研究所、河北省文物研究所、邺城考古工作队：《河北磁县湾漳北朝墓》，《考古》1990年第7期。
③ 安阳县文教局：《河南安阳县清理一座北齐墓》，《考古》1973年第2期。

（八）西魏、北周陵墓

西魏皇帝之中仅有文帝以帝礼葬于永陵，位于现今陕西富平，但具体位置不清楚。西魏墓葬现今发现较少，较为重要的仅有陕西的侯义墓，此墓为斜坡墓道土洞墓，墓内残存壁画。北周时期历五世皇帝，仅有明帝宇文毓、武帝邕和宣帝赟死后有陵墓，但北周盛行死后"不封不树"，是故此时的遗迹已无可考。

1997 年，在陕西咸阳陈马村发掘了武帝宇文邕、武德皇后合葬的孝陵。① 陵墓由斜坡墓道、5 个天井、5 个过洞、4 个壁龛及甬道、土洞式单室墓组成。墓道长 31.5 米，过洞均为拱形土洞，较墓道、天井窄，天井均为长方形直筒状，壁龛分别开设在第四、第五天井的东西两壁，两两相对。甬道平面呈长方形，拱券顶，甬道底铺斜向"人"字形砖。墓室平面呈"凸"字形，北壁有龛。墓室毁坏严重，形制不详。

东魏北齐和西魏北周的墓葬我们统称为北朝后期墓葬。

综上可知，因到北朝后期，战乱频发，陵墓制度开始异化。在西魏北周时期，多为土洞墓，此时开始盛行直通地底甬道的斜坡墓道，在墓室中还出现了精美的壁画，而且在墓道中多会出现较多的天井、壁龛以示身份，表明模仿现实生活形态的汉族墓葬和陵墓建造文化对此时期的墓葬产生了直接的影响。

六 隋唐五代帝陵

隋唐五代时期的帝陵基本分布在关中、河南地区，这两个地区也是当时政治与文化的中心。其中隋唐的帝陵主要分布于关中地区，而五代的帝王陵墓则多在河南地区。帝陵营建一般有封土为陵或依山为陵两种形式，其中隋与五代主要是封土为陵，唐代主要是依山为陵。

---

① 陕西省考古研究所：《北周武帝孝陵发掘简报》，《考古与文物》1997 年第 2 期。

帝陵方位是坐北朝南，包括陵墓与寝宫等部分。

（一）帝陵概况

隋唐五代时期帝陵的墓室结构、营造技术体现了当时陵墓营建的最高水平，而墓葬的规格、营建面积、随葬品数量则展现了这一时期殡葬礼仪与等级制度的差别。隋唐五代，帝陵按照不同的标准有着不同的界定，尤其是因王朝更替以及战乱等，许多末代帝王并没有按照帝王的礼仪埋葬，其陵墓往往也难称帝陵，比如五代时期的后唐闵帝、后唐末帝。此外还有在世并不是帝王而被后世追封为帝，并按帝王之礼埋葬的情况。比如唐高祖李渊曾追封其四代先祖为帝。因此，本书中所言的帝陵主要符合两个标准：一是有帝王的名号或陵号，二是按照帝王礼仪埋葬或者改葬。具体而言，隋唐五代称为帝陵的主要有三种情况。第一种是该时期 37 位帝王中的大部分帝王，他们都有帝号和陵号，无须赘述。第二种是被后人追尊为帝王者。比如武德初年，"追尊（李虎）景皇帝，庙号太祖，陵曰永康"。① 这些追尊的帝王虽然早已下葬，但后人多按帝王之礼重新置陵或改葬。第三种是自立为帝者，主要是各地割据势力，尤其是五代时期十国的部分统治者。他们按照帝陵的样式营造陵墓并自号为陵，如前蜀高祖王建永陵与后蜀高祖孟知祥和陵、南唐烈祖李晟钦陵和元宗李璟顺陵、南汉开国皇帝高祖刘龑的康陵和南汉后主中宗刘晟的昭陵等。另外还有一类为"号墓为陵"，如懿德太子李重润墓等。近年来的考古发现，号墓为陵的墓葬规格逊于帝陵，且没有帝王称号，在这里未将其归入帝陵。

1. 隋代帝陵

隋朝帝陵只有文帝的泰陵（或称为太陵）具有一定规模，而炀帝、恭帝死后均未按皇帝规格埋葬，但以后曾按帝王之礼改葬，因此

---

① 《旧唐书》卷 1《高祖纪》，第 1 页。

也可称之为帝陵。不过隋炀帝与隋恭帝的陵墓改葬是在唐代，已不能算是严格意义上的隋代帝陵。

隋文帝的泰陵是与皇后独孤氏的合葬墓，在今天陕西省杨陵五泉镇王上村。20世纪80年代的勘察结果显示：泰陵冢高27.4米，呈覆斗形，夯筑而成，陵冢顶部平坦，占地面积26560平方米。陵冢位于陵园中央偏南方向，陵四周有陵垣遗址残迹，城垣四角建有阙楼。陵东南0.5公里的陵角和陵东两村之间的高地上有隋文帝祠遗址。根据1982年的勘察，遗址为长方形，建有阙楼，城墙东西宽362米，南北长414米，面积149868平方米。① 泰陵的地面建筑现在遗存不多，墓葬有盗洞但未进行考古挖掘，因此墓室结构并不清楚。

炀帝陵虽未能按照帝陵的规格营建，但其葬仪仍是按帝王标准，墓葬形制与随葬品等也体现了隋唐之际的变化。大业十四年（618），隋炀帝死于江都，后历经多次改葬。隋炀帝死后，萧后先将其埋葬于江都宫流珠堂，之后右御卫将军陈棱将他按帝王之礼改葬至吴公台下。武德三年（620）六月，李渊又为炀帝建陵庙，并派遣以前的宫人看守。武德五年再次改葬。贞观二十一年，萧皇后与炀帝合葬于扬州炀帝陵。隋炀帝与萧后的合葬墓于2012年被发现，并于2013年3月进行了抢救性挖掘。该合葬墓位于扬州市邗江区西湖镇司徒村。经过考古勘探与发掘，目前在勘探范围内没有发现陵垣、神道、兆沟等陵园迹象，也没有发现相关的陪葬墓。

隋炀帝墓是一个方形的砖室墓，墓葬通长24.48米，墓道长19.5米。底部南高北低，呈缓坡状，墓壁凹凸不齐，墓道底、壁均经过火熏烤。甬道位于主墓室南侧中部。墓门以平砖封砌，与墓道连接处有两道封门。"主墓室近方形，南北长3.92米、东西宽3.84米，残高2.76米。四壁用青砖三顺一丁、一顺一丁砌造，顶部不存，东、西、

---

① 罗西章：《隋文帝陵、祠勘察记》，《考古与文物》1985年第6期。

北壁各有一龛，底铺砖呈席纹。东耳室附近发掘出两颗牙齿，一颗为右侧上颌第三臼齿，一颗为右侧下颌第二臼齿。经鉴定齿龄为 50 岁左右，与炀帝死亡年龄接近。"

萧后墓位于土墩的东南，由墓道、甬道、主墓室、东耳室、西耳室组成，墓葬通道长 13.6 米。墓道呈南高北低的斜坡状，墓道壁做法特殊，砖壁与土壁相间隔。墓道东、西两侧各有一壁龛，壁龛内置动物俑。主墓室呈腰鼓形，由前室和后室两部分组成，后室高于前室，为棺床部分。东、西、北壁各有 3 龛。墓底中部为席纹式铺砖。耳室位于主墓室南部的东、西两侧，券顶，高 0.98 米、宽 0.72 米、进深 0.68 米。西耳室顶部有龙纹砖，室内放置骆驼俑。东耳室结构与西耳室相同，内放置陶灯、陶罐、漆盒等。萧后墓清理出 1 具人骨，保存状况较差，牙齿仅存 4 颗。经鉴定，墓主人是一位大于 56 岁、身高约 1.5 米的老年女性。[①] 由此可以看出，炀帝与萧后的合葬陵同样是"同茔不同穴"的帝后合葬制。

隋恭帝杨侑禅位后，被唐高祖李渊封为酅国公。他死后，被"追崇为隋帝，谥曰恭"，[②] 因此表明他还享有帝王的尊崇。《旧唐书·太宗纪》记载，贞观十七年六月曾"改葬隋恭帝"，但具体地址不详。1988 年文物普查时将位于陕西省咸阳市乾县阳洪乡乳台村南 500 米左右的一座方冢认定为隋恭帝陵，之前它被认为是乾陵陪葬墓。[③] 该陵为平地起陵，封土是覆斗形，东西宽 82 米，南北长 76 米，高 15.8米，封土为平夯而成，夯层厚 18~20 厘米。陵冢无任何地面建筑，周边被农田侵占，封土西边有盗洞。

隋代三位帝王中的两位并没有按照帝王的规格营造陵墓，但由于

---

① 南京博物院、扬州市文物考古研究所、苏州市考古研究所：《江苏扬州市曹庄隋炀帝墓》，《考古》2014 年第 7 期。

② 《旧唐书》卷 1《高祖纪》，第 9 页。

③ 中国史学会中国历史学年鉴编辑部编《中国历史学年鉴（1989）》，人民出版社，1990，第 378 页。

古代有"三恪二王后"的宾礼，即历代王朝都要封前代后裔爵位，赠予封邑，祭祀宗庙，以示尊敬，并彰显其所承继正统的地位，所以隋代帝陵在某些时期还是获得唐朝官方的特殊关照。比如唐代君主封赐隋朝后裔世袭享有酅国公的爵位，作为二王后之一，酅国公具有祭祀隋代宗庙的职责。其祭祀的物品由专门机构负责，这一规定在唐令中亦有记载，[①] 成为法律条文加以实施。大和年间的酅国公杨元潒应是恭帝杨侑（即第一位酅国公）的承继者，具有祭祀隋朝历代先祖的宗庙、帝陵的职责。按照他的说法，隋代帝陵在唐代有四座，一座在凤翔，即隋文帝泰陵，扬州两座似与炀帝有关，一座在京兆，则与恭帝有关。由此可见，到了唐代，隋朝帝陵在某种程度上也得到了官方的关照。

2. 唐代帝陵

唐代帝陵数量众多，不仅有 21 位帝王修筑的 20 座帝陵，也有追尊的多座帝王陵墓，因此唐代帝陵更能体现隋唐五代时期帝陵的发展与演变。唐代帝陵不仅有唐高祖献陵、太宗的昭陵、唐高宗和武则天合葬的乾陵、中宗的定陵、睿宗的桥陵、玄宗的泰陵、肃宗的建陵、代宗的元陵、德宗的崇陵、顺宗的丰陵、宪宗的景陵、穆宗的光陵、敬宗的庄陵、文宗的章陵、武宗的端陵、宣宗的贞陵、懿宗的简陵、僖宗的靖陵、昭宗的和陵和哀帝的温陵，也包括唐高祖李渊四代祖宣皇帝李熙的建极陵、三代祖光皇帝李天赐的启运陵、二代祖李虎的永康陵、一代祖元皇帝李昞的兴宁陵，以及孝敬皇帝李弘的恭陵、玄宗兄让皇帝李宪的惠陵等。

除了李熙建极陵、李天赐启运陵、李弘恭陵及唐昭宗的和陵和哀帝的温陵等外，唐代其余帝陵均位于渭河北岸的关中地区。其中尤能代表唐代帝陵的是唐高祖的献陵、太宗的昭陵、高宗和武则天

---

① 荣新江、史睿：《俄藏敦煌写本〈唐令〉残卷（Дx. 3558）考释》，《敦煌学辑刊》1999 年第 1 期。

合葬的乾陵、中宗的定陵、睿宗的桥陵、玄宗的泰陵、肃宗的建陵、代宗的元陵、德宗的崇陵、顺宗的丰陵、宪宗的景陵、穆宗的光陵、敬宗的庄陵、文宗的章陵、武宗的端陵、宣宗的贞陵、懿宗的简陵、僖宗的靖陵等19位帝王的18座帝陵。由于这18座帝陵从最西的高宗与武则天的乾陵到最东的唐玄宗泰陵，东西直线距离仅约142公里，密集地分布于关中地区，因此被称为"关中唐十八陵""唐十八陵"。

唐帝陵按照营建形式，可分为封土为陵和依山为陵两类。封土为陵的方式延续了隋代之前帝陵的构筑方式，以平地深葬，夯筑陵山。此类既包括帝王的献陵、庄陵、端陵、靖陵等，也包括按帝陵修筑的唐祖陵、恭陵等。以献陵为例，其墓呈覆斗形，陵高31米，长、宽均为100米。陵台为覆斗形，位于陵园中部偏东，底边东西长139米、南北宽110米，顶部东西长30米、南北宽10米，高19米。另一类是依山为陵，包括依山势开凿的昭陵、乾陵等14座。依山为陵是唐代帝陵的主要营造方式，对唐代以后的帝陵营建产生了重要影响。

3. 五代帝陵

五代十国时期，群雄并起，其号称为帝者较多，未称帝者也有按帝陵规格营造陵墓的，因此形制较为复杂。五代帝陵大体分为两种类型：一是五代君主的陵墓，二是部分自立为帝或者被追尊为帝的十国统治者的陵墓。

虽然五代帝陵的陵园、神道、石刻、玄宫部分延续了唐朝帝陵的样式与布局，但仍然与唐帝陵有着明显区别。一是没有延续依山为陵的营建方式，多封土为陵。二是陵园的面积、墓葬规格远逊于隋唐帝陵。三是墓葬营建与保存南北有别。五代帝陵多分布于河南境内，延续了唐代覆斗形封土形制；十国的帝陵分布于南方，延续了南朝陵墓的圆形封土形制。这些方面与五代十国时期连年战乱、各地割据的政治环境有很大关系。五代帝陵的地上建筑基本荡然无存，从残存的遗迹来看，陵墓有陵园、神道、石羊、石马等；十国的帝陵虽然也不乏被盗掘者，但保存相对较好。

（二）帝陵结构

隋唐五代时期，依山为陵和封土起陵的帝王陵墓都包括陵墓、陵园等部分。陵是帝王坟墓的特称，又称"黄堂"。通过墓道通至墓室，墓室又被称为"玄宫"，是帝王尸骸的埋葬之处。陵墓之外有内外墙，内重墙包在陵丘或山峰四周，一般围成方形，每面开一门，依东西南北方位称神门。四门外各建土阙，并设石狮（献陵是石虎）各一对，另在北门外加设石马。正门朱雀门内建有献殿，是祭殿，殿后即陵丘。南门外向南为神道，从最南方的土阙向北，于神道两侧分别设相对的石人、石柱、石马、碑及蕃酋君长像等。下宫通常设置在陵墓西南方，一般相距5里，个别有10里或更远。下宫为一组宫殿，按生人宫室之制建有朝和寝，各有回廊环绕，其间隔以永巷，宫门称神门，门外列戟。寝宫内设神座，有宫人内侍，按"事死如事生"之制，每日要展衣衾、备盥洗、三时上食，并依朔望和节日上祭。宫内陈设并保存所葬帝后的衣冠、用具、服玩。下宫规模近380间。[①] 这是帝陵的基本情况。

1. 陵墓

陵墓包括陵体和玄宫等。陵冢或称陵体，是陵墓玄宫的保护设施，由封土或山体构成。依山为陵的玄宫在山的南面开凿，经过墓道、甬道进入墓室，墓室中有石椁及其他随葬品。

隋唐五代帝陵的陵冢有封土和山体两种，主要是由封土为陵与依山为陵两种营造方式决定的。特别是后者，以自然的山峰作为陵冢。[②]

---

① 傅熹年主编《中国古代建筑史》第2卷，中国建筑工业出版社，2009，第445~446页。

② 来村多加史：《唐陵选地考》，张建林、姜捷译，樊英峰主编《乾陵文化研究》，三秦出版社，2005，第53页。

依山为陵是隋唐帝陵和其他时代陵墓相比最为显著的特点之一。

其中封土为陵的外形一般为覆斗状或者圆状，包括隋文帝的泰陵，以及唐代献陵、庄陵、端陵、靖陵4座帝陵。五代时期梁高祖宣陵、后晋显陵等皆采用积土为冢的方式，前蜀王建的永陵和后蜀孟知祥的和陵封土则为圆形封土。这些帝陵多建于平缓的关中黄土塬以及中原地区的平缓地带，土厚有利于深挖墓穴，积土夯筑。虞世南称此为"高坟厚垄，珍物毕备"。① 这是沿袭秦汉以来帝陵的旧制。

五代部分帝陵的封土遭到很大损毁，尤其是由于近年来耕地挤占、房屋建设等。2014年课题组曾实地考察梁高祖宣陵。宣陵位于河南省洛阳市伊川县，陵墓被民居及工厂包围，现封土东西长45米左右，南北宽不足30米。

至今保持得比较完整的有石敬瑭的显陵和柴荣的庆陵，外观均呈覆斗状。其中石敬瑭的显陵，其墓冢也呈覆斗形，高约20米，周长约100米，坐北朝南，保存完好。"从地域及传统上来判断，五代帝陵的封土虽然体量不如唐代帝陵，但外形应该保持着覆斗形这一传统，这一形式在北宋帝陵中得到了继承。"② 南方各国的帝王陵墓中很少出现覆斗形封土的情况，多为圆形封土或圆形包砖封土。

唐十八陵中，除了献、庄、端、靖四陵之外的14个唐陵均为依山为陵。按照利用山体的形式，可分为昭陵型和乾陵型两种，昭陵将山体的一部分用以规划陵体，乾陵则将独立的山体作为陵体。③ 两者都是从山的南面开凿羡道，并在山体内部修建玄宫。

依山为陵的陵冢之下是玄宫。昭陵玄宫有五重石门，乾陵的玄宫

① 《旧唐书》卷72《虞世南传》，第2568页。

② 张学锋：《五代十国帝王陵墓通叙》，《南京博物院集刊》第12辑，文物出版社，2011，第85页。

③ 来村多加史：《唐陵选地考》，张建林、姜捷译，樊英峰主编《乾陵文化研究》，第53页。

门也以石封闭。

五代时昭陵被盗，温韬等曾进入墓室之中，发现"宫室制度闳丽，不异人间。中为正寝，东西厢列石床，床上石函中为铁匣，悉藏前世图书"，[①] 从中可窥知昭陵玄宫的内部结构。进入玄宫之前，需要过羡道，玄宫内部有棺床，玄宫之中设"宝帐"，帐内有神座，神座东摆玉币，西边依次为宝绶、谥册、哀册，陪葬明器依次摆放。当前考古发掘的懿德太子墓是号墓为陵，全长 100.8 米，它由墓道、6 个过洞、7 个天井、8 个小龛、前甬道、后甬道、前墓室、后墓室等八个部分组成。[②] 墓室分为前墓室、后墓室，采用明拱。"墓室东、西壁略呈弧形，顶部为穹隆顶，且悬有挂油灯的铁钩一个。在后墓室西部放置大型石椁一具，整个石椁由 34 块石板构成，长 3.75、宽 3、高 1.87 米，顶为庑殿式，刻出脊瓦、滴水、勾头。"[③] 但其为封土墓，与依山为陵的帝陵墓室结构有所不同。

五代十国时期，南北各个政权的帝王陵墓多是封土为陵，墓室的形制亦有不同。五代帝陵中，晋王李克用的建极陵和柴宗训的顺陵都已被发掘。李克用的建极陵是一座斜坡墓道的单室墓，陵冢包括墓道、墓门、甬道和墓室。墓道两侧是一组高约 3 米的仿木结构砖雕，砖雕做工精美，有门窗、斗拱、额坊、屋檐等。甬道是石券式，两侧浮雕"出行图"和"仪仗图"。墓室内停放有棺床，棺床为束腰须弥座式，这一形制与唐代陵墓相比已有所变化。柴宗训的顺陵同样为单室墓，由墓道、甬道和墓室组成。墓室为圆形，穹隆顶，内有砖砌的 6 处灯台。墓室西侧为壁画《武吏端斧图》，甬道东侧为《文吏迎侍图》，墓室的穹隆顶上有天象图等。顺陵的玄宫使用砖砌，

---

① 《新五代史》卷 40《温韬传》，中华书局，1974，第 441 页。
② 陕西省博物馆、乾县文教局：《唐懿德太子墓发掘简报》，《考古》1972 年第 7 期，第 26 页。
③ 陕西省博物馆、乾县文教局：《唐懿德太子墓发掘简报》，《考古》1972 年第 7 期，第 27 页。

应是沿袭了后周太祖郭威的理念。周太祖提倡薄葬，他的嵩陵墓室是将石室改为砖室营建。郭威的墓室中不要求用石柱，这也说明后周之前的帝王陵墓中多建有石柱。李克用的墓葬中建有非常精美的10根石柱，"环墓室四壁出砌方形石柱10根，石柱上浮雕忍冬花纹，其上为斗拱，每组斗拱耍头上立一尊面目狰狞的石雕怪兽，再上为石雕屋檐"。[①] 类似的如南唐李昪墓中有柱30根，其中后室8根石柱由整块青石制成。

从目前考古资料来看，五代帝陵玄宫中的墓室有单室墓和三室墓等形制。李克用的建极陵与柴宗训的顺陵都是单室墓。不过二陵皆是在特殊的情况下营造的，虽都有帝号和陵号，但两人主要是以王侯身份下葬的。从十国王陵考古发现来看，三墓室较多。王建的永陵为前、中、后3个墓室，中间墓室较大，停放棺椁。南唐二陵也是前、中、后3个墓室，其中李昪钦陵前墓室、中墓室左右各有1个侧室，而后室最大，左右开3个侧室，中间停放棺椁。李璟的顺陵规模稍逊，前、中室开1个侧室，后室开2个侧室。类似的还有吴越国钱元瓘墓及马氏康陵，以及后蜀孟知祥和陵。但和陵玄宫为横向的三室墓，这种墓室的形制在这一时期较为少见，棺床与其岳父李克用的一样是须弥座式。因此，五代帝陵的玄宫情况还需更多考古发现加以印证。

2. 陵园

除了陵冢之外，隋唐五代帝陵还有巨大的陵园。陵园皆坐北朝南，地势多北高南低。建筑面积也大小不一，唐陵的陵园皆由陵墙、神道、陪葬墓区以及下宫等组成。乾陵以后，唐陵多为依山为陵，其形制基本类似。陵冢位于陵区的北部，由近似方形的陵墙围绕而成。陵墙的四隅筑有角阙，上建阁楼，四面陵墙的中央各开一座神门。神

---

① 　贾兰坡、陶正刚等：《山西考古发掘记事》，中国文史出版社，1999，第175页。

门前有双阙和一对石狮。祭祀一般在南面神门献殿举行。南门外向南是神道，神道自南向北一般依次是石柱、鸵鸟、御马（翼马）、石人等石刻，列于神道两侧。陪葬墓一般在帝陵的东南面，依山为陵的玄宫在南面的山腰。下宫在陵园的西南，是皇帝谒陵的行宫以及守陵官署办公之处。封土为陵的帝陵陵园，其玄宫选址与陪葬墓的位置有所不同。

五代帝陵陵园虽都有一定的规模，但与唐代帝陵相比，营建较为简单。五代帝陵多为封土为陵，墓冢用黄土封筑；除梁太祖宣陵外，其他帝陵地面上不见鹊台、乳台、门阙和角阙等唐代陵园中常见的标志物，推测在当时仅用土墙围护墓冢。后汉高祖刘知远的睿陵陵园四面尚保留 4 对门狮，距离封土分别在 100 米左右，即陵园每边长不少于 200 米。五代帝陵陵园一般地势平坦，只有后晋高祖石敬瑭的显陵将神道设于两道土岭之间的低洼处，可能是因地制宜选择陵园的结果。显陵的封土呈覆斗形，底部周长 100 米，高达 20 米。[①] 帝陵多建有近似方形的陵墙，陵墙的四面中央辟门，门前有石兽和门阙各 1 对。

唐代陵墙从平面来看近似方形。许多帝陵依山而建，坐北朝南，除了南面陵垣外，其他多按山势走向顺势而筑。从残存的唐陵陵墙可见，其多沿山脉延伸，实际形状并不规则。根据考古勘查情况，唐陵陵墙有两种：一是基础以石条砌筑，上面再以土夯出墙基，在墙顶端铺板瓦，做成双坡，以利排水，墙身则以白灰涂抹或刷一层朱色浆；二是夯土墙基直接从土坑中竖起，而不用石条砌筑基础，仅在四角以及四门处（由于上有楼阁等建筑物，荷载加大）采用石条基础，在墙基下部用砖砌出散水。[②] 另外，近年来航拍和试掘发现乾陵有内外双

---

① 张志清主编《中原文化大典·文物典·陵寝墓葬》下册，中州古籍出版社，2008，第 569 页。

② 周明：《陕西关中唐十八陵陵寝建筑形制初探》，《文博》1994 年第 1 期。

重陵墙，现存外城垣夯土基址宽 2.05～2.2 米，距离内城墙基大约 220 米。

五代帝陵一般也建有陵垣，但大多残损。其中，石敬瑭显陵、刘知远睿陵仍有遗存。后梁太祖朱温宣陵按照记载应有陵垣，但已被破坏。柴荣庆陵陵园为明代修建。在十国帝王陵墓中，南汉高祖刘龑康陵经过考古发掘，证实陵园四周有夯土的墙垣，其中北墙保存较好；南唐陵园的四周也有近方形的陵垣。与隋唐相比，五代十国的陵垣规模缩小，即便与隋文帝或者唐高祖的封土陵相比也有明显的差距。"这些现象都反映了五代十国帝王陵墓与唐代帝陵规模上的差距，但却与北宋帝后陵区中围绕坟冢的'宫城'规模相近，边长通常在 200 米左右。"① 这也表明五代是隋唐至宋帝陵演变中的一个过渡时期。

隋唐五代的陵墙四面中央各辟有一座神门，门外一般各有石兽和土阙一对。神门的称呼起初并不固定，有"神午门""司马门""朱雀门"等多个不同的称谓。

唐陵各门址大多已损毁，从遗址与资料推测，一般有阙楼式、过殿式、过洞式、混合式等类型。② 昭陵北司马门遗址约为殿堂式建筑，"位于阙南部正中，两侧与夯土围墙相连接。门址内西部遗存保存较好，其中最南端的长廊状房址形制基本完整。门址东南的遗迹大部不存。廊房地面为台阶状，每间一台，从北向南逐级升高。以柱础为标准，共 7 间。七间廊房放置十四国酋长像和昭陵六骏，其中南部的四间置放十四蕃君长像，南 1～3 间各置两座，到第四间置一座，而北部三间则各置一六骏石刻"。③ 桥陵的南门址与昭陵北司马门址、崇陵南

---

① 张学锋：《五代十国帝王陵墓通叙》，《南京博物院集刊》第 12 辑，第 84 页。

② 周明：《陕西关中唐十八陵陵寝建筑形制初探》，《文博》1994 年第 1 期。

③ 陕西省考古研究所、昭陵博物馆：《2002 年度唐昭陵北司马门遗址发掘简报》，《考古与文物》2006 年第 6 期。

门址的基址结构相同，也是五间三门的殿堂式门，① 约为 20 米长。

唐陵神门之外一般建有石兽和阙各一对。献陵的石兽为石虎，乾陵以后多为石狮。门阙为夯土筑就，平面为三出阙形制。昭陵北门的双阙为东西相对，间距 31.5 米，下面是东西横长的夯土台，内夯土而外部包砖。乾陵东、西、北门以及桥陵等南门遗址则是以石为基础的三出阙。

双阙之后是列戟廊房，门前列戟是地位的象征。昭陵的北司马门遗址双阙后的一对长条形房址推测为列戟廊房。

唐陵墙四角多筑有角阙，角阙之上建有楼阁。考古发现，献陵的陵园四角有曲尺形的夯土角阙基址。乾陵以后的历代帝陵，陵墙四角大多置有角阙。"现存的角阙遗址平面多为方形或圆形，残高 3 至 5 米左右，最高达 10 米。根据敦煌壁画所示角阙及懿德太子墓道壁画所示阙楼与城墙的关系，可见唐代角阙墩台应与陵墙等高或略高。"②五代时期的帝陵陵墙大多损毁，因此是否存在角阙需更多考古发现。但南汉康陵陵墙的四角有阙，且为一大一小的子母阙，"子阙位于内侧，与墙垣相连接，母阙在墙角外侧"。③康陵角阙上部已经损毁，只留方形台阶，应该是具有一定规模的楼阁式建筑。

献殿主要是用来举行朝拜、祭献仪式的建筑，又叫寝宫，是帝陵的主要地上建筑之一。献殿内陈列供奉帝王生前遗物，并有守陵人看管。历代帝王祭奠拜谒山陵时都要前往献殿。昭陵寝宫遗址位于九嵕山南皇城村东侧。昭陵献殿的位置不方便举行较大祭奠仪式，因此，昭陵北司马门内设有祭坛，又建寝殿，寝殿中也有帝王遗物，以便拜祭。其遗址在北司马门门址南面。

---

① 陕西省考古院：《唐睿宗桥陵陵园遗址考古勘探、发掘简报》，《考古与文物》2011年第 1 期。

② 周明：《陕西关中唐十八陵陵寝建筑形制初探》，《文博》1994 年第 1 期。

③ 广州市文物考古研究所：《广州德陵、康陵发掘简报》，《文物》2006 年第 7 期。

献殿位于南门阙内，但各陵献殿与南门间的距离并不相同。当前，唐陵的寝宫遗址破坏较为严重。2004 年曾对昭陵寝宫进行考古发掘，发现其"外周为长方形的宫城城墙，南北 304、东西 238.5 米，夯土城墙厚 2.5 米左右。寝宫北部用一道东西向内城墙隔出南北宽 47.5 米的夹城"。[①] 昭陵寝宫有南门、北门、夹城门三重门，是一组完整的宫殿建筑。除了南门之外，还有东序、殿陛、东阶等。寝宫还有北门、西厢房、西阶。结合文献与考古发现，寝宫是由东西厢房、东西阶、大殿及南北门的一组沿中轴线依次排列的地面建筑。

五代帝陵也应有与祭祀相关的建筑。比如南汉康陵发现的神龛和祭台，南唐二陵也有东西长约 90 米、南北宽 64~74 米的献殿遗址。可见，其他五代帝陵也应建有此类建筑。

唐陵下宫一般在陵墓的西南，下宫是陵署官员、宫人等以及皇帝拜谒陵墓时的驻地。一般建在鹊台以内、神道之西，具体的距离各陵依照地形有所差异，一般在五里左右。"下宫最初称为寝宫，设置在陵体近旁，具有供陵主灵魂起居的功能。从乾陵以后离开陵体，演变成为陵台官署意味很浓厚的设施。"[②] 贞元十四年（798），昭陵旧寝宫遭遇野火，宫室焚烧殆尽，被迫迁移至山下，因此称之为下宫，但这是部分学者的看法。

献陵的下宫遗址位于乳阙西南约 1 公里处，"仅在四周发现少量夯土基址和大量砖瓦堆积，遗址整体面貌不清楚"。[③] 乾陵以后，下宫一般位于鹊台与乳台之间的西南位置，是一组具有内外两重夯筑城墙的宫城建筑。近年来，考古发现部分唐陵的下宫遗址颇具规模，"乾陵下宫面积 145000 平方米，桥陵下宫面积 206515 平方米"。[④] 在

① 张建林：《唐代帝陵陵园形制的发展与演变》，《考古与文物》2013 年第 5 期。
② 来村多加史：《唐陵选地考》，张建林、姜捷译，樊英峰主编《乾陵文化研究》，第 56 页。
③ 张建林：《唐代帝陵陵园形制的发展与演变》，《考古与文物》2013 年第 5 期。
④ 张建林：《唐代帝陵陵园形制的发展与演变》，《考古与文物》2013 年第 5 期。

内外城之间，还有多处建筑的夯土遗址。五代时期，部分帝陵也沿袭了唐代陵墓的形制。李嗣源的徽陵建有上、下宫。在祖堂山南唐陵园西门外北侧的高台上，有一处东西长约 60 米、南北宽约 50 米的建筑基址，"可能与陵园的守护相关，也可能是陵区的下宫遗址"。① 不过五代连年战乱，朝代更迭频繁，部分帝陵下宫的具体形制也难以尽同。

在通往帝陵的神道上整齐地排列着石刻，这些石刻被称为神道石刻。帝陵陵前开神道，自秦汉即有。帝陵石刻基本沿着神道左右对称排列，石刻间距离基本在 22 米左右，如当前基本保存完好的贞陵右侧石刻。

神道南端是一对石柱，石柱由柱头、柱身、柱基三部分组成。柱身为八面棱柱，其中泰陵、建陵石柱为两段相接而成。石柱之上有蔓草或者瑞兽等多种纹饰，其中桥陵石柱周身线雕缠枝卷叶纹和天马行空图案，而正南面天马行空图案多达六层；崇陵石柱各棱面则线刻有伎乐飞天和蔓草纹饰；丰陵石柱的棱面阴线刻迦陵频伽、獬豸、凤、花卉、吹笛童子等纹饰。② 帝陵的柱头多为桃形宝珠或者圆形宝珠，柱基多为覆盆式造型。

石柱之后依次排列石兽、石人等石刻雕像。乾陵之前，帝陵的石刻并不固定，例如献陵四门外只有石虎 1 对，南门有石犀 1 对。昭陵石刻则颇具规模，在北司马门内有十四国酋长像与昭陵六骏等石像，十四国的酋长石像均由青石制成，石像另有底座，石人双足下的凸形正好固定于底座的方槽之上，石基座的正面刻有十四国可汗的名字。不过，昭陵石刻的目的与乾陵以后不完全相同，这些石刻主要是为了彰显太宗的武功。

乾陵以后，唐陵石刻在规模与形式上有了很大变化，还有象征礼

---

① 王志高：《试论南京祖堂山南唐陵园布局及相关问题》，《文物》2015 年第 3 期。
② 刘向阳：《唐代帝王陵墓》，三秦出版社，2003，第 168~244 页。

仪的性质。乾陵不仅在四个神门之外列有石狮各 1 对，北门立有 3 对石马，还在神道上依次排列：石柱一对，翼马一对，鸵鸟一对，石马和马夫五对，石人十对，无字碑、述圣纪碑各一，六十一宾王像。除了无字碑、述圣纪碑、六十一宾王像，翼马、鸵鸟、石马、石人等石像都成为唐陵石刻的定制。

另外，乾陵、定陵、桥陵的 10 对石像为挂剑石人，而到了泰陵以后，10 对石像开始有文武之分，一般东为文臣，持笏而立，西为武将，挂剑而立。这 10 对神道石人也应该与出行仪仗类似，石像的变化受到当时朝仪制度的影响。

除后周帝陵群外，五代的帝陵前大多列有石柱、石马、石虎、石羊、石狮和石人等石像。以上石像与唐代帝陵并不完全相同，唐代帝陵的石像中没有石虎、石羊，石虎、石羊均是安置于人臣墓前。十国部分帝王陵墓中也曾发现有石像，如王审知宣陵、南汉昭陵等。

唐代帝王令一些王公贵戚、佐命功臣的墓葬建于帝陵周边，以示恩宠。王公、功臣陪葬帝陵旁边，是一种礼遇与荣耀。唐陵的陪葬墓主要建于唐前期，其中高祖献陵、太宗昭陵、高宗乾陵较多，玄宗之后的帝陵一般只有几座，甚至没有陪葬墓。

帝陵中的陪葬墓主要包括两部分，一是子女，二是功臣。子女附葬亲茔是家族墓葬的传统。以功臣陪葬，是仿汉代旧制。其中昭陵是唐陵中陪葬墓最多的帝王陵墓，除太宗子女亲属、功臣之外，还有一些"德业佐时"人等。《唐会要》《长安志》《文献通考》《关中陵墓志》对昭陵的陪葬墓多有记载。《长安志》中记载有 166 座，但根据昭陵文物管理所于 1977 年对昭陵陪葬墓进行的考古调查，昭陵有陪葬墓 167 座，其中可确定墓主姓名、身份和入葬时间的有 57 座。近年来，根据昭陵博物馆的最新调查，陪葬墓又增加至 193 座（含宫人墓），[1] 这说

---

① 胡元超编著《昭陵文史宝典》，三秦出版社，2006，第 21 页。

明昭陵的陪葬墓不仅仅是文献所记载的部分。

乾陵以后，在南门门阙之外的南面还有阙台。位于神道南端的名为乳台，乳台再向南为鹊台。乾陵的乳台、鹊台与门阙相同，均为三出阙。另外个别陵区还建有为帝王祈福的寺院，如在李克用建极陵陵园中就有陵寺。

在隋唐帝王陵墓中，皇帝与皇后多为同穴合葬。五代时期，部分帝王陵墓采用异穴合葬。比如王建永陵、闽王王审知宣陵、吴越国王墓等。宋代以后，帝后开始同茔异穴。

总体而言，这一时期帝王陵墓的特点有三：一是唐代多数帝陵依山为陵，五代帝陵则封土为陵；二是盛行陪葬制度，唐代帝陵内辟陪葬区以皇亲勋臣陪葬，且数量众多；三是唐代尤其乾陵以后的帝陵陵园布局、陵墓石刻等逐渐成为定式。

七 宋代帝陵

（一）北宋皇陵

在巩义市西南的丘陵上，分布着北宋九帝中的七帝外加赵匡胤之父的“七帝八陵”。河南省文物考古研究所通过 1992～1995 年的调查，基本弄清了北宋皇陵的布局与结构。皇陵分布于四个陵区之中，除了帝陵之外，还祔葬有后陵和宗室子孙的墓葬。陵墓规模宏大，陵园建筑基址和石雕像群保存较好，集中体现了宋代陵寝制度，在中国古代陵寝史上占有重要地位。[①]

1. 北宋皇陵的概况

太祖乾德三年（965），由汴州改卜宣祖（赵弘殷）葬地于巩县，用帝陵制度，称永安陵，是在巩县形成北宋陵区之始。其后，除徽宗、钦宗两位皇帝以外，北宋的另外七位皇帝都葬在巩县，连永安陵

① 以上参见郭湖生、戚德耀、李容淦《河南巩县宋陵调查》，《考古》1964 年第 11 期；河南省文物考古研究所编《北宋皇陵》，中州古籍出版社，1997，第 308～325 页。

合称八陵。各陵均祔葬后陵，其数不一，不另立名。[①]

北宋八陵可分四区。（1）宣祖永安陵、太祖永昌陵、太宗永熙陵三陵位于东南。此区地形平坦，范围最辽阔，三陵的分布较为集中，呈东北—西南方向依次排列。在三陵的西北，祔葬有 10 座后陵、140 余座宗室子孙墓。（2）真宗赵恒的永定陵在东北，在诸陵之中，是最高的一处，正对少室主峰，形胜最佳。南则俯视安、昌、熙、裕、泰诸陵，北眺昭、厚两陵，实居陵区的中心。其刘后、李后和杨后陵分布于此。[②]（3）神宗的永裕陵、哲宗的永泰陵位于陵区西南，永裕陵位于永泰陵东南方向约 420 米处。在永裕陵西北，还祔葬有 4 座后陵，分别是神宗三位皇后及徽宗王皇后。哲宗刘皇后祔葬于永泰陵西北。（4）仁宗的永昭陵和英宗的永厚陵之间相隔较远，呈东西并列，中间相距 500 余米。此处地形陡斜，前为高岗，与其他陵不相呼应。其中，永昭陵祔葬有曹皇后陵，永厚陵祔葬有高皇后陵。北宋八陵在靖康、建炎年间被刘豫勾结金兵破坏。绍兴九年（1139），下宫基址尚存。

2. 北宋陵寝制度

北宋皇陵的陵园布局大致沿袭自唐代陵寝制度，但与之不同的是，北宋的陵园规模和石像生数目整齐划一，且受风水堪舆影响很大，崇信"五音姓利"说，不再遵循依山为陵之制，使得诸陵在地势上南高北低，即由鹊台向陵台逐渐倾斜，而且有些陵墓或囿于地势或循于姓利说，所择地点过于狭促而使兆域呈缩小之势，使得陵墓更像一组殿堂，开启了明清的"方城明楼"之制。[③]

宋代皇陵的选址，很大程度上受到风水堪舆思想的影响。北宋之时，唐初道术家的"五音姓利"之法盛行，将姓氏归为宫、商、角、

---

① 郭湖生、戚德耀、李容淦：《河南巩县宋陵调查》，《考古》1964 年第 11 期。
② 郭湖生、戚德耀、李容淦：《河南巩县宋陵调查》，《考古》1964 年第 11 期。
③ 秦大树：《〈北宋皇陵〉评介》，《文物》1998 年第 7 期。

徵、羽五音，然后根据五音确立方位。宋代国音，即赵姓是角音，利于丙、壬方位，"吉方则要山高水来"，屡见于载记。因此，皇陵在选址时充分考虑到这一点。据考察，诸陵中除了永裕、永泰二陵位置偏西，其他都正对少室主峰。从诸陵的地形来看，呈现南高北低的趋势，从鹊台到陵台逐步斜降。特别是永定陵和永昭陵，陵台的顶面竟然低于鹊台的地面，不符合古代建筑逐渐增高、核心建筑位于最崇高位置的常规，进而打破了帝王陵寝背山面水、基址逐渐抬升、置陵台于最高处的传统格局。①

角姓贯鱼葬之说，② 如以永安陵为尊穴（祖），永昌陵固在壬方，而永熙陵复在永昌西北，已与壬、甲两穴昭穆相次有所抵触。而永定陵在永熙陵东北，永昭陵在永定陵东北，永裕陵反在永厚陵西南；所举祖、父两代，竟无一壬、丙方位。故知贯鱼葬法，宋陵史料固曾言及，乃指同一茔域（兆域）而言。不同兆域之间似不拘于此法，且一陵所占面积甚大，为选择有利地形，亦不可能拘于此法。③ 当然赵匡胤选定河南巩县，除上述原因外，还可能与其准备迁都洛阳有关。

在宋代之前，统治者有建寿陵的传统。到了宋代，统治者取消了营建寿陵的办法，必须等到死后才开始营建。其营建的时间，都在七个月之内。这是因为根据传统的儒家礼制，皇帝死后七个月内必须安葬，只有这样才能把神主送入太庙侍奉。因此，宋代帝王从逝世之日到下葬都在七个月之内，仅有真宗因为永定陵需要更改穴位，推迟至八个月。

宋代每陵占有一定地域，称"兆域"。每陵兆域内实行帝后同茔合葬制度，凡皇后、皇子等葬入兆域，称为祔葬或陪葬。北宋9位皇帝所册立（包括死后追封）的皇后，计有29位。除宋仁宗的

---

① 郭湖生、戚德耀、李容淦：《河南巩县宋陵调查》，《考古》1964 年第 11 期。
② 详见宿白《白沙宋墓》，文物出版社，2002，附注 168~182。
③ 郭湖生、戚德耀、李容淦：《河南巩县宋陵调查》，《考古》1964 年第 11 期。

张皇后、郭皇后、温成张皇后葬于开封奉先院，宋哲宗的昭慈圣献孟皇后以及宋徽宗的显肃郑皇后和显仁韦皇后葬于会稽上亭乡，宋钦宗的仁怀朱皇后卒于五国城，其余22位皇后均祔葬于巩义北宋八陵陵区。

就后陵而言，除去最早的昭宪杜皇后和宣祖合葬永安陵之外，其余皇后都是在帝陵的西北隅单独修建陵墓，与帝陵同处一兆域之内。皇后陵一般不另立陵名，在祔葬帝陵的诸皇后中，仅有宋真宗当皇太子时的亡妻莒国夫人潘氏，葬入唯一册立过陵名的皇后陵。

北宋皇后陵的平面布局与帝陵相似，只是陵园面积较小，"帝陵一百亩，后陵四十亩"。其上宫亦有四神门及门狮、角阙。石雕像的数量也减少一半，尺度也远小于帝陵。陪葬墓在后陵的北、西北部，每墓都自成茔园。其中，封土的规模和面积、石像生数目都有严格的等级规定。[1]

北宋各陵陵园建制相同，均由上宫、下宫、后陵和陪葬墓组成。

宫城四周与汉唐一样，筑有五米多高的方形墙垣，称为神墙；神墙四面正中辟有四座门，称为神门。神墙四角有阙台，门外各设门狮一对。宫城正中是陵台，陵台都用黄土夯筑而成，呈方形覆斗形。整个陵台分成两三层，其中皇帝陵台是三层台阶式的方形土台，皇后陵台是二层台阶式的方形土台。[2] 第一层筑砖石，第二层植松柏，远远望去松柏如盖。[3]

上宫建筑在陵台之前，南神门（即司马门）以内。其作用与性质，据杨宽的研究，即是唐代的献殿，亦称寝殿，是举行大型朝拜祭奠的场所。

---

① 辛革：《河南宋金元明考古六十年》，《华夏考古》2012年第2期，第144页。
② 《宋会要辑稿》礼31之8，第2册，第1157页；《宋史》卷122《礼志二五·凶礼一·山陵》，第2848页。
③ 陈朝云：《南北宋陵》，中国青年出版社，2004，第16页。

北宋朝廷举行上陵礼，要到寝殿和寝宫分别举行致奠之礼。冯继仁曾对宋陵献殿做过复原研究，认为献殿面阔、进深各五间，含回廊一周，殿屋实际为三开间，重檐歇山顶，上覆灰瓦，并用琉璃瓦饰边。①

下宫又称寝宫，是一组具备日常祭祀、驻守功能的建筑群落。其制起自秦汉，于陵设寝，所谓"事死如事生"。

上宫和下宫的礼仪性质有所区别。上宫称为宫殿，设有大殿，当即举行隆重献祭仪式的献殿，里面陈设有香案，神御座就设在大殿当中，古人将之视为神圣和清静之地，若非帝王上陵之日或拜扫，都不得擅入。下宫仅是供奉墓主灵魂的日常饮食起居的处所，其建筑虽然没有像上宫那样的大殿，却分设有两个小殿，还有其他附属建筑。其中正殿安置有龙辁（轻便的枢车，俗称"小杠"）、御座，影殿安置有御容（遗像），车輕安置有神帛（招魂用具）、御衣，但里面没有陈设香案，还设有"浣濯院""南厨"以及守陵宫人和卫兵的住处、陵使的官署。两者分隔而不连属，同在兆域内而各自成区。②

南神门外是神道，神道的两侧都排列有相对的石雕群像。在南神门的内侧，放置有一对宫人。在南神门以南，神道的两侧排列有石刻，从北往南有：一对武士，一对南神门狮，两对文臣，两对武臣，三对蕃使，两对羊，两对虎，仗马及控马官二像共两对，一对角端，一对瑞禽，象与驯象人共一对，一对望柱。望柱以南是乳台，在乳台以南，隔一段空地后修筑鹊台。

凡神门、角阙，下为以砖包砌之夯土台，上建楼观。砖台复分大办、次办、小办，其高递减。③ 乳台、鹊台亦有大办、次办两阶，上

---

① 冯继仁：《巩县宋陵献殿的复原构想》，《文物》1992 年第 6 期。
② 杨宽：《中国古代陵寝制度史研究》，上海人民出版社，2003，第 64~67 页。
③ 《宋会要辑稿》礼 33 之 25，第 2 册，第 1250 页。

建楼观。如经过发掘的永昭陵上宫的地面建筑基址，鹊台、乳台、门阙和角阙均为夯土筑成，外面包以砖，四周神墙为黄土夯筑，表面粉以红灰。[①]

　　玄宫即地宫，亦称"皇堂"。巩义北宋皇陵中唯一经过考古发掘的仅有宋太宗的元德李皇后之墓。李皇后陵位于宋太宗永熙陵的西北隅，陵园保存较好，地面存有陵台和部分阙台基址，以及30座神道石雕像。地宫位于陵台正下方，为单室砖墓，由墓道、甬道和墓室三部分组成。墓道位于陵台南部正中，全长34米，南段为斜坡状，有土台阶可供上下，墓道北端与甬道底部持平。青石质的墓门表面磨光，门额上线刻两身飞天，四周环以祥云，两扇门扉上各刻一高大威猛的武士，呈站姿，浓眉环目，披甲持锐，威风凛凛。墓室平面呈圆形，直径为7.9米，穹隆顶，高12.26米。石砌的棺床位于墓室北半部，其南面做成须弥座式，于其上装饰花纹。有10根砖砌立柱将墓壁分隔为11个区域，在这些墓壁上都用砖雕凿出桌椅、灯架、衣架以及门窗等图案。在阑额之上，用砖砌出斗拱等仿木构建筑，其中在斗拱的表面还残留有红、白两色。墓顶则绘有星象图。[②]

　　皇陵区按其分布区域建有四大佛寺，称为禅院，为帝王追福。一为永昌禅院，或名三陵永昌院，为永安、永昌、永熙三陵共用。二为永定禅院，这是为宋真宗永定陵而建的，在其兆域之西北隅。三为昭孝禅院，是为宋仁宗永昭陵和宋英宗永厚陵建造的。四为宁神禅院，为永裕、永泰两陵的"荐福之所"。它们一般距离陵区很近，并位于皇帝、皇后陵园的西北部。[③]

---

　　① 杨育彬、袁广阔主编《20世纪河南考古发现与研究》，中州古籍出版社，1997，第692页。

　　② 《北宋皇陵》，第308~325页。

　　③ 《北宋皇陵》第六章"北宋皇陵寺院"对此有非常详细的描述，兹不赘述。

汉代陵区内种植有柏树，唐时将兆域称为"柏域"。至明清时期，依旧种植松、柏等常青树于陵区内。宋代规定，每陵需设置若干"柏子户"，免其逋税，专门负责培育柏苗和移植柏林、养护柏林。在兆域内、神道的两侧、陵台上都大量种植柏树，可谓"种柏成道""柏林如织"。

（二）南宋皇陵

南宋六陵位于浙江省绍兴市越城区富盛镇赵家岙宝山南麓，北为宝山（雾连山），南为新妇尖，中为山丘起伏的谷地，因时有土地平整，今两山间较为平坦。因这里埋有南宋时期的高宗、孝宗、光宗、宁宗、理宗、度宗六位皇帝，故俗称"宋六陵"。然而实际上，这里所葬的除上述南宋六位皇帝外，尚有北宋哲宗孟后、徽宗、徽宗郑后、徽宗韦后及高宗邢后、高宗吴后、孝宗谢后、宁宗杨后，共七帝、七后攒宫，从而形成了规模可观的皇陵区。

由于平（水）陶（堰）公路横贯而过将陵区分作南、北两区，今人常以南陵、北陵称之。陵区整体"东南仰高、西北低垂"，是"国音"所利的地势；唯其西北部，北高南低，与"国音"相违。

元至元年间（1335~1340），宋六陵遭杨琏真迦盗发，毁坏严重，诸陵仅存封树，唯孝宗、理宗两陵存有献殿三间。明洪武三年（1370），明太祖诏令归葬宋理宗的顶骨，并以浙江地方政府献上的《绍兴诸陵图》为本，在南宋各陵上重竖碑石。经过明初的一番修葺，陵园"缭以周垣，理宗陵有顶骨碑亭，宰牲房一所，斋宿房一所。其右为义士祠。内外禁山三千七百三十五亩，田三十八亩九分"。[①] 我们今天看到的南宋六陵，其地面建筑已经荡然无存，仅存数棵古松树作为诸攒宫的地望标志。

南宋的陵寝规制，基本沿袭北宋皇陵制度，设有上宫、下宫和收

---

① 张元忭等：《万历会稽县志》卷14《礼书六·祠祀之属·宋陵》，《中国方志丛书》第2册，影印明万历三年刊本，台北：成文出版社，1983，第549页。

藏尸骨的玄宫。只是由于条件所限,较北宋诸陵要简单得多。

下宫是一组具备日常祭祀、驻守功能的建筑群落,其内有外篱门一座、棂星门一座、绰楔门一座、殿门一座、前后殿两座、东西廊十八间、神厨五间、潜火屋并库屋四间、换衣厅三间、铺屋、庙子一座、神游亭一座等建筑,主要体现了寝的性质。

上宫位于下宫之南,由献殿、龟头皇堂石藏子、土地庙、巡铺房及外篱、外篱门、鹊台两座、红灰墙、南北棂星门两座、殿门和"里篱砖墙"等组成。有的学者根据北宋陵寝制度,认为南宋六陵的鹊台位置应在龟头屋的南面,应为独立的、左右分列的高大的夯土墩台,并上有楼阁。"周回六十三丈五尺"的红灰墙,其南墙的正中应是面阔三间的殿门,各间面阔较下宫殿门稍大,可能与北宋皇陵的南神门相同。据北宋皇陵的考古发现,夯土筑成的神墙即涂以赭红。以此观之,在南宋皇陵的陵园之内,殿门、红灰墙的性质以及功能都应与北宋皇陵中的南神门、神墙一致。永思陵殿门内有火窑子一座,它应和下宫一样用于皇室贵戚和百官公卿谒陵焚香祭祀。火窑子以北为献殿及龟头屋。献殿为上宫的主要建筑,面阔三间,六椽,中间阔十丈六尺,两次间各一丈二尺,进深三丈。殿外绕以砖砌的台阶,上施勾栏十七间,正面设踏道,并砌散水。献殿后为龟头屋三间,中间亦阔一丈六尺,两次间各五尺,进深二丈四尺。龟头屋下为皇堂,置梓宫于内。按北宋诸陵皆于玄宫之上垒土为陵台,陵台循汉代方上之制为双层或三层覆斗之制。南宋攒宫因权厝于上宫献殿之后,筑龟头屋覆之。虽为一时权宜之策,但开创了明清陵寝之制。明清两代宝顶之前建方城明楼,即由此演绎改进而来。[1]

---

[1]　参见陈朝云《南宋陵寝营造规制探究》,绍兴县文化发展中心、越国文化博物馆编《中国柯桥·宋六陵暨绍兴南宋历史文化学术研讨会论文集》,西泠印社出版社,2012,第36~39页。

玄宫仅是一间长方形石室，在外筑有一重石壁。考虑到江南一带
"土薄地卑"以及地下水的水位高，后期又进行了防水处理。元军占
领南宋都城临安后，南宋皇陵遭到了毁灭性的破坏。元世祖至元十五
年（宋少帝祥兴元年，1278），番僧江南浮屠总摄杨琏真迦与演福寺
僧允泽等人公然盗掘绍兴的南宋皇陵。杨琏真迦等盗陵共有两次，发
掘徽、钦、高、孝、光五帝陵，孟、韦、吴、谢四后陵。徽、钦两
陵，结果里面都空无一物。他们不仅劫取宝物，而且还对遗骨进行羞
辱和毁弃。盗掘攒宫后七日，杨琏真迦下令将陵寝内的遗骨杂置于牛
马枯骼中，并在其上建塔以镇压之，名曰镇南。①

八　明清帝陵

（一）明代帝陵

明朝自太祖朱元璋至思宗朱由检，先后传 12 世，16 位皇帝。其
中，5 位追封皇帝以及 15 位皇帝分别葬在六处：盱眙明祖陵、凤阳明
皇陵、钟山明孝陵、明十三陵、明景帝陵以及钟祥明显陵。盱眙祖陵
是明太祖追尊高、曾、祖三代帝后的衣冠冢，位于盱眙县管镇乡（今
管仲镇）明陵村，紧傍洪泽湖。凤阳皇陵是明代营建的第一座陵园，
墓主为朱元璋之父朱世珍和母亲陈氏。

南京孝陵在南京钟山独龙阜下玩珠峰，为明太祖朱元璋和孝慈马
皇后的合葬墓。始建于洪武十四年，成于洪武十六年。洪武十五年八
月，马皇后病故，次月，葬入已建成的玄宫。

成祖朱棣迁都北京后，开始以昌平城北天寿山南麓作为万年吉
地。包括长陵（成祖朱棣）、献陵（仁宗朱高炽）、景陵（宣宗朱瞻
基）、裕陵（英宗朱祁镇）、茂陵（宪宗朱见深）、泰陵（孝宗朱祐
樘）、康陵（武宗朱厚照）、永陵（世宗朱厚熜）、昭陵（穆宗朱载

---

① 陶宗仪：《南村辍耕录》卷 4《发宋陵寝》，中华书局，1959，第 43~49 页。

埕）、定陵（神宗朱翊钧）、庆陵（光宗朱常洛）、德陵（熹宗朱由校）、思陵（思宗朱由检）共 13 处，故统称十三陵。从整体上看，明十三陵是以成祖长陵为中心，子孙祔葬于同一兆域。

陵区面积 40 余平方公里。燕山余脉迤逦西来，成为陵区的自然屏障。其北为天寿山，东为蟒山，盘绕于陵区之左。西为虎峪山，山势峻拔。其南则为昌平城后山、汗包山、龙山、虎山等小山峦，横列于前。群山之内，川原开阔。水流从陵区东北、西北蜿蜒交汇于陵区中西部，向东南流去，其山川大聚、水抱山环的地理位置颇具帝王陵区的形胜特点。陵园有墙为界，墙因山折曲，关隘处筑垣墙及拦马墙，设卡驻兵把守。

景帝朱祁钰，初以王礼葬于京西金山，至成化年间恢复帝号，将王坟稍扩其制，改为帝陵，史称"景泰帝陵"。

皇后与帝王合葬皇陵。宫嫔的营葬方式及地点，明代有所变化。明代前期，皇帝晏驾，以宫妃殉葬，埋葬于十三陵和金山两地。从明永乐中叶到清顺治初年，天寿山陵区除 13 座帝后陵墓外，先后建造过皇妃、太子、太子妃和太监坟墓 11 座。到明英宗时，下诏明令不再以宫妃殉葬，于是自"裕陵以后，妃无从葬者"。所谓"从葬"，即祔葬所属帝陵的玄宫之左右配殿。[①]

英宗废宫人殉葬后，妃嫔死后各自建立坟茔。从宪宗开始，将诸妃葬于同一墓室。生前受宠的妃嫔多葬在陵区之内，坟墓规制仅次于帝陵。如宪宗皇帝的贵妃万氏、神宗宠爱的郑贵妃，这类妃墓，地面有围墙、享殿、配殿等建筑，地下建筑也非常讲究。此外，绝大多数妃嫔葬于金山一带。金山位于今北京西北 15 公里，颐和园西，约当青龙桥西北 1 公里之地。至明后期，这一带的妃嫔墓葬已

---

① 王岩、王秀玲：《明十三陵的陪葬墓——兼论东西二井陪葬墓的墓主人》，《考古》1986 年第 6 期。

非常混乱。①

（二）清代帝陵

清人关前，盛京（沈阳）建有清太祖努尔哈赤福陵、清太宗皇太极昭陵，辽宁新宾赫图阿拉建有清代远祖肇、兴、景、显四祖永陵。入关后，除末代皇帝溥仪未建成陵寝外，其余9个皇帝分别在河北遵化、易县建造了陵园，即清东陵和清西陵。

清世祖顺治帝建孝陵于遵化昌瑞山，是为清东陵之始，其后，圣祖康熙帝景陵亦建于此。至清世宗时，雍正下令另辟易州陵区，是为清西陵。

清世宗的举动，给他的后代留下了一个棘手的问题，即将来如何安排他们自己的埋葬地。乾隆皇帝即位后，经过反复权衡斟酌，决定追随祖父景陵，在东陵为自己选址，并在禅位后降下谕旨，对以后各帝的葬地从制度上做了安排。他经过多方考虑，最终确定自己的陵寝在东陵界内，其子陵寝则在西陵界内，后世子孙以此为顺序，各依昭穆次序，迭分东西，从而确定了清朝皇帝父子异陵区的祔葬之制。

乾隆帝虽然为后代做了以昭穆顺序的方式在东西两陵选址的安排，但事实上，在他以后的几位皇帝，并未严格按照这一规制办事。首先破坏这一规定的是他的孙子道光皇帝，按照乾隆的谕旨，其陵寝应当在东陵陵区内安排，但道光皇帝并未遵行这一家法。最终，道光帝在西陵看中了龙泉峪地方，便不顾祖宗定制，决定在此建立陵寝。

这一改变，导致乾隆创制的昭穆相间的制度无法正常进行。在此情况下，其后按道理应当葬在西陵的文宗咸丰，依照父子分葬的

---

① 王岩、王秀玲：《明十三陵的陪葬墓——兼论东西二井陪葬墓的墓主人》，《考古》1986年第6期；夏连保：《清代妃园寝制度及其对明代妃嫔埋葬方式的继承》，《文物春秋》2012年第5期。

规定，便葬在了东陵。而文宗之子穆宗同治皇帝死后，在陵址的选择上更加无章法可循，只好在东西两陵之间进行选择。最后按照慈安和慈禧两宫太后懿旨，将陵址定在东陵双山峪。光绪帝生前虽然选定了万年吉地，但由于内忧外患，加之与慈禧皇太后母子失和，所以直到光绪三十四年死后，才在西陵金龙峪建造了崇陵。这就形成了另外一种昭穆相间的办法。宣统即位，兼祧穆、德两宗，按照新的昭穆原则，只有安排在西陵界内。他选定崇陵附近的旺龙峪做陵址，并于宣统二年破土动工，但因辛亥革命爆发，清朝灭亡，陵寝建设被迫停工。

清代皇后可与皇帝合葬，其他妃嫔一般另外建造一座独立的"园寝"，在其所从属的帝陵附近集中安葬。这样，历朝妃嫔所属的统系也就非常清晰，一目了然。这与明代将各朝妃嫔混葬在一起的做法，显著不同。

清东陵有5座帝陵、4座后陵和5座妃园寝，葬5帝、15后及妃嫔、皇子等共157人。西陵区内有帝陵4座、后陵3座、妃园寝3座，葬4帝、9后以及妃嫔和皇子、公主等总计76人。

清代以前，在传统墓葬等级中仅有"陵"和"墓"两种。"陵"专指帝王之墓，包括"陵园"、"陵寝"和"园寝"。而普通百姓上至高级贵族之墓都只能称为"墓"，即使是太子、诸侯王，除非得到朝廷的特殊恩礼，也都只可称"墓"。

清入关以后，将"园寝"自"陵寝"中分割开来，将"园寝"作为一个墓葬等级加在"陵""墓"之间。将皇帝、皇后之墓称为"陵"或者"陵寝"，妃嫔、皇子、公主及皇族中其他所有封授爵位的宗室贵族墓葬统称为"园寝"，在"陵"与"墓"之间建立起一种与以往历朝不同的特殊丧葬等级。①

---

① 宋大川、夏连保：《清代园寝制度研究》上册，文物出版社，2007，第146～152页。

第二节 贵族、大臣墓葬

贵族墓葬在形制规模上仅次于帝王陵墓，贵族墓葬既包括殷商以来的王室贵族，也包括后代史书所列的高门贵族及权贵臣子。由于涉及的阶层范围较广，所以其数量多，地域分布范围广。根据目前已出土墓葬的整理，贵族墓葬多封土高大，所用葬具也十分豪华，而且陪葬品众多。在王朝前期，贵族墓葬多遵循本朝的殡葬礼法，到王朝后期，王权约束力下降，贵族墓葬的规格逐渐僭越。

一 先秦贵族墓地

商代的贵族墓葬分为公墓和邦墓两种，公墓为帝王之墓，贵族的墓葬多在邦墓地。商代的贵族墓葬可以分为三种：方国贵族墓或高级贵族墓、中型贵族墓、小型贵族墓。方国贵族墓或高级贵族墓多为一条墓道的"甲"字形大墓，商代晚期的资料见于殷墟西北岗王陵、后冈墓地、大司空村墓地、殷墟西区墓地等，另外也见于河南罗山蟒张墓地、山东滕州前掌大墓地和山东青州苏埠屯墓地。此类墓葬面积一般在 20~100 平方米，葬具有棺有椁，有的棺椁有漆绘装饰，有的墓葬陪葬车马坑，有的也有祭祀坑，随葬品多有铜礼器、兵器、车马器和玉礼器等，基本都有数量不等的殉人和殉牲。尽管有学者认为"甲"字形和"中"字形大墓属于商贵族中较低等级的，[①] 但从墓葬随葬品数量、精致程度和墓葬规格来看，这些墓主人当为方国的贵族或商文化核心区的高等级贵族。

中型贵族墓，商代早中晚各个阶段均有发现。多为竖穴土坑墓，无墓道，面积多在 10~20 平方米，墓室四周设有二层台，墓底有腰

---

① 杨锡璋：《商代的墓地制度》，《考古》1983 年第 10 期。

坑，葬具多有棺和椁，晚期墓葬一般有殉人和陪葬坑，随葬品丰富，反映出墓主人身份地位较高，属于贵族阶层。

　　小型贵族墓，商代较为普遍，发现的数量也是最多的。据统计，殷墟西区发掘的此类墓葬比例就占到 20% 以上。墓室面积多在 2~10 平方米，设有二层台和腰坑，多数有棺，部分有椁，有的还有殉人和殉牲，随葬品较为丰富，种类也较齐全，一般有青铜礼器，反映出墓主人具有一定的社会地位。

　　西周时期的墓地也分为公墓和邦墓，其用途与商朝类似。公墓是天子和诸侯国君宗族的墓地；而邦墓则是贵族和平民的墓地，由专门官员掌管，按族属划分墓区，也按昭穆排列。西周时期的邦墓在全国各地发现较多，现以洛阳和郑州的贵族墓地为代表来介绍商代的贵族墓葬。洛阳北窑西周墓地以庞家沟为界，分为沟东区和沟西区，西区墓葬年代早于东区。目前共发掘墓葬 348 座，加上 7 座马坑，共计 355 座，主要分布于庞家沟沟西区。[①] 西区墓葬排列由北向南为从早到晚。根据分期结果，西周早期墓共有 116 座，西周中期墓共有 57 座，西周晚期墓共有 34 座，这些墓葬没有互相打破的现象，大多东西成排、南北成行排列，说明该墓地是有明确规划和安排而逐步形成的，并有专人管理的墓地，每一座墓葬都有其设定的位置。

　　该墓地墓葬等级较高，以大型墓和中型墓为主，大中型墓多有棺有椁，小型墓数量少。西周早期墓葬共有大型墓 20 座，其中带墓道墓 2 座，中型墓 91 座，小型墓仅 4 座，规格不清的 1 座；西周中期墓葬共有大型墓 7 座，中型墓 46 座，小型墓仅 3 座，规格不清的 1 座；西周晚期墓葬共有大型墓 8 座，中型墓 26 座。从墓葬规格以及出土的随葬品来看，该墓地多数墓主人地位较高，应为高级贵族身份，尤其是带墓道的 2 座墓，墓主人身份地位最高。其余均为长方形竖穴土

---

①　洛阳市文物工作队编著《洛阳北窑西周墓》，文物出版社，1999。

坑墓，葬式统一，多为南北向。

郑州洼刘管国墓地包括西周早期贵族墓葬 10 座、2 座车马坑和 50 多座平民墓葬，[①] 这些墓葬主要分布于土岗东南部，排列整齐，方向一致。其中一座墓为一棺一椁，随葬青铜礼器 12 件、戈 3 件，还有车马饰件等，还出土有"举父丁"鼎，尊和扁体卣均有铭文，说明该墓主人级别较高，属于贵族墓葬。出有青铜器的墓葬可能属于管国贵族后裔的墓地，当属于邦墓。

东周时代，社会动荡，奴隶制度不断被冲击，礼崩乐坏，各诸侯国势力此消彼长。族坟墓制度来源于氏族宗法制，其前提是土地公有制和以血缘为纽带的家长制，但东周时期，土地私有化进程加剧，西周时期的宗法制度受到很大的挑战和破坏，因此，宗法制度影响下的族坟墓制度也必然会在不同诸侯国领地受到影响和破坏。各诸侯国国君、卿大夫等贵族阶级的墓葬开始有"僭越"的现象出现。春秋战国时期发现的各诸侯国贵族墓葬有很多，现以已发掘的几座代表性墓葬加以说明。

山东临淄齐故城河崖头墓地是目前齐故城内规格等级最高的贵族墓地，位于齐故城大城东北部。20 世纪 60 年代勘探出大型墓葬 20 多座和大型殉马坑多座，1964 年发掘其中的 4 座，均为有南墓道的"甲"字形大墓，葬具至少为一棺一椁，[②] 其中一座墓葬为多重棺椁，用大石垒砌椁室外壁，从墓葬形制和随葬器物看，该墓级别应当属于齐国上层贵族。1973 年发掘的 M5 是"甲"字形积石木椁室，墓室长 26.3 米，宽 23.35 米。该墓葬周围有大规模的殉马坑，围绕在墓室的东、西和北边，呈拐尺形，殉马总数达到 600 多匹，数量之多，令人惊叹，学界一致认为该墓为春秋时期齐国国君之墓。另有淄河店墓

---

① 郑州市文物考古研究所：《郑州市洼刘村西周早期墓葬发掘简报》，《文物》2001 年第 6 期。

② 山东省文物考古研究所编著《临淄齐故城》，文物出版社，2013。

地。该墓地位于临淄田齐四王冢以西、牛山以东区域，分布有 15 座有封土墓和 42 座无封土墓，有封土墓多分布于山谷南部，无封土墓多分布于山谷北边，为"中"字形、"甲"字形和曲尺形，年代为战国早期。已发掘的一座墓葬占地面积近 250 平方米，随葬品有铜乐器、七鼎六簋陶礼器、12 个殉人和 20 多辆车，还有 69 匹马。虽然该墓的结构形制与随葬品向更高等级贵族墓葬靠拢，但实际是超规定的"越礼"，该墓主人属于卿大夫一级贵族。其他中型墓出土器物较少。①

薛国故城内发现三处墓地，其中的二号墓地是属于春秋早中期的贵族墓地。二号墓地位于薛国故城东南部，已探出大、中、小型墓 20 座，并发掘了其中的 9 座，这些墓葬墓向一致，均为北偏东，排列有序，无打破现象，葬俗一致。从已经发掘的 9 座墓葬看，4 座墓葬的级别较高，位于墓地西南部，出土的随葬品丰富，有铜器，铜礼器如鼎、簋等，有的铜器上还有铭文，墓葬中列鼎的数量和规格都达到了诸侯国君的水平。剩下的 5 座墓葬等级较低，位于墓地的东北角，随葬品多为陶器，铜器很少，应当属于诸侯王宗族后裔的贵族墓葬，年代为春秋晚期到战国时期。

楚国墓地有数处，其贵族墓葬以河南淅川下寺墓地为代表。淅川下寺墓地的年代为春秋中晚期，共包括大中型墓 9 座，小型墓 15 座，车马坑 5 座。② 9 座大中型墓南北并列，车马坑位于主墓之西。根据时代先后，该墓地由南到北分为甲、乙、丙三组，同组墓葬呈现聚合现象，不同组墓相距稍远。墓地的排列极有规律，形成坐东朝西、中间居后、两边靠前的略呈弧形的布局。甲组位于最南端，包括 3 座墓和 2 座车马坑；丙组墓分布在其北边，包括 2 座中型墓和 2 座车马

---

① 山东省文物考古研究所编著《临淄齐墓》第 1 集，文物出版社，2007。
② 河南省文物研究所、河南省丹江库区考古发掘队、淅川县博物馆编《淅川下寺春秋楚墓》，文物出版社，1991。

坑；乙组墓居中靠后，以令尹子庚（王子午）的墓葬为中心，南北有4座大中型墓并列，西侧有1座车马坑以及15座小型陪葬墓。从随葬器物和葬制上看，随葬大量青铜器、玉器、车马器、兵器的共9座，其中一椁两棺6座，一椁单棺1座，无椁单棺1座，棺椁不清的1座；另外是随葬少量玉器或无随葬品的小墓15座，均为单棺墓。可以看出，该墓地是以令尹墓为中心的楚国高级贵族墓地。

魏国的贵族墓葬以琉璃阁墓地为代表。琉璃阁墓地共经过5次发掘，共发现战国墓葬80座，其中62座坐东朝西，排列有序，祔葬5座车马坑。这批墓葬以黄家坟村为中心，从东向西依次按时间早晚排列，墓地前后延续200多年。[1] 根据墓葬集中分布情况，分为6个小组，墓葬等级差异不大，仅有1座墓葬规格最高，但级别无法与固围村3座诸侯王墓相比。据此可以推断，该墓地当属于魏国贵族及其宗族墓地。

二　两汉贵族墓地的形制

汉初立国，实行分封，立二等之爵，开创了两汉分封王侯之制。这些诸侯王在生前"掌治其国"，设有"宫室百官"，死后大治墓冢。这些王陵，在规格上仅次于帝陵，数量多，地域上分布广泛，部分已经进行了系统的挖掘整理。尤其是近年来发掘的海昏侯墓，保存完好、结构完整、布局清晰、拥有祭祀遗存，为研究西汉列侯墓葬提供了重要资料。[2]

（一）西汉诸侯王陵墓的平面形制

西汉诸侯王陵墓形制的变化与其在政治上的沉浮相一致。西汉时期，除了归附的南海、闽越、南越、东海四诸侯国外，共设有诸侯国

---

① 郭宝钧：《山彪镇与琉璃阁》，科学出版社，1959。
② 江西省文物考古研究所、南昌市博物馆、南昌市新建区博物馆：《南昌市西汉海昏侯墓》，《考古》2016年第7期，第62页。

50 个，诸侯王 243 位。经过 50 多年的考古工作，调查、发现和挖掘的西汉诸侯王陵墓涉及 18 国，主要分布在陕西省、北京市、河北省、河南省、安徽省、湖南省、广东省、江苏省和山东省，与西汉各诸侯分布情况相一致，位于都城长安以东。除陕西发现的 2 处 3 座为帝陵的陪葬墓外，其余基本聚集在各自都城周围。如楚国诸侯王陵墓分布在都城徐州周边，长沙王墓位于都城长沙附近。与帝陵相似，诸侯王陵也多选择在地势高突之地或建在山上，周围有河流相绕。这一方面与堪舆术讲究山水相依、地势开阔相关，另一方面大概出于防水防盗的考虑。

从宏观上看，西汉的诸侯王陵规模上仅次于帝陵，结构复杂。一般由墓室、墓道、耳室、侧室、甬道、墓道和陪葬坑等几部分构成，有些陵墓还有完善的排水设施及环绕墓室的回廊，在地上还有陵庙、寝庙等附属建筑。

在已发现的西汉诸侯王陵墓中，经过详细考察挖掘的有 50 余座。从平面形制上，这些墓葬可大体分为土坑竖穴墓、石圹竖穴墓和崖洞墓三种。

土坑竖穴墓主要见于位于今京津冀地区和山东地区原属于齐国疆域的诸侯王墓。主要特点为：墓道呈斜坡式，墓室基本上为长方形土圹，内置木质棺椁。根据有无陪葬坑及陪葬坑的位置可分为三类。一是有陪葬坑的单墓室结构。墓室结构简单，无前后室之分，墓道内侧设有二层台，在墓室之外有陪葬坑，陪葬坑数目少，有一条墓道或两条墓道。如河北献县的河间国诸侯王墓，[①] 由墓道、小侧室和主室 3 部分构成，随葬品不多，分布在主室和侧室内。二是有陪葬坑的复杂墓室结构。陪葬坑位于墓道侧边，或者处于封土之下。墓道内无二层台，陪葬坑数目多，主墓室无前后室之分，墓葬结构复杂，有外藏

---

① 河北省文物研究所、沧州市文物管理处、献县文物管理所：《献县第 36 号汉墓发掘报告》，河北省文物研究所编《河北省考古文集》，东方出版社，1998，第 241~260 页。

椁，有一条或两条墓道。如安徽六安双墩国王墓，[①] 有东西两条墓道，墓室为黄肠题凑结构，在题凑和椁室之间为回廊，有对称凹窝遗留，推测当时用木板分割成若干小室。陪葬品位于回廊内，在东墓道的两侧有陪葬坑 2 座。三是无陪葬坑。墓道内无二层台，墓室有前后室之分，结构复杂，且功能划分非常明确，有一条或两条墓道。如北京大葆台一号燕王墓，[②] 有 1 条墓道和甬道，墓室为黄肠题凑结构，题凑内南部有前后室，外有回廊，墓道北部有车马坑，陪葬品因盗墓被移动，散见于墓室内，无陪葬坑。

石圹竖穴墓。这种墓位于山体之上，先根据预定方位凿出墓道或墓坑，在此基础上修砌相关的设施。受制于山体，石圹竖穴墓有甬道和耳室。根据有无配置坑可以分为两类。一类为无陪葬坑，或有少量陪葬坑未被发现。墓室呈长方形，部分墓葬的墓室有用石材构成的墓顶部。这类墓葬的代表为广州象岗南越王赵眜墓，[③] 墓室由砂岩大石板砌成，分前后室，前室有东西两耳室，后室由主室、东西侧室和后藏室组成。墓顶盖较平，上有朱墨彩绘的卷云纹图案，陪葬品位于棺椁之间。另一类为长沙地区特殊的形式。在墓道边有木质偶人，墓室为复杂木质结构，由题凑、外椁、前室、回廊、套棺等几部分组成。处于长沙国早期的古坟垸王后墓，[④] 外有 3 座"品"形陪葬坑环绕主墓，在墓道东端与墓室相接处发现一对木质偶人。墓葬由墓室、梓宫、便房、黄肠题凑、外藏椁组成。

崖洞墓。汉文帝的霸陵开创了"因其山，不起坟"的先例，虽

---

① 安徽省文物考古研究所、安徽省六安市文物局：《安徽六安双墩一号汉墓发掘简报》，《文物研究》第 17 辑，科学出版社，2010。

② 北京市古墓发掘办公室：《大葆台西汉木椁墓发掘简报》，《中国考古集成·华北卷（战国秦汉 1）》，哈尔滨出版社，1994，第 75 页。

③ 广州象岗汉墓发掘队：《西汉南越王墓发掘初步报告》，《考古》1984 年第 3 期。

④ 《西汉长沙王室墓》，《中国考古学年鉴（1994 年）》，文物出版社，1995，第 247 页。

西汉后世帝陵没有因循，但在目前发现的西汉诸侯王陵墓中，这种"凿山为藏"的崖洞墓占有相当大的比例。这种陵墓多利用自然山势，从山的顶部或利用天然洞穴露天修凿一条墓道，只有河南永城保安山梁王 2 号墓和江苏盱眙县大云山江都王刘非墓有两条墓道。等修建到一定的高度再在山壁上对称开凿出甬道、墓室、侧室等结构。可分为竖穴和横穴两种形式。竖穴崖洞墓。这种形制的诸侯王陵墓很少，目前考古可知的仅有山东昌乐菑川王后墓一例。陵墓由甬道、南室、北室和四个耳室组成。墓道的底部有石板叠砌的甬道，甬道的两头通向南北两个墓室，四个耳室位于北室的墙壁上。横穴崖洞墓。这种形制的陵墓前后轴距很长，平板或斜坡式墓道狭长。除墓道外，还有甬道、主墓室和配室。

这三种墓的形制贯穿西汉始末，呈现出明显的承前启后关系。在前后顺序上，虽然存在地区差异，但无论哪一种形式，在规模上都经历了一个简单—复杂—简单的变化。前期多与战国时期大型墓葬类似，如结构简单，外设有陪葬坑等。随后的墓葬则因地制宜，逐步发展形成了自身的特点。与此同时，观念的改变也影响着墓葬形制的变化。"事死如事生"，汉代人相信死亡只是生命的另一种形式，人们会进入另一个世界继续生活，所以墓葬形制上呈现出宅第化发展趋势。

（二）西汉诸侯王陵墓的具体形制

西汉的诸侯王陵在规模上仅次于帝陵，结构复杂。与帝陵相似，一般由墓室、墓道、耳室、侧室、甬道、墓道和陪葬坑等几部分构成，有些陵墓还有完善的排水设施及环绕墓室的回廊，在地面上有高大的封土，还有陵庙、寝庙等附属建筑。

据考古资料，在一些西汉诸侯王陵周围发现了残留的环绕墓葬的夯土墙，形成陵园。下面以保安山汉墓和大云山汉墓为例，具体说明陵园的形制。

　　保安山汉墓周围皆有围墙，依山势而建，将保安山四周环绕，其中东、南、北三个方向上有夯土墙遗址。根据遗址残留的墙体数据复原出的陵园，平面为长方形，南北长 900 米，东西宽 750 米。

　　大云山汉墓位于大云山山顶，陵园整体布局清晰，大体上呈边长 490 米的正方形。陵园夯土墙的建筑较为特殊，在墙两侧都修筑有石质护坡，外侧护坡较陡，大约为 80 度，内侧护坡较缓，大约 45 度。在陵园的东侧还发现一条司马道，依山麓而建，从陵园东墙延伸到山脚，长 800 米、宽 45 米，两侧也有石块护坡。

　　我们知道，除了汉高祖和惠帝的陵园边长在 800 米左右外，西汉帝陵陵园边长一般在 400 米左右。上述两座诸侯王陵园大于帝陵陵园，似乎不符合礼制。出现这种现象，是由于对陵园概念内涵的理解不同所致。帝陵为三重陵园，内陵园仅葬天子，中陵园为皇后墓和陪葬坑等，外陵园则涵盖前两者并包括众多的陪葬官员墓和后妃墓。诸侯王陵园为两重，内陵园包括主墓、后妃陪葬墓、陪葬坑、地上建筑等，外陵园则包括内陵园和附属的众多陪葬墓。陵园形制不同，是由于合葬形式不同。西汉帝后基本上实行同茔异穴的合葬形式，诸侯国在夫妻合葬上形式较为多样。一为同茔异穴合葬。诸侯王和王后陵墓处于同一区域之内，但两者之间有一定的距离，各自有独立的封土，部分中间有陪葬墓存在。二是同坟异穴合葬。两座陵墓距离非常近，共用一座封土。三为完全意义上的合葬，即诸侯王和王后的棺椁位于同一墓室之内。

　　西汉的陵墓根据有无封土可以分为两类。一类为有封土墓。竖穴土坑墓和竖穴石圹墓这两种形制的陵墓，均有封土存在。部分崖洞墓在山体之上再覆以夯土以形成高大封土。另一类为无封土墓，如河北满城汉墓和长沙咸家湖陡壁山汉墓。[①] 西汉诸侯王陵墓封土仍以覆斗

---

① 长沙市文化局：《长沙咸家湖西汉曹媗墓》，《文物》1979 年第 3 期。

形和圆形为主。其他形式的封土的出现，如鞍形、琵琶形、上平下圆形等，可能是由于千百年来风化、水土流失和人工取土造成。

西汉诸侯王陵从平面布局上呈现"中"字形或"甲"字形，也就是有两条墓道和一条墓道的区别。绝大多数的诸侯王陵选择了开凿较为容易的"甲"字形结构，墓室结构的复杂程度体现了实力的差异。少数选择"中"字形结构的墓葬，均出现在西汉早中期，所属诸侯国处于鼎盛时期。也有少数诸侯王陵的形式较特殊，献县河间王墓 M36 平面呈现狭长"凸"字形，推测为"甲"字形的变形。还有一部分诸侯王陵有两条墓道，两条墓道有明显的主次之分，长短差异很大。依据墓道底部的坡度，墓道的形式分为平底、斜坡和竖井式三种。竖井式墓道一般出现在竖穴石圹墓中，较少出现在竖穴土圹墓中，而绝大多数为斜坡式墓道。部分诸侯王陵墓道还出现了两种新形式：一种为分段式墓道，即将墓道分为两段、三段；另一种为阶梯式墓道，这种阶梯式墓道可能是仿宫殿建筑模式。

为了起到加固和密封的作用，诸侯王陵墓道一般都有封填，充填材料选择土或石块。竖穴土坑墓和竖穴石圹墓的墓道多用土填，夹杂部分石子。竖穴崖洞墓多为石填，石头排列规律，部分填石上还刻有文字。

西汉诸侯王陵的随葬品一般置于耳室、侧室、前后室、外藏椁、回廊或棺椁内。在西汉中早期，部分王陵为了埋藏尽可能多的陪葬品，在墓室之外还设有专门的陪葬坑。西汉王陵早年基本上都遭受过数次盗挖，大量陪葬品被盗走，导致有些王陵已无陪葬品存在，有些王陵陪葬品损失严重或位置被扰动，所以部分陵墓无法考证陪葬品原来放置的位置。

近年来发掘的海昏侯墓，椁室设计严密，结构复杂，功能清晰明确，为研究西汉列侯等级的葬制提供了难得的资料。该墓由主椁室、过道、回廊形藏椁、甬道和车马库构成（见图 6-1）。椁室中央为主椁室，东西长约 7.4 米、南北宽约 7 米、通高约 3 米，面积约 51.8 平方米，高出周围回廊形藏椁约 0.6 米。主椁室由木板隔墙分成东、西室，中间有一门，东室宽约 4 米，南部东、西两侧为窗，中间为门；西室宽约 2.9 米，南部西侧为窗，东侧为门，门宽约 0.9 米。主椁室北、东、西三面按功能区分环绕有回廊形藏椁，北藏椁从西到东依次是钱库、粮库、乐器库以及酒具库，而西藏椁自北向南依次为衣笥库、武库、文书档案库、娱乐用具库，东藏椁主要为厨具库的"食官"库。主椁室与藏椁之间辟有宽约 0.7 米的过道，主椁室和墓道之间有甬道。甬道主要为乐车库，甬道东、西两侧为车马库。[①]

西汉中央政府对诸侯王设置寝园的规模、奉邑等都有规定，其园邑规模大概为"奉邑三百家"；诸侯王陵有专人看护，负责日常的维护和管理。但因寝园为地面建筑，大多不存，只在少数横穴崖洞墓周围发现有寝园遗址存在。

就目前所知的寝园，如保安山汉墓寝园，位于保安山一号墓和二号墓之间东侧的台地上，整个建筑呈九宫格排列。中心建筑为寝殿，寝殿平面近方形，东西长 22.2 米，南北宽 16.4 米，四周有回廊环绕，现存有柱础和石台阶。寝殿南侧有院落一处，东、西、南三面被回廊包围，南墙中间辟门，也是整个寝园建筑的正门。院的南侧有一用石条垒砌的长方形平台，可能为门屏的基座。寝殿的左右，是东西对应的 2 号院和 3 号院，平面呈曲尺形。寝殿的北侧，为堂院，包括 4、5 号院和殿堂建筑，殿堂建筑的北侧和东侧有 6 处房基和 1 处庖厨建筑遗址。在寝园之中出土了大量房屋构件如板瓦和筒瓦，生活器皿如盆、瓮、碗等。大批的印泥和上有"孝园"文字的筒瓦，证实了建筑的寝殿属性。在保安山汉墓的陪葬坑中，发现有模印"孝园"筒瓦和"梁后园"印章，说明梁王王后墓可能也有寝园设置。

---

① 江西省文物考古研究所、南昌市博物馆、南昌市新建区博物馆：《南昌市西汉海昏侯墓》，《考古》2016 年第 7 期。

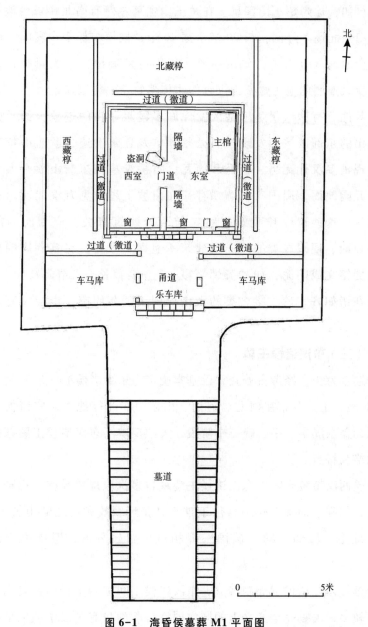

图 6-1　海昏侯墓葬 M1 平面图

资料来源：江西省文物考古研究所、南昌市博物馆、南昌市新建区博物馆《南昌市西汉海昏侯墓》,《考古》2016 年第 7 期。

再如，徐州楚王山汉墓。在楚王山主墓左侧有南北狭长台地，地势从南到北逐渐降低，长90米、宽40米，规模与保安山寝园大体相当。台地区域有人工夯筑的痕迹，周围也发掘出土了大量板瓦、筒瓦，专家推测此地为楚王山汉墓的主体建筑——寝园遗址。

其他还有如徐州楚王墓区发现许多寝园存在的迹象：狮子山和羊鬼山的东部区域，发现过多处陪葬坑及建筑遗迹；驮篮山楚王墓前发现很多汉代瓦当、板瓦和筒瓦；石桥汉墓在东洞山顶有人工夯筑的开阔地面，周围有石墙遗存，在山坡上还散见有汉代瓦片和陶器残片。这些遗址和建筑材料应与陵园建筑有关，应为园内的寝园、寝殿、便殿之类的园庙类建筑所遗存。另外，在墓葬周围出土了铜器铭文或印泥，如"齐悼惠寝""齐哀寝长""靖园长印"等，说明在诸如齐、楚、梁之类的大诸侯国王陵墓周围，也应该有寝园存在。

（三）东汉诸侯王墓

迄今为止，经考古调查，已基本确定为东汉诸侯王（后）的墓葬有18座，主要分布在河北、河南、山东、江苏等地。这些诸侯王墓年代涵盖东汉早、中、晚三个阶段，大致反映了东汉诸侯王陵墓的发展脉络和特点。

受两汉帝陵影响，东汉诸侯王陵墓也多选取地势高突、视野开阔之处，如睢宁刘楼下邳王墓位于睢宁县张圩乡蛟龙村北的山坡上等。在选址上，虽部分同一属国墓葬相对位置较分散，但都位于都城附近。

延续西汉诸侯王葬制特点，东汉诸侯王和王后实行同坟或同穴合葬的较多，夫妻完全意义上的同穴同室合葬的只有东汉中期偏早的河北定州中山穆王刘畅夫妇墓一例。

东汉诸侯王墓多为砖石合砌或砖砌。墓圹为石圹或土圹，在墓上有人工夯筑封土，墓葬由墓道、甬道、封门墙、前室、后室构成，多数有左右对称的耳室，部分有回廊，布局上呈轴对称形式。东汉诸侯王墓只有一条墓道，上宽下窄，在平面上呈"甲"字形或"中"字形。

东汉早期诸侯王墓，在形制上有着过渡性，继承了较多西汉晚期诸侯王墓特征：平面结构上与西汉的土圹竖穴墓或石圹竖穴墓相类似，墓顶有多重券顶，但回廊功能不完善，只与前室相通，还未使用黄肠石。

东汉中期诸侯王墓，回廊的功能较为完善，基本采用黄肠石垒筑，由前期的只环绕前室变为将前、后室都纳入其中。前、后室以及相关耳室、壁龛等有了进一步明确的功能划分。

东汉晚期，庄园经济的发展造就了大批实力雄厚的中高级地主，他们对墓葬形式的诉求影响到东汉晚期的诸侯王墓。在格局上，中期兴盛的回廊格局已式微，回廊退回东汉初的"冂"形结构，环绕后室，不少诸侯王墓已无回廊。耳室的功能退化，位置上由原处于墓道或甬道两侧移至靠近前室，或已成为前室的一部分，但也出现部分无耳室有侧室的例证。临沂曹家王庄东汉墓和定州43号汉墓出现的双后室结构，反映出对夫妻同穴合葬形式的发展。

此时期的砖室墓广泛流行，并逐步取代了盛行千年的竖穴墓。这种墓的修建过程大体为：先挖一个"甲"字形或"中"字形土圹，在墓圹一壁挖出斜坡式墓道，然后在墓圹内用砖修筑墓室，用木炭、土等材料填平墓圹与土圹之间的空隙，最后在墓室之上夯筑高大封土。砖在陵墓中的广泛应用，弥补了木椁墓易于坍塌和腐朽的缺陷，是墓葬建筑史上的一大进步。

东汉诸侯王陵中用的墓砖有长方形、楔形和扇形，规格有大有小，应用于墓室的不同位置。河南淮阳北关一号汉墓用砖种类较多，以长方形、楔形和扇形为主。长方形砖数量最多，分大、小两种，用于甬道、前室、后室等券顶部。小砖根据花纹细分为两种：

一种素面或绳纹，用于甬道、前室、后室墙壁和地面铺设；一种侧面模印有双线或菱形纹饰，用于垒砌回廊的墙壁。在部分菱形纹砖上，还模印有"安君寿壁"的文字，这种砖多用于右回廊前、后室和后回廊北段壁上。楔形砖制造精良，用于回廊墙壁的上部和券顶。有的素面，有的一端印有二乳钉或四乳钉或侧面印菱形纹饰。扇形砖较大，用于甬道、前室、后室的券顶，有的素面，有的单面饰有方块纹或席纹。

墓葬用砖的垒砌形式各有不同。墙壁用砖多采用顺丁错缝排列，垒筑方法有二顺一丁、一顺一丁、三顺一丁。其中三顺一丁的垒砌方法在东汉中期之后较为流行。地面用砖采取多层堆叠的形式，铺设层数最多的为山东临淄金岭镇一号汉墓，前室铺地砖8层，下面5层用楔形砖平铺叠加，上面3层用长方形砖错缝平铺。拱形券顶用砖一般为楔形砖或扇形砖，垒筑方式通常为多层叠加。这种券顶结构，外观上继承和发展了西汉晚期诸侯王墓穹隆顶的形制，同时结合社会上流行的砖质墓葬结构，从而形成独特的砖质多重券顶结构，这样不仅有利于扩大墓室的内部空间，也对整个墓葬起到加固保护的作用。同时，圆形的顶与方形的墓室相对，与传统的"天圆地方"理念相合，有一定的象征意义。

东汉诸侯王墓各室墓顶层数不同，甬道、耳室券顶层数少，主要放置随葬品的前室和棺椁停放的后室层数较多，这与被保护对象重要程度的实际需要相吻合。东汉早期多弧形顶，在后期出现了四角攒尖顶和穹隆顶新的建筑形式。这种墓顶结构更加符合建筑学原理，将顶部封土的压力均匀地分散到四周，有效增加了整个墓室的抗压能力，也有利于修建跨度更大的墓室。

东汉诸侯王墓葬用砖上部分有刻铸、戳记或模印文字，书写材料有石灰、朱砂或木炭等。文字的内容有数字、位置、工匠姓名、提名、官职等。

三　魏晋南北朝贵族墓地

魏晋时期的墓葬集中分布在河南洛阳、山东南部，北京等地区也有较多发现，在太原、西安也有零星发现。魏晋时期的墓葬多为砖室墓，在结构上，继承了东汉晚期墓葬的特点，多有斜坡式的墓道、甬道和前后砖室。就墓葬形制而言，有多室墓、双室墓和单室墓之分。

（一）魏晋北朝的贵族墓葬

魏晋早期的墓葬形制继承了东汉多墓室的特点，诸如洛阳邙山的曹休墓，[①] 墓室由墓道、甬道、耳室、前室、后室和北侧室、南双侧室等部分组成。西晋墓葬，其形制主要从多室墓向单室墓过渡，在洛阳地区发现最多。墓室平面多呈方形，长方形较少，并且在建筑特征上呈现出新的特点，即通常在墓室四角砌出砖柱，墓壁砌出假门，有的还砌出砖雕斗拱。山东地区的魏晋墓葬大多继承汉末画像石墓的特点，诸如滕州元康九年墓，墓室为前室带双耳的前后墓室，用条石结成平顶，内布绘画。在北京西郊，顺义也发现有魏晋墓葬，此处多流行形制较为特殊的刀把形墓，墓室的甬道偏在一侧。在西安等地发现的魏晋墓葬，大多为双室墓或多室墓，也有阶梯状墓道，但未发现四角砌砖柱的墓例。

十六国至北魏迁洛前的墓葬在中原地区发现较少，主要在河南安阳、西安咸阳等地有所发现。河南安阳地区发现了 5 座前燕墓，[②] 材料较为完整，都为带小龛的竖穴土坑墓，带有较重的少数民族特色。西安咸阳等地发现的十六国墓葬呈现胡汉杂糅的特点，墓室形制多为单室墓和双室墓，少数墓葬四角留有角柱。长安韦曲、彭阳

---

① 洛阳市第二文物工作队：《洛阳孟津大汉冢曹魏贵族墓》，《文物》2011 年第 9 期。

② 中国社会科学院考古研究所安阳工作队：《安阳孝民屯晋墓发掘报告》，《考古》1983 年第 6 期。

新集的墓带有宽大的斜坡式墓道，具有魏晋时期墓葬的建筑风格。此外，长安韦曲有一座墓的墓道过洞的南壁为一多重楼阁式的建筑模型，此建筑模型位于封土之下，在墓室的正上方。

　　魏晋十六国墓葬在河西地区发现较多，墓葬独具地方特色。河湟地区发现的墓葬主要为魏晋十六国早期墓，多为大型的坟院式墓地，其中资料最多、最全的要数西宁上孙家寨墓地。其中有24座墓的年代基本可以确定为魏晋早期，其墓室多为前后室穹隆顶砖室墓，多有高大的门墙，有的还模仿地面建筑做出屋檐。现有考古研究发现，以前凉前期为界，河西的墓葬可以分为两期，前期墓葬规模较大，以两室墓和三室墓为主，墓室中多壁画；后期以单室墓为主，壁画基本不见。河西地区墓葬有个显著的特征，即在墓门上起多层券，并筑有高大的照墙，上面布满彩绘，作门楼状。武威雷台墓是一座汉末魏晋时期的墓葬，多室墓，墓中有耳室，此墓的墓门券砌，与照壁相连。此外东北地区也发现有十六国墓葬，此地盛行石板墓，墓室多用石板砌筑，墓顶用四层石板抹角叠砌，形成方形墓顶。

　　北魏迁洛之后的墓葬在洛阳地区有大量发现，东魏北齐墓葬多集中在临漳、磁县、太原一带，西魏北周墓葬多集中在陕西咸阳等地。此时发现的墓葬大多为方形单室砖墓，墓前出现了直通地下墓门的长坡墓道，墓道两侧多布有车马仪仗的绘画。此时也有双室墓，墓前出现极长的斜坡墓道。还有一些墓葬将墓道挖得极深，把墓道的后半段做成隧道，在墓道中建过道和天井。在北魏、北齐时期，墓葬中有天井的不常见。北周墓葬中出现了较多的天井过洞，少数墓葬中还有小龛。

　　综上所述，魏晋时期的墓葬在建筑形制上继承了东汉晚期墓葬的特点，但由于社会动乱、统治者在丧葬礼俗上的禁令，墓葬形制由多室墓向方形单室墓过渡，墓室多盛行角柱以仿地上居室构造。而后，北朝时期社会动荡，此时的墓葬建筑呈现出明显的地域性和民族文化相互融合的特征。

（二）六朝贵族墓葬

考古所发现的六朝时期的墓葬主要集中在南方的江苏、湖北等地，基本为砖室墓，也有少量的崖墓、石室墓。墓室以单室墓为主，部分是双室墓和多室墓。

东吴两晋时期的墓葬形制多样，多为多室墓和双室墓，墓室前流行斜坡式墓道，斜坡墓道底部多砌有排水沟。墓室主要由封门墙、挡土墙、甬道和墓室等组成。

长江中下游以及南京地区的墓葬流行四隅券进式墓室，而在长江中游地区发现的墓葬墓顶形式较多，券顶、穹隆顶、四隅券进墓顶并行。四隅券进式墓顶是六朝早期广泛使用的一种墓顶，"四隅券进墓是在墓室的四角各起四分之一圆弧，将墓顶砖由沿着墓壁平行叠砌改为围绕墓葬的转角斜向叠砌，两个相邻角券的相交处形成 V 字形，这种 V 字形可以深深地插入墓壁的下部，使得墓顶与墓壁紧密地连接为一体，有效地克服了原来墓室四角是结构上薄弱点的弊病，使得四个角券有可能构成一个抗压力最强的球形"。[①] 四隅券进式墓室最早在汉末三国时出现，在东晋早期突然消失，主要在长江中游的湖南、湖北等地发现，在江苏等地也有发现，这应该和孙吴定都鄂城有直接的关系。此外，六朝的墓葬多在墓室四壁设置台灯，墓室内多设有砖柱。此类墓葬主要集中在长江中游的湖北、江西等地，特点是在墓室的四壁砌数量不等的砖柱，把墓室分割成多个部分，墓室呈多阶梯状。

南朝时期的墓葬基本为单室墓，此时券顶墓成为主流，多设有小龛、直棂窗、棺台，但在南朝前期小龛多呈现"凸"字形或者长方形，南朝后期小龛的形制发生改变，逐渐成为桃形。墓室中流行以莲花为主的花纹砖，并盛行用砖拼成大幅的人物、动植物壁画，墓室中

---

① 韦正：《魏晋南北朝考古》，北京大学出版社，2013，第 113 页。

还出现大量砖柱。六朝时期各地区的墓葬都有各自的特征，但同区不同时的墓葬有较为明显的继承性。总体上来说，此时的墓葬有着共同的特征："单室墓取代双室或者多室墓，券顶取代穹隆顶……莲花文的日渐流行，是大多数地区的共同现象。"①

四 隋唐五代贵族墓葬

隋唐五代时期王公大臣墓葬与庶民的墓葬有着较为明显的区别。从隋代开始，王公大臣按品级进行下葬，其墓葬面积、坟高、随葬品多少、石刻数量等都有相对明确的规定。

隋唐五代的王公墓葬、臣庶墓葬近年来发掘较多，包括章怀太子李贤墓、懿德太子李重润墓、节愍太子李重俊墓、永泰公主墓、惠庄太子李㧑墓、让皇帝李宪陵、唐嗣虢王李邕墓、新城长公主墓等贵族墓地，以及唐长安城郊隋唐墓、偃师杏园唐墓、三门峡市庙底沟唐墓、吴忠地区120座唐代砖室墓，五代时期的王处直墓、冯晖墓、李茂贞夫妇墓等，隋唐五代贵族墓葬的形制不仅和等级制度相关，也与地域差异、时代背景密切相关。

（一）隋代贵族墓葬

隋代自581年建立至618年灭亡，仅存在37年，因此墓葬相对较少。自20世纪50年代以来，各地陆续发现部分隋代王公大臣墓葬，其中李和墓发掘于1964年的陕西省三原县双盛村，墓葬由墓道、过洞、天井、甬道、封门、墓室六部分组成，有陶俑、石质封门一套、墓志一合、石棺一具，为带天井斜坡墓道单室土坑墓。另外在洛阳、安阳和湖南、湖北等地区还发掘出许多小型墓葬。

隋墓在全国有着广泛的分布，但主要发现于黄河中下游的关中地区，"关中地区已发掘的90余座隋墓中，除一座砖室墓、一座竖

---

① 韦正：《魏晋南北朝考古》，第117页；韦正：《六朝墓葬的考古学研究》，北京大学出版社，2011，第96页。

穴土坑墓外，其余均为土洞墓"。① 刘呆运将隋代墓葬分为三大类。第一类是砖室墓。此类较少，主要有潼关税村壁画墓 1 座。第二类是土洞墓。这是隋代墓葬的主流，分为双室土洞墓和单室土洞墓。第三类是竖穴土坑墓。此类墓葬由斜坡墓道和长方形竖穴墓室组成，目前仅发现李静训墓 1 座。这是对皇族贵族的一种特殊埋葬方式。② 其中潼关税村壁画墓在隋代墓葬中非常有特色，该墓为带长斜坡墓道、多天井、带壁龛的单室砖墓。墓室平面呈"甲"字形，坐北朝南，由墓道、过洞（7 个）、天井（6 个）、壁龛（4 个）、砖券甬道（位于第七过洞与墓室之间）、墓室（单式砖券）构成，墓葬水平全长 63.8 米，墓底距地表 16.6 米。随葬品种类丰富，且数量众多。

此时期的高官墓发现众多，这些墓的"墓葬形制基本都是平面方形、长方形的土洞墓，与北朝晚期墓葬基本相同。而墓室尺寸、墓内设施的不同安排则表示等级，有石棺床、石门而无石棺椁与等级身份有关，但是否用砖建墓与等级关系不大。砖室墓发现于河南、山东、河北和山西，品官几乎都是砖墓，西安地区无论墓主地位如何，隋代极少用砖室墓，而发现于安阳的地位略低的张盛墓、郑平墓为单室砖墓。这些地区较多地继承了东魏北齐制度，因各人的地位略有不同而出现的墓葬区别比较清楚。北朝时期已经出现但尚不多的墓道带天井的墓隋代开始多起来。李和墓有五个天井，姬威墓的天井多达七个，这可能与李和墓时代较早而姬威墓时代较晚有关。同时，李静训墓则是无天井的土洞墓，因此，大型墓葬是否有天井也无定制，长墓道、多天井的墓出现在北魏时期，唐代最盛，隋代正是作为过渡时期"。③ 除此之外，作为过渡时期，部分隋代墓葬也确实体现出风格的独特

---

① 刘呆运：《关中地区隋代墓葬形制研究》，《考古与文物》2012 年第 4 期，第 87 页。
② 刘呆运：《关中地区隋代墓葬形制研究》，《考古与文物》2012 年第 4 期，第 83~92 页。
③ 齐东方：《隋唐考古》，文物出版社，2002，第 64~65 页。

性，比如山东省嘉祥县英山徐敏行夫妻合葬墓发掘于 1976 年 2 月，是一座椭圆形砖砌单墓室，这一形制渊源自南朝。"两墓墓门左右绘持剑武士有北周风格。徐敏行墓所出武士俑、镇墓兽、骑马武士俑、陶马等均承北齐样式。"① 类似的还有徐之范墓。北方地区隋墓的随葬器物有特定的摆放方式。

（二）唐代贵族墓葬

唐代前期、中期、后期的墓葬形制有所差异，王公大臣的墓葬多为方形或长方形单室墓，地下墓葬由墓道、过洞、天井、小龛、墓门、甬道、墓室七个部分组成。按照其生前的地位，地上封土与地下墓穴规模、墓道尺寸、天井小龛数量等有所差异。齐东方先生认为"以墓葬平面形状、建筑质料、尺寸、墓内设施、随葬品数量为依据，可归纳出双室砖墓、双室土洞墓、单室方形砖墓、单室方形土洞墓、单室方形或长方形土洞墓、刀形土洞墓等不同的类型"。

唐代王公大臣的墓葬主要分布在关中及洛阳一带，其中在昭陵等部分帝陵旁边的陪葬墓较有代表性。大体分为四种类型。一是依山为墓，前有双阙，其数量较少，仅有新城公主墓和魏征墓等个别墓葬。二是覆斗形墓葬，封土"作覆斗形，前后各有四个土阙"（可能中间为南北门阙，两端为四角阙），阙间连以围墙。在南阙以北，围墙以内立石柱、石羊、石虎、石碑等，构成神道，通到坟丘前。这类墓所葬的长乐公主、城阳公主都是嫡出的公主，墓制和咸阳武氏顺陵的初制相同，可知是属于王的规格。三是圆锥形墓葬，无阙，这类墓葬较多。房玄龄、尉迟恭等文武重臣和一些偏妃、庶出的王和公主墓均如此，但在封土大小、高低上有很大差别。这表明覆斗形有阙墓和圆锥形无阙墓明显属于两个等级，前者高于后者。此外，在乾陵陪葬墓中的章怀太子李贤墓、懿德太子李重润墓、永泰公主李仙蕙墓的封土也

---

① 齐东方：《隋唐考古》，第 68 页。

是覆斗形。四是像山形墓，以李靖墓为代表，墓像铁山、积石山，墓前有石碑、石虎、石羊、石人，选用形状特殊的墓葬封土，是为了彰显对功臣的礼遇。

因此，以规格形制就可以将帝陵、王墓及一般士庶墓葬区分。王墓的封土为覆斗形，外有方形陵园，四角建角阙，一般只南面开门，门外建双阙（个别也开北门并建阙），神道设在南门之内，直抵封土前，和帝陵设在南门之外不同。夹道有石柱、石羊、石虎、石人、石碑，但没有石狮、翼马、石马等，那些是帝陵独有的。王墓的封土之前也没有殿宇。王墓之中也有特殊情况，主要有两类。其一是号墓为陵，即主体属于王墓而部分属于帝陵，主要包括懿德太子李重润墓等。其封土作覆斗形，只南面开一门阙，属于王制，阙前有石狮，神道在南门之外，又属于帝陵的形制。号墓为陵是一种始于唐中宗时代的丧葬制度，一般认为其存在时间较短且极为特殊，只是出于帝王的政治需要或者表示特殊恩宠的一种形式。其二，部分属王制而部分属帝制。除了号墓为陵，还存在另外一种情况，即帝陵的地位王墓的规格。比如让皇帝李宪的惠陵，其陵园设置、石刻群种类组合及个体数目、随葬品陶俑组合规格、墓内壁画题材设置上均与帝陵相当，而封土形制、葬具方面使用了追赠太子或号墓为陵者等级，墓内玉质册文的出土又符合追赠太子各墓葬级别，而墓室数量规格却属于亲王一级。① 在玄宗赐皇帝号时，其家人曾坚辞不受，因此其级别也未至帝陵级别。总之，王公贵族一般会按照相关的礼法规定进行置墓，但受政治、社会等背景的影响存在一些特殊情况。

近年来发掘整理的王公大臣墓葬数量众多，这些王公、大臣墓葬的"封土多为圆锥形，封土前无殿宇，神道直抵其前，夹道有石

---

① 陕西省考古研究所编著《唐李宪墓发掘报告》，科学出版社，2005，第 260 页。

柱、羊、虎、人和碑。这些墓地上部分多遭破坏，其茔城门、墙情况尚有待探查，但石人兽设在墙内则是可以肯定的。近年在陕西西安及其附近发掘的大量唐墓，都是在封土下建方形墓室，前接隧道和露天斜坡羡道通到地面，和隋代墓制相同。只是由于经济发展，墓室加大，多用砖衬砌，墓道加长而已。这些墓一般有一个墓室，用砖衬砌的四壁多向外凸，上部逐层内收聚拢，形成攒尖顶。墓室前方接一水平短甬道，甬道上装木或石制墓门。甬道前即斜行升至地面的通道，下段为隧道，上段为露天开挖的羡道。隧道上有数个竖井，通到地面。竖井现称之为'天井'，它的出现原是为了可以从多处同时开挖隧道，成为墓制一部分后，又被赋予一定的象征意义。已发现的唐代王和公主墓，凡以礼下葬的，多有前后两个墓室，中间连以短甬道，现称'后甬道'，而把墓室前一段平隧道称'前甬道'。自前甬道起，墓室用砖衬砌，是墓的主体。前面的土羡道和土隧道、天井在下葬后即回填夯实。墓内多绘有壁画，一般规律是在羡道（露天斜坡墓道）两侧画青龙白虎和仪仗队、墓主出行图等。隧道入口处前壁在门洞上方画楼阁和阙，初唐的李寿墓、韦贵妃墓门楼画为二层，懿德太子墓、韦泂墓门楼画为单层，表示是阴宅的入口。隧道被天井分割成若干段，现称各段为'过洞'。每一过洞的两侧壁都画壁柱、阑额，顶上画天花板，表示这部分是建筑内部。天井的四壁也画柱子和阑额，但在东西侧壁上又画棨戟和车乘等，表示天井部分是由前后进房屋和东西回廊围成的庭院，画有戟或车的，则表示它后面的一个过洞仍是一重门。砖砌的前甬道设有门，甬道两侧也画壁柱、阑额，顶上画天花板，表现的是门屋和入门后的廊子。前后墓室内部也都画壁柱、阑额和斗栱，斗栱比前面所绘加大加繁，表现的是前堂后寝。除太宗韦贵妃昭陵陪葬墓之前室顶部画为庑殿形式外，大多数墓室顶不画藻井天花而画天象图及金乌等，是汉以来墓室的传统，和表现建筑无关。前后墓室间的后甬道上有门，两壁也画壁柱和阑额，但顶上不画天花而画云鹤，以云鹤来表示天空，显示这部分是由廊庑围成的庭院"。① 另外，墓葬壁画的内容也是墓主等级的体现之一。个别王公墓葬之所还会建造祠堂，但这在王公贵族与大臣的墓葬中并不多见。

（三）五代贵族墓葬

五代十国时期，各地割据势力群雄并起，朝代更迭频繁，王公贵族、大臣与平民之间的墓葬规格也就显得相对不那么严格，尤其是各地割据势力为自己营建的陵墓直逼五代帝王。比如秦王李茂贞夫妇之墓，夫人墓"由封土、墓道、端门、墓门、甬道、庭院、前室、后甬道以及后室等几部分组成，全长 57.1 米。墓道为斜坡土圹式，砖砌仿木结构建筑的门楼。院庭整体平面作长方形，带有东西耳室。前室由长方形主室及东、西耳室构成，主室四壁均以石条堆砌而成。后室由八面体的穹窿顶主室及东、西、北耳室构成。端门、庭院及后甬道清理出的彩绘浮雕砖共 72 块，构成完整图案 37 幅。内容有妇人启门图、乘凤驾鹤西游图、二人抬轿图、八人抬轿图、汉人牵马图、胡人牵驼图、鸳鸯牡丹图等，乐队人物有舞蹈、抱拍板、击正鼓、拍毛员鼓、击鸡娄鼓、擂大鼓、操笛、乐舞指挥、拍板、弹琵琶、击羯鼓、敲磬、吹笙、吹箫、乐舞指挥者等。出土遗物丰富，有墓内建筑构件、陶瓷器、石柱及柱龛造像等。李茂贞墓位于夫人墓东北 20 米处。现存部分夯筑覆斗形封土，墓葬由墓道、封门、甬道、墓室四部分组成。为一座长斜坡墓道单石室墓，坐北朝南，总长 50.7 米。斜坡墓道南窄北宽，甬道为拱券顶，墓室平面呈长方形，为直壁拱顶形石室。亦出土了经幢石刻、陶瓷器等遗物。神道位于两座墓葬的正南方，宽 12 米。原神道东西两侧各有石造像一排，面向神道。造像均选用灰色石灰岩雕琢而成，人物造像均于脚下凿留圆柱状短榫，下有

---

① 　傅熹年主编《中国古代建筑史》第 2 卷，第 452~455 页。

带榫孔的长方形石座。西侧现存造像 14 尊，其中武官 3、文官 2、马与控马官 2（组）、狮子 4、羊 3、华表 1。均面向东方。造像间南北相距 10 米"。① 可见，这一时期的墓葬形制在某种程度上更多地受到政治与社会背景的影响。

五 宋代官僚墓地

宋代官僚多盛行家族墓葬，例如河南韩琦、富弼家族墓地，河北临城王囊家族墓地，陕西蓝田吕大临家族墓地，以及四川华蓥市东发现的安丙家族墓地（由安丙及其夫人李氏等 5 座石室墓组成），等等，均是其中的代表。② 现以河南安阳韩琦家族墓为例，做一剖析。

韩氏家族乃官宦世家，崛起于唐朝。五世祖义宾而上，皆葬博陆。义宾仕唐，"为成德军节度判官检校左庶子"，葬赞皇。韩琦曾祖璆，"为广晋府永济令，累赠太师中书令兼尚书令齐国公"。祖构，"仕之本朝，为太子中允，累赠太师中书令兼尚书令燕国公"。父国华，"终右谏议大夫，为世名臣，国史有传，累赠太师中书令兼尚书令魏国公"，父母等皆葬安阳。

该墓地位于今安阳市殷都区皇甫屯村西地。2009~2010 年，安阳市文物考古研究所配合南水北调工程建设对该墓地进行了考古发掘，共发掘韩琦及其子韩忠彦、韩纯彦、韩粹彦，孙韩治，夫人普安郡太君崔氏等大型宋代砖石室墓葬 9 座，照壁、拜殿等大型宋代建筑基址 2 处，出土了韩琦及其子、孙、夫人墓志计 8 方，以及瓷器、铜镜、石刻等一批器物。韩琦及其家庭成员的墓志形体硕大，雕刻精美，内容翔实，书体优美，具有较高的文献价值、历史价值

---

① 陕西省考古研究院隋唐考古研究部：《陕西南北朝隋唐及宋元明清考古五十年综述》，《考古与文物》2008 年第 6 期，第 180 页。

② 详见洛阳市第二文物工作队编《富弼家族墓地》，中州古籍出版社，2009；四川省文物考古研究院等编著《华蓥安丙墓》，文物出版社，2008。

和书法艺术价值。韩琦家族墓地的发掘为研究宋代宰相级的高级贵族的墓葬形制、布局以及宋代的丧葬文化等提供了科学的实物资料。①

韩琦因为自己长久在外奔走，致使其五世祖墓不能"时奉丰安之祀"，且由于年代久远而得不到及时的维护，以至于不能辨识其原貌，而感到惭愧不已。为此，他在嘉祐八年（1063）七月一日遣儿子孝彦回去，"告而启圹，自下以甓实而上，绝沮洳而止"，死者的衣衾棺椁也全部换上新的，然后"塞隧广封，以为万世之固"。对远祖诸墓全部加以整治，清剪掉墓上的荆棘，在墓园种植好的树木，筑上围墙，而表以高阙。工程结束后，详细记载整治之始末，写好后纳诸圹中，并告诫子孙："夫谨家牒而心不忘于先茔者，孝之大也。"同时要求他们注意搜集"祖先所为文字与家世铭志"，"宝而藏之"。"向若家谍（牒）之不谨，祖先文字之不传，虽有孝于祖先之心，欲究其宅兆而严事之，其可得乎？后世子孙不能勤而知此，则与夫世之绝也何异？"

韩琦《寒食亲拜二坟因诫子侄》一诗，同样寄予这样的期望：要按时祭扫祖先的坟墓，修剪墓园中的林木，修整坟茔，不要让野兽侵犯到棺木，或者让雨水流入棺椁之中。同时也不要听信风水师的话，"勿葬他所"。需要指出，在这一时期随着风水之说的兴起传统的族葬制度已经开始衰落。

另据《宋会要辑稿》，北宋官僚墓前的石刻群是有定制规定的，但实际上常常超出定制，增加石刻内容。当然也有严格按照制度来办的，范仲淹就是其中的代表。宋代朱弁《曲洧旧闻》载："范祖封，忠文公之孙也。尝梦忠文言：'我墓前石人、石羊、石虎，长

---

① 河南省文物局编著《安阳韩琦家族墓地》，科学出版社，2012；安阳市文物考古研究所、河南省文物局南水北调文物保护办公室：《河南安阳市宋代韩琦家族墓地》，《考古》2012年第6期。

短大小皆逾制,如我官未应得也。汝可亟易之。'祖封既久,遂忘其梦。而坟旁寺僧忽报,一夕大雷,石人一折其手,一断其身为二,乃始惊惧,遍与亲旧言其事。或曰:'忠文死犹守礼不逾,况生前乎!'"①

宋代官僚墓园中设石刻的现象比较普遍,如浙江鄞州东钱湖南宋神道石刻,以卧羊、蹲虎、立马、武将、文臣各一对作为固定组合形式,其余牌坊、望柱、石亭、石碑等也各有定数。近年的统计数据显示,浙东约 300 个南宋墓道石刻中有 200 个集中在东钱湖畔,其中史氏一族的墓前就有 160 个,超出了一般水平。与唐代一样,宋代官僚墓石刻群的主要种类也是石羊和石虎。如南宋曾任礼部尚书兼给事中的王应麟(1223~1296),其墓现存石柱一对、石羊一对、石虎一对、龟趺一对、文武官石像各一对。②

但在宋代,也有人反对此举,陆游就是其中的代表,他说:"石人、石虎之类,皆当罢之。欲识墓处,立一二石柱可也。"又说:"古者植木冢上,以识其处耳。吾家自先太傅以上,冢上松木多不过数十。太尉初葬宝峰,比上世差为茂郁,然亦止数亩耳。左丞归葬之后,积以岁月,林樾浸盛,遂至连山弥谷。不幸孙曾遂有剪伐贸易之弊,坐视则不可,禁止则争讼纷然,为门户之辱,其害更甚于厚葬。吾死后墓木毋过数十,或可不陷后人于不孝之地。戒之!戒之!"③ 即在墓上种植数十株松树以供识别即可。

六　明清藩王墓地

明成祖迁都北京前,皇子夭殇,葬于南京附近。迁都后,葬北京

---

① 朱弁:《曲洧旧闻》卷 3《范忠文死犹守礼不逾》,第 114 页。
② 杨古城、龚国荣:《南宋石雕》,宁波出版社,2006。从文物保护的角度出发,这些南宋墓前石刻现在大多被移至修建于东钱湖畔的南宋石刻遗址公园内。
③ 陆游:《放翁家训》,《全宋笔记》第 5 编 (8),第 149 页。

昌平宜山、绵山以及宛平石景山等地，景泰、天顺后，金山一带逐渐成为最集中的夭殇皇子女的墓葬地。明末，西郊翠微山也成为妃嫔和夭折皇子女的墓葬区。

已经分封之国并且传之子孙的皇子，以及个别已赴藩封但绝嗣的皇子，一般葬在各王府所在地附近。根据统计，明代两京加外藩共有太子陵、亲王陵、世子陵等总计大约 320 座。① 明代亲王墓地一般卜选在藩府周围，呈诸王同兆域和诸王异兆域两种分布形态。

同兆域即某藩始封王及其子孙嗣王若干代毗邻而葬于相对独立的自然地理区域内，最为典型的是湖北武昌龙泉镇楚藩诸王陵，八代九王同一兆域，号称"楚藩九寝"。② 在附近的流芳岭镇，还有若干楚藩郡王、王妃墓，该镇牌楼舒村即发现过楚王家族墓葬。在大多数亲王葬于同一兆域的情况下，也有个别亲王别葬的情形。诸王异兆域是指某藩历代亲王分别葬在若干处或若干个不同区域中，包括某些亲王自为兆域。鲁藩诸王陵是最典型的异兆域，鲁荒王葬于山东邹城九龙山，而诸嗣王的陵园则分布在邹城、泗水、滕州、费县四地，基本没有统一规划，各自为中心。有些王府的坟墓在自然地理上属于范围比较大的同一区域，但诸王陵相距较远，往往跨州越县，这种情况是一种特殊的诸王异兆域。③

后金建立之前，努尔哈赤家族成员的墓葬全部在赫图阿拉，集中葬在一起。后金建国后，努尔哈赤在天命九年（1624）将其祖、父、伯、叔、兄弟、从兄弟及子侄等十数人墓同时从赫图阿拉迁出，安葬在东京陵内。从迁葬的成员可以看出，当时东京陵仍是以族墓的形式安排的。清廷入关后，宗室墓葬一般为家族式，以皇子或始封祖立祖，按照传统宗法关系建立家族茔地。皇子受封，是为一小宗，其后

① 刘毅：《明代帝王陵墓制度研究》，人民出版社，2006，第 157～172 页。
② 《江夏县志》卷 2《疆土志·古迹附》，同治八年刻本，第 56 页。
③ 刘毅：《明代帝王陵墓制度研究》，第 242～257 页。

裔袭爵者为小宗正派，子孙相沿，按昭穆制度在祖茔建立园寝。其小宗支派，亦按血缘关系，或另立茔地，或葬于祖坟一侧，此其大要。但墓地及墓位的选择，受到地形地势、风水观念及其他各种因素影响，也有小宗袭封者的园寝并不建于祖茔而另选茔地者。如果出现这种情况，则在新的茔地上建立园寝，也依然按照原来的昭穆顺序来排。如原应排于昭位的，依然排为昭位，他的承继者死后，依然排在他的右侧，后世依次相沿。园寝的昭穆安排，依照的是承袭的次序，而不是嫡长顺序。一支之中，可以有茔地一处或数处。但在每一处茔地之中，墓位的布局，昭穆的顺序仍然可寻。

公主、格格园寝。远嫁到蒙古的公主（或格格）薨逝后，有的在其所属领地建立园寝，与其额驸合葬。居住在京城的，薨逝后即在京城附近建立园寝。公主、格格薨逝后，除非额驸犯有不可饶恕的罪行或其他特殊的原因，一般都与之合葬。

第三节　平民墓葬

相对于帝王陵墓及贵族墓葬，平民墓葬的分布范围更加广泛，且墓葬形制更为多样。民间的殡葬习俗掺杂了本地的社会信仰及各异的生活方式，所以各地的墓葬也各有特色。从目前发掘的平民墓葬可以发现，社会财富相近的人往往会购买地价相同的墓地作为茔地，而且即使血缘相近的人也不一定会在同一个墓地。这表明随着社会经济的发展，经济基础逐渐影响了人们的墓葬选择。

一　先秦平民墓葬形制

以二里头遗址发现的墓葬为例，身份地位较低的平民或贫民阶层的墓葬墓室面积小，一般在1平方米左右，有的甚至更小，仅能容身，很少有葬具，随葬品很少。少数富裕者会有木质葬具，有的随葬铜铃、漆器、陶器等少量器物，墓室内撒有朱砂。但地位更低者，墓室面积在1平方米以下，无葬具，有的随葬少量陶器，有的没有随葬品，甚至有的被葬于废弃房屋基址中，或直接被扔弃到灰坑中，无任何处理措施，有的尸骨完整，有的则身首异处。这反映出贫民阶层占有的社会财富少，甚至不占有财富而成为被剥削者，有的甚至被奴役致死，这些人根本没有能力去处理和设计死后的场所，所以无法论及随葬品和墓葬规格。

商代的低等级墓葬在不同遗址中发现数量多，多数规模较小，一般在2平方米以下，有的墓坑仅能容身，部分有棺，基本不见椁，腰坑少见或基本不见，随葬品很少，铜器、玉器几乎不见，多为陶器等日用品，很多没有随葬品，更没有殉人和殉牲。墓葬零星分布，偃师商城的很多墓葬位于城墙边缘等，很少见到成片的墓地。郑州商城发现的墓葬绝大多数是小墓。还有一些地位更低的赤贫者，无棺，无腰坑，无铜器随葬品，有的仅随葬陶器，甚至没有任何随葬品，这在各遗址内发现数量很多。还有一些属于非正式的无圹墓，没有正式挖掘的墓坑，有的直接弃置于灰坑和文化层内，或与动物一起埋葬，骨骼往往残缺不全。

这些墓主人身份卑微，处于社会底层，占有极少的社会财富，甚至一无所有，他们无法享有祭祀权，甚至连生存权都紧握在统治阶层的手中，成为统治者实施祭祀和尊崇鬼神的牺牲者。他们的墓葬规格和随葬品无法和统治阶层相比，生前的社会地位和身份决定了他们死后在地下所享有的空间和所享用的祭品。

二　秦代平民墓葬形制

（一）秦代墓的基本情况

这里所指的秦代墓，指埋葬于秦国行政区域之内，包含这一时期的秦人墓①、秦墓②，以及六国灭亡之后埋葬的墓。但是，六国的后裔在秦统一后未必选择秦墓的埋葬风格，所以将秦代的"六国墓"和战国晚期的六国墓进行严格甄别非常困难。目前，考古发现秦代墓多为秦墓、秦人墓，秦代墓中也有楚人的墓葬，例如鄂城和长沙等地区发现的秦代楚人墓。

葬制葬俗作为文化的重要组成部分，其延续性强，变化的步伐也不与朝代的更替同步，而秦王朝仅存在15年，因此，严格区分秦代墓相对困难。所以在20世纪70年代前，几乎全部的秦代墓葬都被归为战国晚期或者西汉前期。湖北省云梦县睡虎地秦墓以及河南省泌阳纪年墓发现后，学者逐渐认识到秦代墓和战国晚期以及西汉初期的墓葬在形制上有所区别。尽管如此，在没有确切纪年的情况下，仅仅将秦半两钱、典型秦代器物、墓葬形制、屈肢葬的葬式作为判断标准，模糊系数非常大，仍然不能对大多数的秦代墓进行界定。鉴于这些因素，如果墓中没有确切的纪年出现，对秦代墓的判定在年代上还是宽泛一些为好。目前属于秦代或者战国晚期、西汉初期的墓有500余座，可是，确认是秦代墓的却极少。其中的代表性墓葬，如河南泌阳秦墓、陕西临潼上焦村秦墓、湖北云梦部分墓葬以及龙岗部分墓葬。

秦代墓的分类因其标准不同，可以有多种方式。若按棺椁分类，可分为四类：第一类是双棺一椁墓；第二类是一棺一椁（有砖椁和木椁之分）墓；第三类是单棺（或瓦棺）墓；第四类是无葬具墓。第一类墓较少，规格较高，如江陵扬家山135号秦墓。第二、三类墓则

---

① 所谓秦人墓，指的是属于"秦族"或秦国人在关中及其他地区死亡后所埋葬的遗迹。它既存在于秦统一以前，也存在于秦统一以后，大约在西汉中晚期秦人完全汉化后，秦人墓基本不复存在。

② 秦墓，指的是具有秦文化因素的墓葬。它既包含秦人初创国家以后的墓，也包括秦人建国之前的墓葬，还包括受秦文化影响而采用秦人埋葬习俗的墓。它的存续时间大体和秦人墓相同。

较常见。第四类墓为中小阶层墓。[①] 如果根据墓葬的形制来区分，主要可分为竖穴土（岩）坑墓、洞室墓。竖穴土坑墓又可以分为有墓道、无墓道两种，洞室墓可分成斜坡墓道、竖穴墓道两种。在关中、关东地区，多为洞室墓，其中直线型洞室墓在秦代最为盛行。根据墓主所处社会阶级来分，有贫民墓、刑徒墓、以陇县店子墓群为代表的平民墓、以陕县后川墓群为代表的中小地主墓（含云梦 11 号墓、天水放马滩 1 号墓等）以及以涪陵小田溪墓葬为代表的贵族墓（含上焦村秦室公子大臣墓）等。[②]

以上分类均可从某个侧面看到秦代墓的一些特征，但考虑到历史文化的延续性和地区文化的整体性，以区域分类更为适宜。若按区域分类，有关中地区、关东地区、江汉地区、四川地区等。

（二）关中地区秦代墓葬

关中地区指的是以陕西中部为中心的区域，包括今天的西安、铜川、宝鸡、咸阳、渭南等地，这里是秦人崛起和建国的旧地，发现的秦墓数量较多。关中秦代墓葬的确定，主要以秦始皇陵周围发现的秦代墓为标准进行判定。

1. 临潼上焦村秦墓

1976 年 10 月，秦俑坑亦工亦农训练班在秦始皇陵东侧临潼上焦村发现 17 座墓葬，并对其中的 8 座进行了清理。[③] 这些墓葬为东西向，南北单行排列，间距 2～15 米，西距秦始皇陵园东外墙大约 350 米。这 8 座墓都是带斜坡墓道的"甲"字形墓。其中 2 座为斜坡道方圹墓，6 座为斜坡道方圹洞室墓。斜坡道方圹墓由斜坡墓道、方室土圹和壁龛或耳室三部分组成，墓道与方室相连接。斜坡道方圹洞室墓由斜坡墓道、方圹、洞室、壁龛四部分组成。葬具上，这 8 座墓都是

---

① 韩国河：《秦代墓研究的几个问题》，《文博》2002 年第 3 期，第 24 页。

② 韩国河：《秦代墓研究的几个问题》，《文博》2002 年第 3 期，第 24 页。

③ 秦俑考古队：《临潼上焦村秦墓清理简报》，《考古与文物》1980 年第 2 期。

长方形盒状的棺椁，其中有棺椁分开和棺椁未分两种形式。

根据墓葬的位置、器物上的"少府"小篆刻字，对比秦始皇陵墓葬，判定为秦始皇陵的陪葬墓，并进一步推测墓葬主人可能是秦二世与赵高杀死的秦始皇宗室或大臣。

这批秦代墓表明，此时秦墓对前代多有继承，如承继商周"亚""中"字形墓葬形制，广泛使用斜坡墓道。方圹使用是战国以来的遗风，方圹带洞室则是长方形竖穴带壁龛的发展。一棺一椁仍是旧的礼仪。当然，也体现了新的发展，如出现耳室。

2. 秦刑徒墓地

1979 年 12 月，秦始皇陵西侧赵背户村社员在平整土地时发现了秦刑徒墓地，[1] 接着，考古队进行了半年的勘查清理。

该墓地范围很大，在整个墓葬区东北隅 8100 平方米内共有 114 座墓葬，除了汉唐的 10 座外，其余都是秦代刑徒墓。已经清理的 42 座墓葬，其形制均为竖穴土坑墓，且大多为长方形。最大的是 M34，长 10.6 米，宽 1.1 米，距现地表 1.2~1.7 米；最小的是 M10，长 0.8 米，宽 0.6 米，距现地表 0.2 米。形制比较特殊的是 M9，平面近似正方形，坑中又套有圆坑，圆坑中又有一个凸起的生土台。坑的西面和东南方向还有小坑。

在所清理的墓葬中，除个别墓葬中有用粗绳纹板瓦砌成的长方形瓦棺，棺底是用两块顺长相接的残板瓦平铺，其余各坑都没有葬具，是直接埋入尸体的，有部分坑底垫铺一层淡黄色灰烬。根据墓葬中出土的印记和瓦志刻文，其中涉及秦的官府机构如"寺水""左水""左司空"，还有县名如"东武""平阳""平阴""博昌""兰陵""赣榆"等。而且，通过瓦文可知，墓主人是"居赀"服役的刑徒，就是以服劳役来抵偿因罪而被罚令缴纳财物的罪犯。

---

① 始皇陵秦俑坑考古发掘队：《秦始皇陵西侧赵背户村秦刑徒墓》，《文物》1982 年第 3 期。

　　根据此墓群材料，秦代屈肢葬在关中地区仍然是一种约定俗成的葬式。这些刑徒未必都是秦人，却是按秦地的葬俗处理。一是随葬品中有钵、罐、瓮等实用陶器，这些器物当是秦代的典型器类。二是随葬的半两钱大小直径为 1.6～3.4 厘米，与上焦村秦墓半两钱的大小相同。三是随葬品中存在大量铁器，这与修建秦始皇陵有关，反映出在秦代铁器已经普遍使用，才会允许刑徒墓中埋葬大量铁器。

　　除此之外，20 世纪 70 年代以来，在秦始皇陵园附近还发现了姚池头村北修陵人墓地和东五小区（五砂厂）修陵人墓地。① 其中，姚池头村北修陵人墓地已被破坏，从残墓中可以看出墓内人骨层层叠压，还有大型圆坑葬；东五小区修陵人墓地密集排列着 220 座墓葬，葬具有木棺、瓦棺、砖棺三种，在个别墓葬之中，还有陶质随葬品。

　　除此之外，在临潼的刘庄、骊山北麓以及城东侧还发现三批秦的砖室墓。② 这些墓葬形制有竖穴道土洞墓，也有竖穴道横圹砖筑椁室墓。葬具都是砖椁木棺，但墓葬中没有发现尸骨，葬式不明。随葬品分别放置在耳室、头厢、墓室，共出土陶质器物 654 件。

3. 秦咸阳城附近的秦代墓

1955 年，陕西长安洪庆村发现 2 座秦墓。③ 其形制为竖井墓道长条洞穴室，墓室较墓道为窄，随葬物品较少。

1975 年和 1977 年，秦都咸阳考古队在咸阳市黄家沟清理出 82 座

---

　　① 陕西省考古研究所、秦始皇陵兵马俑博物馆编著《秦始皇帝陵园考古报告（1999）》，科学出版社，2000。

　　② 陕西省考古研究所秦陵工作站、临潼县文物管理委员会：《陕西临潼刘庄战国墓地调查清理简报》，《考古与文物》1989 年第 5 期；林泊：《临潼骊山北麓发现秦人砖椁墓》，《文博》1991 年第 6 期；临潼县博物馆、临潼县文管会：《临潼县城东侧第一号秦墓清理简报》，《考古与文物》1993 年第 1 期。

　　③ 陕西省文物管理委员会：《陕西长安洪庆村秦汉墓第二次发掘简记》，《考古》1959 年第 12 期。

战国墓。^① 根据简报中的墓葬登记表，秦统一时期的墓有 2 座。一座为洞室墓，另一座竖穴土圹墓，两墓都有壁龛，葬式都是仰身直肢葬。另外，其他战国晚期墓葬有 34 座，可能还有秦代墓。

1975～1984 年，咸阳城西 3.8 公里塬上，大致范围为东到窑店镇毛王村，西至石桥乡的摆旗寨，先后四次清理出中小型墓葬 125 座。^②其中，秦代的墓葬有 37 座。开始大量出现壁龛；葬具以一棺为主，少量一棺一椁；葬式有直肢葬和屈肢葬两种。随葬陶器有两种基本组合，一种以鼎、蒜头壶、茧形壶、罐、盒为基本组合，另一种以罐、缶为基本组合。另外还伴有铜带钩、铜镜、铁刀、漆盒等。村民曾在平整耕地时发现铁质脚镣、手铐等刑具，其中可能包含有刑徒墓葬。

1995 年，咸阳市塔儿坡一带的咸阳钢管钢绳厂清理出秦墓 381座，时代为战国晚期至秦统一时期。^③ 查发掘报告的附录表，属于秦代的墓中，竖穴的墓有 6 座，洞室墓有 20 座，以瓮为棺的墓仅有 1座。这些墓大多有龛，内置陶器。葬具分单棺和一椁一棺两种。葬式有屈肢葬和直肢葬之分，以屈肢葬为主。随葬品的组合有两种，一种是仿铜陶礼器鼎、有盖盒、壶、小口大罐，一种是日用的典型陶器凸肩釜、有盖盒、无盖盒。1990 年，咸阳市渭城区渭阳镇任家咀^④发掘了 284 座墓葬，其中 242 座为秦墓。^⑤ 其中属于秦统一前后的墓葬有16 座。在这 16 座秦代墓中，竖穴墓 14 座（其中瓮棺葬 8 座），洞室墓 2 座。竖穴墓中有 3 座墓有头龛（头坑或龛），葬具以一棺或一棺一椁为主，葬式有直肢和屈肢两种。有 7 座仿铜陶礼器墓，其余 9 座为日用陶器墓，随葬品较少，形不成组合。由墓葬形制及出土器物分析，墓主人应该是从春秋中期就生活在咸阳的平民。

---

① 秦都咸阳考古队：《咸阳市黄家沟战国墓发掘简报》，《考古与文物》1982 年第 6 期。
② 陕西省考古研究所编著《秦都咸阳考古报告》，科学出版社，2004。
③ 咸阳市文物考古研究所编著《塔儿坡秦墓》，三秦出版社，1998。
④ 任家咀，有些资料称其为"任家嘴"。
⑤ 咸阳市文物考古研究所编著《任家咀秦墓》，科学出版社，2005。

1998 年，西安北郊先后发掘了 123 座秦墓。[①] 其中属于秦代墓葬的有 43 座，墓葬形制有竖穴土坑和竖穴土洞两种，以竖穴土洞墓为主，还有 2 座瓮棺葬，部分有小龛；葬具有单棺和一棺一椁两种，以单棺为主；葬式有直肢葬和屈肢葬两类，屈肢葬略多。随葬品组合有两种，一种是仿铜陶礼器，一种是日用陶器。发掘者认为这批秦墓的墓主大多数为平民，应是一处平民墓地。

1989~2003 年，西安南郊先后发掘清理 317 座秦墓。[②] 这批秦墓被分为六个时期，其中第五期的时代在秦昭襄王时至秦亡，主要分布于潘家庄、光华胶鞋厂和邮电学院。墓葬形制以直线式洞室墓为主；葬具主要是木棺；葬式有直肢葬和屈肢葬两种，其中潘家庄墓地以直肢葬为主，光华胶鞋厂和邮电学院以屈肢葬为主。随葬品器物组合多为鼎、盒、蒜头壶、鍪（釜）、缶（或小口罐）、瓮、大口罐、盆、钵。这三处墓地在形制、葬具、葬式及随葬品上也存在差别。光华胶鞋厂秦墓的排列有序，而且很少有打破关系，应为本地居民墓地。邮电学院和潘家庄墓地的年代都集中在战国晚期至秦统一以后，说明它们是在秦迁都咸阳以后才形成的。但邮电学院秦墓以屈肢葬为主，出土陶器多属秦文化典型器物，出土的铜器等小件常有兵器；而潘家庄秦墓以直肢葬为主，出土器物中陶鍪、陶釜及以鼎、盒、壶为基本组合的仿铜礼器应该是受到巴蜀文化和三晋两周地区文化的影响，并且还出土了楚国金币和"南阳赵氏十斗"的陶文，因此墓主可能是从楚地南阳迁来的居民。

4. 宝鸡地区的秦代墓

1977 年，陕西凤翔高庄发掘出 46 座秦墓。[③] 其中有 10 座秦代墓，除 1 座为竖穴土坑外，其余均为洞室墓，大都棺椁具备，葬式以直肢

---

①　陕西省考古研究所编著《西安北郊秦墓》，三秦出版社，2006。

②　西安市文物保护考古所编著《西安南郊秦墓》，陕西人民出版社，2004。

③　吴镇烽、尚志儒：《陕西凤翔高庄秦墓地发掘简报》，《考古与文物》1981 年第 1 期。

葬为主，出土了不少铜器、铁器和陶器。

1991 年，陇县店子村发掘出 287 座古墓，其中秦墓 224 座。[1] 属于秦代的墓有 54 座，墓葬形制长方竖穴、洞室均有，竖穴墓中使用二层台现象突出；墓向大多为东西方向，有 2 座呈南北向；葬式中 42 座为屈肢葬，直肢葬 9 座，其他形式 3 座；葬具一棺或一椁者 37 座，一棺一椁者 3 座，无葬具者 15 座。随葬的器物主要为鬲、釜、大口罐、盂或盆等实用陶器，这里的秦代墓没有其他地区秦代墓中经常出现的蒜头壶，却流行其他地区已经消退的鬲，至少表明新型器物蒜头壶不是由这个地区兴起的。鬲的出现，与传统的一种延续有关，也或许是店子村所处的地理环境、少数民族习俗对该地区文化有所影响。此外，在陕西的大荔、耀州等地也发现了秦代墓。

关中地区秦代墓，总的来说，在墓葬形制大体上有带斜坡墓道的竖穴土坑（洞室）墓、竖穴土坑墓、竖穴墓道洞室墓和砖室墓四种。葬具有一棺一椁、单棺、瓮棺和无棺之分；葬式是屈肢葬与直肢葬并存，已呈现出直肢葬逐渐取代屈肢葬的趋势；随葬器物组合方式有铜器（鼎、钫、鍪、蒜头壶等）、仿铜陶礼器（鼎、壶、盒等）和实用陶器（釜、瓮、罐、盆等）三种组合。这一地区典型的秦代器物比较盛行，如小口广肩的陶缶、陶茧形壶、陶釜、铜蒜头壶、铜鍪、三弦钮细（凹）旋纹镜等均有出土。

同时，不可忽略的是，西安、咸阳、宝鸡等地区的秦代墓也有不同的特点，这些不同之处与墓主身份、地理环境乃至人群族属的不同有关。

（三）其他地区秦代墓葬

1. 关东地区[2]秦代墓葬

关东地区秦代墓有如下特点：墓葬形制主要是竖穴土坑墓、洞室

---

① 陕西省考古研究所编著《陇县店子秦墓》，三秦出版社，1998。
② 关东地区，包括黄河中下游的豫、晋、鲁等地区。

墓；葬具以一椁和单棺为主，稍大的墓用一椁重棺，少数墓无棺。围沟墓的发现比较引人注目，可能和秦人旧地（雍城"西陵"、芷阳"东陵"）陵墓使用隍壕传统有关。葬式中的仰身直肢葬占大多数，表明了传统秦俗的衰退或屈肢葬特有含义的消失。随葬品中虽然日用陶器釜、甑、罐、缶等的使用表明了秦俗的特点，但仿铜陶礼器鼎、盒、壶的组合仍占据了主流，这大概是秦人出关以后葬俗受到当地传统文化影响所致。

2. 江汉地区[①]秦代墓葬

江汉地区秦代墓由于受到楚墓的影响，与关中及关东地区的特点不同，棺椁制度保留了旧有的分厢制度；随葬器物一方面有秦墓的特点，如陶瓮、罐、盂、釜或瓮、罐、盂、釜、甑等日用陶器的随葬风格以及铜蒜头壶、铜鉴的存在等，但另一方面陶鼎、敦、壶和鼎、盒、壶等的使用又表明了南方"楚俗"与北方"礼俗"的融合。

3. 四川等地区秦代墓

四川省发现的秦代墓不是很多，但受到巴蜀传统、秦人葬俗、中原礼制和楚文化因素的多重影响。反映在殡葬上：铜鉴、釜、甑、戈、矛、钺、陶小口圜底罐、大口短颈圆腹圜底釜、无把豆等为巴蜀文化的特征；蒜头扁壶则为秦人葬俗；棺椁制度和鼎、盒、壶的仿铜陶礼器随葬组合是中原礼制因素；白膏泥的使用、棺椁分厢制度以及漆器则是受楚文化的影响。

除四川外，在甘肃、内蒙古、广东等地也发现了一些秦时期的墓葬。如甘肃平凉庙庄发掘了2座竖穴土坑墓。[②] 墓口大于墓底，墓内填土是经过夯打的五花土。一座为单椁双棺，随葬品多已被盗，遗留有铜鼎、铜壶、铜洗、铜匜、陶瓮、陶罐等。此墓葬为仰身直肢葬。一座为单棺单椁，只发现人牙，葬式不明。随葬品有灰陶瓮、灰陶

---

① 江汉地区，主要指汉水及长江中游地区，具体包括湖北省和湖南省中北部地区。
② 魏怀珩：《甘肃平凉庙庄的两座战国墓》，《考古与文物》1982年第5期。

罐、灰陶壶及铜鼎、铜洗、铜鼎形灯、铜壶、铜镜、铜戈、带钩、铁削及一些金器等。两座墓还各出土一辆木质的驾四马双轮独辕车，形制和结构与秦兵马俑坑出土的车相同。

因秦存在时间较短，可以明确判定为秦代的墓葬数量不是很多，但还是可以看出秦代墓葬的一些特点。如秦代墓葬吸收了楚文化（漆器）、周文化（仿铜陶礼器）、巴蜀文化（铜鍪）等因素，关东六国乃至秦朝边疆地区也吸收了秦文化，但它们自身仍然保持着东周时期原有墓葬文化的特点。这固然与秦朝统治时间短有关，但也反映了墓葬文化具有一定的滞后性。

另外，"事死如事生"的观念在这些墓葬中有自己的表达方式。在秦代墓之中，用以随葬的铜器、日用陶器、仿铜陶礼器，体现了当时人们在不同层面上对"事死如事生"的理解。

无论怎样，秦朝政治上的统一，带动了秦疆域内文化的强烈震荡和传播，秦代墓葬文化的整合，经过各民族的认同、融合与发展，为汉代中期形成较为一致的丧葬制度奠定了基础。①

三 汉代平民墓葬形制

汉代是中国古代墓葬制度变革形成的重要时期。观念的改变引发墓葬形制的变化。在阴阳五行、神仙方术思想的影响下，汉代人相信灵魂不灭，主张"事死如事生"，反映在墓葬上，传统的竖穴土坑墓逐渐向各种新兴的洞室墓发展，出现了石室墓、砖石墓、崖洞墓、壁画墓、画像石墓等新的墓葬形式。墓室内部结构也越来越向模拟墓主生前居室方向发展。同时，在统治者的大力倡导之下，儒家的孝道观念深入人心，聚族而葬的理念在社会中得到认同，产生众多家族群墓。厚葬与薄葬风气并行，复杂与简单葬式交替，上述种种变化对后

①　韩国河：《秦代墓研究的几个问题》，《文博》2002 年第 3 期。

世墓葬形制产生了重大影响。

墓葬形式上，汉代以前以竖穴土坑墓为主，战国晚期的中原地区出现了洞室墓。以构建材料不同，汉代的墓葬可以分为七种类型。

（1）竖穴土坑墓。以土地为载体，在平地上挖凿出长方形墓圹，将棺椁等葬具下葬后，再用泥土加以掩埋。这种墓葬形制在两汉时期广泛使用，以墓道的多少来判断墓主地位的高低。高级官吏墓葬有两条墓道或一条墓道，一般低级官吏或平民墓葬无墓道。规格较高的墓葬棺椁齐全，小型墓葬仅有木棺或石棺，甚至无葬具。有的墓底设有生土或熟土二层台，部分墓底还有青膏泥或生石灰等防潮设施。

（2）洞室墓。出现于战国中晚期，贯穿于两汉时期。墓室结构相对简单，规模不大，流行于社会中下层地主和官吏中。墓道有竖井和斜坡两种，以竖井式墓道为主。竖井土洞墓，西汉早期墓道宽于墓室，墓道多有收分或二层台，有的墓道与墓室等宽或窄于墓室，墓道狭长，壁面多竖直；东汉时期，有些竖井墓道附有阶梯，部分墓道两侧或一侧有耳室。在墓道的一端开凿一个长方形的土洞作为墓室。墓室在西汉早中期为平顶，在西汉晚期和东汉出现了弧形顶和穹隆顶。墓内空间不大，部分仅能容棺，也有规格较高的在墓室内有前堂后室的区分。西汉中期以后的墓室有用砖铺棺床或铺地的现象。斜坡墓道土洞墓，考古发现较少，墓室内形制较复杂。长斜坡式墓道，有的开凿过洞、天井或甬道位于墓道和墓室之间。墓室又可以分为单室墓和多室，单室墓平面上多为长方形，拱形顶，西汉晚期有方形穹隆顶。多室墓通常呈前堂后室的布局，也有不设后室而置左、右侧室的。前室略呈方形，多为弧形顶或穹隆顶，也有少数拱形顶；后室、侧室多为拱形顶。土洞墓的出现流行，为随后的空心砖墓、砖室墓、石室墓的出现提供了可能性，这些新的墓葬形式均是在土洞墓的基础之上建构而成的。

（3）空心砖墓。战国晚期开始出现，西汉时期在中原和关中地区较为流行，东汉已很少见。早期的空心砖墓，是在竖穴土坑中用空心砖搭建长方形椁，用以代替木椁。随后出现了墓室前端的砖竖立，模拟门的样子。西汉中晚期的空心砖墓将墓顶搭成屋脊的形状，模拟墓主生前住房。墓砖上还绘有各种花纹和壁画，推测为壁画墓和画像石墓的前身。

（4）砖室墓。西汉中期出现在中原和关中地区，后在全国普及，并盛行于随后各个朝代。墓室的主体部分——墓壁、墓底和墓顶均用条砖、楔形砖或子母砖等砌筑而成，形制上与土洞墓较为相似。墓道有竖井和斜坡两种，西汉中晚期和东汉前期盛行竖井墓道，多为狭长方形，壁面竖直，墓道与墓室等宽或窄于墓室，部分墓道与墓室之间有甬道。斜坡墓道砖室墓，在东汉中晚期流行，形制较多，部分墓道与墓室之间有天井、过洞或甬道，也有的在墓道之上有二层台。墓室有单室、双室和多室之分。单室墓平面多呈长方形，大都属于小型墓葬，多建有斜坡墓道，随葬品多放于死者的头部。墓顶用条砖或子母砖砌成，券顶，也有方形穹隆顶。双室墓以前、后室结构居多，部分有侧室，两室之间由短甬道相连。前室略呈方形，多为穹隆顶，也有少数为拱形券顶；后室或侧室多为拱形券顶，有的前、后室均为穹隆顶。多室墓见于东汉，规模较大，墓室分前、中、后三室，或为前室、双后室结构。

（5）石室墓。石室墓的构筑方式与砖室墓基本相同，先在地面开挖墓圹，然后用石块垒砌墓室和墓顶，墓顶为平顶，一般设有墓门。这种形制的墓葬因取材原因，多分布在南方地区。墓室类型划分也与砖室墓类似，分单室墓、双室墓和多室墓三种。单室墓平面多呈"凸"字形或长方形，墓底铺石，墓壁用长方形石板垒砌，有券顶和石质墓门。双室墓，平面上与单室墓相似，用石垒砌成墙将墓室分成前、后室。多室墓，多为中型或大型墓，墓室结构复杂，有耳室或侧室存在，墓室部分分前、中、后三室。石室墓中出现了个别中型黄肠石结构石室墓，多集中于东汉都城洛阳附近。

（6）砖石墓。以砖为主，墓的主体部分墓壁、墓底和墓顶均用砖块垒砌而成，用石板封门，也有个别使用石板构筑墓室。这种墓葬形式基本出现于南方，北方未发现。类型划分也与上述相同。单室墓，由甬道和墓室组成，墓壁两侧先用长方形条石错缝平砌，石上用单砖平铺，距底 1 米处起券。双室墓，墓室分前、后两室，由甬道相连，规模不大，平面呈"凸"字形，个别还有耳室。多室墓，墓葬由墓道、甬道和前、中、后三室及耳室组成，有些无中室，但有双后室。

（7）崖洞墓。这种形制的墓葬在帝陵或诸侯王陵中常见，因修砌难度大，少见于中下层墓葬。集中分布于重庆、四川等沿江地区，此处山林密布，多悬崖陡壁，所以流行这种以山崖岩壁为载体的墓葬形式。具体形制根据墓室数量也可划分为单室墓、双室墓和多室墓。

除了上述七种墓葬形制，还有壁画墓、画像石墓、石棺墓等，均为这七种的变形，但都趋向墓室宅第化的大方向。墓主的身份地位、地区的风俗习惯、自然地理条件等都直接影响了葬式的选择。

四　隋唐以后的平民墓葬

隋唐以后，平民与下级官员的墓葬数量较多且彼此混葬，随着时间的推移，逐渐形成了具有一定面积的墓葬群。由于时间久远，这些墓葬封土、墓室结构、随葬品、葬具等或遭破坏，或被盗掘，加之缺乏墓志等识别，彼此之间往往难以区分。但与王公大臣的墓葬相比，其仍然存在许多共有特点，因此在此一并论述。近年来，发掘清理了大量隋唐五代时期下层墓葬群，比如河南三门峡庙底沟唐墓群、宁夏吴忠西郊唐墓、河南偃师杏园唐墓、河南洛阳关林唐墓、宁夏固原隋唐墓、河北邯郸唐墓等。这些墓葬在形制上各有特色，但也有共通之处，现在此分类论述。

（一）墓葬形制

隋唐五代时期，下层墓葬从营造方式与构筑材料可以分为土洞室墓与砖室墓。墓道有斜坡式、竖井式和竖井斜坡式三种。按照墓室的平面又可分为铲形墓、"T"形墓、刀形墓等。

其一，土洞室墓与砖室墓在不同的墓葬群中的比例并不相同。例如固原市原州区南塬隋唐墓，土洞单室墓占发掘墓葬的绝对多数，有38座，规格大都较小。墓室大多为拱形顶，少数穹隆顶。砖室墓只有2座。① 京津唐地区发现的隋唐墓葬共计141座，多数为唐墓。其中平民墓占据了重要部分。"从质地上看，以砖墓为主，占总数的近90%，此外还有土坑墓、土洞墓等。"② 2002年11月至2004年1月，洛阳市文物工作队发掘出唐代墓葬共计61座。分为竖穴土坑墓以及土洞墓两种形制，其中有5座为竖穴土坑墓，剩余56座皆为土洞墓。③ 吴忠西郊117座唐墓均为砖室墓。④ 1996～1999年，邯郸市文物保护研究所先后探明并发掘清理了4批计23座唐代小型墓葬。"23座墓全部为砖室结构，坐北朝南，墓壁以单砖错缝平砌和三横一丁砌法为主，墓砖一面饰绳纹，部分小墓以半截砖和石块砌筑；墓顶形式不一，个别以石板封顶；无棺椁等葬具。"⑤ 因此土洞墓与砖室墓在不同墓地比例也有所差异。

其二，墓室平面形制类型较多，以刀形墓为主。虽然对于墓室平面有不同的分类方法，但同一墓葬群中出现多种墓室平面形制，也表

---

① 宁夏文物考古研究所编著《固原南塬汉唐墓地》，文物出版社，2009，第122～123页。

② 王乐：《试论京津唐地区隋唐墓葬》，《中原文物》2005年第6期，第69页。

③ 宁夏文物考古研究所编著《固原南塬汉唐墓地》，第4页。

④ 宁夏文物考古研究所、吴忠市文物管理所编著《吴忠西郊唐墓》，文物出版社，2006，第291页。

⑤ 邯郸市文物保护研究所：《邯郸城区唐代墓群发掘简报》，《文物春秋》2004年第6期，第85～86页。

明平民墓葬结构的多样性。例如固原市原州区南塬隋唐墓，墓葬平面形制有铲形、"T"形、刀形三种。"铲形墓7座。全墓平面似铲形，即墓室似铲头，墓道（含甬道）似铲把。浅竖井斜坡墓道，无天井。依墓室平面形状特点分两式。T形墓，仅2座。该型的墓室与墓道构成T形，墓室为横长方形，东西长，南北较窄。浅竖井斜坡墓道，处墓室南壁偏东部或偏西侧，无天井。墓向偏东，大体南北向；墓总长5米余；墓室面积2平方米左右，墓门前有土坯封门。刀形墓29座。全墓平面形制如刀形，墓室似为刀身，墓道、甬道似为刀柄。这类墓的墓向基本是南北向，墓室处北，墓道在南。墓室多呈梯形，南北向长，北端较窄，南面较宽。墓道主要为斜坡式。洞室墓的广泛使用是该墓地的主要特征。土洞单室墓葬的平面形制以刀形墓为多，铲形墓次之，T形墓最少。刀形墓、铲形墓自初唐至晚唐都有，而斜坡墓道、无龛的中小型刀形、铲形单室土洞墓依刊布的一些中原一带的唐墓发掘材料，一般主要还是盛行于初唐、盛唐时期。直背刀形墓流行于中唐以后，折背刀形墓约在武宗会昌前后出现并逐渐流行。晚唐时出现了阶梯式墓。"[1] 京津唐地区发现的隋唐141座墓葬，墓室平面形状可分为方形及近方形、长方形、弧方形、圆形、棺形、舟形、马蹄形、六角形等多种样式。[2] 下层民众的墓葬平面形制多样，但多刀形墓或者铲形墓。

（二）墓葬特征

隋唐五代时期，下级官员与庶民墓葬数量众多，墓室结构形式不一，葬具较为简陋，随葬品繁杂，但类型多相似。

一是墓葬数量众多，墓地使用时间较长。近年来，发掘的这类墓葬数量较多，比如吴忠西郊发掘了120座唐墓，河南三门峡庙底沟唐墓群多达101座，河南偃师杏园唐墓为69座，洛阳关林唐墓有61座。

---

[1]　宁夏文物考古研究所编著《固原南塬汉唐墓地》，第122~123页。
[2]　王乐：《试论京津唐地区隋唐墓葬》，《中原文物》2005年第6期，第69~70页。

京津唐地区发现的隋唐墓葬共计 141 座,① 平民墓葬占据了重要部分。以上墓地使用时间也较长,杏园唐墓纪年墓 37 座,"埋葬年代最早的一座纪年墓为李守一墓,下葬于武则天长寿三年 (694)。埋葬年代最晚的一座为李杼墓,下葬于僖宗中和二年 (882)。另外的 32 座墓葬没有出土纪年资料,从墓葬形制及出土器物排比情况看,有两座墓可能稍早于武则天长寿三年,其余 30 座与纪年墓的埋葬时期大体相当。依据墓葬形制和随葬器物等方面的演变轨迹,特别是以 37 座纪年墓的排比资料为基础,杏园唐墓 69 座唐墓可分为四个时期,即初唐期、盛唐期、中唐期和晚唐期。初唐时期包括唐代初年至高宗时期,年代范围约从 7 世纪前期至中晚期,共约 60 年。杏园墓地中发现 2 座年代大约相当于高宗时期的墓葬。盛唐时期的年代范围从公元 7 世纪晚期至 8 世纪 40 年代,历经武则天、中宗、睿宗至玄宗开元年后期,共50 余年。这一时期的墓葬共 22 座。中唐时期的年代范围从 8 世纪 40 年代后段至 9 世纪初,历经玄宗开元后期、天宝时期至代宗、德宗时期,大约六七十年,墓葬共 16 座。晚唐期从 9 世纪初至 10 世纪初,历经宪宗、穆宗到唐末僖宗,历经百年,墓葬共 29 座"。② 吴忠西郊唐墓同样经历了一段较长的历史时期。根据墓葬形制和主要随葬品,可以将西郊墓葬分为两期。第一期是盛唐时期,墓室平面为方形、弧边方形和弧边倒梯形,这种形制在洛阳、西安地区流行于隋至盛唐时期。第二期是中、晚唐时期,除延续第一期的墓葬形制外,塔形罐出土较多。由于墓葬中还出土 1 枚辽前期千秋万岁铜钱,以及墓葬出土陶壶明显明器化,且墓葬结构均为刀把形,第二期的下限可能到五代时期。③ 平民或者下级官员的墓葬地有些是家族墓葬或者公共墓地,因此墓地往往历经数代人。

---

① 王乐:《试论京津唐地区隋唐墓葬》,《中原文物》2005 年第 6 期,第 69~75 页。
② 中国社会科学院考古研究所编著《偃师杏园唐墓》,科学出版社,2001,第 3 页。
③ 宁夏文物考古研究所、吴忠市文物管理所编著《吴忠西郊唐墓》,第 306、309 页。

　　二是墓葬群中的墓室形制有所差别。例如凤翔县翟家寺村发掘清理隋唐墓葬 8 座。根据墓道形制可分为两种类型：竖井墓道洞室墓和长斜坡墓道洞室墓。其中长斜坡墓道洞室墓共 6 座，一般由墓道、封门、墓室三部分组成；竖井墓道洞室墓共 2 座，由墓道、封门、墓室三部分组成。墓道均位于墓室南端。[①] 1996~1999 年，邯郸市文物保护研究所发掘清理了 4 批计 23 座唐代小型墓葬。根据墓室形制，大体上可以分作三型。第一类由近方形墓室和甬道、墓道三部分组成，室内并有不规则形砖台，其中除 3 座为曲尺形外，另 10 座全部为倒"凹"字形。全部为夫妇合葬墓，共 13 座。第二类由长条形墓室和墓道两部分组成。其中 3 座规模略大，砌筑稍讲究，另 3 座墓室低矮狭小，墓门、墓道仅具象征意义。除 1 座为夫妻合葬墓外，其余均为单人葬。第三类为长条形竖井式墓室，无封门和墓道。墓室狭小简陋，墓壁多自底部或上半部逐层内收，封顶有的平铺条砖或石板，有的用砖对顶成"人"字形，共 4 座，均为单人葬。[②] 墓室、葬具的差异一方面与墓主的条件有关，另一方面由于墓地持续时间较长，不同时代的墓葬也有着不同的形制。

　　三是葬式多样，仰身直肢葬为主，葬具简单。吴忠西郊唐墓能辨识清楚的葬式有仰身直肢、俯姿和卧姿三种。仰身直肢 25 例，俯姿 3 例，卧姿 1 例，说明吴忠西郊唐墓的葬式以仰身直肢葬为主，俯姿和卧姿较少。头向有朝西、朝北、朝南和朝东。头向朝西的墓 14 座，朝南的墓 9 座，朝北的墓 4 座，另有 3 座合葬墓的头向不一，说明头向朝西和朝南是吴忠西郊唐墓的主要朝向，朝北者较少。吴忠西郊唐墓未见棺木，但部分墓室中出土棺钉，这部分墓

　　① 陕西省考古研究院、宝鸡先秦陵园博物馆、宝鸡市考古研究所、凤翔县博物馆：《凤翔翟家寺隋唐墓葬发掘简报》，《文博》2013 年第 1 期，第 3、6 页。
　　② 邯郸市文物保护研究所：《邯郸城区唐代墓群发掘简报》，《文物春秋》2004 年第 6 期，第 86~89 页。

葬应有棺木等葬具。据统计，出土棺钉的墓有 25 座，占 120 座墓葬的 20% 稍多，未出土棺钉的墓占近 80%，说明吴忠西郊唐墓未用棺木等葬具的墓占大多数。另外，有的棺钉上段锈结着横向朽木，下段锈结着竖向朽木。横向朽木较薄，未超过 4 厘米者，由于横向朽木是棺板厚度的反映，说明当时的棺板较薄。[①] 洛阳关林唐墓 61 座墓中有棺床的 2 座，残存有木棺痕迹的 53 座。木棺均已朽，木棺灰处大部分残留有锈蚀的铁棺钉、铁环。根据棺灰痕迹和铁棺钉位置判断，木棺为头宽足窄。棺木大部分直接置于墓室地上或棺床上，少数木棺底部四角垫有砖块。[②] 因此棺木等葬具在不同墓地中的使用比例也不相同。

四是单人葬或合葬因地而异。宁夏吴忠西郊发掘的唐墓中，"合葬墓占 59 座，单人葬 26 座，说明合葬是吴忠西郊唐墓的主要习俗。59 座合葬墓中，2 人合葬 39 座，3 人以上合葬 20 座"。[③] 但在洛阳关林唐代墓葬中，单人葬 55 座，双人葬 1 座，迁葬 1 座。双人葬为两人共用一棺，一具骨架保存完好，应为原葬，另一具骨架位于旁侧，已散乱且保存较差，推测为二次葬，系迁移后与棺内另一骨架一起合葬。[④] 因此，平民及下级官员墓葬中的单人葬或双人葬的情况还需要深入分析。

五是随葬品种类繁杂，数量与墓葬规格相关。比如偃师杏园唐墓多数保存完整，未曾盗掘，"随葬器物的品类十分庞杂，约可分为十三类，计陶俑 614 件、陶器 123 件、三彩 81 件、瓷器 136 件、铜器 213 件（其中包括铜镜 59 面）、金银器 46 件、铁器 71 件、铅器 4 件、

---

① 宁夏文物考古研究所、吴忠市文物管理所编著《吴忠西郊唐墓》，第 309 页。

② 洛阳市文物工作队：《洛阳关林镇唐墓发掘报告》，《考古学报》2008 年第 4 期，第 509~510 页。

③ 宁夏文物考古研究所、吴忠市文物管理所编著《吴忠西郊唐墓》，第 309 页。

④ 洛阳市文物工作队：《洛阳关林镇唐墓发掘报告》，《考古学报》2008 年第 4 期，第 510 页。

玉石骨角蚌器 196 件、象牙器 1 件、漆器 24 件、墓志 46 方、货币 645 枚"。[1] 此次发掘清理随葬品达 2200 件，杏园唐墓的墓主多为中下层官员，因此墓葬规格稍高，数量较多。同样，凤翔翟家寺隋唐墓葬出土随葬品多置于墓室，但数量较少，包括塔式罐座、陶罐、陶双耳罐、陶灯、铜带钩等，其中多座墓室的墓主手臂处或者腿部位置有铜钱 1 枚。墓葬中出土随葬品较多者，也不过 14 件，其中，天王俑 1 件置于墓室东侧近口部，镇墓兽 1 件置于墓室中部近口部，陶俑 8 件置于墓室中部偏东，陶骆驼 1 件置于墓室中部，陶马 2 件置于墓室东侧，陶罐 1 件置于墓室中部偏北。[2] 1996～1999 年，邯郸市文物保护研究所发掘清理了 4 批计 23 座唐代小型墓葬。这些墓葬墓室简单，部分随葬陶器、漆器及日常生活用品，个别墓葬有墓志、铜器等。[3] 吴忠西郊唐墓随葬品以陶器为主，另有瓷器、铜镜、铜带饰、铜钱、铜合页、玉雕、铁剪、铁刀、骨梳、骨饰件、漆器等。其中漆器均残朽，仅存残迹。[4] 总体来讲随葬品数量较少，当然，可能与盗掘有关。墓葬形制的大小不同，随葬品数量有明显不同。洛阳关林唐墓随葬品超过 30 件的墓葬有 3 座，20～30 件的有 4 座，10～20 件的有 7 座，10 件以下的有 34 座，无随葬品的墓葬有 13 座。随葬品可分为俑类、陶瓷器（含厨房明器）、日常生活用品等。随葬品中的镇墓兽、武士俑、天王俑均放置在墓门口或墓室内正对墓门处，其他俑类较集中放置在木棺外侧或其近旁。棺木为南北向放置的墓葬，俑类集中放置在墓室东部，棺木为东西向横置的墓葬，俑类集中放置在棺木的南部靠近墓门处，各种

① 中国社会科学院考古研究所编著《偃师杏园唐墓》，第 4~5 页。
② 陕西省考古研究院、宝鸡先秦陵园博物馆、宝鸡市考古研究所、凤翔县博物馆：《凤翔翟家寺隋唐墓葬发掘简报》，《文博》2013 年第 1 期，第 5 页。
③ 邯郸市文物保护研究所：《邯郸城区唐代墓群发掘简报》，《文物春秋》2004 年第 6 期，第 85~102 页。
④ 宁夏文物考古研究所、吴忠市文物管理所编著《吴忠西郊唐墓》，第 296 页。

俑类放置较杂乱无明显规律。陶、瓷罐大都放置在墓室内四角。日常生活用品一般放置在棺木内，如铜、银钗、铁镜、铁剪放置在头部，饰品等放置在骨架上或其旁侧。墓志放置在墓门内中部。[①] 可见，各类随葬品的种类繁多。

平民与下级官员墓葬已经发现多处，与王公贵族墓葬相比，墓葬总体而言表现出以下特点。一是数量较多，但墓葬结构、葬具、随葬品等差异明显。部分墓葬墓道、墓室、封土、墓志、随葬品、棺椁等齐全，但多数墓葬结构较简单，一般仅有墓道和墓室，甚至部分仅为土坑墓、土洞墓。二是随葬品的数量往往与墓葬规格有关，也是受墓主生前地位以及财物的影响。三是平民与下级官员墓葬多葬于公共墓地，因年代久远、缺乏墓志等标识，彼此之间难以区分。四是不同地区的墓葬形制有所差异，但这需要辩证分析，因为下层墓葬数量众多，某个地区或者某个时期发掘的墓葬并不能代表这个地区或者这一时期平民墓葬的整体特点。

近年来，明清时期的平民墓葬多有出土，其典型者有北京市延庆区已经发掘的墓葬群。就墓葬形制而言，有竖穴土坑墓、砖室墓和瓮棺墓等几种类型，其中以竖穴土坑墓所占的比例最高。竖穴土坑墓中一般都有木质葬具，有棺无椁。所以又可分为单棺葬、双棺葬和多棺葬，一般以前两种形式多见，多棺葬少见。竖穴土坑墓的随葬品在种类和数量上都较为简单。另有洛阳市洞子崖沟古墓群，该墓群的墓葬以明清时期的平民墓葬为主，墓葬呈南北向分布，墓道位于墓室南部，墓道多为竖井式竖穴墓道。

从已经发掘的明清墓葬来看，此时期的平民墓葬多为竖穴土坑墓，有墓道，但墓道短小。墓葬中一般有木质的腐朽灰烬及铁钉出土，据推测应为棺木的遗迹，但从灰烬的痕迹及残留铁钉的长度来

---

① 洛阳市文物工作队：《洛阳关林镇唐墓发掘报告》，《考古学报》2008年第4期，第510页。

看，棺木的木板较薄。平民墓葬中出土的随葬品较少，多为生活用具，大多数墓葬中还有当朝或者前朝的制钱出土。

第四节　家族墓葬

我国古代的丧葬制度，强调和逝者的亲疏远近，例如服丧、族葬制度等。正是由于丧葬这种形式，古人"从而进一步认同和强调了这种血缘或者家族关系，增强了氏族或家族内部的团结，增强了人们彼此之间的凝聚力，显示了族人的集体的力量，同时还能起到教育本族成员、强化其亲缘观念的作用。在长达几千年的中国封建社会中，丧葬文化的这一功能，对于维护封建伦理道德、强化封建秩序，起到了相当重要的作用"。[①]

进入新石器时代后，人类社会开始有了挖坑建墓埋葬死者的风俗，且死者都以氏族为单位埋葬在居住地附近，这种现象可以看作家族墓葬的开端。夏商周时期的公墓以及邦墓，也是以血缘关系为基础来划分墓地，人们生前聚族而居，死后聚族而葬，由此形成了族坟墓制，并产生了家族墓地的萌芽，如位于丰镐遗址的长安张家坡墓地即为西周时期的井叔家族墓地。秦汉时期，土地公有制遭到破坏，族葬制度开始发生变化，并逐渐消失，但与此相应，开始出现以家族为单位的墓区和大量夫妻合葬的家族墓葬形式。尤其是到了东汉，光武帝刘秀依靠豪强大族立国，刘秀给予了这批人特权，造成家族势力扩大，从而出现了家族墓地的兴盛。魏晋南北朝时期，政权更迭频繁，大土地所有制得到发展，世家大族适应当时的社会发展而繁荣兴盛，家族墓地制度也因此成熟并达到顶峰。世家大族在生前讲究门第，死后主张归葬家族坟地，以凝聚家族人心，

---

① 霍巍、黄伟：《四川丧葬文化》，四川人民出版社，1992，第7~8页。

起到聚族而居的目的。表现在墓葬形制上，就出现了大规模的家族墓群和占地广阔的家族墓地。

一 魏晋南北朝家族墓地的流行

在我国历史的发展进程中，士族与门阀制度对于魏晋南北朝的社会政治和生活有着极为重要的影响，正所谓"上品无寒门，下品无世族"。在门阀制度的影响下，世家大族聚族而居，表现在墓葬上就是聚族而葬的家族墓地的盛行。所谓家族墓地是指同一家族的成员按照一定的礼法规定而有规律地同葬在一兆域内。家族墓地是随着社会发展而产生的，其中私有化观念的产生以及核心家庭的形成是重要原因。魏晋南北朝是门阀制度发展的鼎盛时期，同时也是家族墓地的鼎盛发展时期，大部分人死后都葬入家族墓地，极少有人游离于外。当然，当时的家族墓地很难原样地保持到现在，加上文字材料的缺失，我们只能结合考古工作者的偶然发现，对一些较为明确、材料比较丰富的家族墓群进行介绍和分析，以期了解魏晋南北朝时期家族墓地的状况。

（一）魏晋南北朝家族墓地概况

家族墓群繁多是魏晋南北朝时期家族墓地盛行的重要表现。根据现有的研究，"已发现的家族墓葬有东汉时期延续下来的河北无极甄氏墓地、华阴杨氏墓地以及西北地区的坟院式墓地。新形成的有江苏宜兴西晋周氏墓地、南京老虎山东晋颜氏墓地、南京象山东晋王化茔域、南京戚家山谢氏茔域等"。① 此外，磁县北朝墓群、河北景县封氏墓群、河北景县高氏墓群、河间邢氏墓群、河北赞皇墓群、临城李氏墓群、平城崔氏墓群、山东临淄崔氏墓群、南京上坊孙氏家族墓群、马鞍山朱然家族墓以及淮安地区南北朝晚期家族墓群等

---

① 韩国河：《秦汉魏晋丧葬制度研究》，陕西人民出版社，1999，第257~258页。

也是我们考察魏晋南北朝家族墓地的重要材料。现选其中重要者论之。

1. 北邙陵墓区①

在北魏洛阳郭城西北北邙坡上井然有序地排列着帝陵、元氏皇室和世家大族的墓葬。根据宿白的研究，一方面，此处墓葬保留了魏晋南北朝时期代北葬制的风格；但在另一方面，它也保存了较为明显的家族葬制特点。孝文帝的长陵是这个墓区的中心（长陵东还分布着前代皇族元氏元桢、元彬、元偃和元简等墓），子恪的陵墓在其右前方，恪子诩的定陵在其较远的左前方。自拓跋宏七世祖拓跋珪（道武）子孙以迄，拓跋宏自己的一支子孙的墓葬位于长陵的左前方高地，其布局是以"拓跋珪（道武）子孙的墓地为中心，宏六世祖嗣（明元）、四世祖晃（景穆）、二世祖弘（献文）的子孙的墓地在右侧；宏五世祖焘（太武）、三世祖濬（文成）子孙和宏子怀一支的墓地在左侧"。② 长陵"左侧的外围，还绕置着'九姓帝族'、'勋旧八姓'和其他内入的'余部诸姓'以及此外的重要降臣的墓地。属于九姓帝族的有西山岭头和后沟的长孙氏墓地、西昌庙的丘氏墓地。属于勋旧八姓的有营庄北的穆氏墓地、马沟的陆氏墓地、刘坡的于氏墓地。属于其他内入的余部诸姓的有拦驾沟的寇氏墓地、侯氏墓地。属于此外的重要降臣的有后沟的乐浪王氏、弘农杨氏和左沟的乐陵石氏墓地等。这类非皇室元氏墓地，也有少数分布在250米高地的边缘地区的，如属勋旧的于氏墓地（伯乐凹），属重要降臣的辽东公孙氏（小梁北）和琅琊王氏（北陈庄和南石山）等的墓地"。③ 非常明显，这一集家族与政权特色于一体的墓葬，是在皇权

---

① 以下有关北邙墓区的基本内容节略自宿白《北魏洛阳城和北邙陵墓——鲜卑遗迹辑录之三》，《文物》1978 年第 7 期。

② 宿白：《北魏洛阳城和北邙陵墓——鲜卑遗迹辑录之三》，《文物》1978 年第 7 期。

③ 宿白：《北魏洛阳城和北邙陵墓——鲜卑遗迹辑录之三》，《文物》1978 年第 7 期。

等特殊背景下，将家族墓葬与权力、身份等相结合的一种特殊的家族式墓葬，它是代北文化与汉族家族文化结合的产物。

2. 磁县北朝墓群

根据已有研究，可知东魏北齐的帝陵和勋贵墓地集中分布在邺城遗址的西北、漳河以北、滏阳河两侧的范围内。东魏时期的墓葬主要集中于该地区的西南部，北齐墓葬位于该地区的东、北两面。墓葬以孝静帝元善见的西陵和其父亲元亶墓为中心，元氏皇室墓葬零散分布在其南，而异姓勋贵墓分布在其东。北齐高氏墓葬原来是东魏帝陵的陪葬墓，后来成为北齐的皇陵区，形成了家族墓群。它的分布以高欢的义平陵为中心，异姓勋贵的墓葬散布在东魏、北齐两大帝陵区之间。墓葬排列顺序一般长辈在南面，幼辈在北面，辈分一致的一般自东向西一线排列。① 这种墓葬排列方式，在突出皇族权力、身份地位的同时，强调的是家族中的辈分差异，因此，它有着鲜明的家族墓葬的特点。

3. 河北赞皇墓群

在临城南孟村、赞皇南邢郭和西高村发现了赵郡李氏墓葬，主要分布在太行山一带，现今已挖掘的有十余座墓葬。"赞皇西高村附近的九座是李叔胤一支，墓葬面东，分为两排，前四座是李叔胤及其亲兄弟，长幼顺序为由南向北，后五座是子侄辈，似乎不是亲兄弟紧靠在一起，而是由北向南按照长幼顺序排列。前排四墓中南侧三墓皆为带斜坡墓道的砖室墓，北侧一墓为带斜坡的土洞墓；后排五墓皆为带斜坡的土洞墓。砖室墓甬道上方砌有高大的挡土墙，墓室平面弧方形，地面铺砖，墓室四壁和地面均抹有白灰。土洞墓由斜坡墓道、甬道和墓室三部分组成，墓室平面长方形，地面铺砖，洞室顶部塌落，形状不明。这些墓葬深埋于卵石与沙土混合的地层

① 马忠理：《磁县北朝墓群——东魏北齐陵墓兆域考》，《文物》1994 年第 11 期。

中，地表之上原来都有高大的封土。李氏家族这一支在十六国初期从距此地不远的今赵县一带迁到太行山麓，在北魏政权实行封建化改革后，终于建立起规模巨大的家族墓地，与这一家族所拥有的社会地位十分相称。"①

非常明确，赞皇墓群是李氏家族墓葬群，砖室墓与土洞墓同时存在，一方面说明家族成员的身份地位有差异，另一方面也说明，于不同时期，人们所采用的墓葬形制是有一定差异的。但本质上，毫无疑问，这是一处特色鲜明的家族墓葬。

4. 山东临淄崔氏墓群

20 世纪 80 年代，在山东淄博市大武公社窝托村发现了崔氏墓葬群，其墓葬群整体坐南朝北，背山面河。从已清理的 19 座墓葬来看，都是石室墓，带有墓道。除 1 座墓葬的平面为方形外，其余平面皆呈圆形或椭圆形，墓壁用条石做"人"字形斜砌，墓顶为穹隆顶。墓室中部或一侧砌有低矮的棺床。出土墓志 6 方，因此，其中 6 座墓葬的墓主人身份较为确定。从出土的 6 方墓志的文字资料记载分析，可知这是一处家族葬地，属于东清河郰县大族崔氏家族墓地，这个墓地始建于北魏，一直发展留存至北齐，历经近百年的时间（其中崔猷墓建于 493 年最早，崔博墓建于 577 年最晚）。② 从这处家族墓葬群的墓葬形制来看，地方性的墓葬形制和运用材料的特殊性，显然是人们需要考虑的。当然，建造大量的石室墓也说明其家族之富裕、实力之强大。

5. 河北无极甄氏墓地③

河北无极甄氏墓葬群仅发表了调查资料。该墓地的特点是占地范

---

① 韦正：《魏晋南北朝考古》，第 100 页。

② 山东文物考古研究所：《临淄北朝崔氏墓》，《考古学报》1984 年第 2 期；临淄市博物馆、临淄区文管所：《临淄北朝崔氏墓地第二次清理简报》，《考古》1985 年第 3 期。

③ 以下内容节略自孟昭林《无极甄氏诸墓的发现及其有关问题》，《文物》1959 年第 1 期。

围广，延续时间长。无极甄氏是我国历史上的望族，自汉至唐在封建统治阶层中位列三公、封侯赐爵者，屡见不鲜。甄氏墓葬群位于河北无极县，共有 36 座墓，分布在县西 25～30 里的北苏村东南、南苏村东北、史村西南的三角地带，所占面积东西、南北均四五里。由于没有正式发掘，简报中没有言及该墓地的排葬方法。徐苹芳在《中国秦汉魏晋南北朝时代的陵园和茔域》一文中认为甄氏墓地是按照"长幼辈分前后左右排列的方式"进行排葬，应该是可信的。[①]

6. 河北景县高氏墓葬群

河北景县高氏墓葬群，位于城南 15 公里的野林庄和北屯公社（乡）一带。"1973 年 4 月，河北省博物馆、文管处获悉当地社员在耕地中发现隋高六奇墓后，立即派人前去调查，收集到前几年出土文物多件（有墓志二方），证实了这一批墓葬，确系南北朝时期渤海高氏族墓，便将现存的封土大墓，做了统一编号，加以保护，并选择了三座进行发掘。"[②] 目前此处仍存大封土墓 16 座，已经挖掘的 3 座墓分别是高雅夫妇子女合葬墓、高长命墓、高潭夫妇墓。3 座墓葬都是南向砖室墓，均有为数众多制作精美的陪葬品，说明身份地位特殊和生前富有。然因已挖掘的 3 座墓相距较远，加上没有文字资料佐证，相互之间的宗族关系亦不甚明了，我们无法据此来推断此时高氏家族墓地的排列情况。不过可以肯定的是，它是高氏家族在不同时期或不同支系埋葬于此的墓葬。

7. 江苏宜兴周氏墓地

江苏宜兴周氏家族墓属于已经发现的东吴西晋时期较为典型的家族墓地。墓葬零落分布于南北相连的小山丘上，占地达 5 万多平方米。已发掘 6 座墓葬，墓主依次为周鲂父周宾、周处子周玘、周处父周鲂、周处、周处子周札、周处子周靖，大致上是按照长幼顺序排

---

① 徐苹芳：《中国秦汉魏晋南北朝时代的陵园和茔域》，《考古》1981 年第 6 期，第 526 页。
② 何直刚：《河北景县北魏高氏墓发掘简报》，《文物》1979 年第 3 期，第 17 页。

列。其中周玘的墓规模最大，又有"义兴郡"铭文砖，推测墓主为西晋因建立卓越功勋而被朝廷专设"义兴郡"以彰其功的周玘，所以其位置也比较特殊。6 墓之中 4 座为双室墓，2 座为单室墓。[①] 非常明显，这是典型的家族墓葬，既讲究长幼齿序，也突出家族中个人身份地位的差异。地位特殊者拥有高坟大墓，次序则是由家族的血缘关系决定。

8. 南京老虎山颜氏墓地

据现有考古发现，老虎山为晋右光禄大夫颜含家族的墓葬。在此处发现了安成太守颜谦妇刘氏、零陵太守颜约、骑都校尉颜絑以及颜镇之等九座墓。据《晋书·颜含传》，颜髦、颜谦、颜约是颜含之子。这九座墓都是葬在老虎山的南麓，东西排列，除颜谦妇刘氏西（右）两墓和 5 号墓东两墓因抗日战争期间修筑沿江工事遭到破坏外，其余五座墓葬保存都很完好。这五座墓的排葬次序是每墓相距 20~25 米，西面的 1 号墓是颜谦妇刘氏墓，刘氏的东面是颜约墓，颜约墓的东面是颜絑墓，再东面是颜镇之墓和 5 号墓。颜絑是颜髦之子，颜谦与颜约之侄，其墓又在 2 号墓之东，说明颜氏家族墓的排葬次序是以同辈尊者居右，符合古之昭穆之制，是典型的士大夫家族墓葬。

9. 南京象山王氏家族墓地

据现有考古发现，东晋初年尚书左仆射王彬和他的家族墓地位于南京市鼓楼区幕府山西南的象山上。1965~1970 年，南京市文物保管委员会先后在这个地方清理了王兴之、王丹虎、王闽之、夏金虎等人的墓葬。王氏家族墓地共发掘出 11 座墓葬，其中 2 座长方形墓，其余都是"凸"字形墓葬，墓地西侧可能为王廙之墓，南侧西面一组为王彬、王兴之、王闽之祖父孙的墓穴，由南向北分布。南侧东面情况

---

① 罗宗真：《江苏宜兴晋墓发掘报告》，《考古学报》1957 年第 4 期；南京博物院《江苏宜兴晋墓的第二次发掘》，《考古》1977 年第 2 期。

并不明确，东侧为王彬和夫人夏金虎的墓穴。[①] 从已经发现的王氏家族墓葬群来看，其分布面积在 5 万平方米以上，占地面积非常可观。墓有大小，皆为砖结构，7 号墓为平面呈"凸"字形的四隅券进式穹隆顶墓，由棺室和甬道两部分构成，全长 5.3 米，宽 3.22 米，高 3.42 米。左右壁呈弧形稍向外鼓，左、右、后 3 壁中间各砌直棂假窗，其上又各砌一个"凸"字形的小壁龛，内各置一青瓷小碗。甬道为券顶，以门槽为界分内外两进，以砖封门。其余墓葬则以券顶墓为主。

10. 南京戚家山谢氏茔域

谢氏家族墓葬群集中在现今南京南郊的铁心桥大定坊村，共发掘墓葬 7 座，除 1 座被毁坏看不出墓室形制外，其余的均为"凸"字形墓葬。7 座中只有 3 座墓主人身份明确，分别为谢球、谢温、谢珫。墓葬分为前后两排，但排列规律不明朗。[②] 虽然我们无法判定族墓的排列规律，但可以肯定的是，这一墓地是属于家族墓葬的形制。

（二）家族墓葬蔚然成风

魏晋南北朝时期门阀世家大族极度发展，以至于少数世家大族把持朝政，形成了"王与马共天下"[③] 的局面，故而帝陵和世族聚族而葬的风气盛行，发展到东晋甚至成为一种制度。这一点从前文对于已经发现的家族墓葬概况的简单介绍，已经可以感受到。

从魏晋到南北朝，南北地区广泛存在着数量众多的家族墓群，在这些家族墓群中出土了大量墓志。而这些墓志一般都记载了墓主的身份与生平事迹，它为我们研究家族墓葬习俗或制度提供了重要材料。通过对北邙墓区和磁县邺城墓区内墓志的研究，可以了解到在此区内，归葬家族坟地是皇族贵胄主要的埋葬方式。

---

① 南京市文物保管委员会：《南京人台山东晋兴之夫妇墓发掘报告》，《文物》1965 年第 6 期。

② 南京市博物馆：《南京南郊六朝谢珫墓》，《文物》1998 年第 5 期。

③ 《晋书》卷 98《王敦传》，第 1706 页。

　　在北邙墓区，皇族、九姓帝族等皆是死后需要归葬家族墓地的。如于景死后，被葬于其父于烈茔域，被称为"礼也"。所谓礼，就是在制度和道德层面都必须遵守的规定，对于上层人士尤其如此。这说明，死后归葬家族墓地是各大家族必须遵守的基本制度或习俗。墓志中屡次提及"旧茔"，说明此时以一定地域为单位的家族式墓地非常流行。归葬"旧茔"被称为合"礼"，说明归葬家族墓地此时已然有了一定制度化的规定。哪怕是皇族，也需要遵守这样的规定。磁县邺城东魏皇族以及北齐皇族集中埋葬于此，就说明家族墓葬的礼制性规定是一种普遍的墓葬制度或习俗。

　　魏晋南北朝时期的北朝皇族是根据血缘集中于家族墓地来安葬死者的，那么此时于南方建立政权的六朝情况又如何呢？根据罗宗真的研究，"在六朝时期，由于土地私占的情况进一步发展，甚至于以法律的形式肯定了山林川泽的私人占有，建立在土地私有制基础之上的聚族而葬的风气已成为当时的一种制度"。[①] 他对此期存在于南京等地区的南朝皇族墓葬进行归类和研究，提出自己的独特看法。他认为，"东晋鸡笼山陵区和钟山陵区就并未完全按照帝王继承之序或死亡先后来埋葬。因为假如是这样，康帝应该继成帝之后葬在鸡笼山之阳，而哀帝则应葬在钟山之阳。但实际情况却与此相反。史载，明、成、哀三帝皆先后以长子身份入继大统，从血统上看他们和元帝是嫡亲直系，即所谓'中兴正统'。《晋书·礼志中》载哀帝继位之初曾因'篡承之序'发生争议，最后朝议结果还是'上继显宗'（成帝），'以修本统'，故哀帝继位虽在康、穆二帝之后，但其陵寝却紧步成帝之后葬在鸡笼山之阳。而钟山之阳的晋五陵中除康帝外，其余四帝一系相承，以旁支继位，故需辟新的陵区以示血统上的区别。所以说血缘关系的亲疏尊卑是东晋两个陵区形成的根本原因"。[②] 根据血缘关

---

① 罗宗真：《六朝考古》，南京大学出版社，1994，第81~84页。
② 转引自韦正《东晋墓葬制度的考古学分析》，《华夏考古》2006年第1期。

系划分陵区，这样的特点与两汉时期的陵墓完全不同。从这个层面上看，可以说，东晋帝陵在某种程度上已然融入汉魏时期流行于世的家族墓葬的特点。这种特点，一方面强调家族的血缘关系，家族成员集中安葬；另一方面，家族墓地已经突破了宗法制的昭穆之制，伦序已经不是家族墓葬必须遵守的规定。由于身份地位或其他原因，一些家族成员墓葬的排序，形成了更小的以家庭为主或地位为主的特色。除了魏晋南北朝时期的皇族贵胄之中盛行家族墓葬，世家大族之中也同样盛行家族墓葬。如上文提到的河北景县封氏和高氏、河间邢氏、河北赞皇、临城李氏、平城崔氏、山东临淄崔氏等墓群，也均为魏晋南北朝时期有一定地位的世家大族的家族墓地。从其墓志中也能看到世家大族归葬本家族墓地的风俗习惯。诸如清河崔颐，武定六年（548）卒于邺，天保四年（553）"窆本乡齐城南五十里之神茔"。[①] 这里的"神茔"是指神灵所寄托的地方，实际上就是家族墓地。博陵崔昂，天统元年（565）卒于邺，次年迁回家乡，"安厝旧茔"，[②] 这就更直截了当的是指家族墓地了，因为活人没有"茔"，更没有"旧茔"，只能是家族所具有的、已经埋葬了先人的坟地。此类例子众多，我们一般称之为归葬或归乡葬，是魏晋南北朝时期和后来很长的历史过程中人们埋葬的一种文化，体现出落叶归根的故乡情怀，在此不一一赘述。

从现有的考古发掘看，魏晋南北朝时期世家大族的墓地规模非常大。河北无极甄氏的家族墓地是北方大家族墓地的代表，1000多年之后，此地还存有 36 个大的封土堆，散布在东西南北各长 4~5华里的地方。而与之类似的还有山东临淄的崔氏墓葬群、河北景县封氏墓葬群等。在南方发现的众多家族墓地占地面积也十分庞大，如南京象山王氏家族墓地占地面积达 5 万平方米左右，江苏宜兴周

---

① 赵超：《汉魏南北朝墓志汇编》，天津古籍出版社，1992，第 392 页。
② 赵超：《汉魏南北朝墓志汇编》，第 434 页。

氏六座墓地占地5.7万平方米。世家大族墓地占地庞大与当时门阀世族制度下的土地私人占有制不无关系，他们利用强权和金钱等手段兼并和占有大量的土地。他们广占山林，修建豪华墓葬，即使在朝廷中任官，死后也归葬于家族墓地，形成聚族而葬。在他们的影响下，家族墓葬成为魏晋南北朝，甚至是对后来民间墓葬影响深远的一种埋葬方式。

（三）魏晋南北朝家族墓地的排葬方式

从上述对典型家族墓地的概况介绍，可以看出家族墓地在排葬方式上往往都有一定规律。根据徐苹芳的研究，[①] 魏晋南北朝时期的家族墓地之内，父子兄弟墓位的排列方式可以分为以下三种。

第一种是父子兄弟一行顺排。如江苏宜兴周氏墓地，据考证，周氏六墓墓主依次为周鲂父周宾、周处子周玘、周处父周鲂、周处、周处子周札、周处子周靖，大致上是按照长幼顺序排列。又如南京老虎山东晋琅琊颜氏墓地，一共发掘出五座墓葬，分别自东向西排列，兄弟子孙共三代。河北赞皇西高村附近东魏赵郡李氏的九座墓葬是李叔胤一支，墓葬面东，分为两排，前四座是李叔胤及其亲兄弟，长幼顺序为由南向北，也是自西向东一行顺排。

第二种是墓位的前后、左右顺序，皆依据长幼辈分进行排列。如南京象山的东晋王氏茔域，以东晋初年尚书左仆射王彬墓为主，其左右两墓分别为儿子王兴之墓、长女王丹虎墓，这两墓并列而葬。而孙王闽之墓则葬于父亲王兴之墓的后面。（但王彬之继室夏金虎墓却另葬于象山之东麓，有研究称这是受到"风水"葬地选择因素的影响。）这种排列是祖穴在前，子墓在后，左右排列，同辈皆在一行。长幼嫡庶，极为严格，基本上是沿用传统的昭穆葬法。在北邙墓区也存在大量稳定的昭穆葬法的墓群。此外，南京老虎山

---

①　徐苹芳：《中国秦汉魏晋南北朝时代的陵园和茔域》，《考古》1981年第6期。

东晋右光禄大夫颜含家族墓葬群、河北景县北魏高氏墓葬群以及河间北魏邢氏墓葬群等，也都与这种按照长幼辈分前后左右之昭穆排序的方式相一致。[①]

"第三种是坟院式的茔域。这种形式的茔域流行于中国西北地区，在甘肃敦煌、新疆吐鲁番阿斯塔那和雅尔湖等地都发现过。其特点是在地面上建起平面方形的坟院，用砾石堆砌院墙和山门。坟院内的墓葬或向左或向右呈斜形排列，或呈横行排列。敦煌发现的前凉时期张氏坟院中的五座墓，即由左向右呈斜行排列，右下角的墓为升平十三年（369）下葬的张弘妻氾心容的墓，似乎是这个坟院中时代最晚的墓。新疆吐鲁番阿斯塔那发现的这种坟院比敦煌的要晚上一个多世纪，它是麹氏高昌时期（公元 5 世纪初）才出现的，一直延续到唐代。坟院内墓葬的排列，大体上是由后向前依长幼辈分排列，如麹氏高昌时的张氏坟院埋有六十多座墓，前后历时约二百年，就是按辈分由后向前排列的。"[②]

由上述可知，这些世家大族的家族墓群均以辈分排列，均成一定的规律。当然，其排列的顺序也有一定的灵活之处，如周氏墓地的周玘墓就在其祖与曾祖之间，象山王氏王彬之妻夏金虎之墓就葬于象山东麓。但总体上来说，世家大族聚族而葬，按照家族辈分排列，与世家门阀制度下等级差序格局的排列方式有着内在的联系，只不过家族墓葬的排序更看重的是血缘和辈分，而门阀制度在重视家族血缘的同时，还看重个人的身份地位，两者既存在一定的差异，又有着割裂不断的文化渊源，是死后世界对于生前世界的一种复制和写照。

---

① 徐苹芳：《中国秦汉魏晋南北朝时代的陵园和茔域》，《考古》1981 年第 6 期。
② 徐苹芳：《中国秦汉魏晋南北朝时代的陵园和茔域》，《考古》1981 年第 6 期，第 526～527 页。

二　唐宋家族墓地的演变

已经发现的隋唐五代时期家族墓地不多，但隋唐时期帝陵的排列及帝陵区陪葬的王公大臣，依旧有家族墓葬排列的特点。1982～1995年在宁夏固原南郊发掘了隋唐家族墓葬群，此次发掘的墓葬共有九座。其中七座墓葬都出土有墓志铭：除一座为梁姓（元珍）墓外，其余六座均为史姓墓葬。据六座史姓墓葬出土的墓志记载，这六座墓的墓主均为"昭武九姓"中的史国人后裔，其中隋史射勿与唐史诃耽、史道洛、史铁棒为祖孙关系，史索岩与史道德为叔侄关系。多座墓内的墓道、天井、过洞、墓室等处绘有壁画，可惜大多已脱落不存。

北宋沿袭前朝，流行族葬。目前发现的北宋世代延续、昭穆启穴的家族墓地，除洛阳巩县北宋皇陵[①]外，河南韩琦、富弼家族墓地，河北临城王褧家族墓地，陕西蓝田吕大临家族墓地，以及四川华蓥市东发现的安丙家族墓地（由安丙及其夫人李氏等五座石室墓组成），等等，均是其中的代表。[②]

北宋中原地区以"始祖"为起点，多代延续、按长幼尊卑严谨规划的家族墓地，到南宋时发生了较大的变化。一方面，南迁的中原人士仍沿袭过去盛行的族葬传统，实行"昭穆墓地"。如绍兴宋陵，自孟皇后、宋徽宗至宋度宗，共七代人聚葬。另一方面，由于江南不同的丧葬传统、特殊的地理环境和风水择墓观念，以及南宋初期的社会不稳定，这种北方盛行的、五世以上的族葬殊为罕见，多为"分散型"的二三代人合葬形式。

比如南宋武义县明招山吕祖谦家族墓地。陆游曾曰："维申国吕氏，自五代至宋，历十二圣，常有显人。忠孝文武，克肖先世。婚姻多大家名胄，妇姑相传以德，先后相勉以义。富贵不骄汰，虽甚贫，

---

① 马端临：《文献通考》卷 126《王礼考二十一·山陵》，第 1130 页。
② 详见《富弼家族墓地》；四川省文物考古研究院等编著《华蓥安丙墓》。

丧祭犹守其旧，养上抚下，恩意曲尽。虽寓陋巷环堵之屋，邻里敬化服之，犹在京师故第时，呜呼盛哉！"[1]

吕氏之先最早葬于太原。天禧中，吕夷简迁祖、父代公、魏公于郑州之管城。其时，吕氏世葬郑州新郑县怀忠乡。宝元中，建寺坟侧，赐名"荐福禅院"。公薨，诏改赐"怀忠荐福"，子孙从祔。建炎初，吕好问葬夫人于新郑，赐寺额曰"元净明招"。因吕好问（1064~1131）随驾南渡，"以恩封东莱郡侯"，始定居婺州（今属浙江）。绍兴元年（1131）七月丁酉，吕好问以疾薨于桂州，享年68岁。讣闻，诏赠五官恤礼，视常典有加。八月壬申，藁葬于桂州城南之龙泉。[2]

宋室南渡，中原吕氏也随着迁移到了南方各地。如在吕好问五子中，除次子吕揆中先卒于北方外，此时吕本中（1084~1145）一支居信州，吕弸中一支居婺州，吕用中一支居绍兴，吕忱中一支居衢州或婺州，其中以婺州居住人口最多，而武义明招山则为一中心。

明招山，为婺州之名山，位于今浙江省金华市武义县白洋街道上陈村。其地最早为晋代镇南将军阮孚故宅所在，史载阮孚好屐，尝以金貂换酒，后归明招山下终老，死后也葬于此。后人为了纪念他，在这里建了金貂亭和蜡屐亭。宋"靖康建炎间，中原学士大夫多避地南徙。巩至自东平，吕至自东莱，爱宝婺溪山之胜，家焉"。[3] 吕氏自尚书右丞吕好问而下，皆葬婺州武义县明招山，规模宏大，从而形成了江南地区非常罕见的家族墓地。这里汇集了吕氏五代人的坟墓，即第一代吕祖谦曾祖吕好问；第二代伯祖吕本中、祖父吕弸中及叔祖吕用中和吕忱中；第三代父亲吕大器、母亲曾氏，吕大虬妻张氏，吕本中长子吕大同妻方氏等；第四代吕祖谦及原配韩氏、继室芮氏，其弟吕

---

① 陆游：《渭南文集》卷36《吕从事夫人方氏墓志铭》，《陆游集》第5册，中华书局，1976年，第2336~2337页。

② 吕祖谦：《吕东莱文集》卷9《家传》，《丛书集成初编》本，第3册，第212页。

③ 洪咨夔：《吏部巩公墓志铭》，《全宋文》卷7013，第307册，第259页。

祖俭、吕祖泰；第五代，吕祖谦子女等。共有坟墓 30 余穴。吕氏家族五代人苦心经营、世代延续、"聚族而葬"的家族墓地分布在如此小的范围之内，且相互之间的距离又非常近，这在南方地区殊为罕见，具有鲜明的南宋墓葬特征。1989 年，吕祖谦及其家族墓被列为浙江省文物保护单位，2013 年进入第七批全国重点文物保护单位。现将吕氏家族墓地的形成过程叙述如下。

绍兴十六年，吕祖谦祖父弸中，已先行入葬其南渡后的始居地婺州武义明招山惠安院，又得地于墓之东。

绍兴二十三年，吕好问第四子吕用中痛感吕氏宗支之分散，立志重建家族墓地，于次年奉父亲吕好问之枢窆焉。自是子孙悉祔于左右。据《吕东莱文集·家传》所载："公之薨也，寇难未平，葬故有阙。后二十四年，乃克改葬公于婺州武义县之明招山，实绍兴二十四年闰十二月己酉也。惟公薨，距今逾三纪，言论风旨，浸不传于世。谨叙次终始，藏于家，使子孙有考焉。"①

绍兴三十一年，吕用中遵先志，请于朝，奏请惠安禅院（明招寺）为功德坟寺，且于惠安之前冠以"元净"两字，诏额曰"元净惠安"，俗称"惠安寺"。其后，"文靖公葬于信之德源，亦以永安院请于朝，改曰怀中永安之院。皆所以遥望上世之兆域，以识终天之恨。然子孙之精神，即祖考之精神，烝尝裸馈，一气通流，固无南北之间也"。②

绍兴三十二年，吕用中殁，其子吕大麟葬其于明招山吕好问墓之侧。六月二十三日，吕祖谦的妻子韩夫人卒于临安。这一天，吕祖谦正在绍兴赶往京城临安的路上。八月，以韩夫人之丧归婺。九月二十六日，葬韩氏于武义县明招山，位于吕弸中墓之西。

隆兴元年（1163），吕忱中殁，葬于明招山。

---

① 吕祖谦：《吕东莱文集》卷 9《家传》，《丛书集成初编》本，第 3 册，第 213~214 页。
② 王柏：《跋敕额代明招作》，《全宋文》卷 7797，第 338 册，第 192 页。

乾道元年（1165）十一月，吕大虬妻张氏殁，葬于吕弸中墓之西，与韩氏仅隔一垄。

乾道二年，吕祖谦母曾氏殁。次年正月二十二日，葬曾氏于婺州明招山。①

乾道七年五月十三日，吕祖谦第二任妻子韩氏去世，所生女亦夭折。六月，吕祖谦请告归婺，十七日葬韩氏于明招山。

乾道八年二月四日，吕祖谦父亲吕大器殁；十一月三日，葬于明招山，位于吕弸中墓的东面。丁忧复，吕祖谦修丧葬礼，定祭礼。

至淳熙元年（1174），明招山已有 20 多人的聚葬。吕大麟编订《婺州武义县来苏乡明招山吕氏坟域图》。

淳熙二年十一月十五日，吕本中长子吕大同妻方氏去世，享年 48 岁。其时"惟我（按：吕祖平）先祖（按：吕本中）暨先君（按：吕大同）兆域，别在信州上饶县之德源。不肖孤哀，荒颠实未克合祔，恐旦暮即死，不能终大事，亟以次年奉夫人之丧，葬于东莱公兆域之旁"。② 具体来说，是在淳熙三年二月二十日，葬于吕好问墓之次。从此以后，吕氏信州房支亦渐渐融入明招山墓地。

淳熙六年七月二十八日，吕祖谦继室芮氏去世。是年九月十五日，祔于婺州武义县明招山先君兆域之左。③

淳熙八年七月二十九日，吕祖谦以疾终于家，享年 45 岁。是年十一月三日葬于祖茔之右。④

---

① 《四库全书总目》卷 27《经部二十七·春秋类二》，中华书局，1965 年影印本，第 990 页。

② 吕祖谦：《拾遗·方夫人志》，《全宋文》卷 5898，第 262 册，第 113 页。又，陆游《渭南文集》卷 36《吕从事夫人方氏墓志铭》载：从事郎吕大同"葬于信州上饶县明远乡之德源山，以潦水啮墓趾，改卜于旧墓少东二百步，实庆元二年十二月庚申。而夫人初没时，祖平窆不能以柩祔从事墓，乃即婺州武义县明招山祖墓之旁葬焉。自改葬从事，诹日奉夫人归祔，而筮未得吉"。载《陆游集》第 5 册，第 2337 页。

③ 吕祖谦：《吕东莱文集》卷 8《祔芮氏志》，《丛书集成初编》本，第 3 册，第 193 页。

④ 《宋史》卷 434《儒林四·吕祖谦传》，第 12874 页。

吕祖谦弟、太府寺丞吕祖俭以谪死，诏令归葬，墓近吕祖谦墓。①

迪功郎、监南岳庙吕祖泰"丧母无以葬，至都谋于诸公，得寒疾，索纸书曰：'吾与吾兄共攻权臣，今权臣诛，吾死不憾。独吾生还无以报国，且未能葬吾母，为可憾耳。'乃卒。尹王枏为具棺敛归葬焉"。②

最后，明招山成为吕氏家族五代人比较严格按照"昭穆聚葬"的墓地。据《金华吕氏族谱》收录明崇祯年间的"坟图"，吕好问墓，位次最高。据曾在该地进行考古发掘的浙江省考古研究所副研究员郑嘉励的推测：自上而下，五代人，即五排墓，夭折或未出嫁的成员穿插其间，昭昭可同排，昭穆异排，从而形成了江南地区罕见的家族墓地。

再如瑞安林氏家族墓地。北宋熙宁、元丰年间，瑞安林石以经学知名，但一生"独教行于乡"，不为世人知，卒于建中靖国元年（1101）。其妻为戴氏。子三人，长子林晞颜（字几老）、次子林晞孟（字醇老）皆游京师，从龚氏学，然而年纪轻轻便死了。幼子林晞韩更是早夭。长子林晞颜一支，至淳熙年间（1174~1189）已不记其事。而次子林晞孟一支延续了下来。林晞孟生子林松孙（字乔年），举进士，以学行为乡里所敬。林晞孟死后，其妻曹氏改嫁城南张子充（尝举八行，为国子学录，世人谓为"草堂先生"）后，生张孝恺（字思豫）。二子长大后，关系甚好，都事母孝顺，林松孙娶叶氏、谢氏，皆逮事曹夫人。林松孙以乾道四年（1168）十有一月戊辰卒，享年74岁。叶氏先四十三年而卒，谢氏后十五年而卒，各生有一子。其中叶氏所生的名仲损（字炳之），"恂恂而有守，能世其家"。仲损娶东美之子，夫妇自以家法相宾友。人之见炳之者，则

---

① 《宋史》卷455《忠义十·吕祖俭传》，第13370页。
② 《宋史》卷455《忠义十·吕祖泰传》，第13372页。

曰:"是似乔年。"见沈夫人者,则曰:"是似东美也。"仲损以乾道七年三月癸卯卒,年 49 岁。沈氏以淳熙十二年十一月戊寅卒,年 64 岁。"至炳之祖子孙事其亲如一人,谓之'萱堂林家'云。"仲损生有三个儿子,分别名帱、载、鼎,其中幼子鼎早卒。一女适新福州古田县主簿徐宏。

瑞安林氏有两处家族墓地:一在梓奥,一在新归。梓奥家族墓地葬林石夫妇等,新归家族墓地葬林石父母林定夫妻等。

新归墓地,距离林氏家族聚居地唐奥西三里,而"唐奥在瑞安县治之北二十里"。其墓地"繇先生而下再世葬梓奥。其孙讳松孙始袝唐奥之墓东百步,曾孙讳仲损又袝墓西一里,所凡从先生考妣葬新归者三世,于是玄孙帱、载将奉其母柩合焉"。

林定葬于嘉祐年间(1056~1063),40 年后妻戴氏袝。后 71 年,为乾道四年十一月甲申,林松孙袝之;又 5 年为乾道八年十二月丁酉,而炳之袝。又 12 年为淳熙十年(1183)十一月乙酉,而谢氏合于林松孙之穴。又 4 年为淳熙十三年四月癸酉,而沈氏合于仲损之穴。凡 129 年之间,三兆六柩。而林晞颜之子寿孙(字稚仁)、孙兴祖(字庆之),林晞孟少子时可(字叔遇)、孙诚之,皆以序从葬墓下。至于其他成员,凡不葬新归者,则多葬于梓奥墓地。

总之,林氏五世成员,129 年之间,聚葬梓奥、新归两地。陈傅良得知其事,深感不易,曰:"元符至今百年间,天下亦多故矣。自公侯将相五世希不失者,有以布衣而燕及其后。载也从余学,又以文行见推于其友人,以为林氏必大也。呜呼!以势利者如彼,以德者如此哉!"①

与之类似的还有莆田方氏家族墓地。据方大琮《辞方广礼部及诸坟祝文》所载:"山以方名旧矣。仪曹公来宅九跳之正脉,面势宏阔,

---

① 陈傅良:《止斋集》卷 48《新归墓表》,《陈傅良先生文集》,浙江大学出版社,1999,第 609~611 页。

从而祔者五代。此某之宗派也。每代之中，昭穆相从凡四十余。《周官》族坟墓之说，吕氏深有取焉。此山宜与婺之明招等，祭亭中圯，宝庆间高安别乘叔祖始创新之。于是拜跪饮馂有所矣。尤可喜者，聚族亦然。乌石山前，连甍接栋，无一散去者，孙枝最蕃。登桂籍将六十，仪曹房不啻半，为金紫六房之冠。"① 由此可以看出，福建莆田方广山方氏家族墓地的规划和建造，深受婺州明招山吕氏墓地的影响。"每代之中，昭穆相从凡四十余。"具体来说，即父昭子穆，孙又为昭，一昭一穆依次相从，共有 5 代 40 余座墓。

三　明清家族墓地的衰落

宋代以后，随着风水择葬及其引发的停丧不葬等问题，一些学者提倡以族葬加以应对。宋赵季明作《族葬图》劝导世人实行，元人谢应芳评价《族葬图》"尊卑昭穆，灿然有序。使观之者心生孝弟，亦犹观老泉苏氏族谱也"。

明清时期，族葬仍被学者不时探讨。其重心在于，择地有无必要，族葬是否适用于南方地区。徐乾学《族葬考》一文，极具代表性。文中首先明确提出"古者葬不择地"，据《周礼》，万民葬地同处，各有其穴，不容自择。"是故自天子以下，七月、五月、三月、逾月之期无或愆者，惟宅兆已定而无所容其择也。"《孝经》有云"卜其宅兆而安厝之"，但这并非后世人各择葬之谓。"不知世数无穷，而地域有限，子孙蕃衍，安能尽容，其势必至于改卜。又从他国迁来者，是为别子，始造茔亦须卜。"那么，后世择葬之风从何而来？徐氏分析道，自秦罢封建，宗法之制不行，族葬之例遂废；而此后占验、堪舆之说兴起，人们惑于福祸之说，葬亲唯牛眠吉地是求，"贫者不能择地，富者择之太详，于是祖、父之体魄，暴露中野，有终身

---

① 《全宋文》卷 7406，第 322 册，第 341 页。

不葬，累世不葬者"。讨论至此，徐氏还要解决一个在当时所有坚持族葬者都要面对的问题：宋儒程朱也认为地不可不择。

徐氏的探讨，其他学者未必感到满意，因为徐氏并未考虑到各地形势不同给族葬带来的实际困难。由于聚族而葬需要一块较为阔大之地，这在北方地区易于获得，而在南方地区较为不易，所以很多学者认为，南方地区盛行择葬是地理环境所限，不得已而为之。姚莹《读〈葬书〉杂说》：北方地区土厚水深，平原宽广，族葬易为；南方地区地势卑湿，在山陵和江湖之外，宽广平原有限，找块可容一族之地的葬地，实在不易！义冢虽然多人共葬，但若非极其贫困，或无子无孙，谁都不肯葬埋。姚氏的结论是："是不能不人卜一丘者，势使然也！"[1]

从资料来看，北方地区的确盛行族葬。以山东地区为例，康熙《泗水县志》记当地风俗："葬法，合族共域，以昭穆为叙，至数十世不徙，别则称疏。曲阜孔氏自宣圣至今二三千年皆袝祖兆，周回数里，他邑皆如之，此犹《周礼》墓大夫之遗也。"[2] 赵执信《礼俗权衡》记山东博山葬俗："乡俗，一茔之中数世葬焉，附者无算。"[3] 今人对胶东半岛栖霞县宗族墓地的研究，也有这样的观点。许多族谱都单列《茔图篇》以记祖茔方位。从茔图看，该时期墓地的空间布局相当重视宗族世系的排列。以某个祖先为中心的墓地，其子孙坟茔的排列以"人"字形和"一"字形较为普遍，墓地的空间布局在某种程度上对应着墓碑上的谱系。[4]

在明清学者的议论中，南方地区尤其东南地区盛行风水择葬，族中之人各自为葬。如民国《月浦里志》解释停丧缓葬："此由于家必

---

① 姚莹：《读〈葬书〉杂说》，《皇朝经世文续编》卷70《礼文·丧礼》，第1035页。

② 康熙《泗水县志》卷1《方舆志·风俗》，康熙三十八年增刻本，第13页。

③ 赵执信：《礼俗权衡》卷下《殡葬》，《赵秋谷先生集》，乾隆年间刊本。

④ 王日根、张先刚：《从墓地、族谱到祠堂：明清山东栖霞宗族凝聚纽带的变迁》，《历史研究》2008年第2期。

专茔，窆必独穴，无族葬或公墓之制，贫者困于财力，富者惑于堪舆，故连延而不克葬也。"据海宁藏书家吴骞编纂的吴氏家谱，他们家族数世之人分别葬在不同地方，以致吴骞每到清明上坟要奔波多日。

不过，在文献当中，我们还是能够看到很多关于族葬的记载。以浙江海宁为例，海宁盛行风水择葬，邑人陈确曾著文猛烈抨击，见于《葬书》。他坚持族葬之法。与陈确同时的查继佐，据其年谱，康熙五年（1666），"卜葬两先人，葬兄毅翁于昭穴，先生自为生圹于穆"。[①] 在张京颜为其父张朝晋所编年谱中，记录了康熙五十六年张朝鼎一家十三丧之葬：张朝鼎居中，夫人居右。东袝五子，穴自西而东；西袝诸子妇，穴自东而西。"以男女分昭穆。"[②] 此事又见于嘉庆《硖川续志·列女传》，张朝鼎长子之妻金氏"一遵朱子灰隔之制，用阳明先生族葬法，以中为尊，以男女分昭穆，葬舅姑及夫与夫弟宏进辈及诸娣共十一丧"。

南方各地的考古发掘，家族墓地时有所见。20世纪后半叶，上海地区清理的明墓多为几座或十几座聚集在一起，最多的有30余座。反映出明代上海地区的埋葬方式，家族葬较为常见。家族成员之间的排列，从发现的家族墓看，方向基本为南北向。排列方式有两种：一种为一横排排列，如松江科贝特公司明墓，三墓九穴排成一横排，每墓三穴，墓与墓之间有一米左右的间隔；另一种为"人"字形排列，如市区李惠利中学明墓，有七座明墓，其中有一墓居最北，左右各有三墓，两两平行相对，依次而南。卢湾区潘氏墓，据墓志，中间为潘惠夫妇合葬墓，左右两侧略偏南分别为其长子潘允修夫妇墓和次子潘允征夫妇墓。《潘允修墓志铭》记载"葬公于肇溪之原"，《潘允征买地券》记载"择取吉地一穴，坐落淡井庙界肇家浜水北祖茔之穆座壬

① 沈起、陈敬璋：《查继佐年谱》，汪茂和点校，中华书局，1992，第60页。
② 张京颜编《先府君北湖公年谱》，乾隆间写刻本，第14页。

向丙"。可知,在家族葬中,家族成员之间的尊幼、上下辈关系采用昭穆葬法,即以祖为尊位,向东南、西南两侧推进,同辈平行排列,左为昭、右为穆。①

相较而言,南方族葬与北方有所不同。南方族葬之地,以二三世同葬居多,类似北方地区的大面积葬地并不多见,体现出"大择葬、小聚葬"的特征。

与南方家族墓地相关的,是祔葬的问题。民国《竹林八圩志》记载了乾隆壬辰进士安肃县知县沈可培墓,其子沈铭彝祔。在后者的碑碣上,有如下文字:"沈竹岑居士仝妻张氏寿藏祔葬嘉兴县里仁乡十一都下二庄西天字圩孟庄桥东安肃公墓之昭穴,癸山丁向,墓地二亩四分,只葬我两世四棺。日后我子孙有敢祔葬浮厝者,我必为厉鬼以击之。"显示族葬不能盛行,除了受地理环境的限制外,风水观念的影响也是重要因素。这也反映出在南方很多地方,祔葬祖墓也较为多见,但这样的埋葬未必按照与世系一致的次序,导致最后出现类似"丛葬"的景象。

从新石器时代以氏族为单位的"聚族而葬",到东汉后期家族坟墓的日益成熟,公墓制的破坏与家族墓的产生是同步发生的,应是由于封建地主土地私有制逐步建立,君王贵族开始使用家族墓取代族坟墓,以家系为中心的独立墓地逐渐兴起。小农经济成为基本的生产方式,推动了中下层阶级家族墓的产生,表明墓穴的选定不再只受宗法观念的限制,而是以私人权力或财产关系为基础。

---

① 何继英:《上海明代墓葬概述》,《上海博物馆集刊》第 9 期,上海书画出版社,2002,第 653~667 页。

参考文献

一 古籍

《北史》，中华书局，1974。

《蔡襄集》，上海古籍出版社，1996。

车若水：《脚气集》，上海书店出版社，1990。

陈淳：《北溪字义》，中华书局，1983。

《陈傅良先生文集》，浙江大学出版社，1999。

《陈亮集》，中华书局，1987。

《陈确集》，中华书局，1979。

陈善：《扪虱新话》，上海书店出版社，1990年影印本。

陈元靓：《事林广记》，中华书局，1999。

陈振孙：《直斋书录解题》，中华书局，1985。

程颢、程颐：《二程集》，中华书局，1981。

《丛书集成初编》，中华书局，1985。

《道藏》，天津古籍出版社，1998。

道宣：《续高僧传》，中华书局，2014。

董诰：《全唐文》附《唐文拾遗》，中华书局，1983。

董仲舒：《春秋繁露》，中华书局，1975。

窦仪等：《宋刑统》，中华书局，1984。

杜佑：《通典》，中华书局，1984。

段成式：《酉阳杂俎续集》，中华书局，1981。

樊绰撰，向达校注《蛮书校注》，中华书局，1962。

范成大：《范石湖集》，上海古籍出版社，1981。

范成大：《吴郡志》，江苏古籍出版社，1986。

范镇：《东斋记事》，中华书局，1980。

《范仲淹全集》，四川大学出版社，2002。

方勺：《泊宅编》，中华书局，1983。

费衮：《梁溪漫志》，山西人民出版社，1986。

封演撰，赵贞信校注《封氏见闻记校注》，中华书局，1958。

干宝：《搜神记》，上海古籍出版社，1998。

顾炎武著，黄汝成集释《日知录集释》，花山文艺出版社，1990。

顾祖禹：《读史方舆纪要》，商务印书馆，1937。

管辂：《管氏地理指蒙》，中国广播电视出版社，2010。

郭庆藩：《庄子集释》，中华书局，1981。

郭象注《庄子注疏》，中华书局，2010。

韩愈撰，马其昶校注《韩昌黎文集校注》，上海古籍出版社，1998。

《汉代学术史略》，东方出版社，1996。

《汉书》，中华书局，1962。

何清谷校注《三辅黄图校注》，三秦出版社，1995。

洪迈：《容斋随笔》，上海古籍出版社，1978。

洪迈：《夷坚志》，何卓点校，中华书局，1981。

洪楩编《清平山堂话本》，谭正璧校点，上海古籍出版社，1987。

《后汉书》，中华书局，1994。

胡寅：《崇正辩》，中华书局，1993。

胡寅：《斐然集》，中华书局，1993。

桓宽撰，王利器校注《盐铁论校注》，中华书局，1992。

黄淮、杨士奇编《历代名臣奏议》，上海古籍出版社，1989。

《黄震全集》，浙江大学出版社，2013。

慧立：《大慈恩寺三藏法师传》，中华书局，2000。

纪昀等：《四库全书》，上海书店出版社，1990。

江少虞：《宋朝事实类苑》，上海古籍出版社，1981。

江文汉：《中国古代基督教及开封犹太人（景教、元朝的也里可温、中国的犹太人）》，知识出版社，1982。

《晋书》，中华书局，1974。

《景印文渊阁四库全书》，台北：商务印书馆，1986。

《旧唐书》，中华书局，1975。

黎靖德：《朱子语类》，中华书局，1986。

李焘：《续资治通鉴长编》，中华书局，1979～1995。

李昉：《太平广记》，人民文学出版社，1959。

李昉：《太平御览》，中华书局，1960。

《李觏集》，中华书局，1981。

李好问：《长安志图》，光绪十七年思贤讲舍据灵岩山馆本重刊。

李吉甫：《元和郡县图志》，中华书局，1983。

李林甫等：《唐六典》，陈仲夫点校，中华书局，1992。

李心传：《建炎以来朝野杂记》，中华书局，2000。

李心传：《建炎以来系年要录》，中华书局，1988。

郦道元：《水经注》，陈桥驿注，浙江古籍出版社，2001。

林宝撰，岑仲勉校记，郁贤皓、陶敏整理《元和姓纂》，中华书局，1994。

刘昌诗：《芦浦笔记》，中华书局，1986。

刘歆：《西京杂记》，上海古籍出版社，1991。

刘义庆编，余嘉锡笺疏《世说新语笺疏》，中华书局，2007。

刘禹锡：《唐故尚书礼部员外郎柳君集纪》，上海古籍出版社，1989。

《刘禹锡集笺证》，上海古籍出版社，1989。

刘挚：《忠肃集》，中华书局，1981。

柳宗元：《柳河东集》，中华书局，1960。

陆九渊：《陆象山全集》，中国书店，1992。

陆游：《家世旧闻》，中华书局，1993。

陆游：《老学庵笔记》，中华书局，1979。

《陆游集》，中华书局，1976。

罗大经：《鹤林玉露》，中华书局，1983。

马端临：《文献通考》，中华书局，2011。

孟元老：《东京梦华录》，邓之诚注，中华书局，1982。

《明史》，中华书局，1974。

《南史》，中华书局，1975。

欧阳修撰，李之亮注《欧阳修集编年笺注》，巴蜀书社，2007。

欧阳询：《艺文类聚》，汪绍楹校，上海古籍出版社，1982。

潘永因：《宋稗类钞》，书目文献出版社，1985。

彭乘：《续墨客挥犀》，中华书局，2002。

钱若水：《宋太宗实录》，甘肃人民出版社，2005。

秦观撰，徐培均笺注《淮海集笺注》，上海古籍出版社，2000。

《清史稿》，中华书局，1977。

《清世祖实录》，中华书局，1985。

《清太宗实录》，中华书局，1985。

《全宋笔记》，大象出版社，2012。

阮元校刻《十三经注疏》，中华书局，1980。

邵伯温：《邵氏见闻录》，中华书局，1983。

沈括：《梦溪笔谈》，文物出版社，1975 年影印元刻本。

石介：《徂徕石先生文集》，中华书局，1984。

《史记》，中华书局，2006。

司马光：《涑水记闻》，中华书局，1989。

司马光：《资治通鉴》，中华书局，1956。

司马光撰，李之亮笺注《司马温公传集编年笺注》，巴蜀书社，2009。

司义祖整理《宋大诏令集》，中华书局，1962。

《四库笔记小说丛书》，上海古籍出版社，1992。

《四库全书总目》，中华书局，1965 年影印本。

《宋史》，中华书局，1977。

《宋史全文》，黑龙江人民出版社，2005。

《宋元方志丛刊》，中华书局，1990。

苏轼：《东坡志林》，中华书局，1981。

《苏轼文集》，中华书局，1986。

苏颂：《苏魏公文集》，中华书局，1988。

苏洵撰，曾枣庄、金成礼笺注《嘉祐集笺注》，上海古籍出版社，1993。

苏辙：《栾城集》，上海古籍出版社，1987。

《隋书》，中华书局，1973。

孙光宪：《北梦琐言》，中华书局，1960。

孙星衍等辑《汉官六种》，中华书局，1990。

陶弘景：《真诰》，赵益点校，中华书局，2011。

陶宗仪：《南村辍耕录》，中华书局，1959。

陶宗仪：《说郛》，上海古籍出版社，1988。

王安石：《王文公文集》，上海人民出版社，1974。

王辟之：《渑水燕谈录》，中华书局，1981。

王称：《东都事略》，孙言诚、崔国光点校，齐鲁学社，1998。

王得臣：《麈史》，上海古籍出版社，1986。

王夫之：《船山全书》，岳麓书社，1996。

王珪：《华阳集》，《丛书集成初编》本，中华书局，1985。

王楙：《野客丛书》，中华书局，1987。

王明：《抱朴子内篇校释（增订本）》，中华书局，1985。

王明编《太平经合校》，中华书局，1960。

王明清：《挥麈录》，上海书店出版社，2001。

王明清：《玉照新志》，上海古籍出版社，1991。

王溥：《唐会要》，中华书局，1955。

王琪：《国老谈苑》，中华书局，2012。

王琦珍整理《杨万里诗文集》，江西人民出版社，2006。

王钦若等：《册府元龟》，中华书局，1960。

王先谦：《荀子集解》，中华书局，1988。

王应麟：《玉海》，江苏古籍出版社、上海书店，1988。

王栐：《燕翼诒谋录》，中华书局，1981。

王之道撰，沈怀玉、凌波点校《〈相山集〉点校》，北京图书馆出版社，2006。

《魏书》，中华书局，1974。

吴兢：《贞观政要》，上海古籍出版社，1978。

吴曾：《能改斋漫录》，上海古籍出版社，1960。

吴自牧：《梦粱录》，浙江人民出版社，1984。

萧吉：《五行大义》，上海书店出版社，2001。

解缙等：《永乐大典》，中华书局，2012。

《新唐书》，中华书局，1975。

《新五代史》，中华书局，1974。

熊克：《中兴小纪》，顾吉辰等点校，福建人民出版社，1985。

徐度：《却扫编》，上海古籍出版社，2001。

徐坚：《初学记》，中华书局，1962。

徐兢：《宣和奉使高丽图经》，台北：商务印书馆，1971。

徐梦莘：《三朝北盟会编》，上海古籍出版社，1987。

徐乾学：《读礼通考》，上海古籍出版社，1987。

徐松辑录《宋会要辑稿》，中华书局，1957。

徐天麟：《东汉会要》，中华书局，1955。

徐天麟：《西汉会要》，中华书局，1955。

徐铉：《稽神录》，上海古籍出版社，2001。

许慎撰，段玉裁注《说文解字注》，上海古籍出版社，1981。

许嵩：《建康实录》，张忱石点校，中华书局，1986。

玄奘：《大唐西域记》，周国林注译，岳麓书社，1999。

严可均辑《全后汉文》，商务印书馆，1999。

严可均辑《全上古三代秦汉三国六朝文》，中华书局，1958

杨衒之：《洛阳伽蓝记》，尚荣译注，中华书局，2012。

杨仲良：《皇宋通鉴长编纪事本末》，江苏古籍出版社，1998。

姚宽：《西溪丛语》，中华书局，1993。

姚勉：《雪坡集》，台北：商务印书馆，1986。

叶梦得：《石林燕语》，中华书局，1984。

叶绍翁：《四朝闻见录》，中华书局，1989。

叶盛：《水东日记》，中华书局，1980。

《叶适集》，中华书局，1961。

岳珂：《桯史》，中华书局，1981。

乐史：《太平寰宇记》，中华书局，1985。

赞宁：《宋高僧传》，中华书局，1987。

曾巩撰，王瑞来校证《隆平集校证》，中华书局，2012。

曾敏行：《独醒杂志》，上海古籍出版社，1986。

曾枣庄、刘琳主编《全宋文》，上海辞书出版社、安徽教育出版社，2006。

曾慥：《类说》，王汝寿等校注，福建人民出版社，1996。

张邦基：《墨庄漫录》，中华书局，2002。

张岱：《夜航船》，浙江古籍出版社，1987。

《张栻全集》，杨世文、王蓉贵校点，长春出版社，1999。

《张载集》，中华书局，1978。

张知甫：《可书》，中华书局，2002。

长孙无忌等：《唐律疏义》，刘俊文点校，中华书局，1983。

赵德麟：《侯鲭录》，中华书局，2002。

赵汝愚编《宋朝诸臣奏议》，上海古籍出版社，1999。

赵彦卫：《云麓漫钞》，中华书局，1996。

赵翼：《陔余丛考》，中华书局，1963。

赵翼：《廿二史札记》，中国书店，1987。

赵与时：《宾退录》，上海古籍出版社，1983。

中国社会科学院历史研究所隋唐五代宋辽金元史研究室点校《名公书判清明集》，中华书局，1987。

周辉撰，刘永翔校注《清波杂志校注》，中华书局，1994。

周密：《癸辛杂识》，中华书局，1988。

周密：《齐东野语》，中华书局，1983。

周密：《武林旧事》，浙江人民出版社，1984。

《周书》，中华书局，1971。

朱弁：《曲洧旧闻》，中华书局，2002。

朱长文：《吴郡图经续记》，江苏古籍出版社，1999。

《朱熹集》，四川教育出版社，1996。

朱彧：《萍洲可谈》，上海古籍出版社，1989。

庄绰：《鸡肋编》，中华书局，1983。

庄明辉、章义和：《颜氏家训译注》，上海古籍出版社，1999。

二 今著

安家瑶：《玻璃器史话》，中国大百科全书出版社，2000。

白寿彝总主编，何兹全主编《中国通史》第5卷（上册），上海人民出版社，2004。

北京市文物研究所编著《大兴北程庄墓地：北魏、唐、辽、金、清代墓葬发掘报告》，科学出版社，2010。

蔡鸿生：《唐代九姓胡与突厥文化》，中华书局，1998。

晁福林：《先秦民俗史》，上海人民出版社，2001。

陈柏泉编著《江西出土墓志选编》，江西教育出版社，1991。

陈朝云：《南北宋陵》，中国青年出版社，2004。

陈华文：《丧葬史》，上海文艺出版社，2007。

陈华文：《文化学概论》，上海文艺出版社，2001。

陈华文、陈淑君：《吴越丧葬文化》，华文出版社，2008。

陈华文、陈淑君：《浙江民间丧俗信仰研究》，上海文艺出版社，2011。

陈华文等：《浙江民俗史》，杭州出版社，2008。

陈茂同：《中国历代职官沿革史》，百花文艺出版社，2005。

陈明芳：《中国悬棺葬》，重庆出版社，1992。

陈戍国：《中国礼制史·秦汉卷》，湖南教育出版社，1993。

陈戍国：《中国礼制史·魏晋南北朝卷》，湖南教育出版社，2002。

陈寅恪：《唐代政治史论述稿》，上海古籍出版社，1982。

陈振鹏、章培恒主编《古文鉴赏辞典》，上海辞书出版社，1997。

程义：《关中地区唐代墓葬研究》，文物出版社，2012。

池步洲：《日本遣唐使简史》，上海社会科学院出版社，1983。

赤列曲扎：《西藏风土志》，西藏人民出版社，1982。

大葆台汉墓发掘组编《北京大葆台汉墓》，文物出版社，1989。

戴春阳主编《敦煌佛爷庙湾——西晋画像砖墓》，文物出版社，1998。

邓卓明、邓力：《中国葬俗》，重庆出版社，1992。

邓子琴：《中国风俗史》，巴蜀书社，1988。

丁凌华：《中国丧服制度史》，上海人民出版社，2000。

董新林：《幽冥色彩——中国古代墓葬壁饰》，四川人民出版社，2004。

段清波：《秦始皇帝陵园考古研究》，北京大学出版社，2011。

恩格斯：《自然辩证法》，人民出版社，1984。

范文澜：《中国通史》，人民出版社，1978。

《方立天文集》，中国人民大学出版社，2006。

费正清编《剑桥中华民国史》，中国社会科学出版社，1993。

冯智：《慈悲与纪念——雪域丧葬面面观》，青海人民出版社，1998。

夫马进：《中国善会善堂史研究》，伍跃、杨文信、张学锋译，商务印书馆，2005。

福建省博物馆编《福州南宋黄昇墓》，文物出版社，1982。

甘肃省文物考古研究所编《酒泉十六国墓壁画》，文物出版社，1989。

高楠顺次郎：《大正新修大藏经》，台北：新文丰出版公司，1960。

耿世民：《古代突厥文碑铭研究》，中央民族大学出版社，2005。

龚方震、晏可佳：《祆教史》，上海社会科学院出版社，1998。

龚书铎主编《中国社会通史·秦汉魏晋南北朝卷》，山西教育出版社，1996。

顾颉刚；《汉代学术史略》，东方出版社，1996。

顾卫民：《基督教与近代中国社会》，上海人民出版社，2010。

关长龙：《敦煌本堪舆文书研究》，中华书局，2013。

管成学：《南宋科技史》，人民出版社，2009。

郭沫若：《出土文物二三事》，人民出版社，1972。

郭培育、郭培智主编《洛阳出土石刻时地记》，大象出版社，2005。

国立礼乐馆编《北泉议礼录》，北碚私立北泉图书馆，1944。

海波：《佛说死亡——死亡学视野中的中国佛教死亡观研究》，陕西人民出版社，2007。

韩国河：《秦汉魏晋丧葬制度研究》，陕西人民出版社，1999。

韩理洲辑校编年《全隋文补遗》，三秦出版社，2004。

韩森：《传统中国日常生活中的协商——中古契约研究》，鲁西奇译，江苏人民出版社，2008。

何彬：《江浙汉族丧葬文化》，中央民族大学出版社，1995。

何宁：《淮南子集释》，中华书局，1998。

何晓昕、罗隽：《中国风水史（增补版）》，九州出版社，2008。

河南省商丘市文物管理委员会、河南省文物考古研究所、河南省永城市文物管理委员会编著《芒砀山西汉梁王墓地》，文物出版社，2001。

河南省文物局编著《安阳韩琦家族墓地》，科学出版社，2012。

河南省文物考古研究所编《北宋皇陵》，中州古籍出版社，1997。

胡汉生编著《唐乐府诗译析》，北京大学出版社，1997。

《胡适文存》（全12册），外文出版社，2013。

黄忏华：《中国佛教史》，东方出版社，2008。

黄金明：《汉魏晋南北朝诔碑文研究》，人民文学出版社，2005。

黄景略、吴梦麟、叶学明：《丧葬陵墓志》，上海人民出版社，1998。

黄明兰：《北魏孝子棺线刻画》，人民美术出版社，1985。

黄明兰编著《洛阳北魏世俗石刻线画集》，人民美术出版社，1987。

黄展岳：《中国古代的人牲人殉》，文物出版社，1990。

黄征、张涌泉校注《敦煌变文校注》，中华书局，1997。

黄正建：《敦煌占卜文书与唐五代占卜研究》，学苑出版社，2001。

霍巍、黄伟：《四川丧葬文化》，四川人民出版社，1992。

嵇康撰，戴明扬校注《嵇康集校注》，人民文学出版社，1962。

吉林省集安市文物局编《高句丽王城王陵及贵族墓葬》，世界图书出版公司，2008。

吉林省文物志编委会编印《集安县文物志》，1984。

季家珍：《印刷与政治：〈时报〉与晚清中国的改革文化》，王樊一婧译，广西师范大学出版社，2015。

贾克·谢和耐：《南宋社会生活史》，马德程译，台北：中国文化大学出版部，1982。

贾利尔·杜斯特哈赫选编《阿维斯塔——琐罗亚斯德教圣书》，元文琪译，商务印书馆，2005。

江苏省文物管理委员会编《南京六朝墓出土文物选集》，上海人民美术出版社，1959。

姜伯勤：《中国祆教艺术史研究》，生活·读书·新知三联书店，2004。

金身佳编著《敦煌写本宅经葬书校注》，民族出版社，2007。

晋冀鲁豫烈士纪念馆编著《晋冀鲁豫英烈》，大众文艺出版社，2007。

晋冀鲁豫烈士陵园编《丰碑》，大众文艺出版社，2010。

觉醒主编《觉群佛学（2010）》，宗教文化出版社，2011。

李长福、李慧雁编著《孙思邈养生全书》，社会科学文献出版社，2003。

李德喜、郭德维：《中国墓葬建筑文化》，湖北教育出版社，2004。

李恭忠：《中山陵：一个现代政治符号的诞生》，社会科学文献出版社，2009。

李鸿宾：《唐朝的北方边地与民族》，宁夏人民出版社，2011。

李梅田：《魏晋北朝墓葬的考古学研究》，商务印书馆，2009。

李如森：《汉代丧葬礼俗》，沈阳出版社，2003。

李如森：《汉代丧葬制度》，吉林大学出版社，1995。

李蔚然：《南京六朝墓葬的发现与研究》，四川大学出版社，1998。

李养正：《道教概说》，中华书局，1989。

李约瑟：《中国科学技术史》，北京科学出版社，1975。

梁方仲：《中国历代户口、田地、田赋统计》，上海人民出版社，1993。

梁满仓：《魏晋南北朝五礼制度考论》，社会科学文献出版社，2009。

梁满仓：《中国魏晋南北朝习俗史》，人民出版社，1994。

《梁思成文集》，中国建筑工业出版社，1986。

廖彩梁：《乾陵稽古》，黄山书社，1986。

林剑鸣：《秦汉社会文明》，西北大学出版社，1985。

林少雄：《古冢丹青——河西走廊魏晋墓葬画》，甘肃教育出版社，1999。

林树中编著《南朝陵墓雕刻》，人民美术出版社，1984。

林悟殊：《波斯拜火教与古代中国》，台北：新文丰出版社，1994。

林耀华：《金翼：一个中国家族的史记》，庄孔韶、方静文译，生活·读书·新知三联书店，2015。

　　刘大鹏：《退想斋日记》，山西人民出版社，1990。

　　刘俊文、池田温主编《中日文化交流史大系·法制卷》，浙江人民出版社，1996。

　　刘庆柱辑注《关中记辑注》，三秦出版社，2006。

　　刘庆柱主编《中国考古发现与研究（1949~2009）》，人民出版社，2010。

　　刘瑞、刘涛：《西汉诸侯王陵墓制度研究》，中国社会科学出版社，2010。

　　刘淑芬：《灭罪与度亡——佛顶尊胜陀罗尼经幢之研究》，上海古籍出版社，2007。

　　刘淑芬：《中古的佛教与社会》，上海古籍出版社，2007。

　　刘统：《唐代羁縻府研究》，西北大学出版社，1998。

　　刘先维：《墓志资料所见唐代归葬习俗研究》，华东师范大学，2010。

　　刘晓路：《世界美术精粹品读·东方美术》，人民美术出版社，2001。

　　刘晓明：《风水与中国社会》，江西高校出版社，1994。

　　刘永连：《突厥丧葬风俗研究》，广西师范大学出版社，2012。

　　刘尊志：《汉代诸侯王墓研究》，社会科学文献出版社，2012。

　　刘尊志：《徐州汉墓与汉代社会研究》，科学出版社，2011。

　　鲁迅：《古小说钩沉·幽明录》，人民文学出版社，1951。

　　陆建松：《魂归何处——中国古代丧葬文化》，四川人民出版社，1999。

　　吕思勉：《两晋南北朝史》，上海古籍出版社，2005。

　　吕思勉：《秦汉史》，上海古籍出版社，1983。

　　吕思勉：《隋唐五代史》，中华书局，1959。

《吕思勉读史札记》，上海古籍出版社，1982。

吕祖谦编《宋文鉴》，中华书局，1992。

罗检秋：《近代中国社会文化变迁录》，浙江人民出版社，1998。

罗开玉：《中国丧葬与文化》，海南人民出版社，1988。

罗新、叶炜：《新出魏晋南北朝墓志疏证》，中华书局，2005。

罗宗真：《六朝考古》，南京大学出版社，1994。

罗宗真：《魏晋南北朝考古》，文物出版社，2001。

洛阳历史文物考古研究所编《河洛文化论丛》第3辑，中州古籍出版社，2006。

洛阳市第二文物工作队编《富弼家族墓地》，中州古籍出版社，2009。

洛阳市文物工作队：《洛阳出土历代墓志辑绳》，中国社会科学出版社，1991。

马昌仪：《中国灵魂信仰》，上海文艺出版社，1998。

马坚译《古兰经》，中国社会科学出版社，2003。

《马克思恩格斯选集》，人民出版社，2012。

孟凡人：《丝绸之路史话》，中国大百科全书出版社，2000。

木宫泰彦：《日中文化交流史》，胡锡年译，商务印书馆，1980。

穆根来、汶江、黄倬汉译《中国印度见闻录》，中华书局，1983。

南京大学历史系考古专业、湖北省文物考古研究所、鄂州市博物馆编著《鄂城六朝墓》，科学出版社，2007。

宁夏固原博物馆：《固原北魏墓漆棺画》，宁夏人民出版社，1988。

宁夏回族自治区固原博物馆、中日原州联合考古队编《原州古墓集成》，文物出版社，1999。

欧阳健、萧相恺编订《宋元说经话本集》，中州古籍出版社，1991。

潘谷西主编《中国建筑史》，中国建筑出版社，2015。

潘吉星：《中国造纸技术史稿》，文物出版社，1979。

潘伟斌：《魏晋南北朝隋陵》，中国青年出版社，2004。

秦虹：《名人丧葬逸事多》，河南大学出版社，2005。

冉万里：《汉唐考古学讲稿》，三秦出版社，2007。

饶宗颐：《老子想尔注校证》，上海古籍出版社，1991。

仁井田陞著，栗劲等编译《唐令拾遗》，长春出版社，1989。

任继愈主编《中国道教史》，上海人民出版社，1990。

任自斌、和近健主编《诗经鉴赏辞典》，河海大学出版社，1989。

荣新江：《中古中国与外来文明》，生活·读书·新知三联书店，2001。

荣新江主编《唐研究》第3卷，北京大学出版社，1997。

三门峡市文物工作队编著《北宋陕州漏泽园》，文物出版社，1999。

三上次男：《陶瓷之路》，李锡经、高喜美译，文物出版社，1984。

陕西历史博物馆编《唐墓壁画国际学术研讨会论文集》，三秦出版社，2006。

绍兴县文化发展中心、越国文化博物馆编《中国柯桥·宋六陵暨绍兴南宋历史文化学术研讨会论文集》，西泠印社出版社，2012。

沈福伟：《中西文化交流史》，上海人民出版社，2006。

沈睿文：《唐陵的布局：空间与秩序》，北京大学出版社，2009。

四川省文物考古研究院等编著《华蓥安丙墓》，文物出版社，2008。

宿白：《白沙宋墓》，文物出版社，2002。

孙果达：《民族工业大迁徙——抗日战争时期民营工业的内迁》，中国文史出版社，1991。

孙善根：《民国时期宁波慈善事业研究（1912～1936 年）》，人民出版社，2007。

太原市文物考古研究所编《隋代虞弘墓》，文物出版社，2005。

唐耕耦、陆宏基编《敦煌社会经济文献真迹释录》第 1 辑，书目文献出版社，1986。

藤家礼之助：《日中交流两千年》，张俊彦译，北京大学出版社，1982。

天一阁博物馆、中国社会科学院历史研究所天圣令整理课题组校证《天一阁藏明钞本天圣令校证》，中华书局，2006。

田锡：《咸平集》，巴蜀书社，2008。

万建中编著《中国历代葬礼》，北京图书馆出版社，1998。

万绳楠整理《陈寅恪魏晋南北朝史讲演录》，贵州人民出版社，2012。

汪受宽：《谥法研究》，上海古籍出版社，1995。

王夫子：《殡葬文化学——死亡文化的全方位解读》，中国社会出版社，1998。

王计生主编《事死如生——殡葬伦理与中国文化》，百家出版社，2002。

王建著，王宗堂校注《王建诗集校注》，中州古籍出版社，2006。

王俊主编《马鞍山六朝墓葬发掘与研究》，科学出版社，2008。

王其亨：《风水理论研究》，天津大学出版社，1992。

王永生：《新疆历史货币：东西方货币文化交融的历史考察》，中华书局，2007。

王勇：《日本文化——模仿与创新的轨迹》，北京高等教育出版社，2001。

王玉德：《堪舆术研究》，中央编译出版社，2010。

王玉德：《神秘的风水》，广西人民出版社，2004。

王志敏、朱江、李蔚然编《南京六朝陶俑》，中国古典艺术出版社，1958。

王仲荦：《北周地理志》，中华书局，1980。

王洙等编撰，毕履道、张谦校，金身佳整理《地理新书校理》，湘潭大学出版社，2012。

韦正：《六朝墓葬的考古学研究》，北京大学出版社，2011。

韦正：《魏晋南北朝考古》，北京大学出版社，2013。

卫聚贤编《中国考古小史》，上海商务印书馆，1934。

魏存成：《渤海考古》，文物出版社，2008。

魏庆征：《古代伊朗神话》，北岳文艺出版社，1999。

文安主编《清末杂相》，中国文史出版社，2004。

文物编辑委员会编《文物考古工作十年（1979~1989）》，文物出版社，1990。

巫鸿：《黄泉下的美术——宏观中国古代墓》，施杰译，生活·读书·新知三联书店，2010。

吴钢主编《全唐文补遗》第1辑，三秦出版社，1994。

吴慧：《中国商业通史》，中国财政经济出版社，2006。

吴丽娱：《终极之典——中古丧葬制度研究》，中华书局，2012。

吴在庆、傅璇琮：《唐五代文学编年史·晚唐卷》，辽海出版社，1998。

西北大学西北历史研究室编《西北历史研究》，三秦出版社，1990。

夏路、刘永生主编《山西省博物馆馆藏文物精华》，山西人民出版社，1999。

夏之乾：《中国少数民族的丧葬》，中国华侨出版公司，1991。

向达：《唐长安与西域文明》，生活·读书·新知三联书店，1957。

谢宝富：《北朝婚丧礼俗研究》，首都师范大学出版社，1998。

徐吉军：《中国丧葬史》，江西高校出版社，1998。

徐吉军、贺云翱：《中国丧葬礼俗》，浙江人民出版社，1991。

徐杰舜主编，周耀明、万建中、陈华文著《汉族风俗史》第 2 卷（秦汉·魏晋南北朝汉族风俗），学林出版社，2004。

徐连达：《唐代文化史》，复旦大学出版社，2003。

徐庭云主编《中国社会通史·隋唐五代卷》，山西教育出版社，1996。

许凌云：《中国儒学史·隋唐卷》，广东教育出版社，1998。

严昌洪：《20 世纪中国社会生活变迁史》，人民出版社，2007。

严昌洪：《中国近代社会风俗史》，浙江人民出版社，1992。

杨古城、龚国荣：《南宋石雕》，宁波出版社，2005。

杨泓：《汉唐美术考古和佛教艺术》，科学出版社，2000。

杨宽：《中国古代陵寝制度史研究》，上海人民出版社，2003。

杨倩描：《南宋宗教史》，人民出版社，2008。

杨育彬、袁广阔主编《20 世纪河南考古发现与研究》，中州古籍出版社，1997。

姚平：《唐代妇女的生命历程》，上海古籍出版社，2004。

姚迁、古兵编著《南朝陵墓石刻》，文物出版社，1981。

姚义斌：《六朝画像砖研究》，江苏大学出版社，2010。

银川美术馆编《宁夏历代碑刻集》，宁夏人民出版社，2007。

余英时：《东汉生死观》，上海古籍出版社，2005。

俞剑华：《中国壁画》，中国古典艺术出版社，1958。

悦读坊主编《璀璨的古代科技》，湖北科学技术出版社，2015。

张传玺主编《中国历代契约会编考释》，北京大学出版社，1995。

张广达：《西域史地丛稿初编》，上海古籍出版社，1995。

张鸿年编选《波斯古代诗选》，人民文学出版社，1995。

张焕君：《魏晋南北朝丧服制度研究》，清华大学出版社，2005。

张亮采：《中国风俗史》，生活·读书·新知三联书店，1988。

张乃翥：《龙门石窟与西域文明》，中州古籍出版社，2006。

张希舜主编《隋唐五代墓志汇编·山西卷》，天津古籍出版社，1991。

张志尧：《草原丝绸之路与中亚文明》，新疆美术摄影出版社，1994。

章孔畅：《南朝陵墓石刻渊源与传流研究》，东南大学出版社，2011。

赵超：《汉魏南北朝墓志汇编》，天津古籍出版社，1992。

赵万里：《汉魏南北朝墓志集释》，科学出版社，1956。

郑德坤、沈维钧：《中国明器》，上海文艺出版社，1992。

郑师渠：《中国文化通史》，中共中央党校出版社，1996。

郑土有：《晓望洞天福地——中国的神仙与神仙信仰》，陕西人民教育出版社，1991。

郑岩：《魏晋南北朝壁画墓研究》，文物出版社，2002。

郑永振：《高句丽渤海靺鞨墓葬比较研究》，延边大学出版社，2003。

中国佛教文化研究所点校《增壹阿含经》，宗教文化出版社，1999。

中国国家博物馆编《中华文明——〈古代中国陈列〉文物精萃》，中国社会科学出版社，2010。

中国考古学会编《中国考古学会第十二次年会论文集（2009）》，文物出版社，2010。

中国儒学与法律文化研究会编《儒学与法律文化》，复旦大学出版社，1992。

中国社会科学院考古研究所编《夏鼐文集》，社会科学文献出版社，2000。

中国社会科学院考古研究所、河北省文物管理处编《满城汉墓发掘报告》，文物出版社，1980。

钟敬文主编《中国民俗史》，人民出版社，2008。

周到主编《中国画像石全集·石刻线画》，河南美术出版社，2000。

周吉平：《北京殡葬史话》，北京燕山出版社，2002。

周秋光主编《中国近代慈善事业研究》，天津古籍出版社，2013。

周绍良、赵超主编《唐代墓志汇编续集》，上海古籍出版社，2001。

周苏平：《中国古代丧葬习俗》，陕西人民出版社，1991。

周振甫主编《唐诗宋词元曲全集·全唐诗》，黄山出版社，1999。

朱大渭、刘驰、梁满仓、陈勇：《魏晋南北朝社会生活史》，中国社会科学出版社，1998。

庄华峰：《魏晋南北朝社会》，安徽人民出版社，2009。

邹依仁：《旧上海人口变迁的研究》，上海人民出版社，1980。

三 档案、资料汇编

北平社会局档案。

丁世良、赵放主编《中国地方志民俗资料汇编》，书目文献出版社，1989。

广东省民族研究所、中国少数民族社会历史调查资料丛刊修订编辑委员会编《广东海南少数民族社会历史调查资料汇编》，民族出版社，2009。

广西壮族自治区编辑组、中国少数民族社会历史调查资料丛刊修订编辑委员会编《广西瑶族社会历史调查》，民族出版社，2009。

黑龙江省编辑组、中国少数民族社会历史调查资料丛刊修订编辑委员会编《赫哲族社会历史调查》，民族出版社，2009。

民国时期文献保护中心、中国社会科学院近代史研究所编《民国文献类编·法律卷》，国家图书馆出版社，2015。

内政部档案。

彭泽益主编《中国工商行会史料集》，中华书局，1995。

上海博物馆图书资料室编《上海碑刻资料选辑》，上海人民出版社，1980。

上海民政志编纂委员会编《上海民政志》，上海社会科学院出版社，2000。

上海市参议会档案。

上海市警察局档案。

上海市社会局档案。

上海市同业公会档案。

上海市卫生局档案。

天津市地方志编修委员会编著《天津通志·民政志》，天津社会科学院出版社，2001。

《武汉民政（志稿）：（1840～1985）》，武汉民政志编纂办公室，1987。

志丹县志编纂委员会编《志丹县志》，陕西人民出版社，1996。

中国第二历史档案馆编《北洋政府档案》第 157 辑，中国档案出版社，2010。

中国人民政治协商会议包头市委员会文史资料研究委员会编《包头文史资料选编》第 8 辑，1986。

附录　中国殡葬大事年表

旧石器时代晚期，距今约 18000 年，山顶洞人的遗址"上室居住，下室为墓地"，且死者周围发现有赤铁矿粉，还有穿孔石珠、穿孔兽牙等随葬品。

新石器时代初期，距今 12000~9000 年，埋葬死者普遍出现。

距今 9000~8000 年，公共墓地已普遍存在，墓地和居住地开始分离。

距今约 8000 年，内蒙古兴隆洼文化遗址出现居室葬。

距今 7000~6000 年，陆续出现使用葬具的习俗。

距今 6000 年左右，仰韶文化半坡遗址中出土最早的木棺，大汶口文化墓地出现木椁的痕迹。

距今 5000 年左右，辽宁牛河梁红山文化出现专门的祭祀区域，并有"女神庙"遗迹，形成了冢、庙相互联系的有机系统。

新石器时代中晚期，距今 5000~2000 年，墓葬中开始出现用猪、羊、犬等家畜随葬的现象，并且出现了人殉现象，不同等级的墓葬中殉葬品的多寡也有差异。

距今4000~3500年，齐家文化出现火葬的习俗。

夏朝时期，二里头文化开始出现设有边龛的墓葬，并出现了二层台和腰坑。

商朝时期，殷墟王陵区开始出现预先划定墓葬区域的现象，墓葬开始用墓道区分等级，并且明显地出现公墓和邦墓相分离的现象。

商代晚期，棺椁的使用已经具有等级身份的内涵，并且开始在棺椁上漆涂、绘画、镶嵌、悬挂饰物，以表现对厚葬的追求。

西周时期，棺椁使用、随葬品多寡、殡期长短、坟丘大小都开始纳入礼制的范畴，用成套的鼎陪葬也开始成为礼仪规范，《礼记》《周礼》等对此有具体的记载。

春秋早期，郑国和韩国故城遗址内出现马坑。

春秋战国时期，用玉制度成熟，葬玉增多，玉覆面、口含用玉、握玉、玉圭等大量出现，棺饰用玉以玉鱼、玉蚕为多。

战国晚期，人殉式微，明器兴起，楚国、秦国开始出现以俑殉葬代替人殉的现象。

秦始皇时期，帝陵开始设"阙"，并筑以墙垣；陵寝制度中开始有"正藏"和"外藏"两大埋藏系统之分。

西汉时期，帝陵分布上开始严格遵循昭穆制度，神道前开始设立石像生。

汉文帝时期，开创了"凿山为藏"的崖洞墓，诸侯王墓中开始有"题凑"结构，开始以农产品、农具随葬。

东汉光武帝刘秀时期，陵园实隔的墙垣开始用虚隔的"行马"代替，为竹木架的围墙形式；帝陵中开始实行夫妻合葬。

东汉中期，开始用黄肠石代替木质的黄肠题凑。

1~2世纪，薄葬成为一个非常重要的观念。曹操去世前颁布《遗令》，曹丕颁布《终制》，明令要求实行薄葬。

220 年，曹魏打破无爵无谥的制度，没有爵位的大臣开始获得谥号，僧道及饱学之士也开始被授予谥号。

276~324 年，郭璞撰写《葬经》，为我国堪舆学上的第一本专著。

323 年，东晋帝陵开始不设封土。

499 年，南齐东昏侯即皇帝位，开始剪纸为钱，代替束帛祭祀鬼神。

3~5 世纪，家族墓地开始流行；墓葬中开始大量使用石棺床及石棺，石棺周围饰以孝子图、龙虎升仙画像、四神浮雕、宴饮图、仪仗图、狩猎图、商旅图等纹饰。

604 年，隋文帝与皇后独孤氏同坟异穴合葬，开启合葬的新方式。

633 年，唐太宗颁布《贞观礼》，更为重视皇帝葬事。

635 年，唐太宗设立山陵使，负责陵园的营建、议定山陵规制与丧仪、承办主持葬事等。

706 年，乾陵加盖，陵墓神道前的石刻开始具有礼仪象征的性质。

741 年，唐玄宗颁布《大唐开元礼》，规定了上至皇帝下至王公的丧礼丧仪，充分体现了森严的等级制度。

946 年，吴越地区开始出现专门的火化场所——净化院，为死后希望火化的僧俗信众提供帮助。

960 年，宋太祖颁布《宋刑统》，殡葬期间的禁忌事例开始以法律的形式确定下来。

宋景德元年（1004）李继迁死后，李德明把父亲葬于贺兰山西南麓。元昊称帝后，号为裕陵。西夏皇帝墓地后来发展成规模宏大的西夏陵园，西夏诸帝及其大臣便埋葬于此。西夏陵园内有 9 座帝陵，分别为太祖继迁的裕陵、太宗德明的嘉陵、景宗元昊的泰陵、毅宗谅祚的安陵、惠宗秉常的献陵、崇宗乾顺的显陵、仁宗仁孝的寿陵、桓宗纯祐的庄陵、襄宗安全的康陵。

宋景德四年，党项族首领、夏州节度使、西平王李德明母亲罔氏下葬时，李德明要求到宋朝北部佛教中心五台山修供十寺（唐以后五台山有大寺 10 所），并派致祭使护送供物到五台山。

1080 年左右，司马光撰成《司马氏书仪》，丧礼自此开始秉持"从众""从俗"的原则。

1056 年，出现第一本官修阴阳书《地理新书》，用"五音姓利"之说勘定风水盛行。

1120~1125 年，道教的中元节与佛教的盂兰盆节合二为一，成为祭祀先祖的重大节日。

1194 年，《朱子家礼》问世，开始简化殡葬礼俗，殡葬礼仪程序减少。

11~12 世纪，火葬在今山西、福建、浙江、四川等地大为风行，不但佛教信徒死后火葬，道教信徒死后也开始采用火葬。

1227 年，蒙古灭西夏，成吉思汗死于军中。按照蒙古秘葬习俗下葬，葬地至今仍未发现。

1245 年，教皇派遣两名教士出使蒙古。教士约翰·普兰诺·加宾尼记述他们出使的经过，以及他们观察到的蒙古社会生活的方方面面。其中有一部分专门谈到蒙古人的葬礼。

1253 年，教士威廉·鲁不鲁乞奉法国国王之命前往蒙古。1255 年返回。他回来写的报告中也谈到蒙古人的死亡和丧葬。

至元十五年（1278）正月，北京路官员建议禁止火葬，中书省批准施行。明确禁止汉人火葬。但色目人允许"从本俗"即奉行火葬，汉人中"从军应役并远方客旅"也不在禁止之列，因为从军及经商在外，一旦去世，尸体运回乡土不易。朝廷的禁令完全流于形式。

大德八年（1304），元朝正式实行丁忧制度。

洪武元年（1368），明太祖颁诏开始将"居丧"纳入法令范畴。明代丧制逐步恢复唐宋礼法，集中体现在《大明律》与《明会典》中。明初允许百官闻丧不必等批准即可去官奔丧。洪武二十六年始规定，必须等批准后方能奔丧。

洪武五年，皇帝颁布诏令，规范普通百姓的丧具：庶民袭衣一称，用深衣一、大带一、履一双，裙袴衫袜随所用。饭用粱，含钱三。铭旌用红绢五尺。敛随所有，衣衾及亲戚襚仪随所用。棺用坚木，油杉为上，柏次之，土杉松又次之。用黑漆、金漆，不得用朱红。明器一事。功布以白布三尺引柩。柳车以衾覆棺。志石二片，如官之仪。茔地围十八步。祭用豕，随家有无。

1398 年，明孝陵开始在陵园建制上建立"明楼"。

明英宗正统十二年（1447），下令内外大小官员丁忧者，不许保奏夺情起复。

天顺八年（1464），英宗朱祁镇废止宫妃殉葬。

1537 年，"不得因丁忧解职"正式纳入法律，称为"夺情"。

顺治九年（1652）定，亲王丧闻，辍朝三日。世子郡王二日。后改贝勒以下罢辍朝。殓具各有等差。府属内外咸成服，大祭日除。内外去冠饰，素服会集，各如其例。镇国将军以下不会丧。公主、福晋、命妇会丧，临时请旨而行。凡亲王至辅国公，御祭二。镇国将军至奉国将军，赐祭二。奉恩将军以下，赐祭无文。公主以下丧仪，定固伦公主丧视亲王福晋，和硕公主视世子福晋，郡主视郡王福晋，县主视贝勒夫人，县君视镇国夫人。十二年，定例，下嫁外藩公主至县主并给御祭文，遣官赴坟读奠。郡县以下，致祭无文。

1673 年，康熙皇帝下令禁止八旗包衣佐领下奴仆随主殉葬。

雍正元年（1723）规定，所有级别的官员都用朱棺，内衬一层。乾隆年间规定，一、二品官"覆棺以销金，青蓝色绮为帏"，三、四、五品官"覆棺以青蓝，云绮为帏"，六、七、八品官"覆棺用青蓝，素绮为帏"，九品官及有顶戴官员"覆棺用青绢"。雍正帝首创了清代皇帝遗念赏赐制度。

乾隆五年（1740）增修《大清律例》："凡文武生员及举贡监生，

遇本生父母之丧，期年内不许应岁、科两考及乡、会二试。其童生亦不许应府、州、县及院试。有隐匿不报、蒙混干进者，事发，照匿丧例治罪。"

1749 年，乾隆规定官员在丁忧期间穿孝服进署衙办差，穿孝百日。

1866 年，上海公共租界工部局在卫生处设公墓股，这是上海第一个殡葬行业的行政管理机构。工部局随后多次公布了《公墓章程》，就公共租界内的公墓管理制定了诸多法规。

1913 年，《海军丧礼条例》与《海军制服令》先后颁布。

1916 年 12 月 18 日，北洋政府公布了民国也是中国历史上第一部《国葬法》。

1925 年，孙中山病逝前留下总理遗嘱。

1928 年，时任礼制服章审订委员会及大学院院长的蔡元培和内政部部长薛笃弼制定了《丧礼草案》。

1928 年 10 月，由内政部、卫生部与浙江省政府共同商议制定的《公墓条例》，由内政部向全国颁发。

1930 年 9 月，北伐成功后的南京国民政府颁布第二部《国葬法》，北洋政府时期的《国葬法》被取代。

1930 年，南京国民政府出台了《国葬仪式》十条，用以规约国葬期间的各种仪式，以隆国葬典礼。1937 年 7 月 29 日，国民政府又公布了修正的《国葬仪式》，共有十六条。

1933 年，河北省平乡县后李庄合作社成立了殡葬合作组织。

1933 年 9 月 13 日，南京国民政府内政部出台《烈士附祠办法》。

1933 年 9 月 19 日，国民政府公布《修正国葬先哲逝世日纪念典礼条例》，以纪念"有殊勋于国家"的国葬者。

1935 年，兴建国民革命军阵亡将士公墓。

1936 年 7 月 13 日，国民政府首次公布《国葬墓园条例》，共十条。

1937年5月26日，南京市政府与内政部共同公布《国葬墓园建筑委员会组织章程》，用于建设国葬墓园。

1937年6月22日，国民政府修正公布了《公祭礼节》，并附有公祭位次图，以指导各地公祭活动。

1938年10月14日，根据《战地守土奖励条例》，国民政府行政院又公布《人民守土伤亡抚恤实施办法》。

1940年9月20日，行政院颁布《抗敌殉难忠烈官民祠祀及建立纪念坊碑办法大纲》以及《忠烈祠设立及保管办法》，用以纪念褒扬抗战阵亡将士。

1943年，以考试院院长戴季陶为首，在重庆北碚缙云山下北温泉就民国礼制进行讨论，通过《中华民国礼制》草案。

1947年12月5日，《国葬法》第三次修正公布，规定国葬墓园内应立祭堂，于每年植树节日由政府派员致祭。

1947年12月5日，《国葬墓园条例》被南京国民政府废止。

1948年11月26日，《国葬法》第四次修正公布，将"国民政府"均改为"总统"，派员致祭日改为每年民族扫墓节日，其余大致同前。

后　记

　　《中国殡葬简史》是民政部一零一研究所使用中央财政经费中的"殡葬文化建设"专项完成的殡葬文化系列成果之一，是在《中国殡葬史》（全八卷）的基础上进一步提炼、概括、编辑而成的。《中国殡葬史》（全八卷）已于 2017 年由社会科学文献出版社出版，该套书涵盖了先秦、秦汉、魏晋南北朝、隋唐五代、宋代、辽夏金元、明清、民国八个重要历史时期，其中先秦卷由于海广、李慧竹、钱益汇、陈以凤编著，秦汉卷由路则权编著，魏晋南北朝卷由陈华文、陈淑君编著，隋唐五代卷由闵祥鹏编著，宋代卷由徐吉军编著，辽夏金元卷由张国庆、史金波、宋德金、陈高华编著，明清卷由余新忠、张传勇、张田生、王静、刘小朦编著，民国卷由马金生、冯志阳、姜海龙编著，是一套对中国殡葬历史进行全面客观论述的历史著作。

　　为了讲好殡葬文化故事，方便读者了解我国殡葬历史发展脉络和规律，在坚持"权威性、学术性、系统性、科普性"的前提下，由《中国殡葬简史》编撰委员会统筹编写《中国殡葬简史》，增加了

"古代殡葬文化与技术"等章。由闵祥鹏、王永阔、王晋文、李文涛、罗艺珊、杨焯淇、杨艺帆等分章节整理完成。

盛世修史,传承文明。从历史发展的脉络看,殡葬史从一定意义上说就是沉淀的人类发展史,镌刻的是文明,折射的是精神,表现的是民俗,凝聚的是睿智,诠释的是理念,传承的是思想……我们编撰《中国殡葬简史》的目的之一就是研究我国不同历史时期的殡葬史实和文献资料,找出制约殡葬事业发展的关键要素,把握殡葬演变的脉络,揭示殡葬活动与人类的生产生活规律,总结过去,把握现在,放眼未来,用以指导当今我国的殡葬改革与实践。

不当之处,欢迎批评指正。

李伯森

2020 年 7 月 12 日

图书在版编目（CIP）数据

中国殡葬简史 / 李伯森主编 . --北京：社会科学
文献出版社，2022.12（2023.5 重印）
ISBN 978-7-5228-0697-6

Ⅰ.①中… Ⅱ.①李… Ⅲ.①葬俗-风俗习惯史-中
国 Ⅳ.①K892.22

中国版本图书馆 CIP 数据核字（2022）第 170877 号

中国殡葬简史

主　　编 / 李伯森
副 主 编 / 闵祥鹏

出 版 人 / 王利民
责任编辑 / 李期耀
文稿编辑 / 汪延平
责任印制 / 王京美

出　　版 / 社会科学文献出版社·历史学分社（010）59367256
　　　　　　地址：北京市北三环中路甲 29 号院华龙大厦　邮编：100029
　　　　　　网址：www.ssap.com.cn
发　　行 / 社会科学文献出版社（010）59367028
印　　装 / 三河市东方印刷有限公司

规　　格 / 开本：787mm×1092mm　1/16
　　　　　　印张：38.5　字数：515 千字
版　　次 / 2022 年 12 月第 1 版　2023 年 5 月第 2 次印刷
书　　号 / ISBN 978-7-5228-0697-6
定　　价 / 168.00 元

读者服务电话：4008918866